Bernhard Strauß · Jochen Eckert
Volker Tschuschke (Hrsg.)

Methoden der empirischen Gruppentherapieforschung

Bernhard Strauß · Jochen Eckert
Volker Tschuschke (Hrsg.)

Methoden der empirischen Gruppentherapieforschung

Ein Handbuch

Westdeutscher Verlag

Die Deutsche Bibliothek – CIP-Einheitsaufnahme

Methoden der empirischen Gruppentherapieforschung:
ein Handbuch /
Bernhard Strauss ... (Hrsg.). – Opladen: Westdt. Verl., 1996
ISBN 3-531-12695-4
NE: Strauss, Bernhard (Hrsg.)

Der Westdeutsche Verlag ist ein Unternehmen der Bertelsmann Fachinformation.

Umschlaggestaltung: Horst Dieter Bürkle, Darmstadt
Titelbild: Paul Klee, Maibild abstract, 1925, 120 (C 0), 41,5 x 49,5 cm; Öl auf Karton; Metropolitan Museum of Art, New York, NY, The Berggruen Klee Collection, Inv. Nr. 1984.315.42.; © VG Bild-Kunst, Bonn 1996
Druck und buchbinderische Verarbeitung: Druckerei Hubert & Co., Göttingen
Gedruckt auf säurefreiem Papier
Printed in Germany

ISBN 3-531-12695-4

Dieses Buch ist dem Andenken an
Susanne Davies-Osterkamp (1943-1995)
gewidmet.

Inhaltsverzeichnis

1 Einführung: Die Gruppe - ein Stiefkind der Psychotherapieforschung?

Bernhard Strauß, Jochen Eckert, Volker Tschuschke

Die im Titel dieser Einführung in unser Handbuch genannte Frage läßt sich zur Zeit eindeutig mit „ja " beantworten. Bei nationalen wie internationalen Veröffentlichungen und Tagungen zur Psychotherapieforschung spielt die Gruppentherapie kaum eine Rolle. Auch in gruppentherapeutischen Verbänden ist die Forschung deutlich unterrepräsentiert, was oft mit dem Hinweis auf die höhere Priorität berufspolitischer Aktivitäten entschuldigt wird. Dabei übersieht man leicht, daß Forschungsbefunde von hoher berufspolitischer Relevanz sein können, wie sich etwa an der seit Jahren auch in der Öffentlichkeit geführten Diskussion um die Effektivität von Psychotherapien zeigt.

Die Forschungsdefizite stehen im Kontrast zur großen Bedeutung gruppentherapeutischer Behandlungsmaßnahmen in der klinischen Praxis, man denke allein daran, daß die Gruppentherapie im stationären Behandlungssetting wahrscheinlich fast in jeder Klinik eine ganz zentrale Behandlungsmethode darstellt. Dennoch ist zumindest hierzulande - nach der Hochzeit von Gruppen in den 70er Jahren - auch in der Praxis der Gruppentherapie Defizitäres zu beobachten. Im Vergleich zur Einzeltherapie ist die Ausbildungssituation erheblich schlechter, was, beispielsweise im stationären Rahmen, dazu führt, daß Gruppen oft von nicht ausreichend geschulten Therapeuten geleitet werden. Es gibt zwar einen common sense darüber, welche Patientinnen und Patienten man für „gruppentauglich" hält, elaborierte Kriterien und Konzepte für die Indikation zur Gruppentherapie fehlen aber bis heute weitgehend. Eine „Geringschätzung" der Gruppentherapie zeigt sich auch an deren vergleichsweise geringeren Honorierung durch die Kostenträger und nicht zuletzt auch im Erleben der Patienten, die - so zeigen zahlreiche empirische Studien - trotz der vergleichbaren Effektivität von Gruppe und Einzeltherapie letztere eindeutig bevorzugen. Ob hierfür auch gesellschaftliche Tendenzen zur „Vereinzelung" eine Rolle spielen, läßt sich nicht mit Sicherheit sagen.

Die *Gründe für das Forschungsdefizit* im Bereich der Gruppentherapie sind sicher vielfältig: Gruppentherapien, zumal innerhalb ein und derselben Therapierichtung äusserst unterschiedlich konzeptualisiert und realisiert, sind durch eine hohe Komplexität gekennzeichnet, die einen empirisch-wissenschaftlichen Zugang erschweren; damit verbunden ist ein hoher technischer und personeller Aufwand. Nicht zuletzt darin ist begründet, daß die in der Psychotherapieforschung gängigen Standards für empirisch experimentelle Ansätze im gruppentherapeutischen Feld oftmals nicht zu realisieren sind.

Das Gruppensetting hat im Vergleich zur Einzeltherapie in den verschiedenen Schulen noch eine relativ kurze Tradition, was sicherlich auch zu erklären vermag, daß die Forschung auf dem Feld noch unterentwickelt ist. Die Psychotherapieforschung zur Einzeltherapie hat zwar schon relativ früh begonnen, es dauerte aber einige Jahrzehnte, bis sich ein akzeptabler Standard an Forschungsstrategien und -methoden entwickelt hatte, auf dessen Basis sich die heute fast nicht mehr überschaubare Fülle von Einzelbefunden stützen kann.

Spricht man von Forschungstraditionen auf dem Gebiet der Gruppentherapie, dann ist zu differenzieren zwischen der den „mainstream" bestimmenden Gruppenforschung in den englischsprachigen Ländern und der Tradition im deutschen Sprachraum, die sicherlich länger besteht und trotz aller Defizite bereits zu einer erstaunlichen Zahl von Studien zum Prozeß und Ergebnis der Gruppentherapie beitragen konnte. Besonders hervorzuheben ist in diesem Zusammenhang die Psychotherapieforschung in der DDR, wo die Gruppentherapie aufgrund der gesellschaftsimmanenten Idealisierung des Kollektivs die Behandlungsmethode der Wahl darstellte. Dementsprechend war die Gruppe auch Gegenstand zahlreicher wissenschaftlicher Untersuchungen (beispielsweise am „Haus der Gesundheit" mit der Arbeitsgruppe um Höck und Hess), die bis heute erstaunlich wenig rezipiert wurden.

Auch in Westdeutschland gibt es eine recht lebendige Tradition der Gruppentherapieforschung, wobei insbesondere Forschungsprojekte hervorzuheben sind, die sich mit Gruppen im stationären Feld befaßten.

Eine Aufwertung der Gruppentherapieforschung ist aus mehreren Gründen für die Zukunft zu erwarten: Angesichts der dramatischen Neuorientierung des gesamten Gesundheitswesens ist die Psychotherapie generell unter „Forschungsdruck" geraten, der auch vor der Gruppentherapie nicht halt machen wird. Die ökonomische Basis dieses Drucks ist eine mögliche Chance für die Gruppentherapie, die man sicher als höchst ökonomische Form der Behandlung psychischer Probleme bezeichnen kann. Darüber werden sicher auch neuere Konzepte der Gruppentherapie, speziell Kurzzeitbehandlungen (z.B. MacKenzie, 1990) und das Setting insgesamt eine Aufwertung erfahren. Für die Praktiker in diesem Feld kann es aber auch aus anderen Gründen durchaus nützlich sein, sich vermehrt mit der Gruppentherapieforschung zu befassen, gibt es dort doch Konzepte und Ergebnisse, die klinische Auffassungen bestätigen und gewissermaßen validieren. Zu denken ist hier insbesondere an die Theorien der therapeutischen Faktoren, aber auch an Resultate von Studien, die Prozeß-Ergebnis-Zusammenhänge in der Gruppentherapie beschreiben (vgl. z.B. Yalom, 1994; Eckert & Biermann-Ratjen, 1985; Tschuschke, 1993; Strauß & Burgmeier-Lohse, 1994).

Der Motivationen, dieses Buch zu gestalten, gibt es viele! Die Hoffnung, Praktiker der Gruppentherapie vor dem Hintergrund aktueller Entwicklungen für die empirische Forschung zu interessieren, vielleicht sogar zu begeistern, ist nur eine davon. Ein anderes und ganz wesentliches Motiv liegt in der Beobachtung, daß die heute gängigen

Methoden zur Evaluation und Prozeßbeschreibung von Einzeltherapien relativ gut zugänglich und in entsprechenden Handbüchern beschrieben sind (z.B. Greenberg & Pinsof, 1986; Beutler & Crago, 1991; Bergin & Garfield, 1994; Miller et al., 1994). Dies trifft für genuin gruppentherapeutische Methoden ebensowenig zu wie für die Anwendung etablierter Methoden der Psychotherapieforschung im gruppentherapeutischen Kontext. So stellt der vorliegende Band den Versuch dar, jene Methoden, die sich (insbesondere im deutschsprachigen Raum) zur Anwendung in der Gruppenforschung bewährt haben, kompakt und „benutzerfreundlich“ darzustellen. Die Auswahl dieser Methoden ist sicher subjektiv und keineswegs endgültig. Viele Methoden wurden im Hinblick auf spezifische Fragestellungen entwickelt oder modifiziert. Auch in Zukunft werden wissenschaftliche Fragestellungen Entwicklungen neuer Methoden notwendig machen. Dennoch meinen wir, daß der gegenwärtig bestehende Fundus an Forschungsmethoden in den Beiträgen dieses Buches repräsentativ enthalten ist und somit Wissenschaftlern die Möglichkeit bietet, rasch Methoden zu finden, die deren Fragen angemessen beantworten können. Praktiker der Gruppentherapie werden in den einzelnen Kapiteln viele Anregungen und Möglichkeiten finden, ihr eigenes Tun wissenschaftlich zu begleiten.

Bei der Zusammenstellung der Methoden war es den Herausgebern ein Anliegen, auch einige jener Methoden aufzunehmen, die in der Gruppenforschung der DDR entwickelt, vielfach angewandt und auch bereits beschrieben wurden (vgl. Höck, 1982). Das Soziogramm nach Höck und Hess zählt hier beispielsweise dazu, das Potenz-Valenz-Polaritätsprofil nach Feldes oder die Methoden zur gruppentherapiespezifischen Ergebnisdiagnostik. Alle diese Methoden konnten sich bisher - zu Unrecht - „bundesweit“ nicht etablieren; so ist unsere Hoffung, daß die Verfahren, die durch ihre Ökonomie und theoretische Relevanz bestechen, durch die Aufnahme in dieses Handbuch nicht zu „Wendeopfern“ verkommen.

Ehe einzelne Forschungsmethoden charakterisiert werden, sollen in den folgenden drei Kapiteln dieses Buches die Hauptschwerpunkte der Gruppentherapieforschung kurz skizziert werden, nämlich Studien zur Indikation und Prognose, zur Effektivität und zu Prozeß-Ergebnis-Zusammenhängen.

Die Forschungsmethoden werden differenziert nach Verfahren zur Statusdiagnostik interpersonaler Prognosefaktoren in der Gruppentherapie, zur Wirkfaktorendiagnostik und zur gruppenspezifischen Ergebnisdiagnostik. Die bei weitem meisten Methoden liegen für die Diagnostik des Therapieprozesses vor und nehmen entsprechend viel Raum ein. Das Buch schließt mit einer knappen Übersicht über weitere Instrumente, die in der Gruppentherapieforschung eine Rolle spielen.

Bei der Methodendarstellung wurden die Autorinnen und Autoren gebeten, sich an einem vorgegebenen Schema zu orientieren. Nach der Darstellung des theoretischen Hintergrundes eines Verfahrens, sollte dies verständlich beschrieben als Ganzes in das Kapitel aufgenommen werden. Angaben zur Auswertung, zu den Gütekriterien und zur

Ökonomie des Verfahrens sowie Anwendungsbeispiele bzw. zusammenfassende Darstellungen von Anwendungen der Methoden in der Gruppentherapie waren weitere Themen, die in allen Beiträgen abgehandelt werden sollten. Diese Gliederung war zwar nicht in allen Beiträgen realisierbar, hilft dem Benutzer aber sicherlich zur rascheren Orientierung.

Wir danken dem Westdeutschen Verlag und insbesondere allen Autorinnen und Autoren dieses Handbuchs für ihren Beitrag und hoffen, daß sich damit eine Lücke in der Literatur zur Psychotherapieforschung schließt.

Literatur

Bergin, A.E. & L.S. Garfield (Eds.). (1994). *Handbook of Psychotherapy and Behavior Change (4th Edition)*. New York: Wiley.

Beutler, L.E. & Crago, M. (1991). *Psychotherapy Research - An International Review of Programmatic Studies*. Washington D.C.: American Psychological Association.

Eckert, J. & Biermann-Ratjen, E.M. (1985). *Stationäre Gruppenpsychotherapie*. Heidelberg: Springer.

Grawe, K., Bernauer, R. & Donati, F. (1994). *Psychotherapie im Wandel - Von der Konfession zur Profession*. Göttingen: Hogrefe.

Greenberg, L.S. & Pinsof, W.M. (1986). *The Psychotherapeutic Process: A Research Handbook*. New York: Guilford Press.

Höck, K. (1982). *Gruppenpsychotherapieforschung*. Leipzig: Johann Ambrosius Barth.

MacKenzie, K.R. (1990). *Introduction to Time-Limited Group Psychotherapy*. Washington D.C.: American Psychiatric Press.

Miller, N.E., Luborsky, L., Barber, J.P. & Docherty, J.P. (Eds.). (1994). *Psychodynamic Treatment Research - A Handbook for Clinical Practice*. New York: Basic Books.

Orlinsky, D.E. (1994). Research-based knowledge as the emergent foundation for clinical practice in psychotherapy. In P.F. Talley, H.H. Strupp & S.F. Butler (Eds.). *Psychotherapy Research and Practice - Bridging the Gap*. New York: Basic Books.

Richter, H.E. (1972). *Die Gruppe*. Frankurt/Main: Fischer.

Strauß, B. & Burgmeier-Lohse, M. (1994). *Stationäre Langzeitgruppenpsychotherapie*. Heidelberg: Asanger.

Tschuschke, V. (1993). *Wirkfaktoren stationärer Gruppenpsychotherapie*. Göttingen: Vandenhoek & Ruprecht.

Yalom, I.D. (1994). *Theorie und Praxis der Gruppenpsychotherapie* (3. Auflage). München: Pfeiffer.

Grundlagen:
Forschungsstrategien in der Gruppenpsychotherapie

2 Indikation und Prognose

Jochen Eckert

1. Einleitung

Im folgenden soll zunächst ein kurzer Überblick über den Stand des empirisch gesicherten Wissens bezüglich Indikation und Prognose im Bereich der Gruppenpsychotherapie gegeben werden, und dann vor diesem Hintergrund dargestellt werden, welche Forschungsaufgaben noch vor uns liegen und welche Forschungsstrategien sich zu ihrer Lösung anbieten.

Es ist heute selbst für einen so begrenzten Bereich wie Indikation und Prognose in der Gruppenpsychotherapie kaum mehr möglich, den Stand der Forschung umfassend, d.h. unter Berücksichtigung aller zu diesem Thema erschienenen Forschungsarbeiten, zu rezipieren und zu referieren. Burlingame et al. (1994, S. 50) z.B. berichten, daß zur Sichtung und Auswertung von 2.025 Arbeiten zum Thema Gruppenpsychotherapie aus den Jahren 1980 bis 1992 ein Team von fünf Forschungsassistenten und zwei weitere Mitarbeiter beschäftigt wurden.

Der Rückgriff auf Übersichtsarbeiten und Handbücher wie das "Handbook of Psychotherapy and Behavior Change" von Bergin und Garfield (1994) und auf Metaanalysen wird immer mehr zu einer Notwendigkeit. Ein solches Handbuch liegt nun für den Bereich der Gruppenpsychotherapie vor: "Handbook of Group Psychotherapy. An Empirical and Clinical Synthesis", herausgegeben von Addie Fuhriman und Gary M. Burlingame (1994). Es lehnt sich an die Konzeption des Handbuches von Bergin und Garfield an und wurde als vornehmliche Informationsquelle für den vorliegenden Beitrag benutzt.

Überblicksarbeiten bedeuten oder beinhalten gewisse Einschränkungen, z.B. bezüglich der Objektivität bei der Auswahl und Interpretation von Forschungsergebnissen, aber auch Sprachgrenzen spielen eine Rolle (Dies, 1993). Da in diesem Handbuch deutschsprachige Publikationen zur Gruppenpsychotherapie keine Berücksichtigung gefunden haben, soll das im folgenden im Ansatz nachgeholt werden.

2. Zur Notwendigkeit von Indikation und Prognose

Der Anteil der Patienten, die eine Psychotherapie abbrechen, ist bei Gruppenbehandlungen größer als in Einzeltherapien. Die berichteten Abbruchquoten schwanken in

Abhängigkeit von verschiedenen Faktoren zwischen 5% und 55% (vgl. Kap. 3). Sie sind nicht nur abhängig von der "Qualität" bzw. "Wirksamkeit" des untersuchten Gruppenverfahrens, sondern auch von Faktoren wie der Definition von "Abbruch", der Gruppengröße, der Art (Schwere) der Störung der Patienten, dem Settting usw. Die Abbruchraten in einem stationären Setting sind z.B. niedriger als die bei ambulanter Behandlung (z.B. Kordy & Senf, 1992).

Gruppentherapie gilt nachgewiesenermaßen als eine effektive Behandlungsmethode (vgl. Kap. 3). Dennoch sind nicht alle Patienten, die eine Gruppenbehandlung regulär beenden, gebessert, z.T. kommt es sogar zu Verschlechterungen der Symptomatik.

Die klinische Erfahrung lehrt auch, daß Patienten in der Reaktion auf den Beginn einer Psychotherapie suizidal werden, sich suizidieren oder psychotisch dekompensieren können.

Eine Indikationsstellung unter Einschluß einer Prognose soll dazu beitragen, daß Patienten vor Schaden bewahrt werden bzw. davor, daß sie die Behandlung ohne eine Verbesserung ihres Befindens abschließen. Auch eine Therapie, die zwar nicht schadet, aber auch nichts nützt, kann für den Patienten letztendlich schädlich sein, z.B. ihm das Gefühl vermitteln, er sei ein unbehandelbarer, psychisch kranker Mensch, und eine Therapie, die ein Patient abbricht, kann die Wiederholung der traumatischen Erfahrung sein, z.B. das schwarze Schaf in der Familie zu sein, das nicht dazugehört und ausgestoßen wird.

Mit anderen Worten: Es ist nicht nur wünschenswert, sondern auch erforderlich, nicht nur eine positive Indikation für eine Gruppentherapie zu stellen, sondern auch eine möglichst gesicherte Prognose bezüglich des zu erwartenden Behandlungserfolges abzugeben.

Die Praxis der Indikation sieht aber anders aus.

3. Indikation in der Praxis

Yalom (1985, S. 228) beschreibt das Vorgehen bei der Indikationsstellung von Gruppentherapeuten *in der Praxis* mit den Worten: Stehen eine Reihe von Patienten zur Auswahl, dann wird befunden, welche von ihnen mit großer Sicherheit nicht von einer Gruppenbehandlung profitieren werden und deshalb auszuschließen sind, während alle anderen aufgenommen werden.

Anders ausgedrückt: Praktiker reduzieren ihre Indikationsentscheidung auf eine Zurückweisung nicht geeignet erscheinender Patienten. Die Frage der Prognose im Falle einer positiven Indikationsentscheidung wird meistens ausgeklammert. Offensichtlich sind für Kliniker die Kriterien für eine Kontraindikation klarer und definitiver als die Kriterien für eine Aufnahme in eine Gruppe. Das spiegelt sich auch in den Ausführungen Yaloms wider: Er benennt eine Reihe von eindeutigen Kontraindikationskriterien (1985, S. 228-244), z.B. Diagnosen wie hirnorganische Schädigung, Paranoia, akute Psychose, Soziopathie usw., während er als wichtigstes Indikationskriterum für eine Gruppentherapie die Motivation des Patienten für eine Gruppenbehandlung ansieht (1985, S. 244-248).

Mißt man diesen Umgang der Praktiker mit der Indikationsfrage am Stand der Forschung, so ist festzustellen, daß die Praktiker, zumindest auf den ersten Blick, angemessen handeln. Die Forschung hat bisher weder einzelne Kriterien noch eine Kombination unterschiedlicher Kriterien zur Verfügung stellen können, mit deren Hilfe eine gesicherte Indikationsstellung verbunden mit einer gesicherten Prognose des Therapieerfolgs im Individualfall möglich wäre (Beutler & Clarkin, 1990).

Die Indikationspraxis wird aber auch noch von anderen Überlegungen gelenkt als von der, nur erfolgversprechenden Patienten eine Gruppenbehandlung anzubieten: Es ist bekannt, daß auch Patienten, die viele negative prognostische Merkmale für Psychotherapie allgemein auf sich vereinigen, überraschenderweise von einer Gruppenbehandlung profitieren können. Manche Gruppentherapeuten entscheiden sich für die Aufnahme solcher Patienten in eine bestehende Gruppe, wenn diese "gut läuft". Nach Ablauf einer vereinbarten Probezeit in der Gruppe entscheiden Therapeut und Patient dann gemeinsam über eine Fortsetzung der Behandlung.

Im Hinblick auf eine tatsächliche empirische Überprüfung der Anwendbarkeit von Psychotherapie ist es ferner notwendig, auch solche Patienten in eine Behandlung zu nehmen, deren Therapieerfolg aufgrund des derzeitigen Kenntnisstandes nicht garantiert ist. Hätte sich die therapeutische Praxis bisher immer an die überlieferten, für gültig erachteten Indikationsregeln gehalten, würden wir heute z.B. Patienten mit einer Borderline-Persönlichkeitsstörung weiterhin von einer Psychotherapie fernhalten und Patienten, die älter als 40 Jahre sind, ausschließen.

Die Indikationsregeln und prognostischen Merkmale, die die Forschung zur Verfügung stellt bzw. als gesichert ausweist, haben dennoch für die Praxis eine große Bedeutung: Ihre Beachtung verhindert, daß bei der Zusammenstellung einer Gruppe ausschließlich Patienten mit ungünstigen Prognosen aufgenommen werden. Wie die klinische Erfahrung zeigt, sind solche Gruppen in der Regel zum "Scheitern" verurteilt.

Das von Yalom beschriebene Verhalten von Praktikern bei der Indikationsstellung spiegelt auch ein Ergebnis der Indikationsforschung wider: Der beste Ort für die Erstellung einer Prognose ist die Gruppe selbst.

Welche Kriterien Praktiker im Auge haben, wenn sie Indikationsregeln für eine Gruppenbehandlung vorschlagen, soll am Beispiel der Ausführungen von König (1994) gezeigt werden. Der psychoanalytisch orientierte Autor erörtert vor allem die Kriterien für eine Entscheidung zwischen Gruppen- und Einzeltherapie.

Seine erste Frage gilt der Motivierbarkeit eines Patienten für das eine oder das andere Setting.

Einen entscheidenden Unterschied zwischen Gruppen- und Einzeltherapie sieht er im Ausmaß der regressiven Prozesse, die sich in beiden Settings entwickeln, und empfiehlt daher, Patienten mit "starker Regressionsneigung und eingeschränkter Regressionstoleranz" (S. 153) für eine Gruppenbehandlung zu motivieren.

Auch die Empfehlung, Patienten mit "ich-syntonen Anteilen einer Charakterneurose" gruppenpsychotherapeutisch zu behandeln, erfolgt im Hinblick auf die spezifischen Prozesse in einer Gruppentherapie: Die Gruppe sei für diese Patienten hilfreich, weil sie vielfältige Konfrontationsmöglichkeiten biete sowie das Kennenlernen neuer Beziehungsformen ermögliche.

Ein allgemein positiver Indikator für eine Gruppenbehandlung sei das Vorliegen von "Schwierigkeiten in Beziehungen" (S. 153). Patienten, die Angst vor dyadischen Beziehungen haben, strebten von sich aus eher in eine Gruppenbehandlung. Die Gruppe biete eine gute Möglichkeit, diese Probleme zu bearbeiten. Schwieriger hingegen seien Patienten in Gruppen zu behandeln, die "dyadisch fixiert" seien. Diese Indikationsregel ergänzt Rüger (1993, S. 447) mit dem Hinweis, daß für die Behandlung von Konflikten, die ihren Ursprung nicht in der dyadischen Frühbeziehung hätten, eine Gruppe geeigneter als eine Einzeltherapie sei, z.B. bei Rivalitäts-, Rangordnungs- und Autoritätskonflikten.

Wenn der Autor Diagnosen als Indikationskriterium heranzieht, dann führt er zugleich zusätzliche Bedingungen ein, die für eine positive Indikation erfüllt sein müssen: Patienten mit einer Borderline-Störung können seines Erachtens dann in einer Gruppe gut behandelt werden, wenn sie nicht zum Agieren neigen.

Ein weiteres Kriterium für die Indikationsstellung sei das Verhalten des Patienten in der Gruppe selbst. Ungünstig sei Gruppenpsychotherapie für Depressive und "zwanghafte Schweiger" (S. 159), hingegen könnten schizoide Patienten, die schweigen, durchaus am Gruppenprozeß partizipieren.

Generell empfiehlt der Autor unabhängig von der Diagnose oder der vorherrschenden Symptomatik Gruppentherapie für alle Patienten, die sich und ihre Probleme in einer Gruppe zur Darstellung bringen können.

Ferner sieht der Autor die Indikation für Gruppenpsychotherapie in Abhängigkeit von der Art der praktizierten Gruppentechnik - orientiert am "Göttinger Modell der Gruppentherapie" (vgl. Heigl-Evers, 1978) - und davon, ob die Gruppe ambulant oder stationär durchgeführt wird. So empfiehlt er unter Bezugnahme auf das psychoanalytische Neurosenstrukturmodell "psychoanalytisch interaktionelle Therapie" für "Frühgestörte" (ich-strukturell Gestörte), analytisch orientierte (tiefenpsychologisch fundierte) Gruppentherapie für Charakterneurosen und analytische Gruppentherapie für neurotische Patienten mit "durchschnittlicher Regressionstoleranz" (S. 156).

Für stationäre Gruppenpsychotherapie ergibt sich nach Meinung des Autors ein weiteres Indikationsspektrum als für ambulante.

Für bestimmte Störungsbilder, z.B. Abhängigkeitserkrankungen, scheinen homogene Gruppen geeigneter zu sein als heterogene.

Zusammenfassend läßt sich festhalten, daß in der Praxis der Indikationsstellung für Gruppenpsychotherapie, so wie sie König (1994) darstellt, folgende Fragen für relevant gehalten werden:

1. *Patientenmerkmale*
   Ist der Patient ausreichend für eine Behandlung in einer Gruppe motiviert?
   Ist seine Regressionstoleranz für eine Einzelpsychotherapie zu gering?
   Zeigt sich die Störung des Patienten vor allem in einem gestörten Interaktionsverhalten bzw. in seinen Beziehungen?
2. *Merkmale der Interaktion zwischen Störung und Gruppe:*
   Ist die Störung von einer Art, daß gerade in einer Gruppenpsychotherapie die Chance besteht, daß sie sichtbar und bearbeitbar wird?
3. *Merkmale der Interaktion zwischen Störung, Gruppentechnik und Gruppenkomposition:*
   Welche Gruppentechnik ist welchem Störungsbild angemessen, und welche Störungen sollten eher in homogenen als in heterogenen Gruppen behandelt werden?
   Legt der Schweregrad der Störung eher eine stationäre als eine ambulanten Therapie nahe?

Nach der nun folgenden Darstellung der empirischen Forschungergebnisse zur Indikation und Prognose sollen die geschilderten Indikationsregeln der Praxis mit den Ergebnissen der Forschung verglichen werden: Stimmen Forschungsergebnisse und Praxisregeln miteinander überein oder richten sich Praktiker nach Kriterien, denen die Forschung keine Beachtung schenkt? Und umgekehrt: Welche Hinweise liefert die Forschung für die Praxis und inwieweit finden diese Hinweise Beachtung?

4. Forschungsergebnisse zur Indikation und Prognose in der Gruppenpsychotherapie

4.1. Zur Unterscheidung von Prädiktoren, Indikatoren, prognostischen Merkmalen

Die Verwendung der Begriffe Prädiktor, Indikator und prognostisches Merkmal bzw. prognostische Variable oder prognostischer Faktor ist in der Literatur nicht einheitlich. Diese Begriffe sollen hier mit folgender Bedeutung verwendet werden:

Prädiktor: Unter einem Prädiktor soll ein Merkmal verstanden werden, das einen Zusammenhang mit dem Therapieerfolg des Patienten aufweist bzw. bei dem ein solcher Einfluß vermutet wird und das vor oder bei Beginn der Behandlung erhoben werden kann.

Ein Prädiktor ist nicht nur ein Merkmal des Patienten, z.B. die Schwere seiner psychischen Beeinträchtigung, sondern auch ein Merkmal des Gruppenprozesses, z.B. die Gruppenkohäsion.

Unter diese Definition fallen demnach auch alle sog. therapeutischen Wirkfaktoren (vgl. Kap. 4).

Manche Prädiktoren sind zugleich auch prognostische Merkmale, z.B. "psychological mindedness", andere hingegen nicht, wie "Gruppenkohäsion". Deshalb ist es sinnvoll, innerhalb der Prädiktoren zwischen Indikatoren und prognostischen Merkmalen zu unterscheiden:

Indikator: Ein Indikator ist ein Merkmal, das einen Zusammenhang auch mit einem *negativen* Therapieergebnis aufweist, z.B. mit dem Behandlungsabbruch korreliert. Indikatoren sollen anzeigen, ob ein bestimmtes Therapieverfahren indiziert ist oder nicht.

Da die Indikationsentscheidung vor dem Beginn einer Psychotherapie fällt, handelt es sich in der Regel um Merkmale des Patienten, es sei denn, die Indikationsentscheidung fällt nach einer Probetherapie. Dann können auch Prozeßmerkmale als Indikatoren herangezogen werden.

Differentieller Indikator: Wenn ein Indikator im Falle einer Nicht- oder Kontraindikation einen Hinweis dafür liefert, welche andere Form von Behandlung geeignet ist, sprechen wir von einem differentiellen Indikator (DI). Beispielweise ist das Ausmaß an Regressionstoleranz ein DI für Gruppen- oder Einzeltherapie. Denkbar sind auch DIs für stationäre vs. ambulante Behandlung oder für spezifische Gruppenverfahren.

Prognostisches Merkmal: Ein prognostisches Merkmal ist ein Merkmal, das eine Einschätzung des zu erwartenden Therapieerfolges im Rahmen eines bestimmten Therapieverfahrens ermöglicht.

Dabei kann es sich um Patientenmerkmale handeln, die vor der Therapie erhebbar sind, aber auch um Merkmale der Interaktion mit dem Erstinterviewer oder Merkmale, die im Verlauf einer Probetherapie erhoben werden.

Tab. 1: Prädiktoren des Behandlungserfolges in der Gruppenpsychotherapie

Zeitpunkt der Erhebung/Messung: Vor der Behandlung			
Kategorien	*Merkmale*	*Bewertung im Hinblick auf Therapieprozeß und Therapieerfolg*	*Art des Prädiktors*
Patient	**Sozio-demographische Merkmale:**		
	Alter	Kein Einfluß auf den Therapieprozeß und den Verbleib in der Behandlung, aber auf den Therapieerfolg, der mit zunehmenden Alter abnimmt	P
	Geschlecht	Geringe Evidenz für einen Einfluß	
	Familienstand	Geringe Evidenz für einen Einfluß	
	Bildungsstand	Nur minimale Evidenz für einen Einfluß	
	Beruflicher Status	Geringe Evidenz für einen Einfluß	
	Sozialer Status	Nur minimale Evidenz für einen Einfluß	
	Persönlichkeitsmerkmale:		
	Intelligenz	Geringe Evidenz für einen bedeutsamen Einfluß	
	Erwartungshaltung	Ist von Bedeutung, aber bisher zu schwer zu messen	P
	Psychological mindedness	Einfluß auf das Verbleiben in der Therapie u. den Erfolg	P u. I
	Ich-Stärke	Einfluß ist zu wenig gesichert	
	Suggestibiltät	Einfluß ist zu wenig gesichert	
	Motivation	Hat Einfluß, bedeutsam auch für differentielle Therapieindikation	P, I und DI
	* Art und Ausmaß interpersonaler Probleme	Spielt eine Rolle bei der Indikation und differentiellen Indikation	I und DI
	Merkmale der Störung:		
	Diagnose	Die formale Diagnose scheint im Zhg. mit drop-out und Therapieerfolg zu stehen. Beispielsweise sind die Abbruchraten für Pat. mit den Diagnosen "Angst" und " Depression" geringer als für Pat. mit der Diagnose Persönlichkeitsstörung, paranoide oder hysterische Störung	I u. P
	Therapieerfahrung (ja/nein)	Evidenz für einen inversen, nicht sehr ausgepägten Zhg mit dem Erfolg. Aber: eine erfolgreiche frühere Therapie scheint ein positiver Indikator zu sein (Moreno, 1994, p. 429)	I

Forts. Tab. 1: Prädiktoren

Kategorien	*Merkmale*	*Bewertung im Hinblick auf Therapieprozeß und Therapieerfolg*	*Art des Prädiktors*
	Schwere und Chronizität	Evidenz für einen inversen, nicht sehr ausgepägten Zhg mit dem Erfolg	
	* Differenz zwischen im- und interpersonaler Belastung	Noch nicht ausreichend untersucht. Vermutlich Indikator bezüglich drop-out bei ambulanter Therapie und Prädiktor bei spezifischen Störungen.	I und P
Patient x Therapeut	Therapiekontrakt	Therapieverträge gehören zu den Maßnahmen, die zu einer Struktur bzw. Strukturierung der Behandlung beitragen. Sie wirken sich positiv auf das Verbleiben in der Therapie und den Therapieerfolg aus (Kaul & Bednar, 1994)	I und P
	Therapeutische Allianz		I und P
	Vorbereitung auf die Gruppe	Bei sehr unterschiedlichen Formen der Vorbereitung auf eine Gruppentherapie (Prätraining) wirken sich günstig auf Therapieprozeß und -erfolg aus (Kaul & Bednar, 1994)	I und P
Gruppe x Patient	Auswahlfaktoren	Bestimmte Störungen sind in homogenen Gruppen erfolgreicher als in heterogenen zu behandeln, z.B. Eßstörungen (Moreno, 1994)	I und P
Zeitpunkt der Erhebung: Erstinterview oder während der Behandlung bzw. Probetherapie			
Patient	Abwehrverhalten		P
	Ausmaß der Psychopathologie		P
	Stress level		P
	* Ansprechbarkeit für das therapeutische Beziehungsangebot	Prädiktor, der in Abhängigkeit von der Gruppenmethode variiert	P
Patient x Therapeut	Qualität der therapeutischen Beziehung		P
	Neufestsetzung von Therapiezielen		P
	Übertragung		P

Anmerkungen: P = prognostisches Merkmal, I = Indikator, DI = differentieller Indikator
* = zusätzlich aufgenommene Prädiktoren (s. Text).

4.2. Forschungsergebnisse

Wir haben die empirisch überprüften Prädiktoren für die Gruppenpsychotherapie in einer Tabelle zusammengefaßt. Die Tabelle (Tab. 1) ist eine Kombination von Ergebnisübersichten aus dem Handbook of Group Psychotherapy (Fuhriman & Burlingame, 1994). Sie fußt auf einer Zusammenstellung, die Dies (1994, S. 144) dort gibt und enthält die Prädiktoren, die in jeweils mehr als einer Untersuchung als mit dem Therapieerfolg im Zusammenhang stehend gefunden wurden.

Auch der wiederholte Nachweis des Zusammenhanges zwischen einem Prädiktor und dem Therapieergebnis sagt bekanntlich noch nichts über die Stärke dieses Zusammenhanges (wieviel Prozent der Varianz der Erfolgskriterien können damit erklärt werden?) aus und auch noch nichts über seine Nützlichkeit für die Praxis der Indikationsstellung. Ein solche Bewertung hat Piper (1994, S. 83-113) für die wichtigsten Patientenmerkmale vorgenommen. Sie wird in der Tabelle mit aufgeführt. Ferner wird vermerkt, ob es sich bei dem Prädiktor um ein prognostisches Merkmal (P), einen Indikator (I) oder einen differentiellen Indikator (DI) handelt.

Wir haben nur die Patienten- und die Patient-Therapeut-Interaktionsmerkmale aufgeführt, die in der Praxis im Rahmen einer Indikationsstellung üblicherweise berücksichtigt werden können. Unberücksichtigt blieben solche Merkmale, die zwar nachweislich Einfluß auf das Ergebnis einer Gruppenbehandlung nehmen, in der Praxis aber häufig nicht beliebig variierbar sind. Dazu gehört z.B. das Auftreten von belastenden Ereignissen im Leben eines Patienten während der Behandlung, aber auch Gruppengröße oder Art der Gruppenleitung (hoch vs. wenig strukturierend) sind in der Praxis häufig nicht frei variierbar, wenn die Zahl der stationären Gruppentherapiebetten vom Träger der Einrichtung festgelegt ist, und ein und derselbe Therapeut wird das Ausmaß, in dem er seine Gruppenarbeit strukturiert, nur in gewissen Grenzen verändern können bzw. wollen.

In der Tabelle werden die Merkmale bezüglich des Zeitpunktes ihrer Erhebung unterschieden: Merkmale, die vor der Behandlung erhoben werden können, werden unterschieden von denen, die erst im Therapieverlauf bzw. während einer Prä- oder Probetherapiephase erhoben werden können.

Die Tabelle macht deutlich, wie viele Faktoren Einfluß auf den Erfolg einer gruppenpsychotherapeutischen Behandlung nehmen, die sich zudem auch noch gegenseitig beeinflussen. Dies (1994, S. 154) stellt dazu resümierend fest: Realistischerweise werden wir niemals dahin kommen, eine Regresssionsgleichung zu erstellen, die fein säuberlich das Gewicht festhält, das dem einzelnen Merkmal und seinem Beitrag zum Therapieerfolg zukommt.

Dennoch sind dieser Ergebnisübersicht außer den Hinweisen auf die spezifische Bedeutung einzelner Prädiktoren auch generellere Hinweise im Hinblick auf weitere Forschung und für die Praxis der Indikationsstellung zu entnehmen:

1. Die prädiktive Bedeutung der soziodemographischen Merkmale von Patienten ist als eher gering einzuschätzen.
2. Patientenmerkmale sind umso bessere Prädiktoren, je mehr sie in einem theoretisch begründbaren Zusammenhang mit den Anforderungen an den Patienten in einer Psychotherapie stehen. Beispielsweise ist die "psychological mindedness" (vgl. Kap. 6) ein besserer Prädiktor des Behandlungserfolges als die allgemeine "Intelligenz" eines Patienten.
3. Für eine Reihe von "therapieprozeßnahen" Patientenmerkmalen fehlen noch praktikable und valide Meßinstrumente, z.B. für die Erfassung der "Motivation" eines Patienten. Hinzuweisen ist in diesem Zusammenhang auf neu entwickelte Merkmale bzw. Meßinstrumente, die diesen Anspruchen genügen, wie das IIP (vgl. Kap. 5), die aber noch einer weiteren Erprobung bedürfen. Die vorläufigen Ergebnisse hierzu wurden in die obige Tabelle aufgenommen und mit einem *) gekennzeichnet.
4. Allgemein scheint eine Prädiktion um so besser zu sein, je mehr sie Merkmale des Therapieprozesses und/oder die konkrete Beziehung zwischen Therapeut und Patient berücksichtigt.

Dazu ist es erforderlich, die Reaktion des Patienten auf den Therapieprozeß bzw. die Qualität der Therapeut-Patient-Beziehung empirisch zu erfassen.

Zur Realisierung dieses Zieles können verschiedene Wege beschritten werden: Es können sog. Prä-Trainings durchgeführt werden, in denen die Patienten auf die Gruppenbehandlung vorbereitet werden, z.B. durch Informationen über Gruppentherapie (Anforderungen an den Patienten, Aufgaben des Therapeuten, üblicher Verlauf usw.) oder durch Zeigen von Videoaufzeichnungen einer charakteristischen Gruppensitzung. Weiterhin kann aufgrund des Erstinterviews die Therapeut-Patient-Beziehung analysiert werden, oder es wird vor einem endgültigen Therapiekontrakt eine bestimmte Anzahl von Probesitzungen vereinbart. Die konkreten Prädiktoren können dann in diesen Settings per Rating oder Fragebogen erhoben werden. Ein für die Probetherapiephase geeigneter Fragebogen ist der GEB (vgl. Kap 11), der in der amerikanischen Übersicht fehlt und deshalb in die Tab.1 aufgnommen wurde. Er erfaßt die sog. "Ansprechbarkeit" des Patienten für den spezifischen Therapieprozeß.

5. Für die Praxis der Indikationstellung läßt sich aus den Ergebnissen ableiten, daß eine Probetherapiephase unter Beachtung der Reaktion des Patienten auf den Gruppenprozeß die verläßlichsten Hinweise für Indikation und Prognose liefert.

Abschließend soll die eingangs aufgeworfene Frage beantwortet werden, wie weit sich die Indikationsregeln in der Praxis mit den Ergebnissen der Indikationsforschung decken. Nach unserem Eindruck besteht eine verblüffend gute Übereinstimmung bezüglich der Merkmale, die für indikationsrelevant gehalten werden, zumindest für den Bereich der analytisch orientierten Gruppenpsychotherapie. Ferner bestätigt die Forschung die Bedeutsamkeit der von Praktikern beachteten Merkmale: Motivation (für eine Gruppentherapie), Abwehr (Regressionsbereitschaft), Ansprechbarkeit für den Gruppenprozeß usw. Auch für die von König (s.o.) vertretene Auffassung, daß Patienten mit bestimmten Störungen von bestimmten Gruppentechniken mehr profitieren als von anderen, liefert die Forschung Belege (s. Piper, 1994, S. 89 - 94), die allerdings für die drei spezifischen Gruppentechniken (psychoanalytisch interaktionelle, analytisch fundiert und analytische Gruppentherapie), die König benennt, u.W. noch ausstehen.

5. Zukünftige Forschungsstrategien und Fragestellungen

Die Bewertung des Beitrags der empirischen Forschung für die Praxis der Indikationsstellung fällt sehr unterschiedlich aus. Yalom (1985) z.B. ist eher skeptisch: Die empirische Forschung habe bis heute keine wesentlichen Erkenntnisse zur Indikationsfrage beigesteuert. Piper (1994, S. 84) hält das für eine Frage der Perspektive: Ist das Glas halbleer oder halbvoll? Er hält es für halbvoll und plädiert deshalb für weitere Forschung in diesem Bereich, allerdings unter Vermeidung der in der Vergangenheit gemachten Fehler. Er gibt eine Reihe von Empfehlungen, deren Beachtung zu valideren und substantielleren Forschungsergebnissen führen soll. Diese Empfehlungen (Piper, 1994, S. 85) finden sich in der nachfolgenden Übersicht (s. Tab. 2).

Die Gründe für die Empfehlungen 1 und 2 liegen auf der Hand: Zu oft und zu oft ergebnislos wurde in der Vergangenheit nur ein einziges Merkmal bezüglich seines Einflusses auf das Therapieergebnis untersucht. Konnte in einer Studie ein Einfluß festgestellt werden, ließ sich dieser in einer Folgestudie nicht replizieren, oder es kam zu widersprüchlichen Ergebnissen. Ein Beispiel dafür ist der Versuch, in der "Ich-Stärke" des Patienten einen Prädiktor für sein Verbleiben in einer Therapie zu finden. In der Regel ist ein Therapieabbruch (drop-out) das Resultat einer komplexen Interaktion zwischen Patient, Gruppe und Therapeut. Die Beschränkung auf eine dieser Einflußgrößen führt zwangsläufig zu nicht reliablen Ergebnissen.

Empfehlung 3 geht auf eine in der Vergangenheit wiederholt gemachte Erfahrung zurück, daß Forscher dazu neigen, alle verfügbaren Prädiktoren mit allen erhobenen Ergebnisvariablen zu korrelieren. Auf die Forderung, nur solche Variablen als Prädiktoren zu definieren und zu untersuchen, die in einem theoretisch begründbaren

Zusammenhang mit dem Therapieergebnis stehen könnten, wurde bereits oben hingewiesen.

Tab. 2: Empfehlungen für zukünftige Forschung zur Erfassung des Einflusses von Patientenmerkmalen auf das Behandlungsergebnis

1	Benutze einen multivariaten Ansatz mit mehr als einem Patientenmerkmal und mehr als einer Art von Prädiktor (z.B. Patienten-, Gruppen- oder Therapeutenmerkmale)
2	Untersuche die Interaktion zwischen den Prädiktoren
3	Benutze ein konzeptionelles Rationale als Basis für die Prädiktion
4	Benutze interpersonale und Verhaltensmerkmale des Patienten als Prädiktoren
5	Bei der Bestimmung des Behandlungserfolges sind Basisraten in Rechnung zu stellen
6	Jede Studie sollte mehr als eine Form von Gruppentherapie in die Untersuchung aufnehmen
7	Es sollte versucht werden, vorliegende Studien zu replizieren oder für die eigene Studie eine Kreuzvalidierung vorzusehen

Empfehlung 4 betont die Bedeutung der Erhebung von klar definierten und zu beobachtenden Merkmalen des Verhaltens und der Interaktion. Diese Empfehlung ist vor dem Hintergrund zu sehen, daß sich weder diagnostische Kategorien noch komplexe psychodynamische Konstrukte, z.B. präödipale Störung, für eine reliable Prognose eignen. Wir möchten in diesem Zusammenhang auf ein Problem hinweisen, auf das Piper in seinen Ausführungen nicht eingeht, nämlich auf die Wahl der Art der Datenquelle (Patient, Interviewer, neutraler Rater), auf die sich die Prädiktion stützt. Auch sie nimmt Einfluß auf die Güte der Indikation und Prognose. Der Leser wird in diesem Band Hinweise finden (z.B. bei der Beschreibung des GEB, Kap. 11), daß sich aus den Selbsteinschätzungen der Patienten die besten Prognosen ableiten lassen. Analog dazu nimmt auch die Art der Datenquelle, die zur Feststellung des Therapieerfolges herangezogen wird, Einfluß auf die Güte der Prognose.

Die 5. Empfehlung geht auf Garfield (1986) zurück. Er weist darauf hin, daß ein Prädiktor, der eine substantielle Korrelation mit dem Behandlungsergebnis aufweist, nicht automatisch zu einer wesentlichen Verbesserung der Prognose führt. Beispielsweise beträgt die Basisrate für das Verbleiben in einer Therapie 67%, d.h. ca. ein Drittel der Patienten scheidet vorzeitig aus. Die Beachtung eines mit dem Verbleiben in der

Therapie hoch korrelierenden Prädiktors bei der Indikationsstellung kann zu dem mageren Resultat führen, daß die Quote der Patienten, die die Therapie nicht abbrechen, lediglich von 67% auf 70% angehoben werden kann.

Die 6. Empfehlung soll verhindern, daß Prädiktoren benannt werden, die möglicherweise nur ein prognostisches Merkmal für eine spezifische Form von Gruppentherapie sind. Die Einbeziehung von mehr als einer Gruppenmethode in eine Untersuchung gibt auch Hinweise auf die differentielle Validität eines Prädiktors.

Die 7. Empfehlung bedarf keines Kommentars. Sie ist nicht spezifisch für Gruppentherapiestudien, sondern eine Forderung, die jeder empirisch arbeitende Forscher in sein Forscher-Überich integriert hat, auch wenn das oft von Kollegen in der Form einer Frage angezweifelt wird: Haben Sie Ihre Ergebnisse auch einer Kreuzvalidierung unterzogen?

Die Fragestellungen im Bereich Indikation und Prognose werden sich in der Zukunft nicht wesentlich verändern. Es wird auch zukünftig darum gehen, einem Patienten möglichst frühzeitig sagen zu können, ob er von einer Gruppentherapie eine Behebung bzw. Linderung seines Leidens erwarten kann oder nicht, und wenn ja, in welcher Form von Gruppentherapie das am wahrscheinlichsten sein wird.

Literatur

Bergin, A.E. & Garfield, S.L. (1994) (Eds.). *Handbook of Psychotherapy and Behavior Change (4th ed.)*. New York: Wiley & Sons.

Beutler, L.E. & Clarkin, J.F. (1990). *Systematic treatment selection*. New York: Brunner & Mazel.

Burlingame, G.M., Kircher, J.C. & Taylor, S. (1994). Methodological Considerations in Group Psychotherapie Research: Past, Present, and Future Practice. In: A. Fuhriman & G.M. Burlingame, G.M. (Eds.). *Handbook of Group Psychotherapy. An Emperical and Clinical Synthesis*. New York: Wiley & Sons.

Dies, R.R. (1993). Research on Group Psychotherapy: Overview an Clinical Applications. In: A. Alonso & H.I. Swiller (Eds.). *Group Therapy in Clinical Practice*. Washington D.C.: American Psychiatric Press.

Dies, R. R. (1994). Therapist Variables in Group Psychotherapy Research. In: A. Fuhriman & G.M. Burlingame (Eds.). *Handbook of Group Psychotherapy. An Emperical and Clinical Synthesis*. New York: Wiley & Sons.

Fuhriman, A. & G.M. Burlingame (1994) (Eds). *Handbook of Group Psychotherapy. An Empirical and Clinical Synthesis*. New York: Wiley & Sons.

Garfield, S.L (1986). Research on client variables in psychotherapie. In: Garfield, S.L. & Bergin, A.E. (1994) (Eds.). Handbook of Psychotherapy and Behavior Change (3rd ed.). New York: Wiley & Sons.

Heigl-Evers, A. (1978). *Konzepte der analytischen Gruppenpsychotherapie*. Göttingen: Vandenhoeck & Ruprecht.

Kaul, T.J. & Bednar, R.L. (1994). Pretraining and Structure. Parallel Lines Yet to Meet. In: A. Fuhriman & G.M. Burlingame (Eds.). *Handbook of Group Psychotherapy. An Empirical and Clinical Synthesis*. New York: Wiley & Sons.

König, K. (1994). Indikation. Entscheidungen vor und während einer psychoanalytischen Therapie. Göttingen: Vandenhoeck & Ruprecht.

Kordy, H. & Senf, W. (1992). Therapieabbrecher in geschlossenen Gruppen. *Psychotherapie, Psychosomatik, Medizinische Psychologie*, 42, 127-133.

Moreno, J.K. (1994). Group treatment for Eating Disorders. In: A. Fuhriman & G.M. Burlingame (Eds.). *Handbook of Group Psychotherapy. An Empirical and Clinical Synthesis*. New York: Wiley & Sons.

Piper, W.E. (1994). Client Variables. In: A. Fuhriman & G.M. Burlingame (Eds.). *Handbook of Group Psychotherapy. An Empirical and Clinical Synthesis*. New York: Wiley & Sons.

Yalom, I.D. (1983). *The Theory and Practice of Group Psychotherapy* (3rd ed.). New York: Basic Books.

3 Ergebnisforschung in der Gruppenpsychotherapie

Bernhard Strauß

1. Renaissance der Ergebnisforschung?

In der Psychotherapieforschung sah es lange so aus, als würde man das Ergebnis, wonach Psychotherapie wirksam ist, akzeptieren und sich mehr und mehr der Frage zuwenden, *wie* Psychotherapie wirkt. Dazu wurden in vielen programmatischen Beiträgen Forschungsstrategien und -methoden dargestellt, die einen Zugang zum psychotherapeutischen Prozeß und eine mikroskopische Analyse von Interaktionen in der Psychotherapie ermöglichen sollten (vgl. z.B. Greenberg & Pinsof, 1986; Grawe, 1988; Kächele, 1992).

In jüngster Zeit hat sich das Bild gewandelt, die Frage nach den *Effekten verschiedener Formen von Psychotherapie* ist wieder interessant geworden. Diese Renaissance der Ergebnisforschung hat sicherlich mehrere, vor allem wissenschaftliche und politische Gründe:

- Zum einen ist innerhalb der Psychotherapieforschung zu Recht eine rege Diskussion um das sog. *Äquivalenzparadoxon* entstanden, das häufig mit der inzwischen berühmten Feststellung von Luborsky et al. (1975) „everyone has won and all must have prices“ verbunden wird (Stiles et al., 1986).
- Nicht nur hierzulande ist - unter dem Schlagwort „Qualitätssicherung“ - die Notwendigkeit entstanden, die Qualität von Behandlungsergebnissen zu belegen und deren Ökonomie nachzuweisen. Dies hat zu einer Fülle von Initiativen geführt, den Erfolg von Psychotherapie zu operationalisieren und dessen Erfassung zu vereinheitlichen (vgl. z.B. Schulte, 1993).
- Schließlich hat die nicht zuletzt durch Grawe und seine Mitarbeiter (1990, 1994) provozierte Diskussion um die differentiellen Effekte bestimmter Therapieformen, die auch für die geplanten gesetzlichen Maßnahmen auf dem Feld bedeutsam ist, gezeigt, daß einige etablierte Psychotherapiemethoden bisher einen ausreichenden Nachweis ihrer Effektivität schuldig geblieben sind (vgl. Kächele, 1995).

All dies trifft natürlich auch für die Gruppenpsychotherapie zu: Es ist theoretisch zu vermuten, daß verschiedene Formen von Gruppentherapie (dem Überblick von Dies, 1992, zufolge sind diese sehr zahlreich) auch zu unterschiedlichen Ergebnissen, zumindest in unterschiedlichen Bereichen, führen werden. Empirische Ergebnisse hierzu fehlen bislang weitgehend. Der externe Druck durch Maßnahmen der Qualitätssicherung, Forschung in die Praxis zu integrieren, gilt ebenfalls für das Feld der Gruppenpsychotherapie. Abgesehen von allen „Unannehmlichkeiten“, die Forderungen nach einer Sicherung der Ergebnisqualität mit sich bringen mögen, bietet sich hier auch die Chance des Nachweises, daß gruppentherapeutische Behandlungen ökonomische Formen von Psychotherapie sind, die bislang zu Unrecht *unterbewertet* werden. Wie die Überblicke über die Ergebnisforschung zur Gruppenpsychotherapie in unterschiedlichem Kontext belegen (vgl. Abschnitt 2.; Brabender & Fallon, 1993; Finger-Trescher, 1991), gibt es einige reale Forschungs*defizite* im Hinblick auf die Evaluation gruppentherapeutischer Behandlung, wobei diese - ebenso wie in der Einzeltherapie - für die im weitesten Sinne psychodynamischen Therapiemethoden am ausgeprägtesten sind.

So ist Ergebnisforschung zusammengefaßt keineswegs nur als notwendiges Übel oder Vehikel zur Legitimation zu sehen, sondern als noch nicht gelöste wissenschaftliche Aufgabe, die - sollte sie künftig erfüllt werden - zu durchaus positiven Ergebnissen im Hinblick auf die Entwicklung einer Theorie der Gruppentherapie führen könnten, zu einer gesundheitspolitischen Aufwertung der Gruppenpsychotherapie und zur Klärung indikationsbezogener Fragen.

2. Ergebnisforschung in der Gruppenpsychotherapie - State of the art

Angesichts der trotz der erwähnten Defizite vorhandenen Fülle an Studien zur Wirksamkeit von Gruppenpsychotherapie fällt es nicht leicht, den Stand der Ergebnisforschung in diesem Feld kurz zusammenzufassen. Bednar & Kaul, die im „Handbook of Psychotherapy and Behavior Change“ für das Thema Gruppentherapie zuständig sind, kamen in der zweiten Auflage des Handbuchs (vgl. Bednar & Kaul, 1978) im Hinblick auf die Therapieergebnisse in Gruppen zu folgendem Schluß:

„Accumulated evidence indicates that group treatments have been more effective than no treatment, than placebo or nonspecific treatments, or than other recognized psychological treatments, at least under some circumstances. This evidence has been gathered under a variety of conditions, from a wide range of individuals, and in many different ways. Although it may not be the best question to ask, there is a large body of research that indicates that group treatments „work“. This conclusion must be qualified, however, since it is empirically and intuitively obvious that not all groups have had uniformly beneficial results. We have seen nonrejections of the null hypothesis in the research, and evidence of casualties as well“ (p. 792).

1986 schlußfolgern dieselben Autoren (vgl. Kaul & Bednar, 1986), daß Gruppentherapie effektiv sei, zumindest in gewissem Maße und unter bestimmten Bedingungen, die man bis heute aber leider nicht kenne. Acht Jahre später, in der vierten Auflage des Handbuchs (Bednar & Kaul, 1994), wiederholen die Autoren ihre Feststellung aus dem Jahr 1978 und vermerken: *„It is applicable today as when it was first formulated“ (p. 632).* Danach wenden sie sich in ihrem Überblick eher konzeptuellen und prozeßbezogenen Fragen zu; die Effektivität von Gruppentherapien wird nur noch marginal erwähnt.

Etwas optimistischer ist die Einschätzung von Fuhriman & Burlingame (1994), die den bisher aktuellsten und umfassendsten Überblick über die (angloamerikanische) Literatur zur Effektivität von Gruppentherapien vorlegten. Die Autoren gehen dabei historisch vor und bezeichnen die Arbeit von Burchard et al. (1948) als die erste, in der versucht wurde, die Studien zu den unterschiedlichen Formen gruppentherapeutischer Behandlungen zu systematisieren. Burchard und Mitarbeiter kamen in ihrer Übersicht zu dem Schluß, daß es extrem schwierig gewesen sei, klare Trennungen zu ziehen zwischen Untersuchungen zur Gruppen"therapie" und den vielen Versuchen, das Verhalten, die Persönlichkeit und den Charakter von Menschen durch die „Teilnahme an Gruppen" zu verändern. Dieses Problem stellte sich auch in den folgenden Jahrzehnten, in denen nach Fuhriman & Burlingame (1994) zwischen 1960 und den frühen neunziger Jahren insgesamt 22 „repräsentative" Überblicksarbeiten zur Thematik erschienen.

In den sechziger Jahren wurden - wie die entsprechenden Übersichten zeigen - mehr und mehr kontrollierte Studien durchgeführt, in denen Behandlungsbedingungen mit Kontrollbedingungen verglichen wurden, die allerdings meist nicht äquivalent (i.S. von Cook & Campbell, 1979) waren. In dieser Zeit überwiegen Untersuchungen in Institutionen (Kliniken, Gefängnissen). Die Ergebnisse wurden zunächst als wenig vielversprechend bezeichnet; allenfalls sah man in der Gruppe eine „sinnvolle Ergänzung" zur Einzel- oder Pharmakotherapie. Erst spätere Übersichten (z.B. Mann, 1966; Anderson, 1968) kamen zu optimistischeren Schlußfolgerungen und berichten über durchschnittliche Besserungsraten von 45% durch Guppenbehandlungen in unterschiedlichem Rahmen und unterschiedlichen theoretischen Orientierungen.

In der folgenden Dekade entsprachen die Studien strengeren methodischen Anforderungen. Gruppentherapien (ambulant und stationär) wurden - im Vergleich zu Kontrollbedingungen und zu Einzeltherapie - einhellig als effektiv bewertet. Der konzeptuelle Rahmen wurde in dieser Zeit erweitert und elaboriert, wozu insbesondere die Arbeiten von Yalom beigetragen haben (vgl. Yalom, 1975; 1989; 1994). Dennoch gab es einige Autoren, die zumindest für spezifische Störungsbilder der Einzeltherapie gegenüber der Gruppentherapie den Vorzug gaben (vgl. Fuhriman & Burlingame, 1994).

In den achtziger und in den frühen neunziger Jahren bezogen sich Übersichtsarbeiten auf spezifischere Themen, z.B. Therapien bei bestimmten Störungen oder auf die Beschreibung von umgrenzten Behandlungsmodellen. Auch wurden genauere Aussagen zur differentiellen Effektivität von Gruppentherapien möglich. Fuhriman & Burlingame (1994) fassen die Quintessenz der Gruppentherapieergebnisforschung in dieser Periode wie folgt zusammen:

- Gruppentherapie ist effektiv im Vergleich zu Kontrollbedingungen ohne Behandlung,

- im Vergleich zur Einzeltherapie bzw. anderen Behandlungsformen ist Gruppentherapie ebenbürtig, wenn nicht gar überlegen,
- im Hinblick auf spezifische Probleme (z.B. Menschen mit Verlusterlebnissen: Piper & MacCallum, 1991) ist es immer noch nicht möglich, die Effektivität von Gruppen zu belegen (überwiegend aufgrund eines Mangels an entsprechenden Studien),
- möglicherweise ist die Abbrecherrate in Gruppen höher als in Einzeltherapien[1].
- Insgesamt gesehen sei aber aus circa 700 Studien der letzten zwei Jahrzehnte zu folgern, daß das Gruppensetting bei unterschiedlichen Störungsbildern und mit unterschiedlichen Behandlungsmodellen konsistent positive Effekte produziert.

Wie so viele Übersichten aus dem englischsprachigen Raum enthält auch jene von Fuhriman & Burlingame (1994) keine einzige deutschsprachige Arbeit, obwohl sich sicherlich einige weitere 100 Studien zur Effektivität von Gruppentherapie in deutschen Fachzeitschriften finden ließen. Im großen und ganzen würde aber eine Zusammenfassung dieser Studien die Schlußfolgerungen von Fuhriman & Burlingame (1994) bestätigen. Unter den deutschsprachigen Arbeiten zur Ergebnisforschung in der Gruppentherapie sind vor allem jene hervorzuheben, die sich mit Gruppentherapien im stationären Rahmen befaßten (z.B. Pohlen, 1972; Deneke, 1982; Rüger, 1981; Janssen, 1987; Ekkert & Biermann-Ratjen, 1985; Tschuschke, 1993; Strauß & Burgmeier-Lohse, 1994), die zahlreichen Untersuchungen zur Gruppentherapie, die in der DDR durchgeführt wurden (z.B. Hess, 1986, 1991), oder Untersuchungen zur Kurzgruppentherapie (Pritz, 1990). Defizite in der Ergebnisforschung zeigen sich aber auch nach einer Durchsicht der deutschsprachigen Literatur, speziell für den Bereich der analytisch orientierten Gruppenbehandlung (vgl. Finger-Trescher, 1991).

Die Ära der *Metaanalysen* hat natürlich auch die Gruppentherapie erfaßt; Metaanalysen können herangezogen werden, um die Frage der *differentiellen Effektivität von Einzel- und Gruppentherapie* zu klären. Fuhriman & Burlingame (1994) fassen (beginnend mit der Studie von Smith, Glass & Miller, 1980) bis 1990 insgesamt sieben Metanalysen zu dieser Frage zusammen. Vier dieser Analysen kommen zu dem Schluß, daß es keine bedeutenden Unterschiede im Hinblick auf die Effektivität von Einzel- und Gruppentherapie gibt (Smith et al., 1980; Miller & Berman, 1983; Robinson et al., 1990; Tillitski, 1990; s.a. Orlinsky et al., 1994). Toseland & Siporin (1986) berichten über eine Metanalyse, die im Überblick von Fuhriman & Burlingame nicht enthalten ist. Diese Autoren kommen zu dem Schluß, daß unter 32 vergleichenden Untersuchungen, die bestimmten methodischen Ansprüchen genügen, 24 zu finden seien, die keinerlei Unterschiede im Hinblick auf die Effektivität von Einzel- bzw. Gruppentherapie nahelegen. 8 Studien dagegen (immerhin 25%) deuten auf eine Überlegenheit des Gruppen-

[1] Dies legt auch eine Übersicht von Kordy & Senf (1992) nahe, die für Gruppentherapien Abbrecherquoten zwischen 17 und 55.5% berichten!

settings[2] hin. Shapiro & Shapiro (1982) folgern, daß die Einzeltherapie zwar am effektivsten erscheint, aber unmittelbar gefolgt wird von Gruppenbehandlungen. Die beiden verbleibenden Studien von Dush et al. (1983) bzw. Nietzel et al. (1987), die sich ausnahmslos auf kognitiv-behaviorale Behandlungsmodelle beziehen, zeigten, daß Einzeltherapien den Gruppenbehandlungen bei weitem überlegen seien, daß letztere sich in ihrer Effektivität sogar von Plazebobedingungen kaum unterschieden. Fuhriman & Burlingame (1994), die diese beiden Arbeiten genauer sichteten, kommen allerdings zu dem Schluß, daß es sich bei den hier untersuchten „Gruppentherapien" lediglich um „Einzelbehandlungen in der Gegenwart anderer" gehandelt habe, also ein wirklicher Vergleich nicht möglich gewesen sei.

So kann man also nach dem bisherigen Stand der Forschung von einer vergleichbaren Effektivität von Gruppentherapien und Einzeltherapien ausgehen, ein Befund, der bei der Diskussion um die Ökonomie psychotherapeutischer Behandlungen - wenngleich sich die *Prozesse* der beiden Behandlungsmodalitäten sicher erheblich unterscheiden - mehr Beachtung finden sollte.

Auch wenn sich der aktuelle Stand der Ergebnisforschung auf dem Gebiet der Gruppentherapie längst nicht so negativ darstellt, wie man es beispielsweise auf der Basis von Kaul & Bednars (1986) Aussagen vermuten könnte, gibt es noch eine Reihe von Lücken in diesem Feld, die sich insbesondere auf spezifische Formen der Gruppentherapie beziehen. Außerdem sind einige konzeptuelle und methodische Fragen im Zusammenhang mit der Evaluation von Gruppentherapien längst nicht gelöst.

3. Konzeptuelle und methodische Überlegungen zur Ergebnisforschung in der Gruppentherapie[3]

Es wurde bereits erwähnt, daß nicht zuletzt aufgrund äußeren Drucks in jüngster Zeit einige Initiativen ergriffen wurden, die Sicherung von Qualität im Bereich der Psychotherapie zu diskutieren und zu konzeptualisieren. Hierzu gehören beispielsweise die Einführung einheitlicher Dokumentationssysteme für Patientenmerkmale (z.B. Broda et al., 1993) oder Versuche, eine Vereinheitlichung von Instrumenten zur Erfassung des Behandlungserfolges nach Psychotherapien vorzuschlagen, wie sie zur Zeit z.B. innerhalb der American Psychological Association (APA) oder der Society for Psychotherapy Research (SPR) unternommen werden. Es ist anzunehmen, daß diese Vorschläge

---

[2] Budman u. Mitarbeiter (1988) konnten in einer Studie zum Vergleich von Einzel- und Gruppenbehandlung zeigen, daß sich beide Settings nicht im Hinblick auf die Effektivität unterschieden, daß die Patienten aber eine eindeutige *Präferenz für Einzelbehandlungen* zum Ausdruck brachten.

[3] Die Ausführungen dieses Abschnitts basieren in Teilen auf Vorträgen des Autors im Gruppenanalyseseminar (GRAS) im Oktober 1993 (Bad Nauheim) bzw. Oktober 1994 (Gießen).

sich heute eher durchsetzen können als dies bei früheren Versuchen einer Vereinheitlichung von Evaluationsmethoden der Fall war (z.B. Waskow & Parloff, 1975). Wenn es gelänge, zumindest einen gewissen Teil der Erhebungsmethoden zu parallelisieren, könnten Behandlungsergebnisse unterschiedlicher Schulen und unterschiedlicher Settings künftig besser verglichen werden als dies heute der Fall ist[4].

In der Ära der Qualitätssicherung wurden auch wieder vermehrt methodische und konzeptuelle Überlegungen zur Evaluation von Psychotherapie angestellt. Wittmann sei in diesem Zusammenhang erwähnt, der mit der *Konzeption der fünf Datenboxen* ein anschauliches Modell zur Demonstration der Probleme und Strategien der Wirksamkeitsforschung entwickelte (vgl. Strauß & Wittmann, 1996). Schulte (1993) hat sich mit den Konzepten der Psychotherapieevaluation inhaltlich auseinandergesetzt und versucht, die Frage zu beantworten, „wie soll Therapieerfolg gemessen werden?“. Der Autor verweist darauf, daß man sich mittlerweile wohl einig sei, daß Therapieevaluation unter Zugrundelegung *multipler Kriterien* erfolgen müsse, ebenso *multidimensional, multimethodal und multimodal.* Schulte (1993) faßt in seiner Arbeit bisherige Versuche der Klassifikation von Erfolgsmessungen zusammen. Im deutschsprachigen Raum ist wohl das Ordungsschema von Seidenstücker & Baumann (1978) am bekanntesten, die drei wesentliche Bereiche für die Systematik von Erfolgsmessungen vorschlugen, nämlich die *Datenquelle* (z.B. Patient, Beobachter, Therapeut), die *Datenebene* (z.B. Erleben, Verhalten, Leistung, körperliche Funktionen) und den *Funktionsbereich*, also den *Inhalt der Erfolgsmessung* (z.B. Wohlbefinden, Symptomatik, Persönlichkeit, Funktionsniveau in verschiedenen Bereichen; vgl. z.B. Lueger, 1995). Insgesamt gesehen sind die Versuche, Erfolgsmessungen zu systematisieren, äußerst vielfältig (z.B. Lambert et al., 1992; Elliott, 1992). Schulte meint dazu:

„Die Vielfalt und Unterschiedlichkeit der Einteilungsversuche spiegelt ihre Unverbindlichkeit wider. Eine theoretische Verankerung wird nicht vorgenommen. .....Doch die Messung von Therapieerfolg ist grundsätzlich nicht anders zu bewerten als die Messung jedes anderen psychologischen Konstrukts in der psychologischen Forschung. Es ist zunächst theoretisch begründet, festzulegen, durch welche Indizes oder Variablen das Konstrukt inhaltlich erfaßt werden soll, und im zweiten Schritt, wie diese Variablen operationalisiert und gemessen werden können. Zu unterscheiden ist also zwischen dem inhaltlichen und dem methodischen Aspekt der Definition von Therapieerfolg. Beide sind unabhängig voneinander: die Methode muß der jeweils ausgewählten Variable entsprechen.“ (1993, S. 377/8).

[4] Man bedenke in diesem Zusammenhang den Befund von Lambert (1989), der in 348 Psychotherapiestudien insgesamt *1430 verschiedene Maße* zur Beschreibung des Behandlungserfolges katalogisierte.

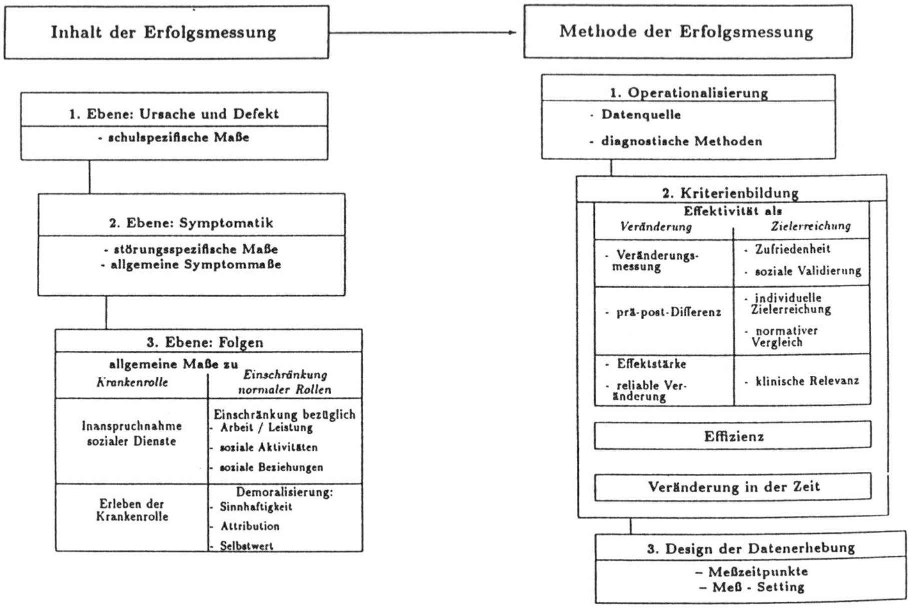

Abb. 1: Überblick über die inhaltlichen und methodischen Aspekte der Erfolgsmessung (aus Schulte, 1993, S.387).

Schultes Modell (vgl. Abb. 1) geht von der Annahme aus, daß „ein einheitliches Maß für die Evaluation von psychologischer und pharmakologischer Therapie nicht möglich [ist], wenn das Ziel von Therapie in der Heilung oder Besserung von Krankheiten oder psychischen Störungen gesehen wird. Denn Krankheit oder Störung ist ein mehrschichtiges Konstrukt, das Operationalisierungen auf mehreren Ebenen erfordert" (S. 386). Er schlägt vor, *inhaltlich* den Therapieerfolg auf drei Ebenen zu messen, nämlich auf der Ebene der *Krankheitsursachen* oder der „Defekte", der Ebene der *Symptomatik* sowie der Ebene der *Krankenrolle* bzw. der Krankheitsfolgen i.S. der „Einschränkung normaler Rollen" (vgl. auch Lueger, 1995). Die *Methode* der Evaluation sollte von den zur „Kennzeichnung des Therapieerfolges gewählten Variablen abhängig" gemacht werden. Zunächst ist hier die *Operationalisierung* wichtig und die Frage, welche *Kriterien für die Effektivität* der Behandlung gewählt werden. Schließlich ist die Methode durch das *Design*, also z.B. die Frage, in welchen Abschnitten der Behandlung gemessen wird, bestimmt. Schulte meint zu Recht, daß die Forderung nach allgemeinverbindlichen Erfolgsmaßen sich nur teilweise wird einlösen lassen, daß sicherlich „theoriespezifische Maße" nötig sind, um dem einzelnen Therapieverfahren und seinen spezifischen Therapiezielen gerecht zu werden. In diesem Zusammenhang ist die Reflexion der Ziele einer bestimmten Form von Psychotherapie sicherlich bedeutsam. Im gegenwärtig neu entfachten Streit um die Wirksamkeit verschiedener Formen von Psychotherapie ist dieser Aspekt m.E. zu wenig berücksichtigt. Wahrscheinlich wäre es nötig, die Ziele von Psychotherapien neuerlich zu diskutieren und auf dieser Basis über Methoden zur Erfassung dieser Ziele zu befinden. Vereinheitlichungen von Therapieerfolgsmaßen sind - so Schulte - wohl am ehesten auf der „Ebene des Krankseins" (z.B. Symptomatik, Funktionsniveau etc.) möglich.

Ähnliche Versuche zur Entwicklung von Konzepten der Ergebnisforschung wurden speziell für die *Gruppentherapie* mehrfach versucht. Verwiesen sei beispielsweise auf die Arbeiten von Parloff & Dies (1978), Bednar & Moeschl (1981), Dies (1985) bzw. Dies & Dies (1993), die versuchen, mit ihrer Konzeption eine Verbindung zur therapeutischen Praxis herzustellen.

	Beobachtungsebene			
Funktionsniveau	Klient	Therapeut	Beobachter	Bedeutsame Bezugsperson
Symptomatisch, verhaltensorientiert	x	x	x	x
Interpersonal	x	x	x	x
Intrapsychisch/ strukturell	x	x	x	x
Gruppenspezifisch	x	x	x	

Abb. 2: Ebenen der Evaluation gruppentherapeutischer Behandlungen (n. Hartmann, 1979).

Von Hartmann (1979) stammt die Übersicht, die Abb. 2 zugrunde liegt. Hier werden verschiedene Ebenen differenziert, auf denen eine *Evaluation* gruppentherapeutischer Maßnahmen zu empfehlen ist. Zunächst werden dabei verschiedene „Funktionsniveaus" unterschieden (symptomatische und verhaltensrelevante, interpersonale und intrapsychisch-strukturelle). Es besteht diesbezüglich mittlerweile Konsens, daß bei der Erfassung von Behandlungsergebnissen mindestens nach diesen drei Ebenen unterschieden werden sollte, wobei die interpersonale Ebene bislang sicher vernachlässigt worden ist und dies, obwohl - so Hartmann - das "allen Gruppenmethoden gemeinsame Merkmal die Nutzung des interpersonalen Feldes für Veränderungen" ist. Zwischenzeitlich hat sich einiges an der Situation geändert, was u.a. daran liegt, daß Verfahren zur Erfassung der interpersonalen Ebene mittlerweile in größerer Anzahl verfügbar sind.

In der Übersicht Hartmanns werden auch verschiedene *Ebenen der Beurteilung oder Beobachtung* differenziert, die im Idealfall herangezogen werden sollten, um Behandlungserfolge zu klassifizieren, d.h., daß man sich nicht nur auf die Selbsteinschätzungen des Patienten und/oder die Beurteilungen des Therapeuten verlassen, sondern auch unabhängige Beobachter in den Evaluationsprozeß mit einbeziehen sollte, ebenso wie bedeutsame Bezugspersonen des Patienten, etwa bei der Einschätzung der sozialen Fähigkeiten bzw. der partnerschaftlichen oder familiären Situation.

Obwohl das in Abb. 2 gezeigte Schema von Hartmann für die Gruppentherapie entwickelt wurde, enthält es nicht explizit die Dimension gruppenspezifischer Ergebnisse, die deshalb als *zusätzliche Zeile* in die Matrix eingefügt wurde (s.u.).

Es gab in der Vergangenheit immer wieder den Versuch, für die einzelnen Ebenen Methoden vorzuschlagen, i.S. eines *Standardinventars zur Gruppenevaluation*. Die sogenannte CORE-Battery der American Group Psychotherapy Association ist hier als Beispiel zu nennen (vgl. Dies & MacKenzie, 1983). Dieses Standardinventar besteht aus einer Symptomliste (SCL-90-R), einer Skala zur Einschätzung der sozialen Situation und emotionaler Probleme (Emotions Profile Index), einer Skala zur globalen Einschätzung der psychosozialen Beeinträchtigung (Global Assessment Scale und General Improvement Rating) und schließlich der Skalierung von individualspezifischen Problemen durch den Patienten und durch den Therapeuten. Mit letzterem wird der Forderung Rechnung getragen, daß man neben standardisierten Maßen des Behandlungserfolges auch individuelle Maße mit berücksichtigen sollte, z.B. die für den Patienten wichtigsten Probleme oder individualspezifische Therapieziele (etwa in Form des sog. Goal Attainment Scalings, vgl. Kordy & Scheibler, 1984). Sicherlich hat Schulte (1993) mit der Auffassung recht, daß sich eine vollständige Vereinheitlichung von Erfolgsmaßen nicht erreichen lassen wird. Dennoch wäre es wünschenswert, um der besseren Vergleichbarkeit von Therapieergebnissen willen, wenigstens in Teilbereichen zu Standards zu gelangen. Einige der in Abschnitt 4 aufgeführten Erhebungsmethoden könnten hierfür in Frage kommen.

Im gruppentherapeutischen Setting sollten nach Möglichkeit auch Erhebungsinstrumente eingesetzt werden, die den spezifischen „Profit" erfassen, den Patienten durch eine Gruppenbehandlung erzielen konnten. Bedauerlicherweise liegen hierzu noch sehr wenige elaborierte Methoden vor. Die Behandlungsbeurteilung nach Froese (vgl. Kap. 10) stellt einen Versuch dieser Art dar. Überlegungen über die spezifischen Ziele einer Gruppentherapie (bezogen auf die Gruppe und deren Mitglieder) sollten bei der Evaluation von Gruppen ebenfalls berücksichtigt werden. Auch hierzu liegen noch wenige Erfahrungen vor.

Generell ist bei der Evaluation von Gruppentherapien die Frage zu stellen, auf welcher *Ebene* der Behandlungserfolg erfaßt werden soll, also - was sicher einfacher zu bewerkstelligen ist - auf der Ebene des Individuums oder der Ebene der Gruppe. Die klinische Erfahrung lehrt, daß es „gute“ und „schlechte“ Gruppen gibt, d.h. Gruppen als Ganze scheinen sich hinsichtlich ihres Behandlungserfolges zu unterscheiden. Um die Ursachen dieser Unterschiede aufdecken zu können, ist es erforderlich, theoretisch fundierte Maße zu entwickeln, die den Therapieerfolg einer Gruppe als Ganzes erfassen. Versuche, Gruppen als Ganzes hinsichtlich des Behandlungserfolges zu evaluieren, sind bisher noch rar. Zu nennen sind die Arbeiten von Hess (1986) oder von Kordy & v. Rad (1990) im Rahmen des Heidelberger Katamneseprojektes. Auf dieser Ebene wären auch Versuche anzusiedeln, bestimmte (theoretisch postulierte) Phasen der Gruppenentwicklung zu bestimmen (s. dazu MacKenzie, 1994; Karterud, 1989) und sie zu messen (vgl. Ahlin, Kap. 22).

Auf der Basis der bisher vorliegenden Untersuchungen und aktueller Diskussionen in der Psychotherapieforschung lassen sich folgende Kriterien oder Empfehlungen für eine fundierte Erfolgsmessung in der Gruppentherapie formulieren:

- Die benutzten Methoden sollten einen Vergleich der Effekte anderer gruppentherapeutischer aber auch einzeltherapeutischer Behandlungsmaßnahmen zulassen.
- Die Evaluation sollte sich auf "kliniknahe" Gruppen beziehen. Evaluationsforschung sollte möglichst wenig in die klinische Arbeit eingreifen, weswegen es naheliegt, sich vermehrt naturalistischen (im Gegensatz zu experimentellen) Psychotherapiestudien zuzuwenden (vgl. Kächele, 1995).
- Die Merkmale der untersuchten Patienten sollten standardisiert und möglichst genau dokumentiert werden (z.B. mit Hilfe etablierter Basisdokumentationen und diagnostischer Klassifikationsysteme).
- Zur Erfassung der Effektivität sollten (zumindest auch) etablierte Erhebungsmethoden benutzt werden, die verschiedene Bereiche potentieller Veränderungen tangieren, wie z.B. den symptomatischen, den interpersonalen und den intrapsychischen, und dabei - durch Benutzung indivuumsorientierter Erfolgskontrollen - möglichst auch der individuellen Situation des einzelnen Gruppenmitglieds mit Rechnung tragen (vgl. Abb. 2).
- Neben den genannten Bereichen sollte Evaluation auch objektive Kriterien mit einbeziehen, z.B. die Erhebung von Krankheitstagen oder Krankenhausaufenthalten, da derartige Indikatoren für den Behandlungserfolg sicher eine große gesundheitspolitische Bedeutung haben.
- In der Evaluation von Gruppentherapien sollten auch negative Effekte genau registriert werden (z.B. Merkmale von Abbrechern; vgl. z.B. Kordy & Senf, 1992).

- Bei der Bewertung des Effektes einer Therapie i.S. von Veränderung sollten nicht ausschließlich Kriterien statistischer, sondern auch oder primär *klinischer Signifikanz* berücksichtigt werden (vgl. hierzu z.B. Schulte, 1993; Kordy, 1996; Davies-Osterkamp et al., im Druck; s.a. das unter 4. beschriebene Beispiel).
- Katamnesestudien sind - trotz ihres Aufwandes und der vorprogrammierten Selektion der dabei erfaßten Patienten - unerläßlich, um die Langzeitwirkung einer therapeutischen Maßnahme nachweisen zu können.
- Die Erfassung von Behandlungseffekten sollte im Optimalfall den Bezug zu übergeordneten Theorien der Veränderung ermöglichen (eine Theorie, die sich speziell für die Gruppentherapie bestens eignen könnte, ist das interpersonale Modell, vgl. Schneider-Düker, 1992; Burgmeier-Lohse, 1993).
- Es liegt nach dem heutigen Erkenntnisstand nahe, sich nicht ausschließlich auf die Untersuchungen des Effektes zu beziehen, sondern auch *Prozeßkomponenten* der Behandlung zu berücksichtigen, wenigstens in Form der klassischen Wirkfaktoren- oder Heilfaktorenstudien, um prüfen zu können, ob der theoretische Anspruch einer Behandlung mit der Realität bzw. therapeutischen Realisierung im Einklang steht (siehe Kapitel 4). Die Unterscheidung zwischen Prozeß- und Ergebnisvariablen folgt dem herkömmlichen Kausalitätsprinzip von Ursache und Wirkung der Naturwissenschaften. Es ist jedoch fraglich, ob diese Wirksamkeitsannahme dem „Geschehen" Psychotherapie gerecht wird. Viele psychotherapeutische Veränderungen scheinen das Ergebnis interdependenter Prozesse zu sein. Daraus ergibt sich, daß auch die Bedeutung der Variablen bezüglich ihrer Abhängigkeit bzw. Unabhängigkeit neu bestimmt werden muß. Beispielsweise ist die „Gruppenkohäsion" sowohl eine Prozeßvariable als auch eine Ergebnisvariable, z.B. bei der Definition einer erfolgreichen Gruppe.
- Nach Möglichkeit sollte, insbesondere in geschlossenen Gruppen, eine Individuumsorientierung mit einer Gruppenorientierung bei der Erfassung des Therapieeffektes kombiniert werden. Hierzu wird es aber sicher noch nötig sein, gangbare Wege zu entwickeln, Erfolgskriterien für die Gesamtgruppe zu definieren und diese zu erfassen.

4. Ein Beispiel: Evaluation einer stationären Langzeitgruppenpsychotherapie

In einer sehr aufwendigen Studie an der Psychotherapeutischen Klinik in Kiel wurde in den vergangenen Jahren der Versuch gemacht, die genannten Ansprüche - soweit möglich - im Rahmen der Evaluation einer *stationären, analytisch orientierten Gruppenpsychotherapie* zu realisieren (für Details dieser sog. „Kieler Gruppentherapiestudie" siehe Strauß & Burgmeier-Lohse, 1994a). Abschließend sollen einige Beispiele aus den

Ergebnissen dieser Studie illustrieren, was mit Hilfe systematischer Effektivitätsforschung erreichbar ist.

Die *Psychotherapiestation* der Klinik für Psychotherapie und Psychosomatik an der Universität Kiel gehört mit nur 8 Betten wahrscheinlich zu den kleinsten Einrichtungen dieser Art an Universitäten in der BRD. Das dort praktizierte *Behandlungsprogramm* lehnt sich eng an das von Janssen (1987) beschriebene integrative stationäre Psychotherapiekonzept an, mit der Eigenheit, daß alle therapeutischen Aktivitäten in der Gruppe stattfinden. Kern des Behandlungsprogramms ist die fünfmal wöchentlich stattfindende 90-minütige Gruppenpsychotherapie. Die Patienten der Station bilden eine "slow open group" und leben wie in einer therapeutischen Wohngemeinschaft zusammen. Die Behandlungsdauer beträgt in der Regel 6 Monate. Das Konzept sieht vor, daß vor allem Patienten mit längerer Krankheitsgeschichte zur Behandlung aufgenommen werden, die zudem durch ihre Problematik derart beeinträchtigt sind, daß sie außerhalb einer schützenden stationären Einrichtung nicht zurechtkämen oder keinen ambulanten Behandlungsplatz fänden.

In der hier beschriebenen Studie wurden die Patienten, die in einem definierten Zeitraum in der Station behandelt wurden (naturgemäß handelt es sich dabei um eine relativ kleine Gruppe) bei Behandlungsbeginn, zum Entlassungszeitpunkt und - soweit möglich - katamnestisch ausführlich untersucht. Daneben wurde eine Fülle von Verlaufserhebungen durchgeführt (siehe dazu Strauß & Burgmeier-Lohse, 1994a).

Um die Effektivität der Therapie beurteilen zu können, wurden Auswirkungen der Behandlung auf *mehreren Ebenen* erfaßt, wie dies von unterschiedlichen Autoren empfohlen wird (z.B. Frohburg et al., 1977; Plessen, 1983; Kendall & Norton-Ford, 1983; Kordy & Scheibler, 1984), nämlich im Rahmen einer globalen Beurteilung des Ergebnisses durch Patient und Therapeut, durch eine differenzierte Erfassung von Veränderungen (Prä-Post-Vergleiche) der Angaben in Fragebögen zur Symptomatik, Persönlichkeit und Konfliktbewältigung und durch Berücksichtigung individuumsorientierter Maße. Außerdem wurde eine differenzierte Abschlußbeurteilung des zentralen Elementes des Behandlungsprogrammes, i.e. der analytisch-orientierten Gruppenpsychotherapie erhoben. Dadurch sollte die Hauptfragestellung überprüfbar sein, welche differentiellen Effekte die untersuchte stationäre Therapie bewirkt, wobei primär *klinisch relevante* Veränderungen betrachtet werden sollten.

Die Mehrzahl der in dieser Studie benutzten diagnostischen Methoden ist mittlerweile auch im Bereich stationärer Psychotherapie etabliert und bedarf keiner genaueren Beschreibung. Eine Zusammenstellung findet sich in Tabelle 1.

Tabelle 1: Übersicht über die Variablen/Instrumente, die bei der Bestimmung des Behandlungserfolges berücksichtigt wurden.

Variablen	Instrumente
Persönlichkeit	Gießen-Test-S (Prä-Post-Vergleich)
Selbstsystem	Narzißmus-Inventar (Prä-Post-Vergleich)
Symptome	Symptom Checklist 90 R (SCL 90R, Prä-Post-Vergleich)
Angst	State-Trait-Angst-Inventar (STAI, Prä-Post-Vergleich)
Interpersonale Probleme	Inventar zur Erfassung interpersonaler Probleme (IIP, Prä-Post-Vergleich)
Konfliktbewältigung	Fragebogen zur Konfliktbewältigung (FKS, Prä-Post-Vergleich)
Therapieziele (Patient)	Goal Attainment Scaling
Therapieziele (Therapeut)	Goal Attainment Scaling
Individuelle Beschwerden	Skalierung von „target complaints" durch Patient und Therapeut
Globale Beurteilung	Abschlußbeurteilung des Behandlungserfolges d. Patient und Therapeut
Profit durch die Gruppe	Einschätzung durch den Therapeuten und den Patienten (u.a. in der Behandlungsbeurteilung nach Froese)
Fremdbeurteilungen	Bewertung der Patienten im Abschlußgespräch mit Hilfe der Vanderbilt Psychotherapie-Skalen

Eingangs wurde bereits erwähnt, daß zur Bestimmung der Effektivität der Behandlung weniger statistische als vielmehr "klinische" Kriterien für die Entscheidung über bedeutsame Veränderungen herangezogen werden sollten (vgl. Kordy, 1996), speziell für die Bewertung von Veränderungen im Therapieverlauf. Diese *Kriterien* wurden für die einzelnen Erhebungsinstrumente folgendermaßen definiert:

- 1. Kritische Differenzen (vgl. Plessen, 1983) in den Gesamtwerten von SCL-90-R (0.57), State-Trait-Angst-Skala (8) und IIP (0.59). In diesen Skalen waren die Ausgangswerte aller Patienten im Bereich klinischer Stichproben, d.h. von der Normalbevölkerung deutlich unterschieden.
- 2. Im Gießentest wurde als bedeutsame Veränderung für die Einzelskalen jeweils 5 Rohwertpunkte aufgefaßt (vgl. Beckmann et al., 1991), wenn der Patient bei der Eingangsdiagnostik außerhalb oder am Rande des Normbereiches lag. Von einer auf den Gesamttest bezogenen positiven Veränderung wird gesprochen, wenn ein Patient das genannte Kriterium für mindestens 3 Skalen des Tests erfüllt.
- 3. Im Narzißmusinventar wurden pro Skala ebenfalls kritische Differenzen berechnet (diese liegen zwischen 7 und 13 Rohwertpunkten), für die klinische Bewertung wurden allerdings nur die Skalen des Bereiches "Das bedrohte Selbst" herangezogen, die eine Instabilität des Selbstsystems beschreiben. Veränderungen in den anderen Bereichen, d.h. dem "klassisch narzißtischen Selbst", dem "idealistischen Selbst" und dem

"hypochondrischen Selbst" waren u.E. nicht eindeutig zu bewerten im Sinne einer Besserung oder Verschlechterung. Für die Gesamtbeurteilung wurden positive Veränderungen in mindestens drei Skalen des Teilbereichs "bedrohtes Selbst" als Kriterium definiert.

- 4. Im Fragebogen zur Konfliktbewältiguung (FKS) wurden Veränderungen von mindestens 6 Punkten/Skala (entspricht der kritischen Differenz) als Kriterium für eine Besserung definiert, wobei sich die Bewertung der *Richtung* der Veränderung an den Ergebnissen von Liedtke et al. (1990) für Patienten in stationärer Psychotherapie orientiert. Ähnlich wie im Fall des Gießen-Tests wurde von einer bedeutsamen Veränderung bezogen auf den Gesamttest gesprochen, wenn das klinische Kriterium für mindestens 3 Skalen erreicht wurde.
- 5. Globale Beurteilung des Behandlungserfolges durch Patient und Therapeut: Von einer effektiven Behandlung wird in diesem Zusammenhang gesprochen, wenn sowohl der Patient *als auch der Therapeut* der Auffassung waren, daß die Behandlung ziemlich oder sehr hilfreich war (Ausprägung 4 bzw. 5 auf einer 5-Punkte-Skala).
- 5. Individuumsorientierte Erfolgskriterien: Für die Therapiezielskalierung wurde als Kriterium für ein positives Behandlungsergebnis gewertet, wenn Patient bzw. Therapeut am Ende der Behandlung angaben, daß die formulierten individuellen Therapieziele im Durchschnitt zu mindestens 66% erreicht wurden. Bei den individuellen Symptomen (target complaints) wurde als Kriterium definiert, daß Patient und Therapeut der Auffassung waren, daß mindestens 2/3 der Symptome, die bei Behandlungsbeginn ausgeprägt beurteilt wurden (ziemlich/sehr), sich auf ein geringeres Ausmaß (wenig, mittelmäßig) reduziert hatten.

Stichprobe: Für die hier beschriebene Untersuchung konnten die Angaben von 31 Patienten herangezogen werden, die in einem Zeitraum von etwas mehr als 2 Jahren in der Klinik stationär behandelt wurden. Die Mehrzahl der Patienten war zwischen 20 und 30 Jahre alt, Frauen überwogen in der Stichprobe leicht. Dem Anspruch des Behandlungskonzeptes entsprechend weisen die meisten Patienten eine lange Dauer der Beschwerden auf und haben oftmals Vorerfahrungen mit unterschiedlichen Formen von Psychotherapie. Diagnostisch überwiegen in der Stichprobe Patienten mit neurotischer Depression und Eßstörungen (vornehmlich Bulimie). Die durchschnittliche Behandlungsdauer der Patienten betrug 192 Tage. In diesem Zeitraum nimmt der "Durchschnittspatient" an 132 Gruppentherapiesitzungen teil, an ca. 120 Gestaltungstherapiesitzungen und an etwa 21 Stunden Tanztherapie.

22 der 31 Patienten (die Hauptstichprobe der o.g. Untersuchung zum Behandlungs*prozeß*) wurden zu einem Katamnesegespräch ca. 1 Jahr nach der Entlassung einbestellt. Von diesen konnten 15 (i.e. 68%) tatsächlich nachuntersucht werden. Die übrigen Patienten waren nicht bereit, sich dieser Untersuchung zu unterziehen.

Effekte der Behandlung

Abb. 3 faßt die Ergebnisse zusammen. In der Abbildung ist angegeben, wieviele Patienten das vorab definierte Kriterium für eine Besserung in den einzelnen Bereichen erfüllten. Ausführlich ist die Studie bei Strauß & Burgmeier-Lohse (1994b) beschrieben. Dort finden sich u.a. detaillierte Angaben zu den Effektstärken für die einzelnen Merkmale.

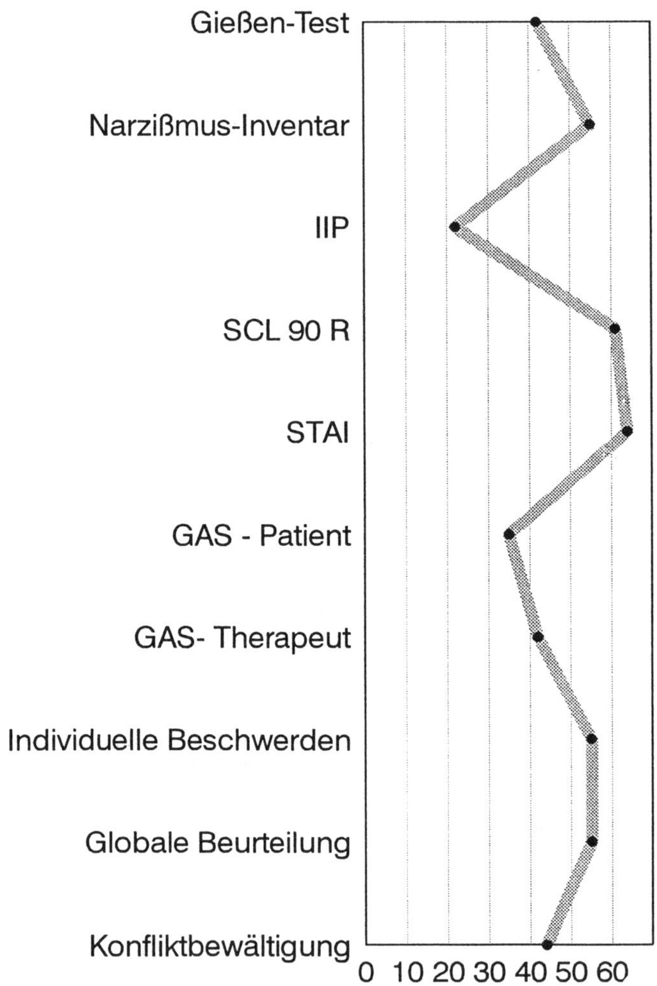

Abb. 3.: Prozentsatz der Patienten, die in einzelnen Maßen das Kriterium für klinisch signifikante Veränderungen erreichten.

Betrachtet man die Anteile der Patienten, welche die klinischen Kriterien für eine Verbesserung in den einzelnen Aspekten erreichen, dann zeigt sich, daß die meisten Patienten eine Reduktion der psychischen Symptome (STAI, SCL-90-R) erzielen und eine Stabilisierung des Selbst, ausgedrückt in den Veränderungen der entsprechenden Skalen des Narzißmus-Inventars. Etwas weniger als die Hälfte der Patienten erfüllt das Kriterium für die Gesamtbewertung von FKS und Gießen-Test, wobei hier die deutlichsten Veränderungen in der Skala "Grundstimmung" zu verzeichnen waren. Im FKS ist es vor allem eine Abnahme der Strategie "Wendung gegen das Selbst", die bei 2/3 aller Patienten erkennbar ist. Auffällig ist, daß eine bedeutsame Reduktion interpersonaler Probleme von nur etwa einem Fünftel der Patientenstichprobe erreicht wird. An den Effektstärken, die Veränderungen zwischen Therapiebeginn und Katamnese beschreiben (vgl. Strauß & Burgmeier-Lohse, 1994b), wird allerdings deutlich, daß bis zur Nachuntersuchung (zumindest in der entsprechenden Teilstichprobe) eine weitere Reduktion der Beschwerden interpersonaler Art erzielt wird.

In Abb. 3 ist auch der Anteil der Patienten wiedergegeben, der das definierte Kriterium für die *globale* Behandlungsbeurteilung erfüllt. Danach sind 55% der Patienten mit dem Therapeuten zum Entlassungszeitpunkt der Auffassung, daß die Behandlung ziemlich oder sehr hilfreich war. (Zum Katamnesezeitpunkt wurde die analoge Beurteilung nur vom Patienten erhoben: 9 der 15 nachuntersuchten Patienten (60%) schätzten die Behandlung ca. 1 Jahr nach der Entlassung aus der Klinik als ziemlich oder sehr hilfreich ein).

Nach den oben definierten Kriterien ergaben sich für die einzelnen, individuumsorientierten Maße folgende "Erfolgsraten": Therapieziele (Patient): 35% [Katamnese: 77%], Therapieziele (Therapeut): 42%, individuelle Beschwerden (Target complaints; Patient und Therapeut): 55% [Katamnese, *nur* Patient: 92%]. Das Kriterium wurde hier nicht erreicht von 35% der Patienten, in 3 Fällen ergaben sich zudem deutliche Diskrepanzen zwischen Therapeuten- und Patientenurteil.

Zur zusammenfassenden Bewertung der Behandlungsergebnisse wurden 10 Einzelkriterien herangezogen (vgl. Tab. 1). Abb. 4 zeigt eine Verteilung der Häufigkeiten, mit der Patienten die einzelnen Erfolgskriterien erreichen. Auf der Basis dieser Verteilung wurden für weitere Analysen drei Subgruppen gebildet: Patienten, die nur maximal 3 Kriterien erreichen (n=8, kein bzw. geringer Behandlungserfolg), Patienten, die 4-6 Kriterien erreichen (mittlerer Behandlungserfolg, n=11), und Patienten, die mehr als 6 Kriterien erfüllen (deutlicher Behandlungserfolg, n=9). Diese drei Gruppen unterschieden sich erwartungsgemäß in den Selbst- und Fremdeinschätzungen der Effekte der Gruppenpsychotherapie.

Beispielhaft ist in dem Venn-Diagramm in Abb.5 gezeigt, wie häufig Patienten in den drei wesentlichen Bereichen, nämlich der Persönlichkeit (Gießen-Test und/oder Narzißmus-Inventar), der Symptomatik (SCL-90-R und/oder STAI und/oder IIP) und den individuellen Erfolgsmaßen bedeutende Veränderungen erzielen und in welcher

Kombination. Daran zeigt sich, daß "nur" 11 Patienten in allen drei Bereichen ein positives Behandlungsergebnis, definiert nach den o.g. Kriterien, erzielen. Die zweitgrößten Gruppen erreichen eine Reduktion der Symptomatik, kombiniert mit persönlichkeitsbezogenen Veränderungen bzw. *nur* Veränderungen im Hinblick auf die individuumsbezogenen Ergebniskriterien.

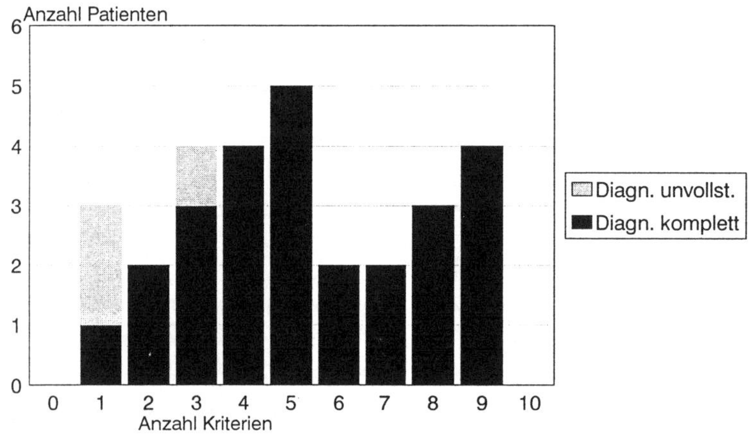

Abb. 4: Häufigkeit, mit der von 31 Patienten definierte Therapieerfolgskriterien (maximal 10; vgl. Abb. 3) erreicht wurden.

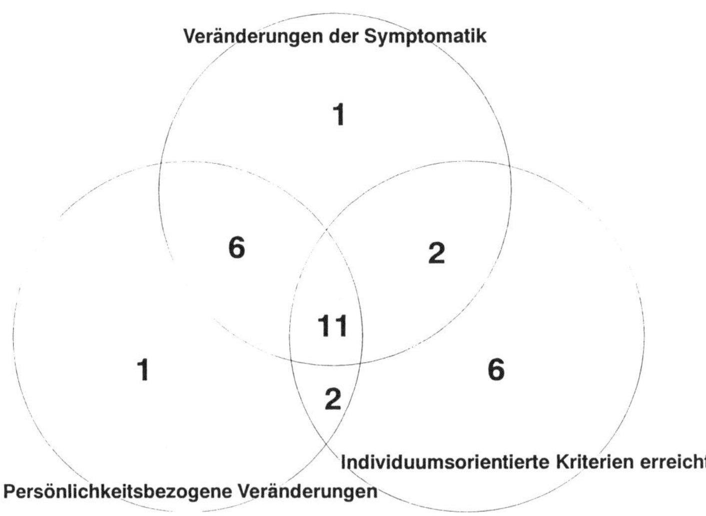

Abb. 5: Kombinierte Häufigkeiten, mit denen Therapieerfolgskriterien dreier wesentlicher Bereiche erreicht wurden (2 der 31 Patienten erreichten das definierte Kriterium in keinem der aufgeführten Bereiche).

Schlußfolgerungen: Das hier zur Illustration skizzierte Forschungsprojekt zur Evaluation einer stationären Langzeitgruppenpsychotherapie war trotz der geringen Bettenzahl, nämlich 8, recht aufwendig. Der Aufwand war allerdings primär durch die in der Studie überprüften Prozeßfragestellungen bedingt. Die Realisierung der Evaluation nach der hier beschriebenen Methodik war unproblematisch und ist - zumindest im stationären Setting - für den Patienten und den Therapeuten durchaus zumutbar. Nach Ende der Studie wurde das in Tabelle 1 zusammengefaßte Inventar zur Bestimmung des Behandlungserfolges gewissermaßen als „Standardtestbatterie" zur Qualitätssicherung beibehalten. Mittlerweile liegen Daten von nahezu 100 Patienten vor; die beschriebenen Ergebnisse lassen sich anhand dieser erweiterten Stichprobe weitgehend bestätigen.

Für die Diskussion um den Sinn und die Notwendigkeit der Evaluation von Psychotherapien ist erwähnenswert, daß die Ergebnisse der „Kieler Gruppentherapiestudie" durchaus praktische Konsequenzen hatten (so wurden beispielsweise Veränderungen des Behandlungssettings vorgenommen, u.a. eine Verkürzung der Behandlungsdauer). Zusammengenommen hat die Untersuchung gezeigt, daß die empirische Untersuchung einer gruppentherapeutischen Behandlung durchaus nicht nur der Legitimation gegenüber den Kostenträgern dienen muß, sondern auch zur inhaltlichen und konzeptuellen Diskussion beitragen kann, durch die langfristig die gruppentherapeutische Praxis zu verbessern ist. Hier bleibt aber noch sehr viel zu tun.

Literatur

Anderson, A. (1968). Group counseling. *Review of Educational Research, 33*, 209-226.

Beckmann, D., Richter, H.E. & Brähler, E. (1991). *Der Gießen-Test* (4.Auflage). Bern: Huber.

Bednar, R.L. & Kaul, T. (1978). Experiential group research: A current perspective. In S. Garfield & A.E. Bergin (Eds.), *Handbook of psychotherapy and behavior change* (2nd Ed.). New York: Wiley.

Bednar, R.L. & Kaul, T. (1994). Experiential group research: Can the cannon fire ? In S. Garfield, A.E. Bergin (Eds.), *Handbook of psychotherapy and behavior change*. New York: Wiley.

Bednar, R.L. & Moeschl, M.J. (1981). Conceptual and methodological considerations in the evaluation of group psychotherapies. In P. McReynolds (Ed.), *Advances in psychological assessment* (Vol.5). San Francisco: Jossey-Bass.

Brabender, V. & Fallon, A. (1993). *Models of inpatient group psychotherapy*. Washington: APA-Publishing.

Broda, M., Dahlbender, R.W., Schmidt, J., Rad, M. von & Schors, R. (1983). DKPM-Basisdokumentation. *Psychotherapie, Psychosomatik, medizinische Psychologie, 43*, 214-223.

Budman, S.H., Demby, A., Redondo, J.P., Hannan, M., Feldstein, M., Ring, J. & Springer, T. (1988). Comparative outcome in time-limited individual and group psychotherapy. *International Journal of Psychotherapy, 38*, 63-86.

Burchard, E., Michaels, J. & Kotkov, B. (1948). Criteria for the evaluation of group therapy. *Psychosomatic Medicine, 10*, 257-274.

Burgmeier-Lohse, M. (1993). *Aspekte des Interaktionsverhaltens im Verlauf einer stationären Langzeitgruppentherapie*. Unveröffentl. Dissertation, Universität Hamburg.

Cook, T. & Campbell, D. (1979). *Quasi-Experimentation: Design and analysis issues for field studies*. Boston: Houghton Mifflin.

Davies-Osterkamp, S., Strauß, B. & Schmitz, N. (im Druck). Interpersonal problems as predictors of symptom-related treatment outcome in longterm psychotherapies. *Psychotherapy Research.*

Deneke, F.W. (1982). *Analytische Gruppentherapie*. Göttingen: Vandenhoek & Ruprecht.

Dies, R.R. (1985). A multidimensional model for group process research. *Small Group Behavior, 16*, 427-446.

Dies, R.R. (1992). Models of group psychotherapy: Sifting through confusion. *International Journal of Group Psychotherapy, 42*, 1-17.

Dies, R.R. & Dies, K.R. (1993). The role of evaluation in clinical practice. *International Journal of Group Psychotherapy, 43*, 77-105.

Dies, R.R. & MacKenzie, K.R. (1983). *Advances in group psychotherapy*. New York: International Universities Press.

Dush, D., Hirt, M. & Schroeder, H. (1983). Self-statement modification with adults: A meta-analysis. *Journal of Consulting and Clinical Psychology, 94*, 408-422.

Eckert, J. & Biermann-Ratjen, E.-M. (1985). *Stationäre Gruppenpsychotherapie*. Heidelberg: Springer.

Elliott, R.K. (1992). A conceptual analysis of Lambert, Ogles and Master´s conceptual schema for outcome assessment. *Journal of Counseling and Development, 70*, 535-537.

Finger-Trescher, U. (1991). *Wirkfaktoren der Einzel- und Gruppenanalyse*. Stuttgart: Fromann-Holzboog.

Frohburg, I., Helm, J., Mehl, J. & Kasielke, E. (1977). Zum Problem der Kriterienwahl bei der Effektivitätsbestimmung in der Psychotherapie. *Zeitschrift für Psychologie, 185*, 34-60.

Fuhriman, A. & Burlingame, G.M. (1994). Group psychotherapy: Research and practice. In A. Fuhriman & G.M. Burlingame (Eds.), *Handbook of Group Psychotherapy*. New York: Wiley.

Grawe, K. (1988). Zurück zur psychotherapeutischen Einzelfallforschung. *Zeitschrift für klinische Psychologie, 17*, 1-7.

Grawe, K., Bernauer, R. & Donati, F. (1990). Psychotherapien im Vergleich: Haben wirklich alle einen Preis verdient? *Psychotherapie, Psychosomatik, medizinische Psychologie, 40*, 102-114.

Grawe, K., Bernauer, R. & Donati, F. (1994). *Psychotherapie im Wandel*. Göttingen: Hogrefe.

Greenberg, L. & Pinsof, W.H. (Eds.). (1986). *The psychotherapeutic process*. New York: Guilford.

Hartmann, J. (1979). Small group methods of personal change. *Annual Review of Psychology, 30*, 453-476.

Hess, H. (1986). *Untersuchungen zur Abbildung des Prozeßgeschehens und der Effektivität in der intendiert dynamischen Gruppenpsychotherapie*. Unveröffentl. Habilitationsschrift, Berlin.

Hess, H. (1991). Beziehungsdiagnostik im therapeutischen Prozeß. In H. Hess (Hrsg.), *Soziale Beziehung und Krankheit*. Leipzig: Barth.

Janssen, P.L. (1987). *Psychoanalytische Therapie in der Klinik*. Stuttgart: Klett Cotta.

Kächele, H. (1992). Psychoanalytische Therapieforschung. *Psyche, 47*, 259-285.

Kächele, H. (1995). Klaus Grawes Konfession und die psychoanalytische Profession. *Psyche, 49*, 481-492.

Karterud, S. (1989). A comparative study of six different inpatient groups with respect to their basic assumption functioning. *International Journal of Group Psychotherapy, 39*, 355-376.

Kaul, T. & Bednar, R.L. (1986). Experiential group research. In A.E. Bergin & S. Garfield (Eds.), *Handbook of psychotherapy and behavior change* (3rd Ed.). New York: Wiley.

Kendall, P.C. & Norton-Ford, J.D. (1982). Therapy outcome research methods. In P.C. Kendall & J.N. Butcher (Eds.), *Handbook of Research Methods in Clinical Psychology*. New York: Wiley.

Kordy, H. (1996). Das Konzept der klinischen Signifikanz in der Psychotherapieforschung. In B. Strauß & J. Bengel (Hrsg.), *Forschungsmethoden der Medizinischen Psychologie*. Göttingen: Hogrefe.

Kordy, H. & Senf, W. (1992). Therapieabbrecher in geschlossenen Gruppen. *Psychotherapie, Psychosomatik, medizinische Psychologie, 42*, 127-133.

Kordy, H. & Scheibler, D. (1984). Individuumsorientierte Erfolgsforschung. *Zeitschrift für Klinische Psychologie, Psychopathologie und Psychotherapie, 32*, 218-233 und 309-318.

Kordy, H. & Rad, M. von (1990). *Therapeutic outcome in group-psychotherapy*. Unveröffentl. Vortrag, SPR-Conference, Wintergreen/Virginia.

Lambert, M.J. (1989). Introduction to assessment of psychotherapy outcome. In M.J. Lambert, E.R. Christensen & S.S. Delujo (Eds.), *The assessment of psychotherapy outcome*. New York: Wiley.

Lambert, M.J., Ogles, B.M. & Masters, K.S. (1992). Choosing outcome assessment devices. *Journal of Counseling and Development, 70*, 527-532.

Liedtke, R., Künsebeck, H.W. & Lempa, W. (1990). Änderung der Konfliktbewältigung während der stationären Psychotherapie. *Zeitschrift für psychosomatische Medizin, 37*, 47-61.

Luborsky, L., Singer, B. & Luborsky, L. (1975). Comparative studies of psychotherapy. *Archives of General Psychiatry, 32*, 995-1008.

Lueger, R. (1995). Ein Phasenmodell der Veränderung in der Psychotherapie. *Psychotherapeut, 40*, 267-278.

MacKenzie, K.R. (1994). Group development. In A. Fuhriman & G.M. Burlingame (Eds.), *Handbook of group Psychotherapy*. New York: Wiley.

Mann, J. (1966). Evaluation of group psychotherapy. In J.K. Moreno (Ed.), *The international handbook of group psychotherapy*. New York: Philosophical Library.

Miller, R. & Berman, J. (1983). The efficacy of cognitive behavior therapies: A quantitative review of research evidence. *Psychological Bulletin, 94*, 39-53.

Nietzel, M., Russel, R., Hemmings, K. & Gretter, M. (1987). Clinical significance of psychotherapy for unipolar depression: A meta-analytic approach. *Journal of Clinical and Consulting Psychology, 55*, 156-161.

Orlinsky, D.E., Grawe, K. & Parks, B.K. (1994). Process and outcome in psychotherapy: Noch einmal. In S.L. Garfield & A.E. Bergin (Eds.), *Handbook of psychotherapy and behavior change* (4th Ed.). New York: Wiley.

Parloff, M.B. & Dies, R.R. (1978). Group psychotherapy outcome research. *International Journal of Group Psychotherapy, 27*, 281-319.

Piper, W. & MacCallum, M. (1991). Group interventions for persons who have experienced loss. *Group Analysis, 24*, 363-373.

Plessen, U. (1983). *Verlaufs- und Erfolgskontrolle im psychotherapeutischen Prozeß*. Göttingen: Hogrefe.

Pohlen, M. (1972). *Gruppenanalyse*. Göttingen: Vandenhoek & Ruprecht.

Pritz, A. (1990). *Kurzgruppenpsychotherapie*. Heidelberg: Springer.

Robinson, F., Berman, J. & Neimeyer, R. (1990). Psychotherapy for the treatment of depression. *Psychological Bulletin, 108*, 30-49.

Rüger, U. (1981). *Stationär-ambulante Gruppenpsychotherapie*. Heidelberg: Springer.

Schneider-Düker, M. (1992). Das interpersonale Modell - eine psychotherapeutische Grundorientierung? *Gruppenpsychotherapie und Gruppendynamik, 28*, 98-113.

Schulte, D. (1993). Wie soll Therapieerfolg gemessen werden? *Zeitschrift für Klinische Psychologie, 22*, 374-393.

Seidenstücker, G. & Baumann, U. (1978). Multimodale Diagnostik. In U. Baumann, H. Berbalk & G. Seidenstücker (Hrsg.), *Klinische Psychologie - Trends in Forschung und Praxis*. Göttingen: Hogrefe.

Shapiro, D.A. & Shapiro, D. (1982). Meta-analysis of comparative therapy outcome studies. *Psychological Bulletin, 92*, 581-604.

Smith, M.L., Glass, G.V. & Miller, T.J. (1980). *The benefits of psychotherapy*. Baltimore: Johns Hopkins University Press.

Stiles, W.B., Shapiro, D.A. & Elliott, R. (1986). Are all psychotherapies equivalent? *American Psychologist, 41*, 165-180.

Strauß, B. & Burgmeier-Lohse, M. (1994a). *Stationäre Langzeitgruppenpsychotherapie*. Heidelberg: Asanger.

Strauß, B. & Burgmeier-Lohse, M. (1994b) Evaluation einer stationären Langzeitgruppenpsychotherapie. *Psychotherapie, Psychosomatik, medizinische Psychologie, 44*, 184-192.

Strauß, B. & Wittmann, W.W. (1996). Wie hilft Psychotherapie? In W. Senf & M. Broda (Hrsg.), *Praxis der Psychotherapie*. Stuttgart: Thieme.

Tillitski, L. (1990). A meta-analysis of estimated effect sizes for group versus individual versus control treatments. *International Journal of Group Psychotherapy, 40*, 215-224.

Toseland, R. & Siporin, M. (1986). When to recommend group treatmemt. *International Journal of Group Psychotherapy, 36*, 172-201.

Tschuschke, V. (1993). *Wirkfaktoren in der stationären Gruppenpsychotherapie*. Göttingen: Vandenhoek & Ruprecht.

Waskow, I.E. & Parloff, M.B. (1975). *Psychotherapy change measures*. Washington: National Institute of Mental Health.

Yalom, I.D. (1975). *The theory and practice of group psychotherapy*. New York: Basic Books (dt. (1989/1994). München: Piper.).

4 Prozeß-Ergebnis-Zusammenhänge und Wirkfaktorenforschung

Volker Tschuschke

1. Überblick

Wenn uns die Ergebnisforschung in der Gruppenpsychotherapie mitteilt, daß und wie Behandlungen in therapeutischen Gruppen helfen (siehe Kapitel 3), dann sollten uns sorgfältige Prozeß-Ergebnis-Studien Auskunft darüber geben, *warum* dies der Fall ist (Bednar & Kaul, 1994). Erst das Verständnis psychotherapeutischer Prozesse - dies gilt für die Individual- wie für die Gruppenpsychotherapie - erlaubt Psychotherapeuten die systematische Berücksichtigung maßgeblicher Komponenten des Therapie-Verlaufs bzw. -Prozesses (auf seiten der Patienten, des Therapeuten bzw. im Zusammenhang mit den dynamisch interaktiven Aspekten, die sich zwischen beiden auftun). Von den letzteren, interpersonellen Variablen gibt es naturgemäß in Gruppen deren viele. Es scheint denn auch speziell die in Gruppenprozessen gegebene Komplexität zu sein, die viele Forscher bislang von aussagefähigen Prozeßuntersuchungen abhielten (z.B. Piper, 1993; Tschuschke & Dies, 1994a).

Aufwendige und detaillierte *Prozeß-Ergebnisforschung* in der Psychotherapie wurde erst in den letzten ca. 10 - 15 Jahren intensiviert (vgl. Tschuschke et al., 1994). Die zeitlich davor liegende Periode vergleichender Psychotherapieforschung konnte nur Auskunft darüber geben, ob spezifische psychotherapeutische Ansätze überhaupt wirksam (z.B. gegenüber Placebo- oder gar keiner Behandlung) oder ob sie differentiell wirksam sind (also Methode A bei einer gegebenen Klientel wirksamer ist als z.B. Methode B), aber nicht darüber, *was*, *warum* und *wann* im Verlauf einer gegebenen Behandlung an speziellen Problemen günstig beeinflußbar oder veränderbar ist und was nicht (und dann: *warum* nicht und *bei wem* nicht). Um zu einem solchen sicheren Verständnis zu gelangen, führt kein Weg an Untersuchungen des psychotherapeutischen *Prozesses* vorbei, und das heißt: Man benötigt eine detaillierte und aufwendige Einzelfallforschung, die trotzdem Ergebnisse vergleichbarer Einzelfälle zu aggregieren und zu verallgemeinern erlaubt (Grawe, 1988).

Die zahllosen bisher veröffentlichten klinischen Fallbeispiele und -vignetten haben noch nicht zu einem gesicherten Wissensfundus beigetragen, und zwar aus vielerlei Gründen. Einer der wichtigsten ist, daß die Sichtweise des den Behandlungsprozeß beschreibenden Therapeuten notgedrungen subjektiv verzerrt ist und selektiver Wahrnehmung unterliegt. Der wichtigste Grund ist aber, daß dieses Vorgehen in einem strengen Sinn nicht wirklich wissenschaftlich ist und aus diesem Grunde nach mittlerweile 60 und mehr Jahren (vereinzelte Falldarstellungen gibt es natürlich noch länger) nicht zu einem einheitlichen und ausreichenden Wissen über die für therapeutische Veränderung verantwortlichen Ingredienzen psychotherapeutischer Praxis in der Individual- und Gruppenpsychotherapie geführt hat (Tschuschke & Dies, 1994b); in der Gruppenpsychotherapie noch weniger als in der Individualpsychotherapie (Tschuschke, 1990).

"In principle, claiming success in the absence of understanding how it occurs is perilously similar to the conditions that allowed some to prescribe bear fat for baldness or hawk blood for myopia because they may have worked some time in the past. Good process research asks us to clearly account for the specific treatment elements that are operative in effective forms of group treatment." (Bednar & Kaul, 1994, S. 632).

2. Prozeßforschung in der Gruppenpsychotherapie

Forschungsergebnisse zum Prozeß von psychotherapeutischen Gruppen sind nach wie vor weltweit eine Rarität. Aufwendige, einzelfallanalytisch angelegte Prozeßforschung ist, von der Forschungstradition her gesehen, eher eine Domäne von europäischen denn von nordamerikanischen Gruppenpsychotherapieforschern, wie sich aus einer internationalen Umfrage ergab (Dies, 1993). Erstere bevorzugen offenbar den qualitativen, einzelfallorientierten Forschungsansatz, der auf die Untersuchung von Mikrobereichen gruppentherapeutischer Abläufe zielt, während letztere praktisch durchgängig einen "big is better"-Ansatz (Dies, 1993, S. 481) vorziehen, der auf gruppenstatistischen Vergleichen basiert und eher vergleichende Effektforschung zum Ziel hat. Prozeßforschung beschränkt sich in nordamerikanischen Studien fast ausschließlich auf Patientenbefragungen bezüglich der als hilfreich empfundenen Wirkfaktoren (s.u.). Ausnahmen sind die Studien der Forschergruppe um Piper in Edmonton/Kanada, die mit aufwendig entwickelten Methoden zur Messung 'therapeutischer Arbeit' in Gruppen systematisch deren Beziehung zu Therapieergebnissen untersuchen (vgl. Piper & McCallum, 1990; Piper et al., 1992), sowie die Arbeiten der Gruppe um Budman in Boston über 'Kohäsion' (Budman et al., 1990). Der Begriff "Prozeßforschung" taucht denn auch selten in der relevanten Übersichtsliteratur auf (etwa bei Piper, 1993). So wichen Bednar & Kaul in ihrem Handbuch-Kapitel (1994) von einer separaten Behandlung der Forschungsliteratur zur "Prozeßforschung" ab, während das *Handbook of Group Psychotherapy* von Fuhriman & Burlingame (1994), das eine Integration klinisch und empirisch verfügbarer Studien des Gebietes auf dem neuesten Stand darstellt, "Prozeß-Studien" kein einziges Kapitel widmet.

In der Tat ist Prozeßforschung, die verschiedene Variablen des therapeutischen Gruppenprozesses kontrolliert, also Prozeßforschung im eigentlichen Sinne, eher in

Europa anzutreffen (z.B. Braaten, 1990; Colijn et al., 1991; Davies-Osterkamp et al., 1992; Deneke, 1982; Eckert & Biermann-Ratjen, 1985; Hess, 1990; Rüger, 1981; Strauß & Burgmeier-Lohse, 1994; Tschuschke, 1993). Bei den deutschen Studien handelt es sich primär um die Untersuchung stationärer Gruppenpsychotherapien. Stationäre Einzel- und Gruppenpsychotherapie haben in Deutschland eine spezielle Tradition, so befand sich bereits vor der Wiedervereinigung allein in der Bundesrepublik mit ca. 5.500 Betten die Hälfte aller stationären Behandlungsplätze in der Welt (Schepank & Tress, 1988). Hier lag also Forschungsbedarf: Zum einen ist Qualitätssicherung eine immer wichtiger werdende Aufgabe, die es zu bewältigen gilt. Auf der anderen Seite ist aufwendige Forschung im stationären Rahmen personell eher realisierbar.

Die verfügbaren Literatur-Übersichten geben weitgehend uneinheitlich die Praxis von Prozeßforschungs-Studien und deren Ergebnisse bezüglich psychotherapeutischer Gruppen wieder, indem nicht klar wird, was zum Therapie-Prozeß im engeren Sinne, was zu den therapeutischen Rahmen-(Setting-)Bedingungen, was zu den Voraussetzungen der Gruppenbehandlung und was eher zur Erfolgs- denn zur Prozeßbeurteilung gehört. Da die meiste empirische Forschung zur Gruppenpsychotherapie in den USA und Kanada stattfindet, spiegelt sich hier das nordamerikanische Defizit in präziser Prozeßforschung wider. In einem der wichtigsten Handbuch-Artikel über die Forschung in der Gruppenpsychotherapie bis ca. 1992 wird lediglich der Wirkfaktor 'Kohäsion' ausführlich im Hinblick auf seine Bedeutung für Therapieergebnisse betrachtet (Bednar & Kaul, 1994). Im neuesten Handbuch zur Gruppenpsychotherapieforschung sind objektiv untersuchte Prozeß-Ergebnis-Zusammenhänge nur vereinzelt über mehrere Kapitel verschiedener Autoren verstreut (Fuhriman & Burlingame, 1994).

2.1. Prozeß-Ergebnis-Zusammenhänge bei Gruppenpsychotherapien

Tabelle 1 gibt einen Überblick über Ergebnisse von Prozeß-Ergebnis-Untersuchungen bei ambulanten und stationären Gruppenpsychotherapien. Die meisten Studien hatten eine ausschließlich neurotische und/oder persönlichkeitsgestörte Klientel. Lediglich zwei Studien bezogen - wenn auch in sehr geringem Umfang - psychotische Patienten mit ein (Eckert & Biermann-Ratjen, 1985; Rüger, 1981). Es wurden also nur klinische Klientelen und keine Studentengruppen untersucht. Alle Studien wurden in den 80er und 90er Jahren veröffentlicht, sie geben damit auch Aufschluß über einen Paradigmen-Wechsel in der Psychotherapieforschung zu dieser Zeit.

Zunächst fällt die Fülle an unterschiedlichen methodischen Zugängen auf, den therapeutischen Prozeß im Hinblick auf seine Auswirkungen auf therapeutische Veränderungen (Ergebnis/ Erfolg vs. Mißerfolg) zu untersuchen.

Tab. 1: Übersicht über Prozeß-Ergebnis-Studien

Studie/Autor(en) Anzahl Patienten	Verwendete Prozeß-Methoden	Variablen mit prädiktivem Wert	Fazit
Rüger, 1981 n = 24	- Wirkfaktoren (Q-Sort nach Yalom)	Wirkfaktoren "Einsicht" und "Wiedererleben der Primärfamilie"	Erfolgreiche Patienten berichten "Einsicht" und "Wiedererleben der Primärfamilie" als hilfreich
Deneke, 1982 n = 39	- Eigenschaftswörterliste (EWL) - Interaktionsverhalten (IPA) nach Bales - Soziometrische Position - Wirkfaktoren (Q-Sort nach Yalom)	Hoher sozialer Rang Wirkfaktoren "Einsicht" und "Katharsis" Interaktionsverhalten	Höherer sozialer Rang ist günstig für Erfolg; "hilflos-ängstliches" Verhalten ist ungünstig
Eckert & Biermann-Ratjen, 1985 n = 137 (92)	- Gruppenerfahrungsfragebogen (GEB) - Objektive Einschätzungen der "Kohäsion"	GEB "Kohäsion"	Vor allem "Lerneffekte" im GEB, Anstieg von "Kohäsion" speziell in erfolgreichen Gruppen
Tschuschke, 1986 n = 9	- Angst- und Aggressivitäts-Affektskalen n. Gottschalk & Gleser - Psychophysiologisches Erregungsmaß (Herzrate/ Pulsfrequenz)	Gesamtaffekte physiologische Erregung	sprechaktive Patienten profitieren nicht unbedingt, physiologisch ansteigende Erregung auf Affektäußerungen anderer Gruppenmitglieder oder vom Therapeuten erfolgt nur bei erfolgreichen Patienten, lange schweigsame Gruppenmitglieder sind nicht automatisch uninvolviert
Froese, Hess & Isurina, 1987 n = 100	- Motivations-Fragebogen nach Leder	Wenig Diskrimination zwischen Erfolg/Mißerfolg	"sekundärer Krankheitsgewinn" als Motivation ungünstig
Budman, Soldz, Demby, Feldstein, Springer & Davis, 1990 n = 90	- "Harvard Community Health Plan Group Cohesiveness Scale" - modifizierte "Penn Helping Alliance Rating Method"	Kohäsion therapeutische Allianz	erhöhte Kohäsion bei Gruppenmitgliedern und bessere therapeutische Allianz haben hochsignifikante Beziehung zum Therapieergebnis, "therapeutische Allianz" und "Kohäsion" haben sehr hohe Beziehung

Studie/Autor(en) Anzahl Patienten	Verwendete Prozeß-Methoden	Variablen mit prädiktivem Wert	Fazit
Göth, 1988 n = 49	- Profile of Mood States" (POMS) - Befindlichkeitsskala (BFS) von v. Zerssen	POMS BFS	POMS: jede Skala hat prädiktiven Wert, frühe Gruppensitzungen sind bereits entscheidend (ab 2. Sitzung), lineare Abnahme der Beschwerden über die Zeit bei erfolgreichen Patienten
Hess, 1990 n = 21 Gruppen	- "Berührtheit" u. "Zufriedenheit Unbehagen" in Sitzungen - Soziogramm nach Höck & Hess - Sprechaktivität	"Berührtheit" Soziogramm Sprechaktivität	hohe "Berührtheit" günstig, sprechaktive Patienten sind eher erfolgreich, niedrige soziale Ränge zu Beginn ungünstig, Alpha-Position ungünstig, aktive Omega-Patienten sind eher erfolgreich, passive Omega-Patienten sind nicht erfolgreich
Colijn, Hoencamp, Snijders, v. d. Spek & Duivenvoorden, 1991 n = 134	- Wirkfaktoren (Q-Sort nach Yalom)	Wirkfaktor "Identifikation" (eingeschränkt)	keine Prädiktion von Therapie-Ergebnis (mit leichter Ausnahme von "Identifikation")
Neimeyer, Harter & Alexander, 1991 n = 49	- Repertory Group Grid nach Kelly	Wahrnehmungsdistanzen von Gruppenmitgliedern und Therapeuten	frühe Identifikation mit Therapeuten bewirken erhöhte "Kohäsion", frühes Gruppenstadium und Wahrnehmungsänderungen in dieser Zeit haben höheren prädiktiven Wert
Hess, 1992 n = 9	- Emotionalitätenprofil (EMI) nach Ullrich & Ullrich de Muynck - Gruppenklima-Bogen (GCQ-S) nach MacKenzie - Nutzen der Sitzung - Soziogramm nach Höck & Hess	Keine.	nur 5 Sitzungen von 40 wurden ausgewertet, kaum Verallgemeinerungsmöglichkeit

Studie/Autor(en) Anzahl Patienten	Verwendete Prozeß-Methoden	Variablen mit prädiktivem Wert	Fazit
Tschuschke, 1993 n = 16	- Gruppenklima-Bogen (GCQ-S) nach MacKenzie - Repertory Personal Others Grid (POG) nach Kelly - Stuttgarter Bogen (SB) nach Lermer & Ermann - SYMLOG- Interaktionssignierung nach Bales & Cohen	GCQ-S-Skala "Engagement" POG SB-Skala "Emotionale Bezogenheit" (individuelle Kohäsion) SYMLOG-Image-Ebenen SEL, FAN und ACT-Richtungsindikatoren	eher erfolgreiche Patienten ändern pathologisch konstellierte Objekt- und Selbstrepräsentanzen, frühe gute "emotionale Bezogenheit" nur bei erfolgreichen Patienten (indiv. "Kohäsion"), Verhaltensänderungen ("interpers. Lernen-output) tendenziell bei erfolgreichen Patienten, mehr Selbstöffnung von u. mehr Feedback für erfolgreiche Patienten in frühen Sitzungen
Piper, Joyce, Rosie & Azim, 1994 (n = 99)	- Psychodynamische Arbeit (PWORS) nach Piper & McCallum - Psychological Mindedness (PMAP)	PWORS PMAP	PWORS eingeschränkte Beziehung zum Therapie-Ergebnis, PM klare Beziehung zum Therapie-Ergebnis und zur therapeutischen Arbeit
Strauß & Burgmeier-Lohse, 1994 n = 43 (31/23)	- Gruppenerfahrungsbogen (GEB) - Gruppenklima-Bogen (GCQ-S) - Helping Alliance Question naire (HAQ) nach Luborsky - Stuttgarter Bogen (SB) - SASB-Ratings (Anfangs-Sitzungen) - Soziogramm - Fortschritte (Therapeuten) - Wirkfaktoren (Q-Sort nach Yalom und Düsseldorfer Wirk faktorenbogen nach Davies-Osterkamp)	GCQ-S HAQ Soziometrische Position SB Wirkfaktoren "Einsicht" und "Kohäsion" (Düsseldorfer Wirkfaktorenbogen)	erfolgreiche Patienten erleben "Konflikt" deutlicher und zunehmend (GCQ-S), erfolgreiche Patienten erleben "Engagement" abnehmend (GCQ-S), erfolgreiche Patienten haben stärksten (linearen) Zuwachs an "reaktiver Emotionalität", "Aktivität" und "Selbststärke" (SB), erfolgreiche Patienten haben linearen Zuwachs an guter therapeutischer Allianz (HAQ), soziometrische Position: deutlich positive Effekte bei hohem Rang und bei niedrigem Rang negative Effekte

Die *patientenseitigen* Einschätzungen - die von Sitzungsbögen über wöchentliche und monatliche Einschätzungen reichen - umfassen selbst-, gruppen- und auf den Gruppenleiter bezogene Bewertungen - sowie Wirkfaktorenbögen. Während letztgenannte vergleichsweise "abstrakt" nach globaleren verändernden "Mechanismen" des therapeutischen Gesamtprozesses bzw. größerer therapeutischer Strecken fragen (siehe auch weiter unten), fokussieren die zuvorgenannten Beziehungsaspekte eher auf emotionale "Momentaufnahmen" und deren Relevanz für den Veränderungsprozeß.

Die *objektiven Bewertungen durch externe Beurteiler* reichen von relativ groben Aktivitätsmaßen (z.B. Sprechaktivität) über intrapsychische Veränderungsmaße (z.B. Objekt- und Selbstrepräsentanzen nach Kelly) bis hin zu sehr differenzierten „Mikro-Analysen“ innerhalb der einzelnen Gruppensitzungen. Bei letzteren werden verbale und nonverbale Verhaltensweisen z.T. mit erheblichem zeitlichen und personellen Aufwand und mit detaillierten und umfangreichen Methoden eingeschätzt und ausgewertet (IPA/SYMLOG nach Bales, vgl. Kap. 17, Affektskalen nach Gottschalk & Gleser, vgl. Kap. 24, PWORS nach Piper & McCallum, vgl. Kap. 25, SASB nach Benjamin, vgl. Kap. 20).

Auch wenn festgestellt werden muß, daß die wenigen verfügbaren - in Tabelle 1 abgebildeten - Prozeß-Ergebnis-Studien in der Gruppenpsychotherapie absolut noch keine endgültigen Schlüsse erlauben, so läßt sich die Tabelle doch im Hinblick auf einige Gemeinsamkeiten betrachten.

- Die *Wirkfaktoren-Studien* ergeben vor allem, daß erfolgreiche Patienten den Faktor "Einsicht" als hilfreich einschätzen, was bei den untersuchten analytischen Gruppenpsychotherapien auch nicht überrascht. Dagegen tauchte "Wiederbeleben der Primärfamilie" nur einmal im Zusammenhang mit Erfolg auf, ein Faktor, der von Patienten sonst eher nicht als sonderlich hilfreich erlebt wird (zu Ergebnissen mit Wirkfaktoren-Untersuchungen siehe weiter unten).

- Der *Gruppenerfahrungsbogen* (GEB, vgl. Kap. 11) differenzierte in der Untersuchung von Eckert & Biermann-Ratjen (1985) nur wenig zwischen erfolgreichen und nicht-erfolgreichen Patienten, dafür eher bei Strauß & Burgmeier-Lohse (1994), wo erfolgreiche Patienten im Verlauf von stationärer analytischer Langzeitgruppenpsychotherapie in der zweiten Therapie-Hälfte in der Skala "Selbständigkeit" eher ansteigende Werte, in der Skala "Gehemmtheit" abnehmende Werte aufwiesen.

- Der *Wirkfaktor 'Kohäsion'* weist in allen Studien mit diesbezüglichen Maßen klare Beziehungen zu Erfolg und Mißerfolg in therapeutischen Gruppen auf. Erfolgreiche Patienten bewerten die Kohäsion entweder gleich von Beginn an oder sehr früh höher (Budman et al., 1990; Neimeyer et al., 1991; Tschuschke, 1993), oder die

Kohäsion wirkt sich auf ganze Gruppen und deren Therapieerfolg aus (Eckert & Biermann-Ratjen, 1985). Die sehr enge Verzahnung von "Kohäsion" und "therapeutischer Allianz" wird bei Budman et al. (1990) deutlich. Vermutlich handelt es sich bei der "Kohäsion" um das gruppentherapeutische Äquivalent der therapeutischen Allianz in der Einzelbehandlung (Yalom, 1989; Budman et al., 1990; MacKenzie & Tschuschke, 1993). Auch die Ergebnisse von Strauß & Burgmeier-Lohse (1994) und Neimeyer et al. (1991) deuten auf diesen Sachverhalt hin. Bei Strauß & Burgmeier-Lohse (1994) weisen die erfolgreichen Patienten eine wesentlich bessere "therapeutische Allianz" auf als weniger erfolgreiche. Neimeyer et al. (1991) schließen aus einer frühzeitig geglückten "Identifikation" mit dem Gruppenleiter auf erhöhte "Kohäsion".

Eine erhöhte "Kohäsion" ist - den vorliegenden Untersuchungen entsprechend - ziemlich eindeutig mit günstigen Therapieeffekten verknüpft, während eine niedrige(re) "Kohäsion" mit weniger oder keinem therapeutischen Erfolg zusammenhängt.

- Ein *Soziogramm* wurde in vier der berichteten Untersuchungen verwendet (Deneke, 1982; Hess, 1990; 1992; Strauß & Burgmeier-Lohse, 1994). Dabei zeigen sich recht überzeugende Beziehungen zwischen höheren sozialen Rang-Einstufungen von Gruppenmitgliedern und günstigen Therapieeffekten. Niedrigere Ränge korrelieren deutlich mit ungünstigen Effekten.

- *Repertory Grids* wurden in zwei Untersuchungen eingesetzt (Neimeyer et al., 1991; Tschuschke, 1993). Beide Studien ergaben, daß entweder bereits frühzeitig intrapsychisch „gespeicherte" Wahrnehmungsänderungen von anderen in der Gruppe oder von wichtigen persönlichen anderen Objekten außerhalb der Gruppe in bezug auf bestimmte Selbstaspekte Prädiktoren für Therapieeffekte sein können.

- Offensichtlich spielt der Faktor *"Zeit"* bzw. der *"Zeitpunkt"*, zu dem Prozeß-Variablen im Hinblick auf das spätere Therapieergebnis besonders relevant werden können, eine zu wenig beachtete Rolle. Mehrere der in Tab. 1 dargestellten Studien verweisen auf die Bedeutung von verhältnismäßig *frühen* Veränderungen in Prozeß-Merkmalen, die Relevanz für Therapieerfolg haben (Göth, 1988; Budman et al., 1990; Hess, 1990; Neimeyer et al., 1991; Tschuschke, 1993). In all diesen Untersuchungen spielten sehr frühzeitig entweder Wahrnehmungsveränderungen und/oder gute Beziehungsaufnahmen (z.B. soziodynamischer Rang, "Kohäsion") eine Rolle. Nur bei Strauß & Burgmeier-Lohse finden sich zur zweiten Therapie-Hälfte hin deutliche Unterschiede zwischen erfolgreichen und weniger erfolgreichen Patienten. Daß die veranschlagte Behandlungszeit bzw. die realisierte Therapie-Zeit-Dosis keine ausschlaggebende Rolle spielte, zeigt sich darin, daß diese zeitlich frühen Wirkungen sowohl in Kurzzeitgruppentherapien (10 Sitzungen oder 15 Sitzungen) wie auch in Langzeitgruppen (über 80 Sitzungen) auftraten (Ausnahme die Kieler stationäre Gruppenpsychotherapie, durchschnittlich über 130 Sitzungen).

2.2. Fazit: Prozeß-Ergebnis-Studien

Obwohl nur wenige Studien verfügbar sind, zeigen diese doch bezüglich bestimmter Gruppenprozesse erfreulich einheitliche Tendenzen im Hinblick auf therapeutische Effekte auf. Imponierend sind vor allem die - erwarteten - *sozialen* Faktoren bzw. Kräfte in therapeutischen Gruppen: die Qualität der Bezogenheit des Individuums zur Gruppe ("therapeutische Allianz" bzw. "Kohäsion", soziodynamische Rangposition in der Gruppe, therapeutische Arbeit in Gruppen bei gegebener psychologischer Sensibilität) offenbar schon sehr frühzeitig, unabhängig von der veranschlagten Gesamtdauer der Gruppen, damit eng verbunden das erlebte Gruppenklima. Es gibt Hinweise dafür, daß diese genannten Aspekte - bei günstiger Konstellation, also guter Beziehung zur Gruppe und zur therapeutischen Maßnahme, bei guter Integration, widergespiegelt durch Annahme seitens der Gruppe - also höherer Rangposition in der Gruppenhierarchie - Wahrnehmungsveränderungen und intrapsychische Korrekturen bzw. "therapeutische Arbeit" einleiten. Es zeigt sich auch speziell die ätiopathogenetische Bedeutung einer "verzerrten Wahrnehmung" ("parataxic distortion") sensu Sullivan (Yalom, 1995, S. 19 f.), deren Aufhebung im Zuge geglückter gruppenpsychotherapeutischer Erfahrungen entsprechend mit Therapieerfolg zusammenhängen sollte, wie dies die Ergebnisse bei Neimeyer et al. (1991) und Tschuschke (1993) auch zeigen.

Die genannten Ergebnisse, so sie sich in weiteren Untersuchungen bestätigen lassen, deuten auf weitere zu beachtende Aspekte bei therapeutischen Gruppen hin. Es könnte sein, daß es sich bei den erfolgreichen Patienten um solche handelt, die sehr frühzeitig eine gute Beziehung zu anderen aufnehmen können, so daß sie schnell integriert und akzeptiert sind und zu einer therapeutischen Arbeitshaltung gelangen, die wiederum die eigentliche Veränderung ermöglicht. Damit wären Fragen der differentiellen Indikation berührt (vgl. auch Kapitel 2). Vermutlich müssen Gruppenleiter gleich von Beginn der Gruppe an sehr wachsam und aktiv sein, um eine möglichst große Chance für die Integration eines möglichst jeden Gruppenmitglieds in die sich entwickelnde Gruppenidentität/-kohäsion zu gewährleisten (Tschuschke et al., 1995). Nur so scheinen die Voraussetzungen für die eigentliche therapeutische (Mit-) Arbeit des einzelnen - und damit für einen späteren Erfolg - gegeben zu sein.

3. Wirkfaktorenforschung

Der im vorigen Abschnitt kurz erwähnte Forschungsansatz, über die Befragung von Patienten/Klienten die eigentlichen *Wirkfaktoren* des gruppenpsychotherapeutischen Prozesses zu erfassen, ist der bislang fast einzige Zugang zum Prozeßgeschehen, und damit zu den vermutlich maßgeblichen "Mechanismen der Veränderung" ("change mechanisms") bzw. (Wirk-) Faktoren des therapeutischen Gruppenprozesses, die die angestrebte "Veränderung" bewirken. Die erste maßstabsetzende Taxonomie von Wirkfaktoren in therapeutischen Gruppen legten Corsini & Rosenberg (1955) vor, was von Bloch & Crouch (1985) auch als "Wasserscheide" nach fast einem halben Jahrhundert Evolution der Gruppentherapie bezeichnet wurde. Unter einem Wirkfaktor wird nach Bloch & Crouch verstanden:

"An element of group therapy that contributes to improvement in a patient's condition and is a function of the actions of the group therapist, the other group members, and the patient himself" (Bloch & Crouch, 1985, 4).

Als "Element" werden dabei unterschiedliche Komponenten des Gruppenprozesses verstanden, die aus dem dynamischen Gruppenprozeß resultieren können, also spezifische - manchmal stark affektive - Ereignisse ("critical incidents"), Dynamiken zwischen einzelnen Gruppenmitgliedern in der Gruppe, zwischen einzelnen Gruppenmitgliedern und der Gesamtgruppe, zwischen Mitgliedern bzw. der Gesamtgruppe und dem/n Gruppenleiter/n oder zwischen einzelnen und Untergruppen. Es können genauso spezifische Inhalte der Interaktionen wirkungsvoll sein bzw. eine Verbindung derselben mit der Qualität der Dynamik. Unterschieden werden sollte das Verständnis des Wirkfaktors als eigentliches therapeutisches Medium von den sogenannten "Bedingungen für Veränderungen", die eher Rahmenkomponenten darstellen denn ein eigentliches therapeutisches Agens (z.B. die Pluralität in der Gruppe). Zwar wurden die Wirkfaktoren diskret voneinander entworfen und theoretisch konzeptualisiert, sie stellen aber nach einhelliger Auffassung jeweils eine artifizielle Entität dar. Weitgehende Überlappungen einzelner Wirkfaktoren müssen realistischerweise angenommen werden, so kann z.B. eine "kathartische" Äußerung gleichzeitig "Einsicht" bewirken und zudem eine "altruistische" Komponente beinhalten. Oder "Einsicht" steht in enger Verbindung mit dem "Wiederbeleben von Elementen der eigenen Primärfamilie" usw. Der Vorteil einer Festlegung auf ein allgemein akzeptiertes Set von 12 oder 13 Wirkfaktoren liegt entschieden in dem Versuch, ein gemeinsames Verständnis und eine einheitliche Sprache unter Klinikern und Forschern verfügbar zu haben, was einer Vergleichbarkeit von Forschungsergebnissen entgegenkommt (zum Konzept der Wirkfaktoren und zur Kritik daran vgl. ausführlich Bloch & Crouch, 1985; Tschuschke, 1993; Yalom, 1995).

Der Grund für die fast ausschließliche Konzentration auf die Erhebung der Wirkfaktoren mittels Befragung der Gruppenmitglieder selbst dürfte weitestgehend in der Komplexität der Gruppenprozesse liegen. Prozeßforschung, die die Wirkfaktoren in gruppalen Prozessen objektivieren würde, die also objektive Messungen an die komplexen interpersonellen und intrapsychischen Aspekte anlegen würde, ist wegen des großen Aufwands bislang fast nicht existent. Das Ergebnis ist, daß Beteiligte bezüglich ihrer Gruppenerfahrung mit mehr oder weniger elaborierten Fragebögen aktuell oder im Rückblick befragt werden (vgl. hierzu auch die Kapitel 7-9).

Tabelle 2 gibt einen Überblick über Untersuchungen, die entweder über den Q-Sort-Test nach Yalom (1989; 1995) Daten gewannen oder doch zumindest einen Fragebogen mit den 60 Wirkfaktoren-Fragen nach Yalom benutzten. Der Vorteil hierbei ist, daß die von den Patienten erhobenen Einschätzungen der hilfreichen Aspekte der Gruppenpsychotherapie weitgehend Vergleichbarkeit gewährleisten und Rangfolgen von Wirkfaktoren gestatten, wie sie sich aus der Sicht der betroffenen Patienten/Gruppenmitglieder ergeben haben.

Die fünf in der Tabelle abgebildeten Studien-Zusammenstellungen umfassen 6 Untersuchungen bzw. Überblicksarbeiten mit 419 Patienten in stationären Gruppenpsychotherapien (Maxmen, 1973; Eckert et al., 1981; Schaffer & Dreyer, 1982; Marcovitz & Smith, 1983; alle zit. aus: Tschuschke, 1989; sowie Strauß & Burgmeier-Lohse, 1994; Rudnitzki et al., 1996), 9 Studien über ambulante Therapiegruppen mit insgesamt 383 Patienten (vgl. Yalom, 1985, S. 81; zit. aus: Tschuschke, 1989) sowie 18 Encounter-Gruppen mit 210 Studenten (Lieberman et al., 1973).

Es ergibt sich ein ziemlich heterogenes Bild. Durchgängig läßt sich über alle untersuchten Gruppen und Settings nur feststellen: Der Wirkfaktor "Katharsis" rangiert überall auf den Rangplätzen 1 - 3. "Kohäsion" ist ebenso ein hoch geschätzter Faktor (in vier von fünf Untersuchungen), tendenziell auch noch "Interpersonales Lernen - input" ("Feedback"), der in allen drei Gruppenmodalitäten auf den Plätzen 1 - 3 erscheint (ambulante, stationäre und Selbsterfahrungsgruppen), in den Studien von Strauß & Burgmeier-Lohse (1994) und Rudnitzki et al. (1996) aber nur auf Rang 6 rangiert.

Ziemlich konstant werden die Wirkfaktoren "Rekapitulation der Primärfamilie" und "Identifikation" auf die letzten Plätze (von 12) gesetzt (Ausnahmen: die Studie von Strauß & Burgmeier-Lohse bei "Rekapitulation der Primärfamilie" und die Studie von Lieberman et al. bei "Identifikation"). Konstant auf oder in der Nähe von Rang 5 wird der Faktor "Existentielle Faktoren" eingestuft.

Für die Rangfolgen dazwischen zeigt sich ein sehr uneinheitliches Bild. Die Wirkfaktoren "Einsicht", "Interpersonales Lernen - Output", "Altruismus", "Einflößen von Hoffnung", "Universalität des Leidens" und "Anleitung" variieren zwischen Positionen auf Rang 4 bis Rang 10 bzw. 11.

Tab. 2: Rangfolgen von Wirkfaktoren (ermittelt über Yalom-Q-Sort-Verfahren oder -Fragebogen)

Rang	Yalom (1985) Ambulante Gruppen (n = 9 Untersuchungen mit 383 Patienten))	Lieberman, Yalom & Miles (1973) Selbsterfahrungs-Gruppen (n = 210 Studenten aus 18 Gruppen) *	Stationäre Gruppen (n = 4 Untersuchungen mit 363 Patienten) (aus: Tschuschke, 1989)	Strauß & Burgmeier-Lohse (1994) (n = 23 Patienten aus einer stationären slow-open Gruppe)	Rudnitzki, Körtel & Tschuschke (1996) (n = 33 Patienten aus 4 Gruppen)
1	Interpersonales Lernen - Input	Interpersonales Lernen - Input	Katharsis	Kohäsion	Universalität des Leidens
2.	Katharsis	Universalität des Leidens	Kohäsion	Katharsis	Katharsis/ Kohäsion
3.	Kohäsion	Katharsis	Interpersonales Lernen - Input	Einsicht	
4.	Einsicht	Anleitung	Einsicht	Interpersonales Lernen - Output	Einflößen von Hoffnung
5.	Interpersonales Lernen - Output	Einsicht*/Interpers. Lernen - Output	Existentielle Faktoren/ Altruismus	Existentielle Faktoren	Existentielle Faktoren
6.	Existentielle Faktoren			Interpersonales Lernen - Input	Interpersonales Lernen - Output
7.	Universalität des Leidens	Kohäsion*	Einflößen von Hoffnung	Rekapitulation der Primärfamilie	Interpersonales Lernen - Input
8.	Einflößen von Hoffnung	Altruismus	Universalität des Leidens	Universalität des Leidens	Einsicht
9.	Altruismus	Identifikation	Anleitung	Einflößen von Hoffnung	Anleitung
10.	Rekapitulation der Primärfamilie	Einsicht*/ Kohäsion*	Interpersonales Lernen - Output	Anleitung/ Altruismus	Altruismus
11.	Anleitung	Einflößen von Hoffnung	Rekapitulation der Primärfamilie		Rekapitulation der Primärfamilie
12.	Identifikation	Rekapitulation der Primärfamilie	Identifikation	Identifikation	Identifikation

* Wirkfaktoren "Einsicht" und "Kohäsion" sind über unterschiedliche Items wiederholt erfaßt und eingeschätzt worden

Geht man von der These aus, daß die einzelnen Settings unterschiedlich beeinträchtigte Klientele behandelten, so ergibt sich ein brauchbarer Hinweis: Ambulante Gruppen oder die Encounter-Gruppen mit Studenten arbeiteten vermutlich mit nicht so schwer beeinträchtigten Klientelen wie die stationären Gruppen. Entsprechend zeigte sich, daß dem Wirkfaktor "Interpersonales Lernen - input" - also "Feedback"-Prozessen - die höchste Bedeutung beigemessen wurde; d.h., die Patienten/Klienten dieses Settings erlebten am meisten als hilfreich, daß sie etwas über sich erfahren konnten, um dieses Wissen für sich nutzen zu können. Es zeigte sich also eine vergleichsweise Offenheit auch gegenüber problematischen Seiten des Selbst. Stationäre Gruppen hingegen scheinen diesbezüglich empfindlicher zu sein - hier rangiert dieser Wirkfaktor auf den Plätzen 3 - 6.

Weitere einheitliche Tendenzen sind kaum zu erkennen. Am ehesten noch fällt eine vergleichsweise ungewöhnliche Konstellation bei der Untersuchung von Rudnitzki et al. (1996) auf. Die Patienten dieser Gruppen wurden in einer Rehabilitations-Klinik im Rahmen von Langzeitgruppenpsychotherapien behandelt. Bei dieser Klientel handelt es sich um sehr schwer gestörte spätadoleszente oder junge erwachsene Patienten im Alter von 20 - 31 Jahren (einige schwer chronifizierte Neurosen, mehrheitlich Persönlichkeitsstörungen und Psychosen im Remissionsstadium). In dieser Studie wie auch in der von Modestin et al. (1994) taucht der Faktor „Universalität des Leidens“ an erster Stelle auf, was sich vermutlich auf die Schwere der Störung der Patienten zurückführen läßt.

3.1. Fazit zu Ergebnissen der Wirkfaktorenforschung über Fragebögen

Die vorgestellten Ergebnisse beeindrucken relativ wenig. Insgesamt muß festgestellt werden, daß zwar einige wenige Rang-Plazierungen gewissermaßen plausibel erscheinen, insgesamt gesehen muß man allerdings konstatieren, daß klare Unterschiedlichkeiten für abgegrenzte therapeutische Settings mit sehr unterschiedlichen Klientelen kaum bestehen. Damit ergeben sich folgende Fragen:

- Ist der Ansatz über die Selbsteinschätzungen unzureichend?
- Sind gruppenpsychotherapeutische Wirkfaktoren eher "unspezifisch", etwa indem sie zwar für das Medium therapeutische *Gruppe* spezifisch (im Unterschied zur Einzelpsychotherapie), aber für unterschiedliche theoretisch-konzeptuelle Gruppenpsychotherapie-Konzepte und -Techniken oder Setting-Aspekte unspezifisch sind?
- Sind die gegenwärtigen Klassifikationen von Wirkfaktoren in der Gruppenpsychotherapie adäquat?

Einer weiteren Erörterung dieser Fragen lassen sich folgende Überlegungen voranschicken. Die Psychotherapieforschung ist bislang grundsätzlich den Nachweis einer "Spezifität" einer wie auch immer gearteten Form von Behandlung oder Konzept schuldig geblieben. Es gibt kaum unterschiedliche Effektivitäten für irgendwelche Behandlungskonzepte (Tschuschke et al., 1994), auch wenn vereinzelte Stimmen anderes behaupten (z.B. Grawe et al., 1994). Zumindest ist dies bislang noch nicht nachgewiesen worden. Anderslautende Meinungen und Versuche des Nachweises - wie z.B. der von Grawe und Mitarbeitern (1994; 1995a) - lassen sich bei exakter Analyse des dort zugrundeliegenden Datenmaterials widerlegen und in Zweifel ziehen (Rüger, 1994; Tschuschke et al., 1994; Heckrath & Dohmen, 1994; Tschuschke & Kächele, 1996). Das sogenannte "Äquivalenz-Paradoxon" - d.h. gleiche therapeutische Effekte durch unterschiedliche Behandlungsansätze und unterschiedliche Transaktionen zwischen Patient(en) und Therapeut - ist bislang ein Forschungs-Faktum, an dem kein Weg vorbeigeht (Elliott et al., 1993; Miller et al., 1993; Shapiro, 1995; Stiles et al., 1986; Tschuschke & Kächele, 1996).

Die damit verbundene Frage, ob das psychotherapeutische Unternehmen generell ein "unspezifisches" sei, wirft grundlegende Fragen auf, die sich letzlich nur durch intensive und adäquate Forschung (sprich: aufwendige Prozeß-Ergebnis-Forschung) werden klären lassen (Strupp, 1995).

Das Problem läßt sich aber auch von einer anderen Seite her kommentieren. Falls sich doch in unterschiedlichen psychotherapeutischen (schultheoretischen) Konzepten und Techniken unterschiedliche Wirkkomponenten befinden sollten, ist es zumindest theoretisch nicht abwegig, davon auszugehen, daß diese Komponenten bei spezifischen Störungsbildern ganz unterschiedlich greifen und, im Hinblick auf ihre Wirkung und mögliche Effekte, zum Tragen kommen. Da zugleich mit Bestimmtheit davon gesprochen werden kann - da wird es keinen Dissens unter Psychotherapieforschern geben - , daß die *bisherige* Forschung in der Psychotherapie absolut unbrauchbar für die Beantwortung von Spezifität und ihrer Bedeutung für Wirkungen war, und wir womöglich noch viel zu wenig über die maßgeblichen Wirkkomponenten der therapeutischen Veränderung bei gegebenen Störungen wissen (Rice & Greenberg, 1984), muß erst eine (zukünftige) geeignete Forschung über psychotherapeutische Prozesse und deren langfristige Auswirkungen Auskünfte liefern (Shapiro, 1995). Dies hat selbst Grawe (1993) erst kürzlich so formuliert.

Auch wenn die Forschung in der Gruppenpsychotherapie derjenigen in der Einzelpsychotherapie noch ziemlich hinterherhinkt (vgl. Kap. 1), hier wie dort ist aufgrund bislang unzureichender Forschung der Nachweis einer möglichen Spezifität noch ausstehend. Das oben berichtete Ergebnis einer unzureichenden Spezifität von Wirkfaktoren-Rangfolgen für unterschiedliche Patienten-Klientele in unterschiedlichen Settings kann auf den unzureichenden Ansatz, von den Beteiligten selbst valide Auskünfte zu erhalten, zurückzuführen sein. Es bleibt aber auch die theoretische Möglichkeit, daß sich niemals eine Spezifität unterschiedlicher Ansätze bei unterschiedlicher Klientel ergeben wird (Strupp, 1995).

Zweifellos läßt sich die Beantwortung der Frage nach der "Spezifität" psychotherapeutischen Handelns ausschließlich über den Weg aufwendigerer und präziserer Forschung angehen.

Der Ansatz, die Beteiligten in der Gruppenpsychotherapie ausschließlich selbst zu befragen, läßt sich leicht als inadäquat charakterisieren. Zunächst stellt die Befragung schlicht eine Überforderung dar. Patienten sind aufgrund vielfältiger Gründe in der realistischen Einschätzung und adäquaten Wahrnehmung eigenen und fremden Erlebens und Verhaltens sowie sozialer Gegebenheiten über längere Zeitstrecken in die Therapie hinein eingeschränkt, weswegen Yalom ja auch von typischen Wahrnehmungsverzerrungen spricht ("parataxic distortions") (Yalom, 1995, S. 19). Es gibt ausreichend empirische Nachweise, daß die Einschätzungen therapeutischer Prozesse von den am Gruppenprozeß beteiligten Patienten diskrepant zum Beispiel zu objektiven Beobachtern oder zur Meinung von Therapeuten stehen (Eckert & Biermann-Ratjen, 1985; Schaffer & Dreyer, 1982). Weiterhin sind die meisten therapeutischen Wirkfaktoren auf einem erhöhten klinisch-theoretischen Abstraktionsniveau angesiedelt bzw. beschreiben unbewußte Prozesse, so daß hier in keiner Weise von einer validen Auskunft ausgegangen werden kann (Dies & MacKenzie, 1983; Lieberman, 1983).

"Wie eindeutig nachgewiesen werden konnte, sind die Auskünfte von Gruppenteilnehmern bezüglich der hilfreichen Mechanismen stark von der Ideologie des Gruppenleiters/-therapeuten, von dem Problem, das einen Patienten zu einer Therapiegruppe bringt sowie von den generellen Werten und Glaubenssystemen über therapeutische Hilfe abhängig." (Tschuschke, 1993, S. 40).

Die bisherigen Ausführungen lassen sich durch die Tatsache untermauern, daß Patienten in allen Arten von Therapie- und Selbsterfahrungsgruppen fast regelmäßig die Wirkfaktoren "Rekapitulation der Primärfamilie" und "Identifikation" als nicht hilfreich und am Ende aller vorgegebenen Faktoren bewerten, wie sich auch aus der Tabelle 2 ergibt (geringfügig besser bewertet wurde der Faktor "Rekapitulation der Primärfamilie" - auf Rang 7 - in der Studie von Strauß & Burgmeier-Lohse, 1994). Dieses Ergebnis steht in krassem Gegensatz zu grundlegenden klinisch-theoretischen Annahmen von vielen Gruppenleitern. Yalom (1995) drückt die Überzeugung aus, daß z.B. "Identifikation" als relevanter Wirkfaktor von Patienten schlicht abgelehnt werde.

"To patients, conscious mimicry (also imitierendes Verhalten, der Verf.) is an especially unpopular concept as a therapeutic mode since it suggests a relinquishing of individuality - a basic fear of many group patients." (Yalom, 1995, S. 85).

Und zur Vernachlässigung des Wirkfaktors "Rekapitulation der Primärfamilie" führt er an:

"The fact that this factor is not cited often by patients, though, should not surprise us since it operates at a different level of awareness from such explicit factors as catharsis or universality. ...Few therapists will deny that the primary family of each group member is an omnipresent specter haunting the group therapy room. Patients' experience in their family of origin obviously will, to a great degree, influence the nature of their interpersonal distortions... There is little doubt in my mind that the therapy group reincarnates the primary family." (Yalom, 1995, S. 87).

Was also bleibt als Quintessenz? Es gibt keine andere als die, daß der Weg zur Erklärung psychotherapeutischer (Veränderungs-) und (Wirk-)Prozesse nicht nur über die Befragung der betroffenen Patienten/Klienten führen kann. Überlegungen, ob die bestehenden Wirkfaktoren-Klassifikationen adäquat sind (Crouch et al., 1994), sind solange obsolet, wie es keine adäquate Forschung zu den bestehenden Klassifikationen gegeben hat.

Was in der Gruppenpsychotherapie erforderlich ist, sind systematische, aufwendige und objektive Bewertungen ablaufender Prozesse durch geschulte Beobachter, wenn über die subjektiven Empfindungen der Gruppenteilnehmer hinaus relevante Merkmale von Gruppenprozessen mit möglichem Verallgemeinerungswert gewonnen werden sollen.

3.2. Eine Alternative: Objektive Prozeß-Ergebnis-Forschung

Daß sich über intensive Prozeß-Ergebnis-Forschung in der Gruppenpsychotherapie weitere Aufschlüsse ergeben können, zeigen die wenigen hierzu vorliegenden Beispiele. Unter "intensiver Prozeß-Ergebnis-Forschung“ im eigentlichen Sinne sind zeit- und personalaufwendige Untersuchungen zu verstehen, die in der Regel über mehrere Jahre durchgeführt werden und ein ganzes Forschungsteam mit mehreren Mitarbeitern umfassen, die systematisch in der Anwendung von aufwendigen Bewertungsmethoden trainiert werden. Solche Projekte zu Prozeß-Ergebnis-Zusammenhängen in Gruppenpsychotherapien wurden z.B. durch die Edmonton Research Group, im Harvard Community Health Plan in Boston sowie in den Stuttgarter und Kieler Gruppenpsychotherapie-Studien realisiert (Budman et al., 1990; Piper, et al., 1992; Tschuschke, 1993; Tschuschke & Dies, 1994; Strauß & Burgmeier-Lohse, 1994).

Objektive Bewertungen durch aufwendig trainierte Rater mit hoher Übereinstimmung erbringen differenzierte Ergebnisse, die nicht vergleichbar sind mit groben Momentaufnahmen, zufällig herausgegriffenen Stunden aus dem Sitzungs-Gesamt oder subjektiven Auskünften Betroffener. Z.B. ergab die Studie von Budman et al., daß frühe Sitzungen (in der ersten Therapie-Hälfte) eine höhere "Kohäsion" bei später erfolgreichen Gruppenmitgliedern zeigten als spätere Sitzungen oder bei weniger erfolgreichen Patienten. Dieses Ergebnis befindet sich in völliger Übereinstimmung mit Ergebnissen aus der Stuttgarter Gruppenpsychotherapie-Studie (Tschuschke, 1993; Tschuschke & Dies, 1996). Auch dort waren speziell die Sitzungen in der ersten Hälfte prognostisch relevant, soweit das Ausmaß an "Kohäsion" betroffen war.

Die Konsequenzen aus solchen Forschungsergebnissen weisen direkte therapeutische Relevanz auf. Sollten sich solche präzisen und genauen Messungen in weiteren vergleichbaren Studien replizieren lassen, müssen Gruppenleiter sich klar machen, daß bereits in den ersten Sitzungen entscheidende Weichen gestellt werden, daß sie im Hinblick auf die anfangs besonders kritische Kohäsion in der Gruppe Gruppenmitglieder in den Prozeß integrieren müssen und daß sie womöglich bereits bei der Auswahl der Gruppenteilnehmer und den Indikationsüberlegungen spezifische Beziehungsfähigkeiten potentieller Gruppenteilnehmer mehr berücksichtigen müssen.

Auf diesen letztgenannten Aspekt deuten auch die Ergebnisse von Piper et al. (1992) hin (vgl. auch Kap. 6). Gruppenteilnehmer mit einer höheren "Psychological Mindedness" stiegen deutlich seltener aus Gruppentherapien aus und tendierten zu besserem Erfolg in den Gruppen. Ebenso ergab sich eine deutliche Beziehung zwischen "Psychological Mindedness" und Formen "therapeutischer Arbeit" in den Gruppenpsychotherapien. "Selbstbezogene Arbeit" - also eine Art "Selbstöffnung" - in der therapeutischen Gruppe war am stärksten mit einem günstigen Therapie-Ergebnis verknüpft.

Das Ergebnis von Piper et al. wurde auch durch die Ergebnisse der Stuttgarter Studie bestätigt. Patienten mit einer höheren "Selbstöffnung" in der ersten Therapie-Hälfte erhielten signifikant mehr "Feedback" (Wirkfaktor "Interpersonales Lernen - input"), realisierten also ein signifikant höheres Ausmaß an "interpersoneller Arbeit" ("Selbstöffnung" und "Feedback" gemeinsam) und profitierten sehr viel mehr von der Behandlung als Gruppenmitglieder, für die das nicht zutraf oder die erst in der zweiten Therapie-Hälfte verstärkt "interpersonell arbeiteten" (Tschuschke, MacKenzie, Haaser & Janke, 1996).

In derselben Untersuchung wurden auch deutliche Hinweise dafür gefunden, daß Aspekte des Wirkfaktors "Rekapitulation der Primärfamilie" eine bedeutsame Rolle im Hinblick auf Therapieerfolg oder -mißerfolg spielten. Über Messungen intrapsychischer Objekt- und Selbstrepräsentanzen im Verlauf der Therapiegruppen konnte objektiviert werden, daß am ehesten später erfolgreiche Gruppenmitglieder die eingangs pathologisch konstellierten Objekt- und Selbstrepräsentanzen in eine klinisch erwünschte Richtung dauerhaft verändern konnten (katamnestisch abgesichert ein Jahr nach Therapieende). Veränderungen von "Vater"- und "Mutter"-Objektrepräsentanzen sowie eigener Selbstrepräsentanzen (Real- und Ideal-Ich) in Beziehung dazu erlauben zumindest die Schlußfolgerung, daß relevante Aspekte der Beziehungen zu diesen Objekten in der Gruppe bearbeitet und verändert werden konnten. Auch konnten für die Zeitpunkte dieser Veränderungen Verbindungen zu den anderen Wirkfaktoren gefunden werden - wie z.B. dem zuvor erfolgten Ausmaß an "interpersoneller Arbeit", der

Qualität der "Kohäsion" bzw. "emotionalen Bezogenheit" zur Gruppe und nachfolgenden "Verhaltensänderungen (Wirkfaktor "Interpersonales Lernen - output").

Auch die Kieler Gruppenpsychotherapiestudie wies die prozessuale Bedeutung von Wirkfaktoren nach (Strauß & Burgmeier-Lohse, 1994). Es zeigte sich, daß prozeßbezogene Faktoren wie die soziometrische Position, das positive Gruppenerleben (ähnlich wie in der Stuttgarter Studie) und zunehmende Aktivität prädiktiven Wert hatten im Hinblick auf das Behandlungsergebnis.

Im Gegensatz zu den anderen drei Untersuchungen weist die Kieler Studie erst im Verlauf der zweiten Therapie-Hälfte zunehmend ausgeprägtere Werte für erfolgreiche Gruppenmitglieder aus (in Skalen des GCQ-S, des SB oder des GEB: Konflikterleben, Selbständigkeit/Zuversicht, Aktivität, Selbststärke, reaktive Emotionalität). Hierzu ist anzumerken, daß es sich nicht um objektive Bewertungen trainierter Beobachter handelte, sondern um Selbsteinschätzungen der Patienten, mit den möglichen Einschränkungen (wie weiter oben dargestellt) im Hinblick auf eine adäquate Charakterisierung wirkrelevanter Faktoren bzw. Prozesse.

Dagegen zeigen die drei Untersuchungen mit objektiven Prozeß-Beurteilern in ähnlicher Weise, daß relevante Prozesse bereits vergleichsweise frühzeitig prädiktive Potenz aufweisen und spätere eher weniger (Budman et al., 1990; Piper et al., 1992; Tschuschke, 1993; Tschuschke & Dies, 1994, 1996; Tschuschke et al., 1996; im übrigen unabhängig von der veranschlagten Dauer und "Zeit-Dosis-Beziehung" [Sitzungsfrequenz] der Gruppen). Die Stuttgarter Studie umfaßte die Untersuchung verschiedener Wirkfaktoren gruppenpsychotherapeutischer Prozesse und setzte verschiedene komplexe Rating-Prozeduren ein, wie z.B. das Kelly-Repertory-Grid (vgl. Kapitel 19) und das SYMLOG-Signier-Verfahren (vgl. Kapitel 17), die zusammen verschiedene Beobachtungsebenen ermöglichten und die zudem noch wechselseitig aufeinander bezogen werden können.

Aus den sich ergebenden Wechselwirkungen läßt sich thesenartig ein Modell von prädiktivem Wert für günstige bzw. ungünstig verlaufende Therapien in Gruppen ableiten.

1) Demnach scheint eine frühe gute emotionale Bezogenheit (oder "individuelle Kohäsion", besonders ausgedrückt durch das Gefühl, akzeptiert zu werden ["acceptance"], nach Bloch & Crouch ein wichtiger Aspekt der "Kohäsion") in der therapeutischen Gruppe das Analogon zur guten "therapeutischen Allianz" in der Einzelpsychotherapie zu sein (Budman et al., 1990; MacKenzie & Tschuschke, 1993; Yalom, 1995). Diese gute Bezogenheit scheint die Voraussetzung zu sein für das Wirksamwerden weiterer Wirkfaktoren. Es erhebt sich allerdings die Frage, ob "Kohäsion" mit ihren verschiedenen Facetten ("esprit de corps", "Akzeptanz", "Unterstützung", vgl. Bloch & Crouch, 1985) nicht eher eine sogenannte "Bedingung" für therapeutische Arbeit in der Gruppe ist denn ein eigenständiger Wirkfaktor im eigentlichen Sinne (vgl. hierzu auch Yalom, 1995).

2) Die Gruppenmitglieder mit höherer emotionaler Bezogenheit konnten - im Unterschied zu denjenigen mit niedrigerer Bezogenheit - sich frühzeitig öffnen (Wirkfaktor "Selbstöffnung" bei Bloch & Crouch, nicht eigenständiger Faktor bei Yalom) und erhielten entsprechend mehr und häufiger "Feedback" (Wirkfaktor "Interpersonales Lernen - input"), dabei sehr häufig auch sehr kritisches "Feedback" mit einem erheblichen Potential an Kränkung und Versunsicherung. Dennoch gingen diese Gruppenteilnehmer dieses Risiko ein. D.h., diese Patienten realisierten ein wesentlich höheres Maß an "interpersoneller Arbeit" (Tschuschke et al., 1996) bzw. "therapeutischer Arbeit" (Piper et al., 1992).

3) Im dritten Schritt lassen sich beginnende "Verhaltensänderungen" (Wirkfaktor "Interpersonales Lernen - output") bei diesen gut bezogenen und therapeutisch arbeitenden Patienten feststellen. Interessanterweise wurden recht frühzeitig (im ersten Drittel bzw. in der ersten Hälfte der Gruppendauer) individuell-pathologische Verhaltensmuster abgebaut, wie z.B. depressiv-lamentierendes, zwanghaft-dominantes oder narzißtisch-aufdringliches Verhalten (Tschuschke & Dies, 1994; 1996). Erst nach diesen Veränderungen waren dieselben Patienten in der Lage, sozial akzeptierteres und sozial verträgliches Verhalten aufzubauen, etwa Empathie, Unterstützung, Interesse an anderen und Beteiligung bei anderen in der Gruppe. Die beschriebenen "Verhaltensänderungen" ergaben sich fast ausschließlich bei erfolgreichen Gruppenteilnehmern.

4) Zeitlich ziemlich parallel zu den "Verhaltensänderungen" ergaben sich - wiederum fast ausschließlich bei erfolgreichen Patienten - intrapsychische Umstrukturierungen mit überdauerndem Charakter. Die oben kurz genannten ungünstigen Objekt- und Selbstrepäsentanzen (oder -vorstellungen) wurden in klinisch erwünschte Richtung hin korrigiert (Tschuschke, 1993; Tschuschke & Dies, 1994).

Es ergibt sich demnach ein sehr komplexes Muster von ineinandergreifenden Wirkfaktoren, die offenbar voneinander abhängig sind und erst zum Tragen kommen können, wenn gewisse Voraussetzungen erfüllt sind und sich wechselseitig bedingen. Damit ist der Faktor "Zeit" (bzw. "Zeitpunkt") in seiner Bedeutung für den therapeutischen Veränderungsprozeß auch von den hier berichteten Studien her gesehen von besonderer Bedeutung, wie eingangs (vgl. 2.1) aufgrund anderer Prozeß-Studien bereits dargelegt. Möglich sind gleichfalls Spezifika der jeweiligen Gruppenentwicklung, d.h. daß erst ein bestimmtes Stadium, das die Gruppe in ihrer Entwicklung erreichen muß (Tschuschke & MacKenzie, 1989), unterschiedliche Wirkfaktoren verstärkt ins Spiel bringt.

Diese aufgrund einiger weniger vorhandener Prozeßstudien noch vorläufigen Ergebnisse erlauben selbstverständlich keine Schlußfolgerungen mit Verallgemeinerungscharakter. Sie verweisen dennoch auf mögliche Zusammenhänge im komplexen Prozeßgeschehen therapeutischer Gruppen, die mit Sicherheit nur über solche aufwendigen "Mehrebenen-Forschungen" entdeckt und systematisch genutzt werden können.

Literatur

Bednar R.L. & Kaul T.J. (1994). Experiential group research: Can the cannon fire? In A.E. Bergin & S.L. Garfield (Eds.), *Handbook of Psychotherapy and Behavior Change*. New York: J. Wiley & Sons.

Bloch, S. & Crouch, E.C. (1985). *Therapeutic Factors in Group Psychotherapy*. Oxford: Oxford University Press.

Braaten, L.J. (1990). The different patterns of group climate critical incidents in high and low cohesion sessions of group psychotherapy. *International Journal of Group Psychotherapy, 40*, 477-493.

Budman, S.H., Soldz, S., Demby, A., Feldstein, M., Springer, T. & Davis, M.S. (1990). Köhäsion, therapeutische Allianz und Therapieerfolg in der Gruppenpsychotherapie: Eine empirische Untersuchung. In V. Tschuschke & D. Czogalik (Hrsg.), *Psychotherapie - Welche Effekte verändern? Zur Frage der Wirkmechanismen therapeutischer Prozesse*. Berlin: Springer.

Colijn, S., Hoencamp, E., Snijders, H.J.A., van der Spek, M.W.A. & Duivenvoorden, H.J. (1991). A comparison of curative factors in different types of group psychotherapy. *International Journal of Group Psychotherapy, 41*, 365-378.

Crouch, E.C., Bloch, S. & Wanlass, J. (1994). Therapeutic factors: Interpersonal and intrapersonal mechanisms. In A. Fuhriman & G.M. Burlingame (Eds.), *Handbook of group psychotherapy - An empirical and clinical synthesis*. New York: J. Wiley & Sons.

Davies-Osterkamp, S., Jung, K. & Ott, J. (1992). Therapeutische Faktoren in der psychoanalytisch-interaktionellen und tiefenpsychologisch fundierten Gruppentherapie: Eine empirische Untersuchung. *Psychotherapie. Psychosomatik. Medizinische Psychologie, 42*, 102-109.

Dies, R.R. (1993). Research on group psychotherapy: Overview and clinical applications. In A. Alonso & H.I. Swiller (Eds.), *Group therapy in clinical practice.* Washington, DC: American Psychiatric Press.

Dies, R.R. (1994). Therapist variables in group psychotherapy research. In A. Fuhriman & G.M. Burlingame (Eds.), *Handbook of group psychotherapy - An empirical and clinical synthesis*. New York: J. Wiley & Sons.

Dies, R.R. & MacKenzie, K.R. (1983). *Advances in group psychotherapy - Integrating research and practice*. New York: International Universities Press.

Eckert, J., Biermann-Ratjen, E.-M., Tönnies, S. & Wagner, W. (1981). Heilfaktoren in der Gruppenpsychotherapie - Empirische Untersuchungen über wirksame Faktoren im gruppenpsychotherapeutischen Prozeß. *Gruppenpsychotherapie. Gruppendynamik, 17*, 142-162.

Eckert, J. & Biermann-Ratjen, E.-M. (1985). *Stationäre Gruppenpsychotherapie - Prozesse, Effekte, Vergleiche*. Berlin: Springer.

Elliott, R., Stiles, W.B. & Shapiro, D.A. (1993). "Are some psychotherapies more equivalent than others?" In T.R. Giles (Ed.), *Handbook of Effective Psychotherapy*. New York: Plenum Press.

Froese, M., Hess, H. & Isurina, G.L. (1987). *Behandlungsmotivation und Behandlungserfolg bei stationärer Gruppenpsychotherapie*. In K. Höck & H. Hess (Hrsg.), Psychotherapieberichte. Heft 38. IfPN: Berlin.

Fuhriman, A. & Burlingame, G.M. (1994). *Handbook of group psychotherapy - An empirical and clinical synthesis*. New York: J. Wiley & Sons.

Göth, N. (1988). *Emotionale Parameter in Einzelfallstudien und ihr Wert für Therapieverlauf, Erfolgskontrolle und Erfolgsprädiktion.* In K. Höck & H. Hess (Hrsg.), Psychotherapieberichte. Heft 40. IfPN: Berlin.

Grawe, K. (1988). Zurück zur psychotherapeutischen Einzelfallforschung - Editorial. *Zeitschrift für Klinische Psychologie, 17*, 1-7.

Grawe, K. (1993). Über Voraussetzungen eines gemeinsamen Erkenntnisprozesses in der Psychotherapie. Eine Erwiderung auf Eysenck und Diepgen. *Psychologische Rundschau, 44*, 181-186.

Grawe, K. (1995a). Welchen Sinn hat Psychotherapieforschung? Eine Erwiderung auf Tschuschke, Kächele & Hölzer (1994). *Psychother, 39*, 281-297.

Grawe, K. (1995b). Grundriß einer Allgemeinen Psychotherapie. *Psychother, 40*, 130-145.

Grawe, K., Bernauer, F. & Donati, R. (1994). *Psychotherapie im Wandel. Von der Konfession zur Profession*. Göttingen: Hogrefe.

Heckrath, C. & Dohmen, P. (1994). *Zu den empirischen Grundlagen der "hochsignifikanten Überlegenheit" der verhaltenstherapeutischen gegenüber den psychoanalytisch orientierten Psychotherapieverfahren*. Vortrag auf der 43. DKPM-Tagung, November 1994.

Hess, H. (1990). Affektive Beunruhigung als erlebnismäßiger Ausdruck der Dynamik im gruppentherapeutischen Veränderungsprozeß. In V. Tschuschke & D. Czogalik (Hrsg.), *Psychotherapie - Welche Effekte verändern? Zur Frage der Wirkmechanismen therapeutischer Prozesse*. Berlin: Springer.

Hess, H. (1992). Affektives Erleben im Gruppenprozeß und Therapieerfolg. *Psychotherapie. Psychosomatik. Medizinische Psychologie, 42*, 120-126.

Lieberman, M.A. (1983). Comparative analysis of change mechanisms in groups. In R.R. Dies & K.R. MacKenzie (Eds.), *Advances in group psychotherapy - Integrating research and practice*. New York: International Universities Press.

Lieberman, M.A., Yalom, I.D., Miles, M. (1973). *Encounter groups: First facts.* New York: Basic Books.

MacKenzie, K.R. (1990). *Introduction to time-limited group psychotherapy*. Washington, DC: American Psychiatric Press.

MacKenzie, K.R. & Tschuschke, V. (1993). Relatedness, group work, and outcome in long-term inpatient psychotherapy groups. *Journal of Psychotherapy: Research & Practice, 2*, 147-156.

Marcovitz, R.J., Smith, J.E. (1983). Patients'perceptions of curative factors in short-term group psychotherapy. *International Journal of Group Psychotherapy, 33*, 21-39.

Maxmen, J.S. (1973). Group therapy as viewed by hospitalized patients. *Archives of General Psychiatry, 28*, 404-408.

Miller, N.E., Luborsky, L., Barber, J.P. & Docherty, J.P. (1993). *Psychodynamic Treatment Research - A Handbook For Clinical Practice*. New York: Basic Books.

Modestin, J., Würmle, O. & Bachmann, K.M. (1994). Veränderungen der Patientenwahrnehmung der therapeutischen Faktoren im gruppenpsychotherapeutischen Verlauf. *Gruppenpsychotherapie und Gruppendynamik*, 30, 337-348.

Neimeyer, R.A., Harter, S. & Alexander, P.C. (1991). Group perceptions as predictors of outcome in the treatment of incest survivors. *Psychother Res, 1*, 149-158.

Orlinsky, D.E., Grawe, K. & Parks, B.K. (1994). Process and outcome - Noch einmal. In A.E. Bergin & S.L. Garfield (Eds.*), Handbook of psychotherapy and behavior change*. New York: J. Wiley & Sons.

Piper, W.E. (1993). Group psychotherapy research. In H.I. Kaplan & B.J. Sadock (Eds.), *Comprehensive group psychotherapy*. Baltimore: Williams & Wilkins.

Piper, W.E. & McCallum, M. (1990). Psychodynamische Arbeit als ein Wirkfaktor in der Gruppenpsychotherapie. In V. Tschuschke & D. Czogalik (Hrsg.), *Psychotherapie - Welche Effekte verändern? Zur Frage der Wirkmechanismen therapeutischer Prozesse*. Berlin: Springer.

Piper, W.E., McCallum, M. & Azim, H.F.A. (1992). *Adaptation to loss through short-term group psychotherapy*. New York: Guilford Press.

Piper, W.A., Joyce, A.S., Rosie, J.S. & Azim, H.F.A. (1994). Psychological mindedness, work, and outcome in day treatment. *International Journal of Group Psychotherapy, 44*, 291-311.

Rice, L.N. & Greenberg, L.S. (1984). *Patterns of change*. New York: Guilford Press.

Rudnitzki, G., Körtel, B. & Tschuschke, V. (1996). *Wirkfaktoren in Gruppentherapien mit schwergestörten spätadoleszenten Patienten im stationären Rehabilitations-Setting*. Vortrag Jahrestagung der Deutschen Gesellschaft für Psychiatrie, Psychotherapie und Neurologie (DGPPN), Heidelberg.

Rüger, B. (1994). Kritische Anmerkungen zu den statistischen Methoden in Grawe, Donati und Bernauer: "Psychotherapie im Wandel. Von der Konfession zur Profession". *Zeitschrift für Psychosomatik, Medizin und Psychoanalyse, 40*, 368-383.

Schaffer, J.S., Dreyer, S.F. (1982). Staff and inpatient perceptions of change mechanisms in group psychotherapy. *American Journal of Psychiatry, 139,* 127-128.

Schepank, H. & Tress, W. (1988). *Die stationäre Psychotherapie und ihr Rahmen*. Berlin: Springer.

Shapiro, D.A. (1995). Finding out how psychotherapies help people change. *Psychother. Res., 5*, 1-21.

Stiles, W.B., Shapiro, D.A. & Elliott, R. (1986). "Are all psychotherapies equivalent?" *American Journal of Psychology, 41*, 165-180.

Strauß, B. & Burgmeier-Lohse, M. (1994). *Stationäre Langzeitgruppenpsychotherapie*. Heidelberg: Asanger.

Strupp, H.H. (1995). The psychotherapist's skills revisited. *Clinical Psychologie: Science & Practice, V2 N1*, 70-74.

Tschuschke, V. (1986). Relationships between psychological and psychophysiological variables in the group therapeutic setting. *International Journal of Group Psychotherapy, 36*, 305-312.

Tschuschke, V. (1989). Wirksamkeit und Erfolg in der Gruppenpsychotherapie. *Gruppenpsychotherapie. Gruppendynamik, 25*, 60-78.

Tschuschke, V. (1990). Spezifische und/oder unspezifische Wirkfaktoren in der Psychotherapie: Ein Problem der Einzelpsychotherapie oder auch der Gruppenpsychotherapie? In V. Tschuschke & D. Czogalik (Hrsg.), *Psychotherapie - Welche Effekte verändern? Zur Frage der Wirkmechanismen therapeutischer Prozesse*. Berlin: Springer.

Tschuschke, V. (1993). *Wirkfaktoren stationärer Gruppenpsychotherapie - Prozeß-Ergebnis-Relationen*. Göttingen: Vandenhoeck & Ruprecht.

Tschuschke, V. & Dies, R.R. (1994a). Intensive analysis of therapeutic factors and outcome in long-term inpatient groups. *International Journal of Group Psychotherapy, 44*, 185-208.

Tschuschke, V. & Dies, R.R. (1994b). Der Mythos von den zwei Welten: Praxis und Forschung brauchen einander. *Gruppenpsychotherapie. Gruppendynamik, 30*, 227-250.

Tschuschke, V. & Dies, R.R. (1996). The role of feedback in promoting change - A comparison of therapeutic factors and their relationship to outcome in long-term therapy groups. *Group (im Druck)*.

Tschuschke, V. & Kächele, H. (1996). What do psychotherapies achieve? A contribution to the debate centered around differential effects of different treatment concepts? In G.W. Speierer, D. Deter, C. Frielingsdorf-Appelt (Hrsg.). GwG-Reader.

Tschuschke, V., Kächele, H. & Hölzer, M. (1994). Gibt es unterschiedlich effektive Formen von Psychotherapie? *Psychotherapie, 39*, 281-297.

Tschuschke, V. & MacKenzie, K.R. (1989). Empirical analysis of group development: A methodological report. *Small Group Behavior, 20*, 419-427.

Tschuschke, V., MacKenzie, K.R., Haaser, B. & Janke, G. (1996). Self-disclosure, feedback and outcome in long-term inpatient psychotherapy groups. *Journal of Psychotherapy: Research & Practice (im Druck)*.

Weiner, M.F. (1993). Role of the leader in group psychotherapy. In H.I. Kaplan & B.J. Sadock (Eds.), *Comprehensive group psychotherapy*. Baltimore: Williams & Wilkins.

Yalom, I.D. (1985). *The theory and practice of group psychotherapy* (3rd ed). New York: Basic Books.

Yalom, I.D. (1989). *Theorie und Praxis der Gruppenpsychotherapie*. München: Pfeiffer.

Yalom, I.D. (1995). *The theory and practice of group psychotherapy* (4th ed). New York: Basic Books.

Spezifische Forschungsmethoden: Statusdiagnostik interpersonaler Prognosefaktoren

5 Das Inventar zur Erfassung interpersonaler Probleme (IIP)

Bernhard Strauß, Hans Kordy

1. Theoretischer Hintergrund

In der Psychotherapieforschung der letzten Jahrzehnte haben interpersonale Konzepte und Theorien zur Beurteilung der Prognose, des Behandlungsprozesses und -ergebnisses große Bedeutung erlangt (z.B. Kiesler, 1992; Schneider-Düker, 1992). Das diesen Konzepten zugrundeliegende *interpersonale Modell* geht zurück auf Autoren wie Sullivan (1953) und Leary (1957), die versucht haben, ein System von Beziehungsmustern zu beschreiben, welches dabei helfen soll, adaptive wie maladaptive Interaktionen besser zu verstehen und empirisch zu fassen. Das mittlerweile immer mehr elaborierte und empirisch abgesicherte Modell basiert auf einigen Grundannahmen, so z.B., daß alle interpersonalen Verhaltensweisen entlang der Achsen eines zweidimensionalen Raumes beschreibbar sind: Eine Dimension, Zuneigung oder Fürsorge, reicht von extrem feindseligem zu freundlichem oder liebevollem Verhalten, die zweite Dimension, Macht, Kontrolle, Dominanz, von unterwürfigem bis zu dominantem Verhalten. In vielen faktorenanalytischen Untersuchungen wurde die semantische Struktur des Modells immer wieder bestätigt (z.B. Wiggins, 1979). Eine weitere Annahme des Modells besagt, daß Personen, die miteinander agieren, ihr Verhalten gegenseitig beeinflussen, wobei die wahrscheinlichsten Reaktionen auf ein Ausgangsverhalten komplementär sind im Hinblick auf die Zuneigungsdimension, reziprok im Hinblick auf die Kontrolldimension des Modells. Diese Grundannahme wurde insbesondere im Zusammenhang mit der interpersonalen Psychotherapie und in der Depressionsforschung immer wieder belegt (z.B. Strupp & Binder, 1984; Schauenburg et al., 1995).

Basierend auf diesem theoretischen Modell wurde in den letzten Jahren eine ganze Reihe von Methoden zur Beschreibung interpersonalen Verhaltens entwickelt und in der Psychotherapieforschung angewandt. Die von Benjamin (1993) erdachte „Strukturale Analyse sozialen Verhaltens“ (SASB; vgl. auch Tress, 1994) wäre ein Beispiel für ein Selbst- *und* Fremdbeschreibungssystem des Interaktionsverhaltens (vgl. die Beiträge von Hartkamp und Burgmeier-Lohse in diesem Band). Eine Übersicht über die gängigen Fremdbeurteilungsmethoden interpersonalen Verhaltens geben z.B. Schauenburg & Cierpka (1994). Als Beispiel für einen Fragebogen, der sich an dem beschriebenen Modell orientiert, wäre das Impact Message Inventory (Kiesler, 1992) zu nennen.

Das *Inventar zur Erfassung interpersonaler Probleme (IIP)* reiht sich in diese Methoden ein, hat aber primär den Anspruch, *problematisches* interpersonales Verhalten zu erfassen. Ausgehend von der Beobachtung, daß Patienten in der Psychotherapie vor allem über Schwierigkeiten im Umgang mit anderen Menschen klagen, versuchte Horowitz (1979) die von Patienten geäußerten interpersonalen Probleme zunächst zu kategorisieren und zu beschreiben. Auf der Basis dieser ersten Untersuchung entwickelten Horowitz et al. (1988) das IIP als einen Fragebogen, der Patienten und Therapeuten dabei helfen sollte, spezifische Quellen zwischenmenschlicher Belastungen zu diagnostizieren und zum Behandlungsfokus zu machen. Das ursprünglich 129 Items umfassende Instrument wurde später von Alden et al. (1990) auf seine circumplexe Struktur (d.h. auf seine Kompatibilität mit dem zweidimensionalen interpersonalen Modell) hin analysiert. Ergebnis dieser Untersuchung ist die heute übliche, 64 Items umfassende Version des IIP (IIP-C).

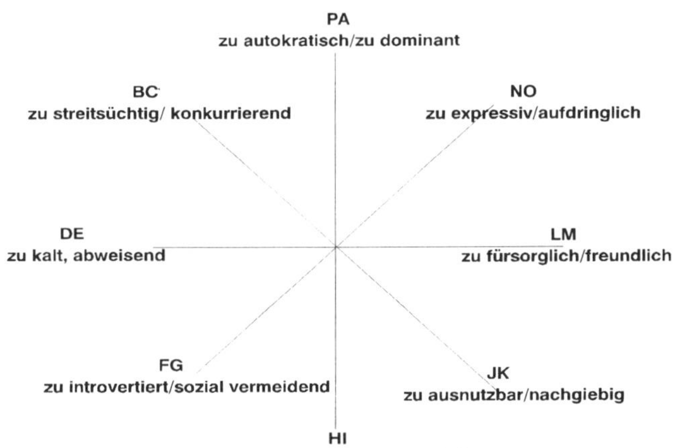

Abb. 1: Circumplexskalen des IIP

2. Kurzbeschreibung der Methode

Das IIP ist seit geraumer Zeit ins Deutsche übersetzt und liegt sowohl in der Langform als auch in der 64-Item-Form vor (Horowitz et al., 1994). Auf letztere wird in dieser Beschreibung ausschließlich Bezug genommen. Mit den Items des Fragebogens können Probanden beschreiben, wie sehr sie unter spezifischen Schwierigkeiten im Umgang mit anderen Menschen leiden. Dabei werden sowohl Aspekte genannt, die im Umgang mit anderen schwierig sein können (z.B. Es fällt mir schwer, anderen Menschen zu vertrauen) als auch Aspekte, die „man im Übermaß tun kann" (z.B. Ich streite zuviel mit anderen). Wie erwähnt, geht die heute übliche Skalenbildung auf die Arbeit von Alden et al. (1990) zurück, die insgesamt 8 Skalen zur Messung interpersonaler Probleme vorschlugen, die mit den Oktanten des zweidimensionalen Modells korrespondieren (vgl. Abb. 1).

Alden et al. (1990) haben in Untersuchungen an mehreren Stichproben zeigen können, daß ein zweidimensionaler Circumplex die Datenstruktur angemessen repräsentiert. An einigen großen Stichproben aus dem deutschsprachigem Raum wurde dieses Ergebnis repliziert (Horowitz et al., 1994).

Tab. 1: Beispielitems des IIP

Skala	Item
zu autokratisch/dominant	Ich bin anderen gegenüber zu aggressiv.
zu streitsüchtig/konkurrierend	Ich bin anderen gegenüber zu mißtrauisch.
zu abweisend/kalt	Es fällt mir schwer, mit anderen zurechtzukommen.
zu introvertiert/sozial vermeidend	Es fällt mir schwer, mit anderen etwas zu unternehmen.
zu selbstunsicher/unterwürfig	Es fällt mir schwer, mich gegenüber jemandem anderen zu behaupten
zu ausnutzbar/nachgiebig	Ich lasse mich von anderen zu sehr ausnutzen.
zu fürsorglich/freundlich	Ich stelle zu oft die Bedürfnisse anderer über meine eigenen.
zu expressiv/aufdringlich	Es fällt mir schwer, mich aus den Angelegenheiten anderer herauszuhalten.

3. Auswertung - Gütekriterien - Ökonomie

Die Auswertung des Fragebogens ist im Detail im deutschsprachigen Manual beschrieben. Für die Einzelfallauswertung liegen der Testmappe Schablonen bei (Horowitz et al, 1994). Im Testmanual wird neben der Bildung von Skalenrohwerten auch die Berechnung sog. ipsativer Skalenwerte dargestellt. Ipsative Werte bildet man durch Subtraktion des Gesamtmittelwertes im IIP von den einzelnen Skalenwerten. Auf diese Weise erhält man ein Profil der relativen Ausprägung von Problemen in den Oktanten des Modells „abzüglich des allgemeinen Beschwerdedruckes" eines individuellen Probanden. Das Manual enthält auch Angaben zu den Gütekriterien des Instruments, also zur Reliabilität und zur Validität. Die Validität des Fragebogens ist durch die bisher vorliegenden klinischen Anwendungen belegt (vgl. z.B. Davies-Osterkamp & Kriebel, 1993; Abschnitt 5).

Das IIP hat sich als ökonomische Methode zur Erfassung interpersonaler Probleme erwiesen. Der Zeitbedarf für das Ausfüllen des Bogens liegt für die 64-Item-Version bei ca. 10-15 Minuten.

4. Anwendungen des IIP in der Gruppenpsychotherapieforschung

Bislang ist das Instrument sicher vorwiegend im Kontext von Studien zur Einzelpsychotherapie und in der (persönlichkeitspsychologischen) Grundlagenforschung eingesetzt worden (vgl. 5.). Im deutschsprachigen Raum wurden aber auch schon Untersuchungen abgeschlossen, in denen des IIP einerseits auf seine prognostische Qualität, andererseits auf seine Eignung zur Evaluation im Bereich (stationärer und ambulanter) Gruppenpsychotherapie überprüft wurde.

In einer multizentrischen Verbundstudie des „Arbeitskreises stationäre Gruppenpsychotherapie" der „Mainzer Werkstatt zur empirischen Forschung in der stationären Psychotherapie" wurde das IIP als zentrales Erhebungsinstrument benutzt, um die prognostische Bedeutung des Leidens an interpersonalen (im Vergleich zu eher intrapsychischen, mit herkömmlichen Symptomlisten erfaßten) Problemen für den Behandlungserfolg nach stationären Gruppenpsychotherapien zu bestimmen. Die Studie ist im Detail bei Strauß et al. (1993) beschrieben. Beteiligt waren insgesamt acht klinische Einrichtungen, in denen sehr unterschiedliche stationäre (in einem Fall ambulante) gruppentherapeutische Behandlungsansätze praktiziert werden. Kurz zusammengefaßt zeigte die Studie, daß das gesamte Ausmaß interpersonaler Probleme (auch im Verhältnis zu intrapsychischen Symptomen) den Behandlungserfolg im großen und ganzen nicht vorhersagen konnte. Es gab unter den acht beteiligten Zentren allerdings zwei Ausnahmen: In der Klinik mit der kürzesten Behandlungsdauer (dem Behandlungsmodell II des Zentralinstituts für seelische Gesundheit in Mannheim; Muhs, 1993) ließ sich ein positiver Zusammenhang zwischen dem Ausgangswert im IIP und dem Behandlungsergebnis feststellen. In der Klinik mit der längsten Behandlungsdauer (der Psychotherapeutischen Klinik der Universität Kiel; Strauß & Burgmeier-Lohse, 1993) deutete sich ein konträres Ergebnis an, daß nämlich Patienten, die bei Behandlungsbeginn eher somatische Symptome beschreiben, sich ihres interpersonalen Leidens weniger bewußt sind, von der Gruppentherapie besonders profitieren. In derselben Klinik zeigte sich, daß das Ausmaß interpersonaler Probleme bei Therapiebeginn der einzige bedeutsame Prädiktor für eine vorzeitige Beendigung der stationären Therapie darstellte, und zwar in dem Sinne, daß jene Patienten, die eine Behandlung regulär beenden, sich durch ein deutlich höheres Maß an interpersonalem Leiden auszeichnen als die Therapieabbrecher.

Je nach Setting und gruppentherapeutischem Konzept zeigten sich einige Zusammenhänge zwischen spezifischen interpersonalen Problemen und dem Behandlungsergebnis (das in den einzelnen Einrichtungen allerdings unterschiedlich differenziert bestimmt wurde). So ergaben sich Hinweise auf eine schlechtere Prognose für Patienten mit Problemen im Bereich feindseliger Dominanz in den Stichproben dreier Einrichtungen. Ein ähnliches Ergebnis wurde von Horowitz et al. (1993) für ambulante psychodynamische Einzeltherapien, von Muran et al. (1994) für kognitive Kurztherapien berichtet.

In einer Reanalyse des Materials der erwähnten multizentrischen Studie konnten Davies-Osterkamp et al. (im Druck) - an einer Stichprobe von 194 Patienten - zeigen, daß die subjektive Wahrnehmung interpersonaler Probleme bei Therapiebeginn geeignet ist, Patientensubgruppen zu trennen, die nach Kriterien klinischer Signifikanz in ihrem symptombezogenen Behandlungserfolg (erfaßt über Prä-Post-Messungen mit der Symptom Checklist 90R, SCL-90-R) nach stationärer Gruppenpsychotherapie unterscheidbar sind. Somit ergeben sich doch einige Hinweise auf die *prognostische Bedeutung* des IIP in der Gruppenpsychotherapieforschung, die aber sicherlich noch weiter verfolgt werden müssen.

In einigen Studien wurde das IIP auch zur *Evaluation* von Gruppenpsychotherapien eingesetzt vor dem Hintergrund der Annahme, daß gerade Gruppenpsychotherapien, in denen auf interpersonale Probleme und interpersonales Lernen fokussiert wird, zu einer Reduktion zwischenmenschlicher Probleme beitragen sollten. Beispielhaft sei hier auf die Untersuchung von Strauß & Burgmeier-Lohse (1994) verwiesen, die für eine Stichprobe von Patienten der Psychotherapiestation der Universität Kiel zeigten, daß im Vergleich zu anderen Indikatoren für einen Behandlungserfolg Veränderungen im IIP im Behandlungsverlauf eher gering ausfielen. Während beispielsweise 61% aller Patienten das (strenge) Kriterium für eine klinisch signifikante Veränderung in der Symptomatik (gemessen mit der SCL-90-R) erfüllten, waren es nur 22% im Hinblick auf eine Reduktion interpersonaler Probleme. Interessant ist, daß ein deutlich höherer Prozentwert (58%) nach einer Ein-Jahres-Katamnese feststellbar war. Dieses Ergebnis, das beispielsweise durch die Studie von Keller & Schneider (1993) bestätigt wird, deutet an, daß interpersonale Schwierigkeiten offenbar erheblich änderungsresistenter sind als allgemeine psychische Symptome, ein Befund, der sich gut in Phasenmodelle therapiebedingter Veränderung einfügt (vgl. Lueger, 1995).

In einer weiteren Verbundstudie des o.g. Arbeitskreises wird gegenwärtig untersucht, welche Zusammenhänge es zwischen der vom Patienten beschriebenen interpersonalen Symptomatik, deren Wahrnehmung durch den Therapeuten und der Indikationsstellung gibt. Erste Ergebnisse dieser nahezu 500 Patienten umfassenden Studie (vgl. Eckert & Biermann-Ratjen, 1995) deuten darauf hin, daß die Wahrnehmung von Problemen mit feindseliger Dominanz *durch den Therapeuten* eher mit der Indikation für eine Gruppenpsychotherapie einhergeht. Ein weiteres Anwendungsbeispiel des IIP im Kontext von (gestalttherapeutischen bzw. kognitiven) Gruppentherapien findet sich bei Mohr et al. (1990).

5. Weitere Anwendungen des IIP

Das IIP ist in der Psychotherapieforschung mittlerweile zu einem etablierten Erhebungsinstrument geworden. Dementsprechend gibt es sowohl im angloamerikanischen wie auch im deutschen Sprachraum bereits eine Vielzahl von Studien, in denen der Fragebogen angewandt wurde. Nachfolgend soll lediglich eine kleine Auswahl erwähnt werden.

Beschreibungen größerer klinischer Stichproben mit Hilfe des IIP finden sich z.B. bei Strauß & Hess (1993) oder Wuchner et al. (1993). Schauenburg et al. (1995) setzten das IIP erfolgreich ein, um in einer Gruppe von 169 Patienten einer psychotherapeutischen Beratungsstelle zwei Subgruppen mit unterschiedlicher depressiver Symptomatik (interpersonal abhängig vs. Orientierung auf persönliche Autonomie) zu differenzieren.

Horowitz et al. (1993) beschreiben eine Reihe von Studien aus der Arbeitsgruppe des Erstautors, in denen z.B. die Veränderungssensitivität spezifischer interpersonaler Schwierigkeiten und die prognostische Bedeutung für den Behandlungserfolg in dynamischer Kurztherapie untersucht wurden. Horowitz (1994) schließlich stellt Studien dar, die einen Zusammenhang zwischen interpersonalen Problemen, Bindungsstilen und Personenschemata belegen (siehe dazu auch Schmidt, 1995).

Gefragt ist das IIP auch in der Qualitätssicherung. So werden im Qualitätssicherungsinventar des COMPASS-Medical Service Package (vormals INTEGRA, Lueger, 1993) drei Skalen aufgenommen. Im Heidelberger Modell der Qualitätssicherung stationärer Psychotherapie (Lutz et al., 1996) wird die 64-Item-Version des IIP eingesetzt.

6. Abschließende Bewertung

Zusammen mit anderen Methoden zur Erfassung verschiedener Aspekte interpersonalen Verhaltens hat sich das IIP in der Psychotherapieforschung mittlerweile etabliert und ist als ein ökonomisches, reliables und valides Instrument ausgewiesen. Die Tatsache, daß interpersonale Probleme ganz allgemein - zumindest theoretisch - eine wesentliche Indikation für eine Gruppentherapie darstellen und die Ergebnisse, die auf eine mögliche Eignung des Instruments zur Prognose und Indikationsstellung in der Gruppentherapie hinweisen, lassen das IIP als eine vielversprechende Methode in der empirischen Gruppenforschung erscheinen.

Literatur

Alden, L.E., Wiggins, J.S. & Pincus, A.L. (1990). Construction of circumplex scales for the Inventory of Interpersonal Problems (IIP). *Journal of Personality Assessment, 55*, 521-536.

Benjamin, L.S. (1993). *Interpersonal diagnosis and treatment of personality disorders*. New York: Pergamon Press.

Davies-Osterkamp, S. & Kriebel, R. (1993). Konstruktvalidierung von Symptomskalen und Persönlichkeitstests durch das „Inventar zur Erfassung interpersonaler Probleme" (IIP). *Gruppenpsychotherapie Gruppendynamik, 29*, 295-307.

Davies-Osterkamp, S., Strauß, B. & Schmitz, N. (im Druck). Interpersonal problems as predictors of symptom-related treatment outcome in longterm psychotherapies. *Psychotherapy Research.*

Eckert, J. & Biermann-Ratjen, E.-M. (1995). *On indication and differential outcome in psychotherapy*. Paper presented at the Annual Meeting of the Society for Psychotherapy Research (SPR), Vancouver, Canada.

Horowitz, L.M. (1979). On the cognitive structure of interpersonal problems treated in psychotherapy. *Journal of Clinical and Consulting Psychology, 47*, 5-15.

Horowitz, L.M. (1994). Personenschemata, Psychopathologie und Psychotherapieforschung. *Psychotherapeut, 39*, 61-72.

Horowitz, L.M., Rosenberg, S.E., Bauer, B.A., Ureno, G. & Villasenor, V.S. (1988). Inventory of interpersonal problems. Psychometric properties and clinical applications. *Journal of Clinical and Consulting Psychology, 56*, 885-892.

Horowitz, L.M., Rosenberg, S.E. & Bartholomew, K. (1993). Interpersonale Probleme in der Psychotherapie. *Gruppenpsychotherapie und Gruppendynamik, 29*, 170-197.

Horowitz, L.M., Strauß, B. & Kordy, H. (1994). *Das Inventar zur Erfassung interpersonaler Probleme* (Deutsche Version). Weinheim: Beltz Test-Gesellschaft.

Keller, W. & Schneider, W. (1993). Veränderungen interpersonaler Probleme im Verlauf ambulanter und stationärer Gruppentherapie. *Gruppenpsychotherapie und Gruppendynamik, 29*, 308-323.

Kiesler, D.J. (1992). Interpersonal circle inventories. *Journal of Psychotherapy Integration, 2*, 77-97.

Leary, T. (1957). *Interpersonal diagnosis of personality*. New York: Ronald Press.

Lueger, R. (1993). *Assessing quality in outpatient psychotherapy*. International foundation of employee benefit plans, Brookfield.

Lueger, R. (1995). Ein Phasenmodell psychotherapeutischer Veränderungen. *Psychotherapeut, 40*, 267-278.

Lutz, W., Stammer, H., Leeb, B., Dötsch, M., Bölle, M. & Kordy, H. (1996). Das Heidelberger Modell der aktiven internen Qualitätssicherung stationärer Psychotherapie. *Psychotherapeut, 41*, im Druck.

Mohr, D.C., Beutler, L.E., Engle, D., Shoham-Salomon, V., Bergan. J., Kaszniak, A.W. & Yost, E.B. (1990). Identification of patients at risk for nonresponse and negative outcome in psychotherapy. *Journal of Clinical and Consulting Psychology, 58*, 622-628.

Muhs, A. (1993). Ergebnisse aus dem Zentralinstitut für seelische Gesundheit. *Gruppenpsychotherapie Gruppendynamik, 29*, 259-270.

Muran, J.C., Segal, Z.V., Samstag, L.W. & Crawford, C.E. (1994). Patient pretreatment, interpersonal problems and therapeutic alliance in short-term cognitive therapy. *Journal of Clinical and Consulting Psychology, 62*, 185-190.

Schauenburg, H. & Cierpka, M. (1994). Methoden der Fremdbeurteilung interpersoneller Beziehungsmuster. *Psychotherapeut, 39*, 135-145.

Schauenburg, H., Pekrun, G. & Leibing, E. (1995). Diagnostik interpersonaler Probleme bei depressiven Störungen. *Zeitschrift für Klinische Psychologie, Psychotherapie und Psychopathologie, 43*, 200-213.

Schmidt, S. (1995). *Interpersonale Konstrukte aus der Sicht der Bindungstheorie*. Unveröff. Diplomarbeit, Christian-Albrechts-Universität, Kiel.

Schneider-Düker, M. (1992). Das interpersonale Modell - eine psychotherapeutische Grundorientierung. *Gruppenpsychotherapie und Gruppendynamik, 28*, 98-113.

Strauß, B. & Burgmeier-Lohse, M. (1993). Ergebnisse aus der Klinik für Psychotherapie in Kiel. *Gruppenpsychotherapie Gruppendynamik, 29*, 237-244.

Strauß, B. & Burgmeier-Lohse, M. (1994). Evaluation einer stationären Langzeitgruppenpsychotherapie. *Psychotherapie, Psychosomatik, Medizinische Psychologie, 44*, 184-192.

Strauß, B. & Hess, H. (1993). Interpersonale Probleme, interpersonale Orientierung und Behandlungserfolg nach stationärer Gruppentherapie. *Psychotherapie, Psychosomatik, Medizinische Psychologie , 43*, 82-92.

Strupp, H.H. & Binder, J.W. (1984). *Kurzzeitpsychotherapie*. Stuttgart: Klett.

Sullivan, H.S. (1953). *The interpersonal theory of psychiatry*. New York: Norton.

Tress, W. (1994). *Die strukturale Analyse sozialen Verhaltens (SASB)*. Heidelberg: Asanger.

Wiggins, J.S. (1979). A psychological taxonomy of trait-descriptive terms. *Journal of Personality and Social Psychology, 33*, 409-420.

Wuchner, M., Eckert, J. & Biermann-Ratjen, E.-M. (1993). Vergleich von Diagnosegruppen und Klientelen verschiedener Kliniken. *Gruppenpsychotherapie und Gruppendynamik, 29*, 198-214.

6 Psychological Mindedness Assessment Procedure (PMAP)

Mary McCallum, William E. Piper

1. Theoretischer Hintergrund des Konzeptes Psychological Mindedness

Auf seiten der Patienten wird die Dimension einer psychologischen Sensibilität für die Arbeit in allen Formen psychoanalytisch orientierter Therapie generell als wichtig anerkannt. Es gibt jedoch ziemlich wenig Übereinstimmung bezüglich des begrifflichen Kontextes. Bei dem Versuch diese „psychologische Sensibilität" oder „psychological mindedness" zu definieren, haben zahlreiche Autoren psychodynamische Konzepte herangezogen (z.B. Appelbaum, 1973; Bloch, 1979; Tyson & Sandler, 1971; Wolitzky & Reuben, 1974), andere taten dies nicht (z.B. Dollinger et al., 1983; Fenigstein et al., 1975; Farber, 1989). Entsprechend wurde der Terminus „Psychological Mindedness" in Analogie mit einer ganzen Reihe von Begriffen benutzt, wie z.B. „Einsicht", „Introspektion", „Selbst-Bewußtheit", „Fähigkeit der Selbst-Beobachtung" oder „auf das Selbst gerichtete Aufmerksamkeit". Es hat auch verschiedene Versuche gegeben, den Prozeß der psychologischen Sensibilität zu konzeptualisieren (Hall, 1992). So wurde sie z.B. als Motiv, als eine Befähigung, als Erwartung, attributive Haltung, Neigung oder als Interesse aufgefaßt.

Die Vielfalt an Konzepten und Definitionen, die mit „Psychological Mindedness" verknüpft sind, hat offensichtlich zur konzeptuellen Unschärfe und zur empirischen Vernachlässigung beigetragen. Unsere Durchsicht der Psychotherapieforschungsliteratur erbrachte lediglich einige wenige Versuche, „Psychological Mindedness" zu operationalisieren und ihre Verbindung mit Therapieprozessen und -ergebnissen zu untersuchen. Kurz gesagt, bisherige Untersuchungen erbrachten keinerlei signifikante Bezüge zwischen Einschätzungen von „Psychological Mindedness" und Therapieergebnissen bei Einzeltherapien (Kernberg et al.. 1972; Luborsky et al., 1980), wohl aber im Bereich der Gruppenpsychotherapie (Abramowitz & Abramowitz, 1974; Piper et al., 1984). Wenn man die Ambiguität berücksichtigt, die mit der Definition und der Messung von „Psychological Mindedness" verbunden ist, sollten die vorläufigen Untersuchungen eher als explorativ denn als endgültig betrachtet werden.

Wir beschreiben in diesem Kapitel unser Maß für die „Psychological Mindedness", die *„Psychological Mindedness Assessment Procedure (PMAP)"*. Seine Entwicklung stellt den Versuch dar, bisherige Unklarheiten und Schwierigkeiten, die mit dem Konstrukt assoziiert sind, zu lösen. Diejenigen Untersuchungen, die unser Maß verwendet haben, werden dargestellt. Sie liefern Hinweise auf die psychometrischen Eigenschaften und demonstrieren insbesondere die Brauchbarkeit des Instruments, Therapieprozesse und -ergebnisse vorherzusagen.

2. Die Einschätzung der Psychological Mindedness

In Übereinstimmung mit anderen Definitionen, die psychodynamische Konzepte benutzten, haben wir „Psychological Mindedness" (PM) als die *Fähigkeit einer Person* definiert, *dynamische (intrapsychische) Konflikt- und Motivkomponenten zu identifizieren und sie zu Problemen in Beziehung setzen zu können.*

Unser Konzept von PM ist genau betrachtet präziser (psycho-)analytisch als frühere Definitionen psychodynamisch orientierter Autoren. Indem wir ein Maß für die Messung von PM *vor Therapiebeginn* entwickelt haben, das die Eignung für die Arbeit in einer analytisch orientierten Therapie einschätzt, hofften wir, die prädiktive Validität des Instruments zu vergrößern.

„Arbeit" in analytisch orientierter Therapie beinhaltet - zumindest teilweise - die Entwicklung von Einsicht in die Zusammenhänge zwischen geschilderten Beschwerden und dem Wirken zugrundeliegender psychischer Konflikte, die unerlaubte Wünsche oder Ängste (bzw. Furcht) beinhalten und Abwehrmechanismen mobilisieren, um mit der Angst umgehen und die verbotenen Wünsche weiterhin unterdrücken zu können. Der Patient, der eine analytisch orientierte Therapie beginnt, muß offen sein für die Annahme, daß aktuelle Schwierigkeiten mit unbewußten Konflikten verknüpft sind. Aus diesem Grunde war es, analog zu analytischen Konzepten, das primäre Ziel, bei der Operationalisierung von PM Patienten zu finden, die besonders geeignet waren für analytisch-orientierte Therapien. Die Identifikation von Patienten, die für andere Formen von Psychotherapie eher geeignet wären (z.B. für kognitiv-behaviorale Therapie), würde wahrscheinlich die Messung ähnlicher Variablen erforderlich machen, die für eine therapeutische Arbeit in jenen Orientierungen speziell relevant wären.

Ein sekundäres Ziel bei dem Bemühen, analytische Konzepte zu betonen, war der Versuch, das Konstrukt von anderen spezifischen und unspezifischen therapeutischen Wirkfaktoren zu unterscheiden. Dieses Ziel kontrastiert mit bisherigen Fragebogenverfahren, die dazu neigten, ähnliche Konzepte bei der Einschätzung von PM miteinzubeziehen (z.B. „effiziente kognitive Bemühungen" von Bagby et al., 1986, oder „Motivation" von Conte et al., 1990). Obwohl es wichtig ist, diese Konzepte zu untersuchen, tendierte dort die Einschätzung der PM dazu, mit anderen Konzepten konfundiert zu werden. Die Konsequenz daraus war, daß das PM-Konstrukt immer unklarer wurde, was wiederum zu der fragwürdigen Validität der bisherigen Methoden beitrug.

Die PMAP wurde konstruiert, um PM über den Rückgriff auf objektive und klar definierte behaviorale Komponenten einschätzen zu können, was die Reliabilität erhöhen sollte. Dieser Ansatz unterscheidet sich deutlich von allgemeinen klinischen Schätzungen der PM, wie sie in Verbindung mit anderen Variablen vorgenommen wurden (z.B. Piper et al., 1984; Rosenbaum & Horowitz, 1983; Ryan & Cicchetti, 1985). Das Abschätzen von PM während eines klinischen Interviews produziert Halo-Effekte. Ein anderer Nachteil ist die fehlende Standardisierung. Eine valide Bewertung von PM im Rahmen eines klinischen Interviews zu erhalten, hängt von der Fähigkeit des Interviewers ab, jeden einzuschätzenden Aspekt ausreichend zu fokussieren, wie auch davon, ein gleichbleibendes Klima zu schaffen, in dem der/die Patient/in sich gleichermaßen frei fühlt, seine/ihre Probleme in einer vergleichbaren Zeit anzusprechen. Zu den Validitäts-Einschränkungen gehören patientenseitig ein möglicher Antwort-Bias, Widerstand, Wiederholungen oder pragmatische Effekte durch die umfangreichen Auswahlprozeduren vieler Kliniken[1]. Eine akzeptable Interrater-Reliabilität herzustellen, hat sich gleichfalls als schwierig erwiesen. Manche Forscher haben sich aus Zeitersparnis-Gründen auf die Methode der Konsensbildung verlassen, um die genannten Probleme zu umgehen (z.B. Ryan & Cicchetti, 1985).

Unser Ansatz unterscheidet sich auch von einer eher indirekten Methode, die ihre Einschätzung der PM durch die Kombination von Scores anderer Variablen bezieht (Horowitz et al., 1992; Kernberg et al., 1972; Wolitzky & Reuben, 1974). Jene Methode weist das zusätzliche Problem auf, daß eine Definition auf andere psychologische Konzepte als offenes, quantifizierbares Verhalten zurückgreift.

Es war bei unserem Ansatz zur Messung von PM schließlich unsere Vermutung, daß ein neues Maß mit mehr Freude und weniger Zögern aufgenommen werden würde, wenn es das derzeitige Interesse für Video-Darbietung präferiert. Darüber hinaus würde dieser spezifische Ansatz der Überbetonung von „Papier-Bleistift"-Methoden in der Forschung entgegenwirken.

2.1. Beschreibung des Psychological Mindedness-Einschätzungs-Verfahrens

Die PMAP („Psychological Mindedness Assessment Procedure") wird individuell durchgeführt und benötigt ca. 15 Minuten Zeitaufwand zur Bestimmung des PM-Scores. Die Videodarbietung zeigt eine simulierte Patienten-Therapeuten-Interaktion (in der deutschsprachigen Version verfügbar, Tschuschke, 1996). Die Sequenz wird durch Schauspieler dargestellt, die einem Skript folgen, das so konstruiert ist, daß verschiedene Komponenten eines therapeutischen Prozesses wiedergegeben werden (siehe Patientin-Text im Szenario 1 weiter unten). Die Interaktion beginnt mit einer Patientin (Schauspielerin), die einem männlichen Therapeuten (Schauspieler) ein kürzlich stattge-

[1] Es sei angemerkt, daß sich die Autoren auf das kanadisch-US-amerikanische Gesundheitssystem beziehen (die Herausg.).

fundenes Erlebnis schildert. Diese Schilderung beinhaltet Verbalisationen, die dynamische Komponenten reflektieren, z.B. konflikthafte Wünsche und Ängste, abwehrende Manöver sowie Verbindungen zwischen internen und externen Ereignissen - u.a. Verbindungen zwischen Kognitionen/Affekten und Verhalten. Die Äußerungen der Patientin stellen den Testreiz für die Einschätzung der PM dar. Nachdem diese Sequenz betrachtet wurde, wird das Band gestoppt und die einzuschätzende Person wird nach ihren generellen Eindrücken befragt: "Was scheint diese Frau zu beschäftigen?" Teil 1 des Videobandes wird dann erneut abgespielt (um mögliche konfundierende Effekte aufgrund von Erinnerungs-Problemen seitens der Befragten zu eliminieren). Die befragte Person kann dann ihre ursprüngliche Antwort überprüfen und evtl. korrigieren.

Der Text des Skripts der Patientin lautet folgendermaßen:

"Ich weiß nicht ...(Schweigen). Ich weiß nicht, wo ich anfangen soll? (Schweigen) Ich fühle mich irgendwie komisch, so irgendwie verloren. (Pause) Es fing letzte Woche an und hört seitdem nicht auf. (Lange Pause) Ich weiß auch gar nicht, ob ich Ihnen das überhaupt erzählen soll. (Schweigen) Ich war einkaufen, letzten Mittwoch, und als ich so durch das Kaufhaus ging, sah ich meinen Ehemann - ich meine, meinen Ex-Mann. Dort war er, nicht mal drei Meter von mir, an einem Juwelier-Stand. Zuerst wollte ich hinlaufen und sagen "Hallo, lange nicht gesehen - sollen wir zusammen essen gehen oder so?" Aber dann dachte ich, tja, vielleicht kauft er gerade ein Geschenk für seine neue Freundin, und es wäre ihm peinlich - oder er würde denken, ich würde ihm nachspionieren - oder ich weiß nicht was. Ich wurde richtig nervös. Ich dachte, ich muß da sofort raus. Irgendwie hatte ich das Gefühl wie im Gymnasium damals, als ich den Typ sah, in den ich so unheimlich verschossen war. Irgendwie konnte ich mich nicht bewegen oder sprechen - ich stand einfach so da und mußte ihn anschauen. Ich stand lange so da, wie im Traum. ... Ach, ich weiß nicht, vielleicht dachte ich, wie schön es sein würde, wenn er mir eine Halskette kaufen würde. Wenn er wieder nach Hause kommen würde und ich Abendessen kochen würde. Wenn er mir dann die Halskette um den Hals legen würde. Wie überrascht ich wäre und wie glücklich, und alles wäre wieder in Ordnung. (Sie lächelt) Manchmal wünsche ich mir so sehr, daß er wieder zurückkommen würde und ich Abendessen kochen würde. (Pause, sie sieht sehr gedankenverloren aus.) Aber dann, ich weiß, daß ich ohne ihn bestimmt besser dran bin. (Sie sieht sehr wütend aus.) Mein Gott, er war so ein ... - ich werde wütend, wenn ich nur daran denke, wie es meistens war - manchmal wünsche ich mir, ich hätte ihn nie getroffen. Ach, ich weiß nicht, was ich denken soll, ich fühl' mich so komisch."

Die Einschätzungen des Niveaus der PM werden anhand vorgegebener Kategorien anschließend von den Beobachtern vorgenommen.

Die PMAP unterscheidet neun Ebenen von „psychologischer Sensibilität“ (Tabelle 1). Die Kriterien für jede Ebene berücksichtigen basale Annahmen der psychodynamischen Theorie (McCallum & Piper, 1987). Sie reflektieren auch die Fähigkeit, dynamische (intrapsychische) Komponenten zu identifizieren und sie auf die Probleme der Person beziehen zu können. Um einen hohen PM-Score zu erhalten, muß die Person verschiedene der Grundannahmen zeigen, die psychodynamische Therapeuten postulieren: zum Beispiel die Grundannahme der Wirkung von Abwehrmechanismen, durch die konflikthafte Impulse in einer verzerrten oder abgeschwächten Form zugelassen werden, nachdem sie durch selbstschützende Mechanismen gefiltert wurden.

Tabelle 1: Die neun Ebenen der Psychological Mindedness

Ebene I:	Die Person identifiziert ein spezifisches *inneres* Erleben der Patientin.
Ebene II:	Die Person erkennt die treibende Kraft des *inneren* Erlebens der Patientin.
Ebene III:	Die Person identifiziert eine Auswirkung dieser Kraft etwa in dem Sinne, daß eine kausale Verbindung zwischen innerem Vorgang und resultierendem Ausdruck hergestellt wird.
Ebene IV:	Die Person erkennt, daß die motivierende Kraft in der Patientin weitgehend außerhalb von deren Wahrnehmung bzw. unbewußt ist.
Ebene V:	Die Person identifiziert konflikthafte Komponenten im Erleben der Patientin.
Ebene VI:	Die Person erkennt eine kausale Verbindung zwischen der Stelle, an der der Konflikt dargestellt wird, und dem Entstehen eines Ausdrucks.
Ebene VII:	Die Person erkennt eine kausale Verbindung zwischen dargestellter Spannung (Furcht, Angst) und einem dadurch angeregten Ausdruck.
Ebene VIII:	Die Person erkennt, daß bei der Patientin Abwehrmaßnahmen zum Tragen kommen.
Ebene IX:	Die Person erkennt, daß die Patientin neben den Abwehrmaßnahmen dennoch durch den Konflikt etwas beeinträchtigt bleibt.

Das Rational für eine Hierarchie ist, daß ganz allgemein höhere Ebenen Kriterien für niedrigere Ebenen mit einschließen, indem jede Ebene in ihrem Kern umfassender und komplexer wird. Zusätzlich berücksichtigt die Hierarchie eine zeitliche Abfolge, die konsistent ist mit der psychodynamischen Theorie. Demnach entwickelt sich ein Konflikt, bevor das Ich versucht, ihn zu lösen. Die Skala kann zweigeteilt werden, z.B. in der Form, daß Scores von 1 - 5 ein niedriges Niveau und Scores von 6 - 9 ein hohes Niveau von PM charakterisieren. Falls Beziehungen zwischen verschiedenen Variablen untersucht werden sollen, kann die Skala abgestuft benutzt werden.

Zusätzlich zur psychologischen Sensibilität erlaubt die PMAP auch die Einschätzung des Ausmaßes, in dem eine Person dynamische Deutungen versteht. Zur Einschätzung dieses Aspektes von PM antwortet ein Schauspieler/Therapeut der Schauspielerin/Patientin, indem er zunächst die dynamischen Komponenten ihres Konflikts interpretiert und dann die übertragungsbezogenen Aspekte, d.h. ihren Versuch, beim

Therapeuten eine frühere Art von Interaktion zu wiederholen. Die Antworten des Therapeuten konstituieren einen Testreiz, der es erlaubt einzuschätzen, ob die Testperson die Deutung des Therapeuten nachvollziehen kann.

3. Psychometrische Eigenschaften der PMAP und Anwendungsbeispiele

Die psychometrischen Eigenschaften der PMAP wurden anhand von *drei unterschiedlichen Stichproben* untersucht. Die erste Population bestand aus einer nicht-klinischen Gruppe von 30 erwachsenen Freiwilligen (McCallum & Piper, 1990a; Piper et al., 1992). Die zweite untersuchte Population benutzte die PMAP in einer kontrollierten Evaluationsstudie bei analytisch orientierter Kuzzeitgruppenpsychotherapie mit 109 Patienten, die unter dem Verlust von wichtigen Bezugspersonen litten (McCallum & Piper, 1990a; 1990b; Piper et al., 1992). In der dritten Stichprobe wurde die Methode in einer kontrollierten Untersuchung eines Tagesklinik-Programms für 165 psychiatrische Patienten verwendet, die unter chronifizierten Störungen, hauptsächlich affektiven und Persönlichkeitsstörungen, litten (Piper et al., 1993). Dieses Kapitel konzentriert sich auf die Eigenschaften der PMAP und weniger auf die Hauptergebnisse der genannten Studien.

3.1. Die erste Untersuchung

Diese Untersuchung prüfte insbesondere die Raterübereinstimmung, die Test-Retest-Reliabilität und die Konstruktvalidität der PMAP. Sie bezog sich auf eine nicht-klinische Population. 30 erwachsene Freiwillige (19 Frauen und 11 Männer) aus der Umgebung von Montreal (Kanada) waren rekrutiert worden für eine Untersuchung zur "Einschätzung von Psychotherapie".

Ihr Durchschnittsalter war 36.3 Jahre (Streubreite 19 - 67 Jahre). 60 Prozent lebten ohne Partner. Alle hatten zumindest ein Jahr weiterführende Schulen besucht. Nach der Durchführung der PMAP wurden jeder Versuchsperson einige Fragebögen vorgegeben. Diese umfaßten zwei Maße zur PM, eine Skala des 'California Psychological Inventory' (Gough, 1957) und den 'Einsichts-Test' (Tolor & Reznikoff, 1960). Um die Beziehung zwischen PM mit psychiatrischer Symptomatologie zu untersuchen, wurden die Versuchspersonen gebeten, die Items der Depressions- und Angst-Subskalen der SCL-90 (Derogatis, 1977) auszufüllen. Außerdem wurden relevante Persönlichkeits-Variablen erfaßt, die Skalen "Kognitive Struktur", "Leistungfähigkeit" und "Soziale Erwünschtheit" der 'Jackson Personality Research Form' (1974). Der 'Quick-Test' (Ammons & Ammons, 1962), ein Intelligenztest, wurde ebenfalls vorgegeben. Um die Interrater-Reliabilität bestimmen zu können, wurden alle Antworten auf die PMAP auf Tonband aufgezeichnet. Die Test-Retest-Reliabilität wurde über eine neuerliche Erhebung berechnet, zu der die Hälfte der Versuchspersonen, nach Zufall ausgewählt, vier Wochen später erneut untersucht wurden.

Die Ergebnisse zeigen, daß die Interrater-Reliabilität, berechnet als Intra-Class-Korrelation, eine Übereinstimmung von 0.69 ($p < 0.01$) ergab. Die Test-Retest-Reliabilität betrug $r(13) = 0.76$ ($p < 0.001$). Bezüglich der konvergenten Validität war das PMAP signifikant mit der PM-Subskala des 'California Psychological Inventory' ($r(28) = 0.42$, $p < 0.05$) und mit dem Gesamtwert des Einsichts-Tests ($r(28) = 0.50$, $p < 0.01$) korreliert. Zusätzliche Untersuchungen der Konstruktvalidität ergaben, daß PM nicht signifikant mit Alter, Geschlecht, Familienstand, Beschäftigungs-Status oder Ausbildungsniveau korreliert war. Außerdem war PM nicht signifikant mit Maßen der Persönlichkeit, Intelligenz oder psychiatrischer Symptomatologie korreliert.

3.2. Die zweite Untersuchung

Diese Untersuchung bezog sich auf eine klinische Stichprobe und zielte insbesondere auf die Prüfung der *prädiktiven Validität* der PMAP. Rater- und Test-Retest-Reliabilitäten wurden zusätzlich überprüft. Wie zuvor erwähnt, untersuchte diese Studie die PMAP in einer kontrollierten Evaluationsstudie analytisch orientierter Kurzzeitgruppenpsychotherapie von Patienten, die unter dem Verlust einer wichtigen Bezugsperson litten. Während die gesamte Untersuchung 16 Gruppen umfaßte, konzentrierte sich die Datenanalyse bezüglich der psychometrischen Eigenschaften der PMAP auf die ersten acht Therapie-Gruppen. Ziel des Kurzzeit-Gruppenpsychotherapie-Programms war es, Patienten bei der Lösung ihrer Probleme zu helfen, damit sie Einsicht in die Zusammenhänge ihrer Beschwerden mit ungelösten intrapsychischen Konflikten gewinnen, indem ein Durcharbeitungsprozeß eingeleitet wurde, der sich über die Behandlungssitzungen hinaus fortsetzen sollte. Der Therapeut verwendete einen deutenden Hier-und-Jetzt-Ansatz, der auf unbewußte Konflikte fokussierte.

Die Stichprobe für die PM-Untersuchung bestand aus 79 (53 Frauen und 26 Männer) erwachsenen ambulanten Patienten, die sich in der Tages-Klinik der Abteilung Psychiatrie der Kliniken der Universität von Alberta, Edmonton/Kanada vorgestellt hatten. Das Durchschnittsalter betrug 35.7 Jahre (Range: 18 - 65). Die Mehrheit wies zumindest einen Oberschulabschluß auf. Von diesen hatte beinahe ein Drittel eine Universität besucht bzw. besuchte sie noch, während mehr als ein Drittel eine technische Hochschule besuchte oder besucht hatte. Bei allen Patienten war eine längere oder verschleppte Trauerreaktion diagnostiziert worden, die auf dem Verlust einer Person aufgrund von Tod (33%), Trennung oder Scheidung (20%) oder beiden Verlust-Erlebnissen zusammen (47%) basierte. Depressive Symptomatologie, soziale Isolierung und Einsamkeit waren die allgemein präsentierten Beschwerdebilder. In der Terminologie des DSM-III (American Psychiatric Association, 1980) waren die Achse I-Diagnosen "affektive Störung" und "Anpassungs-Störung" die meist genannten Diagnosen. 20% erhielten außerdem eine Achse II-Diagnose, gewöhnlich die einer "abhängigen Persönlichkeit".

Die Patienten waren eingangs bezüglich der Niveaus der PM, nach Geschlecht und Alter parallelisiert und sodann entweder der unmittelbaren Behandlung oder der Kontrollbedingung zugeordnet worden. Die Kontrollbedingung bestand in einer dreimonatigen Wartezeit, nach der die Patienten einer Therapiegruppe zugeteilt wurden. Die Dauer der Therapie betrug ebenfalls drei Monate. Die Kontrollbedingung stellte also eine verzögerte Behandlung dar. Jede Therapiegruppe bestand aus Patienten mit hohen und niedrigen PM-Werten. Eine umfangreiche Testbatterie zur Erfassung des Therapieergebnisses wurde vor und nach der Wartezeit, nach der Behandlungszeit sowie sechs Monate nach der Beendigung der Behandlung dargeboten. Erfaßt wurden interpersonelle Fähigkeiten, psychiatrische Symptomatologie, Selbstwert und individuelle Zielvorstellungen. Die Beurteilungsperspektiven waren die Patienten selbst, ein unabhängiger Beurteiler und der Therapeut.

Der Therapie-Prozeß wurde mit dem „Psychodynamic Work and Object Rating System (PWORS)" (Piper & McCallum, 1988; 1990, vgl. Kap. 25) beurteilt. Ein Aspekt dieses Prozeß-Analyse-Systems ist seine Eignung, die Qualität und Quantität der psychodynamischen Arbeit von Gruppenmitgliedern zuverlässig zu erfassen. Diesbezügliche Daten wurden zusammengefaßt, um z.B. "Arbeit bezogen auf das Selbst" oder den Anteil der Arbeit eines/r Patienten/in, der sich auf das Arbeitsverhalten relativ zu seiner/ihrer Gesamtaktivität bezog, zu quantifizieren.

Die Ergebnisse zeigen, daß die Interrater-Reliabilität der PMAP bei dieser klinischen Population ICC = 0.90 ($p < 0.001$) betrug. Die Test-Retest-Reliabilität betrug $r(27) = 0.59$ ($p < 0.001$) über die Drei-Monats-Wartezeit. Bezüglich der konvergenten Validität war die PMAP signifikant korreliert mit der PM-Einschätzung des Therapeuten.

Weitere Berechnungen bestätigten die Konstruktvalidität der PMAP. Es wurden keine signifikanten Bezüge zwischen Niveau der PM und Alter, Geschlecht, Familienstand, Bildungs- und Ausbildungsniveau oder psychiatrischer Symptomatologie und psychischem Streß gefunden.

Im Hinblick auf die prädiktive Validität des Maßes, erbrachten die Ergebnisse der zweiten Untersuchung einen starken Zusammenhang zwischen dem Niveau der PM - gemessen über die PMAP - und dem Verbleib in der Therapie: $chi^2 = 17.46$, $N = 54$, $p< 0.001$. Bezogen auf den Therapieprozeß konnten signifikante Beziehungen zwischen PM und dem Niveau psychodynamischer Arbeit in Gruppen gefunden werden: $r(40) = 0.42$, $p<0.01$. Die Ergebnisse deuten auf keine direkten Beziehungen zwischen PM und Ergebnisvariablen hin.

3.3. Die dritte Untersuchung

Die dritte Studie erbrachte weitere Hinweise auf Reliabilität und Validität der PMAP. Wie bereits erwähnt, bezog sich diese Untersuchung auf die Anwendung der PMAP in einer kontrollierten Studie eines Tagesklinik-Programms für psychiatrische Patienten, die vor allem unter chronifizierten affektiven und Persönlichkeitsstörungen litten. Das Behandlungsprogramm der Tagesklinik ist Teil der Abteilung für ambulante psychiatrische Versorgung der Universitätskliniken von Alberta, Edmonton/Kanada. Das Programm ist intensiv, gruppenorientiert und zeitlich begrenzt. Es wird wochentags über 18 Wochen durchgeführt und umfaßt eine Großgruppe, eine feste Anzahl von Therapiegruppen und - falls indiziert - Familientherapie und medikamentöse Therapie. Die theoretische Orientierung des Programms ist psychodynamisch unter deutlicher Berücksichtigung systemischer Theorie, therapeutischer Milieukonzepte und biologischer Psychiatrie. Das Team besteht aus einem Psychiater, einem Lehrer und einem multidisziplinären Team von acht Therapeuten.

Untersuchungen verschiedener Aspekte der prädiktiven Validität der PMAP basierten auf unterschiedlichen Untergruppen: Patienten, die die Behandlung begonnen hatten (n = 165), Patienten, die die Behandlung beendet hatten (n = 99) und Patienten, die die Ergebnisuntersuchung hinter sich hatten, d.h. parallelisierte Patienten in den Bedingungen unmittelbare Behandlung und Kontrollbedingung (n = 120). In der Ergebnis-Bewertung waren 80 Frauen und 40 Männer, deren Alter 32.7 Jahre im Durchschnitt betrug (Range: 14 - 57). Zwei Drittel der Patienten lebten ohne Partner. Die meisten konnten nur eine Oberschulausbildung oder weniger aufweisen. Ca. ein Drittel war vollzeitbeschäftigt, nahezu alle hatten bereits vorangegangene psychiatrische Behandlungen. Die häufigste bisherige und aktuelle Diagnose, erhoben über die 'Diagnostic Interview Schedule', war die einer „schweren depressiven Episode“. Zusätzlich erhielten zwei Drittel eine Achse-II-Diagnose, darunter zumeist die einer „abhängigen Persönlichkeit“, einer „Borderline-“ oder einer „atypischen Persönlichkeitsstörung“. Eine Hälfte der Stichprobe erhielt Lebenszeitdiagnosen, fußend auf beiden Aspekten ("affektiver" und "Persönlichkeitsstörung"). Alle Patienten wiesen chronische psychiatrische Symptome auf, die familiäre, soziale Kontakte und ihre Arbeitsfähigkeit erheblich beeinträchtigt hatten.

Entsprechend den Eingangstests wurden die Patienten paarweise nach Achse I-Diagnosen, Alter und Geschlecht parallelisiert und nach Zufall sofortiger Behandlung oder Wartelisten zugeordnet. Wie in der zweiten Untersuchung war die Kontrollbedingung eine verzögerte Behandlung (Warteliste) von vier Monaten (gleicher Zeitraum wie die Behandlung). Ergebnisvariablen wurden vor und nach der Behandlung, nach der Wartezeit und bei einem Katamnese-Interview, im Durchschnitt acht Monate nach Beendigung der Behandlung, erhoben.

Die Testbatterie zur Erfassung der Therapieergebnisse deckte folgende Bereiche ab: interpersonelle Ressourcen, psychiatrische Symptomatologie, Selbstwert, Lebenszufriedenheit, Adäquatheit der Abwehr sowie individuelle Therapieziele. Beurteilungsquellen waren Patient und unabhängiger Kliniker.

Das Patientenverhalten in der psychodynamischen Kleingruppe, die sich über 12 Wochen hinweg zweimal wöchentlich traf, wurde im Prozeßverlauf untersucht. Nach jeder Sitzung bewertete jede/r Patient/in sich selbst und die anderen im Hinblick auf die therapeutische Arbeit während der Sitzung. Diese Ratings generierten drei Arbeitsvariablen: die Selbsteinschätzung, die durchschnittliche Einschätzung des Patienten durch die anderen und die durchschnittliche Bewertung der anderen durch den Patienten.

Die Interrater-Reliabilität der PMAP für 15 nach Zufall ausgewählte Patienten aus dieser klinischen Population war ICC = 0.88. Die Test-Retest-Reliabilität betrug r(58) = 0.25 über eine viermonatige Zeitspanne. Diese nichtsignifikante Korrelation ist deutlich niedriger als in den anderen Studien. Möglicherweise reflektiert dieses Ergebnis die längere Zeitspanne sowie die Tatsache, daß die Daten bei Wartelisten-Patienten gewonnen wurden. Einige Patienten mögen weniger motiviert gewesen sein, die gleiche Aufgabe noch einmal zu erfüllen, da sie über das viermonatige Warten auf den Behandlungsbeginn frustriert waren.

Die diskriminative Validität des Verfahrens wurde wiederum bestätigt. Die Werte für PM waren nicht mit den Scores von drei anderen Interpretations-Variablen assoziiert. Demnach war die Einschätzung der PM nicht durch die Einschätzungsmethode PMAP konfundiert.

Drei Aspekte *prädiktiver Validität* wurden untersucht: Die Beziehungen zwischen PM und Verbleib in Therapie, Arbeit in der und Nutzen aus der Behandlung. Zwischen dem Niveau an PM und vorzeitiger Beendigung wurden keine signifikanten Zusammenhänge gefunden. Von den 165 Patienten, die die Behandlungsphase der Untersuchung begannen, beendeten 47 diese. Ein t-Test ergab für diese Population, daß PM nicht signifikant mit Abbruch verknüpft ist.

Ferner wurde die Beziehung zwischen PM und den drei patientenseitig ermittelten Arbeitsvariablen untersucht. Pearson-Produkt-Moment-Korrelationen ergaben signifikante Beziehungen zwischen PM und Patienten-Selbsteinschätzung ($r(97) = 0.23$, $p<0.05$) und zwischen PM und anderen Ratings durch den Patienten ($r(97) = 0.30$, $p<0.01$). Je höher die PM, desto höher waren die Arbeitsratings.

Anders als in der Kurzzeitgruppenpsychotherapie war in der Tagesklinik-Studie PM nicht signifikant mit Abbruch assoziiert. Deshalb konnte die Beziehung zwischen PM und dem Therapieergebnis untersucht werden. Die Berechnungen stützten sich auf Daten von den 99 Patienten, die die Behandlung beendeten. Die Eingangs- und Ergebniswerte für jede Ergebnisvariable wurden initial in Residual Gain Scores umgerechnet. Diese sind solche Post-Scores (bei Beendigung der Behandlung), aus denen die Effekte der Prä-Scores (vor der Behandlung) herauspartialisiert wurden. Dann wurde das Gesamt an Ergebnisvariablen auf ein kleineres Set von Faktoren reduziert, indem eine Hauptkomponentenanalyse berechnet wurde. Diese Technik verhalf zu einer Reduktion von Redundanz und gruppierte die Variablen in einzelne Bereiche. Die vier resultierenden Faktoren und ihre Faktorladungen sind in Tabelle 2 dargestellt.

Tabelle 2: Ergebnisfaktoren und -variablen

I. Allgemeine Symptomatologie und Beschwerden	Ladung
Schwere der Beschwerden, eingeschätzt durch den Untersucher	0.73
Depression	0.70
Selbstwert (niedrig)	0.70
Symptomschwere (SCL-90)	0.66
Maladaptive Abwehr	0.60
II. Soziale Fehlanpassung und Unzufriedenheit	
Sexuell-interpersonelle Ressourcen	0.69
Familiär-interpersonelle Ressourcen	0.64
Soziale (Bekanntschaften) interpersonelle Ressourcen	0.62
Lebensunzufriedenheit	0.58
III. Pathologische Abhängigkeit	
Pathologische Anhänglichkeit	0.81
Gefühlsmäßige Vertraulichkeit	0.73
IV. Positive interpersonelle Ressourcen	
Gegenwärtiges interpersonelles Verhalten	0.86
Anzahl an Freunden	0.66

Um die Beziehungen zwischen PM und Therapieergebnis zu untersuchen, berechneten wir Pearson-Koeffizienten für PM und jeden Ergebnisfaktor. Wie Tab. 3 zu entnehmen, war PM signifikant mit den ersten drei Faktoren korreliert.

Je mehr ein/e Patient/in psychologisch sensibel war (PM), desto besser war das Therapieergebnis. Die Varianzaufklärung durch PM war 10% für den ersten Ergebnisfaktor, 8% für den zweiten und 6% für den dritten. Zur 8-Monats-Katamnese-Untersuchung war die Beziehung zwischen PM und Ergebnisfaktoren nicht signifikant.

Verschiedene Aspekte der Konstruktvalidität der PMAP wurden wiederum bestätigt. In der Tagesklinik-Studie war das Niveau der PM wieder nicht signifikant mit Alter, Geschlecht, Familienstand, Beruf oder Bildung korreliert. Auch wurde für den Einsatz medikamentöser Therapie kein Unterschied zwischen Patienten gefunden, die hohe versus niedrige PM-Einschätzungen aufwiesen. Unter Berücksichtigung der Messungen zu psychiatrischer Symptomatologie und psychischem Streß war PM nur mit einem der Eingangswerte der 21 Ergebnismaße korreliert, ein höchstwahrscheinlich zufälliger Zusammenhang. Weiterhin waren vorangegangene psychiatrische Behandlungen oder Hospitalisierungen nicht verbunden mit dem PM-Niveau. Unter Berücksichtigung der Diagnosen ergaben Chi-Quadrat-Tests, daß die PM nicht mit spezifischen

Achse I- oder Achse II-Diagnosen verknüpft war. Allerdings wiesen Patienten mit höheren PM-Einschätzungen eine signifikant höhere Wahrscheinlichkeit für die Lebenszeitdagnose „Major Depression" auf. Da jedoch „Major Depression" nur eine von 17 untersuchten Diagnosen war, mag dieses Ergebnis zufällig sein.

Tabelle 3:Korrelationen zwischen Psychological Mindedness und Behandlungsergebnis

Faktoren			
Allgemeine Symptomatologie und Beschwerden[a]	Soziale Fehlanpassung und Unzufriedenheit[a]	Pathologische Abhängigkeit[a]	Positive interpersonelle Ressourcen
- 0.32***	- 0.28**	- 0.25*	0.02

* $p < 0.05$; ** $p < 0.01$; *** $p < 0.001$
[a] Niedrige Werte im Ergebnis sind günstig;

4. Abschließende Bewertung

„Psychological Mindedness" (PM) ist in der dynamisch orientierten Therapie ein vertrauter Begriff. Die klinische Literatur ist voll mit Diskussionen über das Konzept. Leider haben diese Diskussionen wenig zur Klärung des Verständnisses der verschiedenen Definitionen beigetragen, die mit dem Konzept in Verbindung gebracht werden. Die empirische Literatur zur PM ist vergleichsweise sehr viel geringer. Jedoch ist auch sie aufgrund der Verschiedenheit von Definitionen und Maßen nur schwer zu integrieren. Empirische Untersuchungen von PM waren bisher eher enttäuschend. Es scheint, daß die definitorischen und operationalen Probleme von PM zu den Schwierigkeiten beigetragen haben, das Ansprechen von Patienten auf Psychotherapie vorherzusagen.

Unser Ansatz mit der PMAP zur Messung der „Psychological Mindedness" verspricht erfolgreicher zu sein als die meisten der bisherigen Versuche. Anscheinend konnten einige der Probleme, die in früheren Ansätzen gegeben waren, überwunden werden. Dazu wurde ein Versuch unternommen, PM von anderen Konzepten zu differenzieren. Zunächst wurde die PMAP entwickelt, um die typischen Qualitäten einschätzen zu können, die für „Arbeit" in analytisch orientierter Therapie erforderlich sind. Diese Qualitäten beziehen sich auf das Verständnis der Beziehungen zwischen intrapsychischen Konflikten und aktuellen Problemen. Auf diese Weise konnte das Konzept von anderen spezifischen und unspezifischen Faktoren unterschieden werden. Die Operationalisierung erfolgte theoriegeleitet. Ein Kriterium für die Validität der

PMAP war, Erfolg in analytisch orientierter Gruppenpsychotherapie vorhersagen zu können. Aus diesem Grunde wurde eine Methode entwickelt, die die Eignung beleuchtet, die für „Arbeit" in analytisch orientierter Therapie und Gruppentherapie erforderlich ist. Das Verhalten vor der Therapie wurde eingeschätzt, indem die Person aufgefordert wurde, die Probleme einer anderen Person zu diskutieren (die der Schauspieler-Patientin). Diese Anforderung befindet sich in Übereinstimmung mit der Situation in der Gruppenpsychotherapie, wo Patienten aufgefordert sind, zum therapeutischen Prozeß anderer Patienten beizutragen.

So gesehen mag die Brauchbarkeit des PMAP zum Teil auf der Ähnlichkeit zwischen dem Verhalten vor der Therapie und dem in der Therapie beruhen. In diesem Zusammenhang sollte berücksichtigt werden, daß die PMAP bisher ausschließlich bei Gruppenpsychotherapien verwendet wurde. Der Aspekt einer möglichen Generalisierung ist ein wichtiger Punkt. Ob die prädiktive Validität unserer Methode für Einzelpsychotherapie gleichermaßen gegeben sein wird, ist eine noch offene Frage. Patienten in Einzelpsychotherapie sind gefordert, ihre eigenen Probleme zur Sprache zu bringen. Die Besprechung der Probleme anderer Menschen wird nicht gefördert. Typischerweise interpretiert der Therapeut solche Äußerungen, indem er sie als Abwehrmanöver auffaßt. Außerdem ist nicht klar, ob die PMAP auf Therapieformen anwendbar ist, die theoretisch einen nicht-psychoanalytischen Ansatz verfolgen.

Ein dritter Aspekt im Hinblick auf die Generalisierbarkeit betrifft die untersuchten Patientenpopulationen. Das PMAP-Video stellt eine Frau dar, die unter einem Verlust, speziell unter ihrer Trennung vom Ehemann, leidet. Dieses Problem war also speziell geeignet für die Kurzzeitgruppenpychotherapie mit Patienten, die unter Verlusten litten. Der Aspekt des Verlustes war gleichfalls für die Population des Tagesklinik-Behandlungsprogramms relevant, die unter langanhaltenden affektiven und Persönlichkeitsstörungen zu leiden hatte, die häufig interpersonelle Beziehungen unterbrechen. Wir glauben, daß Probleme im Zusammenhang mit Verlusten ubiquitär und von daher für alle psychiatrischen Populationen wichtig sind.

In der Wahl von „Psychological Mindedness" als einer Patienten-Prädiktor-Variablen spiegelt sich unsere Annahme wider, daß die Auswahlkriterien für Patienten Fähigkeiten einschließen sollten, die für die therapeutische Arbeit und den Erfolg in dynamisch orientierten Therapien unabdingbar sind. In unserer dritten Untersuchung stellte sich PM als Prädiktor für das Therapieergebnis heraus. Dieses Ergebnis belegt die Wichtigkeit von PM als einem Kriterium für die Auswahl von Patienten in dynamisch orientierten Therapien. Das Ergebnis, wonach PM in Verbindung mit psychodynamischer Arbeit stand, belegt weiterhin die Annahme, daß der psychodynamische Prozeß das Vehikel für die Patienten mit hohen Werten in PM war, vom Behandlungsprogramm zu profitieren.

Die Resultate der dritten Studie waren zu denen der zweiten Untersuchung teilweise diskrepant. In der Kurzzeit-Gruppenpsychotherapie-Studie stand PM zwar in Beziehung zu „therapeutischer Arbeit", aber nicht zum Therapieergebnis. Womöglich sind Erklärungen für dieses Ergebnis vorschnell, wenn man die kleine Stichprobe von Patienten mit niedriger PM berücksichtigt, die die Behandlung vollständig durchliefen. Zukünftig sollten die Beziehungen zwischen PM und unterschiedlichen therapeutischen Prozessen sowie dem Therapieergebnis genauer untersucht werden.

Unsere Arbeit beschäftigt sich derzeit mit der Brauchbarkeit der PMAP für die Voraussage der Ansprechbarkeit von Patienten einer anderen therapeutischen Modalität von intensiver Gruppenpsychotherapie, dem „Evening Treatment Program". Patienten in diesem Programm zeigen chronische, schwere intrapsychische und interpersonelle Probleme, sind aber noch in der Lage, täglich anfallende wichtige Aktivitäten aufrechtzuerhalten, wie z.B. Arbeit, Schule oder Elternpflichten. Vorläufige Ergebnisse verdeutlichen, daß anhand dieser Population die Interrater-Reliabilität der PMAP wiederum gegeben war. Auf 15 zufällig ausgewählten Patienten basierend, war die ICC = 0.96.

Wir glauben, daß PM für die dynamische Orientierung ein Schlüsselkonzept ist, allerdings eines unter vielen, die Auswirkungen auf den Therapieprozeß und das Therapieergebnis haben. Die Identifikation anderer wichtiger Variablen wird vermutlich zu noch besseren Vorhersagen führen, wenn diese in Kombination mit „Psychological Mindedness" verwendet werden.

Literatur

Abramowitz, S.I. & Abramowitz, C.V. (1974). Psychological-mindedness and benefit from insight-oriented group therapy. *Archives of General Psychiatry, 30*, 610-615.

American Psychiatric Association (1980). *Diagnostic and statistical manual of mental disorders* (3rd ed.). APA, Washington, DC.

Ammons, R.B. & Ammons, C.H. (1962). *The Quick-Test: Provisional manual.*

Appelbaum, S.A. (1973). Psychological mindedness: Word, concept, and essence. *International Journal of Psychoanalysis, 54*, 35-46.

Bagby, R.M., Taylor, G.J. & Ryan, D. (1986). Toronto Alexithymia Scale: Relationship with personality and psychopathology measures. *Psychotherapy and Psychosomatics, 45*, 207-215.

Bloch, S. (1979). Assessment of patients for psychotherapy. *British Journal of Psychiatry, 135*, 193-208.

Conte, H.R., Plutchik, R., Jung, B.B., Picard, S., Karasu, T.B. & Lotterman, A. (1990). Psychological mindedness as a predictor of psychotherapy outcome: A preliminary report. *Comprehensive Psychiatry, 31*, 426-431.

Derogatis, L.R. (1977). *SCL-90 administration, scoring and procedures manual I.* Baltimore: Johns Hopkins University Press.

Dollinger, S.J., Reader, M.J., Marnett, J.P. & Tylenda, B. (1983). Psychological mindedness, psychological construing, and the judgement of deception. *The Journal of General Psychology, 100*, 183-191.

Farber, B.A. (1989). Psychological-mindedness: Can there be too much of a good thing? *Psychotherapy, 26*, 210-217.

Fenigstein, A., Scheier, M.F. & Buss, A.H. (1975). Public and private self-consciousness: Assessment and theory. *Journal of Consulting and Clinical Psychology, 43*, 522-527.

Gough, H.G. (1957). *California Psychological Inventory.* Consulting Psychological Press.

Hall, J.A. (1992). Psychological-mindedness: A conceptual model. *American Journal of Psychotherapy, 46*, 131-140.

Horowitz, L.M., Rosenberg, S.E. & Kalehzan, B.M. (1992). The capacity to describe other people clearly: A predictor of interpersonal problems in brief dynamic psychotherapy. *Psychotherapy Research, 2*, 37-51.

Jackson, D.M. (1974). *Personality research form manual.* Research Psychologist's Press

Kernberg, O.F., Burstein, E., Coyne, L., Appelbaum, H., Horwitz, L. & Voth, H. (1972). Psychotherapy and psychoanalysis: Final report of the Menninger Foundation's psychotherapy research project. *Bulletin of the Menninger Clinic, 36*, 1-275.

Luborsky, L., Mintz, J., Auerbach, A.H., Christoph, P., Bachrach, H., Todd, T., Johnson, M., Cohen, M. & O' Brien, P. (1980). Predicting the outcome of psychotherapy: Findings of the Penn Psychotherapy Project. *Archives of General Psychiatry, 37*, 471-481.

McCallum, M. & Piper, W.E. (1987). *Manual for the Psychological Mindedness Assessment Procedure.* Unpublished manual.

McCallum, M. & Piper, W.E. (1990a). The psychological mindedness assessment procedure. *Psychological Assessment: Journal of Consulting and Clinical Psychology, 2*, 412-418.

McCallum, M. & Piper, W.E. (1990b). A controlled study of effectiveness and patient suitability for short-term group psychotherapy. *International Journal of Group Psychotherapy, 40*, 431-452.

Piper, W.E., Debbane, E.G., Bienvenu, J.P. & Garant, J. (1984). A comparative study of four forms of psychotherapy. *Journal of Consulting and Clinical Psychology, 52*, 268-279.

Piper, W.E. & McCallum, M. (1988). *Manual for the Psychodynamic Work and Object Rating System.* Unpublished manual.

Piper, W.E. & McCallum, M. (1990). Psychodynamische Arbeit als ein therapeutischer Faktor in der Gruppenpsychotherapie. In Tschuschke, V. & Czogalik, D. (Eds.), *Psychotherapie - Welche Effekte verändern? Zur Frage der Wirkfaktoren therapeutischer Prozesse.* Heidelberg: Springer.

Piper, W.E., McCallum, M. & Azim, H.F.A. (1992). *Adaptation to loss through short-term group therapy.* New York: Guilford Press.

Piper, W.E., Rosie, J.S., Azim, H.F.A. & Joyce, A.S. (1993). A randomized trial of psychiatric day treatment for patients with affective and personality disorders. *Hospital and Community Psychiatry, 44*, 757-763.

Rosenbaum, R.L. & Horowitz, M.J. (1983). Motivation for psychotherapy: A factorial and conceptual analysis. *Psychological Theory, Research, and Practice, 20*, 346-354.

Ryan, E.R. & Cicchetti, D.V. (1985). Predicting quality of alliance in the initial psychotherapy interview. *Journal of Nervous and Mental Disease, 173*, 717-725.

Tolor, A., Reznikoff, M. (1960). A new approach to insight: A preliminary report. *Journal of Nervous and Mental Disease, 130*, 286-296.

Tschuschke, V. (1996). *Das "Psychological-Mindedness-Einschätzungsverfahren" (PMAP).* Unveröff. Manual.

Tyson, R.L., Sandler, J. (1971). Problems in the selection of patients for psychoanalysis: Comments on the application of the concepts of "indications", "suitability" and "analysability". *British Journal of Medical Psychology, 44*, 211-228.

Wolitzky, D.L. & Reuben, R. (1974). Psychological-mindedness. *Journal of Clinical Psychology, 30*, 26-30.

Wirkfaktorendiagnostik

7 Das Gruppenwirkfaktoren-Q-Sort nach Yalom

Jochen Eckert

1. Theoretischer Hintergrund

Die scheinbar einfache Frage, wodurch Gruppenpsychotherapie einem Patienten hilft, hat bereits frühzeitig zu dem Versuch geführt, die verschiedenen Faktoren, die dabei eine Rolle spielen könnten, zu identifizieren (Corsini & Rosenberg, 1955). Dieser Ansatz wurde von Yalom (1970, dtsch. 1974) wieder aufgenommen. Er kam nach dem Studium der gruppenpsychotherapeutischen Literatur und von Forschungsergebnissen sowie aufgrund eigener Erfahrung zu dem Schluß, daß es unabhängig von der Form und der Technik einzelner Therapieschulen im Kern nur eine begrenzte Anzahl von Faktoren gibt, die von Gruppenpsychotherapeuten für wesentlich gehalten werden: "... und betrachtet (man) nur die eigentliche Methode, mit der beim Patienten eine Veränderung herbeigeführt wird, so stellt man fest, daß diese Methoden an der Zahl begrenzt sind und untereinander eine bemerkenswerte Ähnlichkeit aufweisen" (Yalom, 1974, S. 12).

Ursprünglich zählt Yalom 10 Faktoren auf, die er zunächst als "Heilfaktoren" (curative factors) kennzeichnet und von denen er annimmt, daß sie in allen Formen von Gruppentherapie eine mehr oder weniger große Rolle spielen. In den späteren Auflagen seines Buches (1985, 3rd ed.) spricht er nicht mehr von Heilfaktoren, sondern - bescheidener - von Wirkfaktoren (therapeutic factors).

Er benennt die 10 allgemeingültigen Faktoren wie folgt:

1. Mitteilung von Informationen (Anleitung),
2. Einflößen von Hoffnung,
3. Universalität des Leidens,
4. Altruismus,
5. die korrigierende Rekapitulation der primären Familiengruppe,
6. Entwicklung von Techniken des mitmenschlichen Umgangs,
7. Imitationsverhalten (Identifikation),
8. Interpersonales Lernen,
9. Gruppenkohäsion,
10. Katharsis (Yalom, 1974, S. 21).

Das Gruppenwirkfaktoren-Q-Sort ist spezifischer auf tiefenpsychologische Gruppentherapie ausgerichtet und umfaßt 12 Faktoren: Der Faktor "Entwicklung von Techniken des mitmenschlichen Umgangs" wird benannt "Interpersonales Lernen - Output", und es werden die Faktoren "Einsicht" und "Existentielle Faktoren" zusätzlich aufgenommen.

Therapeutische Wirkfaktoren sind bezüglich ihrer Wirksamkeit nicht zu verstehen als voneinander unabhängig wirkende gleichgewichtige Inputvariablen, die ihre Wirksamkeit linear-kausal entfalten. Sie unterliegen vielmehr folgenden Bedingungen:

1. Ihre Bedeutung und Wirksamkeit ist abhängig a) von der Art der Gruppenpsychotherapie und ihren jeweiligen Zielen (so wird der Faktor "Anleitung" in psychoedukativen Gruppen mit schizophrenen Patienten mehr Bedeutung haben als in einer psychodynamisch orientierten Gruppentherapie mit neurotisch Kranken) und
b) vom Stand des Gruppenprozesses ("Existentielle Faktoren" werden eher im fortgeschrittenen Stadium einer Gruppentherapie Gewicht bekommen, während das "Einflößen von Hoffnung" zu Beginn einer Gruppenbehandlung eine größere Rolle spielen wird, z.B. bei der Entscheidung eines Patienten, in der Gruppe zu bleiben bzw. auszuscheiden).
2. Fast alle Faktoren sind miteinander verwoben, bedingen sich wechselseitig. So geht das "Wiedererleben der Ursprungsfamilie" im Gruppenprozeß sicherlich häufig mit der Erfahrung des Gewinns einer Einsicht einher.
3. Die Wirkfaktoren unterscheiden sich auch hinsichtlich des Modus ihrer Wirksamkeit. Sie lassen sich unterscheiden hinsichtlich kausaler bzw. unmittelbarer, moderierender und interdependenter Wirksamkeit. Katharsis z.B. wird in der Regel eine kausale bzw. unmittelbare Wirkung haben, während Gruppenkohäsion eher moderierend wirkt, d.h. sie muß sich in einem gewissen Ausmaß eingestellt haben, um z.B. "interpersonales Lernen" zu ermöglichen. Auf die Interdependenz von Einsicht und der korrigierenden Rekapitulation der primären Familiengruppe wurde bereits hingewiesen.

Die von Yalom beschriebenen Wirkfaktoren sind nicht stringent aus einer bestimmten Theorie der Gruppentherapie abgeleitet worden. Sie stellen vielmehr ein Konglomerat von theoretischen Annahmen aus sehr unterschiedlichen Therapietheorien und erfahrungsgeleiteten Beobachtungen von Gruppenprozessen dar. Einige Wirkfaktoren sind nicht spezifisch für Gruppenbehandlungen, sondern sie werden auch in Einzeltherapien wirksam, z.B. "Katharsis" oder das "Einflößen von Hoffnung".

Während die Wirkfaktorensammlung von Yalom noch das Ziel hatte, den kleinsten gemeinsamen Nenner für die in unterschiedlichen Theorien der Gruppentherapie postulierten Wirkfaktoren zu finden, versuchten Bloch & Crouch (1985) in ihrer Definition von Gruppenwirkfaktoren eine schulenungebundene Sicht zu verwirklichen. Ihre zehn Wirkfaktoren sind z.T. identisch mit denen von Yalom (z.B. Katharsis), z.T. tragen sie nur eine andere Bezeichnung (Akzeptanz statt Kohäsion), und einige bleiben unberücksichtigt, weil sie zu schulenspezifisch sind, z.B. die Existentiellen Faktoren (vgl. die Gegenüberstellung von Tschuschke, 1993, S. 24 und Kap. 4 in diesem Buch).

Der von Bloch & Crouch eingeschlagene Weg mag der richtige sein, wenn man größtmögliche Allgemeingültigkeit anstrebt; er kann aber auch einen Verlust bedeuten, wenn man herausfinden möchte, welche Bedeutung bestimmte Wirkfaktoren in der Gruppentherapie unterschiedlicher theoretischer Orientierung haben, und es droht, daß man bestimmten gruppentherapeutischen Konzepten nicht gerecht wird, weil das, worauf diese in ihrer therapeutischen Arbeit Wert legen, überhaupt nicht mehr erfaßt wird. So legt Yalom in seinem therapeutischen Ansatz großes Gewicht darauf, daß sich Patienten in der Therapie existentieller Grundtatsachen (z.B. Tod, Freiheit, Abhängigkeit, Einsamkeit usw.) des menschlichen Lebens bewußt werden, sie auch in der Therapie, zumindest im Ansatz, erfahren sollen bzw. werden. Er hat diesen Ansatz sehr eindrucksvoll in der Einleitung zu seinem "Fallbuch" mit dem bezeichnenden Titel "Die Liebe und ihr Henker" begründet und beschrieben (Yalom, 1993). Aber auch eine holländische Richtung der klientenzentrierten Psychotherapie (Gesprächspsychotherapie) betont die Bedeutung der "Existentiellen Faktoren" für den psychotherapeutischen Prozeß (Swildens, 1991).

Vor diesem Hintergrund spricht aus unserer Sicht vieles dafür, die ursprünglich "breite" Konzeption der Gruppenwirkfaktoren nicht voreilig aufzugeben.

2. Kurzbeschreibung der Methode

Das Gruppenwirkfaktoren-Q-Sort wurde von Yalom erstmals 1970 vorgestellt.

Beim Q-Sort handelt es sich um eine bestimmte Methode der Datenerhebung, die von Block (1961) ausführlich beschrieben wird. Diese Methode ist zeitlich aufwendiger als die Vorgabe eines vergleichbaren Fragebogens, hat aber verschiedene Vorteile. Ein gewichtiger Vorteil ist ein verrechnungstechnischer: Die Items eines Q-Sorts werden so verteilt, daß sie über der Skala, bezüglich derer sie zu beurteilen sind, eine Normalverteilung bilden. Das ermöglicht z.B. die Ähnlichkeit bzw. Unähnlichkeit zwischen zwei Personen zu bestimmen bzw. wenn eine Person das Q-Sort zweimal legt, z.B. vor und nach einer Gruppentherapie, die individuellen Veränderungen über die Zeit zu berechnen. Als Maß für diese Ähnlichkeit dient eine Produkt-Moment-Korrelation zwischen den Personen bzw. Zeitpunkten über die Items.

Ein weiterer Vorteil des Q-Sorts besteht für die Person, die das Q-Sort legt, darin, daß sie die Bedeutung der einzelnen Items untereinander gewichten kann. Sie kann z.B. ein Item, dem sie zunächst eine hohe Bedeutung zugewiesen hat, zurückstufen, wenn sie auf ein anderes Item stößt, dem sie im Vergleich dazu eine relativ höhere Bedeutung zuweisen möchte. Nach unseren Erfahrungen finden die meisten Patienten das Q-Sort-Verfahren "anregender" als das Ankreuzen von Fragebogenitems.

Das Gruppenwirkfaktoren-Q-Sort besteht aus 60 Items[1] von denen jeweils 5 einem der insgesamt 12 Wirkfaktoren zugeordnet sind (s. Tab. 1; Eckert et al., 1981).

1 Die Übersetzung der Items erfolgte 1971. Sie weist z.T. erhebliche Unterschiede zu der 1974 im Rahmen der deutschen Buchausgabe erfolgten Übersetzung auf.

Der Text jedes einzelnen Items befindet sich jeweils auf einer kleinen Karteikarte. Die Patienten werden gebeten, diese Karteikarten mit den Items auf einer großen Sortiervorlage (z.B. DIN-A-0 Pappe) in die dort vorgegebenen 7 Kategorien einzuordnen, wobei in jede Kategorie nur eine bestimmte Anzahl von Items sortiert werden darf. Die Sortiervorlage sollte in etwa wie in Abb. 1 dargestellt aussehen.

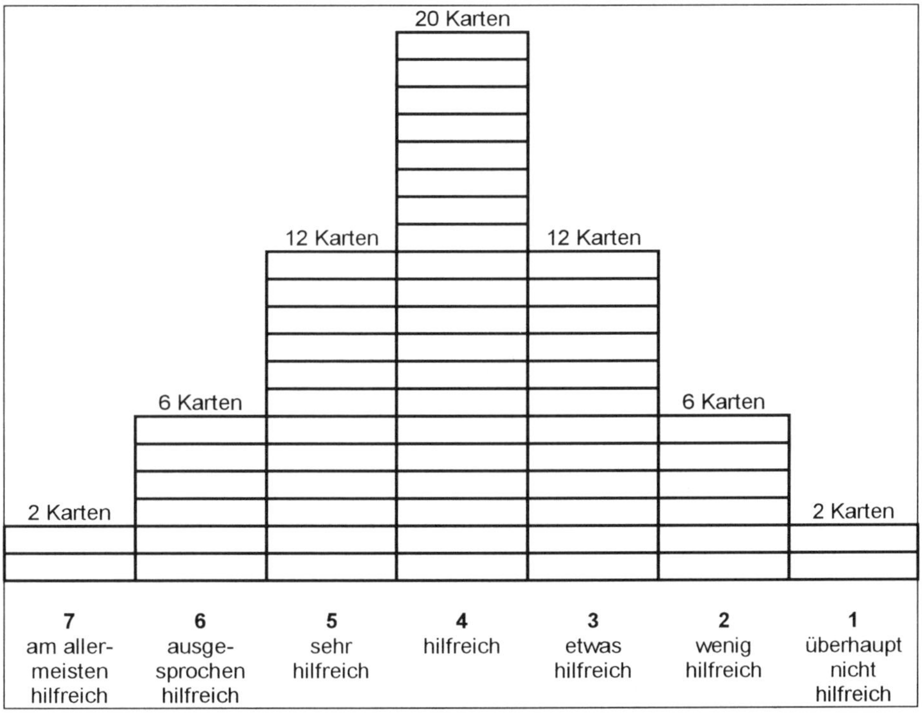

Abb. 1: Q-Sort Sortiervorlage

Die genaue Durchführungsanweisung hängt von der jeweiligen Fragestellung ab, z.B. ob die Erwartung an die Gruppenbehandlung erhoben werden soll, eine abgeschlossene Gruppenbehandlung insgesamt oder nur eine einzelne Gruppensitzung beurteilt werden soll. In jedem Fall sollten die Beurteiler jedoch die Möglichkeit haben, Items solange untereinander auszutauschen, bis sie sich für eine endgültige Position jedes Items entschieden haben.

Tab. 1: Q-Sort "Therapeutische Gruppenwirkfaktoren": Mittelwerte (M) und Streuungen (s) der 60 Items sowie ihre Rangplätze; N = 133 Patienten (Eckert et al., 1981)

Nr.	Item	M	s	Rang-platz*
	Anweisung an den Beurteiler: "Für mich war die Gruppentherapie hilfreich dadurch..."			
	Altruismus (Faktorrangplatz: 10)			
1	daß ich anderen helfen konnte, habe ich mehr an Selbstachtung gewonnen	3.71	1.06	42
2	daß ich meine Wünsche hinter die der anderen zurückstellen konnte	3.35	1.09	52
3	daß ich mich selbst vergessen konnte und daran dachte, anderen zu helfen	3.50	1.17	47
4	daß andere von mir profitieren können	3.62	1.01	44
5	dadurch, daß ich anderen half und für ihre Lebensfragen wichtig war	3.74	.97	40 G
	Gruppenkohäsion (Faktorrangplatz: 4)			
6	daß ich zu einer Gruppe gehörte und von ihr angenommen wurde	4.29	1.03	23
7	daß ich anhaltenden engen Kontakt zu anderen Menschen hatte	4.42	1.18	21
8	daß ich unangenehme und peinliche Dinge von mir preisgab und dennoch von der Gruppe angenommen wurde	4.72	1.13	7
9	daß ich mich nicht länger allein fühlte	4.12	1.24	30
10	daß ich zu einer Gruppe von Menschen gehörte, die mich verstand und akzeptierte	4.41	.95	22
	Universalität (Faktorrangplatz: 11)			
11	daß mit klargeworden ist, nicht nur ich habe solche Probleme - wir "sitzen alle in einem Boot"	3.61	1.20	45
12	daß ich gesehen habe, es ging mir nicht besser oder schlechter als anderen	3.44	1.06	50
13	zu sehen, daß auch andere "böse" Gedanken und Gefühle haben wie ich	3.45	1.30	49 G
14	zu sehen, daß andere mit ihren Familien so unglücklich und durcheinandergebracht waren wie ich	3.26	1.09	53
15	zu sehen, daß ich nicht so anders bin als andere, hat mich den anderen näher gebracht	4.05	1.03	31
	Interpersonelles Lernen "Input" (Faktorrangplatz: 3)			
16	daß die Gruppe mir gezeigt hat, wie ich auf andere wirke	4.79	.97	5
17	daß ich gelernt habe, wie ich auf andere zugehe	4.17	1.16	29
18	daß die anderen mir ganz ehrlich gesagt haben, was sie von mir halten	4.71	1.15	8
19	daß die Gruppenmitglieder mir einige meiner Angewohnheiten und Eigenwilligkeiten gezeigt haben, die andere Leute stören	4.63	1.06	14
20	zu lernen, daß ich Leute manchmal dadurch irritiere, daß ich nicht sage, was ich wirklich denke	4.50	1.32	18

Forts. Tab 1

	Interpersonelles Lernen "Output" (Faktorrangplatz: 5)			
21	daß ich gelernt habe, mit anderen Menschen besser auszukommen	4.25	.99	25 G
22	daß ich mich anderen Menschen besser anvertrauen kann	4.21	1.22	28
23	daß ich etwas darüber erfahren habe, wie ich Beziehungen zu anderen Menschen aufnehme	4.50	1.23	17 G
24	daß mir die Gruppe Gelegenheit gegeben hat zu lernen, zu anderen Kontakt aufzunehmen	4.02	1.04	32
25	daß ich meine Konflikte, die ich mit einem bestimmten Gruppenmitglied hatte, ausgetragen habe	4.42	1.19	20
	Anleitung (Faktorrangplatz: 9)			
26	daß der Therapeut mir manchen Rat und Hinweis gegeben hat	4.65	1.30	13
27	daß die Gruppenmitglieder mir manchen Rat und Hinweis gegeben haben	3.90	1.10	35
28	daß die Gruppenmitglieder mir gesagt haben, was ich tun soll	3.02	1.14	54
29	daß mir jemand in der Gruppe einen ganz bestimmten Vorschlag zur Lösung eines Problems gemacht hat	3.35	1.21	51
30	daß die Gruppenmitglieder mir den Rat gegeben haben, mein Verhalten gegenüber einer mir wichtigen Person zu ändern	3.45	1.05	49 G
	Katharsis (Faktorrangplatz: 2)			
31	daß ich mir die Dinge von der Seele geredet habe	4.50	1.10	17 G
32	daß ich positive oder negative Gefühle gegenüber einem anderen Gruppenmitglied äußern konnte	4.68	.96	9
33	daß ich negative oder positive Gefühle dem Therapeuten gegenüber äußern konnte	3.95	1.22	33
34	daß ich lernte, meinen Gefühlen Ausdruck zu geben	4.89	1.21	3
35	daß ich sagen konnte, was mich stört, anstatt es für mich zu behalten	4.80	1.12	4
	Identifikation (Faktorrangplatz: 12)			
36	zu versuchen, wie jemand in der Gruppe zu sein, der besser zurecht kam als ich	2.64	1.03	58
37	zu sehen, wie andere unangenehme Gedanken äußerten und dadurch weiterkamen, hat mir geholfen, das auch zu tun	4.25	.89	25 G
38	daß ich bestimmte Eigenarten und Verhaltensweisen eines anderen Gruppenmitgliedes übernehmen konnte	2.59	.99	59
39	daß ich meinen Therapeuten bewundern konnte und so sein konnte wie er	2.15	1.15	60
40	daß ich jemanden in der Gruppe fand, der für mich beispielhaft war	2.71	1.15	56
	Wiedererleben der Familie (Faktorrangplatz: 7)			
41	daß ich in der Gruppe irgendwie die Familie wiedererlebte, in der ich aufwuchs	3.55	1.18	46
42	daß ich in der Gruppe Spannungen, die ich in der Vergangenheit mit meinen Eltern, Geschwistern oder anderen wichtigen Personen hatte, besser verstehen konnte	4.45	1.14	19
43	daß ich mich in der Gruppe wie in einer Familie verstanden und akzeptiert fühlte	3.74	1.17	40 G

Forts. Tab. 1

44	daß ich durch meine Erfahrung in der Gruppe besser verstand, wie ich in meiner Familie aufgewachsen bin	4.25	1.10	25 G
45	daß die Gruppe Ähnlichkeit mit meiner Familie hatte, z.B. waren einige Mitglieder oder Therapeuten wie meine Eltern oder andere Angehörige. Durch die Gruppenerfahrungen verstand ich meine früheren Beziehungen besser	3.86	1.28	37
	Einsicht (Faktorrangplatz: 1)			
46	daß ich eingesehen habe, daß ich Menschen aus Gründen mag oder ablehne, die wenig mit diesen Menschen zu tun haben, sondern mehr mit Schwierigkeiten und Erfahrungen, die ich früher mit Menschen hatte	4.66	1.35	11
47	daß ich sehen kann, warum ich so und nicht anders denke und fühle, und ich einige Gründe und Ursachen meiner Probleme sehe	4.99	1.14	1
48	früher unbekannte und unannehmbare Teile von mir zu entdecken und zu akzeptieren	4.77	1.13	6
49	es hat mir geholfen einzusehen, daß ich mich Menschen oder Situationen gegenüber verhalte mit Gefühlen, die irgendwie zu früheren Lebensabschnitten gehören	4.65	1.26	12
50	zu sehen, daß mein heutiges Fühlen und Verhalten mit meiner Kindheit und meiner Entwicklung zusammenhängen	4.67	1.31	10
	Einflößen von Hoffnung (Faktorrangplatz: 8)			
51	daß andere sich verändert haben, hat auch mir Hoffnung gemacht	3.74	.96	40 G
52	zu wissen, daß andere in der Lage waren Probleme zu lösen, die meinen ähnlich waren	3.87	1.03	36
53	daß ich mitbekam, wie andere mit Schwierigkeiten fertig wurden, die meinen ähnlich waren	3.64	.93	43
54	zu beobachten, daß bei anderen Gruppenmitgliedern Veränderungen im Verhalten auftraten	3.92	.98	34
55	zu wissen, daß die Gruppe anderen mit ähnlichen Problemen wie meinen geholfen hat	3.77	.93	38
	Existentielle Faktoren (Faktorrangplatz: 6)			
56	zu erkennen, daß das Leben einem oft hart mitspielt	2.70	1.47	57
57	zu erkennen, daß man letztlich Schmerz und Tod nicht umgehen kann	2.77	1.70	55
58	zu erkennen, daß ich letztlich auf mich gestellt bin, auch wenn ich mich anderen ganz nahe fühle	4.59	1.43	15
59	daß mir so richtig klar wurde, worauf es mir in meinem Leben ankommt und daß ich dadurch lernte, zwischen wesentlichen oder eher nebensächlichen Gefühlen in meinem Leben zu unterscheiden	4.22	1.44	27
60	daß ich gelernt habe, daß die Verantwortung für mein Handeln in meinen Händen liegt, gleichgültig, wieviel Hilfe und Unterstützung ich von anderen bekomme	4.96	1.45	2

Anmerkung: * Items, deren Rangplatz mit "G" gekennzeichnet ist, teilen sich diesen mit anderen Items (Gleichstand).

3. Auswertung, Gütekriterien und Ökonomie

Die Art der Auswertung hängt von der jeweiligen Forschungsfragestellung ab.

In jedem Fall muß für jeden Patienten festgehalten werden, welches Item er auf welcher Skalenstufe einordnet.

Bezüglich der Gütekriterien stellt Yalom (1985, S. 74) heraus, daß er das Gruppenwirkfaktoren-Q-Sort als Erkundungsinstrument konzipiert hat, d.h. mit seiner Veröffentlichung (1970) nicht den Anspruch verbunden habe, ein reliables und valides Meßinstrument vorzustellen. Die 12 Faktoren und die dazu formulierten Items spiegelten in erster Linie klinische Intuition.

Dennoch hätte eine Vielzahl von Studien zu dem folgenden Ergebnis geführt: "By and large, test-retest reliability has proven to be good; factor analytic studies have yielded varied results: some studies showing only fair, others good, item to individual scale correlations. The most comprehensive factor analytic study provided fourteen item clusters that bore considerable resemblance to my twelve original therapeutic factor categories" (1985, S. 74).

Andere Autoren, z.B. Bloch & Crouch (1985, S. 226), sehen die Gütekriterien, vor allem die interne Konsistenz der Faktorkategorien, kritischer.

In der Tat hat das Gruppenwirkfaktoren-Q-Sort zu vielen Forschungen angeregt, und es konnten mit seiner Hilfe auf eine Reihe von wichtigen Fragestellungen befriedigende Antworten gefunden werden.

Man kann Yaloms Hinweis auf die Vorläufigkeit seiner Q-Sort-Konzeption auch als noch zu lösende Aufgabe verstehen: Die empirischen Gruppenforscher sind aufgerufen, sein Instrument auf der Grundlage von empirischen Prüfungen zu revidieren, so daß seine teststatistischen Gütekriterien den üblichen Standards entsprechen.

Ist das Gruppenwirkfaktoren-Q-Sort ein ökonomisches Verfahren? Die Antwort auf diese Frage lautet eher nein, wenn man den Zeitaufwand als einziges Kriterium betrachtet: durchschnittlich werden zur Sortierung der 60 Items 30-45 Minuten gebraucht. Dieser Zeitaufwand bekommt jedoch ein anderes Gewicht, wenn die (wiederholte) Vorgabe des Q-Sort Teil des therapeutischen Settings ist (vgl. auch Bloch & Crouch, 1985, S. 227). Außerdem arbeiten Patienten erfahrungsgemäß, wie bereits erwähnt, mit diesem Instrument lieber als mit vielen Fragebögen.

4. Anwendungsbeispiel

Als Anwendungsbeispiel aus dem deutschen Sprachraum greifen wir auf eine Untersuchung zurück, die bereits an anderer Stelle (Eckert et al., 1981) detailliert vorgestellt worden ist. In diese Untersuchung wurden 133 stationär gruppenpsychotherapeutisch behandelte Patienten einbezogen. Die Behandlungsdauer betrug drei Monate und umfaßte im Schnitt 50 Gruppensitzungen. 79 dieser Patienten nahmen an einer gesprächspsychotherapeutischorientierten, 54 an einer psychoanalytischorientierten Gruppenpsychotherapie teil.

Tab. 1 enthält Mittelwerte und Streuungen der 60 Items des Gruppenwirkfaktoren-Q-Sorts, der am Ende der Behandlung - bezogen auf den gesamten Therapiezeitraum - vorgegeben wurde. Auf der Grundlage dieser Mittelwerte wurden auch die Rangplätze der einzelnen Items und die Rangplätze der 12 Wirkfaktoren (Mittelwerte der Rangplätze der 5 Items die den jeweiligen Faktor ausmachen) berechnet.

Die von uns gefundene Rangreihe der Items korreliert mit der von Yalom (1985, S. 76-80) berichteten mit r = .79. Das ist eine überraschend hohe Übereinstimmung, wenn man bedenkt, daß die Yalom-Rangreihe auf den Angaben von 20 erfolgreichen ambulanten Gruppenpatienten, die von 20 verschiedenen Therapeuten behandelt worden sind, basiert und daß zudem durch die deutsche Übersetzung der Items Bedeutungsverschiebungen der Iteminhalte wahrscheinlich sind.

Die Ergebnisse der verschiedenen untersuchten Fragestellungen lassen sich wie folgt zusammenfassen:

Faktorielle Struktur

Es ließen sich 12 interpretierbare Faktoren gewinnen, von denen 4 identisch mit den Yalomschen Faktoren sind. Die übrigen Faktoren sind "gemischter" und spiegeln die wechselseitige Bedingtheit der einzelnen Faktoren wider.

Ferner konnte die dem Wirkfaktorenkonzept zugrundeliegende Annahme bestätigt werden, daß Patienten im Gruppenprozeß verschiedene und voneinander weitgehend unabhängige Wirkgrößen wahrnehmen.

Veränderungen der Wahrnehmung der Bedeutung der Wirkfaktoren

Ein Vergleich der faktoriellen Struktur vor und nach der Gruppenbehandlung zeigte, daß sich die Erwartungen von Patienten, was ihnen in einer Gruppenbehandlung helfen wird, durch die realen Erfahrungen deutlich verändern.

Ähnlichkeit der Wahrnehmung der Wirkfaktoren durch Patienten und Therapeuten bei unterschiedlichen Gruppentherapien

Wir verglichen die Wirkfaktoren in gesprächspsychotherapeutischen und psychoanalytisch orientierten Gruppentherapien miteineinander. Die Übereinstimmung zwischen Gesprächspsychotherapeut und Psychoanalytiker bezüglich der Frage, welche Gruppenwirkfaktoren hilfreich sind, betrug nur 36%. Die Übereinstimmung zwischen den Patienten, die in Gruppen von genau diesen Psychotherapeuten behandelt wurden, betrug hingegen 81%!

Die Übereinstimmung zwischen gesprächspsychotherapeutisch behandelten Patienten und ihrem Therapeuten stieg von r = .18 vor der Behandlung auf r = .38 nach der

Behandlung. Die analogen Werte für analytische Gruppentherapie betrugen r = .37 und r = .43.

Die relative Bedeutung der einzelnen Heilfaktoren

Zwischen gesprächspsychotherapeutisch und psychoanalytisch gruppenpsychotherapeutisch behandelten Patienten gibt es keine nennenswerten Unterschiede in der Beurteilung der Wirksamkeit der einzelnen Faktoren: Einsicht, Katharsis und interpersonales Lernen werden als die bedeutsamsten Wirkfaktoren eingeschätzt (vgl. Tab. 1), während Altruismus, Universalität und Identifikation auf den letzten Rangplätzen landen.

Interne Konsistenz der Faktoren

Die Untersuchungsergebnisse liefern Hinweise, daß einige Items nur eine geringe Trennschärfe aufweisen, d.h. die interne Konsistenz des Faktors, dem sie theoretisch zugeordnet sind, schwächen.

5. Kurzzusammenfassung der bisherigen Anwendungen

Das Wirkfaktoren-Q-Sort ist zur Überprüfung der Unterschiede bzw. Übereinstimmungen in verschiedenen Settings (z.B. ambulant vs. stationär) und beim Vergleich unterschiedlicher Gruppenverfahren zur Anwendung gekommen.

Die wichtigsten Ergebnisse finden sich bei Yalom (1985) und bei Crouch et al. (1994), hier allerdings nicht bezogen auf das Instrument dargestellt, sondern im Zusammenhang mit der Darstellung der Ergebnisse zu den einzelnen Wirkfaktoren.

Eine Grenze der Anwendbarkeit scheint dann vorzuliegen, wenn schwerer gestörte psychiatrische Patienten untersucht werden sollen. Die Q-Sort-Sortierung stellt dann häufig für einzelne Patienten eine Überforderung dar.

Das war auch einer der Gründe - neben zeitökonomischen - , warum immer wieder auf die Erhebung der Wirkfaktoren durch Fragebögen zurückgegriffen wurde.

Im deutschen Sprachraum haben Modestin et al. (1989) einen solchen Fragebogen entwickelt, der allerdings die 10 gruppenpsychotherapeutischen Wirkfaktoren von Bloch et al. (1979) zur Grundlage hat.

Die Ergebnisse dieses Fragebogens widersprechen nicht den mit Hilfe des Gruppenwirkfaktoren-Q-Sorts gewonnenen. Aber es gibt auch Ausnahmen: In einer neueren Studie untersuchten Modestin et al. (1994) alkoholabhängige Patienten, die stationär gruppenpsychotherapeutisch behandelt wurden. Die Fragebogenergebnisse zeigen, daß die Faktoren Universalität und Akzeptanz/Kohäsivität bezüglich ihrer Wirksamkeit am häufigsten genannt werden, während "Altruismus" am Ende der Skala steht.

Die überraschend hohe Bewertung von "Universalität" könnte in Zusammenhang damit stehen, daß es sich bei den untersuchten Patienten um eine homogene Problemgruppe schwergestörter Patienten handelt (vgl. Kap. 4).

6. Ausblick

Das Gruppenwirkfaktoren-Q-Sort ist ein Instrument, das vor allem erlaubt, grundsätzliche Fragen bezüglich der Wirksamkeit von Gruppentherapie zu untersuchen.

Das Instrument selbst kann und sollte im Hinblick auf die verschiedenen Aspekte seiner Reliabilität noch verbessert werden.

Sein Einsatz ist dann erfolgversprechender, wenn es als Teil des Therapieprogramms betrachtet wird und Mehrfacherhebungen stattfinden.

Sicherlich ist es wünschenswert zu untersuchen, ob die ökonomischeren Fragebogenmethoden, wie der oben erwähnte Gruppenfragebogen von Modestin et al. (1994) oder der Düsseldorfer Wirkfaktorenbogen von Davies-Osterkamp (vgl. Kap. 8), geeignet sind, das Q-Sort ohne gravierende Informationsverluste zu ersetzen.

Literatur

Bloch, S., Reibstein, J., Crouch, E., Holroyd, P & Themen, J. (1979). A method for the study of therapeutic factors in group psychotherapy. *British Journal of Psychiatry*, 134, 257-263.

Bloch, S. & Crouch, E.C. (1985). *Therapeutic factors in group psychotherapy*. Oxford: Oxford University Press.

Block, J. (1961). *The Q-Sort-Method in Personality Assessment and Psychiatric Research*. Springfield: Thomas.

Corsini, R.J. & Rosenberg, B. (1955). Mechanismen of group psychotherapy: processes and dynamics. *Journal of Abnormal and Social Psychology*, 51, 406-411.

Crouch, E.C., Bloch, S. & Wanlass, J. (1994). Therapeutic factors: Interpersonal and intrapersonal mechanism. In: A. Fuhriman & G.M. Burlingame (Eds.), *Handbook of group psychotherapy. An empirical and clinical synthesis*. New York: Wiley & Sons.

Eckert, J., Biermann-Ratjen, E.-M., Tönnies, S. & Wagner, W. (1981). Heilfaktoren in der Gruppenpsychotherapie. Empirische Untersuchungen über wirksame Faktoren im gruppenpsychotherapeutischen Prozeß. *Gruppenpsychotherapie und Gruppendynamik*, 17, 142-162.

Modestin, J., Hunziker, R. & Kopp, W. (1988). Ein einfaches Instrument zu Erfassung gruppenpsychotherapeutischer Faktoren. *Gruppenpsychotherapie und Gruppendynamik*, 24, 332-343.

Modestin, J., Würmle, O. & Bachmann, K.M. (1994). Veränderungen in der Patientenwahrnehmung der therapeutischen Faktoren im gruppenpsychotherapeutischen Verlauf. *Gruppenpsychotherapie und Gruppendynamik*, 30, 337-348.

Swildens, H. (1991). *Prozeßorientierte Gesprächspsychotherapie. Einführung in eine differentielle Anwendung des klientenzentrierten Ansatzes bei der Behandlung psychischer Erkrankungen*. Köln: GwG-Verlag.

Tschuschke, V. (1993). *Wirkfaktoren stationärer Gruppenpsychotherapie. Prozeß-Ergebnis-Relationen.* Göttingen: Vandenhoeck & Ruprecht.

Yalom, I.D. (1970; 1985: 3rd ed.).*The Theory and Practice of Group Psychotherapy*. New York: Basic Books (Dtsch. Übersetzung 1974: Gruppenpsychotherapie. Grundlagen und Methoden. Ein Handbuch. München, Kindler. 1985: Theorie und Praxis der Gruppenpsychotherapie. München: Pfeiffer).

Yalom, I.D. (1993). Die Liebe und ihr Henker und andere Geschichten aus der Psychotherapie. München: Goldmann.

8 Der Düsseldorfer Wirkfaktorenfragebogen - ein Instrument zur differentiellen Beschreibung von Gruppenpsychotherapien

Susanne Davies-Osterkamp[1]

1. Theoretischer Hintergrund

Das Zusammenspiel „gelenkter und ungelenkter Erfahrungen" im Rahmen einer Gruppentherapie, das den hochkomplexen Prozeß therapeutischer Veränderungen ermöglicht, wurde von Yalom (1985) mit dem Begriff „therapeutische Faktoren" bezeichnet. Dieser Begriff stellt eine Modifikation der in den ersten beiden Auflagen seines Buches „Theorie und Praxis der Gruppentherapie" verwandten Bezeichnung „Heilfaktoren" dar, womit er sich einem „Gebot der Mäßigung" (Yalom, 1985, S. 14) beugt.

Der Autor betont, daß bei aller Verschiedenheit der bestehenden Gruppentherapiemethoden therapeutische Veränderungen durch eine begrenzte Zahl von Faktoren bewirkt werden. Nach seiner Ansicht teilen „natürliche Trennungslinien" die in der Gruppe gemachten Erfahrungen in 12 Primärfaktoren, nämlich interpersonelles Lernen - Input, Katharsis, Kohäsion, Einsicht/Selbstverständnis, interpersonelles Lernen - Output, existentielle Faktoren, Universalität des Leidens, Einflüsse von Hoffnung, Altruismus, Wiedererleben der Familiensituation, Anleitung und Identifizierung (vgl. die Kap. 4 und 7). Diese Faktoren beziehen sich z.T. auf Veränderungs*mechanismen*, andere sind besser als *Bedingung* für Veränderungen zu bezeichnen.

Eine Zusammenstellung der empirischen Forschung auf dem Gebiet der therapeutischen Faktoren in der Gruppentherapie findet sich z.B. bei Bloch und Crouch (1985). Die dort zitierten Untersuchungen beziehen sich allerdings in knapp 40% der Fälle auf nicht-klinische, experimentelle Gruppen. Nur in einem sehr geringen Anteil der Arbeiten wird danach gefragt, ob der Stellenwert der therapeutischen Faktoren bei verschiedenen Konzepten und Techniken unterschiedlich ist.

Dieser Frage sind im deutschen Sprachraum Eckert et al. (1981) in einem Vergleich psychoanalytischer und klientenzentrierter Gruppentherapie nachgegangen. In der Rangfolge der Wirkfaktoren zeigten sich keine Differenzen zwischen den beiden Grup-

---

[1] Der Düsseldorfer Wirkfaktorenbogen wurde federführend von Susanne Davies-Osterkamp entwickelt und stellt eine wichtige Methode im Rahmen der Wirkfaktorenforschung dar, die in diesem Handbuch nicht fehlen darf. Frau Davies-Osterkamp hatte uns - trotz einer schweren Erkrankung - zugesagt, für dieses Buch ein Kapitel zu dem Wirkfaktorenbogen beizusteuern. Es war ihr aber nicht mehr möglich, das Manuskript zu verfassen. Am 25. Juli 1995 erlag sie ihrer Krankheit. So wurde dieser Beitrag von mir anhand bisheriger Veröffentlichungen und auf der Basis persönlicher Mitteilungen von Frau Davies-Osterkamp zusammengestellt, was sicherlich in ihrem Sinne ist (B. Strauß).

penmethoden. Deutliche Unterschiede zeigten sich hingegen beim Vergleich mit Teilnehmern einer Encountergruppe, die speziell den Faktor „Wiedererleben und Einsicht“ als wenig hilfreich erlebten. Angesichts der fehlenden Unterschiede zwischen den beiden Therapiegruppen betonen die Autoren, daß möglicherweise erhebliche Diskrepanzen zwischen den theoretisch vertretenen Konzepten und dem tatsächlichen Vorgehen in der Therapie bestehen. Auch Tschuschke (1989) kommt nach einer Analyse der relevanten Literatur zu dem Ergebnis, „daß spezifische Wirkfaktoren offenbar mit den als spezifisch erachteten Faktoren nach Yalom und Bloch u. Crouch nicht erfaßt werden können. Eher scheinen allgemeine Mechanismen des Mediums „Gruppe“ damit erfaßt zu werden. Spezifisch sind diese Faktoren offensichtlich im Hinblick auf ihre Wirksamkeit im gruppalen Setting im Unterschied zur Dyade im einzeltherapeutischen Rahmen“ (Tschuschke, 1989, S. 74/75).

Die Akzentsetzung auf das Gruppensetting hat es wohl auch mit sich gebracht, daß in den Instrumenten zur Erfassung der therapeutischen Faktoren die Variable *Therapeut* bzw. die *Therapeut-Patient-Beziehung* ausgeklammert wurde. Gefragt wurde nach spezifischen Faktoren des Gruppensettings. In der Formulierung der therapeutischen Konzepte findet jedoch eine andere Akzentsetzung statt: das therapeutische Vorgehen des Gruppenleiters wird als das Spezifische herausgehoben. Dies gilt auch für die hierzulande häufig praktizierten gruppentherapeutischen Konzepte der *psychoanalytisch-interaktionellen Methode* bzw. der *tiefenpychologisch fundierten Gruppentherapie*. In den klinischen Konzepten dieser beiden Methoden werden diese dahingehend differenziert, auf welche Ebene der interpersonellen Manifestationen der Therapeut mit welcher Wahrnehmungseinstellung zu achten hat und welche Aspekte dieser Manifestationen er in seinen Interventionen auf welche Weise berücksichtigt (siehe z.B. Heigl-Evers & Heigl, 1983).

Nachdem nachgewiesen werden konnte (vgl. Davies-Osterkamp et al., 1987), daß sich die beiden Gruppentherapien auf der *Ebene des manifesten Leiterverhaltens* konzeptgemäß differenzieren lassen, stellte sich die Frage, ob eine derartige Differenzierung auch auf der Ebene der therapeutischen Faktoren, so wie sie von den Gruppenteilnehmern wahrgenommen werden, möglich ist. Primär zu diesem Zweck wurde der Wirkfaktorenfragebogen entwickelt, wobei eine Differenzierung anderer gruppentherapeutischer Ansätze, ebenso wie die Überprüfung von Zusammenhängen zwischen Wirkfaktoren und Therapieergebnis damit möglich sein sollten.

2. Kurzbeschreibung der Methode

Der Düsseldorfer Wirkfaktorenfragebogen enthält insgesamt 18 Items zum Therapeutenverhalten sowie 25 Items, die sich auf Erfahrungen der Gruppenmitglieder untereinander beziehen.

Von den Therapeutenitems wurden je drei im Hinblick auf die ursprünglich miteinander verglichenen Therapieformen formuliert (z.B. für die psychoanalytisch-interaktionelle Methode: „Der Therapeut teilte mit, wie er selbst sich in bestimmten Lebenssituationen fühlt und verhält“; für die tiefenpsychologisch fundierte Methode: „Der Therapeut machte auf Gefühle und Vorstellungen aufmerksam, die von den Gruppenmitgliedern nicht oder nur unklar ausgedrückt werden konnten“). Weitere 12 Items waren für die beiden untersuchten Gruppenmethoden unspezifisch.

Die Items zu den Gruppenerfahrungen sind mehr oder weniger direkte Übersetzungen der Items aus Yaloms (1985) Methode, wobei sie in der Formulierung z.T. leicht modifiziert wurden. Aufgenommen wurden insbesondere Items, die für das psychoanalytische Vorgehen relevant erscheinen, z.B. Fragen zu den Bereichen Einsicht, Universalität des Leidens, Kohäsion, Katharsis und interpersonales Lernen. Einige Zusatzitems wurden nach ausführlichen Interviews mit Patienten nach Abschluß einer Gruppentherapie formuliert, wobei die Interviews auf das Thema besonders wichtiger Erfahrungen eines Patienten in der Gruppe zentriert waren.

Bei jedem Item des Fragebogens (vgl. den Anhang zu diesem Beitrag) ist anzugeben, ob der Proband diese Erfahrung gemacht hat oder nicht. Wird bezüglich dieser Frage die Kategorie „stimmt“ angekreuzt, dann ist zusätzlich anzugeben, ob diese Erfahrung entweder „nicht hilfreich“, „etwas hilfreich“ oder „sehr hilfreich“ war. Mit dieser Differenzierung sollte erreicht werden, daß in der Auswertung der Aspekt „Häufigkeit einer Erfahrung“ einerseits und die Frage, wie hilfreich diese andererseits ist, getrennt untersucht werden kann. In den bisherigen Untersuchungen zur Erfassung therapeutischer Faktoren über Fragebogenmethoden sind diese beiden Aspekte meist konfundiert.

3. Auswertung - Gütekriterien - Ökonomie

In einer Untersuchung von Teilnehmern an Selbsterfahrungsgruppen (vgl. 4.) wurde die Dimensionalität der therapeutischen Faktoren mit Hilfe einer Faktorenanalyse überprüft. Diese Faktorenanalyse ergab sowohl für das Therapeutenverhalten als auch für die Gruppenerfahrungen *jeweils drei Skalen.* Die Skalen zum Therapeutenverhalten lassen sich folgendermaßen beschreiben:

Skala 1 (*Klarifikation/Konfrontation/Deutung*) enthält fast ausschließlich jene Items, die den analytisch orientierten Interventionsstil in der Gruppenpsychotherapie abbilden. Der Therapeut fokussiert auf interpersonelle Phänomene in der Gruppe und verwendet die Techniken der Konfrontation, der Klarifikation und der Deutung.

Skala 2 (*der emotional präsente Therapeut*) beschreibt, daß der Therapeut in seiner Personalität in Erscheinung tritt. Hier finden sich jene Items wieder, die als spezifisch für die psychoanalytisch-interaktionelle Methode konzipiert waren.

Skala 3 schließlich (*der akzeptierende Therapeut*) spiegelt eine eher methodenunspezifische therapeutische Grundhaltung wider. Der darin angesprochene therapeutische Stil bestimmt eine emotionale Atmosphäre, in der die therapeutische Arbeit stattfinden kann.

Von den Skalen zu den Gruppenerfahrungen läßt sich die erste mit dem Oberbegriff *„Interpersonelle Einsicht"* bezeichnen. Diese Skala enthält z.B. Items, die darauf hindeuten, daß in der Gruppe konflikthafte Beziehungen zwischen den Gruppenmitgliedern angesprochen und Unterschiede und Gemeinsamkeiten zwischen den Gruppenmitgliedern betont werden.

In Skala 2 *(Interpersonales Lernen)* werden hauptsächlich die Rückmeldungen von anderen und deren Ratschläge beschrieben, außerdem die Abgrenzung der Gruppenmitglieder im manifesten Verhalten.

Skala 3 schließlich *(Akzeptanz/Kohäsion)* enthält Items, in denen es um das Vertrauen zu den Gruppenmitgliedern und um Gefühle von Gemeinsamkeit und Verstandenwerden geht.

Die Auswertung des Fragebogens kann durch Bildung der Skalenwerte erfolgen. Wenn es darum geht, verschiedene gruppentherapeutische Methoden zu vergleichen, dann ist sicherlich eine itemweise Darstellung sinnvoll, beispielsweise der Rangplätze, denen einzelne Items von den Probanden/Patienten zur Beschreibung besonders hilfreicher Erfahrungen zugeordnet werden.

Eine klassische Itemanalyse liegt für den Wirkfaktorenfragebogen bisher nicht vor, weswegen die üblichen Angaben zu den Gütekriterien auch noch fehlen. Die Validität des Verfahrens - insbesondere im Hinblick auf die Differenzierung verschiedener Methoden von Gruppenpsychotherapie - hat sich allerdings mittlerweile in mehreren Untersuchungen bestätigt (vgl. 4./5.).

Der Gruppenerfahrungsbogen ist sehr ökonomisch einzusetzen. Es dauert in der Regel nicht mehr als 10 bis 15 Minuten, um den Bogen auszufüllen. Es empfiehlt sich im Laufe der Gruppentherapie eine Mehrfachvorgabe, beispielsweise alle vier Wochen, um eventuelle Veränderungen in der Wahrnehmung der Wirkfaktoren zu reflektieren. Die Einschätzungen haben sich dabei allerdings als weitgehend stabil erwiesen (vgl. auch Strauß & Burgmeier-Lohse, 1994a).

4. Anwendungsbeispiele

In einer ersten Untersuchung zur Differenzierung der beiden oben genannten Therapiekonzepte wurden Teilnehmer aus neun bzw. zehn verschiedenen *Selbsterfahrungsgruppen* - von erfahrenen Psychoanalytikern geleitet - gebeten, den Fragebogen im Anschluß an einen Block von acht, über fünf Tage verteilten doppelstündigen Selbsterfahrungssitzungen auszufüllen. 66 Teilnehmer an der tiefenpsychologisch fundierten bzw. 67 Teilnehmer an der psychoanalytisch-interaktionell fundierten Gruppentherapie sandten den Fragebogen zurück (für Einzelheiten der Untersuchung s. Davies-Osterkamp et al., 1989).

Die Studie zeigte, daß es keinen Hinweis auf spezifische Wirkfaktoren der beiden Gruppentherapiemethoden im Hinblick auf die *Gruppen*erfahrungen gab. Im Hinblick auf das *Therapeutenverhalten* gab es durchaus Differenzierungen, so markierten die in der tiefenpsychologisch fundierten Methode als am hilfreichsten erlebten Items einen Interventionsstil, der eine gewisse Akzeptanz durch den Therapeuten erkennen läßt und durch die Techniken des Konfrontierens, Klarifizierens und Deutens psychosozialer Kompromißbildungen mit den dazugehörigen Aspekten im Zusammenhang ihrer Entstehung gekennzeichnet ist. Für die psychoanalytisch-interaktionelle Methode standen dagegen Merkmale des Intervenierens, die auf eine bestimmte therapeutische Haltung verweisen, auf den oberen Rangplätzen: eine akzeptierende, ermutigende, humorvolle Haltung, die eine Identifizierung mit dem Therapeuten nahelegt, wird als besonders hilfreich erlebt. Zusammengefaßt zeigte sich, daß zwar eine Differenzierung möglich war, daß diese aber nicht unbedingt mit den klinischen Konzepten der beiden verglichenen Gruppentherapiemethoden übereinstimmte.

Dieses Ergebnis mag möglicherweise mit der Tatsache erklärbar sein, daß hier keine Gruppenpsychotherapien im engeren Sinne, sondern Selbsterfahrungsgruppen untersucht wurden. Deshalb wurde in einer Fortführung der Untersuchungen der Versuch gemacht, *Patienten*, die in der Klinik für Psychosomatik und Psychotherapie der Universität Düsseldorf stationär bzw. teilstationär behandelt wurden, mit dem Fragebogen zu untersuchen. Insgesamt 204 Fragebögen für die interaktionelle, 195 für die tiefenpsychologisch fundierte Methode gingen in einen Vergleich der beiden gruppentherapeutischen Konzepte ein (für Details s. Davies-Osterkamp et al., 1992).

Im wesentlichen bestätigte sich der Befund der oben beschriebenen ersten Untersuchung,

-daß nämlich Unterschiede zwischen den beiden Gruppenmethoden im Hinblick auf das Therapeutenverhalten viel ausgeprägter waren als im Hinblick auf die Gruppenerfahrungen;

-daß die für beide Methoden als unspezifisch ermittelten Faktoren gut mit den in der Einzel- und Gruppenpychotherapie bekannten Ergebnissen korrespondieren;

-daß in der interaktionellen Methode dem Therapeutenverhalten offenbar ein größeres Gewicht beigemessen wird als in der tiefenpsychologisch fundierten Methode (wo die Gruppenerfahrungen wichtiger bewertet werden);

-und daß schließlich auch hier die nach den theoretischen Konzepten für jede Methode spezifischen Faktoren nicht in erwarteter Weise zwischen den gruppentherapeutischen Konzepten differenzierten.

5. Weitere Anwendungen des Wirkfaktorenbogens

Im Rahmen der „Kieler Gruppenpsychotherapiestudie" (Strauß & Burgmeier-Lohse, 1994a) wurde der Wirkfaktorenbogen zum einen zur Beschreibung des Konzeptes, zum anderen zur Überprüfung von Zusammenhängen zwischen der Bedeutung einzelner Wirkfaktoren und dem Behandlungserfolg eingesetzt.

Die Untersuchung zeigte, daß die Patienten jene Wirkfaktoren als besonders hilfreich bewerten, die theoretisch eher der tiefenpsychologisch fundierten Gruppenpsychotherapie zuzuordnen wären, was letztendlich auch dem Konzept der Klinik, in der die Untersuchung durchgeführt wurde, entspricht.

Ein interessanter Befund aus der Studie bezieht sich auf Zusammenhänge zwischen den von den Therapeuten als konzeptspezifisch bezeichneten Wirkfaktoren und dem Erleben dieser Faktoren durch die Patienten. Eine Überprüfung dieses Zusammenhanges in dem genannten Projekt (vgl. Strauß & Burgmeier-Lohse, 1995) zeigte tatsächlich, daß die erfolgreicheren Patienten bevorzugt jene Items des Fragebogens als besonders hilfreich bewerten, die auch von den Therapeuten als konzeptspezifische Items ausgewählt wurden.

Entsprechend zeigte die Untersuchung auch, daß insbesondere die Bewertung des Therapeutenverhaltens mit dem Therapieergebnis in Verbindung steht. Die Patientensubgruppe der Kieler Studie, die durch einen deutlichen Behandlungserfolg ausgezeichnet war, schätzte die Items des ersten Faktors des Wirkfaktorenbogens (Klarifikation, Konfrontation und Deutung) erheblich höher ein als die weniger erfolgreichen Patienten. Gleichzeitig war der erfolgreichsten Patientengruppe die emotionale Präsenz bzw. der akzeptierende Therapeut weniger wichtig als den Patienten mit geringem bzw. mittlerem Behandlungserfolg (vgl. Strauß & Burgmeier-Lohse, 1994b).

Eine Differenzierung verschiedener gruppentherapeutischer Konzepte mit Hilfe des Düsseldorfer Wirkfaktorenbogens wurde von Strauß und Hess (1993) vorgenommen. Bei einem Vergleich von Patientenstichproben aus dem Kieler Setting (mit einer stationären, tiefenpsychologisch fundierten Gruppenpsychotherapie) und einer Einrichtung aus der ehemaligen DDR (Klinik Berlin-Hirschgarten, mit einer stationären, intendiert dynamischen Therapie) ergaben sich wie in den Untersuchungen von Davies-Osterkamp et al. (1989, 1992) keine Unterschiede im Hinblick auf die Beurteilung der

Gruppenerfahrungen, wohl aber im Hinblick auf die Bewertung des Therapeutenverhaltens: Problemklärung (Klarifikation, Konfrontation und Deutung) und das Gefühl, akzeptiert zu werden, überwogen im Erleben der Kieler Patienten im Vergleich zu den Patienten aus Berlin, die wiederum ihren Gruppentherapeuten in der intendiert dynamischen Therapie als emotional präsenter wahrnahmen (vgl. hierzu Strauß et al., 1993).

6. Abschließende Bewertung

In den bisherigen Untersuchungen hat sich der Düsseldorfer Wirkfaktorenbogen bewährt, um unterschiedliche gruppentherapeutische Konzepte anhand der Beschreibungen von Patienten zu differenzieren, wobei diese Differenzierung nicht immer konzeptkonform erschien. Dennoch kann hierin in Zukunft die Hauptanwendung dieses Fragebogens liegen, der sich darüber hinaus gut eignet, um Zusamenhänge zwischen subjektiv erlebten Wirkfaktoren auf seiten der Patienten und dem Behandlungserfolg nach verschiedenen Gruppentherapien zu bestimmen. Methodisch bringt der Wirkfaktorenbogen sicherlich einige Vorteile: einerseits wird das Therapeutenverhalten mit berücksichtigt, andererseits wird bei der Befragung mit dem Instrument sowohl der Aspekt der Häufigkeit einer Erfahrung als auch die Frage, wie hilfreich diese Erfahrung war, erfaßt.

Literatur

Bloch, S. & Crouch, E. (1985). *Therapeutic factors in group therapy*. Oxford: Oxford University Press.

Davies-Osterkamp, S., Heigl-Evers, A., Bosse-Steuernagel, G. & Alberti, L. (1987). Zur Interventionstechnik in der psychoanyltisch-interaktionellen und tiefenpsychologisch fundierten Gruppentherapie. *Gruppenpsychotherapie und Gruppendynamik, 23*, 22-35.

Davies-Osterkamp, S., Jung, K., Ott, J. & Heigl-Evers, A. (1989). Therapeutische Faktoren in zwei Formen psychoanalytisch orientierter Gruppentherapie. Eine empirische Untersuchung an Selbsterfahrungsgruppen. *Gruppenpsychotherapie und Gruppendynamik, 25*, 313-328.

Davies-Osterkamp, S., Jung, K. & Ott, J. (1992). Therapeutische Faktoren in der psychoanalytisch-interaktionellen und tiefenpsychologisch fundierten Gruppentherapie: Eine empirische Untersuchung. *Psychotherapie, Psychosomatik, Medizinische Psycholologie, 42*, 102-109.

Eckert, J., Biermann-Ratjen, E.M., Tönnies, S. & Wagner, W. (1981). Heilfaktoren in der Gruppenpsychotherapie. *Gruppenpsychotherapie und Gruppendynamik, 17*, 142-162.

Heigl-Evers, A. & Heigl, F. (1983). Das interaktionelle Prinzip in der Einzel- und Gruppenpsychotherapie. *Zeischrift für Psychosomatische Medizin und Psychoanalyse, 29*, 1-14.

Strauß, B. & Burgmeier-Lohse, M. (1994a). Stationäre Langzeitgruppentherapie. Heidelberg: Asanger.

Strauß, B. & Burgmeier-Lohse, M. (1994b). Evaluation einer stationären Langzeitgruppenpsychotherapie. *Psychotherapie, Psychosomatik, Medizinische Psychololologie, 44,* 184-192.

Strauß, B. & Burgmeier-Lohse, M. (1995). Merkmale der „Passung" zwischen Therapeut und Patient als Determinante des Behandlungsergebnisses in der stationären Gruppenpsychotherapie. *Zeitschrift für Psychosomatische Medizin und Psychoanalyse, 41*, 127-140.

Strauß, B. & Hess, H. (1993). Interpersonale Probleme, interpersonale Orientierung und Behandlungserfolg nach stationärer Gruppenpsychotherapie. *Psychotherapie, Psychosomatik, Medizinische Psychololologie*, *43*, 82-92.

Strauß, B., Eckert, J. & Hess, H. (1993). Integration und Diskussion der Ergebnisse. *Gruppenpsychotherapie und Gruppendynamik, 29*, 286-294.

Tschuschke, V. (1989). Wirksamkeit und Erfolg in der Gruppenpsychotherapie. *Gruppenpsychotherapie und Gruppendynamik, 25*, 60-78.

Yalom, I.D. (1985). *Theorie und Praxis der Gruppenpsychotherapie*. München: Pfeiffer.

Anhang: Gruppentherapie-Fragebogen

Sie haben an einer Gruppentherapie teilgenommen bzw. nehmen an der Gruppentherapie teil. In diesem Fragebogen geht es darum, welche der aufgeführten Situationen Sie in der Gruppe erlebt haben bzw. nicht erlebt haben.

Sollten Sie die angeführte Situation erlebt haben, machen Sie bitte ein Kreuz in die Spalte „*stimmt*". Sollten Sie die angeführte Situation nicht erlebt haben, machen Sie bitte ein Kreuz in der Spalte „*stimmt nicht*".

Wenn Sie die angeführte Situation erlebt haben, kreuzen Sie bitte zusätzlich in der entsprechenden Spalte an, ob diese Erfahrung für Sie persönlich „*nicht hilfreich*","*hilfreich*" oder „*sehr hilfreich*" war.

	stimmt nicht	stimmt		nicht hilfreich	hilfreich	sehr hilfreich
1. Ich habe in anderen GruppenmitgliedernVerhaltensweisen, Gefühle oder Einstellungen von mir selbst endeckt.	□	□	→	□	□	□
2. Der Therapeut machte deutlich, wie sich Verhaltensweisen und Gefühlsäußerungen eines Mitglieds auf die jeweils anderen auswirken.	□	□	→	□	□	□
3. Ich habe bei anderen beobachtet, wie sich deren Verhalten in der Beziehung zu anderen auswirkt.	□	□	→	□	□	□
4. Ich habe die Erfahrung gemacht, daß ich manchmal an anderen Verhaltensweisen und Einstellungen bekämpft habe, die ich bei mir selbst nicht mag.	□	□	→	□	□	□
5. In der Gruppe hat man sich verstellt.	□	□	→	□	□	□
6. Der Therapeut hatte Humor.	□	□	→	□	□	□
7. Der Therapeut wies auf die inneren Zusammenhänge von Verhalten und Erleben einzelner Gruppenmitglieder hin.	□	□	→	□	□	□
8. In der Gruppe wurden peinliche und unangenehme Dinge geäußert.	□	□	→	□	□	□
9. Ich habe die Erfahrung gemacht, daß andere angenehme und unangenehme Seiten haben.	□	□	→	□	□	□

		stimmt nicht	stimmt		nicht hilfreich	hilfreich	sehr hilfreich
10.	In der Gruppe habe ich erneut Erfahrungen gemacht, die ich aus meiner Beziehung zu Eltern, Geschwistern oder anderen wichtigen Personen kenne.	☐	☐	→	☐	☐	☐
11.	Der Therapeut war ermutigend.	☐	☐	→	☐	☐	☐
12.	Ich habe das Gefühl von Gemeinsamkeit erlebt.	☐	☐	→	☐	☐	☐
13.	Der Therapeut zeigte, daß er den Gruppenmitgliedern gegenüber Gefühle hatte.	☐	☐	→	☐	☐	☐
14.	Ich habe die Erfahrung gemacht, daß ich andere häufig nur einseitig wahrgenommen habe.	☐	☐	→	☐	☐	☐
15.	Ich bin durch die Gruppenmitglieder auf mir früher unbekannte oder unerträgliche Seiten meiner eigenen Person aufmerksam gemacht worden.	☐	☐	→	☐	☐	☐
16.	Ich wurde von den Gruppenmitgliedern verstanden und angenommen.	☐	☐	→	☐	☐	☐
17.	Ich habe durch die Gruppenmitglieder erfahren, warum ich so denke und fühle, wie ich es tue.	☐	☐	→	☐	☐	☐
18.	Der Therapeut war zurückhaltend.	☐	☐	→	☐	☐	☐
19.	In der Gruppe wurden negative und positive Gefühle gegenüber anderen Gruppenmitgliedern geäußert.	☐	☐	→	☐	☐	☐
20.	Der Therapeut machte auf Verhaltensweisen und Gefühlsreaktionen von Gruppenmitgliedern aufmerksam.	☐	☐	→	☐	☐	☐
21.	Der Therapeut hat sich als Mensch an den Gruppenmitgliedern interessiert gezeigt.	☐	☐	→	☐	☐	☐
22.	Durch andere Gruppenmitglieder und deren Verhalten habe ich für mich neue Möglichkeiten entdeckt.	☐	☐	→	☐	☐	☐
23.	Der Therapeut war gefühlsmäßig berührt.	☐	☐	→	☐	☐	☐
24.	Ich habe die Erfahrung gemacht, daß andere ähnliche Schwierigkeiten haben wie ich.	☐	☐	→	☐	☐	☐

Nr.	Aussage	stimmt nicht	stimmt		nicht hilfreich	hilfreich	sehr hilfreich
25.	Durch die Person des Therapeuten und sein Verhalten habe ich neue Möglichkeiten für mich entdeckt.	☐	☐	→	☐	☐	☐
26.	Der Therapeut hat Vorschläge gemacht, wie man sich verhalten kann.	☐	☐	→	☐	☐	☐
27.	Ich habe in der Gruppe die Erfahrung gemacht, daß meine Wünsche und Vorstellungen ernstgenommen werden.	☐	☐	→	☐	☐	☐
28.	Der Therapeut teilte mit, wie er sich selbst in bestimmten Lebenssituationen fühlt und verhält.	☐	☐	→	☐	☐	☐
29.	Der Therapeut hat den schmerzenden Punkt erfaßt.	☐	☐	→	☐	☐	☐
30.	Der Therapeut macht deutlich, daß bestimmte Erlebens- und Verhaltensweisen aus der Kindheit stammen.	☐	☐	→	☐	☐	☐
31.	Ich habe von den anderen Gruppenmitgliedern Ratschläge bekommen.	☐	☐	→	☐	☐	☐
32.	Der Therapeut hat Fragen gestellt.	☐	☐	→	☐	☐	☐
33.	Ich habe durch andere erfahren, wie ich auf sie wirke.	☐	☐	→	☐	☐	☐
34.	Der Therapeut war in seinen Äußerungen behutsam.	☐	☐	→	☐	☐	☐
35.	Der Therapeut machte auf Gefühle und Vorstellungen aufmerksam, die von den Gruppenmitgliedern selbst nicht, oder nur unklar ausgedrückt werden konnten.	☐	☐	→	☐	☐	☐
36.	Ich habe die Erfahrung gemacht, daß ich häufig gleichsam „automatisch" auf andere Gruppenmitglieder reagiert habe.	☐	☐	→	☐	☐	☐
37.	Ich konnte Dinge sagen und tun, auch wenn die anderen nicht damit einverstanden waren.	☐	☐	→	☐	☐	☐
38.	Der Therapeut war akzeptierend.	☐	☐	→	☐	☐	☐
39.	Ich hatte das Gefühl den anderen trauen zu können.	☐	☐	→	☐	☐	☐
40.	Ich konnte mir die Dinge, die mich belasten, von der Seele reden.	☐	☐	→	☐	☐	☐
41.	Ich habe mich Unterschieden in Meinung und Standpunkten gestellt.	☐	☐	→	☐	☐	☐

	stimmt nicht	stimmt		nicht hilfreich	hilfreich	sehr hilfreich
42. Konflikte der Gruppenmitglieder untereinander wurden in der Gruppe besprochen.	□	□	→	□	□	□
43. Ich konnte mich in der Gruppe auf andere Gruppenmitglieder, deren Gefühle, Wünsche und Bedürfnisse einlassen.	□	□	→	□	□	□

9 Die Kieler Gruppenpsychotherapie-Prozeß-Skala (KGPPS) zur Fremdbeurteilung therapeutischer Faktoren in der Gruppenpsychotherapie

Bernhard Strauß, Manuela Burgmeier-Lohse, Regina Rohweder, Heike Wienands

1. Theoretischer Hintergrund

Wie in den vorangegangenen Abschnitten dargestellt, ist die Untersuchung von gruppenspezifischen therapeutischen Faktoren (sog. „Wirkfaktoren") Schwerpunkt innerhalb der Gruppenpsychotherapieforschung. Viele Untersuchungen zu dieser Thematik, die beispielsweise bei Bloch und Crouch (1985) zusammengefaßt sind, ergeben aber ein relativ stereotypes Bild und deuten zum anderen an, daß bei der Bewertung einzelner Wirkfaktoren erhebliche Diskrepanzen zwischen den Urteilen der Patienten, der Therapeuten oder anderer Mitglieder eines Behandlungsteams feststellbar sind.

Theoretische Grundlage für die Wirkfaktorenuntersuchungen sind überwiegend die Arbeiten Yaloms (1989), der eine Reihe von Prinzipien als *typische Wirkfaktoren in der Gruppentherapie* definierte, die weitgehend unabhängig von bestimmten Therapietheorien der gruppentherapeutischen Behandlung bedeutsam sein sollen. In empirischen Arbeiten zu dieser Thematik werden in der Regel folgende Wirkfaktoren unterschieden (vgl. z.B. Tschuschke, 1990; zur Definition dieser Wirkfaktoren siehe Kapitel 4):

- Akzeptanz oder Kohäsion,
- Altruismus,
- Anleitung,
- Einsicht,
- Einflößen von Hoffnung,
- Existentielle Faktoren,
- Identifizierung oder stellvertretendes Lernen,
- Interpersonales Lernen - Input,
- Interpersonales Lernen - Output,
- Katharsis,
- Selbstöffnung,
- Universalität des Leidens,
- Wiederbeleben der Primärfamilie in der Gruppe bzw. die Rekapitulation von familiären Beziehungserfahrungen.

Insgesamt gesehen war die traditionelle Wirkfaktorenforschung bislang relativ fruchtlos, wofür sicherlich primär methodische Gründe verantwortlich sein dürften. So war es bisher kaum möglich, die zumindest theoretisch bedeutsamen unterschiedlichen Wirkfaktoren ambulanter oder stationärer Gruppenpsychotherapie empirisch adäquat zu differenzieren (vgl. Tschuschke, 1990). Viele Untersuchungen zu einem möglichen Zusammenhang zwischen Wirkfaktoren und Behandlungserfolg führten zu hypothesenkonträren Ergebnissen. Von wenigen Ausnahmen abgesehen, gelang es nur in relativ aufwendigen Untersuchungen, in denen einzelne Wirkfaktoren sehr komplex operationalisiert wurden, theoretisch postulierte Zusammenhänge zwischen Wirkfaktoren und Behandlungserfolg nachzuweisen (z.B. Tschuschke, 1993).

Erstaunlicherweise gibt es zur Erfassung potentieller Wirkfaktoren - nicht nur im klassischen Yalom'schen Sinne - überwiegend Methoden zur Selbstbeschreibung, also Fragebogenmethoden, in denen Patienten die für sie bedeutsamen Wirkfaktoren bewerten oder die Q-Sort-Technik (vgl. Kap. 7), aber kaum praktikable *Fremdbeurteilungsverfahren*. Die Kieler Gruppenpsychotherapieprozeßskala (KGPPS) wurde mit dem Anspruch entwickelt, ein ökonomisches Verfahren zur Fremdbeurteilung von Prozeßmerkmalen in einer Gruppentherapie zu ermöglichen, wobei sich das Hauptaugenmerk zum einen auf die klassischen Wirkfaktoren im Sinne von Yalom (1989) bzw. Bloch & Crouch (1985) richtet, zum anderen auf die in der Gruppe vorherrschende „Grundstimmung" und schließlich auf Merkmale des Therapeutenverhaltens.

2. Kurzbeschreibung des Verfahrens

Im Detail sind die Entwicklungen und erste Erfahrungen mit der KGPPS bei Rohweder und Wienands (1993) beschrieben. Als Modell für die Konstruktion der KGPPS dienten die sogenannten Vanderbilt-Psychotherapie-Prozeß-Skalen (vgl. Suh et al., 1986), welche in den Vanderbilt-Psychotherapieprojekten als Instrument zur Erfassung bedeutsamer Aspekte des therapeutischen Prozesses in der Einzeltherapie entwickelt wurden. Die Vanderbilt-Psychotherapie-Prozeß-Skalen zeichnen sich durch ihre einfache Handhabbarkeit aus. Die einzelnen Items ermöglichen eine Beschreibung von Merkmalen des Patienten und des Therapeuten bzw. deren Interaktion, wobei der notwendige Interpretationsspielraum für die Bewertung auf ein Minimum begrenzt ist. Die Vanderbilt-Psychotherapie-Skalen haben sich in mehreren Untersuchungen - auch im deutschsprachigen Raum (vgl. Strauß et al. 1992, 1994) - bewährt, nicht zuletzt, da sie auch von psychotherapeutisch wenig geschulten Beurteilern reliabel anwendbar sind.

Bei dem Versuch, die Vanderbilt-Skalen direkt auf die Beobachtung gruppenpsychotherapeutischer Prozesse anzuwenden, wurde sehr rasch deutlich, daß größere Modifikationen notwendig sind, insbesondere im Hinblick auf die Erfassung der Wirkfaktoren. Dies führte dazu, daß die KGPPS in insgesamt 4 Skalen gegliedert wurde. Die erste Skala enthält Items, die sich auf die Beurteilung der gesamten Stunde beziehen (5 Items), die zweite Skala beschreibt in 16 Items die wesentlichen Gruppenerfahrungen (im Sinne der Wirkfaktoren) während eines zu beurteilenden Segments. Die dritte Skala - weitgehend aus der Vanderbilt-Psychotherapie-Skala übernommen - enthält 21 Adjektive, mit denen die Haltung der Gruppenmitglieder während des zu beurteilenden Segmentes beschrieben werden können. Die vierte Skala schließlich (15 Items umfassend) beschreibt Interventionen des Gruppentherapeuten. Einige dieser Items sind aus der Vanderbilt-Skala übernommen, einige wurden in Anlehnung an Yalom (1989) speziell im Hinblick auf die Aufgaben von Gruppenleitern neu formuliert. Tabelle 1 gibt eine Übersicht über die insgesamt 57 Items der KGPPS, die jeweils auf einer 5-Punkte-Skala (1 = nicht; 5 = sehr) zu beurteilen sind.

Tab. 1: Items der Kieler Gruppentherapieprozeßskala

I. Items, die sich auf die Beurteilung der gesamten Stunde beziehen

GL 1: Globaler Eindruck von der Stunde
GL 2: Wie ergiebig war die Stunde
GL 3: Wie gut scheinen die Gruppenmitglieder momentan zurechtzukommen
GL 4: Unkonstruktiver Einsatz von Schweigen
GL 5: „Echte" Interaktion zwischen den Gruppenmitgliedern und Therapeut

II. Items, die sich auf die Beurteilung von wesentlichen Gruppenerfahrungen während des Segments beziehen

MG 1: Altruismus
MG 2: Gruppenkohäsion
MG 3: Universalität
MG 4: Lernen von anderen durch Feedback
MG 5: Feedback über Unechtheit
MG 6: Lernen durch Feedback
MG 7: Anleitung
MG 8: Katharsis („zielbezogen")
MG 9: Identifikation
MG 10: Wiedererleben familiärer Beziehungsstrukturen
MG 11: Erleben von Akzeptanz
MG 12: Einsicht
MG 13: Einflößen von Hoffnung
MG 14: Existentielle Faktoren

(Tab. 1, Fortsetzung)

MG 15: Selbsteinbringung
MG 16: Reaktion auf Selbsteinbringung

III: Items, die sich auf die Beurteilung der vorherrschenden Haltung der Gruppenmitglieder während des Segments beziehen

MC 1: Zurückgezogen
MC 2: Schuldig
MC 3: Optimistisch
MC 4: Selbstkritisch
MC 5: Mißtrauisch
MC 6: Depressiv gestimmt
MC 7: Feindselig
MC 8: Enttäuscht
MC 9: Angespannt
MC 10: Ungeduldig
MC 11: Intellektualisierend
MC 12: Resigniert/Hoffnungslos
MC 13: Abhängig
MC 14: Kontrollierend
MC 15: Unterwürfig
MC 16: Abwehrend
MC 17: Gehemmt
MC 18: Spontan
MC 19: Passiv
MC 20: Beschämt
MC 21: Emotional involviert

IV. Items, die sich auf die Interventionen des Therapeuten während des Segments beziehen

MT 1: Ermutigung zur Selbstbeobachtung
MT 2: Aktive Rückmeldung
MT 3: Bewertung der Verhaltensweisen anderer
MT 4: Förderung von Selbstreflexion
MT 5: Förderung von Einsicht

(Tab. 1, Fortsetzung)

MT 6:	Ermutigung der Gruppenmitglieder, Gefühle und Probleme anzusprechen
MT 7:	Auf die Gruppe bezogene Interventionen
MT 8:	Beschäftigung mit der Dynamik der Beziehung zwischen der TherapeutIn und der Gruppe bzw. den einzelnen Gruppenmitgliedern
MT 9:	Billigung einiger Aspekte des Patientenverhaltens
MT 10:	Aktive Teilnahme an der Interaktion
MT 11:	Bezugnahme auf die Position Einzelner innerhalb der Gruppe
MT 12:	Ermutigung der Gruppenmitglieder zu mehr Verantwortung für ihre Probleme
MT 13:	Wirkung als spezifisches Modell für Patienten
MT 14:	Vorschläge machen bzw. Ermutigung einzelner Gruppenmitglieder zu neuen Wegen im Umgang mit sich und anderen
MT 15:	Konfrontation

Im Laufe der Entwicklung der Skala wurde ein Manual zur Beschreibung der Items erstellt, das sich wiederum eng an die Manuale der Vanderbilt-Skalen anlehnt. In diesem Manual[1] werden Aspekte spezifiziert, die bei der Beurteilung einzelner Items zu beachten sind. Einige Beispiele:

> *I.2. Wie ergiebig ist diese Stunde?*
> Beurteilen Sie, inwieweit während der Stunde effektiv therapeutisch gearbeitet wird.
> Dies bedeutet z.B., daß einzelne Gruppenmitglieder Fortschritte machen im Hinblick auf individuelle Therapieziele oder bei der Klärung problematischer Fragen, die einzelne oder die ganze Gruppe betreffen.
>
> *II.4 Möglichkeit des Lernens durch Feedback*
> Hier ist zu beurteilen, ob die Gruppenmitglieder einander vermitteln, welchen Eindruck einzelne auf die anderen machen bzw. wie sie aufeinander wirken. Bei einer hohen Beurteilung müssen die Gruppenmitglieder offen darüber sprechen, was sie voneinander denken, dabei auch störende Angewohnheiten oder Eigenwilligkeiten nicht aussparen.

[1] Das vollständige Manual ist auf Anfrage beim Erstautor dieses Beitrages erhältlich.

III.6 Depressiv gestimmt
Mit diesem Item ist zu beurteilen, ob die Gruppenmitglieder traurig, mürrisch, im Stich gelassen oder entmutigt wirken. Hinweise dafür können auch ein geringes Maß an Aktivität (in der Therapie), eine verhaltene, leise Stimme oder Äußerungen sein, die auf depressive Verstimmungen hinweisen.

IV.15 Konfrontation
Der Therapeut konfrontiert die Gruppenmitglieder oder die Gruppe. Dieses Item bezieht sich auf Interventionen des Therapeuten, die die Aufmerksamkeit auf etwas lenken, worüber einzelne Gruppenmitglieder oder die Gruppe insgesamt eigentlich sprechen sollten bzw. könnten, dies aber nicht tun.

Die Skala kann - so wie auch die Vanderbilt-Psychotherapie-Prozeß-Skalen - sowohl auf eine gesamte Therapiestunde angewandt werden als auch - und dies erweist sich wahrscheinlich fast immer als sinnvoller - auf einzelne Segmente. Im Verlauf der ersten Anwendung der Skala wurde überprüft, ob sich Beurteilungen unterschieden in Abhängigkeit davon, ob für eine zu beurteilende Stunde eine Transkription vorlag oder nicht. Hier zeigten sich keine wesentlichen Unterschiede, weswegen die Anwendung der KGPPS zur Beurteilung von Videobändern ohne Transkript durchaus empfohlen werden kann.

3. Auswertung - Gütekriterien - Ökonomie

Die *Beurteilerübereinstimmung* in der KGPPS wurde itemweise bestimmt anhand von 8 Gruppentherapiesitzungen, die von jeweils 4 Beurteilern eingeschätzt wurden. Zur Berechnung der Beurteilerübereinstimmung diente das Maß von Finn (1970; vergleiche Asendorpf & Wallbott, 1979). Es zeigte sich, daß die Beobachterübereinstimmungen der überwiegenden Mehrzahl der Items über .80 lag, sie also als gut bis sehr gut bewertet werden kann. Das Maß an Übereinstimmung war unabhängig vom Erfahrungshintergund der Beurteiler.

Um die Auswertung zu erleichtern und die Datenmenge zu reduzieren, wurde der Versuch unternommen, mit Hilfe von P-Faktorenanalysen in den drei Hauptabschnitten der KGPPS (Gruppenerfahrungen, Haltung der Gruppenmitglieder, Interventionen des Therapeuten) faktorielle Skalen zu bilden[2].

[2] Hier ist zu bedenken, daß die Skalenbildung auf der Analyse einer bestimmten Form der Gruppentherapie (einer psychoanalytisch orientierten) basiert und nicht unbedingt für andere Formen Gültigkeit besitzen muß.

Die *Gruppenerfahrungen* ließen sich demzufolge in drei Subskalen klassifizieren (63% Varianzaufklärung), die folgende Bezeichnungen erhielten: „Interpersonales Engagement“, „positive Gruppenstimmung“, „interpersonales Lernen: Erkenntnis- und Veränderungsprozesse“.

Die *Haltung der Gruppenmitglieder* ließ sich (bei 77% Varianzaufklärung) mit Hilfe von 5 Faktoren beschreiben, die inhaltlich feindseliges und angespanntes Verhalten repräsentieren, Spontaneität und Aktivität, die Verhinderung der Thematisierung wichtiger Probleme, Depressivität und Gehemmtheit sowie Selbstkritik.

Die *Interventionen des Therapeuten* schließlich ließen sich in 3 Skalen (72 % Varianzaufklärung) unterteilen, nämlich Techniken zur Förderung von Einsicht und Aufdeckung wichtiger Themen, Feedback und Selbsteinbringung des Therapeuten.

Aspekte der *Validität* der KGPPS wurden untersucht durch einen Vergleich der Fremdeinschätzungen der Skalen mit Selbstbeurteilungen, die die Patienten bzw. der Therapeut vornahmen. Für alle beurteilten Stunden lagen Selbsteinschätzungen vor im Gruppenerfahrungsbogen (vgl. Kap. 11), dem Gruppenklimafragebogen (vgl. Kap. 12) und dem Stuttgarter Bogen (vgl. Kap. 14). Zusammenhänge wurden mit Hilfe von Kreuzkorrelationen bestimmt. Die Ergebnisse hierzu, im Detail bei Rohweder und Wienands (1993) dargestellt, sprechen im großen und ganzen für die Validität der Skala.

Was die Ökonomie der KGPPS anbelangt, so ist diese - insbesondere im Vergleich zu anderen Fremdbeurteilungsmethoden in der Psychotherapieforschung - nach den bisherigen Erfahrungen sehr günstig zu beurteilen und entspricht in etwa der, die für die Vanderbilt-Psychotherapie-Skalen berichtet wird (vergleiche Strauß et al., 1992). Das Beurteilertraining dauerte insgesamt 28 Stunden. Nach dieser Zeit wurde eine zufriedenstellende Beurteilerübereinstimmung festgestellt.

Um eine Gruppentherapiestunde einigermaßen differenziert zu beschreiben, empfiehlt es sich, diese in Segmente zu unterteilen. In der eigenen Studie (vgl. 4.) wurden 90-minütige Gruppentherapiesitzungen in insgesamt sechs 15-minütige Sequenzen unterteilt. Bei dieser Form der Anwendung betrug der Zeitaufwand neben der reinen Beobachtungszeit für die Beurteilung der Segmente in der Skala ca. 30 Minuten. Die Analyse einer Gruppensitzung von 90 Minuten nimmt somit ca. 2 Stunden in Anspruch.

4. Ein Anwendungsbeispiel

In einer ersten Untersuchung mit der KGPPS im Rahmen der „Kieler Gruppenpsychotherapiestudie“ (Strauß & Burgmeier-Lohse, 1994) sollte primär deren Praktikabilität und ihre Brauchbarkeit zur differenzierten Beschreibung eines Gruppenprozesses überprüft werden. Außerdem wurde untersucht, ob sich objektive Veränderungen in der Gruppe (Aufnahmen, Entlassungen, Therapeutenwechsel) in den Einschätzungen abbilden. In dieser Studie (für Details vgl. Rohweder & Wienands, 1993) erfolgte eine Einschätzung von 81 Gruppensitzungen (von insgesamt 525, die im Rahmen des Projekts videoaufgezeichnet wurden). Die 81 fortlaufenden Sitzungen erstreckten sich über einen Zeitraum von 4 Monaten. Die Sitzungen wurden - aufgeteilt in sechs 15-minütige Segmente - jeweils durch eine geschulte Beurteilerin bewertet. Jede zehnte Sitzung wurde in einer Gruppe von vier Beurteilern eingeschätzt, um immer wieder Interraterreliabilitäten zu berechnen und ein „Abdriften" vom Bewertungsstandard zu vermeiden.

An dieser Stelle sollen beispielhaft die Verläufe von jeweils einem Item aus den drei Hauptabschnitten der Skala beschrieben werden. Abb. 1 zeigt den Verlauf der Einschätzungen für das Item „Katharsis", das wie folgt definiert ist:

Hier ist zu beurteilen, ob einzelne Gruppenmitglieder sich ein Problem wirklich von der Seele reden können, negative und/oder positive Gefühle gegenüber anderen (incl. Therapeut) wirklich zum Ausdruck bringen können. Hohe Bewertungen wären hier zu vergeben, wenn Gruppenmitglieder wirklich daran arbeiten, ihre Gefühle zu zeigen und in der Lage scheinen, Dinge, die sie beschäftigen, zum Ausdruck zu bringen, anstatt sie für sich zu behalten.

Im Vergleich zu anderen Items, die therapeutische Faktoren sensu Yalom (1989) beschreiben, ist die durchschnittliche Ausprägung der Katharsis im Beobachtungszeitraum relativ hoch (m=2.66). Die höchsten Werte in den ersten Stunden korrespondieren inhaltlich mit Stunden, in denen gruppenbezogene Probleme und die von der Gruppe eingesetzten „Ausweichmanöver" offen diskutiert wurden. Die wenig kathartische Phase zwischen der 30. und 39. Stunde charakterisiert einen Therapieabschnitt, der durch sehr viel Abwehr, Resignation und langes Schweigen (als Reaktion auf einen Therapeutenwechsel) bestimmt war.

Als Beispiel für ein Item, das die „Haltung" der Gruppenmitglieder bzw. die Gruppenstimmung beschreibt, ist in Abb. 2 der Verlauf für das in der Gruppe beobachtbare Mißtrauen wiedergegeben. Das Item war folgendermaßen definiert:

Den Patienten scheint es an Vertrauen und Glauben in die anderen und/oder den Therapeuten zu mangeln. Dies kann sich darin äußern, daß die Patienten die Gültigkeit oder Effektivität von Vorschlägen in Zweifel ziehen oder daß sie generell den anderen gegenüber argwöhnisch sind. Beispielsweise können die Patienten die Motive oder die Integrität der anderen in Zweifel ziehen.

Dieses Item reagiert offensichtlich sehr dynamisch und mit großen Schwankungen. Eine Zunahme an Mißtrauen war fast immer gekoppelt mit Therapeutenwechseln und - zwischen der 21. und 71. Stunde - mit der Gegenwart einer präpsychotischen Patientin in der Gruppe, die diese durch emotionale Ausbrüche ängstigte.

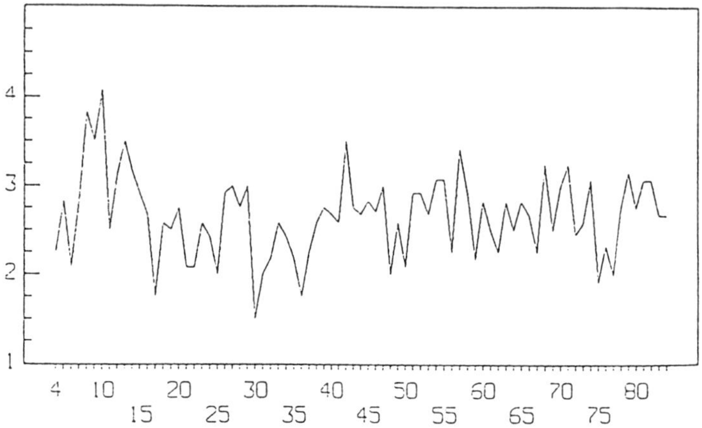

Abb. 1: Verlauf der Einschätzungen für das Item „Katharsis“

Schließlich zeigt Abb. 3 die Beurteilungen eines Items, welches das Therapeutenverhalten charakterisiert, speziell das Ausmaß der Konfrontation (Itemdefinition s.o.). Insgesamt gesehen wurde dieses Item im Durchschnitt am höchsten beurteilt, d.h. daß konfrontierende Interventionen für das beobachtete gruppentherapeutische Setting offenbar am typischsten sind. Ein systematischer Einfluß der Therapeutenwechsel ist an diesem Verlauf nicht zu erkennen, was dafür spricht, daß die Therapeuten diesbezüglich offenbar ein ähnliches Vorgehen verfolgten.

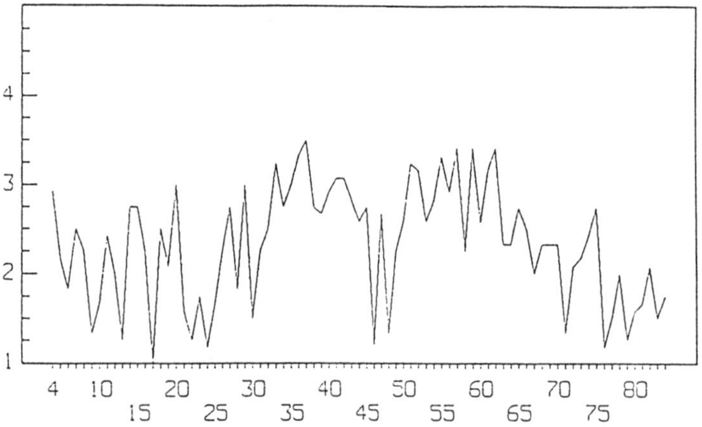

Abb. 2: Verlauf der Einschätzungen des in der Gruppe vorherrschenden Mißtrauens

Zusammengefaßt zeigte die hier skizzierte Studie zur Anwendung der KGPPS, daß diese sich als praktikabel erwies und sich dazu eignete, Spezifika der beobachteten Gruppentherapie abzubilden (z.B. vorherrschende „Wirkfaktoren" und therapeutische Strategien) und auch sensibel auf objektive Veränderungen in der Gruppe reagierte.

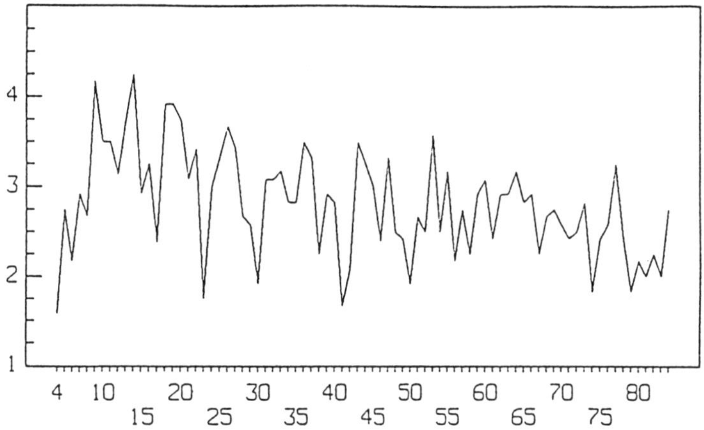

Abb. 3: Verlauf der Einschätzungen der Konfrontation durch die Therapeuten

5. Weitere Anwendungen der KGPPS und verwandter Verfahren

Für die KGPPS liegen bisher noch keine weiteren Anwendungen vor, wenngleich einige Arbeitsgruppen bereits begonnen haben, das Instrument einzusetzen. Es sei an dieser Stelle darauf hingewiesen, daß die Vanderbilt-Psychotherapie-Skalen, die für die Entwicklung der KGPPS gewissermaßen Pate standen, mittlerweile - zum Teil in modifizierter Form - in der Gruppentherapieforschung zum Einsatz kamen. In der ursprünglichen Version wurden die Vanderbilt-Psychotherapie-Prozeß-Skala (VPPS) und die Vanderbilt-Negative-Indicators-Scale (VNIS), die potentiell negative Indikatoren auf seiten des Patienten und des Therapeuten beschreibt (vgl. Suh et al., 1986), in einer Untersuchung von Indikations- und Abschlußgesprächen vor bzw. nach stationärer Gruppentherapie angewandt (Strauß et al., 1994). Während sich die Beurteilung der Indikationsgespräche nicht als Prädiktor für den Therapieerfolg eigneten, wurde in der Studie deutlich, daß die Skalen therapeutische Veränderungen gut abbilden können und dementsprechend als Fremdbeurteilungsmethoden zur Bestimmung des Behandlungserfolges nach Gruppentherapien nützlich sind (vgl. Kap. 3).

Soldz et al. (1992) entwickelten eine auf die Gruppe bezogene Modifikation der Vanderbilt-Psychotherapie-Prozeß-Skala (GRP-VPPS) zur Beurteilung des Haupt-akteurs in der Gruppentherapie. Die Untersuchung zeigte, daß der Faktor „Beteiligung des Patienten" am deutlichsten mit dem Behandlungserfolg in Verbindung stand. Für einzelne Indikatoren des Behandlungserfolges wurden Interaktionseffekte festgestellt, die besagen, daß eher abwehrendes Verhalten bei jenen Patienten für den Behandlunsgerfolg günstiger war, die seltener Hauptakteure in der Gruppe waren, während das Gegenteil für die aktiveren Patienten der Fall war.

6. Abschließende Bewertung

Die Kieler-Gruppenpsychotherapie-Prozeß-Skala (KGPPS) ist ein praktikables und ökonomisches Verfahren zur Fremdbeurteilung therapeutischer Faktoren in der Gruppentherapie. Es wurde bisher allerdings erst in einer Studie zum Verlauf einer stationären Langzeitgruppenpsychotherapie eingesetzt. Die Ergebnisse dieser Studie und die bislang festgestellten Gütekriterien des Verfahrens lassen die KGPPS vielversprechend erscheinen, wenn es beispielsweise darum geht, unterschiedliche Gruppentherapieformen empirisch besser zu unterscheiden. So könnte die KGPPS zu einer sinnvollen Ergänzung zu den zahlreichen Selbstbeurteilungsmethoden therapeutischer Faktoren in der Gruppentherapie werden.

Literatur

Asendorpf, J. & Walbott, H.G. (1979). Maße der Beobachterübereinstimmung. *Zeitschrift für Sozialpsychologie, 10*, 243-252.

Bloch, S. & Crouch, E. (1985). *Therapeutic factors in group psychotherapy*. Oxford: Oxford University Press.

Rohweder, R. & Wienands, H. (1993). *Entwicklung und Überprüfung der Kieler-Gruppenpsychotherapie-Prozeß-Skala (KGPPS)*. Unveröff. Diplomarbeit, Christian-Albrecht-Universität, Kiel.

Soldz, S., Budman, S. & Demby, A. (1992). The relationship between main actor behaviors and treatment outcome in group psychotherapy. *Psychotherapy Research, 2*, 52-62.

Strauß, B. & Burgmeier-Lohse, M. (1994). *Stationäre Langzeitgruppenpsychotherapie*. Heidelberg: Asanger.

Strauß, B., Strupp, H.H., Burgmeier-Lohse, M., Wille, H. & Storm, S. (1992). Deutschsprachige Version der Vanderbilt-Psychotherapie-Skalen. *Zeitschrift für Klinische Psychologie, Psychopathologie und Psychotherapie, 40*, 411-429.

Strauß, B., Kröger, U., Hoffmann, K. & Burgmeier-Lohse, M. (1994). Prozeßmerkmale des Indikations- und Abschlußgespräches in stationärer Psychotherapie: Indikatoren für den Behandlungserfolg? *Zeitschrift für Klinische Psychologie, Psychopathologie und Psychotherapie, 42*, 157-175.

Suh, C., Strupp, H.H. & O'Malley, S.S. (1986). The Vanderbilt process measures. In L.S. Greenberg & S.M. Pinsof (Eds.), *The psychotherapeutic process*. New York: Guilford.

Tschuschke, V. (1990). Spezifische und/oder unspezifische Wirkfaktoren in der Psychotherapie. In V. Tschuschke & D. Czogalik (Hrsg.), *Psychotherapie - Welche Effekte verändern?* Heidelberg: Springer.

Tschuschke, V. (1993). *Wirkfaktoren stationärer Gruppenpsychotherapie*. Göttingen: Vandenhoek & Ruprecht.

Yalom, I.D. (1989). *Theorie und Praxis der Gruppenpsychotherapie*. München: Pfeiffer.

Gruppenspezifische Ergebnisdiagnostik

10 Zwei Verfahren zur Einschätzung der Wirksamkeit von Gruppenpsychotherapie: Die Behandlungseinschätzung nach Froese und die Bewertungsskala nach Böttcher und Ott

Helga Hess

1. Theoretischer Hintergrund

Effektivitätsstudien zur Abschätzung therapeutischer Effekte werden in größerem Umfang seit den 40er Jahren durchgeführt, wobei die Einschätzung des Therapieerfolges zunächst vor allem durch ein *globales Therapeutenurteil* bezüglich der Hauptsymptomatik erfolgte. Erst mit der Zeit wurden differenzierende Gesichtspunkte nahegelegt, einschließlich der Durchführung kontrollierter Untersuchungen der Wirksamkeit und der Berücksichtigung spezifischer Probleme, wie das der Therapieabbrecher. Zunehmend wurden auch *Objektivierungsversuche* mit Hilfe psychologischer Testverfahren angestrebt, wobei eine rege Methodenentwicklung speziell im Rahmen der Gesprächs- und Verhaltenstherapie erfolgte und erfolgt.

Methodenkritische Diskussionen im Feld der Effektivitätsforschung in der Psychotherapie beziehen sich vor allem auf die vielschichtige Problematik von Kontrollgruppen und die damit verbundenen, unhaltbaren Homogenitätsannahmen im Hinblick auf die Patienten und den Veränderungsprozeß, weiterhin auf die Problematik einer vorrangigen Bewertung von Symptomveränderungen. Insbesondere erwies sich die Festlegung auf ein Hauptsymptom als problematisch. Immer stärker ließ sich des weiteren belegen, daß Therapeuten und Patienten eine unterschiedliche Sichtweise in der Beurteilung von Veränderungen haben, wobei erstere stärker den Neurosen- und Symptomaspekt, letztere eher Veränderungen des Selbstkonzeptes, ihrer psychischen Stabilität wahrnehmen und beurteilen.

Effektivitätsstudien in der Gruppenpsychotherapie sind mittlerweile zahlreich (vgl. Kap. 3). Diese Effektivitätsstudien beziehen sich vorrangig auf Prä-Post- bzw. Mehrfachmessungen und Katamnesen (s.a. Kessling, 1981) und versuchen neben symptomatischen Aspekten psychologische und soziale Kriterien zu berücksichtigen.

Mit der Diskussion einer unzulässigen Homogenitätsannahme durch Kiesler (1977) sowie der Untersuchung von Eckert (1974) setzte sich auch zunehmend der Gedanke der *Prozeßerfassung* in der Forschung durch. Eckert (1974) führte in der Gesprächspsychotherapie eine sehr sorgfältige Bedingungsanalyse von Prozeß, Individuum und Therapeut durch und homogeniserte dabei die Patientengruppen hinsichtlich sozialer und psychologischer Merkmale. Das Kontrollgruppenproblem wurde durch Stichprobenteilung im Hinblick auf Erfolgreiche und Nichterfolgreiche gelöst. Auf diese Lösungsmöglichkeit verwies auch Helm (1972). In der Folge entwickelte sich eine breite Tendenz, Analysen von Prozeßverläufen durchzuführen.

Die Integration beider Aspekte, also die Erfassung von Verlaufskriterien mehrerer Ebenen (Verhalten, Erleben, z.T. Psychophysiologie) sowie die Beziehung dieser zur Effektivität, wurde im Rahmen verschiedener Untersuchungen von Gruppenverläufen angestrebt (z.B. Berliner HdG-Studie von Höck et al., 1981-1985; Höck, 1982; Hess, 1983; Seidler, 1983; Kirchner, 1981; Froese, 1982), bei denen zugleich versucht wurde, gültige Verfahren zur Abbildung und Effektivitätsbestimmung zu entwickeln. In der ehemaligen Sowjetunion verfolgten Karwasarski (1980, 1981) und Isurina (1981) den Weg, vor allem psychologische und psychophysiologische Verlaufskriterien des Gruppenprozesses zu erfassen, wobei sich die Abbildung der Effektivität stärker am Individuum orientierte, vor allem an folgenden Kriterien: Stufen der symptomatischen Besserung, Grade der Klarheit über psychologische Mechanismen der Krankheit, Grade der Veränderung der gestörten Einstellungen bzw. Beziehungen der Persönlichkeit und Grade der Verbesserung der sozialen Funktionsausübung.

Neben der Berliner HdG-Studie wurden in den letzten Jahren drei weitere größere, spezifisch gruppenpsychotherapeutische Studien durchgeführt, bei denen jeweils ein unterschiedlicher Zugang zur Therapieevaluierung gesucht wurde: Einen ähnlich einzelfallanalytischen Ansatz wie Höck u.a. bei z.T anderen Erfassungsinstrumentarien wählten Strauß & Burgmeier-Lohse (1994). Verlauf und Effektivität wurden individuell zueinander in Beziehung gesetzt. Hess (1986) verglich Patienten sowie Effektivität von 21 Gruppen auf der Grundlage ähnlicher Therapieprozesse. Sie unterschied dabei zwischen drei Verlaufstypen. Tschuschke (1993) verglich Patienten und deren Behandlungserfolge in zwei unterschiedlichen Gruppen; ferner versuchte er, in der Literatur beschriebene Wirkfaktoren zu operationalisieren und im Prozeß zu verfolgen. In allen Studien erfolgte eine Abbildung der Mehrdimensionalität von Persönlichkeit und Therapieprozeß, jeweils aus unterschiedlichem Blickwinkel betrachtet. Höck und Mitarbeiter (1981-85), Hess (1986) sowie Strauß & Burgmeier-Lohse (1994) konstruierten z.B. entsprechene Erfolgsmaße aus Symptom- und Persönlichkeitsfragebögen sowie aus gruppenverlaufsbezogenen Einschätzungen.

Die Ergebnisse - insbesondere der vier erwähnten großen Gruppenstudien - legen nahe, daß es bei der Bewertung des Therapieerfolges unverzichtbar ist, *das Verhalten und Erleben in der Gruppe* mit zu erfassen:

"Der Therapieerfolg in der Gruppenpsychotherapie wird verstanden als abhängig vom erreichten Niveau der Gruppe i. S. von Hill (1964; vgl. Höck & Hess, 1982), Petrowski (1977) und Höck (1977), wobei der Anteil des einzelnen Patienten von seinem Beitrag zu diesem Niveau, seinem Engagement, seiner Aktivität und Konstruktivität, Integration und Kooperation in der Gruppe abhängig ist. Darüber hinaus ist die Beziehung der Gruppe zum Therapeuten (und umgekehrt) sowie des Therapeuten zu den einzelnen (und umgekehrt) zu berücksichtigen. Es wird erwartet, daß sich die prozeßimmanenten

Parameter letztlich in testpsychologisch objektivierbaren Veränderungen widerspiegeln" (Hess, 1986, S. 52).

Für die Praxis der Effektivitätserfassung in der Gruppenpsychotherapie gibt es unterschiedlich differenzierte Erfassungsebenen:

1. Praktikable, übersichtliche Verfahren zur Globalerfassung des Therapieerfolges,
2. subtile Erfassung einzelner Kriterien und Konstruktion eines Erfolgsmaßes, sowie
3. differenzierte verlaufsanalytische Erfassungen.

Im folgenden werden zwei *Verfahren zur globalen Abschätzung des Therapieerfolges bei Gruppenpsychotherapie* vorgestellt, die der ersten Ebene gerecht werden sollen:

- die Behandlungseinschätzung nach Froese, ein Selbstbeurteilungsbogen
- die Bewertungsskala von Böttcher und Ott (B-Skala), ein Selbst- und Fremdbeurteilungsbogen.

2. Beschreibung der Methode und ihrer Einsatzmöglichkeiten

2.1. Behandlungseinschätzung nach Froese

Der Fragebogen zur Behandlungseinschätzung nach Froese (vgl. Abb. 1) enthält im oberen Teil 6 Fragen als *individuelle Behandlungseinschätzung,* im unteren Teil 7 Fragen im Hinblick auf das *Gruppenerleben.*

Die ersten 6 Fragen sind inhaltlich den 13 Veränderungsitems aus der „Berliner Psychotherapie-Studie“ (Wilke et al. 1988) ähnlich. Die erste Frage bezieht sich auf die globale Bewertung der Behandlung durch den Patienten, die weiteren 5 Fragen sollen - ähnlich wie im Berliner Fragebogen - Veränderungen der Symptomatik und im sozialen Umfeld erfassen. Sie sind im Froese-Bogen einfacher formuliert als in der Berliner Studie.

Der zweite Teil des Bogens ist gruppenpsychotherapiespezifisch und erfaßt die emotionale Involvierung des Patienten in die Gruppe, seine Öffnungsbereitschaft und Öffnungsfähigkeit, seine Problembearbeitungsfähigkeit in diesem sozialen Kontext und damit den Gewinn aus der Gruppe.

Der mittlere Teil des Fragebogens ist der freien Selbsteinschätzung des Patienten vorbehalten. Er hat sich als wertvoller Indikator für die Beurteilung des Behandlungserfolges erwiesen. Anhand von 50 Patientenaussagen unterschied Watzinger (unveröff.) 5 Kategorien, die "möglicherweise den in der Behandlung in Gang gesetzten Prozeß der Selbstreflexion sowie der teilweisen Umformung von Haltung und Einstellung bei jedem Patienten in Art und Umfang repräsentieren können".

Behandlungseinschätzung nach Froese

Fr 1

1. Die Behandlung wird von mir als	wertlos	1	2	3	4	5	wertvoll angesehen.
2. Ich fühle mich	wenig	1	2	3	4	5	viel gebessert.
3. Ich habe z.Z.	wenig	5	4	3	2	1	viel körperliche Symptome
4. Ich fühle mich psychisch	freier	5	4	3	2	1	psychisch gehemmter.
5. Ich schätze den Betrag neugewonnener Erfahrungen für meine Situation zu Hause	groß	5	4	3	2	1	gering ein.
6. Ich schätze den Betrag neugewonnener Erfahrungen für meine berufliche Situation	groß	5	4	3	2	1	gering ein.

Welches sind Ihre wichtigsten Erfahrungen im Bereich der Selbsterkenntnis?

Welches sind Ihre wichtigsten Erfahrungen im Bereich der zwischenmenschlichen Beziehungen?

Fr 2

7. In der Gruppe habe ich mich	sehr wohl	5	4	3	2	1	unwohl gefühlt.
8. Ich wurde in der Gruppe	labiler	1	2	3	4	5	stabiler.
9. Ich konnte den anderen meine Probleme und Schwierigkeiten	leicht	5	4	3	2	1	schwer darlegen.
10. Es gelang mir, mit Hilfe der anderen eigene Probleme	gut	5	4	3	2	1	schwer zu bearbeiten.
11. Ich fühlte mich in der Gruppe	verstanden	5	4	3	2	1	unverstanden.
12. Ich fühlt mich in der Gruppe	abhängig	1	2	3	4	5	selbständig.
13. Ich fühlte mich in der Gruppe	verantwortlich	5	4	3	2	1	nicht verantwortlich.

Abb. 1: Die Behandlungsbeurteilung nach Froese

Beispiele hierzu finden sich unter 3. Als besonders relevant gelten hierbei vorwiegend zwei Dimensionen: "Ich-Nähe" und "Lösungseinsicht bezüglich erlebnisrelevanter Fehlhaltungen“. Sie entsprechen ansatzweise spezifischen Stilkategorien der Hillmatrix (z.B. Konfrontation; vgl. Kap. 16) sowie Problemlösungskategorien des Verfahrens von Bales (vgl. Kap. 17).

Wiederum finden sich Ähnlichkeiten zur Berliner Psychotherapiestudie: Aufgrund der dort genannten Klartextanalyse ließen sich dort vier Themen unterscheiden, nämlich Zuwendung, Innenanregungen und psychisch-körperlicher Zustand (Wilke et al., 1988; s.S. 120). Als vierter Themenkomplex wurden „negative Äußerungen“ genannt.

2.2. Die Gruppenbewertungsskala (B-Skala) nach Böttcher und Ott

Mit diesem Verfahren wurde nach einem Meßansatz gesucht, der es gestattet, den Umweltbezug und den Grad der verwirklichten therapeutischen Zielvorstellung in der Erfolgsbeurteilung zu erfassen (vgl. Höck & Hess, 1981).

Ausgangspunkt für ein derartiges Verfahren war der von Dollase (1973) beschriebene Duncan-Test, der aus 6 soziometrischen Fragen besteht. Dieses Verfahren wurde modifiziert, indem die Fragen für eine Fremdbeurteilung i.S. eines Gruppenbewertungsverfahrens mit 7-stufiger Skalierung umformuliert wurden. Das Verfahren war in seiner Aussage äußerst eindrucksvoll, erforderte jedoch einen hohen Auswertungsaufwand und erwies sich daher als nicht praktikabel. Einer Anregung von H.F. Böttcher und J. Ott folgend entwickelten wir daher eine Gruppenbewertungsskala (B-Skala) aus der Einschätzung von fünf von Böttcher und Ott formulierten Kriterien, wie z.B. Konstruktivität des Verhaltens in der Gruppe oder Sensibilität für Interaktionsbeziehungen, die das Verhalten des einzelnen in der Gruppe charakterisieren (vgl. Abb 2.).

Zunächst ließen wir die Einschätzungen ausschließlich durch den „Trainer“ bzw. Therapeuten vornehmen, später ließen wir von jedem Gruppenmitglied jedes andere Gruppenmitglied einschätzen. Diese Einschätzungen erwiesen sich valider als die eigenen Selbsteinschätzungen der Patienten.

3. Auswertung - Gütekriterien - Ökonomie

3.1. Froese-Skala

Zur Auswertung der Froese-Skala werden die angekreuzten Punktwerte für die obere und untere Testhälfte getrennt addiert, dann summiert. Der errechnete Punktwert wird auf der Normierungstabelle (vgl. Tab. 2) als C-Wert abgelesen. Hierbei entspricht ein hoher Punktwert gutem Erfolg und bildet sich als niedriger (!) C-Wert auf der Normierungsskala ab. Die Tabelle 1 enthält die mittleren Kennwerte der einzelnen Items, die Schwierigkeit und Trennschärfe für männliche und weibliche Patienten nach stationärer und ambulanter Therapie. Tabelle 2 enthält die Normwerte für das Verfahren.

Gruppenbewertungsskala (B - Skala)

Jedes Gruppenmitglied ist nach folgenden Kriterien zu beurteilen:

1. Emotionale Stabilität („Neurosekriterium")
2. Bereitschaft zur Darlegung von Konflikten
3. Verarbeitungsfähigkeit von Konflikten
4. Konstruktivität des Verhaltens in der Gruppe
5. Sensibilität für Interaktionsbeziehungen

Für die Beurteilung werden drei Punkte verwendet:
1 = sehr, 2 = mittel, 3 = gering

Für das erste Kriterium wird aufgrund seiner Wichtigkeit die doppelte Punktzahl vergeben. Grundlage für die Beurteilung der Gruppenmitglieder nach diesen fünf Kriterien ist der Vergleich der Gruppenmitglieder untereinander, d.h. das beobachtete Verhalten der Mitglieder dieser Gruppe bildet den Bewertungsmaßstab.

Nr.	Name	1	2	3	4	5	Gesamtpunktzahl
01							
02							
03							
..							

Abb. 2: Die Gruppenbewertungsskala (B-Skala)

Tab. 1: Kennziffern der Behandlungseinschätzung nach Froese von H. Hess

Item Nr.	Mittelwerte stationär	ambulant	Diff. t-Test	p	r_{it}
männlich					
1	3,96	3,98	n.s.	0.74	.48
2	2,92	3,18	n.s.	0.28	.44
3	3,64	3,18	n.s.	0.66	.32
4	3,62	3,26	1%	0.65	.34
5	3,44	3,37	n.s.	0.61	.46
6	2,93	3,49	n.s.	0.48	.62
7	3,19	3,26	1%	0.55	.34
8	3,52	3,66	n.s.	0.63	.42
9	2,57	3,10	n.s.	0.39	.32
10	2,59	3,09	n.s.	0.49	.39
11	3,00	3,28	n.s.	0.50	.41
12	3,63	3,88	n.s.	0.66	.47
13	3,55	3,58	n.s.	0.64	.22
1-6	19,72	20,46	n.s.	0.57	.44
7-13	22,41	23,85	1%	0.55	.37
Gesamt	42,13	44,31	n.s.	0.56	.40
n	94	57			
weiblich					
1	4,16	4,07	n.s.	0.79	.42
2	2,98	3,27	1%	0.49	.34
3	3,53	3,50	n.s.	0.63	.32
4	3,45	3,57	n.s.	0,86	.32
5	3,48	3,80	5%	0.62	.38
6	3,05	3,33	n.s.	0,51	.41
7	3,16	3,50	0,1%	0.54	.45
8	3,38	3,57	1%	0.60	.43
9	2,51	2,76	5%	0.38	.28
10	2,90	3,20	1%	0,47	.34
11	2,99	3,24	n.s.	0.50	.62
12	3,43	3,56	5%	0.61	.48
13	3,61	3,47	n.s.	0,65	.28
1-6	20,65	21,54	1%	0.65	.40
7-13	21,98	23,52	0,1%	0.54	.41
Gesamt	42,63	44,86	1%	0.59	.41
n	120	76			

Tab. 2: Normierung der Behandlungseinschätzung nach Froese durch H. Hess

(n = 347, 151 Männer, 196 Frauen, stationäre und ambulante Psychotherapiepatienten)

C- Skala	Individuelle Behandlungseinschätzung (Fr1 = Items 1 - 6)	Gruppenerleben (Fr2 = Items 7 - 13))	Gesamtskala
10	9	12	23
9	12 - 10	13	24
9	13	14	25-30
8	14	16, 15	31
8	15	17	32, 33
7	16	18	34
7	17	19	35-38
6	19, 18	20	39
6	20	21	40-41
5	21	22	42
5	22	23	43-45
4	23	24	46
4	24	25	47-48
3	25	26	49
3	26	27	50-52
2		28	53
2	27	29	54-57
1	28	30	58
1	28	31	59-60
0	29	32	61
-1	30	33	

Zur Ökonomie

Das Ausfüllen des Bogens dauert 5-10 Minuten in Abhängigkeit von der Länge des Textes, den der Patient dazuschreibt; die Punkteberechnung durch den Therapeuten erfordert ca. 2 Minuten.

Beispiele für spontane, subjektive Selbsteinschätzungen (nach Watzinger, unveröffentl.) und ihre Zuordnung zu den 5 Kategorien:

I ohne neu gewonnene Erfahrungen

- "Hier ist an meiner Selbsterkenntnis nichts hinzugekommen, hat sich bis jetzt nichts geändert."

II theoretisierende, rationalisierende Schilderung

Erkenntnisse werden zwar schon formuliert, aber recht allgemein und distanziert von der Person selbst, Person spricht von "man" anstelle von "ich".

- "Selbsterkenntnisse kann man nur sammeln, wenn man von sich spricht. Mit Hilfe der Gruppe gelingt es leichter, sich selbst zu erkennen, als allein. Man darf sich nicht abkapseln..."

III Selbsterkenntnisse als Zustandsbeschreibung ohne Veränderungsvorstellung

Pat. nehmen ihr "So-sein" gut wahr und formulieren es, ohne jedoch aus der noch vorhandenen Unzufriedenheit Vorstellungen bezüglich möglicher Veränderungen oder Korrekturen abzuleiten.

- "Ich hab' gemerkt und gesagt bekommen, daß ich keinen emotionalen Kontakt zu anderen will, es ist mir unangenehm und dabei fühle ich mich nicht wohl, ich brauch′ dies auch. Ich suche mir nur einige aus, mit denen ich Kontakt will, zu den anderen bin ich sehr grob und verletzend."

IV Selbsterkenntnisse als Zustandsbeschreibung mit implizierter Veränderungsvorstellung

- "Ich habe mir ungeheuer viel vorgemacht. Die Unzufriedenheit mit mir habe ich in andere hineinprojiziert. Um mich nicht mit Frauen auseinandersetzen zu müssen, habe ich die Beziehungen zwischen Frauen für unmoralisch erklärt. Anstatt mich mit anspruchsvollen männlichen Partnern auseinanderzusetzen, was mich einige Anstrengungen gekostet hätte, bin ich immer auf bequemere ausgewichen. Ich habe mich immer von anderen in eine für mich sehr bequeme Mutterrolle hineindrängen lassen".

Pat. spricht in Perfektform, d.h. sie schildert das Erkannte als bereits etwas Abgeschlossenes, so daß anzunehmen ist, daß sie jetzt nach dem stationären Aufenthalt darauf achtet, dieses Verhalten, aber auch die diesbezüglichen Einstellungen zu korrigieren und möglicherweise neu zu überdenken.

V Selbsterkenntnis als Zustandsbeschreibung und daraus abgeleitete konkrete Veränderungsvorstellung

- "Meine Minderwertigkeitsgefühle sind unberechtigt. Ich bin sicherer und entscheidungsfreudiger als andere. Daher rührt vielleicht auch, daß ich überheblich oder unnahbar wirke. Meinem Gefühlsleben müßte ich mehr Raum geben, denn ich habe Schwierigkeiten, andere Menschen zu erleben."

Hier zeigt sich, daß die betreffende Person neben der Charakterisierung eigener Persönlichkeitsanteile

a) die Wirkung auf andere Menschen sich versucht erklärbar zu machen,

b) ganz konkret eine Veränderungsrichtung ableitet, die ihr überprüfenswert erscheint.

3.2. B-Skala

Für die Beurteilung werden drei Punkte vergeben: 1 = sehr; 2 = mittel; 3 = gering.

Für das erste Kriterium wird aufgrund seiner Wichtigkeit die doppelte Punktzahl vergeben. Grundlage für die Beurteilung der Gruppenmitglieder nach diesen fünf Kriterien ist der Vergleich der Gruppenmitglieder untereinander, d.h. das beobachtete *Verhalten* der Mitglieder dieser Gruppe bildet den Bewertungsmaßstab.

Tab. 3: Normierung der B-Skala (Gruppenpatienten n=406, 249 Frauen, 157 Männer, Selbsterfahrungs(SE)teilnehmer n = 42)

C- Skala	T-Werte	Rohwerte Patienten	Rohwerte SE-Teilnehmer
10	78	17	
	75	16,5	
9	72	16	
	71		17,5
	68		17
	67		16,5
8	66	15,5	16
	64		15,5
8	64	15	
	62		15
7	60	14,5	14,5
	59		14
6	57	14	13,5
	56		13
6	54	13,5	12,5
	52		12
5	51	13	
	50		11,5
5	49	12,5	
	48		11
	47		10,5
4	46	12	
	45		10
4	44	11,5	
	43		9,5
3	41	11	9
	39		8,5
3	38	10,5	8
	36		7,5
2	35	10	
	34		7
	33		6,5
1	32	9,5	
	31		6
	30		
1	29	9	
0	24	8,5	
-1	20	8	

Es werden alle Gruppenmitglieder einschließlich der eigenen Person und der Gesamtgruppe eingeschätzt. Normwerte für die B-Skala finden sich in Tab. 3.

Validität

Die Korrelation des Fremdbildes mit dem DUNCAN-Test bei 42 Selbsterfahrungsteilnehmern betrug r = 0.81. Ein Vergleich von Gruppen mit ausgewählten Trainern und Gruppenteilnehmern ergab einen signifikanten Unterschied ($Chi^2 = 11.6$, s.s.; r =.53, n = 42).

Reliabilität

Die Retest-Reliabilität im Abstand von einem Jahr betrug r =.75 bei 42 Pbn.

Ökonomie

Das Ausfüllen des Bogens dauert für den Patienten ca. 15 Minuten, da er jeweils die gesamte Gruppe einschätzt. Das Aufstellen der Gesamtgruppenmatrix und das Ablesen der C-Werte in der Normtabelle kann bis zu einer halben Stunde dauern.

4. Anwendungsbeispiele

Froese-Skala: Pat. H., 35 Jahre alt, weiblich

1.	Die Behandlung wird von mir als	wertlos	1	2	3	<u>4</u>	5	wertvoll angesehen.
2.	Ich fühle mich	wenig	1	<u>2</u>	3	4	5	viel gebessert.
3.	Ich habe z.Z.	wenig	5	<u>4</u>	3	2	1	viel körperliche Symptome
4.	Ich fühle mich psychisch	freier	5	<u>4</u>	3	2	1	psychisch gehemmter.
5.	Ich schätze den Betrag neugewonnener Erfahrungen für meine Situation zu Hause	groß	5	4	<u>3</u>	2	1	gering ein.
6.	Ich schätze den Betrag neugewonnener Erfahrungen für meine berufliche Situation	groß	5	4	3	<u>2</u>	1	gering ein.

Punktzahl=19, entspricht C=6, unterer Normbereich

Fr 2

7. In der Gruppe habe ich mich	sehr wohl	5	4	3	2	1	unwohl gefühlt.
8. Ich wurde in der Gruppe	labiler	1	2	3	4	5	stabiler.
9. Ich konnte den anderen meine Probleme und Schwierigkeiten							
	leicht	5	4	3	2	1	schwer darlegen.
10. Es gelang mir, mit Hilfe der anderen eigene Probleme							
	gut	5	4	3	2	1	schwer zu bearbeiten.
11. Ich fühlte mich in der Gruppe	verstanden	5	4	3	2	1	unverstanden.
12. Ich fühle mich in der Gruppe	abhängig	1	2	3	4	5	selbständig.
13. Ich fühlte mich in der Gruppe	verantwortlich	5	4	3	2	1	nicht verantwortlich.

Punktzahl=27, entspricht C=3, oberer Normbereich

Welches sind Ihre wichtigsten Erfahrungen im Bereich der Selbsterkenntnis?

ich bin nicht die Sensibelste auf der Welt; ich bin nicht so uneigennützig, wie ich dachte; ich beschäftige mich zu wenig mit anderen Menschen; bin zu egozentrisch.

Welches sind Ihre wichtigsten Erfahrungen im Bereich der zwischenmenschlichen Beziehungen?

viele haben dieselben Probleme wie ich; nicht alle Menschen schätzen mich gleich ein; man kann auch zu Menschen, die einem nicht so liegen, guten Kontakt haben.

Die Gesamtsumme (46) entspricht der Norm (C=5); die verbale Einschätzung der Patientin entspricht etwa der Kategorie III nach Watzinger (s.o.).

B-Skala : Pat. Sp., 35 Jahre alt, weiblich (s. Tab. 4)

Tabelle 5 gestattet einen Vergleich zwischen der Selbsteinschätzung (Tab. 4) und Fremdeinschätzung. Hierbei fällt die Selbsteinschätzung unserer Probandin besser aus als die Fremdeinschätzung, wobei das dort schlechtere Urteil vor allem durch die negativeren Zuordnungen durch die zwei männlichen Gruppenmitglieder zustandekommt. Hier läßt sich ein spezifischer Konflikt vermuten. Interessant sind auch Unterschiede zwischen der Gesamtgruppeneinschätzung und der im Vergleich dazu besseren individuellen Einschätzung, z.B. bei der Therapeutin und bei W. Im Gegensatz hierzu wertet B die Gruppe insgesamt positiver als jedes einzelne Gruppenmitglied. Diese und weitere Hinweise können den Daten entnommen werden und eine Hilfe darstellen, die Gruppendynamik und die Position des einzelnen in der Gruppe besser zu verstehen.

Tab. 4: Anwendungsbeispiel der B-Skala (vgl. Abb. 2).

Nr.	Name	1	2	3	4	5	Gesamtpunktzahl
01	Gruppe	4	1	2	1	2	10
02	B	2	1	3	1	1	8
03	H	2	1	3	1	1	8
04	Sch	4	1	2	2	2	11
05	Sp selbst	4	1	3	1	2	11
06	W	2	2	3	2	3	13
07	Ha	2	1	3	2	2	10
08	He	2	2	3	2	2	11

(Es empfiehlt sich, die Punktzahlen immer nachzurechnen, die erste Spalte muß immer gerade Zahlen enthalten)

Die Pat. selbst ordnet sich einen Wert von 11, d. h. C = 3 zu.

Tab. 5: Gruppensummentabelle aller Gruppenmitglieder in der B-Skala

		Bewertete						
Bewerter	Gruppe	B	H	Sch	Sp	W	Ha	He
Th w.	12	11	11	11	11	9	9	7
B w.	9	12	13	16	13	10	8	11
H w.	12	11	13	14	12	14	12	12
Sch w.	14	12	15	14	12	13	10	14
Sp w.	10	8	8	11	11	13	10	11
W w.	14	7	10	9	14	13	10	13
Ha m.	13	10	13	8	17	10	13	12
He m.	14	10	16	16	17	14	11	11
Summe	98	81	99	99	107	96	83	91
/ n	12,3	10,1	12,4	12,4	13,4	12.0	10,4	11,4
C- Wert	5	2	5	5	6	4	3	4
T- Wert	48	35	48	48	53	46	37	43

5. Kurzzusammenfassung bisheriger Anwendungen

Beide dargestellten Verfahren wurden in der Klinik Berlin-Hirschgarten seit Ende der 70er Jahre bis zu deren Auflösung 1991 als ein Kriterium der Behandlungseinschätzung bei jährlich 260 Patienten angewandt. Desgleichen wurde die B-Skala in der Beurteilung von Selbsterfahrungsgruppen am Behandlungsende (n=200) angewandt (Die B-Skala gestattet es, eventuelle bewußte oder unbewußte Verfälschungstendenzen im 1. Verfahren durch die Fremdbeurteilung auszugleichen).

Beide Verfahren wurden auch in der Einzelfallstudie des HdG in Berlin zu drei Zeitpunkten eingesetzt (Höck u.a., 1985, S. 114/115), wobei mit der B-Skala vor allem der Vergleich zwischen Therapeuten- und Gruppenurteil vorgenommen wurde.

Seidler (1991) setzte in einer Untersuchung über Balintarbeit die B-Skala zum Vergleich zwischen 3 Selbsterfahrungsgruppen und einer Balintgruppe ein.

In der umfangreichen Studie von Hess (1986) wurden anhand von 132 bzw. 36 Patienten Korrelationen zwischen beiden Verfahren und weiteren Effektmaßen errechnet, die damit zugleich die Interpretation erleichtern (vgl. Tab. 6).

Tab. 6: Korrelationen zwischen unterschiedlichen Effektmaßen

	Th	Mit	Stör	B-Sk	Fr1	Fr2	ÄFB	f_1	f_2	Akt.
Th	1	.52	-.25	.26	.26	.25	.29	.12	(.17)	.39
Mit		1-	.06	.48	.19	.14	.02	.11	.15	.30
Stör			1	-.19	-.25	.29	-.30	-.05	-.07	.25
B-Sk				1	(.30)	.27	.00	.06	.12	(.30)
Fr1					1	.49	.21	.19	.31	.20
Fr2						1	.42	.09	.30	.15
ÄFB							1	-.03	.18	.08
f_1								1	-.09	.13
f_2									1	.17
Akt										1

Th = Therapeuteneinschätzung (skaliert in 5 Stufen und normiert)
Mit = Einschätzung der Mitarbeit durch den Therapeuten (skaliert, normiert)
Stör = vom Therapeuten eingeschätzter Störungsgrad (skaliert, normiert)
B-Sk = B-Skala (Behandlungseinschätzung)
Fr1 = Skala indiv. Behandlungserfolges nach Froese
Fr2 = Skala der Gruppenintegration nach Froese
ÄFB = Änderungsfragebogen nach Mehl-Horn
f_1 = faktorenanalytisch ermittelter Wert für Einstellungsänderung (Hess 1986)
f_2 = faktorenanalytisch ermittelter Wert für Beschwerdenveränderung (Hess 1986)
Akt = Aktivitätsrangplatz der wöchentlichen Patienteneinschätzung
(signifikante Koeffizienten sind unterstrichen)

Die Korrelationen erreichen - bedingt durch unterschiedliche Personenzahl - in unterschiedlichen Höhen die Signifikanzgrenze, und zwar für die B-Skala ab r =.32 (n=36), für den ÄFB ab r =.25 (n=57), für alle anderen Korrelationen ab r =.18 (n=132).

Betrachten wir vorzugsweise die Korrelationen der B-Skala sowie des Froese-Fragebogens: Die Behandlungseinschätzung des einzelnen durch die Gruppe (B-Skala) korreliert eindeutig mit der (vom Therapeuten eingeschätzen) Mitarbeit des Beurteilten und nur tendenziell mit der eigenen Einschätzung im Hinblick auf die individuelle Besserung (Fr 1).

Die individuelle Besserungseinschätzung (Fr 1) korreliert - ähnlich wie die Therapeuteneinschätzung - mit den meisten weiteren Skalen, am höchsten mit dem subjektiv erlebten Wohlbefinden und Profitieren in und von der Gruppe (Fr 2), hiernach mit der faktoriellen Beschwerdenveränderung f_2. Diese Skala ist die einzige, die signifikant mit der faktoriellen Einstellungsänderung f_1 korreliert. Die positive Korrelation mit einem Änderungsfragebogen von Mehl-Horn ist hingegen nicht signifikant.

Die Skala Fr 2, das Wohlbefinden und Profitieren von und durch die Gruppe, korreliert mit mehreren Skalen, nicht jedoch mit der Mitarbeit, der Beurteilung durch die Gruppe sowie der faktoriellen Einstellungsänderung (f_1); relativ hoch hingegen mit der faktoriellen Beschwerdenänderung (f_2), den Angaben im Änderungsfragebogen sowie dem zugeschriebenen Störungsgrad. Hier scheint die individuelle Sichtweise des Eingebundenseins in die Gruppe nicht in Übereinstimmung mit den Fremdbeurteilungen und der Einstellungsänderung (f_1) zu stehen.

Diese Analyse ergänzt die Ergebnisse von Kessling (1981), Wilke et al. (1988), die gezeigt haben, daß Therapeut und Patient offenbar unterschiedliche Aspekte wahrnehmen bzw. sie unterschiedlich bewerten.

6. Abschlußbewertung

Die dargestellten Verfahren, die *Froese-Skala* sowie die *Bewertungsskala* sind für die globale, subjektive Therapieeinschätzung durch den Patienten konzipiert. Die Froese-Skala erfaßt die Selbstbewertung durch den Patienten, die B-Skala die Fremdbeurteilung.

Beide Einschätzungen sind *Gruppentherapie*bewertungsskalen und stellen eine Ergänzung von Prä-Post-Batterien zur Veränderungsmessung von Symptomatik und Persönlichkeit zum Behandlungsende dar. Sie sind gleichzeitig eine Grundlage der Behandlungsbewertung. Beide Verfahren sind sehr praktikabel, übersichtlich, gestatten eine Erfolgsabschätzung zur Epikrisenerstellung aus der Sicht von Patient und Gruppe und bilden damit eine Ergänzung zum Therapeutenurteil. Sie haben sich in der Praxis bewährt.

Literatur

Dollase, R. (1973). *Soziometrische Techniken*. Weinheim:Beltz.

Eckert, J. (1974). *Prozesse in der Gesprächspsychotherapie. Die Bedeutung subjektiver Erfahrungen von Klient und Psychotherapeut im Hinblick auf Therapieverlauf und Therapieerfolg*. Unveröff. Dissertation, Universität Hamburg.

Froese, M. (1982). *Vergleichende Analysen interpersoneller Beziehungen in sozialpsychologischem Training und Gruppenpsychotherapie*. Unveröffent. Dissertation, Universität Jena.

Helm, J. (1972). *Psychotherapeutische Gespräche als Gegenstand der Forschung*. Unveröff. Dissertation, Universität Berlin.

Hess, H. (1983). Zur Problematik und zum charakteristischen Verlauf einer geschlechtshomogenen Frauengruppe. In K. Höck (Hrsg.), *Psychotherapie und Grenzgebiete, Bd.4: Praxis der Gruppenpsychotherapie*. Leipzig: Barth-Verlag.

Hess, H. (1986). *Untersuchungen zur Abbildung des Prozeßgeschehens und der Effektivität in der intendierten dynamischen Gruppenpsychotherapie*. Unveröff. Dissertation, Universität, Berlin.

Höck, K. (1977). *Die intendierte dynamische Gruppenpsychotherapie innerhalb des abgestuften Systems der Diagnostik und Therapie neurotisch-funktioneller Störungen*. Unveröff. Dissertation, Universität, Berlin.

Höck, K. (1982). *Gruppenpsychotherapieforschung*. Leipzig: Barth-Verlag.

Höck, K. & Hess, H. (1981). Ausbildung in Gruppenpsychotherapie durch Selbsterfahrungsgruppen. In J. Ott (Hrsg.), *Psychotherapie und Grenzgebiete, 1*. Leipzig: Barth-Verlag.

Höck, K. & Hess, H. (1982). Die Hill-Interaktionsmatrix (HIM) zur Erfassung von Inhalt und Interaktion in therapeutischen Gruppen. In K. Höck (Hrsg.), *Psychotherapie und Grenzgebiete, 2*. Leipzig: Barth-Verlag .

Höck, K., et al. (1981-1985). *Untersuchungen zur Phänomenologie und Erfassung der Wechselwirkungsprozesse im Verlauf der intendierten dynamischen Gruppenspychotherapie*. Psychotherapieberichte, HdG Berlin 7, 10, 11,13, 14, 16, 18, 19, 20, 22, 23, 24 26, 27, 28, 29, 30.

Isurina, G.L. (1981). *Die Dynamik des individuellen Beziehungssystems bei Neurosekranken im Prozeß der Gruppenpsychotherapie*. Psychotherapieberichte, HdG Berlin, 9.

Karwasarski, B.D. (1980). Methoden zur Bestimmung der Effektivität der Gruppenpsychotherapie (Kap. 3.3.). In B. D. Karwasarski (Hrsg.), *Neurosen*. Verlag der Medizin, Moskau.

Karwasarski, B.D. (1981). *Pathogenetische Gruppenpsychotherapie - ihre Grundprinzipien und Wege ihrer Effektivitätsuntersuchungen*. II. Gruppenpsychother. Symposium Leipzig 1981. Ber. Psychother. Neurosenf. HdG Berlin, 9.

Kessling, U. (1981). *Ergebnisse und katamnestische Untersuchungen der klinischen Gruppenpsychotherapie*. Unveröff. Dissertation, Universität Berlin.

Kiesler, D.J. (1977). Die Mythen der Psychotherapieforschung und ein Ansatz für ein neues Forschungsparadigma. In F. Petermann (Hrsg.), *Psychotherapieforschung*. Weinheim: Beltz.

Kirchner, R. (1981). *Die Behandlung der neurotischen Paarbeziehung mit intendierter dynamischer Gruppenpsychotherapie*. Unveröff. Dissertation, Universität Berlin.

Petrowski, A.W. (1977). Die psychologische Gruppen- und Kollektivtheorie in einer neuen Etappe. *Voprosy psychologii, 5*, 48-60.

Seidler, Ch. (1983). Gruppenpsychotherapie mit Adoleszenten. In K. Höck (Hrsg.), *Psychotherapie und Grenzgebiete Bd. 4: Praxis der dynamischen Gruppenpsychotherapie.* Leipzig: Barth-Verlag.

Seidler, Chr. (1991). Balintgruppenarbeit - Training zur Optimierung der Arzt-Patient-Beziehung. In H. Hess (Hrsg.), *Psychotherapie und Grenzgebiete Bd. 11: Soziale Beziehung und Krankheit.* Leipzig: Barth-Verlag.

Strauß, B. & Burgmeier-Lohse, M. (1994). *Stationäre Langzeitgruppentherapie*. Heidelberg: Asanger.

Tschuschke, V. (1993). *Wirkfaktoren stationärer Gruppenpsychotherapie*. Göttingen: Vandenhoeck & Ruprecht.

Wilke, St., Grande, T., Rudolf, G. & Porsch, U. (1988). Wie entwickeln sich Patienten im Anschluß an eine stationäre Psychotherapie? *Zeitschrift für Psychosomatische Medizin, 34*, 107-124.

Prozeßdiagnostik

11 Gruppenerfahrungsbogen (GEB)

Jochen Eckert

1. Theoretischer Hintergrund

Der Gruppenerfahrungsbogen (GEB) gehört zu der Gruppe von Meßinstrumenten, die die unmittelbare Auswirkung des gruppenpsychotherapeutischen Geschehens auf Patienten zu erfassen versuchen.

Als Vorlage für den GEB diente der Klientenerfahrungsbogen KEB (Eckert, 1974), der zur Erfassung von Prozessen in der gesprächspsychotherapeutischen Einzelpsychotherapie entwickelt worden ist und der sich in verschiedenen Studien als geeignet erwiesen hat, das Ergebnis von gesprächspsychotherapeutischen Behandlungen in einem gewissen Umfang vorherzusagen. Ein Überblick über diese Studien findet sich bei Biermann-Ratjen, Eckert & Schwartz (1995, S. 160-164). Die 16 Items des KEB sollten solche Erfahrungen der Patienten erfassen, die als relevant für den gesprächspsychotherapeutischen Therapieprozeß angesehen werden.

Auf der Grundlage dieses Ansatzes entwickelte eine Arbeitsgruppe (N. Becker, E.-M. Biermann-Ratjen, J. Eckert, K. Grawe, W. Marx & U. Plog) an der Psychiatrischen Klinik der Universität Hamburg einen Gruppenerfahrungsbogen, der erstmals 1976 publiziert wurde (Eckert, 1976). Die 32 Items des Fragebogens sollten die Erfahrungen von Patienten in Gruppensitzungen erfassen, die sich sowohl in der Literatur als auch in unseren eigenen gruppentherapeutischen Erfahrungen als bedeutsam für einen therapeutisch günstigen Gruppenprozeß herausgestellt haben.

Im einzelnen werden folgende Aspekte der Gruppenerfahrung erfragt:

1. Gruppenkohäsion (z.B. Yalom, 1970): Items 5, 9, 13, 28, 30 und 32.
2. Gruppenklima (z.B. Brocher, 1967): Items 2, 7, 8, 10, 15, 17, 20, 25 und 31.
3. Therapieoptimismus des Patienten, "Hoffnung" (z.B. Eckert, 1974): Items 6, 14, 18 und 29.
4. Körperliche Reaktion des Patienten auf das Therapiegeschehen (z.B. Eckert, 1974): Item 1.
5. Aspekte des Therapeutenverhaltens aus der Sicht des Patienten: Items 3, 12 und 23.
6. Identifikation (z.B. Yalom, 1970): Items 16 und 19.
7. Einsicht und korrigierende Rekapitulation früher familiärer Erfahrungen (z.B. Yalom, 1970): Items 21, 24 und 27.
8. Universalität des Leidens (z.B. Yalom, 1970): Item 22.
9. Interpersonales Lernen (z.B. Yalom, 1970): Items 4 und 11.
10. Altruismus (z.B. Yalom, 1970): Item 26.

Gruppen-Erfahrungsbogen (GEB)

Klient/in: .... Therapeut /in..

Insgesamt .... te Gruppensitzung, am ....

Bitte beantworten Sie möglichst spontan die folgenden Fragen zur heutigen Gruppensitzung umgehend:	stimmt überhaupt nicht					stimmt genau
1 Während der Gruppensitzung fühlte ich mich körperlich entspannt	0	1	2	3	4	5
2 Heute habe ich nicht gewagt, das vorzubringen, was mich wirklich bewegte	0	1	2	3	4	5
3 Heute hielt sich der Therapeut zu sehr zurück	0	1	2	3	4	5
4 Heute habe ich von den anderen für mich etwas gelernt	0	1	2	3	4	5
5 Heute hatte ich das Gefühl, daß die anderen nicht offen zu mir waren	0	1	2	3	4	5
6 Ich glaube, es wird mir immer besser möglich, meine Probleme selbst zu lösen	0	1	2	3	4	5
7 Es ist mir heute nicht gelungen, den anderen klar zu machen, was in mir vorgeht	0	1	2	3	4	5
8 Heute fand ich die Gruppensitzung richtig gut	0	1	2	3	4	5
9 Heute hätte ich mir gewünscht, daß die anderen mir mehr beistehen	0	1	2	3	4	5
10 Heute wurde mir zuviel geschwiegen	0	1	2	3	4	5
11 Heute ist mir deutlicher geworden, wie ich auf andere wirke	0	1	2	3	4	5
12 Der Therapeut betrachtet das, was er sagte, zu sehr von seinem Standpunkt aus	0	1	2	3	4	5
13 Heute hatte ich das Gefühl, in der Gruppe wirklich dazuzugehören	0	1	2	3	4	5
14 Ich sehe jetzt meinen Schwierigkeiten gelassener entgegen	0	1	2	3	4	5
15 Ich finde, daß die Gruppe heute nicht genügend auf meine Gefühle einging	0	1	2	3	4	5
16 Bei den heutigen Themen war ich innerlich beteiligt	0	1	2	3	4	5
17 Heute herrschte eine feindselig-gespannte Stimmung in der Gruppe	0	1	2	3	4	5
18 Nach dieser Sitzung habe ich mehr Vertrauen zu mir selbst	0	1	2	3	4	5
19 Heute hatte ich oft das Gefühl, daß das, was der Therapeut zu der Gruppe sagte, auch auf mich zutraf	0	1	2	3	4	5
20 Der Inhalt der heutigen Gruppensitzung behagte mir nicht	0	1	2	3	4	5
21 Heute habe ich meine Gefühle und Empfindungen ganz anders als sonst gesehen	0	1	2	3	4	5
22 Heute habe ich gesehen, daß andere ziemlich ähnliche Probleme haben wie ich	0	1	2	3	4	5
23 Heute war ich auf den Therapeuten ärgerlich	0	1	2	3	4	5
24 Was ich heute in der Gruppe erlebte, hat mich an Situationen in meiner Vergangenheit erinnert	0	1	2	3	4	5

25	Ich könnte heute nicht von jedem sagen, wie er zu mir steht	0	1	2	3	4	5
26	Heute hatte ich das Gefühl, einem anderen Gruppenmitglied geholfen zu haben	0	1	2	3	4	5
27	Heute sind mir Zusammenhänge in meinem Erleben deutlich geworden, die ich bisher noch nicht gesehen habe	0	1	2	3	4	5
28	Heute hätte ich mir gewünscht, einige in der Gruppe wären nicht anwesend gewesen	0	1	2	3	4	5
29	Die Veränderungen, die ich heute bei den anderen sah, ermutigen mich	0	1	2	3	4	5
30	Heute fühlte ich, daß die anderen mich akzeptieren	0	1	2	3	4	5
31	Ich finde, einige Gruppenmitglieder versuchten heute zu sehr, die Aufmerksamkeit auf sich zu ziehen	0	1	2	3	4	5
32	Heute wäre ich gern mit den anderen außerhalb der Therapie zusammen	0	1	2	3	4	5

Abb. 1: Der Gruppenerfahrungsbogen (GEB)

Der Fragebogen erfaßt die Sicht des Patienten, d.h. es handelt sich um ein Selbstbeurteilungsverfahren. Inzwischen hat uns die Forschung gelehrt, daß Selbstbeurteilungen der Patienten im Bereich der Psychotherapie den vergleichsweise größten Teil der Varianz der Erfolgskriterien aufzuklären in der Lage sind. Fremdbeurteilungen des Therapieprozesses klären meist nur einen geringeren Anteil der Kriteriumsvarianz auf und erfassen wohl z.T. auch andere Aspekte als die Selbstbeurteilungen, auch wenn sie sich auf ein und dasselbe Merkmal, z.B. auf einen bestimmten Wirkfaktor, beziehen. Die Erklärung für dieses Phänomen erscheint naheliegend: Auch wenn Beobachter des Gruppengeschehens z.B. ein hohes Ausmaß an Kohäsion in der Gruppe wahrnehmen, kann sich der einzelne Gruppenpatient dennoch als nicht integriert, sogar isoliert fühlen und eine entsprechende Selbstbeurteilung abgeben.

2. Kurzbeschreibung der Methode

Der Fragebogen umfaßt in seiner letzten Version (1994-R) 32 Items (s. Abb. 1), die auf einer DIN-A4-Seite Platz finden.

Es empfiehlt sich, daß der Therapeut die Angaben im Kopf des Bogens ausfüllt, vor allem die jeweilige Sitzungszahl einträgt.

Die Patienten sollten dazu angehalten werden, den Fragebogen unmittelbar nach der Gruppensitzung auszufüllen und nach dem Ausfüllen zu kontrollieren, ob sie auch tatsächlich alle Fragen beantwortet haben.

Bei der Instruktion zum Ausfüllen des GEB sollte den Patienten mitgeteilt werden, daß erfahrungsgemäß dieser Bogen für Patienten insofern eine Hilfe darstellt, als die Erfahrungen in der Gruppensitzung noch einmal zu reflektieren sind und man sich dabei über das eigene Erleben klarer werden kann. Ferner sollte den Patienten mitgeteilt werden, daß das Ausfüllen des Bogens, vor allem dann, wenn er regelmäßig ausgefüllt wird, nicht mehr als fünf bis zehn Minuten in Anspruch nimmt.

Die folgenden Durchführungsmodalitäten sind abhängig vom intendierten Zweck des Einsatzes des GEB bzw. der jeweiligen Forschungsfrage, die mit Hilfe des GEB untersucht werden soll.

1. Der Fragebogen kann nach jeder Gruppensitzung oder in festgelegten Intervallen vorgegeben werden. Wird er in Intervallen vorgegeben, dann empfiehlt es sich, ihn jeweils in drei aufeinanderfolgenden Sitzungen vorzugeben, z.B. erste, zweite und dritte Sitzung, dann neunte, zehnte und elfte Sitzung usw. Dieses Vorgehen erlaubt die Mittelung der Einschätzungen der Patienten über die jeweiligen drei Sitzungen, so daß eher zu vernachlässigende Schwankungen ausgeglichen werden können, wenn es um die Erfassung von Veränderungen in größeren Zeitabschnitten geht.
2. Der GEB kann "anonym" oder "offen" ausgefüllt werden.

Anonym bedeutet, daß der Therapeut den ausgefüllten Fragebogen nicht zu Gesicht bekommt. Dieses Vorgehen empfiehlt sich meistens im Rahmen von Forschungsfragestellungen. Die Daten der bisher vorliegenden Untersuchungergebnisse mit dem GEB sind überwiegend auf diese Weise erhoben worden.

Erfolgt die Vorgabe "offen", dann erwarten die Patienten meistens, daß der Therapeut ihre Angaben auch zur Kenntnis nimmt, und sie nutzen den Fragebogen dann auch als Möglichkeit z.B. das zum Ausdruck zu bringen, was sie in der Gruppensitzung nicht anzusprechen gewagt haben oder was ihnen erst nach der Gruppensitzung deutlich geworden ist. Selbst wenn der Gruppentherapeut mit den Gruppenmitgliedern die Vereinbarung trifft, daß der GEB kein therapeutisches Hilfsmittel in diesem Sinne sein soll, werden die Angaben der Patienten zumindest jedoch seine Aufmerksamkeit auf sich ziehen, wenn z.B. ein Patient regelmäßig die auf den Therapeuten bezogenen Fragen nicht beantwortet.

Ob überhaupt und, wenn ja, welche systematischen Unterschiede in der Beantwortung bei der anonymen im Vergleich zur offenen Vorgabe hervorgerufen werden, ist bisher nicht bekannt.

Der GEB hat sich sowohl in der therapeutischen Praxis als auch in der Psychotherapieforschung bewährt.

In der Praxis ist er vor allem zur Therapieverlaufsdokumentation und -kontrolle eingesetzt worden. Der Therapeut kann z.B. die Einschätzung der Gruppensitzungen durch die Patienten mit seinen eigenen Wahrnehmungen vergleichen. Er sollte bei diesem Vergleich dann alarmiert sein, wenn sich seine Wahrnehmung deutlich von der einzelner Patienten unterscheidet.

Der GEB eignet sich als Forschungsinstrument für Fragestellungen in den Bereichen: Indikation, Prädiktion, Prozeßforschung und vergleichende Therapieforschung. Im einzelnen können vor allem folgende Fragestellungen untersucht werden:

1. Welche Erfahrungsbereiche werden in Gruppenbehandlungen angesprochen bzw. was vom Gruppenprozeß wird von Patienten bewußt wahrgenommen?
2. In welchen dieser Erfahrungsbereiche stellen sich im Therapieverlauf Veränderungen ein?
3. Welche Erfahrungen stehen mit dem Therapieerfolg in Zusammenhang (Prognose)?
4. Wie hängen diese Erfahrungen mit dem Verhalten des bzw. der Gruppentherapeuten zusammen, z.B. wie reagieren Patienten auf bestimmte Interventionen?
5. Gibt es bestimmte Muster von Erfahrungen, die den später erfolgreichen Patienten von dem nicht erfolgreichen unterscheiden?
6. Unterscheiden sich die Gruppenerfahrungen von Patienten in Abhängigkeit von der theoretischen Orientierung des Therapeuten (Therapievergleichsforschung)?

Modifizierte Versionen des GEB

Einige Autoren haben mit modifizierten Versionen des GEB gearbeitet. Eine Version mit 29 Items, von denen sich ca. 1/3 auf spezielle Prozesse in Assertiveness-Trainings-Gruppen beziehen, haben Grawe et al. (1978) benutzt.

Eine andere auf 39 Items erweiterte Form hat Zielke (1982, S. 285) veröffentlicht. Diese Form ist in den ersten 32 Items identisch mit dem ursprünglichen GEB und erweitert um 7 Items, die sich auf wichtige Aspekte von Prozessen in verhaltenstherapeutisch-orientierten Gruppenbehandlungen (z.B. ATP, Problemlösegruppen) beziehen.

Im Hinblick auf die Vergleichbarkeit von Ergebnissen finden wir den Einsatz stark verkürzter Versionen des GEB nicht nachahmenswert, wie er z.B. von Westermann et al. (1983) oder Pieper-Räther (1993) vorgenommen wurde, die zudem versäumt hat, auf die Herkunft des Fragebogens hinzuweisen.

3. Auswertung, Gütekriterien und Ökonomie

Die Auswertung des GEB sollte in der Regel auf Skalenebene erfolgen.

Wir schlagen aufgrund des bisherigen Wissenstandes (Strauß & Eckert, 1994) folgende 7 Skalen vor (s. Tab. 1).

Reliabilität

Die vorliegenden Untersuchungen mit dem GEB zeigen, daß nicht nur die Stabilität der Items und Skalen, sondern auch die der Faktorenstruktur sowohl inter- als auch intraindividuell stark variieren (Eckert & Biermann-Ratjen, 1985; Strauß et al., 1985). Diese Instabilität ist nur zu einem geringen Teil auf meßtechnische Schwächen des

Instruments zurückzuführen. Die Hauptursache für diese Instabilität ist darin zu suchen, daß die mit dem GEB erhobenen Erfahrungen der Patienten in Abhängigkeit vom Stand des Gruppenprozesses und vom spezifischen Verlauf einer Gruppenstunde jeweils mehr oder weniger gemacht werden. Ferner trägt zur "Instabilität" bei, daß sich die Selbstwahrnehmung der Patienten im Verlauf der Behandlung verändert, ein Prozeß, der auch zu Veränderungen der Erfahrungen in der Therapie und deren Bewertung führt, was ein erklärtes Ziel wohl fast jeder Form von Psychotherapie ist.

Die in Tab. 1 aufgeführten Skalen bieten aufgrund der Methode, mit der sie zusammengestellt wurden, eine optimale intra- und interindividuelle Stabilität. Sie konnte mit Hilfe von P-Ketten-Faktorenanalysen (Strauß & Eckert, 1994) erreicht und durch faktorielle Kreuzvalidierungen bestätigt werden.

Tab. 1: Skalen des Gruppenerfahrungsbogens (GEB)

Skalen Nr.	Bezeichnung	*Skalenwertbildung* Die Skalenwerte werden gebildet durch die Addition der vom Klienten angekreuzten Itemwerte (0 bis 5). Bei den mit "-" markierten *Items* müssen die Itemwerte umgepolt werden, d.h. aus 0 wird 5, aus 1 wird 4, aus 2 wird 3 usw.
1	Lernerfahrungen und Einsichten	(Item 4) + (Item 11) + (Item 16) + (Item 19) + (Item 21) + (Item 22) + (Item 24) + (Item 27)
2	Verbundenheit und Kohäsion	(Item 13) + (*Item* -25) + (*Item* -28) + (Item 30) + Item 32)
3	Selbständigkeit und Optimismus	(Item 6) + (Item 14) + (Item 18)
4	Ärger und Kritik	(Item 3) + (Item 12) + (Item 23) + (Item 31)
5	Isolation und negative Gruppenstimmung	(Item 5) + (Item 9) + (Item 10) + (Item 15) + (Item 17)
6	Zurückhaltung und Gehemmtheit	(Item 2) + (Item 7)
7	Wohlbefinden	(Item 1) + (Item 8) + (*Item* -20) + (Item 26)

Validität
Die Ergebnisse der Prüfungen verschiedener Aspekte der Validität des GEB mit unterschiedlichen Methoden zeigen ausnahmslos, daß der GEB ein in jeder Hinsicht valides Meßinstrument ist. So konnten signifikante Korrelationen in der erwarteten Richtung zwischen der Selbsteinschätzung der Patienten im GEB und Fremdeinschätzungen durch Beobachter (Tonbandrating) festgestellt werden (Eckert & Biermann-Ratjen, 1985, S. 24-27).

Korrelationsstudien mit dem Gruppenklimabogen (GCQ, Tschuschke, Hess & MacKenzie, 1991, s. Kap. 12) und dem Stuttgarter Bogen (SB, Czogalik & Költzow, 1987, s. Kap. 14) ergaben deutliche Hinweise auf die differentielle Validität des GEB (Strauß & Eckert, 1994). Der GEB erfaßt weniger das Klima einer Gruppensitzung, als vielmehr das Selbsterleben in der Gruppe und dessen Bewertung. Beispielsweise steht die wahrgenommene "Zurückhaltung und Gehemmtheit" (GEB-Skala 6) des einzelnen Patienten in keinem Zusammenhang mit dem Klima in der Gruppe, das gekennzeichnet sein kann durch Engagement, Konflikthaftigkeit oder Vermeidung (erhoben mit dem GCQ), aber in einem negativen Zusammenhang mit der wahrgenommenen eigenen Aktivität und Selbststärke (gemessen mit dem SB).

Belege für die differentielle Validität liefern auch Vergleiche (auf Itemebene) der Erfahrungen von Patienten in verfahrenstechnisch unterschiedlichen Gruppen. Eckert & Biermann-Ratjen (1985, S. 32-44) verglichen die Veränderungen der Gruppenerfahrungen von Patienten in klientenzentrierten und psychoanalytischorientierten Gruppen. Alle signifikanten Unterschiede ließen sich auf Unterschiede in den Behandlungskonzepten zurückführen.

4. Anwendungsbeispiel

Als Anwendungsbeispiel wählen wir eine Untersuchung von Eckert et al. (1992), über deren Ergebnisse bisher nur in einem (unveröffentlichten) Vortrag auf dem "11th International Congress of Group Psychotherapy" berichtet worden ist.

Untersucht wurde die Prädiktion des Behandlungserfolges auf der Grundlage des GEB.

Vorangegangene Untersuchungen (Eckert & Biermann-Ratjen, 1985, S. 118) hatten gezeigt, daß sich auf der Grundlage der Reaktionen der Patienten in den Anfangskontakten (1. bis 3. Sitzung) einer Gruppenbehandlung im Mittel etwa 25% der Veränderungen in verschiedenen Persönlichkeitsbereichen (gemessen mit dem FPI) vorhersagen lassen.

Die Untersuchung prüfte die Abhängigkeit der Güte der Prognose von drei Faktoren: Art des Erfolgskriteriums, Prognosezeitraum und Diagnose der Patienten.

Die Güte der Prognose in Abhängigkeit von der Art des Erfolgskriteriums

Knapp 20% der durch die Gruppenbehandlung bewirkten Veränderungen der Symptomatik (gemessen mit dem Freiburger Persönlichkeitsinventar, FPI) lassen sich bereits sehr früh auf der Grundlage der Angaben der Patienten im GEB prognostizieren. Dieser vorhersagbare Anteil an der Kriteriumsvarianz bleibt über den Therapieverlauf hinweg betrachtet konstant (s. Abb. 2).

Die vorhersagbaren Veränderungen im Selbstkonzept (gemessen mit dem Gießen-Test, GT) der Patienten hingegen variieren in Abhängigkeit vom Zeitpunkt der Prognose: etwa nach der Hälfte der Gesamttherapiedauer lassen sich knapp 30% dieser Veränderungen vorhersagen. Zu Behandlungsbeginn ist dieser Anteil deutlich geringer (s. Abb. 2).

Dieses Ergebnis läßt sich gut mit Untersuchungen zur Entwicklung von psychotherapeutischen Veränderungen vereinbaren: Im Verlaufe einer Psychotherapie stellt sich eine Veränderung der Symptomatik in der Regel früher ein als eine Veränderung im allgemeinen Funktionsniveau (vgl. z.B. Lueger, 1995).

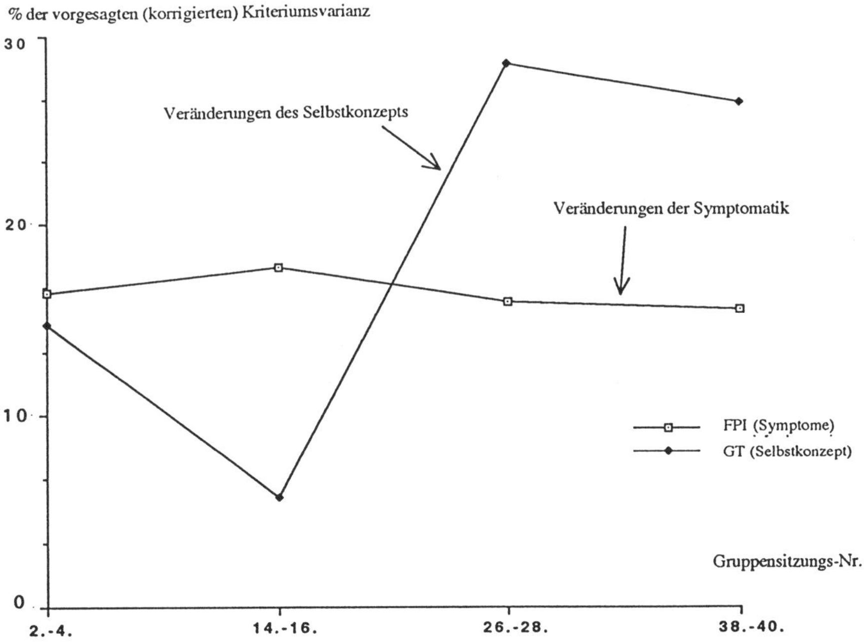

Abb. 2: Die Genauigkeit von Prognosen auf der Grundlage des GEB in Abhängigkeit von der Art des Erfolgskriteriums und des Zeitpunkts der Prognose.

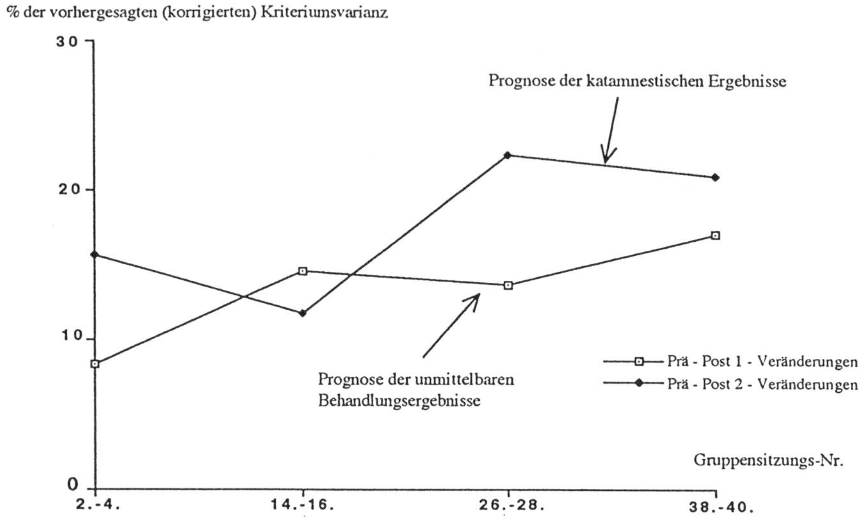

Abb. 3: Die Genauigkeit von Prognosen auf der Grundlage des GEB in Abhängigkeit vom Zeitpunkt ihrer Erstellung und vom Zeitpunkt der Messung der Therapieeffekte.

Die Güte der Prognose in Abhängigkeit vom Prognosezeitraum

Das im folgenden berichtete Ergebnis ist sicherlich abhängig von der Art des gruppentherapeutischen Verfahrens. Nicht-symptomorientierte Verfahren entfalten offenbar eine Langzeitwirkung, d.h. die bei Behandlungsende (Post 1) erreichten Veränderungen erweisen sich zum Zeitpunkt der Katamnese (Post 2) nicht nur als erhalten, sondern es kommt im Katamnesezeitraum noch zu weiteren Veränderungen.

Überrascht hat uns das Ergebnis (s. Abb. 3), daß diese langfristigen Veränderungen (Prä-Post 2) besser zu prognostizieren sind als die Veränderungen im Behandlungszeitraum (Prä-Post 1).

Wie aus der Abb. 3 abzulesen ist, lassen sich die Ergebnisse der Katamnese (mit einer Ausnahme) zu allen Zeitpunkten des Therapieverlaufs deutlich besser prognostizieren als der Behandlungserfolg am Ende der Therapie.

Dieses Ergebnis stützt auch die Annahme, daß es sich bei den im Katamnesezeitraum festgestellten Veränderungen um Auswirkungen der Therapie handelt, und nicht um das Ergebnis anderer Einflüsse.

Die Güte der Prognose in Abhängigkeit von der Diagnose
Den Zusammenhang zwischen Diagnose und Prognose haben wir exemplarisch anhand der Daten von Patienten überprüft, die die Diagnose "Neurose" (gem. ICD-9-Definition) und die Diagnose Borderline-Persönlichkeitsstörungen (diagnostiziert mit dem "Diagnostischen Interview für Borderline-Patienten", DIB; Gunderson et al., 1981) hatten.

Die Untersuchungsergebnisse zeigen, daß die Güte der Prognose in Abhängigkeit von der Diagnose des Patienten und dem jeweiligen Erfolgskriterium variiert.

Beispielsweise ließen sich bei neurotischen Patienten im Durchschnitt 32% der langfristigen (Prä-Post-2-Differenzen) im symptomorientierten FPI vorhersagen, während dieser Anteil bei den Borderlinepatienten nur bei 21% lag. Dieses Verhältnis kehrt sich um bei der Vorhersage der langfristigen Veränderungen im Selbstkonzept (Prä-Post-2-Veränderungen in GT). Hier konnten auf der Grundlage der Reaktionen zu Beginn der Gruppenbehandlung (zweite bis vierte Sitzung) bei Borderlinepatienten über 50% der Veränderungen vorhergesagt werden, während es bei den Neurotikern nur 22% waren.

Analysiert man die einzelnen Items des GEB im Hinblick auf ihr Gewicht, das sie als Prädiktoren haben, so zeigen sich ebenfalls deutliche Unterschiede zwischen den verschiedenen diagnostischen Gruppen. Als Beispiel berichten wir über die Zusammenhänge der Veränderungen im Bereich der "sozialen Resonanz" (GT-Skala 1) mit bestimmten Gruppenerfahrungen: Für Patienten mit einer Borderline-Störung ist es im Hinblick auf ein zunehmend günstigeres Selbsterleben in sozialen Beziehungen und Kontakten (positive soziale Resonanz) wichtig, daß sie die Gruppentherapie von Beginn an als insgesamt positiv beurteilen, daß sie sich ausdrücken können und auch schnell wissen, wie die anderen Gruppenmitglieder zu ihnen stehen.

Bei Patienten mit neurotischen Störungen ergeben sich bezüglich der Veränderungen ihrer "positiven sozialen Resonanz" andere Zusammenhänge: Für sie scheint es eher günstig zu sein, wenn sie sich in den ersten Gruppensitzungen als eher zurückhaltend erleben und den anderen Patienten als eher unähnlich. Gruppenerfahrungen dieser Art scheinen bei neurotischen Patienten auch Veränderungen in anderen Bereichen zu begünstigen.

Diese Anwendungsbeispiele sollten genügen, um zu zeigen, wie sinnvoll sich der GEB in der Forschung einsetzen läßt, und daß die Ergebnisse solcher Untersuchungen auch für die gruppentherapeutische Praxis relevant sind.

5. Kurzzusammenfassung der bisherigen Anwendungen des GEB

Der GEB ist zur Untersuchung fast aller Fragestellungen eingesetzt worden, die im Abschnitt 2. aufgeführt worden sind. Eine Zusammenfassung der wichtigsten Untersuchungen findet sich bei Eckert & Biermann-Ratjen (1985) und Strauß & Eckert (1994).

Die bisher wichtigsten Anwendungsbereiche in der *Forschung* waren:
1. Analysen der Gruppenprozesse in klientenzentrierter, psychoanalytisch-orientierter und verhaltenstherapeutisch-orientierter Gruppentherapie;
2. Vergleich der Prozesse in unterschiedlichen Gruppentherapieverfahren;
3. prognostische Fragestellungen.

Die bisher wichtigsten Anwendungsbereiche in der *Praxis* waren:
1. Der Bogen wird zur Dokumentation des Therapieverlaufs für das einzelne Gruppenmitglied benutzt. Damit eignet er sich auch als ein Instrument zur Qualitätssicherung.
2. Der GEB wurde als Bestandteil der therapeutischen Arbeit eingesetzt. Die Einschätzungen der Patienten des Gruppengeschehens werden z.B. auf ihre Übereinstimmung mit der Wahrnehmung des Therapeuten hin überprüft. Gegebenenfalls spricht der Therapeut auftretende und sich wiederholende Diskrepanzen an.

6. Abschließende Bewertung

Der GEB ist ein in Forschung und Praxis der Gruppentherapie bewährtes Selbstbeurteilungsverfahren, das im Hinblick auf den benötigten Zeitaufwand für seine Anwendung und Auswertung als ökonomisch zu kennzeichnen ist und erfahrungsgemäß auch auf Akzeptanz bei den Patienten stößt.

Reliabilität und Validität können weitgehend als gesichert angesehen werden. Allerdings fehlen bisher die statistischen Kennwerte (wie Mittelwerte, Streuungen, Interne Konsistenzen etc.) der Items und Skalen für die hier vorgestellte revidierte Version des GEB.

Aus diesem Grunde wäre der Autor dankbar, wenn Kolleginnen und Kollegen, die den GEB in der hier vorgestellten Form einsetzen, ihm bei der für die Itemanalyse erforderlichen Datensammlung helfen würden.

Literatur

Biermann-Ratjen, E.-M., Eckert, J. & Schwartz, H.-J. (1995). *Gesprächspsychotherapie. Verändern durch Verstehen (7. Aufl.)*. Stuttgart: Kohlhammer.

Brocher, T. (1967). *Gruppendynamik und Erwachsenenbildung*. Braunschweig: Westermann.

Czogalik, D. & Költzow, R. (1987). Zur Normierung des Stuttgarter Bogens. *Gruppenpsychotherapie und Gruppendynamik, 23,* 36-45.

Eckert, J. (1974). *Prozesse in der Gesprächspsychotherapie. Die Bedeutung subjektiver Erfahrungen von Klient und Psychotherapeut im Hinblick auf Therapieverlauf und Therapieerfolg*. Unveröff. Dissertation, Universität, Hamburg.

Eckert, J. (1976). Zur Prognose von psychotherapeutischen Effekten bei unterschiedlichen Behandlungsmethoden. *Zeitschrift für Klinische Psychologie*, *5*, 153-163.

Eckert, J. & Biermann-Ratjen, E.-M. (1985). *Stationäre Gruppenpsychotherapie. Prozesse - Effekte - Vergleiche*. Berlin: Springer.

Eckert, J., Biermann-Ratjen, E.-M. & Eisentraut, R. (1992). *Short and long-term prognosis of treatment effects based on patients' reactions to the group process*. Unveröff. Vortrag auf dem 11th International Congress of Group Psychotherapy, Montreal.

Grawe, K., Thiem, T. & Schütte, C. (1978). Der Gruppenstundenbogen (GSB). In R. Ullrich, R. Ullrich-de Muynck (Hrsg.), *Soziale Kompetenz*. München: Pfeiffer.

Lueger, R.J. (1995). Ein Phasenmodell der Veränderung in der Psychotherapie. *Psychotherapeut*, *40*, 267-278.

Gunderson, J.G., Kolb, J. & Austin, V. (1981). The Diagnostic Inverview for Borderline Patients. *American Journal of Psychiatry*, *138*, 896-903.

Pieper-Räther, M. (1993). *Therapieprogramm zur Behandlung von Patienten mit psychosomatischen Störungen*. Tübingen: DGVT.

Strauß, B., Appelt, H. & Schwoon, D. (1985). Subjektive Beurteilungen von Gruppentherapiesitzungen und deren Beziehungen zur Katamnese bei Alkoholkranken. In D. Czogalik, W. Ehlers & R. Teufel (Hrsg), *Perspektiven der Psychotherapieforschung*. Freiburg: Deutscher Hochschulverlag.

Strauß, B. & Eckert, J. (1994). Dimensionen des Gruppenerlebens: Zur Skalenbildung des Gruppenerfahrungsbogens. *Zeitschrift für Klinische Psychologie*, *23*, 188-201.

Tschuschke, V., Hess, H. & MacKenzie, K.R. (1991). Der Gruppenkima-Fragebogen (GCQ-S) - Methodik und Anwendung eines Meßinstrumentes zum Gruppenerleben. *Gruppenpsychotherapie und Gruppendynamik,* 26, 340-359.

Westermann, B., Schwab, R. & Tausch, R. (1983). Auswirkungen auf Prozesse personenzentrierter Gruppenpsychotherapie bei 164 Klienten einer Psychotherapeutischen Beratungsstelle. *Zeitschrift für Klinische Psychologie*, *4*, 273-292.

Yalom, I.D. (1970). *The theory and practice of group psychotherapy*. New York: Basic Books.

Zielke, M. (1982). *Diagnostik in der Psychotherapie*. Stuttgart: Kohlhammer.

12 Der Gruppenklima-Fragebogen (Group Climate Questionnaire, GCQ-S)

K. Roy MacKenzie

1. Theoretischer Hintergrund

Eine Gruppensitzung kann anhand einer Reihe von Interaktions-Dimensionen beschrieben werden. Diese wiederum konstituieren das "*Gruppen-Klima*". Es handelt sich dabei um eine aggregierte Einschätzung, die das Verhalten aller Gruppenmitglieder berücksichtigt. Die entsprechenden Daten können aus verschiedenen Quellen gewonnen werden, z.B. von den Therapeuten, von unabhängigen Beobachtern oder trainierten Forschern. Es hat aber auch einige Vorteile, die Wahrnehmungen der Gruppenmitglieder selbst zu messen.

Die Literatur über Einzelpsychotherapie betont die Bedeutung der "therapeutischen Allianz" zwischen Klient und Therapeut im Hinblick auf die Vorhersage des Therapie-Ergebnisses. Klienten-Einschätzungen stellen dabei einen besseren Prädiktor dar als jene, die vom Therapeuten oder einem unabhängigen Beobachter stammen. Die Vorstellung, die ein Individuum über seine interpersonelle Welt hat, befindet sich in Übereinstimmung mit den Theorien zu persönlichen Konstrukten. Diese nehmen an, daß es die individuelle, personale Interpretation bezogen auf ein Ereignis ist, die die Antwort des Individuums ausmacht (Kelly, 1955; Neimeyer, 1993; Catina & Tschuschke, 1993). Erwartungsgemäß unterscheiden sich Gruppenmitglieder darin, wie sie ein und dieselbe Gruppensitzung wahrnehmen. Ergebnisse zu Messungen des Gruppen-Klimas werden also am besten untersucht, indem beide Aspekte, das Individuum und die gesamte Gruppe ins Auge gefaßt werden.

Messungen zum Gruppen-Klimas können als Messung von "Gruppen-Normen" aufgefaßt werden. Diese wiederum sind implizite Verhaltensregeln, wie sie von den Gruppenmitgliedern als legitim akzeptiert worden sind. Sie geben einen wichtigen Rahmen für Determinanten des aktuellen Gruppenverhaltens an (Bond, 1983; MacKenzie, 1979). Aus einer theoretischen Perspektive beschäftigen wir uns mit dem Konzept des "sozialen Drucks", einer Komponente bzw. einem Attribut eines sozialen Kontextes, die/das bestimmte Verhaltensmuster fördert oder einschränkt. Moos (1974) hat Auswirkungen der sozialen Atmosphäre einer psychiatrischen Klinikstation auf die soziale Anpassung nach der Entlassung nachgewiesen. Lieberman et al. (1973) dokumentierten die Bedeutung der Rolle des Gruppenleiters bei Formung und Beachtung von Gruppennormen.

Das Gruppen-Klima ist eng mit dem Konzept der 'therapeutischen Wirkfaktoren' verknüpft. Corsini und Rosenberg (1955) nahmen den ersten größeren Literatur-Überblick über die diesbezügliche Literatur vor. Das Konzept hat sich zu einem zentralen Aspekt wichtiger Handbücher zur Gruppenpsychotherapie entwickelt (MacKenzie, 1990; Yalom, 1995; vgl. Kap. 4).

Ein bislang bescheidenes Ausmaß an empirischer Literatur hat für die Bedeutung einiger dieser Konzepte weitgehend Bestätigung erbracht (Butler & Fuhriman, 1983; Dierick & Lietaer, 1990; Shaughnessy & Kivlighan, 1995; Strauß & Burgmeier-Lohse, 1994; Tschuschke & Dies, 1994; vgl. auch Kapitel 43.), doch leidet dieses Untersuchungsfeld unter fehlenden Standard-Meßmethoden. Die vorhandenen Ansätze sind charakterisiert durch unterschiedlichste Items, vage Definitionen, zahlreiche Überlappungen und variierende Perspektiven. Es gibt nicht eine Untersuchung, die das Gruppen-Klima mit therapeutischen Wirkfaktoren verglichen hätte, dabei ist es wahrscheinlich, daß z.B. die Fragen 1 und 4 des "Group Climate Questionnaire (GCQ-S)" (MacKenzie, 1981; 1983) ("die Gruppenmitglieder mochten sich und kümmerten sich umeinander", und "die Gruppenmitglieder spürten, daß das, was in der Gruppe ablief, wichtig war, und daß es echte Teilnahme gab") logisch mit den Faktoren *'Kohäsion'* und *'Akzeptanz'* verknüpft sind.

Generell kann man sagen, daß bisher die Dimensionen des Gruppen-Klimas als getrennt vom Konzept der Gruppenkohäsion betrachtet worden sind. Zweifellos sind sie eng miteinander verbunden, insoweit therapeutische Wirkfaktoren und Kohäsion einander überlappende Konzepte sind. Dies hat zu einer Unschärfe bei den Versuchen geführt, Kohäsion zu messen (Drescher et al., 1985; Bednar & Kaul, 1994; Budman et al., 1987; Budman et al., 1989; Braaten, 1991; Crouch et al., 1994). Wahrscheinlich kann Kohäsion am ehesten als ein sehr globales Konzept verstanden werden, das mißt, wie attraktiv oder wichtig die Gruppe für die Ansammlung von individuellen Mitgliedern ist, eine Art "Gruppen-Moral" oder "Esprit de Corps". Solch ein übergeordnetes Konzept müßte logischerweise in einer Verbindung stehen mit verschiedenen Gruppen-Mechanismen, wie sie von Gruppen-Klima- oder Wirkfaktoren-Meßmethoden beschrieben werden.

Ein ähnlicher Ansatz ist jener der "kritischen Ereignisse". Verschiedene Untersuchungen haben die Beschreibungen von Ereignissen durch Gruppenmitglieder in Gruppensitzungen untersucht, die für diese wichtig gewesen waren (MacKenzie, 1987; Dierick & Lietaer, 1990; Shaughnessy & Kivlighan, 1995). Diese Ereignisse wurden speziell im Hinblick auf eine Kompatibilität mit therapeutischen Wirkfaktoren betrachtet. Der Gruppen-Klima-Fragebogen in seiner Kurzversion (GCQ-S) (MacKenzie, 1981; 1983) umfaßt eine Rubrik über mögliche kritische Ereignisse (vgl. Abb. 1).

Gruppenklima-Fragebogen (GCQ-S)

Einschätzungs-Skala

0 = überhaupt nicht
1 = eher wenig
2 = etwas
3 = durchschnittlich
4 = ziemlich
5 = stark
6 = sehr viel, extrem

Name: ____________________

Gruppe ____________________

Datum/Sitzung ____________/____________

Instruktionen:
Lesen Sie die Beschreibung sorgfältig und versuchen Sie, die Gruppe als Ganzes zu sehen. Benutzen Sie die Einschätzungs-Skala als eine Hilfe; kreuzen Sie die Zahl zu jeder Beschreibung an, die am ehesten die Gruppe während der heutigen Sitzung beschreibt. Bitte, kreuzen Sie nur EINE Antwort bei jeder Beschreibung an.

1. Die Gruppenmitglieder mochten sich und kümmerten sich umeinander.	0 1 2 3 4 5 6
2. Die Gruppenmitglieder veruchten zu verstehen, warum sie Dinge tun, versuchten darüber nachzudenken.	0 1 2 3 4 5 6
3. Die Gruppenmitglieder vermieden, wichtige Dinge anzusprechen, die zwischen ihnen abliefen.	0 1 2 3 4 5 6
4. Die Gruppenmitglieder spürten, daß das, was in der Gruppe ablief, wichtig war, und daß es echte Teilnahme gab.	0 1 2 3 4 5 6
5. Die Gruppenmitglieder hatten Erwartungen an den Gruppenleiter, daß er ihnen sagte, was sie tun sollten.	0 1 2 3 4 5 6
6. Es gab Spannung und Arger zwischen den Gruppenmitgliedern.	0 1 2 3 4 5 6
7. Die Gruppenmitglieder waren distanziert und einander fremd.	0 1 2 3 4 5 6
8. Die Gruppenmitglieder bekämpften und konfrontierten einander in ihrem Bemühen, sich auseinanderzusetzen.	0 1 2 3 4 5 6
9. Die Gruppenmitglieder schienen sich so zu verhalten, wie sie glaubten, daß es die Gruppe akzeptieren würde.	0 1 2 3 4 5 6
10. Die Gruppenmitglieder mißtrauten sich und lehnten einander ab.	0 1 2 3 4 5 6
11. Die Gruppenmitglieder äußerten private Einzelheiten oder Gefühle.	0 1 2 3 4 5 6
12. Die Gruppenmitglieder wirkten gespannt und ängstlich.	0 1 2 3 4 5 6

Bitte, beschreiben Sie hier kurz das Ereignis, das für Sie heute am wichtigsten war.
Es könnte etwas sein, das Sie persönlich berührt hat oder etwas, das zwischen anderen in der Gruppe geschah, das Sie aber zum Nachdenken über sich selbst anregte. Versuchen Sie zu beschreiben, was für sie persönlich wichtig war.

Ereignis	Seine Bedeutung für Sie

Abb. 1: Gruppenklima-Fragebogen (GCQ-S)

Schließlich wurden in der Literatur zum Gruppen-Klima Vorstellungen zur Theorie der Gruppenentwicklung erörtert (MacKenzie, 1990; Kivlighan & Goldfine, 1991). Dabei wurden die Phasen oder Abschnitte der Gruppententwicklung in Form von Wechseln ("shifts") der Interaktions-Charakteristika im Gruppen-Klima beschrieben. In einem neueren Literatur-Überblick zitiert MacKenzie (1994) ausreichend empirische Belege für zumindest ein einfaches Modell des phasischen Verlaufs der Gruppenentwicklung, das eine positiv getönte initiale Stufe des Engagements, gefolgt von einem Abschnitt mit erhöhter Spannung und Konflikt mit einem Differenzierungs-Prozeß zwischen den Gruppenmitgliedern und schließlich eine aktive interaktionelle Arbeitsphase mit größerer Introspektion und Involviertheit umfaßt, bevor die Abschluß-Phase erreicht wird.

1.1. Gruppen-Klima-Maße

Verschiedene Gruppen-Klima-Maße wurden bisher in der Literatur vorgestellt. Sie werden im folgenden kurz vorgestellt, mit Hinweisen auf ihre Stärken und Schwächen.

- "Do's and Don'ts" -Fragebogen (Lieberman, Yalom und Miles, 1973): Dieser 48 Item-Fragebogen wurde in der umfangreichen "Stanford Encounter Group"-Studie verwendet, die für lange Jahre die größte Untersuchung von "therapie-ähnlichen" Gruppen darstellte. Fünf Faktoren wurden identifiziert, die 71% der Varianz erklärten, aber nur 38 Items des Fragebogens umfaßten. Der Fragebogen wurde jedoch keiner psychometrischen Prüfung unterzogen.

- "Observer Questionnaire" (Hawkins, Norton, Eisdorfer & Gianturco, 1976). Es handelt sich um einen Beobachter-Bogen, der über Faktorenanalyse eines ursprünglichen 65 Items umfassenden Pools entwickelt und auf 33 Items verkürzt wurde. Die Faktorenanalyse ergab zwei Haupt- und weitere Neben-Faktoren. Es sind keine Daten bezüglich der Faktoren-Korrelationen verfügbar. Eine Untersuchung der ursprünglichen 65 Items ergab eine sehr variable Faktoren-Struktur (MacKenzie, 1977).

- "Group Environment Scale" (Moos & Humphrey, 1973). Dieses Meßinstrument ist eine Gruppentherapie-Version der "Ward Atmosphere Scale" mit demselben Satz von 10 Unterskalen, die unter die Dimensionen 'Beziehungs-Qualität', 'Aspekte des persönlichen Wachstums' sowie 'System-Funktionen' gruppiert werden können. Es handelt sich bei diesem Instrument um einen konzeptuell sehr klugen Ansatz, der nützliche Informationen über größere soziale Settings liefert. Leider basieren die psychometrischen Kenngrößen der GES auf einer sehr kleinen Daten-Basis. Faktorenanalytische Berechnungen der 'Ward Atmosphere Scale' verdeutlichen, daß der erste Faktor 50 - 82% der Varianz erklärt (Wilkinson, 1973; Alden, 1978; Manderscheid, König & Silbergeld, 1978). Vermutlich ist es berechtigt, bei der GES ähnliche Ergebnisse anzunehmen. Die GES ist erst in wenigen Studien mit hochspezifischen Stichproben verwendet worden. Der Umfang von 90 Items schließt einen routinemäßigen Einsatz in Studien zum Verlauf einer Gruppe aus.

- "Group Atmosphere Scale" (Silbergeld, König, Manderscheid, Meeker & Horning, 1975; Silbergeld, Manderscheid & König, 1977). Dieser Fragebogen umfaßt 120 Items in 12 Dimensionen, die konzeptuell denen des Moos & Humphrey-Instruments (s.o.) ähnlich sind. Es werden zufriedenstellende Item-Skalen-Korrelationen, aber keine Faktorenanalyse berichtet. Eine besondere Stärke des Instruments ist darin begründet, daß die Autoren versucht haben, die Ergebnisse mit den Scores von anderen etablierten Meßinstrumenten wie der Hill-Interaktions-Matrix (vgl. Kapitel 16), Gruppenkohäsions-Maßen und über den Vergleich verschiedener Gruppenpopulationen in Beziehung zu setzen. Anscheinend korrelieren einige der Skalen miteinander, was die Frage nach der zugrundeliegenden Faktoren-Struktur aufwirft. Wie bei der GES ist auch hier die Länge des Fragebogens ein Problem.

- "Group Adjective Measure" (MacKenzie, Dies, Coché, Rutan & Stone, 1987). MacKenzie et al. (1987) führten eine Untersuchung an 53 zweitägigen Trainings-Gruppen durch. Zusätzlich zum GCQ-S wurde eine Adjektiv-Liste vorgegeben, die aus 10 positiven und 10 negativen Items besteht. Eine Faktorenanalyse erbrachte drei Hauptkomponenten mit 14 der 20 Items: 'Kohäsiv', 'Abgewehrt' und 'Oberflächlich'. Erfolgreiche Gruppenmitglieder berichteten von signifikant kohäsiveren und weniger abgewehrten und weniger oberflächlichen Gruppen. Dieser Fragebogen ist bislang wenig verwendet worden.

2. Der Gruppenklima-Fragebogen (GCQ-S)

Zweck der Entwicklung des GCQ war es, eine kurze Skala für das Gruppen-Klima zu entwerfen, die regelmäßig nach jeder Gruppensitzung verwendet werden kann. Das grundlegende Motiv war, die Wahrnehmungen der Gruppe durch die Gruppenmitglieder zu erfassen. Zu diesem Zweck wurden Fragen konstruiert, die eindeutig verhaltensorientierte Beschreibungen darstellten, unter nur geringem Rückgriff auf Schlußfolgerungen. Die Sprache wurde einfach und umgangssprachlich gehalten. Die Erhebungen mit dem Instrument haben gezeigt, daß das Gruppen-Klima von Sitzung zu Sitzung erheblich variieren kann. Regelmäßige Messungen sind deshalb wichtig. Eine einfache Mittelwert-Berechnung über alle Sitzungen einer Gruppe hinweg würde wichtige und klinisch relevante Veränderungen im Klima nivellieren. Der Umfang des Fragebogens wurde über sukzessive Analysen auf den gegenwärtigen Satz von 12 Items verkleinert. Diese Version trägt die Bezeichnung GCQ-S (s. Abb. 1).

2.1. Entwicklung

Die Anfänge der Entwicklung des GCQ-S fanden in den Jahren 1976 - 1977 während eines Forschungsjahres des Autors an der Universität Edinburgh unter der Leitung von Prof. Henry Walton statt. Eine Literatursichtung ergab zahlreiche Gruppenprozeß-Dimensionen, die für eine Gruppen-Klima-Meßmethode als relevant angesehen werden mußten. Die Fragen wurden unter Berücksichtigung vieler dieser Dimensionen entwikkelt, und es wurden verschiedene Revisionen vorgenommen, die auf vorläufigen Ergebnissen basierten. Der ursprüngliche Item-Pool von 65 Items wurde über sukzessive Anwendungen verfeinert. Diese Arbeiten mündeten in die erste Veröffentlichung über den GCQ-S ein (MacKenzie, 1981).

Die erste Version des GCQ umfaßte 32 Items mit acht Skalen (Tab. 1). Item-Skalen-Korrelationen erbrachten zufriedenstellende mittlere Werte von 0.70, aber einige Skalen wiesen starke Interkorrelationen auf. Eine Faktorenanalyse ergab sieben interpretierbare Faktoren sowie eine Reihe von niedrig ladenden Items. Die Item-Anzahl erwies sich als Problem für einen regelmäßigen Einsatz nach jeder Sitzung.

Tabelle 1: Skalen der Langversion des GCQ

1. Engagement: Die Bedeutung der Gruppe und intensive Teilnahme
2. Öffnung: Darbietung von Material von Erfahrungen außerhalb der Gruppe
3. Unterstützung: Gefühl von Wärme, Empathie und Echtheit
4. Konflikt: Spannung, Mißfallen und Ärger
5. Herausforderung: Feedback und Konfrontierung
6: Praxisbezug: Diskussion von Problemen und Schwierigkeiten von außerhalb der Gruppe
7. Kognition: Betonung auf Verständnis für Verhalten und dahinterliegenden Gründen
8. Kontrolle: Starke Gruppenerwartungen bezüglich Mitgliederverhalten

Eine revidierte und gekürzte Version, der GCQ-S (siehe Abbildung 1, deutschsprachige Version von Tschuschke et al., 1991), wurde zusammen mit den psychometrischen Kenngrößen veröffentlicht (MacKenzie, 1983). Reanalysen führten zur endgültigen Version des GCQ, die 1990 veröffentlicht wurde (MacKenzie, 1990). Die

Skalen lassen sich wie folgt beschreiben (in Klammern die deutschsprachigen Skalen-Benennungen, siehe auch weiter unten):

- Engagement (Positive Arbeits-Atmosphäre)
  Diese Skala schließt allgemeine Items ein, die Aspekte eines förderlichen Gruppenklimas nach Rogers berücksichtigen (Item 1), Gruppen-Kohäsion (Item 4), Arbeits-Konzepte kognitiver Provenienz (Item 2), gegenseitige Herausforderung (Item 8) (in der englischen Version, in der deutschsprachigen Version lädt dieses Item auf der Skala 2/Konflikt) und Selbstöffnung (Item 11). Ursprünglich wurden diese Items aus zwei verschiedenen Skalen bezüglich Kohäsion und Arbeit gewonnen, die allerdings durchgängig korreliert sind, so daß sie in eine einzige Skala zusammengefaßt wurden. Das Ergebnis ist ein Maß, das dem des "therapeutischen Arbeitsbündnisses" (working alliance) in der Literatur zur Einzelpsychotherapie sehr ähnlich ist. Es scheint, daß die Skala gleichfalls Aspekte der "Gruppenkohäsion" erfaßt.

- Konflikt (Atmosphäre von Ärger und Spannung)
  Diese Skala umfaßt Items, die eher eine negatives Gruppen-Klima, angefüllt mit Ärger (Item 6), Distanziertheit (Item 7), Bekämpfen und Konfrontieren (Item 8), Mißtrauen (Item 10) und Spannung (Item 12) reflektieren.

- Vermeidung [und Abhängigkeit] (persönliche Verantwortung für Gruppenarbeit)
  Wenngleich etwas unterschiedlich in ihren Inhalten, so spiegeln alle drei Items der englischsprachigen Version die Möglichkeiten wider, durch die das individuelle Gruppenmitglied eine konstruktive Beteiligung an der Gruppenarbeit vermeiden kann. Die Items umfassen das Vermeiden der Thematisierung wichtiger interpersoneller Aspekte (Item 3), die Abhängigkeit vom Leiter (Item 5) und das Befolgen von Gruppen-Normen (Item 9). In der deutschsprachigen Version laden nur zwei Items auf dem dritten Faktor (Items 5 und 9).

2.2. Psychometrische Eigenschaften

Faktoren-Struktur

Die Faktoren-Struktur des GCQ-S wurde an drei größeren Stichproben bestimmt. Der ursprüngliche Bericht von MacKenzie (1983) basierte auf 75 Patienten aus zwölf ambulanten Gruppen, die unter verschiedenen Problemen (keine Psychosen) litten. Der GCQ-S wurde jeweils am Ende jeder Sitzung dargeboten. Es konnte eine dreifaktorielle Lösung akzeptiert werden. Weitere Faktorenanalysen wurden an einer größeren

Stichprobe von 200 Patienten, durchgeführt, was zu einer Neuzuordnung von zwei Items führte (MacKenzie, 1990).

Die Faktorenanalyse mit den Daten aus einer Untersuchung von 53 zweitägigen Trainings-Gruppen, die 548 Gruppenmitglieder umfaßte, erbrachte Ergebnisse, die indentisch waren mit denen der klinischen Population (MacKenzie, Dies, Coché, Rutan & Stone, 1987).

Die deutschsprachige Version des GCQ-S (s. Abb. 1) wurde von Tschuschke, Hess und MacKenzie (1991) vorgelegt. Sie basiert auf 314 Fragebögen von Patienten aus 35 therapeutischen Gruppen.

Die faktorielle Struktur der deutschen Version korrespondiert eng mit der der englischsprachigen Original-Version. Neun Items laden hoch auf den zu erwartenden Faktoren. Zwei Items laden > .40 auf anderen Faktoren, aber in jedem Fall war die höchste Ladung auf der entsprechenden Skala. Item 8 erfuhr durch die Übersetzung eine Bedeutungsverschiebung. In Englisch meint es: "The members challenged and confronted each other in their efforts to sort things out." In der deutschen Version liest es sich: "Die Gruppenmitglieder bekämpften und konfrontierten einander in ihrem Bemühen, sich auseinanderzusetzen." Der deutsche Ausdruck "bekämpften" bzw. "combating" im Englischen, unterstellt eine stärkere negative Qualität als in der englischen Version und führte wohl deshalb dazu, daß dieses Item von der Zugehörigkeit zur positiven Arbeits-Engagement-Skala hin zur Konflikt-Skala wechselte.

Die Replikationen der Faktoren-Struktur über drei unterschiedliche Gruppen-Populationen sprechen sehr für die faktorielle Stabilität der GCQ-S-Skalen. Das Trainings-Gruppen-Beispiel, das weiter unten diskutiert wird (MacKenzie et al., 1987), legt jedoch die Vermutung nahe, daß sich die von den Gruppen-Mitgliedern verwendeten Konstrukte zur Einschätzung ihres Gruppenerlebens über die Zeit hinweg ändern. In dieser Untersuchung zeigte sich, daß die erfolgreicheren Gruppen in der letzten Sitzung zu einem Arbeitsstil tendierten, der durch introspektive Arbeit gekennzeichnet war. MacKenzie (1983) fand in einem anderen Beispiel, daß der vorherrschende Faktor innerhalb der ersten fünf Sitzungen bei 12 untersuchten ambulanten Gruppen bemerkenswert verschieden war von den in späteren Sitzungen vorherrschenden. Dieser "frühe" Faktor basierte auf fünf Items aus allen drei Skalen und war bipolar: "sich mögen/sich sorgen" (liked/cared) und "Wichtigkeit/Teilnahme" (importance/ participation) an einem Ende und "Differenzen/Ärger" (friction/anger), "distanziert/ zurückgezogen" (distant/withdrawn) und "Mißtrauen/Zurückweisung" (distrust/reject) am anderen. Vermutlich ist dieser Faktor geprägt von einer vorsichtigen Orientierung innerhalb einer neuen sozialen Umgebung.

Der Faktor 'Engagement' ist der stärkste Faktor, der in den verfügbaren Untersuchungen zwischen 30 und 60% der Varianz erklärt. In den meisten Untersuchungen war der Faktor 'Vermeidung/Abhängigkeit' der schwächste. Wie oben erwähnt, ist es wahrscheinlich, daß die Faktoren-Struktur in Abhängigkeit von der Phase, in der die

Gruppe sich befindet, variiert. Daher ist es wichtig, daß die in Faktorenanalysen benutzten Daten aus unterschiedlichen Sitzungen stammen. Wenn dies der Fall war, wurde die 3-Faktoren-Lösung jeweils bestätigt. Daten aus frühen Gruppensitzungen sind typischerweise eher bimodal, basierend auf einem Faktor, der die beiden positiven (Engagement) und negativen Aspekte (Konflikt/ Vermeidung) auf sich vereinigt.

Die Skalen-Korrelationen bewegen sich im mittleren bis unteren Bereich (MacKenzie, 1990, vgl. Tab. 2).

Tabelle 2: GCQ-S-Skalen-Korrelationen (englischsprachige Version, MacKenzie, 1983)

	Engaged	Avoiding
Avoiding	- .44	
Conflict	- .18	+ .30

Es ist erwähnenswert, daß keine substantielle Korrelation zwischen 'Engaged' und 'Conflict' gefunden wurde, obwohl die klinische Beobachtung die Vermutung nahegelegt, daß eine Gruppe mit hohem Niveau an 'Engaged' zugleich höhere Werte an 'Conflict' aufweisen könnte.

Hurley & Brooks (1987) äußerten die Auffassung, daß die GCQ-S-Struktur am besten entlang einer einzigen bipolaren 'Beziehungs-Bewertungs-Dimension' (affiliation/evaluative dimension) repräsentiert sei. Sie wendeten den GCQ-S bei 11 Trainings-Gruppen mit Universitäts-Studenten an. Die 5 Items der 'Engagement'-Dimension bildeten ein starkes "affiliatives" Cluster. Die 4 Items der 'Konflikt'-Dimension dagegen bildeten analog ein "disaffiliatives" Cluster und waren mit den 'Engagement'-Items negativ korreliert, allerdings nicht auf einem durchgehend signifikanten Niveau. Die drei 'Vermeidung/Abhängigkeit'-Items waren positiv untereinander korreliert, aber nur die Korrelation zwischen dem Item 3 ("avoided") und Item 5 ("depended") erreichte Signifikanz. Das Item 3 ("avoided looking at important issues") war darüber hinaus eng verbunden mit dem 'Konflikt'-Cluster. Diese Ergebnisse bestätigen teilweise die GCQ-S-Skalen. Man kann allerdings die Frage stellen, ob die 10-wöchigen Studenten-Gruppen die Gelegenheit hatten, in Bereiche von weiter entwickelter interaktioneller Arbeit voranzuschreiten (MacKenzie, 1988). Wie oben erwähnt, weisen die frühen Stadien einer Gruppe eine bipolare Faktoren-Struktur auf, die den Ergebnissen von Hurley & Brooks entspricht. Es gibt ausreichend Hinweise, daß die beiden Dimensionen "Affiliation" und "Dominanz" den größten Teil der Varianz in Studien zu interpersonellen Phänomenen aufklären (Horowitz et al., 1988; Alden et al., 1990). Die beiden GCQ-S-Skalen 'Engagement' und 'Konflikt' sind mit jenen Dimensionen vergleichbar. Offen bleibt dabei, welchen genauen Beitrag die weniger robuste Skala 'Vermeidung/ Abhängigkeit' zum Verständnis des Gruppen-Klimas leistet.

Normen

Normen für den GCQ-S wurden von MacKenzie veröffentlicht (1983; 1990). Sie basieren auf einer Stichprobe von ambulanten psychiatrischen Patienten der 'University of Calgary Medical School', gewonnen in den frühen 80er Jahren. Ca. 60% der Patienten waren Frauen, deren Alter von 18 bis 50 Jahre reichte. Alle Patienten nahmen an einer Reihe von Gruppentherapien für neurotische und/oder Persönlichkeitsstörungen unterschiedlicher Schwere teil. Es handelte sich um eine vorwiegend aus der Mittelschicht stammende Population, die fast durchgängig Oberschul-Abschlüsse hatte.

Die gewonnenen Normen mögen nicht ohne weiteres auf andere Patienten-Populationen übertragbar sein. Zum Beispiel wird der GCQ-S gegenwärtig in einer Studie mit Brustkrebs-Patientinnen angewendet (M. Leszcz, pers. Mitteilung), wo die belastenden Begleitumstände durchaus die normativen Standards verändern könnten. Vergleichbare Einflüsse lassen sich beim Gebrauch des GCQ-S in anderen Sprachen oder mit unterschiedlichen sozioökonomischen Populationen erwarten. Aus diesen Gründen wird dringend empfohlen, daß die GCQ-S-Ergebnisse in Form einfacher Mittelwerte über die Items jeder Skala dargestellt werden.

Eine Untersuchung berichtete darüber, daß die von Gruppentherapeuten im Vergleich zu den von Patienten ausgefüllten Fragebögen niedrigere Werte für die Skala 'Engagement' und höhere Niveaus für die Skalen 'Konflikt' und 'Vermeidung/Abhängigkeit' ergaben (MacKenzie, 1983). Da es sich um eine relativ kleine Stichprobe handelte, sollten diese Werte mit Vorsicht interpretiert werden; sie können daraus resultieren, daß unterschiedliche Perspektiven des Gruppenprozesses auch unterschiedliche Ergebnisse produzieren.

3. Anwendungsbeispiel

53 zweitägige Trainings-Gruppen wurden mit Prozeß- und Outcome-Methoden untersucht (MacKenzie et al., 1987). Der GCQ-S wurde jeweils am Ende von jedem der vier 3 1/2-stündigen Zeitblöcke vorgegeben. Ein Outcome-Maß basierte auf dem Ausmaß an Zufriedenheit mit dem Gruppenleiter und der Gruppe sowie auf dem Lerneffekt aufgrund der Gruppenerfahrung, erhoben nach der letzten Sitzung. Die acht "besten" Gruppen wurden mit den acht "schlechtesten" Gruppen verglichen, was jeweils 15% der gesamten Stichprobe entsprach. Bezüglich Anzahl der Gruppenmitglieder, Ge-

schlecht des Gruppenleiters und Art der durchgeführten Trainingsgruppe gab es keinerlei signifikante Unterschiede zwischen den beiden unterschiedlich erfolgreichen Gruppierungen.

Die Skalen-Muster über alle vier Abschnitte sind in der Abbildung 2 dargestellt. Die erfolgreichsten Gruppen sind speziell in der Skala 'Engagement' von den wenig erfolgreichen unterschieden. Das Trainings-Ergebnis nach 14 Stunden wird bereits nach 3 1/2 Stunden deutlich von den 'Engagement'-Scores vorhergesagt. Außerdem verbleiben die 'Engagement'-Scores während jeder der drei weiteren Sitzungen auf signifikant höherem Niveau. Zur gleichen Zeit weisen die erfolgreichsten Gruppen in der ersten Sitzung keine niedrigeren 'Konflikt'-Niveaus auf, was aber für die Niveaus in 'Vermeidung/Abhängigkeit' der Fall ist.

Dieses Ergebnis legt die Schlußfolgerung nahe, daß sich die erfolgreicheren Gruppen schnell in eine Arbeits-Atmosphäre hineinbewegen. Es ist damit in Übereinstimmung mit der Literatur zur Einzelpsychotherapie über die prädiktive Potenz früher Messungen zur "therapeutischen Allianz".

Die GCQ-S-Ausprägungen sind kompatibel mit der Hypothese zum phasischen Verlauf der Gruppenentwicklung. Die erfolgreichsten Gruppen weisen in der ersten Sitzung ausgeprägt hohe 'Engagement'-Scores auf, wenn Stufe 1-Engagement theoretisch erwartet wird. Die am wenigsten erfolgreichen Gruppen waren in dieser positiven Dimension bemerkenswert niedrig in den ersten Sitzungen. Beide unterschiedlich erfolgreichen Gruppierungen wiesen mittlere Niveaus an 'Konflikt' auf. Aber nur die erfolgreichsten Gruppen schienen diesen Abschnitt an größerer intragruppaler Spannung - wie dies durch das erhöhte Niveau an 'Konflikt' abgebildet wird - zu meistern, was sich in niedrigeren 'Konflikt'-Scores in Sitzung 4 zeigt.

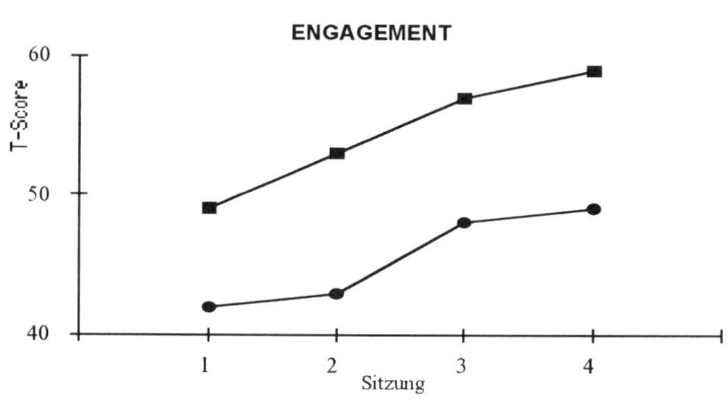

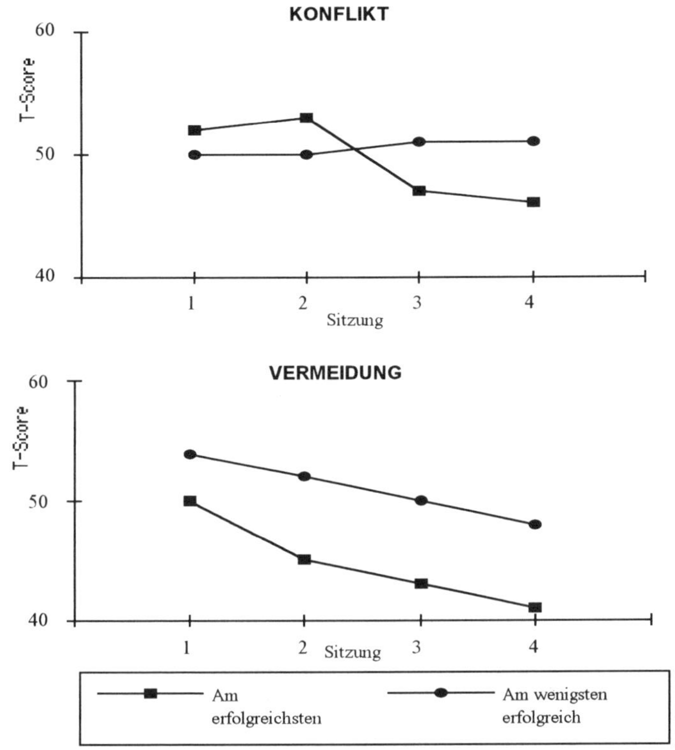

Abb. 2: GCQ-S-Durchschnittswerte bei sehr erfolgreichen und nicht erfolgreichen zweitägigen Selbsterfahrungsgruppen (Extremgruppenvergleich).

Die berichtete Untersuchung ist vergleichsweise ungewöhnlich. Während die Dauer der Gruppen kurz war - ein Gesamt von 14 Stunden, war die Art der Gruppen "therapieähnlich", mit einer starken Akzentuierung des Gruppen-Prozesses. Die grundsätzliche Schwäche dieser Untersuchung liegt in dem relativ schwachen Ergebnis-Maß, das Anwendung fand. Es handelte sich um einen einfachen Zufriedenheits-Score, der am Ende des Trainings erhoben wurde, wenn ein Halo-Effekt sehr wahrscheinlich ist. Dennoch befinden sich die Ergebnisse in Übereinstimmung mit der Literatur zur Einzelpsychotherapie, die die Bedeutung eines frühen positiven Arbeitsklimas hervorhebt. Die Skalen-Muster legen die Vermutung nahe, daß Gruppen, die den Muster-Abfolgen der Gruppenentwicklungs-Hypothese entsprechen, ein besseres Ergebnis vorweisen. Damit veranschaulicht diese Untersuchung einige der Möglichkeiten, wie der GCQ-S genutzt werden kann. Allerdings sollten die Ergebnisse anhand einer klinischen Stichprobe überprüft werden.

4. Anwendungen des GCQ-S: Eine Bibliographie

- 1. Kanas & Ziegler (1984) wendeten den GCQ-S in zwei *Gruppen mit Medizinstudenten* an. Der GCQ-S wurde durch einen der beiden Autoren ausgefüllt, der auch als Gruppenleiter fungiert hatte. Die Gruppen wurden als eher engagiert und weniger konflikthaft und vermeidend beschrieben als dies für Patienten der Fall war. Dies wurde als übereinstimmend mit den Intentionen des Ausbildungsprogramms angesehen.
- 2. Kanas, DiLella & Jones (1984) wendeten den GCQ-S in einer *Gruppe mit ambulanten schizophrenen Patienten* über einen Zeitraum von sechs Monaten an. 'Engagement'-Scores stiegen mit der Zeit an, während 'Konflikt' abnahm. Die Ratings waren von den Ko-Therapeuten vorgenommen worden, die nur eine moderate Interrater-Übereinstimmung erreichten.
- 3. Slough (1986) untersuchte GCQ-S-Ratings von *Studenten aus Selbsterfahrungsgruppen*. Es fanden sich Hinweise auf einen bipolaren 10-Item-Faktor, der weiter unten im Zusammenhang mit Hurley's Arbeit diskutiert wird.
- 4. Hadiyono (1986) untersuchte Gruppen mit *fremdsprachigen Studenten*, die entweder in Englisch oder in ihrer Herkunftssprache durchgeführt wurden. Verschiedene Messungen des Gruppen-Prozesses einschließlich des GCQ-S wurden angewendet; es ergaben sich jedoch keine signifikanten Ergebnisse.
- 5. Kanas & Barr (1986) untersuchten eine *ambulante Gruppe schizophrener Patienten* über 34 Sitzungen anhand von GCQ-S-Leiter-Ratings. Vergleichsweise niedrige 'Engagement'- und 'Konflikt'-Scores wurden festgestellt. Die Autoren schrieben dies dem häufigen Mitglieder-Wechsel sowie dem Bemühen des Therapeuten, die Atmosphäre konfliktfrei zu halten.
- 6. Steffan & Nelson (1987) untersuchten Gruppen von *Patienten mit Berufskrankheiten* unter variierenden Bedingungen im Hinblick auf erforderliche Maßnahmen. GCQ-S-Scores differenzierten Gruppen mit mittlerer von solchen mit niedriger Zugänglichkeit durch höhere 'Engagement'- und niedrigere 'Konflikt'-Scores.
- 7. Hurley & Brooks (1987) favorisieren eine einzige bipolare 10-Item-*"Affiliations"-Dimension* aus den 12 Items des GCQ-S (siehe weiter unten).
- 8. Wodiska (1987) untersuchte die *Beziehung zwischen Selbstöffnung und dem Gruppen-Klima* anhand von 30 Kurzzeit-Problemlöse-Gruppen unter Verwendung des GCQ-S.
- 9. Nelson & Peterson (1988) berichten über den GCQ-S und andere Prozeß-Maße in *Gruppen für ältere Patienten* beim Vergleich "gemeinsame Gruppenaufgabe" versus "individuelle Mitglieder-Ziele". Jene Gruppenmitglieder in der ersteren schätzten ihre Gruppen höher in der Dimension "Aktivität" ein, im GCQ-S unterschieden sich die Gruppen jedoch nicht.
- 10. Phipps & Zastowny (1988) untersuchten neun *ambulante Psychotherapie-Gruppen* über einen sechsmonatigen Zeitraum. Es wurden zwei Sorten von Gruppen aus den GCQ-S-Mustern ermittelt. Ein Muster wies kontinuierlich hohe Werte in 'Engagement' auf und niedrige Scores in 'Konflikt'. Die zweite Gruppierung zeigte eine andauernde Erhöhung in 'Konflikt'-Werten. Die Mitglieder der ersten Art von Gruppen wiesen Symptom-Reduzierungen

über den Behandlungszeitraum auf, während sie bei den Mitgliedern der zweiten Art von Gruppen weniger oder gar nicht gegeben waren. Diese Untersuchung unterstreicht die Brauchbarkeit des GCQ-S im Rahmen normaler Behandlungs-Angebote. Sie verweist auch auf den ungünstigen Einfluß ungelöster Gruppen-Konflikte.

- 11. Brucki (1988) berichtet über *Aktivitäts-Gruppen in einer stationären Einrichtung*, in der die Patienten individuellen oder gruppenorientierten Aufgaben nach Zufall zugeordnet wurden. Ergebnisse nach dem GCQ-S-Fragebogen differenzierten nicht zwischen den beiden Bedingungen.
- 12. Hurley & Brooks (1988) untersuchten die *Faktoren-Struktur des GCQ-S* anhand einer Stichprobe von 25 College-Studenten in vier Selbsterfahrungsgruppen mit 9 nicht-teilnehmenden Beobachtern. Die Autoren präsentieren eine detaillierte Kritik der Faktoren-Struktur des GCQ-S und unterstellen statt dessen eine einzige bewertende Dimension, die eine bessere Repräsentanz der Items darstelle. Diese Dimension ist am positiven Ende durch die fünf Items der 'Engagement'-Skala und am negativen Ende durch die Items 3, 6, 7, 10 und 12 gekennzeichnet. Die Items 5 und 9 waren mäßig korreliert und von den anderen 10 getrennt. Diese Arbeit stützt die Annahme Hurley's, daß eine "affiliative" Dimension mehr Varianz erklärt, wenn interpersonelle Phänomene bewertet werden.
- 13. Hurley & Brook's Item-Analyse ist von MacKenzie (1988) zurückgewiesen worden. Stattdessen wird argumentiert, daß ein Selbsterfahrungs-Training mit Studenten aufgrund seiner Natur zu einer bipolaren Annahme in ähnlicher Weise führt, wie dies in frühen Gruppen-Sitzungen mit größerer Unabhängigkeit der drei Faktoren des GCQ-S gefunden wird dann, wenn die Daten aus einer unterschiedlichen Abfolge von Entwicklungsstufen stammen (s.o.).
- 14. Hurley (1989) gab den GCQ-S mit einem zusätzlichen "Affiliations"-Item 374 *College-Studenten und 110 Gruppenleitern* vor, die an 20 Sitzungen eines Selbsterfahrungs-Kurses teilnahmen. Die 'Engagement'-Skalen-Items korrelierten +0.78 mit dem einen "Affiliation"-Item, und die fünf Items der "Disaffiliation"-Skala korrelierten -0.62 mit jenem Item. Die GCQ-S-Skala 'Engagement' korrelierte +0.52 mit den Kurs-Bewertungen. Damit liefert diese Untersuchung weitere Konstruktvalidität für die 'Engagement'-Skala und unterstreicht einmal mehr den prädiktiven Wert der Skala im Hinblick auf das Ergebnis. Auch unterstreicht dieses Ergebnis Hurley's Annahme, daß eine 10-Item-"Affiliations"-Skala den kürzesten Weg zur Analyse des GCQ-S-Item-Pools darstellt.
- 15. Braaten (1989) fand heraus, daß die frühen Gruppen-Klima-Messungen *Therapieergebnisse* in einer Studie mit 10 Therapie- und Trainings-Gruppen *vorhersagten*. 'Engagement' korrelierte +0.27 und 'Vermeidung/Abhängigkeit' -0.23 mit dem Therapieergebnis. Die "Group Atmosphere Scale" wurde ebenfalls in dieser Untersuchung verwendet. Die Skalen "Affiliation", "Involviertheit" und "Unterstützung" korrelierten positiv mit dem Therapieergebnis, während "Unterwerfung" negativ korreliert war. Die Untersuchung liefert eine weitere Unterstützung der Konstruktvalidität des GCQ-S.

- 16. Kanas, Stewart, Deri, Ketter & Haney (1989) berichten über GCQ-S-Scores von *Gruppenleitern*, die bei drei 12 Sitzungen umfassenden ambulanten Gruppen mit schizophrenen Patienten Einschätzungen vorgenommen hatten. 'Engagement'-Scores nahmen über die Zeit tendenziell zu, während 'Vermeidung/Abhängigkeit'- und 'Konflikt'-Scores abnahmen.
- 17. Braaten (1990) verwendete die 'Engagement'-Skala des GCQ-S als ein *Maß für Gruppen-Kohäsion* in 15 Therapie-Gruppen und eine ähnliche kurze Klima-Skala in 11 Trainingsgruppen mit Studenten. Ausgefüllte Bögen mit "Kritischen Ereignissen" aus denselben Gruppen wurden mit Hilfe eines 9-stufigen Kategorien-Systems sortiert. Hoch kohäsive Gruppen - gemessen über den GCQ-S - hatten zahlreiche "Kritische Ereignisse", darunter Selbstöffnung/Feedback, Attraktion/Verbindung und Zuhören/Empathie. Gruppen mit niedriger Kohäsion wiesen "Kritische Ereignisse" in Form von Vermeidung/Abwehr und Konflikt/Auflehnung auf. Diese Studie hat allerdings das Problem, daß die Ergebnisse aus den beiden unterschiedlichen Gruppenmitglieder-Populationen kombiniert wurden und daß ein leicht unterschiedliches Maß für das Gruppen-Klima verwendet wurde. Leider wurde nicht der vollständige GCQ-S verwendet. Die 'Konflikt'- und 'Vermeidung/Abhängigkeit'-Skalen hätten vermutlich die negativen Aspekte abgebildet, die mit den Berichten über die "Kritischen Ereignisse" in den Gruppen mit niedriger Kohäsion einhergegangen wären. Der Vergleich des Gruppen-Klimas mit "Kritischen Ereignissen" stellt ein tautologisches Problem dar, weil dieselben Gruppenmitglieder über gleiche Erfahrungen auf sehr ähnliche Weise berichten. Der Nachweis gemeinsamer Muster ist kaum überraschend. Die psychometrischen Eigenschaften beider Skalen, der norwegischen Version des GCQ-S und der Gruppen-Kohäsions-Kategorien wurden nicht mitgeteilt. Die neueste Version der letzteren (Braaten, 1991) enthält 5 positive Faktoren: Attraktion/Bindung, Unterstützung/ Sorgen, Zuhören/Empathie, Selbstöffnung/Feedback und Leistung im Therapieverlauf/ Zielerreichung. Diese Struktur macht das Gruppen-Kohäsions-Maß einem Gruppen-Klima-Maß ähnlich.
- 18. Nehls (1990) untersuchte 20 Sitzungen einer einzelnen *Gruppe von Patienten mit Borderline-Persönlichkeitsstörungen* und fand, daß die Ratings in der Skala 'Engagement' über die Zeit höhere Werte annahmen.
- 19. Kivlighan & Jauquet (1990) untersuchten *sechs Gruppen zum Persönlich-keitswachstum*, die sich für 26 Sitzungen trafen. Alle Gruppen wiesen anwachsende Werte in 'Engagement' und abnehmende Werte in 'Vermeidung/Abhängigkeit' im Verlaufe der Zeit auf. Sie wiesen außerdem im mittleren Therapie-Abschnitt erhöhte Werte in der Skala 'Konflikt' auf, während diese Werte zu Beginn und gegen Ende der Gruppen niedriger lagen. Diese Muster befinden sich in Übereinstimmung mit den Voraussagen der Gruppenentwicklungshypothese (s.o.). Beobachter bewerteten Ziel-Aspekte, die von den Gruppenmitgliedern pro Intervall formuliert wurden. Ziele, die als realistischer, interpersonell und eher im Hier-und-Jetzt formuliert wurden, waren assoziiert mit höheren Werten in 'Engagement' und 'Konflikt' sowie niedrigeren Werten in 'Vermeidung/Abhängigkeit'.

- 20. Kahn, Sturke & Schaeffer (1992) schätzten eine *stationäre Akut-Aufnahme-Einheit* mit der "Ward Atmosphere Scale" (Moos & Humphrey, 1973) ein. Die stationären Patienten-Gruppen auf derselben Station füllten den GCQ-S wöchentlich über 10 Monate aus. Es wurden deutliche Parallelen zwischen Stations- und Gruppentherapie-Prozessen gefunden. Zum Beispiel sahen Patienten eine stark von Dienstvorschriften geprägte Stations-Atmospäre als wichtige Variable an, die mit Konflikten in den Gruppen signifikant negativ korreliert war. Jedoch war eine ausgeprägte Stationsordnung auch mit weniger 'Engagement' und mehr 'Vermeidung/Abhängigkeit' in den Kleingruppen verknüpft. Die Autoren vermuten, daß dieses Ergebnis die Patienten-Ängste vor Aggression und Kontroll-Verlust spiegelt sowie das Bedürfnis, zurückhaltender zu sein, wenn die Station drohe, außer Kontrolle zu geraten. Es gab außerdem interessante Unterschiede zwischen Personal- und Patienten-Wahnehmungen. Das Personal sah die Beteiligung bei Aktivitäten der Station als das wichtigste Moment an. Eine solche Beteiligung war für das Personal assoziiert mit 'Engagement'- und 'Vermeidung/Abhängigkeit'-Gruppen, während es für Patienten bedeutete, daß Beteiligung mit 'Vermeidung/Abhängigkeit'-Gruppen verknüpft war. Diese Untersuchung ist ein Beispiel für eine der wenigen Studien, die gleichzeitig die Beziehung zwischen Charakteristika des Stations-Milieus und denen von Kleingruppen auf derselben Station untersuchte. Gemeinhin wird angenommen, daß die therapeutischen Kleingruppen eine Art "Biopsie" der Station darstellen. Die Ergebnisse dieser Studie legen ein komplexeres Muster an Beziehungen nahe.
- 21. Stoliaroff (1992) setzte *14 Persönlichkeitswachstums-Gruppen* auf der Grundlage interpersoneller Merkmale zusammen. Die Prozeß-Maße umfaßten den GCQ-S, ausgefüllt durch Gruppenmitglieder, sowie Ratings der Gruppenarbeit durch Beobachter, die die Hill-Interaktions-Matrix (Hill, 1965; Kap. 16), anwendeten. Die Gruppen-Zusammensetzung hatte einen signifikanten Effekt auf das Gruppen-Klima im Laufe der Zeit. Gruppen ohne Übereinstimmung bezüglich sich herausbildender Gruppenleitung wiesen eine Abnahme in 'Engagement'-Ratings auf. Die Gruppenmitglieder und die Beobachter stimmten nicht immer in ihrer Einschätzung des 'Engagement'-Niveaus überein. Es handelt sich insgesamt um eine umfangreiche und komplexe Studie mit vielen interessanten Facetten.
- 22. Hess (1992) berichtet über GCQ-S-Muster und Therapie-Ergebnisse in Kurzzeitgruppentherapien.
- 23. Kivlighan & Angelone (1992) untersuchten die *Beziehung zwischen subjektiv dargestellten Problemen*, erfaßt über das "Inventory of Interpersonal Problems" (Horowitz et al., 1988; siehe auch Kapitel 5), *und der Wahnehmung des Gruppen-Klimas* mit dem GCQ-S. Beispielsweise erlebten Gruppenmitglieder, die sich selbst als "zu dominant" einschätzten, das Gruppen-Klima eher als 'Vermeidung/ Abhängigkeit'. Jene, die sich als "zu kalt" erlebten, erlebten das Gruppen-Klima als weniger 'engagiert'. Dieser komplexe Forschungsansatz verbindet interpersonelle Merkmale mit Wahrnehmungs-Aspekten der sozialen Situation. Dieser Forschungsansatz wirft vielleicht weitere Fragen bezüglich der Kräfte auf, die die Entstehung von Gruppen-Rollen moderiert.

- 24. McLees, Margo, Waterman & Beeber (1992) gaben den GCQ-S auf einer *Vollversammlung einer stationären Einheit* vor. Generell kann festgehalten werden, daß sowohl das Team wie auch die Patienten die Atmosphäre ähnlich und grundsätzlich von 'Engagement' geprägt erlebten. Die Durchschnitts-Werte im GCQ-S waren empfindlich genug, Veränderungen aufgrund von Ereignissen auf der Station abzubilden. Zum Beispiel war speziell das Niveau der 'Engagement'-Scores in der Versammlung nach einem ernsthaften Suizid-Versuch eines Patienten erhöht. Die Autoren erwähnen, daß der GCQ-S ziemlich gut Beobachtungen des Personals bezüglich des Versammlungs-Klimas abbildet, was weitere Hinweise auf die Konstruktvalidität der Methode liefert.
- 25. Piper, McCallum & Azim (1992) wendeten den GCQ-S in einer umfangreichen Untersuchung von *16 Kurzzeittherapie-Gruppen* an, in denen pathologische Trauerreaktionen nach Verlusten behandelt wurden. Ergebnisse zum Gruppen-Klima wurden bislang noch nicht berichtet.
- 26. MacKenzie & Tschuschke (1993) berichten über Prozeß- und Ergebnis-Messungen von *zwei stationären analytisch-orientierten Langzeitgruppenpsychotherapien*. Ein weiteres, eingesetztes Maß war die "Emotionale Bezogenheit"-Skala des "Stuttgarter Bogens" (Lermer & Ermann, 1976; Teufel & Költzow, 1983; vgl. Kap. 14). Diese Skala erfaßt einen Aspekt der Attraktivität der Gruppe für das Individuum, der allgemein als eine Komponente der Gruppen-Kohäsion aufgefaßt wird. Die andere verwendete Methode war die 'Engagement'-Skala des GCQ-S. Das Therapieergebnis war anhand einer multidimensionalen Beurteilung der Veränderungen der Patienten zur 18-Monate-Katamnese bestimmt worden. Die Prozeß-Methoden wurden zwischen erfolgreichsten und am wenigsten erfolgreichen Gruppenmitgliedern verglichen. Die 'Bezogenheits'-Scores waren signifikant mit dem Therapieergebnis korreliert, und diese Beziehung war innerhalb der ersten 12 von mehr als 80 Sitzungen besonders evident. entgegen der Erwartung war der 'Engagement'-Score nicht mit dem Therapie-Ergebnis korreliert. Eine detaillierte Betrachtung der Ergebnisse legte folgende Erklärung nahe: Buchstäblich alle 16 Gruppenmitglieder beider Gruppen bewerteten die Gruppen hoch in der Skala 'Engagement'. Allerdings ergab sich für die weniger erfolgreichen Gruppenmitglieder, daß sie "...die Gruppen-Atmosphäre korrekt wahrnahmen, zumindest auf gleiche Weise wie der Rest der Gruppenmitglieder, sie aber nicht in der Lage waren, sich selbst auf die Arbeits-Atmosphäre einzustimmen" (S. 154; Übers. der Herausg.). Dies ist ein interessantes Ergebnis, das die Bedeutung der Beurteiler-Perspektive hervorhebt. Die Messungen mit dem GCQ-S fragen den Beurteiler nach seiner Wahrnehmung der *gesamten* Gruppe, während der "Stuttgarter Bogen" die Wahrnehmung des *individuellen* Gruppenmitglieds innerhalb seiner Gruppe erfragt.
- 27. Tschuschke (1993) faßt in einem Buch die Ergebnisse intensiver Prozeß- und Outcome-Analysen *zweier stationärer Langzeitgruppenpsychotherapien* zusammen. Die GCQ-S-Muster der beiden Gruppen scheinen sich über die Zeit auf relativ effektive Art und Weise zu gestalten, die mit Gruppenentwicklungs-Theorien korrespondieren, wobei erwartungsgemäß auch konflikthafte Stadien durchlaufen werden.

- 28. Hoover (1994) untersuchte fünf *"therapie-ähnliche" Gruppen,* indem er als Kohäsions-Skalen den "Group Bonds Questionnaire" (Piper et al., 1983) sowie den GCQ-S verwendete.
- 29. Falk (1994) berichtet über *4 achtwöchige Traum-Deutungs-Gruppen*, in denen der GCQ-S neben einem globalen Rating von "Involviertheit" und Bewertungen zur Kohäsion durch trainierte Beurteiler verwendet wurde. Die beiden erstgenannten Methoden wurden von Gruppenmitgliedern *und* Therapeuten ausgefüllt. Es gab wenig Übereinstimmung zwischen den Maßen wie auch wenig Übereinstimmung bei den Bewertungen durch Klienten und Therapeuten.
- 30. Fiedler (1994) randomisierte 98 Personen in *hochstrukturierte kognitiv-behaviorale Therapie-Gruppen (CBT)* oder in *informelle Unterstützungs-Gruppen*. Das Gruppen-Klima wurde mit dem GCQ-S und der "Repertory Grid Technique" eingeschätzt (Kelly, 1955; Neimeyer, 1993; vgl. auch Kapitel 19). CBT-Gruppen wiesen früh höhere Niveaus an Kohäsion auf, die während der gesamten Gruppenzeit erhalten blieben. Unterstützungs-Gruppen zeigten dagegen eine Abnahme an Kohäsion, gefolgt von wieder ansteigenden Niveaus.
- 31. Hartman (1994) verwendete den GCQ-S bei der *Supervision* von therapeutisch tätigem stationären Personal.
- 32. Strauß & Burgmeier-Lohse (1994) berichten über *Prozeß- und Ergebnis-Zusammenhänge* bei Patienten, die längere Zeit stationäre Gruppen-psychotherapie von bis zu 140 Sitzungen erhalten haben. Es zeigte sich, daß später erfolgreichere Patienten (der halboffenen Gruppen) dadurch charakterisiert waren, daß sie im Therapieverlauf in der Gruppe mehr Konflikte und mehr Vermeidung wahrnehmen, was als Indiz für einen wachsenden Realitätsbezug gewertet wurde.
- 33. Blaine (1995) untersuchte eine *Kurzzeitgruppe* mit Prozeß- und Outcome-Maßen. GCQ-S- und "Hill Interaction Matrix"-Ergebnisse befanden sich in Übereinstimmung mit der Gruppenentwicklungs-Hypothese. Die Parallele zwischen dem GCQ-S und der HIM-G (vgl. auch Kapitel 16) liefert weitere Unterstützung der Konstruktvalidität des GCQ-S.
- 34. Tschuschke & MacKenzie (im Druck) stellen Verlaufsdaten des GCQ-S aus *vier analytisch-orientierten Langzeitgruppenpsychotherapien* - stationär und ambulant - in Verbindung mit Ergebnis-Werten vor. Speziell die Diemension 'Vermeidung/Abhängigkeit' diskriminierte erfolgreichere von weniger erfolgreichen Gruppen, wobei die Gruppen mit dem besten Therapie-Ergebnis signifikant geringere Niveaus an 'Vermeidung/Abhängigkeit' aufwiesen als die weniger erfolgreichen. Die Niveaus der Verläufe der 'Engagement'- und 'Konflikt'-Scores unterschieden sich nur punktuell dahingehend, daß erfolgreichere Gruppen zuweilen ein höheres Niveau an 'Engagement' aufwiesen, im übrigen unterschieden sich stationäre und ambulante Gruppen nicht im Schweregrad der zugrundeliegenden Störungen und nicht in den Niveaus von 'Engagement' und 'Konflikt'.
- 35. Gegenwärtig laufen noch Untersuchungen, die die Faktoren des GCQ-S und des "Stuttgarter Bogens" vergleichen (MacKenzie & Tschuschke, 1993b; Leszcz, pers. Mitteilung) sowie des GCQ-S und der "California Psychotherapy Alliance Scale - CALPAS" (Gruppen-Version; Marmar et al., 1989).

5. Abschließende Bewertung

Der GCQ-S kann als etabliertes Instrument zur Messung des Gruppen-Klimas angesehen werden. Es wurde sowohl in ambulanten Therapie-Gruppen, in stationären Therapie-Gruppen und in Trainings-Gruppen zum Selbsterleben angewendet. Es wurde zur Beurteilung von Gruppen von schizophrenen Patienten eingesetzt, wenn auch nicht zur Selbsteinschätzung, obwohl dies sicherlich auch versucht werden könnte. Üblicherweise beruhen die Ergebnisse auf den durchschnittlichen Itemrohwerten pro Skala. Es können aber auch Werte aller Gruppenmitglieder gemittelt werden, um eine Beschreibung des Gruppen-Klimas auf Gruppen-Niveau zu erhalten. Die veröffentlichten Normen sollten als eine möglicherweise sinnvolle Bezugsgröße angesehen werden, da unterschiedliche Gruppen systematisch in den normativen Eckwerten variieren dürften.

Der GCQ-S wurde ziemlich häufig eingesetzt, wie die über 30 Studien zeigen (s.o.). Einige dieser Untersuchungen sind von hoher Qualität, aber viele sind grundsätzlich deskriptive klinische Berichte. Manche dieser Arbeiten sind in den 'Dissertation Abstracts' mit eingeschränkter Information erwähnt. Einige davon mündeten in nicht-signifikante Ergebnisse, die schwer zu beurteilen sind. Alles in allem scheint die Literatur-Übersicht zu bestätigen, daß der GCQ-S ein brauchbares Maß des Gruppen-Klimas ist, das robust genug ist für wissenschaftliche Studien. Der GCQ-S ist auch für Kliniker hilfreich: Er liefert zusätzliche Information darüber, wie die Gruppenmitglieder das Klima in ihrer Gruppe enschätzen.

Die Literatur-Übersicht hat eine Anzahl von theoretischen Fragen um den GCQ-S aufgeworfen.

1. Es gibt eine Vielfalt von Möglichkeiten, das System Gruppe zu betrachten, die noch einer zufriedenstellenden Integration harrt. Beispielsweise häuft die empirische Forschung bezüglich Gruppen-Klima, Gruppen-Normen, therapeutischen Wirkfaktoren, kritischen Ereignissen und Gruppen-Kohäsion unterschiedliche Aspekte des gleichen Phänomens an. Einige der dargestellten Studien identifizierten sowohl Unterschiede wie auch Ähnlichkeiten zwischen den verschiedenen Ansätzen. Die methodologischen Probleme bezüglich der Messung des Gruppenprozesses sind immer noch - auch nach nunmehr einigen Jahren Anwendung - kaum gelöst.
2. Die erwähnte Literatur liefert vergleichsweise gute Hinweise auf die Konstruktvalidität des GCQ-S. Parallel zur relativ einfachen Struktur des GCQ-S wurden erwartungsgemäß, bei gleichzeitiger Vorgabe einer Reihe von komplexeren Gruppen-Meßmethoden, ähnliche Ergebnisse gefunden. Diese Messungen schlossen z.B. die "Hill Interaction Matrix", die "Ward Atmosphere Scale", "Repertory Grid"-Messungen, Adjektiv-Listen und Berichte des klinischen Personals ein.
3. Die Perspektive der Beurteilung des Gruppen-Klimas beeinflußt signifikant die Werte des GCQ-S. Zum Beispiel neigen Gruppenleiter dazu, weniger 'Engagement' und mehr 'Konflikt' und 'Vermeidung' als Gruppenmitglieder zu sehen. Es macht ei-

nen sehr wichtigen Unterschied, bei der Beurteilung nach der Gruppe-als-Ganzes gefragt zu werden oder danach, seine eigene Beziehung zur Gruppe einzuschätzen; letzteres ist beim GCQ-S nicht der Fall (vgl. hierzu Kap. 11)

4. Der GCQ-S weist eine recht stabile Faktoren-Struktur über verschiedene Gruppen-Populationen hinweg auf. Dennoch sind Hurley's Argumente betreffs einer bipolaren 10-Item "Affiliation"-Dimension interessant, und Forscher mögen dies als vierte Skala berücksichtigen, wenn sie GCQ-S-Ergebnisse untersuchen. Die umfangreiche empirische interpersonelle Literatur legt nahe, daß "Affiliation" und "Kontrolle" orthogonale Dimensionen sind. Die GCQ-S-Skalen 'Engagement' und 'Konflikt' scheinen den gruppenspezifischen Aspekt dieser beiden Achsen zu erfassen.
5. Es gibt moderate Hinweise darauf, daß der GCQ-S in der Lage ist, klinische Ergebnisse vorauszusagen, ziemlich genau, wie dies Maße zur "therapeutischen Allianz" in der Einzelpsychotherapie tun. Wie dort beschrieben, scheinen frühe 'Engagement'-Scores bessere Prädiktoren als spätere zu sein. Verschiedene Untersuchungen haben gezeigt, daß eine Gruppe, die einen ungelösten Konflikt mit hohen Werten in dieser Skala anzeigt, mit gewisser Wahrscheinlichkeit ein schlechteres Ergebnis erreichen wird. Dennoch bleibt die Frage noch unzureichend beantwortet, ob ein Maß zum Gruppen-Klima oder ein Maß über die Beziehung eines Individuums zur Gruppe bei der Vorhersage des Therapieerfolges effektiver ist. Auch eine Kombination beider Aspekte ist noch nicht ausreichend untersucht worden.
6. Der GCQ-S ist sensibel für Kurzzeit-Änderungen im Gruppen-Klima von Sitzung zu Sitzung. Das macht ihn zu einer attraktiven Methode für präzise Gruppen-Prozeß-Bewertungen. In einer Reihe von Untersuchungen wurden Bestätigungen dafür gefunden, daß sich eine Gruppe nach bestimmten Gesetzmäßigkeiten entwickelt.
7. Die Ergebnisse der *einzelnen* Gruppenmitglieder können dahingehend untersucht werden, wie diese Person die Gruppe im Vergleich zu anderen Mitgliedern wahrnimmt. Dieses Unterschieds-Maß ist von verschiedenen Standpunkten her gesehen interessant. Es könnte als ein Maß für Gruppen-Kohäsion angesehen werden und dahingehend interpretiert werden, daß eine kohäsive Gruppe wohl eher eine größere Übereinstimmung darin haben müßte, wie die Gruppe beschrieben wird. Das Diskrepanz-Maß kann aber auch nützlich sein als individueller Prädiktor des Therapieergebnisses. Die Ergebnisse der „Kieler Gruppentherapiestudie“ (Strauß & Burgmeier-Lohse, 1994) mit dem GCQ-S deuten darauf hin. Vom Mittelwert stark abweichende Wahrnehmungen der Gruppe können gleichfalls ein indirektes Maß für den Status eines Gruppenmitgliedes innerhalb der Gruppe sein. Einige Studien haben geprüft, wie Gruppenmitglieder ihren grundsätzlichen interpersonellen Stil beschreiben und wie diese Gruppenmitglieder das Gruppen-Klima einschätzen. Diese Art von Untersuchung verspricht ein wichtiger Weg zur Verknüpfung der Theorie persönlicher Konstrukte mit Annahmen über Gruppen-Rollen zu werden.

Literatur

Alden, L.E. (1978). Factor analysis of the Ward Atmosphere Scale. *Journal of Consulting and Clinical Psychology, 46*,175-176.

Alden, L.E., Wiggins, J.S. & Pincus, A.L. (1990). Construction of circumplex scales for the Inventory of Interpersonal Problems. *Journal of Personality Assessement, 55*,521-536.

Bednar, R.L. & Kaul, T.J. (1994). Experiential group research: Can the cannon fire? In A.E. Bergin & S.L. Garfield (Eds.), *Handbook of psychotherapy and behavior change* (4th ed.). New York: Wiley.

Blaine, C.J. (1995). *Interpersonal learning in short-term integrated group psychotherapy*. Dissertation Abstracts MAI 33/01:22.

Bond, G.R. (1983). Norm regulation in therapy groups. In R.R. Dies & K.R. MacKenzie (Eds.), *Advances in group psychotherapy: Integrating research and practice*. New York: International Universities Press.

Braaten, L.J. (1989). Predicting positive goal attainment and symptom reduction from early group climate dimensions. *International Journal of Group Psychotherapy, 39*, 377-387.

Braaten, L.J. (1990). The different patterns of group climate critical incidents in high and low cohesion sessions of group psychotherapy. *International Journal of Group Psychotherapy, 40*, 477-493.

Braaten, L.J. (1991). Group cohesion: A new multidimensional model. *Group, 15*, 39-55.

Brucki, H.L. (1988). *The effects of activity group structure on cohesion, engagement, and effective meanings in acute-care psychiatric patients*. Dissertation Abstracts MAI 26/01:115.

Budman, S.H., Demby, A., Feldstein, M., Redondo, J., Scherz, B., Bennett, M.J., Koppenaal, G., Daley B.S., Hunter, M. & Ellis, J. (1987). Preliminary findings on a new instrument to measure cohesion in group psychotherapy. *International Journal of Group Psychotherapy*, 37,75-94.

Budman, S.H., Soldz, S., Demby, A., Feldstein, M., Springer, T. & Davis, S. (1989). Cohesion, alliance, and outcome in group psychotherapy. *Psychiaty, 52*, 339-350.

Butler, T. & Fuhriman, A. (1983). Curative factors in group therapy: A review of the recent literature. *Small Group Behavior, 14*, 131-142.

Catina, A. & Tschuschke, V. (1993). A summary of empirical data from the investigation of two psychoanalytic groups by means of repertory grid technique. *Group Analysis, 26*, 433-447.

Corsini, R. & Rosenberg, B. (1955). Mechanisms of group psychotherapy: Processes and dynamics. *Journal of Abnormal Social Psychology, 51*, 406-411.

Crouch, E., Bloch, S. & Wanless, J. (1994). Therapeutic factors: Interpersonal and intrapersonal mechanisms. In A. Fuhriman & G.M. Burlingame (Eds.), *Handbook of group psychotherapy: An empirical and clinical synthesis*. New York: Wiley.

Dierick, P. & Lietaer, G. (1990). Therapeutic factors in group psychotherapy and growth groups: An exploratory study on member and therapist perceptions. In G. Lietaer, J. Rombauts & R. van Balen (Eds.), *Client-centered and experiential psychotherapy in the nineties*. Leuven: Leuven University Press.

Drescher, S., Burlingame, G.M. & Fuhriman, A. (1985). Cohesion: An odissey in empirical understanding. *Small Group Behavior, 16*, 3-30.

Falk, D.R. (1994). *Dream interpretation with divorcing women*. Dissertation Abstracts DAI-B 54/10:5385.

Fiedler, J.M. (1994). *The development of cohesion and its relation to outcome in cognitive-behavioral and mutual support interventions for depression*. Dissertation Abstracts DAI-B, 459.

Hadiyono, J.E.P. (1986). *The effect of the native language and English during interactional group psychotherapy with Indonesian and Malaysian students, and the effectiveness of this method for foreign students from non-western countries*. Dissertation Abstracts DAI-B 46/10:3594.

Hartman, A. et al. (1994). Supervisionsgruppen mit Krankenpflegepersonal und Stationsteams: Ergebnisse einer empirischen Untersuchung. *Gruppenpsychotherapie und Gruppendynamik, 30*, 144-161.

Hawkins, D., Norton, B., Eisdorfer, C. & Gianturco, D. (1976). *Group process research: A factor analytic approach.* Vortrag SPR-Tagung, San Diego/CA.

Hess, H. (1992). Affektives Erleben im Gruppenprozeß und Therapieerfolg. *Psychotherapie Psychosomatik. Medizinische Psychologie, 42*, 120-126.

Hill, W.F. (1965). *Hill Interaction Matrix Manual and Supplement* (Rev. Ed.). Los Angeles: Youth Studies Center, University of Southern California.

Hoover, R.W. (1994). *Thirteen cohesion scales compared: A heuristic model of interaction group cohesion (interaction groups)*. Dissertatoon Abstracts DAI-A 55/05:1191.

Horowitz, L.M., Rosenberg S.E., Baer, B.A., Ureno, G. & Villasenor, V.S. (1988). Inventory of Interpersonal Problems: Psychometric properties and clinical applications. *Journal of Consulting and Clinical Psychoogy56*, 885-892.

Hurley, J.R. (1989). Affiliativeness and outcome in interpersonal groups: Member and leader perspectives. *Psychotherapy, 26*, 520-523.

Hurley, J.R. & Brooks, L.J. (1987). Group climate's principal dimension: Affiliation. *International Journal of Group Psychotherapy, 37*, 441-448.

Hurley, J.R. & Brooks, L.J. (1988). Primacy of affiliativeness in ratings of group climate. *Psychological Reports, 62*, 123-133.

Kahn, E.M., Sturke, I.T. & Schaeffer, J. (1992). Inpatient group processes parallel unit dynamics. *International Journal of Group Psychotherapy, 42*, 407-418.

Kanas, N., DiLella, V.J. & Jones, J. (1984). Process and content in an outpatient schizophrenic group. *Group, 8*, 13-20.

Kanas, N. & Ziegler, J. (1984). Group climate in a stress discussion group for medical interns. *Group, 8*, 35-38.

Kanas, N. & Barr, M.A. (1986). Process and content in a short-term inpatient schizophrenic group. *Small Group Behavior, 17*, 355-363.

Kanas, N., Stewart, P., Deri, J., Ketter, T. & Haney, K. (1989). Group process in short-term outpatient therapy groups for schizophrenics. *Group, 13*, 67-73.

Kelly, G.A. (1955). *The psychology of personal constructs*. New York: Norton.

Kivlighan, D.M. & Jauquet, C.A. (1990). Quality of group member agendas and group session climate. *Small Group Behavior, 19*, 452-468.

Kivlighan, D.M. & Goldfine, D.C. (1991). Endorsement of therapeutic factors as a function of stage of group development and participant interpersonal attitudes. *Journa of Counseling Psychology, 38,* 150-158.

Kivlighan, D.M. & Angelone, E.O. (1992). Variables influencing participants' perception of group climate. *Journal of Counseling Psychology, 39*, 468-472.

Lermer, S.P. & Ermann, G. (1976). Der Stuttgarter Bogen (SB) zur Erfassung des Erlebens in der Gruppe. *Gruppendynamik, 2*, 133-140.

Lieberman, M.A., Yalom, I.D. & Miles, M.B. (1973). *Encounter groups. First facts*. New York: Basic Books.

MacKenzie, K.R. (1977). *The measurement of group norms*. Vortrag Tagung der Scottish Society for Psychotherapy Research, Glasgow/Schottland.

MacKenzie, K.R. (1979). Group norms: Importance and measurement. *International Journal of Group Psychotherapy, 29*, 471-480.

MacKenzie, K.R. (1981). Measurement of group climate. *International Journal of Group Psychotherapy, 31*, 287-295.

MacKenzie, K.R. (1983). The clinical application of a group climate measure. In R.R. Dies & K.R. MacKenzie (Eds.), *Advances in group psychotherapy: Integrating research and practice*. New York: International Universities Press.

MacKenzie, K.R. (1987). Therapeutic factors in group psychotherapy. A contemporary view. *Group, 11,* 26-34.

MacKenzie, K.R. (1988). Readers' Forum: On group climate's principal dimension: Affiliation. *International Journal of Group Psychotherapy, 38*, 523-525.

MacKenzie, K.R. (1990). *Introduction to time-limited group psychotherapy* (1st ed.). Washington DC: American Psychiatric Press.

MacKenzie, K.R. (1994). Group development. In A. Fuhriman & G.M. Burlingame (Eds.), *Handbook of group psychotherapy - An empirical and clinical synthesis*. New York: J Wiley & Sons.

MacKenzie, K.R., Dies, R.R., Coché, E., Rutan, J.S. & Stone, W.S. (1987). An analysis of AGPA Institute groups. *International Journal of Group Psychotherapy, 37*, 55-74.

MacKenzie, K.R. & Tschuschke, V. (1993). Relatedness, group work, and outcome in long-term inpatient psychotherapy groups. *Journal of Psychotherapy: Practice & Research, 2*, 147-156.

Manderscheid, R.W., Koenig, G.R. & Silbergeld, S. (1978). Psychosocial factors for class-room, group, and ward. *Psychological Reports, 43*, 555-561.

Marmar, C.R., Weiss, D.S. & Gaston, L. (1989). Towards the validation of the California Therapeutic Alliance Rating System. Psychological Assessment: A *Journal of Consulting and Clinical Psychology, 1,* 426-452.

McLees, E., Margo, G.M., Waterman, S. & Beeber, A. (1992). Group climate and group development in a community meeting on a short-term inpatient psychiatric unit. *Group, 16*, 18-30.

Moos, R.H. (1974). *Evaluating treatment environments*. New York: Wiley.

Moos, R.H. & Humphrey, B. (1973*). Group environment scale technical report*. Palo Alto/CA: Social Ecology Laboratory, Dep. of Psychiatry, Stanford University.

Nehls, N.M. (1990). *Group therapy for persons with borderline personality disorder (therapy, personality disorder)*. Dissertation Abstracts DAI-B 51/02:997.

Neimeyer, R.A. (1993). An appraisal of constructivist psychotherapies. *Journal of Clinical and Consulting Psychology, 61,* 221-234.

Nelson, D.L. & Peterson, C. (1988). Effects of project versus parallel groups on social interaction and affective responses in senior citizens. *American Journal of Occupational Therapy., 42,* 23-29.

Phipps, L.B. & Zastowny, T.R. (1988). Leadership behavior, group climate and outcome in group psychotherapy: A study of outpatient psychotherapy groups. *Group, 12*, 157-171.

Piper, W.E., Marrache, M., Lacroix, R., Richardson, A.M. & Jones, B.D. (1983). Cohesion as a basic bond in groups. *Human Relations, 36*, 93-108.

Piper, W.E., McCallum, M. & Azim, H.F.A. (1992). *Adaptation to loss through short-term group psychotherapy*. New York: Guilford Press.

Shaughnessy, P. & Kivlighan, D.M. (1995). Using group participants' perceptions of therapeutic factors to form client typologies. *Small Group Research, 26*, 250-268.

Silbergeld, S., Koenig, G.R., Manderscheid, R.W., Meeker, B.F. & Horning, C.A. (1975). Assessment of environment-therapy systems: The Group Atmosphere Scale. *Journal of Consulting and Clinical Psychology, 43,* 460-469.

Silbergeld, S., Manderscheid, R.W. & Koenig, G.R. (1977). The psychosocial environment in group therapy evaluation. *International Journal of Group Psychotherapy, 27*, 153-163.

Slough, L.J. (1986). *Participant and observer perspectives on the interpersonal climate of small groups*. Unpubl. Master's Thesis, Michigan State University.

Steffan, J.A. & Nelson, D.L. (1987). The effects of tool scarcity on group climate and affective meaning within the context of a stenciling activity. *American Journal of Occupational Therapy, 41*, 449-453.

Stoliaroff, S.S. (1992). *Group composition and emergent leadership: Their effects on group process in personal growth groups*. Dissertation Abstracts DAI-B 52/09:4988.

Strauß, B. (1992). Empirische Untersuchungen zur stationären Gruppenpsychotherapie: Eine Übersicht. *Gruppenpsychotherapie und Gruppendynamik, 28*, 125-149.

Strauß, B. & Burgmeier-Lohse, M. (1994). *Stationäre Langzeitgruppenpsychotherapie*. Heidelberg: Asanger.

Teufel, T., Költzow, R. (1983). Methodische Optimierung der Faktorenstruktur des Stuttgarter Bogens. In H. Enke, V. Tschuschke & W. Volk (Hrsg.), *Psychotherapeutisches Handeln - Grundlagen, Methoden und Ergebnisse der Forschung*. Stuttgart: Kohlhammer.

Tschuschke, V. (1993). *Wirkfaktoren stationärer Gruppenpsychotherapie - Prozeß-Ergebnis-Relationen*. Göttingen: Vandenhoeck & Ruprecht.

Tschuschke, V., Hess, H. & MacKenzie, K.R. (1991). Der Gruppenklima-Fragebogen. Methodik und Anwendung eines Meßinstruments zum Gruppenerleben. *Gruppenpsychotherapie und Gruppendynamik, 26*, 340-359.

Tschuschke, V. & Dies, R.R. (1994). Intensive analysis of therapeutic factors and outcome in long-term inpatient groups. *International Journal of Group Psychotherapy, 44*, 185-208.

Tschuschke, V. & MacKenzie, K.R. (Im Druck). *Group climate and outcome in four long-term psychotherapy groups*.

Wilkinson, L. (1973). An assessment of the dimensionality of Moos' climate Scale. *Amercian Journal of Community Psychology, 1*, 342-350.

Wodiska, L.H. (1987). *Concern about confidentiality: Its relationship to self-disclosure and group climate in a small group setting*. Dissertation Abstracts 48(1-B):279-280.

Yalom, I.D. (1995). *Theory and practice of group psychotherapy* (4th ed.). New York: Basic Books.

13 Potenz-Valenz-Polaritätenprofil nach Feldes

Michael Geyer, Günther Plöttner

1. Einleitung und theoretischer Hintergrund

In den letzten Jahren wird neben dem Erfolg einer Psychotherapie zunehmend auch der Veränderungs*prozeß* untersucht (Baumann, 1984; Geyer et al., 1984/85; Mohr et al., 1987; Hess, 1987; Kächele, 1986; Hoffmann, 1987; Czogalik, 1987; Plöttner & Winiecki, 1988). Jenseits inhaltlicher Aspekte interessiert uns in diesem Zusammenhang die Erfassung der Form der *therapeutischen Interaktion.*

Das Erlebnis des "hilfreichen Charakters" der Beziehung - die vom Subjekt selbst oder einem Beobachter registrierte Bewegung von *asymmetrischen* und regressiven zu *symmetrischen* und paritätischen Beziehungsformen - scheint eine sehr enge Beziehung zum Psychotherapieerfolg zu besitzen (Malan, 1975; v. Quekelberghe, 1979; Strupp, 1977; Luborsky, 1984). Als Verfahren, das eine Aussage über die Interaktions*form* zuläßt, hat sich uns das *Potenz-Valenz-Polaritätenprofil* nach Feldes et al. (1978) angeboten.

Ursprünge des Polaritätenprofils nach Feldes

Das in dieser Arbeit verwendete Potenz-Valenz-Polaritätenprofil geht auf das von Osgood 1952 entwickelte *"Semantische Differential"* als Methode zur Bedeutungsmessung zurück (Osgood, 1952). Damit konnte er Bedeutungsähnlichkeiten von Vorstellungen metrisch erfassen. Osgood et al. (1957) trennen die Bedeutung von Zeichen in eine denotative (extensionale, objektive) und eine konnotative (affektive, subjektive) Bedeutung. Die faktorenanalytisch ermittelten Dimensionen der konnotativen Bedeutung nannte Osgood *Valenz*, *Potenz* und *Erregung*.

Mit dem Semantischen Differential wird der untersuchte Sachverhalt anhand von bipolaren Adjektiven eingeschätzt, wobei er "in keinem sachlichen, wohl aber in einem assoziativen Bezug stehen" muß. Diese Methode wurde von Hofstätter (1959) als "Polaritätenprofil" in Deutschland eingeführt. Er benutzte für dieses Profil 24 adjektivische Gegensatzpaare.

Ertel (1965) faßte das faktorielle System Osgoods als ein System emotionaler Erlebnisdimensionen auf und verwendete es mit 18 Substantivpaaren unter dem Namen *"Ertel-Eindrucksdifferential"*. Dabei bedeutet die Dimension *Valenz* die Verhaltensabsicht, sich emotional zuzuwenden vs. abzuwenden, also das Maß an Sympathie und Beliebtheit. Die Dimension *Potenz* steht für die Absicht, sich unterzuordnen vs. zu dominieren, mißt also Stärke, Macht und Autorität. *Erregung* bedeutet Ruhe, Sachlichkeit vs. Unruhe, Spannung, den Kontakt zu suchen oder zu meiden; aktives vs. passives Verhalten.

2. Entwicklung und Gütekriterien des Polaritätenprofils nach Feldes

Feldes benutzte das "Polaritätenprofil" zur Beurteilung des sozialen Raumes (Feldes, 1976; z.B. auch Uhle, 1980; Geyer, 1989). Er bildete einen standardisierten Schätzskalensatz, der die drei Osgoodschen Dimensionen repräsentiert. Die verwendeten Adjektivpaare haben einen hohen denotativen Bedeutungsgehalt, um eine Anwendung im direkten, spezifischen Sinn für die Beurteilungen im sozialen Bereich zu ermöglichen. Er führte auch die *idealtypische* Beurteilung des Objekts ein (Selisko, 1994). Die Ergebnisse seiner Skalenstandardisierung ergaben folgendes:

- Bei den durchgeführten Faktorenanalysen von Skalen mit denotativem Bedeutungsgehalt wurden analog zu den Skalen mit konnotativem Bedeutungsgehalt die drei dominanten Faktoren *Erregung*, *Valenz und Potenz* gefunden.
- Die drei Faktoren der 18 Skalen haben mit 33%, 33% und 34% einen fast gleichen Kommunalitätsanteil. Damit ist gesichert, daß mit Hilfe der 18 Skalen die Bedeutungsaspekte der Faktoren gleichanteilig erfaßt werden.
- Die Skalendimensionen sind voneinander unabhängig, d.h. der standardisierte Schätzskalensatz erfaßt drei inhaltlich voneinander unabhängige Faktoren.
- Für jeden der drei gefundenen Faktoren wurden sechs Skalen entwickelt.
- Jede Skala lädt ausschließlich auf einem Faktor hoch und erfaßt somit nur den inhaltlichen Aspekt dieses Faktors. Die mittlere Ladungseinheit aller Skalen beträgt 96%. Dieser Wert ist als sehr hoch anzusehen.
- Die Faktorenladungen und Kommunalitäten der einzelnen Skalen liegen alle über .79 bzw. .69. Die aufgeklärte Gesamtvarianz des Schätzskalensatzes beträgt 78%, d.h. nur 22% Restvarianz ist noch varianzanalytisch aufzuklären, um den Anteil der Fehlervarianz zu bestimmen.
- Bei der Begriffsanalyse wurden ebenfalls die drei erwarteten Faktoren extrahiert, die 73% der Gesamtvarianz aufklären. Auch hier liegt eine ausgeglichene Verteilung der Kommunalität und eine Unabhängigkeit der Faktoren vor.
- Nach den durchgeführten Faktorenanalysen können acht Skalen aufgrund ihres hohen Kommunalitätsanteils und ihrer hohen Ladungsreinheit ohne weitere Überprüfung als tauglich angesehen werden. Bei den restlichen zehn Skalen wurden Varianzanalysen durchgeführt.
- Durch eine Analyse der Restvarianz wurde ermittelt, daß alle zehn Skalen erheblich mehr spezifische Varianzanteile als Fehlervarianzanteile besitzen. Die Skalen können demnach als tauglich angesehen werden. Im vorliegenden Fall beträgt die

Fehlervarianz bei keiner Skala mehr als .10. Dieser Wert hat keinerlei negativen Einfluß auf die Meßqualitäten der Skalen.

- Der vorliegende standardisierte Schätzskalensatz kann als ein objektives, zuverlässiges und valides Meßinstrument innerhalb des sozialen Bereiches angesehen werden. (Bei einer transkulturellen Überprüfung des standardisierten Schätzskalensatzes in der ehemaligen Sowjetunion konnte festgestellt werden, daß in beiden kulturellen Räumen sowohl bei der Skalen- als auch bei der Begriffsanalyse die gleichen drei Faktoren extrahiert wurden; Bach & Feldes, 1975).

Weiterentwicklung des Feldes-Polaritätenprofils zum Potenz-Valenz-Profil in der psychotherapeutischen Praxis

Wir setzten die Faktoren Potenz und Valenz mit folgenden Items ein:
Die Potenz wird eingeschätzt durch die Polaritäten:

selbstsicher	3	2	1	0	1	2	3	selbstunsicher
unterordnend	3	2	1	0	1	2	3	dominierend
selbständig	3	2	1	0	1	2	3	unselbständig
nachgiebig	3	2	1	0	1	2	3	durchsetzungsfähig
entschlossen	3	2	1	0	1	2	3	untentschlossen
gehorchend	3	2	1	0	1	2	3	bestimmend

Die Valenz wird eingeschätzt durch die Polaritäten:

rücksichtsvoll	3	2	1	0	1	2	3	rücksichtslos
bösartig	3	2	1	0	1	2	3	gutmütig
aufrichtig	3	2	1	0	1	2	3	unaufrichtig
unsympathisch	3	2	1	0	1	2	3	sympathisch
verständnisvoll	3	2	1	0	1	2	3	verständnislos
abstoßend	3	2	1	0	1	2	3	anziehend

Der Faktor *Erregung* im Feldes-Polaritätenprofil wurde in unserem Verfahren nicht angewendet, da sich in Voruntersuchungen die Erregungsdimension für die Untersuchung von Gruppenbeziehungen als wenig bedeutsam erwies.

Insbesondere die Faktoren Potenz und Valenz berühren universale, sozial relevante Grundpositionen im Sinne von Macht, Einfluß und Beliebtheit, wie sie ähnlich in der Interaction-Rating-Skala (Bales & Cohen, 1982), der Selbst-Fremd-Bilder im Gießen-

Test (Beckmann & Richter, 1972) und der Erfassung interpersonaler Verhaltensweisen im IIP-D (Horowitz et al., 1994; vgl. Kap. 5) dargestellt werden.

Auswertung

Zur Erfassung der qualitativen Veränderungen therapeutischer Beziehungen wird das Polaritätsprofil von uns zur Einschätzung in der stationären Gruppentherapie wöchentlich einmal eingesetzt. Diese Erfassung basiert auf den Selbsteinschätzungen der Gruppenteilnehmer mit den genannten sechs *Polaritäten für Potenz und Valenz* (Bereich -3.0 bis +3.0). Die Werte werden im *Potenz-Valenz-Diagramm* (vier Quadranten im Bereich 0 - 42, i.e. der maximale Summenwert pro Dimension) punktuell dokumentiert. In der Einzeltherapie wird das Polaritätenprofil nach jeder Therapiestunde eingesetzt.

Die Einschätzung erfolgt unter verschiedenen Fragestellungen:

1. Selbstbild (S) - wie (potent und valent) sehe ich mich?
2. Wunschbild (W) - wie (potent und valent) möchte ich sein?
3. Vermutetes Fremdbild (VF) - wie (potent und valent) sieht mich vermutlich die Gruppe?
4. Therapeutenbild (T) - wie (potent und valent) sehe ich den Therapeuten?
5. Gruppenbild (G) - wie (potent und valent) sehe ich die Gruppe?
6. Fremdbild (F) - wie (potent und valent) wird der Patient vom Therapeuten gesehen?

Auf die Einbeziehung der Statuswerte des einzelnen in der Gruppentherapie, die aus der Bewertung der Person durch die übrigen Mitglieder resultieren, wird hier zugunsten der Interpretation des Erlebens der "Gruppe als Ganzes" verzichtet, da die Summenbildung der individuellen Fremdbildwerte eine Datennivellierung mit sich bringt (Hess & Kneschke, 1982).

Durch die o.g. Einschätzung entstehen Interaktionskonstellationen aus der Sicht des Individuums, also wie sich das Individuum im Verhältnis zu anderen Gruppenteilnehmern und dem Therapeuten bezüglich sozialer Potenz und sozialer Attraktivität einschätzt und vermutet, eingeschätzt zu werden (Abb. 1).

In mehreren Untersuchungen konnte sowohl die klinische Validität dieser Interaktionskonstellationen als auch die therapeutische Relevanz nachgewiesen werden (Geyer et al., 1984, 1985; Plöttner et al., 1985, 1986; Hess, 1985; Fischer et al., 1987; Plöttner & Winiecki, 1988).

Die Einzelwerte lassen Aussagen über das Niveau der dynamisch-interaktionellen Ebene sowie der Sozialwahrnehmung zu. Im Verlauf betrachtet sind die Beziehungsdynamik, die Entwicklung der Sozialwahrnehmung sowie einzelne Schritte der Gruppenentwicklung ablesbar.

Ökonomie

Kriterien der Praktikabilität und Zeitökonomie spielen für routinemäßig einsetzbare Verfahren eine große Rolle. Das Ausfüllen des Fragebogens beansprucht für den Patienten maximal 10, für den Therapeuten 5 Minuten. Die Zeit für die Auswertung und Übertragung in die Graphiken beträgt 5 bis 10 Minuten und ist an eine Hilfsperson delegierbar. Damit handelt es sich um ein zeit- und materialökonomisches, routinemäßig durchführbares Verfahren. Vorhandene Prozeßbegleitbögen enthalten vorstrukturierte Graphiken zur bildhaften Darstellung der Testergebnisse. Diese Formblätter erlauben einen raschen Überblick über den Verlauf.

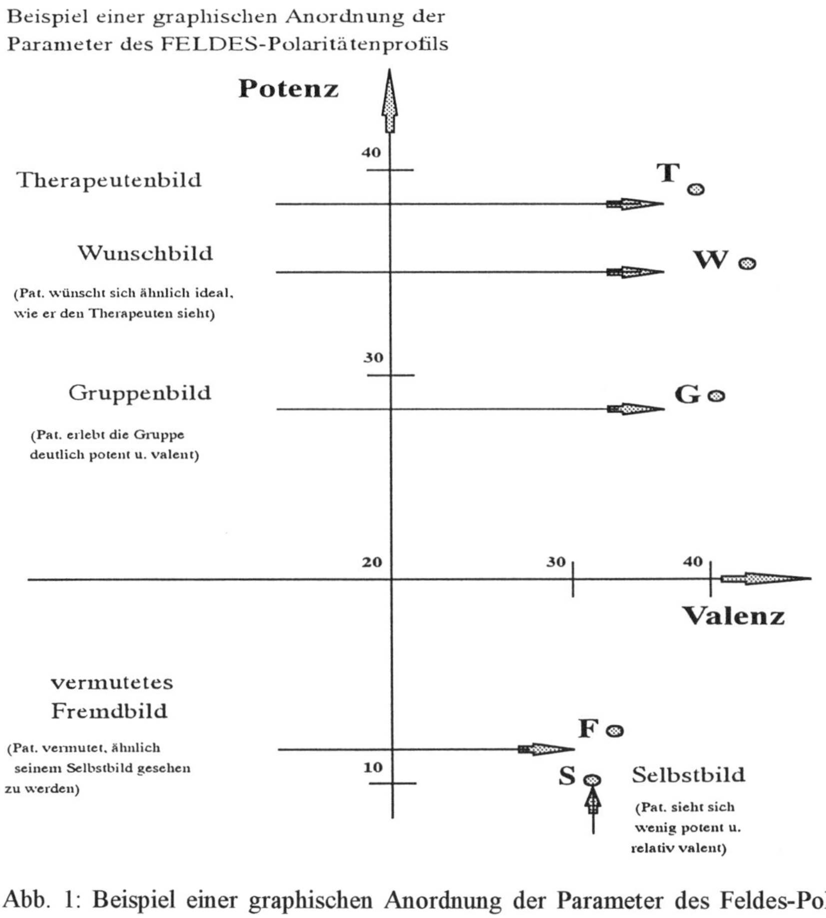

Abb. 1: Beispiel einer graphischen Anordnung der Parameter des Feldes-Polaritätenprofils

3. Anwendungsbeispiele

3.1. Zur klinischen Bedeutung einzelner Konstellationen in der Einzeltherapie

Eine Klassifikationsanalyse mit dem Ziel, die charakteristischen Konstellationen im Sinne typischer Komplexbildungen innerhalb des Potenz-Valenz-Diagramms zu ermitteln, zeigte folgende Ergebnisse: Die mathematische Möglichkeit der Bildung von 52 verschiedenen Komplexen (auf der Basis der Kombination von fünf erfaßten Merkmalen) wird in der Realität bei weitem nicht ausgeschöpft. Nur 9 der 52 Fälle beschreiben 80% der Therapiestunden, 18 Möglichkeiten kommen überhaupt nicht vor. Dieses Ergebnis bestätigt die Vermutung, daß offenbar wenige Kombinationen der 5 Merkmale (i.e. Selbst- und Fremdbild, vermutetes Fremdbild, Wunschbild und Therapeutenbild) wesentliche Aspekte des Prozesses erfassen.

Abbildung asymmetrischer Beziehungen
Das je nach Störungsgrad mehr oder weniger anhaltende und ausgeprägte Angewiesensein des Patienten auf therapeutische Hilfe, seine Abhängigkeit und seine Neigung zur Einnahme regressiver Positionen gegenüber dem Therapeuten können als Hauptaspekte der Prozeßcharakteristik betrachtet werden. Die formale Vermittlung dieses Aspektes erfolgt durch die Darstellung der Differenzen vornehmlich zwischen S (auch VF) und W/TH in einem durchschnittlichen Verlauf (Abb. 2 und 3).

Stabilitäts- und Instabilitätskonfigurationen
Die erfaßten Variablen zeigen im Wechsel Perioden größerer Stabilität (z.B. über mehrere Stunden anhaltende stabile Phasen therapeutischer Regression, vgl. Abb. 2) und Labilität, wobei diese Veränderungen mit realen Umstrukturierungen der therapeutischen Beziehung korrelieren. Eine gewisse Zahl (ca. 25% der Gesamtstundenzahl) derartiger Umstrukturierungsphasen scheint mit Therapieerfolg in Verbindung zu stehen. Innerhalb unseres methodischen Bezugsrahmens zeigt sich die Veränderung einer Beziehungsform in sog. Desintegrationsbildern. Im typischen Falle findet eine Umstrukturierung der subjektiven Bezugssysteme von Patienten und Therapeut ihren Ausdruck in einer unvermittelt auftretenden Disharmonie der einzelnen Selbst- und Fremdbilder, wodurch Komplexbildungen aufgelöst werden (Desintegration, z.B. Abb. 4).

Bei gleicher Frequenz derartiger Desintegrationsphasen zeichnen sich günstige Verläufe gegenüber weniger günstigen dadurch aus, daß in der zweiten Therapiehälfte die nachfolgende stabile Phase signifikant geringere Differenzen zwischen S-Komplex (S, VF, F) und W-Komplex (W, TH) aufweist. In der Praxis bedeutet dies eine Annäherung an eine Position mit stabilerer Selbsteinschätzung und geringerer Isolierung des Therapeuten.

Die Identifizierung einiger typischer therapeutischer Problemsituationen

Exemplarisch seien hier jeweils einzelne Problemkonstellationen aus verschiedenen Stadien der Therapie dargestellt.

Die Initialphase der Einzeltherapie ist häufig durch Muster geprägt, die bei schwer gestörten Patienten als fassadäre Stabilität, mangelnder Leidensdruck (Abb. 5), Mißtrauen und Beziehungsabwehr (Abb. 6) interpretiert werden können.

Wird dem Signalcharakter solcher Muster nicht Rechnung getragen, ist entweder ein Therapieabbruch oder sonstiges Agieren des Patienten außerhalb der therapeutischen Beziehung die wahrscheinliche Folge.

Es kann ein Problem des Therapeuten sein, eine eigentlich angestrebte regressive Position des Patienten zu tolerieren. Dies drückt sich konkret in einer Fehleinschätzung der Stabilität des Patienten in der therapeutischen Beziehung aus (Differenz zwischen S und F >10E). Häufig ist dies korreliert mit Angstanstieg und Zunahme regressiver Bedürfnisse des Patienten (Abb. 7), was die Spannung weiter verstärkt (S-F-Diff. > 20E) und eine Desintegration bewirkt (Abb. 8).

S-F-Differenzen geringeren Ausmaßes (< 10E) sind in späteren Therapiephasen häufig mit einer "Sogwirkung" behaftet, d.h. die Potenz-Selbsteinschätzung des Patienten folgt dem Bild, das der Therapeut vom Patienten hat. In Initialstadien der Therapie, wo die Voraussetzungen zur Progression eines Patienten noch nicht existieren, sollten derartige Konstellationen als Zeichen eines bedeutsamen Ungleichgewichtes jeweilig komplementär aufeinander bezogener Erwartungen gewertet werden, dessen Ursachen nachgegangen werden muß. In der späteren Phase "krisenhafter Progression", in der der Patient zunehmend bewußter und unabhängiger sein Verhalten steuert und symptomatisches Verhalten kontrollieren lernt, lassen sich unter Berücksichtigung der bisherigen Verlaufsgestalt des Prozesses eine Reihe von Anhaltspunkten für Über- oder Unterspannung im sozialen System finden (Persistenz einer regressiven Beziehungsform oder im Gegensatz dazu anhaltende Desintegrationskonfigurationen, wieder auftretende Überidealisierungen oder Entwertungen des Therapeuten usw.).

Prozeßkontrolle als Bestandteil des Prozesses

Das verwendete Instrumentarium wurde nach unseren Erfahrungen mit mehr als 1.000 Therapiekontrollen von keinem Patienten abgelehnt. Die Mehrzahl der Patienten betrachtet ihre Mitarbeit offenbar als Teilnahme an der Kontrolle des Geschehens, wobei ihr Feedback auf der dynamischen Ebene auch als Bestandteil des "Agierens des jeweiligen Konfliktes" durch das spezifische Medium der Verfahren verstanden werden kann. Insofern intendiert das Instrumentarium auch die Form von Widerständen analog zu anderen Settingvariablen. Dieser Umstand macht das Verfahren außerordentlich situationsspezifisch und charakterisiert seinen Einsatz als ein dem Prozeß immanentes Instrument der Prozeßkontrolle.

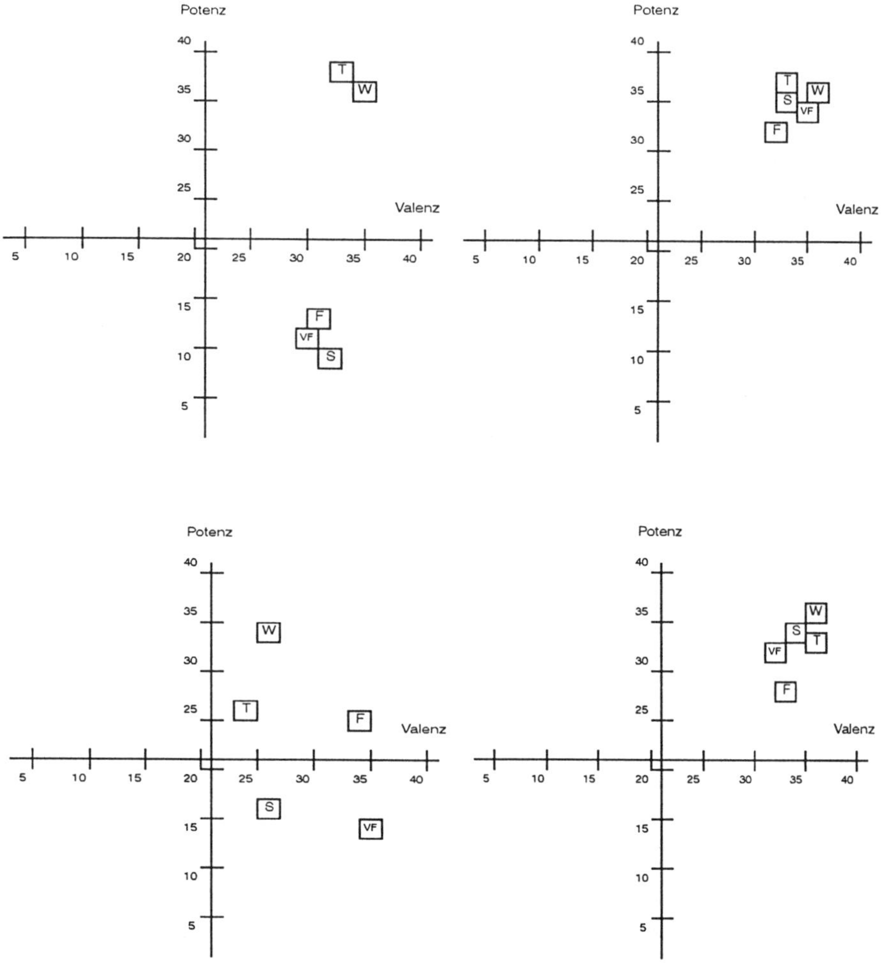

S: Selbstbild; VF: vermutetes Fremdbild; W: Wunschbild; F: Fremdbild; T: Therapeutenbild.

Abb. 2-5: Selbst-/Wunsch-/Therapeutenbild-Differenzen als Ausdruck einer ausgeprägten regressiven Position (2); Selbst- Wunsch/Therapeutenbild-Ähnlichkeiten als Ausdruck einer symmetrischen Beziehungsform (3); Desintegrationsmuster (4); initiales Muster geringer emotionaler Involvierung (5)

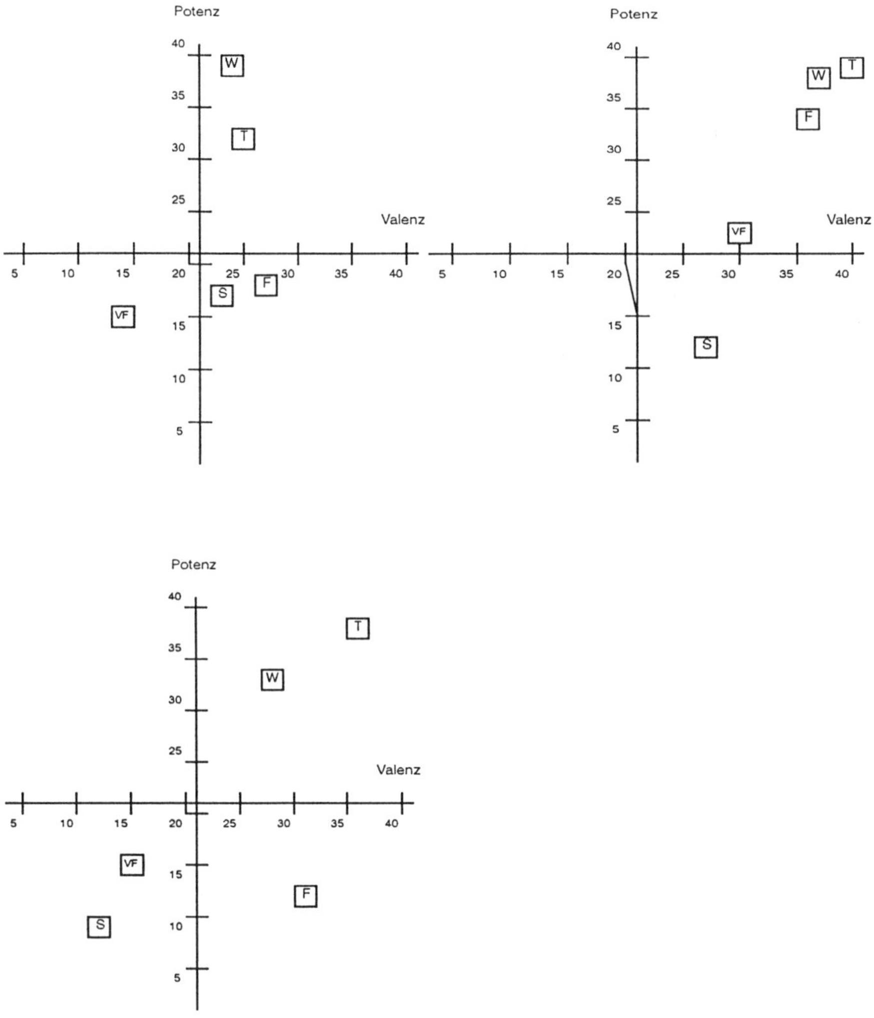

S: Selbstbild; VF: vermutetes Fremdbild; W: Wunschbild; F: Fremdbild; T: Therapeutenbild.

Abb. 6-8: Mißtrauische Beziehungsabwehr (6); Fehleinschätzung der Hilfsbedürftigkeit des Patienten durch den Patienten (F-S-Differenz > 20) (7); Desintegrationstyp von der Art „maligner Regression" (8)

Grenzen des Ansatzes

Wie bereits betont, ermöglicht das vorliegende Verfahren das Feedback zwar wesentlicher, jedoch vergleichsweise allgemeiner und trivialer Strukturen der Therapeut-Patient-Interaktion und stellt eine erhebliche Reduktion des prinzipiell einmaligen, subtilen und hochkomplexen Vorganges der Begegnung von Menschen dar. Alles, was über die Deskription typischer Beziehungsmuster hinausgeht, überfordert den Ansatz und bedarf anderer methodischer Zugänge.

3.2. Untersuchungen zur Charakterisierung typischer Beziehungskonstellationen und typischer Prozeßverläufe in Gruppen

Zur Ermittlung von Konstellationstypen

Zur Feststellung typischer Abbilder bestimmter therapeutischer Konstellationen und der Häufigkeit ihres Auftretens wurden in verschiedenen Stichproben bisher über 873 Therapieverläufe (die Patienten waren Teilnehmer tiefenpsychologisch orientierter Gruppentherapien) untersucht. Auf clusteranalytischem Wege wurden sechs Cluster von Konstellationen ermittelt, die als typisch für bestimmte Stufen im therapeutischen Prozeß angesehen werden können (Plöttner & Winiecki, 1989).

Bei der mathematisch-statistischen Untersuchung zur Güte der Erfassungsmethode zeigte sich für das Potenz-Valenz-Polaritätenprofil eine hohe Reliabilität (Geyer et al., 1988; Plöttner & Winiecki, 1988). Anhand verschiedener Vergleichsuntersuchungen konnte auch die klinische Validität des Verfahrens nachgewiesen werden (Geyer & Plöttner, 1985; Fischer et al., 1987; Plöttner & Winiecki, 1988).

Vor der klinischen Interpretation der sechs Konstellationen sei darauf hingewiesen, daß es sich bei all diesen Mustern um *formale* Charakterisierungen handelt, die inhaltlicher Bestimmung durch zusätzliche Kriterien bedürfen.

Konstellationstyp 1a): "Mittlere asymmetrische Beziehung mit höheren Potenzwerten": In dieser Konstellation (Abb. 9) sind Wunschbild (W) und Therapeutenbild (T) in einem Komplex im oberen Teil des rechten oberen Quadranten, Selbstbild (S), vermutetes Fremdbild (VF) und das Gruppenbild (G) in einem Komplex im mittleren Teil dieses Quadranten verbunden. Der Komplex S/VF/G kann als Hinweis auf eine Integration des Patienten in die Gruppe gewertet werden:

"Ich sehe mich ähnlich potent und valent wie die Gruppe und werde von dieser vermutlich ebenso gesehen." Der geringe Abstand dieses Komplexes zum Komplex W/T (< 10 Punkte) ist auch im Sinne einer noch oder wieder bestehenden "relativen, situativen Unabhängigkeit" zu interpretieren. Diese Differenz, besonders auf der Potenzachse, drückt eine nur mäßige Orientierung auf den Therapeuten aus, der weitaus weniger idealisiert wird, als dies etwa in Abb. 2 deutlich wird.

Der Komplex S/VF/G befindet sich bei diesem Konstellationstyp in einem relativ hohen Potenz- und Valenzbereich, was für eine vermutete oder real erlebte stabile Position in der sozialen Beziehung sprechen könnte.

Als eine Variante dieses Types kann der *Konstellationstyp 1b): "Mittlere asymmetrische Beziehung mit niedrigen Potenzwerten"* angesehen werden (Abb. 10). Auch hier gibt es Hinweise der Gruppenintegration des Patienten durch den S/VF/G-Komplex und eine relative situative Unabhängigkeit durch den geringen Abstand zum W/T-Komplex (< 10 Punkte). Der Unterschied dieses Konstellationstyps besteht in den niedrigeren Potenzwerten des S/VF/G-Komplexes, was für mangelndes Zutrauen in die eigenen Kräfte und geringe Bereitschaft zur eigenen Verantwortungsübernahme bei der Lösung von Problemen sprechen könnte.

Konstellationstyp 2: "Ausgeprägte asymmetrische Beziehung": Dieses Profilbild imponiert einmal durch die Verbindung von S und VF ("Ich sehe mich so, wie ich vermutlich von der Gruppe gesehen werde", vgl. Abb. 11). Dieses Muster kann in ähnlicher Weise wie das oben gezeigte Bild der "mittleren asymmetrischen Beziehung" als Hinweis auf eine Integration des Patienten in die Gruppe gewertet werden, zum anderen kann aufgrund der größeren Differenz zwischen den Komplexen W/T und S/VF (> 20 Punkte) auf der Potenzachse das Profilbild als ausgeprägte therapeutische Regression interpretiert werden. Eine erlebnismäßige Übereinstimmung von Selbst, Gruppe und Therapeut zu erlangen, ist dem Patienten in bestimmten Prozeßabschnitten bzw. in Abhängigkeit von der Intensität der Ich-Störung unmöglich. Diese Konfiguration kann aber auch Hinweise für das Abgleiten des Patienten in einen ausgeprägt abhängigen Zustand sein, wenn Defizite bezüglich der Distanz- und Macht-Ohnmacht-Regulation (Geyer, 1986) nicht kompensiert werden können.

Konstellationstyp 3: "Ausgeprägte asymmetrische Beziehung mit der Tendenz zur Selbstentwertung": Sofern sich Potenz- und Valenzwerte des Komplexes VF/S (Abb. 12) auf den linken unteren Quadranten zu bewegen bzw. sich mit erheblicher Differenz zu den übrigen Parametern in ihm befinden, kann das Muster als Hinweis auf eine "maligne Regression" bewertet werden, als Zeichen einer meist auch klinisch imponierenden massiven Verunsicherung bei anhaltenden therapiehinderlichen Übertragungs-Gegenübertragungs-Konstellationen. So sieht Kattenbach (1980) den Zusammenbruch narzißtischer Grandiosität bei unerreichbaren Ich-Idealen von haßerfüllter Selbstabwertung und depressiver Ohnmacht gefolgt. Ein solcher Vorgang hat immer auch den Aspekt einer mißlungenen Therapeut-Patient-Kooperation. Derartige Konstellationen zeigen häufig eine drohende psychische Desintegration des Patienten an und sind meist Folge insuffizienter Supervision.

Konstellationstyp 4: "Geringe asymmetrische Beziehung": Hier stehen sämtliche Parameter in sehr enger Beziehung im rechten oberen Quadranten. Vor allem zwischen Wunsch-Therapeuten-Komplex (W/T) und Selbst-vermutetes-Fremdbild-Gruppenbild-Komplex (S/VF/G) besteht ein sehr geringer Abstand auf der Potenzachse. Dieses Profilbild kann sowohl als Ausdruck mangelnder Strukturiertheit der Interaktion im Anfangsteil der Therapie oder als mangelnde Affizierbarkeit durch therapeutische Einflüsse als auch im Sinne wachsender Parität und Autonomie am Ende der Behandlung - also insgesamt als "relative situative Unabhängigkeit" interpretiert werden. Ein übereinstimmendes Erleben von Selbstbild, Gruppenbild und Therapeutenbild mit lediglich situativen Abweichungen wird häufig in den fortgeschrittenen Stadien der Gruppenbildung beobachtet (Höck, 1981).

Konstellationstyp 5: "Umstrukturierung", "Desintegration": Strukturierte oder Integrationsprofile sind als Konstellationen zu sehen, in denen der Patient in ausgeprägter Weise die Kompetenz des Therapeuten zur Hilfeleistung akzeptiert, die eigene Inkompetenz erlebt, ein Motiv zur Veränderung im Sinne der therapeutischen Norm entwickelt und sich vom therapeutischen Geschehen affizieren läßt. Die einzelnen Punkte bilden in systematischer Weise Komplexe aus, wie bei den Konstellationstypen 1 bis 3 beschrieben.

Im Gegensatz dazu befinden sich im Falle der Umstrukturierung alle Parameter weitgehend isoliert. Dieses Muster kann als Zeichen einer Beziehungsumgestaltung gewertet werden und drückt so etwas wie "soziale Reagibilität" (Geyer et al., 1985) aus. Es hat offensichtlich essentielle Bedeutung für die Therapie. Unter dem Aspekt der Widerspruchsdialektik (Rosenfeld, 1971) spiegelt die aus unterschiedlichen Gruppensituationen resultierende erlebnismäßige Diskrepanz die Relation zwischen vorhandenem und erforderlichem Status wider, aus der eine neue Handlungsmotivation erwächst.

Leder und Kosowska (1981) verbinden mit der Darstellung von Desintegration die Enttäuschung mancher Gruppenmitglieder über die therapeutische Situation, das Erleben negativer Emotionen und die Einsicht in die Notwendigkeit der Akzeptanz neuer Beziehungsformen, was oft am Anfang einer Beziehungsumgestaltung steht.

Verlaufstypen

Ermittlung von Verlaufstypen: Die Abfolge der oben beschriebenen Cluster definiert für jeden Patienten den Verlauf der Interaktionsbeziehungen in der Therapie aus seiner eigenen Sicht. In unserer Untersuchung ermittelten wir mit Hilfe eines multivariaten Rangvarianzanalyseverfahrens sieben Verlaufstypen, die zu vier Grundtypen zusammenzufassen sind: Diese Verlaufstypen werden durch die Unterschiede in den Potenzwerten des Selbst-, Gruppen- und Therapeutenbildes charakterisiert.

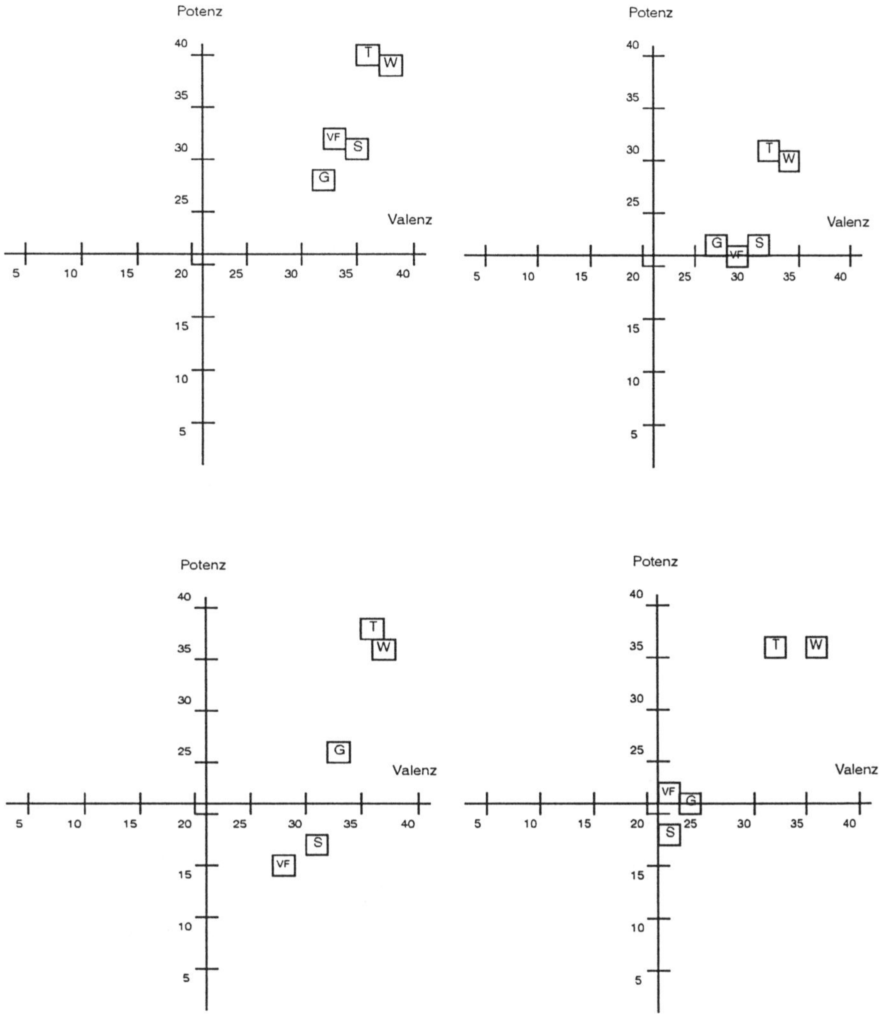

S: Selbstbild; VF: vermutetes Fremdbild; W: Wunschbild; F: Fremdbild; T: Therapeutenbild; G: Gruppenbild

Abb. 9-12: Mittlere asymmetrische Beziehung mit höherer Potenz des Selbstbildes (9); mit geringerer Potenz des Selbstbildes (10); ausgeprägte asymmetrische Beziehung (11); ausgeprägte asymmetrische Beziehung mit Tendenz zur Selbstentwertung (12)

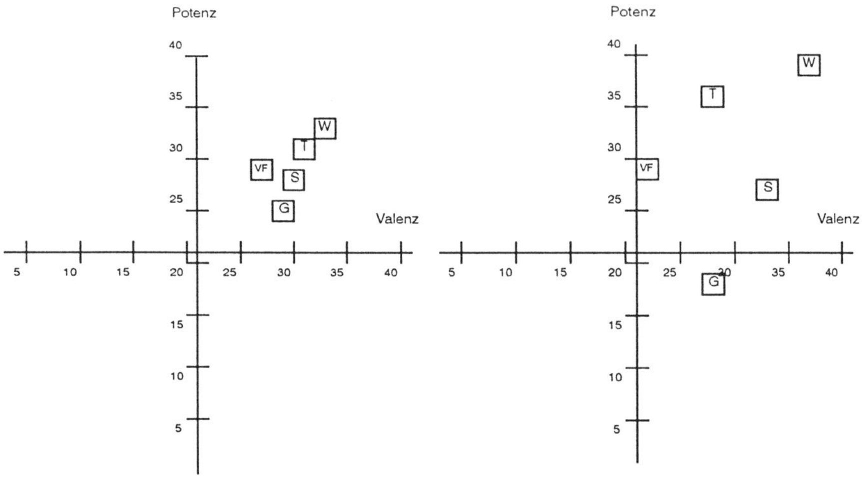

S: Selbstbild; VF: vermutetes Fremdbild; W: Wunschbild; F: Fremdbild; T: Therapeutenbild; G: Gruppenbild

Abb. 13/14: Geringe asymmetrische Beziehung (13); Umstrukturierung, Desintegration (14)

Die Bedeutung der Unterschiede zwischen den geschilderten Verlaufstypen ist allerdings nur durch Einbeziehung des Therapieeffektes zu klären.

In einer Arbeit von Fels (1995) wurde die Effizienz der unterschiedlichen Verlaufstypen anhand bestimmter Erfolgskriterien differenziert betrachtet. Als Erfolgsmaße wurden objektive Daten (Medikamentenverbrauch, Arbeitsfähigkeit, Weiterbehandlung), subjektive Daten aus der Sicht des Patienten (Beschwerden, Verhalten, Veränderung) und subjektive Daten aus der Sicht des Therapeuten (Konfliktbewältigung, Therapiezielerfüllung) verwendet.

Kritikwürdig an diesem Versuch, den Erfolg der verschiedenen Verlaufstypen in Zahlenwerten darzustellen, ist sicherlich, daß bei allem Bemühen, Ausgeglichenheit bei der Heranziehung der Kriterien zu schaffen, doch nicht alle Erfolgskriterien gleichzustellen sind. So ist die Selbsteinschätzung der Veränderung durch die Patienten im Veränderungsfragebogen sicherlich höher zu bewerten als andere Kriterien.

Außerdem stellt sich die Frage, was letztlich höher zu bewerten ist: die mäßige Besserung eines sehr kranken Patienten oder die „Heilung" eines zu Beginn der Behandlung wenig gestörten Patienten.

Verlaufstyp 1 (Abb. 15): Die Potenzwerte in diesem Verlaufstyp bewegen sich ständig in mittleren und höheren Bereichen. Ein Drittel der Patienten ordnet sich in diesen Verlaufstyp ein, davon überdurchschnittlich viele ältere, männliche, verheiratete Patienten, die in ihren Berufen vollbeschäftigt sind, persönlichkeitsstrukturell häufig anankastisch und nicht schizoid. Die Patienten dieses Verlaufstyps sind schon zu Beginn der Therapie signifikant geringer in ihrem Leben eingeschränkt als andere Patienten. Sie sind am Ende der Therapie insgesamt am erfolgreichsten.

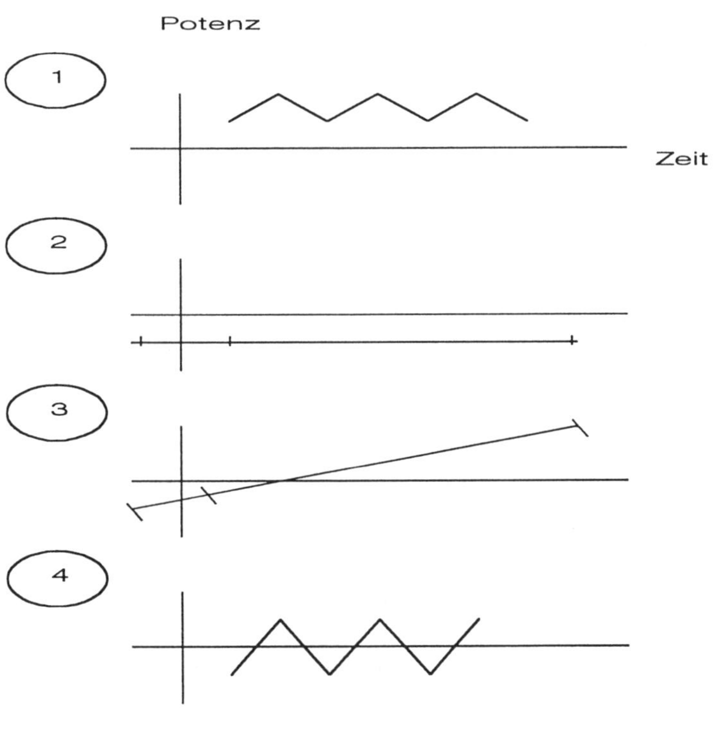

Abb. 15: Verlaufstypen (nur Potenzwerte)

Verlaufstyp 2: Die Potenzwerte der Patienten dieses Verlaufstyps liegen konstant im negativen Bereich und verlassen ihn nie. An der Konstanz der negativen Potenzwerte und den fehlenden Versuchen, den negativen Bereich zu verlassen, kann man aber auch erkennen, daß diese Patienten sich permanent in der Abhängigkeitsrolle befinden. Von dem Sechstel der Patienten, deren Potenzwerte in diesem Verlaufstyp einzuordnen sind, sind viele jünger, ledig, viele Schüler und Studenten, ambulant vorbehandelt, noch nicht im beruflichen und familiären Leben stehende Patienten, für die die Position der Abhängigkeit auch im Leben außerhalb der Klinik nicht ungewöhnlich ist. Sie beginnen die Therapie mit erheblichen Beschwerden und erreichen aber unter Umständen einen, wenn auch begrenzten, durchschnittlichen Behandlungserfolg.

Verlaufstyp 3: Die Potenzwerte dieses Verlaufstyps entwickeln sich allmählich vom negativen in den positiven Bereich, das Selbstwertgefühl dieser Patienten wächst im Laufe der Therapie. Ein Fünftel der Patienten gehört zu diesem Verlaufstyp, davon sind viele längere Zeit vor der Therapie arbeitsunfähig und stationär vorbehandelt, von der Persönlichkeit her erheblich gestörte Patienten mit schizoiden, depressiven und anankastischen persönlichkeitsstrukturellen Anteilen und auch schon länger krank. Die zu Beginn der Behandlung massiv beeinträchtigten Patienten zeigen zum Therapieende eine deutliche Besserung.

Verlaufstyp 4: Die Potenzwerte dieser Patienten pendeln beständig im negativen Bereich hin und her, kurzzeitig erreichte positive Werte werden immer wieder verlassen. Es zeigt sich, daß es den Patienten nicht gelingt, dauerhaft aus einer therapeutischen Abhängigkeit zu einer eher symmetrischen Beziehungsgestaltung zu finden. Ein Viertel der Patienten muß zu diesem Verlaufstyp gezählt werden, sehr viele von ihnen sind Arbeiter, mit zahlreichen und teilweise auch längeren nervenärztlichen Vorbehandlungen. Diese Patienten beginnen die Therapie schon chronifizierter in ihren Störungen als andere. Ihr Therapieerfolg liegt unter dem Durchschnitt.

4. Bezug zu anderen Anwendungsformen

Der klinisch-praktische und der Forschungseinsatz des Potenz-Valenz-Polaritätenprofils erfuhr in modifizierter Form auch in anderen Einrichtungen Verbreitung.

Hess (1984) nutzte das Profil für die Prozeßkontrolle in Gruppentherapien und zur Supervision. Scholz verwendete die Methode zur Untersuchung von Beziehungsmustern in Familien (Scholz, 1984). Die Adjektive, die die Dimension Erregung assoziieren, wurden vor allem von jüngeren Kindern nicht verstanden, so daß sie eliminiert wurden. Scholz führt dazu aus: "Die Faktoren Valenz und Potenz sind für die Erfassung zwischenmenschlicher Beziehungen von vorrangiger Bedeutung, weil sie soziale Interaktionen gut qualifizieren können.".

Auch andere Autoren halten neben strukturellen Familienmerkmalen den Aspekt der Macht- und Kontrollausübung und den Emotionalitätsaspekt für klinisch interessant (Mattejat & Remschmidt, 1985; Kötter et al., 1988).

Der methodische Unterschied zu den üblicherweise angewandten Personenbeschreibungen besteht darin, daß Scholz gerichtete Beziehungen beschreiben läßt: Er veränderte die Vorgabeinstruktion wie z.B. "Ich bin ...", "Mein Vater ist ..." zu "Ich bin zu meinem Vater ..." oder "Mein Vater ist zu mir ...". Das "Familien-Polaritätenprofil" wurde in zahlreichen familientherapeutischen Studien eingesetzt (Philipp & Vulturius, 1988; Nestler, 1988; Göpfert, 1983).

Mattejat verwendete die Methode zur Operationalisierung des Entwicklungs-Kohäsions-Modells und veränderte das "Familien-Polaritätenprofil" in vier Hinsichten:

1. Er verwendete andere Items: Er benutzte die von Rudolf (1991) zur Beschreibung der Arzt-Patient-Beziehung verwendeten Adjektivpaare.
2. Die Potenzdimension wurde theoretisch anders definiert: Bei einer ausführlichen statistischen Analyse des Instruments von Deimel (1991) stellte sich heraus, "daß die Potenzfunktion uneinheitlich war" (Mattejat & Remschmidt, 1985). Deshalb ersetzte er das Adjektivpaar "nachgiebig-dominant" durch "selbständig-unselbständig".
3. Er verwendete eine andere Vorgabeinstruktion: "Ich verhalte mich meinem Vater gegenüber ..." bzw. "Mein Vater verhält sich zu mir ...".
4. Er fügte den Selbst- und Fremdeinschätzungen die Beurteilung in der 3. Ebene hinzu: "Meine Mutter verhält sich meinem Vater gegenüber ...".

Die für die klinische Arbeit wichtige Einschätzung der idealtypischen Beziehung wurde nicht verwandt. Er nannte seine Version "Subjektives Familienbild" (SFB), versteht sie aber als "Weiterführung" des "Familien-Polaritätenprofils" nach Scholz und Feldes und "in der Grundkonzeption ... identisch" (Mattejat & Remschmidt, 1985).

5. Die Bedeutung für die Praxis, Forschung und Lehre der Psychotherapie

Wie gezeigt wurde, stellt das hier dargestellte Instrumentarium zur Kontrolle des Therapieprozesses ein relativ grobes Raster in der Erfassung individueller Veränderungen im Verlauf einer Behandlung dar, das in dieser Form noch nicht geeignet ist, differenzierte Einstellungs- und Verhaltensänderungen und inhaltliche Besonderheiten zu erfassen. Auch wenn mit dem gegenwärtigen Vorgehen bislang nur relativ allgemeine Algorithmen als Ausschnitt eines diffizilen und komplexen Geschehens widerzuspiegeln sind, liegen die Vorteile für Praxis und Forschung auf der Hand.

Wir sind der Meinung, daß mit der hier vorgestellten Methode der jeweilige Therapieprozeß grob modelliert werden kann. Zwar arbeiten alle Therapeuten mit wissenschaftlichem Anspruch mit einem Modell des therapeutischen Prozesses im Kopf; viele passen - z.T. recht willkürlich - das aktuelle Geschehen in das Phasenraster ihres Modells ein; wenige ordnen und objektivieren das zu beobachtende aktuelle

Geschehen systematisch, ehe sie es mit den theoretisch postulierten Abläufen innerhalb ihres Modells vergleichen; niemand ist jedoch ohne explizite mathematische Modellierung, die erst in Ansätzen vorliegt, in der Lage, die Beobachtungsdaten effektiv zu verwerten, d.h. auch die persönlichkeitsbedingten Verzerrungen während des Vorganges der Einfügung der Beobachtungsdaten in die Strukturen des Prozeßmodells als Supervisor zu kontrollieren. Damit ist als Anwendungsbereich dieses Ansatzes neben der Forschung insbesondere die Ausbildungssituation unter systematischer Supervision definiert.

Die demonstrierten Instrumente und Forschungsergebnisse leisten insbesondere einen Beitrag zur Beantwortung folgender Fragen: "Wie fördert oder hindert der Therapeut die therapeutisch notwendige soziodynamische Konstellation?" und "Wie wird die gruppentherapiespezifische Dialektik zwischen Individual- und Gruppenaspekt gehandhabt?". Dazu einige formale Aspekte: Die Supervisions- bzw. Ausbildungssituation erfordert prinzipiell einen geregelten zeitlichen Rhythmus der Datenauswertung und ein übersichtliches Dokumentationssystem, die "Fieberkurve des Psychotherapiepatienten" (bei aller Faszination gruppendynamischer Sichtweise bleibt das oberste Erfolgskriterium der Progreß des Individuums).

Entsprechend unseres Prozeßmodells werden situative und Verlaufskonstellationen der verschiedenen Parameter als therapeutisch förderlich oder hinderlich interpretiert, wobei diese Bewertung zusätzlich vom Zeitpunkt der Erhebung im Therapieverlauf bestimmt wird. Unsere allgemeine, mit den verfügbaren Methoden kontrollierbare Vorstellung eines optimalen Verlaufes dürfte einen genügend großen Raum für die grundsätzliche Diskussion jedes beliebigen Einzelfalls abgeben. So ist die konkrete Supervisionssituation gekennzeichnet durch Fragen nach der Ursache einer statischen Gruppenposition, der Persistenz einzelner Beziehungsmuster, Wahrnehmungsstörungen bezüglich des emotionalen Abstandes der Gruppenmitglieder untereinander, einzelner Patienten zu Therapeuten oder der durch die Therapeuten vermuteten Distanzen einzelner Patienten zu sich. Damit werden Fragen nach dem Inhalt der therapeutischen Intervention auf dem Hintergrund konkreter Prozeßdaten geklärt. Die Zielstellung der Ausbildung - Erwerb von Fähigkeiten zur Empathie, Prozeßanalyse und Selbstreflexion - wird sehr konkret in der Konfrontation mit dem realen Prozeß in das Bewußtsein der Ausbildungskandidaten gebracht.

Zusammengefaßt sehen wir folgende praktischen Vorteile:

- Die Interpretation einer therapeutischen Situation stützt sich auf relativ objektive Daten. Spekulative Deutungen werden begrenzt (prinzipiell läßt sich der Prozeß mit Hilfe dieser Daten auch mathematisch modellieren).
- Der einzelne Befund oder die jeweilige Situation werden sowohl in bezug auf den Gesamtprozeß - den Längsschnitt - als auch im Hinblick auf die Beziehungen zwischen Individuum und Gruppe - den Querschnitt - eingeordnet.
- Effekte der Supervision sind konkret zu prognostizieren und zu überprüfen.

Literatur

Bach, O. & Feldes, D. (1975). *Über kooperative Beziehungen zwischen psychiatrischen Patienten und ihrer Umwelt*. Dissertation, Karl-Marx-Universität, Leipzig.

Bales, R.F. & Cohen, S.P. (1982). *Symlog - Ein System für die mehrstufige Beobachtung von Gruppen*. Stuttgart: Klett-Cotta-Verlag.

Baumann, U. (1984). *Psychotherapie: Makro-Mikroperspektiven*. Göttingen: Hogrefe.

Beckmann, D. & Richter, H. E. (1972). *Gießen-Test*. Bern: Huber-Verlag.

Czogalik, D. (1987). *Strategien der Psychotherapieprozeßforschung* (S. 10). Materia-lien zum Internationalen Psychotherapie-Symposium, Erfurt.

Deimel, W. (1991). *Das semantische Differential als familiendiagnostisches Meßinstrument*. Unveröff. Diplomarbeit, Philipps-Universität, Marburg.

Ertel, S. (1965). Neue soziometrische Perspektiven. *Psychologische Forschung, 28*, 329-362.

Feldes, D. & Hochauf, R. (1978). Empirische Untersuchungen zur Stellung des Therapeuten in psychotherapeutischen Gesprächsgruppen. *Psychiatrie. Neurologie. Medizinische Psychologie, 30,* 648-656.

Feldes, D. (1976). Standardisierung von Schätzskalen für den sozialen Raum und ihre Anwendung als soziometrisches Verfahren bei Gruppenstrukturanalysen in psychiatrischen Krankenhäusern. In O. Bach, D. Feldes, A. Thom & K. Weise (Hrsg.), *Sozialpsychiatrische Forschung und Praxis*. Leipzig: Thieme-Verlag.

Fels, A. (1995). *Untersuchungen zu den Zusammenhängen zwischen Status-, Verlaufs- und Erfolgsdiagnostik bei stationärer Gruppenpsychotherapie*. Unveröff. Promotion, Karl-Marx-Universität, Leipzig.

Fischer, A., Scherler, B. & Zocher, D. (1987). *Zusammenhänge zwischen Fremdbeurteilung und Selbsteinschätzung im Verlauf der stationären Gruppenpsychotherapie*. Unveröff. Diplomarbeit, Karl-Marx-Universität, Leipzig.

Geyer, M., Hupfer, P. & Ehrhardt, W. (1984). Zur Abbildung und Kontrolle des Veränderungsprozesses in der Gruppenpsychotherapie. *Psychiatrie, Neurologie, Medizinische Psychologie, 36,* 714-726.

Geyer, M., Plöttner, G. & Winiecki, P. (1988). Zur Abbildung interaktioneller Konfigurationen mit Hilfe prozeßbegleitender semantischer Differentiale. *Psychotherapie, Medizinische Psychologie, 38*, 211-217.

Geyer, M. & Plöttner, G. (1985). Veränderung der Therapiemotivation im Verlauf des psychotherapeutischen Prozesses. In M. Geyer (Hrsg.), *Materialien des XI. Psychotherapie-Kongresses der DDR mit internationaler Beteiligung* (S. 158-162).

Geyer, M. (1989). *Methodik des psychotherapeutischen Einzelgesprächs. Leitfaden dynamisch-interaktioneller Psychotherapie*. Leipzig: J.-Ambrosius-Barth-Verlag.

Geyer, M. (1986). *Thesen zur Psychotherapie*. Diskussionsgrundlage für die Mitglieder der Gesellschaft für Ärztliche Psychotherapie der DDR.

Göpfert, M. (1983). *Der Einfluß des Geschlechts des Kindes auf Kommunikations- und Beziehungsmuster der Familie*. Unveröff. Diplomarbeit, Karl-Marx-Universität, Leipzig.

Hess, H. & Kneschke, M. (1982). Untersuchungen mit Polaritätsprofilen zum Verlauf intendiert dynamischer Gruppenpsychotherapie. In K. Höck (Hrsg.), *Gruppenpsychotherapieforschung* (S. 53-69). Leipzig: Barth-Verlag.

Hess, H. (1984). *Subskalenentwicklung für differentielle Aussagen in der Neurosendiagnostik*. Psychotherapieberichte 25, Haus der Gesundheit, Berlin.

Hess, H. (1985). *Untersuchungen zur Abbildung des Prozeßgeschehens und der Effektivität in der intendierten dynamischen Gruppenpsychotherapie*. Unveröff. Dissertation, Berlin.

Hess, H. (1987). *Zum Problem der Abbildungsmethoden in der Gruppenprozeßforschung* (S. 57-60). Mat. Internat. Psychotherapie-Symposium, Erfurt.

Höck, K. (1981). Konzeption der intendiert dynamischen Gruppenpsychotherapie. In K. Höck (Hrsg.), *Theoretische Probleme der Gruppenpsychotherapie* (S. 13-34). Leipzig: Barth-Verlag.

Hoffmann, S. O. (1987). Forschungstendenzen im Bereich der Psychotherapie und Neurosenlehre in den letzten 15 Jahren - Ein persönlicher Eindruck. *Psychotherapie, Psychosomatik, Medizinische Psychologie, 37*, 10-14.

Hofstätter, P. R. (1959). *Einführung in die Sozialpsychologie*. Stuttgart: Alfred-Kröner-Verlag.

Horowitz, L. M., Strauß, B. & Kordy, H. (1994). *Inventar zur Erfassung interpersonaler Probleme* (Deutsche Version) (IIP-D), Weinheim, Beltz.

Kächele, H. (1986). Aktuelle Trends der Ergebnisforschung in der Psychotherapie. *Psychosomatik. Psychotherapie. Medizinische Psychologie, 36*, 307-312.

Kattenbach, R. (1980). Bericht über die Jahrestagung der DPG 1979 in Stuttgart. *Zeitschrift für Psychosomatische Medizin und Psycholanalyse*, 26, 189-194.

Kötter, S., Nordmann, E. & Schenck, K. (1988). Zur klinisch-diagnostischen Relevanz familiendynamischer Konzepte. In M. Cierpka (Hrsg.), *Methoden der Familienforschung*. Berlin, Heidelberg, New York, Tokio: Springer-Verlag.

Leder, S. & Kosowska, A. (1981). Gruppendynamik und Gruppentherapie. In K. Höck (Hrsg.), *Gruppenpsychotherapie* (S. 22-46). Berlin: Deutscher Verlag der Wissenschaften.

Luborsky, L. (1984). *Principles of Psychoanalytic Psychotherapy. A Manual for Supportiv-Expressive Treatment*. New York: Basic Books, Inc. Publishers.

Malan, D. H. (1975). Psychodynamic changes in untreated neurotic patients. *Archives of General Psychiatry, 32*, 110-126.

Mattejat, F. & Remschmidt, H. (1985). Interaktionsstörungen in Familien. In H. Remschmidt & M. Schmidt (Hrsg.), *Kinder- und Jugendpsychiatrie in Klinik und Praxis* (S. 377-406, Bd. III). Stuttgart: Thieme-Verlag.

Mohr, M., et al. (1987). *Ein Konzept für die Erforschung der Prozesse in psychoanalytischen Fokaltherapien* (S. 23-27). Materialien zum International Psychotherapie-Symposium, Erfurt.

Nestler, J. (1988). *Untersuchungen zum Kommunikations- und Beziehungsverhalten in unvollständigen Familien*. Unveröff. Diplomarbeit, Karl-Marx-Universität, Leipzig.

Osgood, Ch. E., Succi, G. J. & Tannenbaum, P. H. (1957). *The measurement of meaning*. University of Illinois, Urbana.

Osgood, Ch. E. (1952). The nature and measurement of meaning. *Psychological Bulletin, 3*, 49.

Phillip, K. & Vulturius, G. (1988). *Untersuchungen von Interaktions- und Beziehungsmustern in Familien mit Risikokindern*. Unveröff. Diplomarbeit, Karl-Marx-Universität, Leipzig.

Plöttner, G., Geyer, M., Uhle, U., Weißmann, K.-P. & Starke, H. (1985). Zur Abbildung individueller Konstellationen im therapeutischen Prozeß. In M. Geyer (Hrsg.), *Materialien des XI. Psychotherapie-Kongresses der DDR mit internationaler Beteiligung* (S. 163-166).

Plöttner, G. & Winiecki, P. (1988). *Untersuchungen zur begleitenden Diagnostik des psychotherapeutischen Prozesses*. Unveröff. Dissertation, Karl-Marx-Universität, Leipzig.

Plöttner, G. (1986). Untersuchungen zum phasenspezifischen Therapieverhalten im Gruppenprozeß. In I. Frohburg, G. di Pol, K. Weise & B. Thomas (Hrsg.), *Forschung und Praxis in der Gruppengesprächspsychotherapie*. Leipzig: Barth.

Quekelberghe, G. van (1979). *Systematik der Psychotherapie*. München: Urban und Schwarzenberg.

Rosenfeld, G. (1983). Theorie und Praxis der Lernmotivation. In H. Hess & K. Höck (Hrsg.), *Psychotherapiebericht* Nr. 32/85, Berlin: Haus der Gesundheit.

Rösler, H. D. (1977). Zur Begriffsbestimmung der Psychotherapie unter methodischen Gesichtspunkten. *Psychiatrie, Neurologie, Medizinische Psychologie, 29*, 593-597.

Rudolf, G. (1991). *Die therapeutische Arbeitsbeziehung*. Heidelberg: Springer.

Scholz, M. (1984). *Untersuchungen von Beziehungs- und Kommunikationsstrukturen in Familien mit psychosozial gestörten Kindern und Jugendlichen*. Unveröff. Dissertation, Karl-Marx-Universität, Leipzig.

Selisko, A. (1994). *Subjektive Beziehungsmuster in Familien mit Adoleszenten*. Unveröff. Promotion, Technische Universität, Dresden.

Strupp, H. H. (1977). A Reformulation of the Dynamics of the Therapists Contribution. In A. S. Gurmann & M. Parzin (Eds.), *Effective Psychotherapy* (S. 3-22). Oxford: Pergamon Press.

Uhle, M. (1980). *Historische Wurzeln, aktuelle Situation und Entwicklungsansätze der stationär-psychiatrischen Versorgungsbedingungen in der DDR aus sozialpsychiatrischer Sicht*. Unveröff. Dissertation, Karl-Marx-Universität, Leipzig.

14 Der Stuttgarter Bogen (SB)

Volker Tschuschke

1. Theoretischer Hintergrund

Die *Selbsteinschätzung* von Patienten/Klienten bezüglich der subjektiven Erfahrungen und Veränderungen im Rahmen von Psychotherapien ist bis heute ein "Königsweg" der Beschreibung psychotherapeutischer Prozesse geblieben, auch wenn es diesbezüglich ernstzunehmende Einwände gibt (vgl. Kapitel 4). Was das *Erleben der therapeutischen Situation* angeht, ist der betroffene Patient/Klient selbst - neben dem Therapeuten - die maßgebliche Größe, die den Veränderungsprozeß aufgrund seines Erlebens der Situation bestimmt, trägt und Einfluß auf das Therapieergebnis nimmt. Diese Informationsquelle ist durch keine noch so gute Beobachtung ersetzbar.

Der *Stuttgarter Bogen (SB)* wurde mit der Intention entwickelt, "... das *Erleben von Gruppenmitgliedern* in analytischen psychotherapeutischen Gruppen meßbar zu machen .." (Lermer & Ermann, 1976, S. 133). Vier Forderungen waren bei der Konstruktion des Bogens mit dem genannten Ziel verknüpft (vgl. Lermer & Ermann, S. 133):

- Der Bogen sollte nach einer psychoanalytischen Gruppensitzung für die Gruppenmitglieder leicht und schnell ausfüllbar sein.
- Die Items des Bogens sollten in einer in Gruppen geläufigen Sprache formuliert sein.
- Der Bogen sollte aus situationsbezogenen Items bestehen, die das Erleben in der Hier-und-Jetzt-Situation widerspiegeln.
- Der Bogen sollte situationsbedingte Erlebensveränderungen im Kurzzeit-Verlauf anzeigen.

Übergeordnete Forderung war die *Anwendbarkeit des Bogens sowohl für die Forschung wie für die Praxis*. Es sollte mittels eines "semantischen Differentials" mit polaren Eigenschaften ein veränderungssensibles Instrumentarium geschaffen werden, welches ein Erlebenskontinuum aufspannt, das Empfindungs-, Wahrnehmungs- und Handlungsebenen gleichermaßen umfaßt (Hermes, 1983). Eine Zusammenstellung von möglichen brauchbaren Items wurde auf der Grundlage von in der Literatur beschriebenen sogenannten klinischen "Erlebensräumen" (Argelander, 1972; Riemann, 1975) sowie anhand der Protokolle von verschiedenen analytischen Gruppensitzungen vorgenommen. Eine ausschließliche Orientierung an psychoanalytischen Konstrukten wurde vermieden, um die Option für eine vergleichende Therapieforschung bei der Operationalisierung aufrechtzuerhalten (Lermer & Ermann, 1976).

STUTTGARTER BOGEN (SB)*

Name:..............................

Gruppe:............................

Datum/Sitzung:................./..................

Instruktion: Bitte, füllen Sie in jeder Zeile nur ein Kästchen aus, so spontan wie möglich und ohne langes Überlegen.

"Ich fühl(t)e mich heute in der Gruppe..."

unterlegen	☐	☐	☐	☐	☐	☐	überlegen
selbstkontrolliert	☐	☐	☐	☐	☐	☐	impulsiv
resigniert	☐	☐	☐	☐	☐	☐	hoffnungsvoll
nachdenklich	☐	☐	☐	☐	☐	☐	lebhaft
kämpferisch	☐	☐	☐	☐	☐	☐	fliehend
geschützt	☐	☐	☐	☐	☐	☐	ausgeliefert
zurückhaltend	☐	☐	☐	☐	☐	☐	draufgängerisch
behaglich	☐	☐	☐	☐	☐	☐	unbehaglich
fremd	☐	☐	☐	☐	☐	☐	vertraut
pudelwohl	☐	☐	☐	☐	☐	☐	elend
verwirrt	☐	☐	☐	☐	☐	☐	durchblickend
unverstanden	☐	☐	☐	☐	☐	☐	verstanden
souverän	☐	☐	☐	☐	☐	☐	kindlich-hilflos
verunsichert	☐	☐	☐	☐	☐	☐	selbstsicher
spontan	☐	☐	☐	☐	☐	☐	zögernd

Abb. 1: Der Stuttgarter Bogen

Die ursprüngliche Item-Sammlung umfaßte 53 Polaritäten, die auf einer sechsstufigen Skala (deutlich - mittel - eher - eher - mittel - deutlich; vgl. Abb. 1) im Rahmen einer *Pilotstudie* 130 Medizin-Studenten in Arbeitsgruppen eines Seminars zur Medizinischen Psychologie (3. Semester) vorgegeben wurden. Aufgrund einer Itemanalyse wurde eine Reduktion auf 44 Polaritäten vorgenommen. Bei der Itemanalyse war auf einen Schwierigkeitsindex von $.25 < SG < .75$ sowie auf Trennschärfe und Itemkorrelationen $< .70$ geachtet worden. Diese 44 Items wurden mit der Instruktion "Ich fühlte mich heute in der Gruppe ..." in der *Hauptuntersuchung* 311 Teilnehmern der Lindauer Psychotherapiewochen vorgegeben, die an analytischen Selbsterfahrungsgruppen, Balint-Gruppen, Psychodrama-Gruppen u.ä. teilnahmen. Weitere Itemanalysen nach den Gesichtspunkten der Praktikabilität, Plausibilität und Interpretierbarkeit erbrachten zunächst eine Reduktion der Items auf 24. Eine Hauptkomponenten-Analyse mit Varimax-Rotation ergab eine Drei-Faktoren-Lösung mit einer Gesamt-Varianzaufklärung von 55,7 %. Mit Hilfe psychoanalytischer Kliniker wurden die Faktoren wie folgt benannt: Faktor 1: *Reaktive bzw. fremdbezogene Emotionalität*, Faktor 2: *Aktivität* und Faktor 3: *Selbst-Stärke* (Lermer & Ermann, 1976).

2. Kurzbeschreibung des Verfahrens

Die weitere Entwicklung des SB mündete zunächst in eine *Kurzversion des Verfahrens* zum Zwecke der besseren Praktikabilität in analytischen Gruppenpsychotherapien. Hierzu erfolgte eine neuerliche Reduktion auf 15 Item-Paare mit möglichst eindeutiger Faktoren-Zuordnung und möglichst geringen semantischen Überschneidungen.

Abbildung 1 zeigt den SB in der Kurzversion. Die Item-Paare wurden bezüglich ihrer Skalen-Zugehörigkeit permutiert und in ihrer Polung variabel angeordnet, um einer Antworttendenz entgegenzuwirken. Tabelle 1 zeigt die Item-Skalen-Zuordnung.

Teufel und Költzow (1983) kamen bei einer Analyse der Daten von 51 Patienten in stationären analytischen Gruppenpsychotherapien zu der Auffassung, daß gute Argumente für eine Zwei-Faktoren-Lösung bestünden. Die Autoren votierten daher für eine zweifaktorielle oblique anstatt eine orthogonalen Achsenrotation (vgl. Tab. 2).

Teufel und Költzow (1983) betonen wiederholt, daß dem Anwender selbst überlassen bleiben solle, ob er die Drei- oder Zwei-Faktoren-Lösung anwenden wolle, es gebe statistisch/ methodische bzw. klinische Argumente für beide Formen. Im Falle der Drei-Faktoren-Lösung müsse man sich allerdings darüber im klaren sein, daß die Skala 3 ("Selbststärke") "...zumindest in klinischen Gruppen sehr wenig Aussagekraft besitzt und die Faktoren *Aktivität* und *Reaktive Emotionalität* trotz statistischer Orthogonalität keine unabhängigen Variablen im Erlebnisraum darstellen" (Teufel & Költzow, 1983, S. 40 f.).

Tab. 1: Items der Kurzversion des SB (Drei-Faktoren-Lösung)

Skala 1 "Reaktive Emotionalität" (6 Items)

Item 3: resigniert	- hoffnungsvoll
Item 6: geschützt	- ausgeliefert
Item 8: behaglich	- unbehaglich
Item 9: fremd	- vertraut
Item 10: pudelwohl	- elend
Item 12: unverstanden	- verstanden

Skala 2 "Aktivität" (5 Items)

Item 2: selbstkontrolliert	- impulsiv
Item 4: nachdenklich	- lebhaft
Item 5: kämpferisch	- fliehend
Item 7: zurückhaltend	- draufgängerisch
Item 15: spontan	- zögernd

Skala 3 "Selbststärke" (4 Items)

Item 1: unterlegen	- überlegen
Item 11: verwirrt	- durchblickend
Item 13: souverän	- kindlich-hilflos
Item 14: verunsichert	- selbstsicher

3. Auswertung - Gütekriterien - Ökonomie

Rohwerteverteilungen und Normwerte für die Daten von 193 Gruppenteilnehmern aus unterschiedlichen Gruppensettings liegen für die beiden Versionen (3- und 2-Faktoren-Lösungen) vor (Czogalik & Költzow, 1987; s. auch Tab. 3). Bei Czogalik & Költzow werden auch Auswertungsschritte nachvollziehbar demonstriert.

Die *zeitliche Konsistenz* der 3-faktoriellen Faktorenstruktur des SB wurde von Ermann (1983) überprüft. Hierzu wurden die Skalenwerte von analytischen, Musiktherapie-, Bewegungstherapie- und Gestaltungstherapie-Gruppen über ein Zeitintervall zwischen einer und neun Wochen auf ihre Test-Retest-Reliabilität verglichen. Die Ähnlichkeits-koeffizienten lagen sehr hoch und streuten praktisch nicht ($r = 0.93$ -

hohe und konstante Werte über unterschiedliche Gruppen hinweg weisen die Stabilität der Faktorenstruktur über zeitliche Verläufe aus (bisher nur für die 3-Faktoren-Struktur überprüft).

Tab. 2: Items der Kurzversion des SB*

Skala 1 "Emotionale Bezogenheit" (8 Items)
(angenehme Bezogenheit vs. unangenehme Isoliertheit)

Item 3: resigniert	- hoffnungsvoll
Item 6: geschützt	- ausgeliefert
Item 8: behaglich	- unbehaglich
Item 9: fremd	- vertraut
Item 10: pudelwohl	- elend
Item 11: verwirrt	- durchblickend
Item 12: unverstanden	- verstanden
Item 14: verunsichert	- selbstsicher

Skala 2 "Aktive Kompetenz" (6 Items)
(offensive Aktivität vs. defensive Aktivität)

Item 1: unterlegen	- überlegen
Item 2: selbstkontrolliert	- impulsiv
Item 5: kämpferisch	- fliehend
Item 7: zurückhaltend	- draufgängerisch
Item 13: souverän	- kindlich-hilflos
Item 15: spontan	- zögernd

* Item 4 konnte nicht zugeordnet werden

Als Beleg der *Konstruktvalidität* des SB können verschiedene Untersuchungsergebnisse herangezogen werden. Kramer (1979) berichtet von bedeutsamen korrelativen Bezügen zwischen Sprechdauer und "Reaktiver Emotionalität". Dieses Ergebnis erscheint plausibel, da ein besserer emotionaler Bezug zur Gruppe wohl mit einer stärkeren Beteiligung am Gruppenprozeß einhergeht (Sprechdauer, Selbstöffnung). Daß diese Vermutung für die Skala "Emotionale Bezogenheit" der 2-Faktoren-Lösung Gültigkeit hat, wurde an Patienten einer ambulanten analytischen Therapiegruppe nachgewiesen (Tschuschke, 1987). Die Patienten dieser Gruppe öffneten sich signifikant mehr und verbalisierten in der Gruppe mehr selbstbezogene Angst- und Aggressivitäts-Affekte in Sitzungen mit einer höheren "Emotionalen Bezogenheit" und weniger in Sitzungen mit niedriger Bezogenheit. Gleichfalls waren die Werte der Skala "Aktive Kompetenz" analog erhöht oder abgesenkt.

Tab. 3: Rohwerte (RW) der Skalen der 3-Faktoren-Lösung (F1: reaktive Emotionalität, F2: Aktivität, F3: Selbststärke) und 2-Faktoren-Lösungen (S1: emotionale Bezogenheit, S2: aktive Kompetenz) und die zugehörigen Stanine-Werte (aus: Czogalik & Költzow, 1987, S. 43)

Stanine	F1 RW	F2 RW	F3 RW	S1 RW	S2 RW
1	6- 8	5- 6	4- 6	8-13	6- 9
2	9-15	7- 8	7- 9	14-20	10-12
3	16-17	9-11	10-11	21-23	13-16
4	18-22	12-14	12-13	24-30	17-19
5	23-25	15-18	14-15	31-33	20-22
6	26-28	19-20	16-17	34-37	23-25
7	29-32	21-23	18-19	38-41	26-28
8	33-35	24-25	20-21	42-45	29-30
9	36	26-30	22-24	46-48	31-36

Zur *kriterienbezogenen* bzw. *differentiellen Validität* läßt sich ein Ergebnis von MacKenzie & Tschuschke (1993a) heranziehen. Patienten zweier stationärer analytischer Gruppen füllten nach jeder Sitzung sowohl den GCQ-S (vgl. Kap. 12) wie auch den SB aus. Die Skala 1 des GCQ-S ("Engagement") umfaßt Aspekte der Engagiertheit und therapeutischen Arbeit der Gesamt-Gruppe, wahrgenommen vom individuellen Gruppenmitglied. Während die "Engagement"-Werte nicht mit späterem Therapieerfolg über die untersuchten 16 Patienten aus beiden Gruppen verknüpft waren, wiesen die SB-Werte der Skala "Emotionale Bezogenheit" eine signifikante Korrelation mit dem Therapieerfolg auf. Beide Skalen waren nicht bedeutsam miteinander korreliert, d.h., sie messen unterschiedliche Aspekte des Gruppenklimas bzw. der eigenen emotionalen Bezüge in diesem Klima.

Abhängig von der Auswertungsform und der Perspektive der Untersuchung (2- oder 3-faktorielle Version des SB) stellt das Ausfüllen der 15 Items des Sitzungsbogens beim ersten Mal nur eine sehr geringe zeitliche Belastung von ca. 3 - 5 Minuten dar, bei

Vertrautheit mit den Skalen, etwa im wiederholten Einsatz im Therapieverlauf, in aller Regel nur ca. 1 - 2 Minuten.

Die Auswertung ist einfach. Eine manuelle Auszählung, wie bei Czogalik & Költzow (1987) dargestellt (siehe Tab. 4), nimmt nur wenig Zeit in Anspruch.

Tab. 4: Rohwerteberechnung der SB-Skalen nach Czogalik & Költzow (1987, S. 39) (Wegen der unterschiedlichen Polung der Items werden manchmal Differenzen gebildet)

F1 = Item 3 + (7 - Item 6) + (7 - Item 8) + Item 9 + (7 - Item 10) + Item 12
F2 = Item 2 + Item 4 + (7- Item 5) + Item 7 + (7 - Item 15)
F3 = Item 1 + Item 11 + (7 - Item 13) + Item 14
S1 = Item 3 + (7 - Item 6) + (7 - Item 8) + Item 9 + (7 - Item 10) + Item 11 + Item 12 + Item 14
S2 = Item 1 + Item 2 + (7 - Item 5) + Item 7 + (7 - Item 13) + (7 - Item 15)

Die Auswertung über eine selbstangefertigte Schablone bei 8 Sitzungsbögen von 8 Gruppenmitgliedern (Aufsummierung der Rohwerte pro Skala, dividiert durch die Zahl der Items = Skalen-Score) braucht relativ wenig Zeit, je nach Übung zwischen 15 und 30 Minuten.

4. Anwendungsbeispiel

Der SB wurde im Rahmen der *Stuttgarter Therapiestudie* (Tschuschke, 1993; Tschuschke & Dies, 1994) bei den Teilnehmern von zwei stationären analytischen Langzeitgruppenpsychotherapien vorgegeben. Der Bogen wurde nach jeder Sitzung von allen Gruppenmitgliedern ausgefüllt. Die Werte wurden nach der 2-Faktoren-Lösung berechnet. Bereits innerhalb der ersten 10 - 20 Sitzungen ergab sich ein deutlicher Unterschied zwischen später erfolgreichen und weniger erfolgreichen Patienten. Jene Patienten aus beiden Gruppen, die entsprechend den katamnestischen Untersuchungen 18 Monate nach Beendigung der Therapiegruppen am meisten von der Therapie profitiert hatten, wiesen zu Beginn der Gruppen eine deutlich höhere "Emotionale Bezogenheit" (Skala 1) im Vergleich zu den später wenig oder nicht erfolgreichen Gruppenmitgliedern beider Gruppen auf. Interessant ist, daß diese höhere positive Bezogenheit von diesen Patienten über die Dauer beider Gruppentherapien beibehalten wurde und sich gegen Ende der Laufzeit der Gruppen sogar noch weiter erhöhte.

Bei einem Vergleich des SB mit dem GCQ-S (vgl. Kap. 12) - anhand von Sitzungs-Werten von Patienten dieser beiden Gruppen - ergab sich, wie zuvor bereits kurz erwähnt, keine bedeutsame Korrelation zwischen der Skala "Engagement" des GCQ-S und der Skala "Emotionale Bezogenheit" des SB. Während der GCQ-S die Gesamtgruppe aus der Perspektive des Individuums erfaßt, zielt der SB auf die Wahrnehmung der eigenen Person durch das Individuum. Dennoch stellt sich die grundsätzliche Frage, wieweit in die Beurteilung nach jedem System individuumsbezogene (beim GCQ-S) bzw. gruppenbezogene Aspekte (beim SB) eingehen.

Die gemäßigte Korrelation beider Skalen weist auf unterschiedliche Meßebenen hin. Während in der Untersuchung (MacKenzie & Tschuschke, 1993a) erfolgreiche Gruppenmitglieder bereits frühzeitig hohe Werte in der SB-Skala "Emotionale Bezogenheit" mit prädiktivem Wert für spätere Therapieergebnisse aufwiesen, war dies für die Skala "Engagement" des GCQ-S nicht der Fall. Dieses Ergebnis wurde dahingehend interpretiert, daß die nicht bzw. kaum erfolgreichen Patienten beider Gruppen zwar ihre jeweiligen Gruppen "korrekt" wahrnahmen, sie also engagiert und in therapeutische Arbeit involviert erlebten (höhere Werte in "Engagement"), sie sich zugleich aber nicht als Teil dieser Arbeitshaltung empfanden (niedrigere Werte in "Emotionale Bezogenheit"), während die erfolgreichen Gruppenmitglieder eher gleichgerichtete Zusammenhänge in beiden Skalen zeigten.

Die Skala 1 des SB ("Emotionale Bezogenheit") scheint - den Ergebnissen der beiden berichteten Gruppen gemäß, was aber bei weiteren Gruppen erst noch bestätigt werden muß - womöglich Aspekte einer hilfreichen "Objektbeziehungsfähigkeit" bzw. von "individueller Kohäsion" (zur "individuellen Kohäsion" vgl. Kap. 4) in der therapeutischen Gruppe abzubilden. Gruppenleiter können durch den Einsatz dieses leicht zu handhabenden Sitzungsbogens frühzeitig Beziehungsfähigkeit und Involviertheit ihrer Gruppenmitglieder erkennen, und eventuell ihre Interventionsstrategie darauf abstellen (etwa indem schweigsame Gruppenmitglieder oder "schwach bezogene" Gruppenmitglieder aktiver in den Gruppenprozeß einbezogen werden, damit sie nicht zu "Mauerblümchen" werden). Es zeigt sich nämlich, daß eine erst später ansteigende Bezogenheit kaum mehr therapeutische Effekte bewirkt (Tschuschke & Dies, 1994; MacKenzie & Tschuschke, 1993a).

"Special care should be directed towards those who are not interactionally engaged in terms of these clearly identifiable process dimensions. Our results suggest that late bloomers do not blossom" (Tschuschke et al., im Druck).

5. Weitere Anwendungen des SB

Der SB hat mittlerweile in verschiedenen Studien zu Verläufen therapeutischer Gruppen Anwendung gefunden. MacLean-Badura & Stolze (1981) wendeten den SB bei Gruppen mit *Konzentrativer Bewegungstherapie* an und fanden keine Unterschiede in der Dimension "Aktivität" im Vergleich zu analytischen Selbsterfahrungsgruppen. Auch mit der 3-Faktoren-Lösung konnten prognostische Hinweise auf differentiellen Therapieerfolg gefunden werden, analog zu den oben berichteten Ergebnissen mit Patienten in stationären analytischen Langzeitgruppen: Speziell die später erfolgreichen Gruppenmitglieder zeigten in allen drei Skalen im Verlauf der Teilnahme an einer stationären Langzeitgruppenpsychotherapie linear ansteigende Werte, während dies für die später nicht erfolgreichen Patienten nicht der Fall war (vgl. auch Strauß & Burgmeier-Lohse, 1994).

Inzwischen ist der SB auch in die englische Sprache übersetzt (MacKenzie & Tschuschke, 1993b) und bei einigen Kurzzeitgruppenpsychotherapien angewendet worden. Bislang sind diese Ergebnisse nicht publiziert worden.

Die englische Version des SB wird derzeit, neben zahlreichen anderen Verfahren, im Rahmen einer großen Replikationsstudie zur psychotherapeutischen Beeinflussung des metastasierenden Mammakarzinoms an sechs kanadischen Universitäten eingesetzt (Goodwin et al., 1994; Leszcz, pers. Mitteilung). In dieser Replikationsstudie sollen anhand von > 250 Patientinnen die Ergebnisse der Stanford-Studie von Spiegel et al. (1989) überpüft werden. In jener Studie wurde über eine katamnestische Kontrolle von 10 Jahren nach Therapiebeendigung nachgewiesen, daß 50 Karzinom-Patientinnen, die zusätzlich mit supportiver Gruppentherapie behandelt worden waren, im Durchschnitt ein Jahr länger lebten als 37 parallelisierte Patientinnen einer nicht mit Gruppentherapie behandelten Kontrollgruppe.

6. Abschließende Bewertung

Der SB ist ein sehr praktikables Instrument zur Einschätzung des Selbsterlebens von Gruppenmitgliedern in allen Arten von Gruppen. Er scheint prognostische Relevanz im Hinblick auf späteren Nutzen aus der Gruppenteilnahme zu haben. Ursprünglich mit der Intention entwickelt, einen Selbsterfahrungsbogen speziell für *analytische* Gruppen verfügbar zu haben, hat sich der SB über die Art seiner Operationalisierung von "Erlebensräumen" in Gruppen für unterschiedlichen Gruppenkonzepte als brauchbar erwiesen.

Literatur

Argelander, H. (1972). *Gruppenprozesse*. Hamburg: Rowohlt.

Czogalik, D. & Költzow, R. (1987). Zur Normierung des Stuttgarter Bogens. *Gruppenpsychotherapie und Gruppendynamik, 23*, 36-45.

Ermann, M. (1983). Die Anwendung des Stuttgarter Bogens in der klinischen Psychotherapie. In H. Enke, V. Tschuschke & W. Volk (Hrsg.), *Psychotherapeutisches Handeln - Grundlagen, Methoden und Ergebnisse der Forschung*. Stuttgart: Kohlhammer.

Goodwin, P.J., Leszcz, M., Koopmans, P.K.I., Chochinov, H.M., Navarro, M., Arnold, A. & Doll, R. (1994). *The B.E.S.T. randomized trial of group psychosocial support in metastatic breast cancer: Preliminary results*. Vortrag auf dem "1st International Workshop On Bone Marrow Transplantation - Coping and Psychooncological Aspects", Universität Ulm, 15. - 17. Mai.

Hermes, M. (1983). Der Stuttgarter Bogen als Testinstrument zur Messung der Befindlichkeit von Gruppenteilnehmern. In H. Enke, V. Tschuschke & W. Volk (Hrsg.), *Psychotherapeutisches Handeln - Grundlagen, Methoden und Ergebnisse der Forschung*. Stuttgart: Kohlhammer.

Kramer, G. (1979). *Untersuchungen zur Validität des Stuttgarter Bogens*. Unveröff. Diplomarbeit, Psychologisches Institut der Universität, Tübingen.

Lermer, S.P. & Ermann, G. (1976). Der Stuttgarter Bogen (SB) zur Erfassung des Erlebens in der Gruppe. *Gruppendynamik, 2*, 133-140.

MacLean-Badura, E. & Stolze, H. (1981). Zur Anwendbarkeit des Stuttgarter Bogens in der Konzentrativen Bewegungstherapie. *Gruppenpsychotherapie und Gruppendynamik, 17*, 96-109.

MacKenzie, K.R. & Tschuschke, V. (1993a). Relatedness, group work, and outcome in long-term inpatient psychotherapy groups. *Journal of Psychotherapie: Research & Practice, 2*, 147-156.

MacKenzie, K.R. & Tschuschke, V. (1993b). *The Group Relationship Questionnaire (GRQ)*. Unveröff. Manuskript.

Riemann, F. (1975). *Grundformen der Angst*. München: Pfeiffer.

Spiegel, D., Bloom, J.R., Kraemer, H.C. & Gottheil, E. (1989). Effect of psychosocial treatment on survival of patients with metastatic breast cancer. *The Lancet, 66*, 888-891.

Strauß, B. & Burgmeier-Lohse, M. (1994). *Stationäre Langzeitgruppenpsychotherapie*. Heidelberg: Asanger.

Teufel, T. & Költzow, R. (1983). Methodische Optimierung der Faktorenstruktur des Stuttgarter Bogens. In H. Enke, V. Tschuschke & W. Volk (Hrsg.), *Psychotherapeutisches Handeln - Grundlagen, Methoden und Ergebnisse der Forschung*. Stuttgart: Kohlhammer.

Tschuschke, V. (1987). Zum Kohäsionskonzept in der therapeutischen Gruppe - Theoretische Überlegungen und empirische Ergebnisse. *Gruppenpsychotherapie und Gruppendynamik, 23*, 46-55.

Tschuschke, V. (1993). *Wirkfaktoren stationärer Gruppenpsychotherapie - Prozeß-Ergebnis-Relationen.* Göttingen: Vandenhoeck & Ruprecht.

Tschuschke, V. & Dies, R.R. (1994). Intensive analysis of therapeutic factors and outcome in long-term inpatient groups. *International Journal of Group Psychotherapy, 44*, 185-208.

Tschuschke, V., MacKenzie, K.R., Haaser, B. & Janke, G. (im Druck). Self-disclosure, feedback and outcome in long-term inpatient psychotherapy groups. *Journal of Psychotherapy: Research & Practice.*

15 Das Soziogramm nach Höck und Hess - eine Methode zur Erfassung soziometrischer Strukturen im Gruppenprozeß*

Helga Hess

1. Theoretischer Hintergrund

Seit Morenos (1954) Einführung der soziometrischen Methode gab es mehrere Ansätze, die Messung aktueller Beziehungsstrukturen auf die therapeutische Gruppe zu übertragen. Konkretere Erkundungsstudien verdanken wir vor allem Enke und Ferchland (1966) sowie auch Ploeger und Bonzi (1966), die den sozialpsychologischen Aspekt auch in therapeutischen Gruppen immer im Auge behielten. Wesentlichen Anteil an der Beachtung und Beobachtung von unterschiedlichen Positionen und damit Rollen in der therapeutischen Gruppe hat Raoul Schindler (1957), der über das sog. Divergenztheorem von Beliebtheit und Tüchtigkeit (Hofstätter, 1957) hinausgehend vier unterschiedliche Positionen in Gruppen beschrieb, "die sich durch die Menge der ihnen zukommenden affektiven Beziehungen unterscheiden und auch eine qualitative Charakteristik zeigen". "Indem wir in eine Gruppe eintreten" - so schreibt er - "müssen wir eine der vier Positionen einnehmen und eine 'Rolle' in ihr spielen. ... Dabei haben diese Positionen nicht nur ihre Bedeutung für das Schicksal und Wohlgefühl der einzelnen Persönlichkeit in der Gruppe ..., sondern ... auch eine dynamische Bedeutung im Zuge eines eigenen affektiven Ablaufs innerhalb der Gruppe". Schindler äußerte sich skeptisch gegenüber der soziometrischen Erkennbarkeit dieses Sachverhaltes (1957, S. 309).

Die vier Positionen, die Schindler anhand seiner Beobachtungen im Rahmen der klinischen Gruppentherapie mit Neurosen, Psychosen und sogenannten Normalpersonen sowie Jugendlichen eines Therapieheimes bestätigt fand, waren die Positionen von Alpha, Beta, Gamma und Omega. Als Alpha bezeichnet er dasjenige Gruppenmitglied, in dessen Art und Verhalten sich die Gruppe nach außen repräsentiert fühlt, es ist "Führer" der Gruppe. Das Alpha hat volle Unabhängigkeit, und seine Ziele sind die Ziele der Gruppe. Er hat nur eine wirkliche Verpflichtung: "Er muß schicksalsanteilig mit der Gruppe verbunden sein, er muß 'einer von uns' sein ... Alpha argumentiert nicht, er agiert ...". Die Position des Beta nimmt derjenige ein, der auf Grund von Spezialfähigkeiten oder Kenntnissen "hochgeachtet wird". "Er legitimiert sich nicht aus sich, sondern durch sein Werk" ... Die Gamma-Position "ermöglicht anonyme Mitglied-

* Die Arbeit ist Herrn Dr.sc.med. Kurt Höck zum 75. Geburtstag gewidmet.

schaft, man ist in ihr ohne Verantwortung. Gamma trägt die manifeste Leistung der Gruppe, aber ist nicht mit der Willensbildung belastet."

Die Omega-Position schließlich ist eine Gegenposition, der Prügelknabe, der sich mit dem G, dem "Gegner" der Gruppe identifiziert bzw. identifiziert wird. Die G-Funktion ist dabei nach Schindler "eine Personifikation dessen, durch das sich die Gruppe zur Gemeinsamkeit aufgerufen fühlt. Der Gruppenneue, der Unbegabte oder der Ängstlich-Unsichere sind für diese Position prädisponiert" (1957, S. 311).

Heigl-Evers (1967) konnte insbesondere die Beta-Positionen weiter differenzieren und beschrieb weiterhin die Therapeutenrolle in den unterschiedlichsten Positionen mit ihren jeweiligen Auswirkungen auf den Gruppenverlauf. Hierbei charakterisierte sie auch den Therapeuten in der Gegner-Rolle. Sie unterschied Gammas, die am Alpha identifikatorisch, kritisch sowie komplementär partizipieren. Ihre Erörterungen fußen auf einem tiefenpsychologischen Verständnis spezifischer (Fehl)-Einstellungen.

Rollendifferenzierungen insbesondere der Leiterposition stammen weiterhin von Beck & Peters (1981), die vier Führungsstile unterscheiden, und zwar den „Emotional Leader“, „Task Leader“, „Defiant Leader“ und den „Scapegoat Leader“, und so zu einer Differenzierung insbesondere der Führungspositionen beitragen.

Die Betrachtung von Positionen findet eine Erweiterung durch die sozialpsychologische Handhabung des Rollenbegriffes, wie ihn z.B. G. Vorwerg (1966, S. 79) definiert. Sie verweist auf die Strukturgenese von Rollen und versteht diese als Funktionskomplexe, als Attribut der Arbeitsteilung, und hebt damit den Leistungs- und Sinnaspekt von Positionierungen hervor, bzw. den Erwerb der Rollenfunktion in der aktiven Auseinandersetzung mit der Umwelt.

Gruppenpsychotherapie erhält nun jedoch ihre Potenz durch die Gruppendynamik, durch die Verhinderung verfestigter Strukturen bzw. die Veränderung von Positionen im Gruppenprozeß. Wenn Schindler (1967), wie auch andere, verschiedene Stadien der Gruppenbildung beschreibt - wie die Menge, das prägruppale Stadium, das gruppale Stadium und die Institution - und sie mit unterschiedlichen Stadien von interpersonaler Angstbindung und Furcht in Beziehung setzt - so sind es gerade die Zustände noch ungebundener Angst, die ein Infragestellen verfestigter Einstellungen bzw. Verhaltensweisen gestatten. M. Vorwerg (1966) spricht von Zuständen der Kommunikationsverdichtung sowie Kommunikationsauflösung, neben Tendenzen zur Isolierung, in denen sich die Gruppe bewegt. Kreische (1990) beschreibt in therapeutischen Gruppen die Gratwanderung zwischen Sicherheit und Beunruhigung, an der entlang der Prozeß vom Therapeuten ermöglicht bzw. in Gang gehalten werden kann. Sie ist das therapeutische Agens zur Weiterentwicklung sowohl der Gruppe als auch des einzelnen.

Die Beobachtung unterschiedlicher Entwicklungsphasen in Gruppen wurde von den Gruppendynamikern hervorgehoben, von tiefenpsychologischen und auch analytischen Gruppentherapeuten berichtet bzw. nachgewiesen (Bion, 1971; Heigl-Evers, 1972; Tschuschke & MacKenzie, 1988; Strauß & Burgmeier-Lohse, 1994).

Höck (1977) als Inaugurator der intendierten dynamischen Gruppenpsychotherapie hält das angezielte Durchlaufen dieser verschiedenen Stadien für therapeutisch sinnvoll, wobei jedes Stadium für unterschiedliche Neurosenstrukturen eine spezifische Veränderungs- bzw. Bewältigungschance enthält. In der therapeutischen Gruppe komme es darauf an, eine Gruppendynamik bzw. -tätigkeit zuzulassen, die entsprechend der Situation und den Bedürfnissen der einzelnen im Rahmen der Gesamtzielstellung ein Abrücken von alten Rollenklischees - im Sinne von pathogenen Angstbewältigungsformen - ermöglicht. Das Nichteinnehmen alter Rollenerwartungen durch den Therapeuten führt zu Beginn dazu, daß die führende Funktion z.B. im Sinne der Alpha-Rolle dann dasjenige Gruppenmitglied übernimmt, das sich am stärksten mit der Gesamtzielstellung der Therapie identifiziert, die in den einzelnen Etappen des Gruppenprozesses sehr unterschiedlich sein kann. Während in der Anwärmphase das Herstellen von Grundvertrauen zur Therapie und zum Therapeuten wichtigstes Ziel ist und dem Patienten mit größtem Leidensdruck, größter Therapiemotivation und Zuversicht größter Einfluß auf die Gruppe gewährt werden sollte, bezieht sich die Zielstellung in der Abhängigkeitsphase eher auf das Erleben von Unsicherheit und Abwehrstrategien. Jene Patienten, die diese Regression und das Infragestellen pathogener Strategien zulassen und zugleich die Gleichartigkeit der Situation für alle Gruppenmitglieder, d.h. den Gruppenkontext entdecken, sind für den Prozeß bestimmend. In der Aktivierungsphase ist der Akzent für einflußnehmende Gruppenmitglieder, also "Alphas" im Schindlerschen Sinne, wiederum verschoben. Patienten, die das Unbehagen aktiv zu bewältigen versuchen, letztlich getragen von einem Gruppenkern in der Auseinandersetzung mit dem Therapeuten, bestimmen die Gruppentätigkeit. In der Arbeitsphase schließlich, in der ein Interaktionsniveau auf gleicher Ebene zwischen den einzelnen Gruppenmitgliedern, der Gruppe und dem Therapeuten erworben wurde, wechselt die Einflußnahme und damit die "Alpha"-position in Abhängigkeit der zu bearbeitenden Themen, wobei optimal jedes Gruppenmitglied diese Funktion zu gegebener Zeit übernimmt. Differenzierte Untersuchungen hierüber finden sich bei Höck u. Mitarb. (1981-1985) sowie Hess (1985, 1986).

Damit ist die therapiezielorientierte Gruppentätigkeit bestimmend für die Gruppendynamik und die Herausbildung der jeweiligen Positionen. Beschreibungsaspekte dieser Positionen versuchen wir nun einerseits nach den Kategorien von Anziehung und Abstoßung, Sympathie und Antipathie - in Morenos Sinne als affektive Grundvoraussetzung für Beziehung überhaupt - zu definieren, andererseits in Kategorien der Tätigkeitsbeschreibung - wie Einflußnahme, Realitäts- bzw. Zielbezug sowie Widerspruch.

Unsere Bemühungen um die Meßbarkeit derartiger funktionsbezogener Rollenpositionen anhand des von uns entwickelten Soziogramms zielen darauf ab:

1. anhand eines einfachen, praktikablen Verfahrens für die tägliche Gruppenarbeit dem Therapeuten eine überschaubare Rückmeldung über wesentliche Aspekte des Erlebens der Teilnehmer in der unmittelbar vorangegangegen Stunde zu geben,

2. möglichst funktionale Zusammenhänge zwischen dem Gruppengeschehen (Tätigkeit), seiner Bewertung und der ermittelten Rollenposition des einzelnen zu ermitteln, um daraus therapeutische Handlungsanleitungen abzuleiten,
3. Prozeßmerkmale in bezug auf den Verlauf und die Effektivität zu ermitteln.

2. Kurzbeschreibung der Methode und ihrer Einsatzmöglichkeiten

Das Soziogramm nach Höck und Hess (Hess & Höck, 1982) enthält in seiner Grundform zwei Fragen zum affektiven Erleben der Gruppenstunde, fünf weitere Fragen enthalten die spezifisch soziometrischen Wahlaspekte. Im Anschluß an jede Gruppenstunde füllen die Teilnehmer, der Therapeut und Co-Therapeut das Soziogramm in Form eines kleinen Fragezettels aus. An diesem soll jede Frage mit einem Namen (Gruppenmitglied oder Therapeut) beantwortet werden (werden mehrere Gruppenmitglieder eingetragen, können diese nur anteilmäßig verrechnet werden).

Name: Gruppe:
Datum: Stunde:

- Die heutige Gruppenstunde berührte mich stark 5 4 3 2 1 gar nicht
- Ich fühlte mich sehr zufrieden 5 4 3 2 1 unbehaglich

1. Wer hatte den größten Einfluß auf den Verlauf der Gruppenstunde?
....
2. Wer stand Ihrer Meinung nach am deutlichsten auf dem Boden der Wirklichkeit?
....
3. Wessen Verhalten hat Sie am stärksten gestört?
....
4. Mit wem wären Sie nach dieser Stunde am liebsten zusammen?
....
5. Mit wem möchten Sie nach dieser Stunde möglichst keinen Kontakt haben?
....

Abb. 1: Soziogrammschema der Gesprächsgruppe (aus: Hess & Höck, 1982)

Auf dem Fragezettel erfaßt Frage Nummer 1 erlebnismäßig Gruppenmitglieder (GM) mit größtem Einfluß (in Anlehnung an die Alphaposition) auf die Stunde; Frage 2 erfaßt erlebnismäßig GM mit stärkstem Realitätsbezug (siehe Betaposition) in der Stunde; Frage 3 störende GM (siehe Omegaposition); die Fragen 4 und 5 erfassen beliebte bzw. unbeliebte Gruppenmitglieder (siehe Abb.1).

Für den Einsatz des Verfahrens in der Kommunikativen Bewegungstherapie sowie in der Gestaltungstherapie wurden die Fragen wie folgt verändert:

Frage 2: Wer hat sich am natürlichsten, selbstverständlichsten verhalten?

Frage 4: Mit welchem Gruppenmitglied arbeiteten Sie in der Stunde am liebsten zusammen?

Frage 5: Zu welchem Gruppenmitglied erlebten Sie in der Stunde die größte Distanz?

2.1. Einsatzmöglichkeiten

Die soziometrische Einschätzung erfolgt sowohl in der stationären Gruppenpsychotherapie als auch in der ambulanten Behandlung regelmäßig nach jeder Sitzung. Sie ermöglicht eine Orientierung bezüglich des emotional-affektiven Zustandes der Gruppe und bildet die gruppendynamischen Beziehungsmuster zwischen den Gruppenmitgliedern ab. Sie kann darüber hinaus - in abgewandelter Form - in der kommunikativen Bewegungstherapie sowie anderweitigen kooperativen Tätigkeiten, z.B. gemeinsam zu lösenden Aufgaben in der Gestaltungstherapie, verwendet werden. Insbesondere in stationären Einrichtungen und der dort praktizierten Methodenkombination läßt ein Vergleich der soziometrisch ermittelten Beziehungsmuster bei unterschiedlichen Therapieformen interessante diagnostische Hinweise erwarten.

3. Standardisierung

3. 1. Auswertung

Die Angaben der einzelnen Gruppenmitglieder einschließlich des Therapeuten und Co-Therapeuten auf dem Soziogrammzettel werden als Ziffer auf eine Matrix der Gruppenaktivitäten übertragen (vgl. Abb. 2).

Die Wahlen der einzelnen Wähler - Einfluß (1), Wirklichkeit (2), Störung (3), Beliebtheit (4), Unbeliebtheit (5) - werden im Hinblick auf den jeweils Gewählten innerhalb eines Kästchens in Schreibrichtung eingetragen: d.h. im oberen Teil findet sich der Stimmenanteil entsprechend der Fragestellungen Einfluß (1), Wirklichkeit (2), Störung

(3), im unteren Teil entsprechend der Wahlen für Beliebtheit (4) und Unbeliebtheit (5; s. Abb. 3).

GRUPPENAKTIVITÄTEN Datum: Gr.Nr.: Std.Nr.:

WÄHLER / GE-WÄHLTER	1.	2.	3.	4.	5.	6.	7.	8.	9.	10.	11.	12.	13.	14.	15.	16.	17.	Summe	berührt	zufried.	Cluster
01. (Th.)																					
02. (Co.)																					
03.																					
04.																					
05.																					
06.																					
07.																					
08.																					
09.																					
10.																					
11.																					
12.																					
13.																					
14.																					
15.																					
16.																					
17.																					
Summe:																					

α-Nr.: Name: β-Nr.: Name: Ω-Nr.: Name: bel.-Nr.: Name: unbel.-Nr.: Name:

Abb. 2: Gruppenmatrix zur Auswertung

Realität

Einfluß	1	2	3	Stören
Beliebt	4		5	Unbeliebt

Abb. 3: Positionierung der erhaltenen Wahlstimmen im Matrixkästchen

Rechtsseitig in zwei gesonderten Spalten der Gruppenmatrix, werden die Werte für die Fragen 1 und 2, die Tangiertheit und Zufriedenheit, erfaßt.

Auf der Summenzeile am unteren Rand erhalten wir die Wahlhäufigkeiten für jede Person in bezug auf die einzelnen Positionen dieser Stunde.

Eine weitere Matrix, die Gruppenaktivitäten-Verlaufsdarstellung, die die Abfolge der soziometrischen Konstellationen (bzw. Cluster) der einzelnen Gruppenmitglieder über die einzelnen Stunden des Gruppenprozesses erfaßt, gestattet eine laufende Übersicht über den Gruppenprozeß und bietet eine gute Grundlage für die Supervision (s. u.).

Damit gehören zum Soziogramm
a) der Stundenzettel für jedes Gruppenmitglied (und die Therapeuten) einer Stunde,
b) die Matrix der Gruppenaktivitäten einer jeden Stunde,
c) die Gruppenaktivitäten-Verlaufsdarstellung über den Gesamtzeitraum der Gruppentherapie.

Unter 4. ist ein Beispiel für die Auswertung und Interpretation anhand eines Gruppenverlaufs dargestellt.

Neben der Information über das Ausmaß von eigener Berührtheit und Zufriedenheit über den Gruppenverlauf und die Anzahl der erhaltenen Wahlstimmen im Hinblick auf die Kriterien: Einfluß, Wirklichkeit, Störung, Zusammensein, Ablehnung des Kontaktes, ist die *Relation* der Kriterien zueinander von zusätzlichem Aussagewert.

Hierin spiegelt sich die Gestimmtheit und Bewertung des einzelnen durch die Gesamtgruppe wider, die Geschlossenheit oder Divergenz der unterschiedlichen Wahlurteile im Hinblick auf die unterschiedlichen Wahlaspekte. Diese Relation ist auf der Basis von Clusteranalysen (s.u.) definiert. Auf dieser Basis ist eine differenziertere Interpretation der Erlebnis- bzw. Rollenstruktur der einzelnen Gruppenmitglieder zu den jeweiligen Zeitpunkten möglich. Insbesondere ist die Verlaufsbetrachtung erleichtert, weiterhin ist auf dieser Basis der komprimierten Datenebenen eine Weiterverrechnung mit anderen Parametern möglich.

3.2. Gütekriterien

3.2.1. Objektivität

Das Soziogramm erfaßt die subjektive Bewertung einer Situation, d.h. einer konkreten Gruppenstunde zu einem bestimmten Zeitpunkt.

Um eine hinreichende Objektivität bei der Datenerfassung, die *Durchführungsobjektivität* zu gewährleisten, werden die Gruppenmitglieder angehalten, nach der Stunde jeder für sich schweigend den Soziogrammzettel auszufüllen und dem Co-Therapeuten abzugeben. Dieser, bzw. der Therapeut, prüft die Vollständigkeit der Daten. Beim Ausfüllen werden die Teilnehmer angehalten, unter den Fragen 1 bis 5 jeweils einen Namen, in Ausnahmefällen auch zwei oder drei, einzusetzen. In bestimmten Stunden ist die Wahl eines Namens sehr schwierig, dann kann die Frage auch unbeantwortet bleiben. Beides, mehrere Nennungen oder fehlende Nennungen, müssen bei der Auswertung anteilmäßig verrechnet werden. Anfänglich scheuen sich neurotische Patienten, andere als störend anzugeben, Suchtpatienten meiden häufiger die Beantwortung der Frage, mit wem sie nach der Stunde zusammensein möchten. Hier ist folgender Hinweis günstig: "Stellen Sie sich alle Gruppenmitglieder (und den Therapeuten) in einer Rangreihe vor - wer hat sie *am ehesten* gestört bzw. mit wem würden Sie *am ehesten* zusammensein wollen?". Die Wahlen werden nicht „veröffentlicht", um eine „individuelle" Objektivität zu gewährleisten.

Eine *Auswertungsobjektivität* ist durch die festgelegte Form der Datenaufbereitung wie oben dargestellt - gegeben.

Zur Objektivierung der unterschiedlichen Konstellationen der Wahlaspekte und damit zum Erreichen einer ausreichenden *Interpretationskonkordanz* wurden zwei Clusteranalysen durchgeführt, zum einen zur näheren Beschreibung der Berührtheit - Zufriedenheitsrelation, zum anderen zur genaueren Klassifikation der soziometrischen Wahlen:

a) So ermittelten Kirchner und Listing (1982) in einer therapeutischen Gruppe auf der Basis von 550 Messungen vier charakteristische Cluster mit einer Gesamtvarianzaufklärung von 77% und einer hochsignifikanten Trennung der Unterschiede zwischen den Clustern (F = 607.5).

Tab.1 stellt die einzelnen Cluster in ihrer Bezeichnung, Ausprägungskombination (1-2-3-4-5) von "berührt - zufrieden" (bz) sowie deren Auftretenswahrscheinlichkeit dar.

Tab. 1: Charakteristische Cluster von Gruppenstunden auf der Basis der Angaben für Berührtheit und Zufriedenheit (aus: Kirchner & Listing 1982)

Cl I	n = 157	harmonische Stunde Kombination (bz) 55-54-45-44-43	Wahrscheinlichkeit	0.40
Cl II	n = 114	beunruhigende Stunde Kombination (bz) 42-41-31		0.26
Cl III	n = 141	produktive Stunde Kombination (bz) 53-52-51		0.14
Cl IV	n = 138	indifferente Stunde alle übrigen Kombinationen		0.61

Die Autoren konnten anhand des Verlaufs ihrer Gruppe eine spezifische zeitliche Abfolge der Cluster beschreiben. Dabei ist das Überwiegen einer Clusterform für die Gesamtgruppe in einer Gruppenstunde auf die Gruppenstärke bezogen. Eine Cluster-Zuordnung für die Gesamtgruppe erfolgte bei durchschnittlich 60% des Auftretens bei den Einzelmitgliedern. Eine differenzierte Zuordnungstabelle findet sich in der Originalarbeit.

Eine Überprüfung der Untersuchung von Kirchner und Listing durch Katzberg (1987, unveröff.) an 19 Therapiegruppen ergab nur unwesentlich abweichende Ergebnisse, weshalb die Zuordnungsregeln beibehalten werden konnten.
Zu Beginn des Gruppenprozesses fanden sich in der untersuchten Gruppe lediglich indifferente Stunden. In der Aktivierungsphase kam es verstärkt zum Erleben unbehaglicher Stunden - im Wechsel mit einer indifferenten sowie produktiven Stunde. In der Arbeitsphase überwog der relativ regelmäßige Wechsel von produktiven und harmonischen Stunden.

Über die Aussagefähigkeit der affektiven Parameter Berührtheit und Zufriedenheit finden sich nähere Ausführungen in weiterführenden Arbeiten von Hess (1990).
b) Zur Ermittlung der soziometrischen Positionen führten Jentsch, Sommerfeldt und Wysotziki gemeinsam mit Hess und Höck eine Clusteranalyse (Programm CLUST von Jentsch) an 17 Gruppen der Neurosenklinik Hirschgarten, Berlin über jeweils 30 Stunden durch (Hess, 1981-1985). Hiermit ergab sich eine Anzahl von 6000 zu klassifizierenden Objekten auf der Basis von ca. 200 Gruppenmitgliedern. Die Gruppen waren geschlechtsgemischt, wurden von männlichen und weiblichen Psychotherapeuten, Ärzten bzw. Psychologen intendiert dynamisch geführt. Über jede Gruppe wurde eine Verlaufsmatrix der soziometrischen Daten angefertigt, die in die Clusteranalyse einging.

Im Ergebnis erhielten wir 7 Cluster, die mit dem Buchstaben A bis G bezeichnet wurden und in der Hauptsache durch folgende Merkmale bzw. Merkmalskombinationen charakterisiert sind :

A: Indifferenz	(= keine signifikanten Wahlen, relativ unbeachtet)
B: Einfluß, Realität, Beliebtheit	(= gering strukturiert, positiv; d.h. ähnlich Beta)
C: Störung, Beliebtheit	(= gering strukturiert, ambivalent)
D: Störung, Unbeliebtheit	(= gering strukturiert, negativ; d.h. Omega-Anteile)
E: Einfluß, Störung, Unbeliebtheit	(= strukturiert, negativ; d.h. ähnlich Omega)
F: starker Einfluß, Realität, Störung, Beliebtheit, Unbeliebtheit	(= strukturiert, ambivalent)
G: besonders starker Einfluß, Realität, Sympathie	(= stark strukturiert, positiv; ähnlich Alpha)

3.2.2. Validität des Verfahrens

Das Soziogramm von Höck und Hess gehört nicht zu den Testverfahren im klassischen Sinne. Die Aussagefähigkeit des Verfahrens basiert auf seiner *nomologischen Validität*, die seine Begründung aus den theoretischen Bezügen erhält, in die die Zielstellung und damit speziell die Methode der Datengewinnung eingebettet ist. Sie ist unter diesem

Gesichtspunkt speziell als *Konstruktvalidität* zu kennzeichnen, die die Gültigkeit der zu validierenden Methode näher aufklären soll (Sprung & Sprung, 1984).

Die Ansprüche hieran spiegeln sich in folgenden Hypothesen wider:

1. Das Soziogramm erfaßt die Strukturbildung in einer Gruppe sowie die individuelle Position darin.
2. Die individuelle soziometrische Position spiegelt reales Verhalten des Gruppenmitgliedes wider.
3. Den einzelnen Positionen entspricht ein nachweisbar unterschiedlicher affektiver Zustand.
4. Gruppenentwicklung geht mit der Veränderung von soziometrischer Gruppenstruktur, soziometrischer Gruppenposition, resp. realem Verhalten und affektivem Erleben einher.
5. Mit Hilfe der affektiven und soziometrischen Positionen und ihrer Veränderung über die Zeit läßt sich eine Aussage zum Ergebnis der Therapie abbilden.

zu 1) Nachweis von Strukturierung

Strukturiertheit läßt sich metrisch durch das Maß der Entropie, modifiziert zur elektiven Entropie (EEN; Cube & Gunzenhäuser, 1963) fassen, indem sie - aufbauend auf der Wahrscheinlichkeitsverteilung - einen einzigen Wert zur Charakterisierung liefert. Sehr stark strukturierte Gruppen, die durch Wahlkonzentration charakterisiert sind, erhalten damit einen Wert gegen 1, niedrig strukturierte Gruppen - bei denen eine relative Gleichverteilung der Wahlen besteht - einen Wert gegen 0. Es ist somit möglich, Gruppen hinsichtlich ihrer Strukturiertheit in bezug auf unterschiedliche Merkmale zu verschiedenen Zeiten oder auch mit anderen Gruppen zu vergleichen und andererseits Strukturiertheit mit Außenkriterien in Beziehung zu setzen (Kohler, 1970).

Böttcher & Wild (1970) sowie Lenz, Hess und Höck (1973) übertrugen diesen Ansatz der normierten elektiven Entropie (EEN) auf psychotherapeutische Gruppen.

Ausgehend von o.g. theoretischen Vorstellungen formulierten Lenz et al. mehrere Fragestellungen zur Erfassung sowohl sympathieorientierter, leistungsorientierter als auch distanzorientierter Aspekte und untersuchten diese anhand von 10 Gruppen mit durchschnittlich 42 Sitzungen.

Tab.2 zeigt die ermittelten Entropiewerte der schließlich ins Soziogrammschema aufgenommenen Fragen, die sich durch die höheren Strukturierungsgrade auswiesen.

Die Wahlaspekte lassen auch gegenseitige Wahlen zu, so daß den von Moreno (1954) und M. Vorwerg (Hiebsch & Vorwerg, 1979) artikulierten Forderungen bezüglich Partnerwahlversuchen weitgehend entsprochen wird. Die Untersuchung von Lenz et al. (1973) verweist auf folgende Teilergebnisse:

1. Die höchsten Strukturierungsgrade erreicht die Frage nach dem Einfluß in der Gruppenstunde. Einflußnahme (Macht) ist offenbar ein stark strukturbildendes Kriterium für den Gruppenprozeß überhaupt.

2. Zu ebenfalls hoher Strukturbildung in diesen 10 therapeutischen Gruppen trägt der Realitätsbezug bei. Hier dürften sich Orientierungs- und Identifikationsmöglichkeiten niederschlagen.
3. Sympathie hat für den Strukturierungsvorgang nach Lenz, Hess und Höck (1982) eine mehr periphere Bedeutung, jedoch wiesen die Autoren schon damals darauf hin, daß Sympathie nach M. Vorwerg (1969) als Resultante aus Leistung und Haltung nicht unterschätzt werden sollte. Froese (1982) konnte weiterhin Differenzierungen im Hinblick auf unterschiedliche Formen der unmittelbaren und vermittelten Beziehung herausarbeiten, die auf unterschiedliche Determinanten bzw. Attribuierungen von Sympathie - je nach Beziehungsebene - hinweist.

Tab. 2: Entropiewerte (EEN) der Soziogrammfragen mit hohem Strukurierungsgrad (aus Lenz, Hess und Höck 1973)

Kriterium	Fragestellung	EEN
Sympathie		
	Mit wem möchten Sie nach dieser Stunde zusammensein ?	.47
Leistung		
	Wer hatte den größten Einfluß auf den Verlauf der Gruppenstunde?	.75
	Wer stand Ihrer Meinung nach am deutlichsten auf dem Boden der Wirklichkeit?	.63
Distanz	Am stärksten hat mich das Verhalten gestört von	.54
	Mit wem möchten Sie nach dieser Stunde keinen Kontakt haben?	.54

4. Die Untersuchung ergab ebenfalls nur mittlere Entropiewerte im Hinblick auf die sog. distanzorientierenden Fragen von Stören und Ablehnung. Hierbei zeigte sich zugleich, daß hohe Strukturiertheit für störendes Verhalten (EEN) positiv mit Binnendistanz der Gruppenmitglieder (Ablehnung) korrespondiert. Binnendistanz und Außendistanz (zu anderen Gruppen) korrelierten hierbei zugleich negativ, ein bekanntes sozioalpsychologisches Phänomen.
5. Die gemittelten EEN-Werte der 10 Gruppen zeigen im Therapieverlauf eine charakteristische Veränderung, hierbei erreicht die leistungsorientierte Fragestellung ab der 9.

Gruppenstunde bis zur 20. Gruppenstunde ein höheres Niveau und bleibt auf einem Maximum; die Vereinheitlichung der Sympathiebeziehungen nehmen nach der 8. Gruppenstunde ab zugunsten flukturierender Beliebtheitsrelationen, während die distanzorientierte Vereinheitlichung der Wahlen nach der 12. Stunde abnimmt und um ein mittleres Ausmaß schwankt.

Diese Ergebnisse korrespondieren mit Ergebnissen von Tschuschke, Hess und MacKenzie (1991) auf der Basis des Group Climate Questionnaire mit dem Nachweis phasenartiger Verläufe hinsichtlich Abhängigkeit, Konflikt und Engagement als emotionaler Niederschlag von Gruppentätigkeit.

Damit ist nachgewiesen, daß die eingesetzten Fragen mittlere und hohe Strukturierungsgrade in der Gruppe abbilden, die im Gruppenverlauf zugleich spezifische Veränderungen anzeigen.

zu 2) Soziale Position und reales Verhalten

Froese (1982) konnte an einer Stichprobe von n = 100 Gruppenpsychotherapiepatienten einen sign. positiven Zusammenhang zwischen Sprechhäufigkeit und Einfluß (r = .58, Alpha = 1%), Wirklichkeit (r = .37, Alpha = 1%) sowie Beliebtheit (r = .16, Alpha = 5%) ermitteln. "Durch häufige Beteiligung am therapeutischen Gespräch können Gruppenmitglieder zu Alpha-, Beta- und Sympathiewahlen kommen. Auf den Erhalt von Stimmen für Stören und Antipathie hat die Sprechhäufigkeit keinen Einfluß" (1982, S.76).

Wie Hess (1981-85 sowie 1986) zeigen konnte, wird Stören und Ablehnung durch unterschiedliches Gruppenverhalten - anfangs meist dominant aktives, in späteren Phasen durch Schweigen - erworben.

Damit ist wahrscheinlich, daß Gruppenpositionen mit Interaktionsverhalten des Positionsträgers korrespondieren.

zu 3) Soziale Position und Affekt

Döhler (1990) untersuchte mittels der Gottschalk-Gleser-Skalen (vgl. Kap. 24) anhand einer intendiert dynamisch geführten Gruppe, der sog. Videogruppe des Hauses der Gesundheit Berlin, die Affektivität, d.h. die Angst- und Aggressionsscores der Mitglieder in den 40 Gruppenstunden und korrelierte diese mit den Clustern von Berührtheit und Zufriedenheit sowie den soziometrischen Clustern.

Hinsichtlich des Stundenerlebens konnte Döhler statistisch bestätigen, daß

- in harmonisch erlebten Stunden die Aggressivität gering und die Angst durchschnittlich ausgeprägt ist;
- in produktiv erlebten Stunden alle 3 Affektparameter (Geamtaffekt, Gesamtangst und
- Gesamtaggressivität) höher als in harmonischen und indifferenten Stunden sind;

- unbehagliche Stunden sich nur durch eine höhere Aggressivität von indifferenten Stunden unterscheiden;
- in indifferent eingeschätzten Sitzungen die Angst niedriger als in harmonischen und produktiven Sitzungen und die Aggressiviät niedriger als in unbehaglichen und produktiven Gruppenstunden ist. In diesen Stunden besteht der niedrigste Gesamtaffekt.

Der Zusammenhang zwischen den soziometrischen Clustern und Affektscores ist in Tab. 3 wiedergegeben.

Tab. 3: Zusammenhänge zwischen soziometrischen Clustern und Affektwerten (aus Döhler, 1990)

	Soziale Position / Struktur			
	A	D + E	C + F	B + G
Emotionale Variablen	indifferent	negativ	ambivalent	positiv
Angst	1,76	1,65	1,87	1,63
Aggression	1,61	1,41*	1,84 *	1,71
Gesamtaffekt	2,41	2,17	2,62	2,52
n =	29	12	17	31

* = gegeneinander 5% sign.

Danach wiesen soziometrisch ambivalent erlebte Gruppenmitglieder (Cluster C und F) die höchsten, positiv erlebte Gruppenmitglieder (Cluster B und G) durchschnittliche und negativ eingeschätzte GM (Cluster D und E) nur hinsichtlich der Gesamtaggressivität erhöhte, hinsichtlich Angst jedoch die geringsten Affektwerte auf. Die Werte haben auf Grund der geringen Fallzahl nur tendenzielle Aussagekraft.

Curio, Hess & Höck (1984) untersuchten den Zusammenhang zwischen Pulsfrequenzkennwerten (Mittelwert und Streuung) und soziometrischer Position als Ausdruck der Gruppendynamik. Im Ergebnis ließen sich verlaufsunabhängige allgemeine Aktionsmuster nachweisen, und zwar

- waren im Stundensoziogramm ambivalent erlebte Gruppenmitglieder (Cluster F) durch einen erhöhten eigenen Pulsfrequenzmittelwert gekennzeichnet.
- GM, die als einflußnehmend und zugleich positiv erlebt wurden (Cluster G), zeichneten sich vor allem durch eine erhöhte Streuung aus, die auf Flexibilität, einen Wechsel von Zuhören/Nachdenken und Agieren - wie er für einen positiven Dialog charakteristisch ist, hinweist.
- GM, die als einflußnehmend und zugleich negativ, also als störend erlebt wurden (Cl. E), waren charakteristischerweise durch eine erniedrigte Pulsfrequenz gekennzeichnet. Hier spielt offenbar reaktives, verteidigendes Verhalten eine Rolle, das sozial von den anderen als negativ disqualifiziert wird.

Die Ergebnisse, die auf Grund der Untersuchung an nur einer Gruppe erst hypothetischen Charakter haben, bestätigen jedoch die Ergebnisse von Döhler in der Weise, daß an der Sprache ermittelte Affektscores mit psychophysiologischen Messungen hinsichtlich ihrer soziometrischen Relevanz kovariieren.

Eine Betrachtung der psychophysiologischen Parameter in Abhängigkeit vom Therapieverlauf einschließlich soziometrischer Betrachtungen findet sich bei Hess (1989). Von Curio, Hess und Seidler (1981) stammt eine Untersuchung, bei der subjektiv erlebte Angst im Hinblick u.a. auf soziometrische Gruppenpositionen in einer Jugendlichengruppe untersucht wurde. Auch in diesen Untersuchungen fanden sich spezifische Zusammenhänge zwischen - hier erlebter - Angst und soziometrischer Position.

Damit ist insgesamt wahrscheinlich, daß unterschiedliche Gruppenpositionen mit unterschiedlich affektivem Erleben des Positionsträgers - bis hin zu physiologischen Korrelaten - verbunden sind.

zu 4) Soziometrische Position und Gruppenentwicklung

Während der Gruppenentwicklung verändern sich die soziometrischen Positionen für den einzelnen sowie die Clusterhäufigkeiten für die Gesamtgruppe. Die Art und Weise der Veränderung läßt eine Schlußfolgerung auf die Qualität der Gesamtgruppenentwicklung sowie den Therapieerfolg des einzelnen zu (Lenz et al., 1973, Froese, 1982, Hess, 1986, Strauß & Burgmeier-Lohse, 1994).

Bereits Böttcher und Wild (1970) unterscheiden mittels der Berechnung der Normierten Elektiven Entropie zwei Phasen des Strukturierungsprozesses, wobei anfangs (bis ca zur 10. Stunde) Strukturierungsunsicherheiten bestanden, dann jedoch eine zunehmende Strukturierung nachweisbar war.

Lenz et al. (1973) ermittelten eine zunehmende Strukturierung ebenfalls um die 10. Stunde, jedoch insbesondere für die leistunsorientierten Fragestellungen (Einfluß, Realität), während die sympathieorientierte Fragestellung (Beliebtheit) in ihrer Strukturiertheit deutlich absank.

Eichhorn (1987) beobachtete anhand offen geführter Gruppen eine kontinuierliche Zunahme des Strukturierungsprozesses hinsichtlich Alpha-, Beta- und Beliebtheitsfragen. Für „Störstimmen" wurden einerseits deutliche Struktur-Unterschiede, aber keine eindeutige Tendenz nachgewiesen. Sympathiestimmen zeigten ähnlich den Ergebnissen von Lenz et al. (1973) eine wachsende Verteilung der Stimmen auf mehrere Gruppenmitglieder.

Eine Untersuchung von Hess (1981-1985) konnte die Trennung von unterschiedlichen Gruppentypen (Typ A = autonom verlaufend; Typ B = abhängig; Typ C = gegenabhängig) an 21 Gruppen mittels des Feldes-Polaritätenprofils (Hess & Kneschke 1982; vgl. Kap. 14) hinsichtlich des Vorherrschens jeweils unterschiedlicher Cluster belegen, so daß mit diesem Profil auch eine externe Validierung erfolgte. Die Abbildungen 4a und 4b zeigen die Darstellung der angestrebten Gruppenventwicklung zur Gruppenautonomie (nachgewiesen bei 8 der 21 Gruppen). Die Gruppenentwicklungsphasen der 21 Gruppen wurden mit Hilfe des Fragebogens zur Hill-Interaktionsmatrix (HIM-G; vgl. Kap. 16) weitgehend inhaltlich - und nicht nach formalen Zeitabschnitten - synchronisiert.

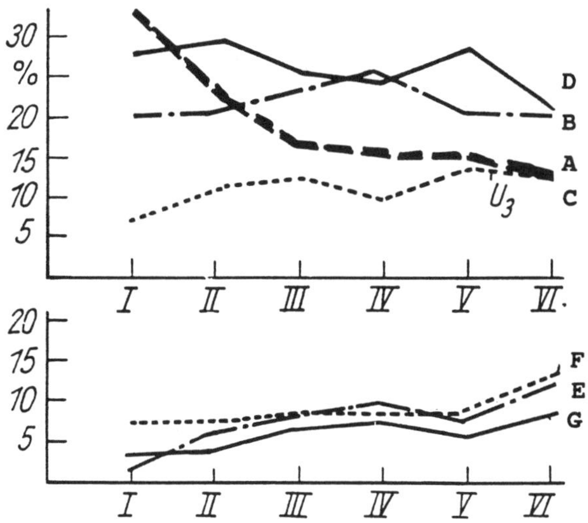

Abb. 4a/b: Verlauf der soziometrischen Cluster A-G des Gruppentyps A (autonom) in 6 Zeitphasen

Der obere Teil der Abbildung enthält die Cluster mit geringeren Einflußanteilen. Es zeigt sich zum Zeitpunkt I in der Anwärmphase, daß am häufigsten Cluster B und A, also Beta-Anteile und Indifferenz auftreten, jedoch auch deutlich Abgelehnte (D) vorkommen. Zur Aktivierung (Phase III) verschieben sich diese Anteile in ihrem Gefüge signifikant, indem Beta-Anteile (B), aber auch Indifferenz abnehmen, die Unbeliebtheit (D) zunimmt. Hier werden insbesondere Schweiger als störend empfunden und unbeliebt erlebt. Zur Arbeitsphase (V) nehmen Indifferente (aktive Zuhörer) und ambivalent erlebte Gruppenmitglieder (C) zu, wobei sich das Gesamtmuster wiederum sehr signifikant verändert. Aktivierungs- sowie Arbeitsphase weisen damit eine strukturelle Veränderung der Clusterrelation auf.

Abb. 4b zeigt entsprechend hochstrukturierte Clusterformen dieses Gruppentyps, die durch große Einflußnahme gekennzeichnet sind. Alle drei Clusterformen nehmen im Laufe des Gruppenprozesses charakteristischerweise zur Aktivierung hin zu, d.h. es tritt zunehmende Strukturierung ein. Bemerkenswert ist gegenüber anderen Gruppentypen, daß Cluster F, d.h. die ambivalente Bewertung der sprechenden Hauptperson insgesamt im Verhältnis zu Cluster E und G hier am häufigsten in Erscheinung tritt. Damit bleibt Problematisierung des Themas gegenüber dominanter Ablehnung (E) oder Zustimmung (G) bis zum Therapieende im Raum.

Die wesentlichen Unterschiede zwischen den drei Gruppentypen finden wir bei den ambivalenten Clustern (C und F) und dem Störend-Unbeliebten (Passiven, D). Unseres Erachtens kommt es durch das geringere Ambivalenzerleben bei dem abhängigen und gegenabhängigen Verlaufstyp zu einer geringeren Labilisierung sowie geringeren inneren Auseinandersetzung. Gleichzeitig sind die stärker abhängig verlaufenden Gruppentypen zunehmend durch das geringste Risikoverhalten (abweichendes Cluster E in Häufigkeit und Verlauf) unter den drei Gruppentypen gekennzeichnet. Cluster F erweist sich offenbar als Träger der Dynamik im Gruppenprozeß.

Damit wird sowohl eine Veränderung in der Strukturierung der einzelnen Fragestellungen (gemessen über EEN oder einfache Häufigkeiten) in der Zeit, als auch eine Verschiebung der Positionen zueinander nachgewiesen, wobei letzteres Hintergrund der Unterscheidung von Phasen sein dürfte.

zu 5) Therapieerfolg und Gruppenerleben

Im Rahmen einer Therapiestudie (Hess 1986, S. 139) wurden u.a. die Kriterien Berührtheit und Zufriedenheit (nicht jedoch ihre Cluster) zu zwei faktorenanalytisch gewonnenen Erfolgskriterien in Beziehung gesetzt. Beide Kriterien erwiesen sich als signifikant im Hinblick auf Einstellungsänderung. Konkret zeigte sich (Hess 1990), daß Einstellungsänderungen mit hoher Berührtheit durch die Gruppenstunden (hohe situative Involvierung) korrelieren sowie geringe Berührtheit zu keiner oder negativer Einstellungsänderung führt. Gleichzeitig besteht dabei eine nur mittelmäßige Zufriedenheit mit dem Verlauf der Gruppenstunde; sowohl überwiegende Zufriedenheit, als auch überwiegende Unzufriedenheit in den Gruppenstunden bewirken wenig bzw. eine Verschlechterung. Dieser Zusammenhang wurde von Hess als "affektive Beunruhigung" definiert. Sie wird als erlebnismäßiger Ausdruck der Gruppendynamik, als dynamische

Komponente der Veränderung und zugleich als Wirkfaktor im Gruppenprozeß angesehen (Hess, 1990 S. 396).

Therapieerfolg und soziometrische Position

Froese (1982) konnte Differenzierungen von Gruppenverläufen anhand seiner Ergebnisse ebenfalls nachweisen und weiterhin hinsichtlich des Therapieerfolges differenzieren: Therapieerfolg sei mit allmählichem Verlust reiner Sympathiestimmen verbunden. Mit Therapieerfolg in Verbindung stehender Statusgewinn sei durch Vermehrung von Funktionswahlstimmen, insbesondere Einfluß und Realitätsbezogenheit bei gleichzeitigem Verlust reiner Sympathieanteile verbunden. Zu Beginn der Therapie gebe es keine korrelative Beziehung zwischen Beliebtheit und Tüchtigkeit, wohl aber bei deutlich Gebesserten insbesondere in der 2. Therapiehälfte. Wie bereits gezeigt (Hess, 1982; 1981-85), ist es naheliegend, daß die Determination insbesondere der sympathie- und distanzorientierten Wahlkriterien sich im Laufe des Gruppenprozesses ändert, daß als beliebt zunehmend die einflußnehmenden, realitätsbezogenen, als störend die anfangs dominant einflußnehmenden GM, späterhin die schweigenden GM gewählt werden. In diesem Wandel der Determination kommt offenbar die Verschiebung der Ebenen von der unmittelbaren zur mittelbaren Beziehung zum Ausdruck, auf die Froese (1982) im Rückgriff auf Pagés aufmerksam macht.

Ferner beschrieb Froese (1982) individuelle Positionsverläufe auf der Basis von Konfigurationsanalysen im Verhältnis zum Therapieerfolg. Er fand, daß die deutlich Gebesserten zum Ende der Therapie erwartungsgemäß hohe Statuswerte einnahmen. Häufig wurden sie Alpha-Beta- bzw. Alpha-Beta-Beliebt-Kombinierte. Ungebesserte haben generell wenig Beachtung gefunden.

Im Hinblick auf die sehr unterschiedlichen und vom Ausgangsniveau abhängigen Verläufe definiert Froese im Hinblick auf Besserungsaussichten die in Tab. 5 beschriebenen Entwicklungen.

In einer faktorenanalytischen Beschreibung des gesamten Therapieprozesses konnte Hess die Verknüpfung des Stundenerlebens sowie der soziometrischen Positionen verfolgen (1986, 1990). Es konnte gezeigt werden,

- daß sich mangelnde Involvierung gerade zum Therapiebeginn für den weiteren Therapieverlauf und damit für den Erfolg ungünstig auswirken. Gekennzeichnet sind diese GM durch geringe Berührtheit, geringes Unbehagen, Zuweisung von indifferenter oder ambivalenter Bewertung (Cluster A und C). Patienten in dieser Position, aber auch die am Beginn dominant störenden (E), sind im ersten Therapiedrittel abbruchgefährdet.
- Eine gute Veränderungsprognose haben GM, die zu Beginn als aktiv einflußnehmend erlebt werden und von den anderen dabei jedoch in ihrem Verhalten hinterfragt werden.

- Dabei erleben die ambivalent wahrgenommenen Gruppenmitglieder (F) ein hohes Ausmaß an Unbehagen bei hoher Tangiertheit durch die Gruppenstunden und sind dadurch offenbar änderungsbereit. Sie haben die günstigste Prognose.
- Aktiv, aber störend erlebte Gruppenmitglieder (E, d.h. „Omegas") haben nur dann eine Veränderungschance und damit günstige Prognose, wenn sie nicht abbrechen und weiterhin ihre wider Erwarten doch erlebnismäßig und affektiv geringe Stundeninvolvierung eine Änderung erfährt. Dies gelingt oft erst im letzten Therapiedrittel.
- Von Beginn an führende, beliebte, zufriedene (G, d.h. Alphas), müssen ebenfalls ihre Position ändern, um in den Patientenstatus hineinzugelangen. Ein Verharren in dieser Position führt zu keiner Einstellungsänderung.

Diese Ergebnisse bestätigen die Aussagen von Froese (1982), der bei jeder Verlaufsbeschreibung, die Besserungschancen enthält, die positionelle Veränderung in der Zeit beschreibt. Hierbei spielt insbesondere das Durchlaufen einer sog. Omegaphase bzw. die Veränderung einer ursprünglichen Omega-Phase eine Rolle.

Die Untersuchungen belegen, daß Therapieerfolg einen Zusammenhang sowohl mit spezifisch affektivem sowie soziometrischemVerlauf aufweist.

Tab. 5: Entwicklungsverläufe im Soziogramm auf der Basis bestimmter Ausgangsniveaus (aus: Froese, 1982, S. 81)

Ausgangsniveau	Entwicklung
vorwiegend Alpha	Alpha-Sturz, Negativ-Phase (Omega), Alpha-Spitze, Gamma
vorwiegend Beta	Omega-Phase, Alpha-Spitze (mit Beliebtheitsanteilen), Gamma
vorwiegend Omega	Ersetzen der Omega-Stimmen bis Behandlungsmitte durch Beta-Alpha-Anteile
vorwiegend beliebt	ähnlich Beta
vorwiegend unbeliebt	ähnlich Omega

3.2.3. Reliabilität des Verfahrens

Das Soziogramm entspricht nicht den üblichen Verfahren psychologischer Messungen, insbesondere nicht den Fragebogenmethoden, die auf einem Satz vergleichbarer Items aufgebaut sind. Deshalb ist eine Konsistenzmessung nicht möglich.

Eine Äquivalenzerfassung, d.h. die Ermittlung des Grades der Übereinstimmung mit einer Parallelmethode ist nur angenähert denkbar. Paralleluntersuchungen, z.B. mit dem Bales-Fragebogen (Höck & Hess 1981), mit dem Feldes-Polaritätenprofil (Hess 1981-1985, 1986) wurden eher im Rahmen der Aufhellung der Zusammenhänge, d.h. der Konstruktvalidierung und nicht der Reliabilitätsbestimmung herangezogen, zumal jene Verfahren zur strukturellen Erfassung vom methodischen Ansatz her nicht voll kompatibel sind.

Eine Stabilitätserfassung ist bei diesem Verfahren der situativen Bewertung von Verhalten und Erleben kontraindiziiert. Hier stoßen wir auf das bekannte Validitäts-Reliabilitäts-Dilemma.

Damit bleibt die Validitätsbestimmung die wesentliche Absicherung des Verfahrens.

3.3. Ökonomie des Verfahrens

Zum Ausfüllen der Handzettel nach der Gruppenstunde braucht ein Patient 1 bis 5 Minuten, je nach „Überschaubarkeit der Gefühle" in der Gruppenstunde.

Das Eintragen in die „Soziomatrix" dauert - ohne größere Reflexion über das Ergebnis - 10 Minuten. Hierbei ist es sinnvoll, daß der Therapeut die Eintragungen selbst vornimmt, um sich ein Bild von der Widerspiegelung der Stunde im Gruppenerleben zu machen.

Das Übertragen der Daten in den Verlaufsbogen benötigt 2 Minuten.

Das Ermitteln der Berührtheit - Zufriedenheitscluster erfolgt durch Ablesen aus einer einfachen Tabelle für jedes Gruppenmitglied.

Das Erfassen der strukturellen Cluster A bis G ist hingegen aufwendiger. Hierzu ist die relative Wahlhäufigkeit der Positionen in der Summentabelle für jedes Gruppenmitglied und jede Position zu bestimmen, diese dann manuell mit Hilfe des Entscheidungsbaums bzw. über den Computer zu ermitteln. Der manuelle Umrechnungsaufwand für eine Stunde der Gesamtgruppe beträgt bei Einübung 20 Minuten. Die Computerhandhabung dürfte dem praktizierenden Therapeuten etwas beschwerlich sein, zumal die "Zusammenschau" der Wahlen in der Summenspalte dem Praktiker ein ausreichend informatives und vor allem konkretes Bild ermöglicht. Die korrekte Clusterermittlung für die Gruppenpositionen bildet zugleich eine Abstraktion und sollte deshalb Forschungsanliegen vorbehalten sein.

Je nach Zeit können insgesamt 3 unterschiedliche Auswertungsstufen durchlaufen werden:

1. Durchblättern der Soziogrammzettel (3 Minuten) zur anmutenden Grobinformation;
2. Erstellen einer Soziomatrix mit Verlaufsbogen (ca. 15 Minuten),
3. ausführliche Beurteilung mit Ermittlung der Cluster (bei Einübung 30 Minuten).

Um die erste, sehr verkürzte Variante zu wählen, ist es nützlich, über eine längere Zeit mit einer sorgfältigen Dokumentation Erfahrungen zu sammeln, um in der Beurteilung des Befundes relativ sicher zu sein. Die zweite Variante ist die dem Verfahren angemessene, in der stationären Praxis übliche und bildet die Grundlage für die Gruppensupervision.

Die Ökonomie des Verfahrens ist damit den praktischen Gegebenheiten gut angepaßt.

4. Anwendungsbeispiele

Abb. 5 zeigt das Beispiel einer Stundenmatrix in der 55. Gruppenstunde einer reinen Frauengruppe mit weiblicher Therapeutin und männlichem Co-Therapeuten (siehe auch Hess, 1983):

Pat. B berichtet nach anfänglichem Schweigen einen Mutter-Tochter-Abgrenzungskonflikt. Sie möchte ihre Wohnung von einer 3 Zimmer-Wohnung in eine 2 Zimmer-Wohnung tauschen, damit die ihr (in der DDR) zugesprochene Wohnungsgröße sich durch Volljährigkeit und möglichen Auszug ihrer Tochter nicht reduzieren sollte. Alle Teilnehmer wählen sie im Soziogramm als am einflußreichsten, zwei GM zugleich als beliebt (G-Cluster, Alpha-Position). In das Problem - "loslassen, ehe die andere mich verläßt" - sind M, K und P stärker involviert, wobei P stärker konfrontierend die Beziehung auch zwischen B und K beleuchtet, sich dann aber z.T. auch zurückzieht. Die Therapeutin versucht sie im Gespräch zu halten. P, eine Borderlinepatientin, erhält im Ergebnis sehr unterschiedliche Zuschreibungen (realistisch, störend, beliebt und unbeliebt), entspricht damit dem Cluster C und bildet damit in dieser Stunde den gruppendynamischen Schwerpunkt. Interessanterweise erfaßt die Therapeutin mit ihrer Wahl - im Gegensatz zum Co-Therapeuten - dies unzureichend, sondern reagiert mit Ablehnung von P (Störstimme). Die häufigsten Ablehnungen erhält S (Omega), die sich nach anfänglichem Engagement zurücknimmt - und damit den diskutierten Konflikt ausagiert. M erhält keine Stimmen, war jedoch aktiv dabei. Ihr Beitrag war offenbar sehr allgemein, wurde nicht bemerkt (A-Cluster). K, die recht konstruktiv und konfrontativ mit der Thematik aus eigenem Erleben mit ihrer Mutter umgehen konnte, erhielt die häufigsten Beta- und Beliebtheitsstimmen (B-Cluster). Die Therapeutin wurde von der - von ihr offenbar nicht beachteten - S im weiteren Kontakt abgelehnt, was auf Gegenseitigkeit beruhte. Hier bahnen sich Gegenübertragungen an. Der Co-Therapeut wurde als indifferent bewertet, er bekommt seine Realitätsstimme charakteristischerweise von P, der er zugleich mit K ebenfalls die größte Realität zuerkannte.

Die Matrix erweist sich nicht nur interessant aus der Sicht der Gewählten, sondern auch aus der Sicht der Wähler.

B, K und charakteristischerweise die zurückhaltende S wählen den aktiven Gruppenkern. M, die indifferent erlebt wurde, wählt das Alpha B und lehnt die stille S ab, lehnt sich mit der Realitätsstimme an die Therapeutin an, nimmt aber zu den beiden provozierenden, konfrontierenden GM soziometrisch keinen Bezug. Damit wird ihre angepaßt konformistische Haltung recht deutlich. P verteilt hingegen 3 Realitätsstimmen, sichert sich bei beiden Therapeuten ab, bekennt sich jedoch auch zu K. Die Aggression wendet sie hingegen gegen sich selbst (Störstimme) und schreibt sich selbst eine Schuldposition zu.

Betrachtet man die Einschätzung des affektiven Erlebens in dieser Stunde, so erleben die drei Hauptakteure die Stunde als berührend und zufriedenstellend. P streitet eine affektive Beteiligung ab, S beurteilt die Stunde ebenfalls als eher wenig berührend. Wiederum der Co-Therapeut und P erleben die Stunde als eher unbehaglich und sind sich in ihrem gegenseitigen „Feeling“ eher einig. Die Therapeutin und S erleben sie als mittelmäßig zufriedenstellend.

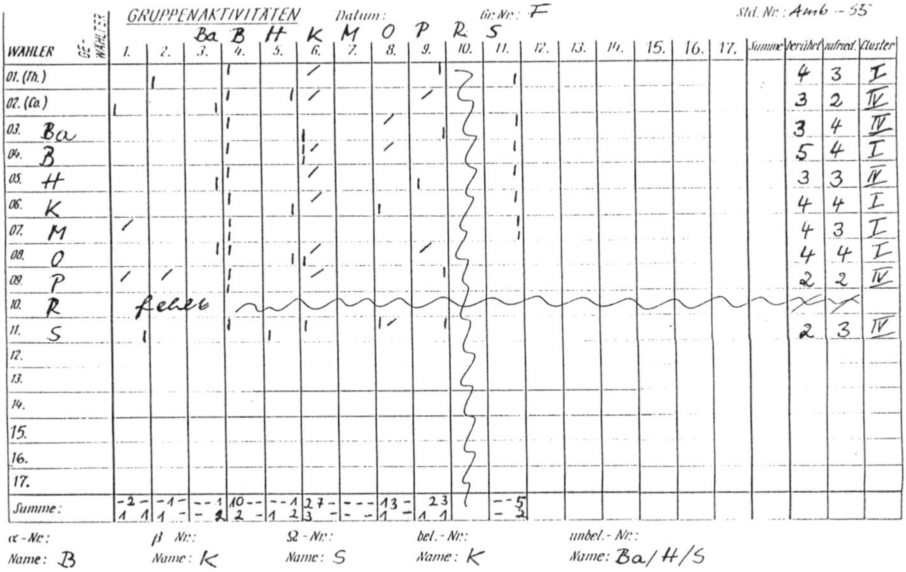

Abb. 5: Stundenmatrix einer Gruppenstunde (Std. 55 aus einer Frauengruppe, siehe dazu Hess, 1983).

Insgesamt sollte gezeigt werden:

Die Matrix gestattet im Zusammenhang mit dem konkreten Stundeninhalt eine Reflexion über die unterschiedlichen Positionierungen der einzelnen im Hinblick auf das angeschnittene Thema. Anhand der Gewählten werden Zuschreibungen deutlich, die diese in eine bestimmte Position hineindrängen. Die Wahlcharakteristik der Wähler wiederum erlaubt Hypothesen, z.B: über deren progressive Entwicklungen, ihre Abwehrhaltungen oder Reaktionsbildungen.

Wesentlich für die Therapeuten ist der Vergleich der Gruppenmitgliedwahlen im Hinblick auf die eigenen. Sie lassen Übereinstimmungen, Identifizierungen, Übertragungen oder Gegenübertragungen erkennen, wie hier ansatzweise deutlich wurde. Dies bildet den wesentlichen Aspekt für eine Eigenkontrolle und Selbstreflexion des Gruppenprozesses, insbesondere, wenn man ohne Co- oder weiterführender Supervision Gruppenpsychotherapie betreibt.

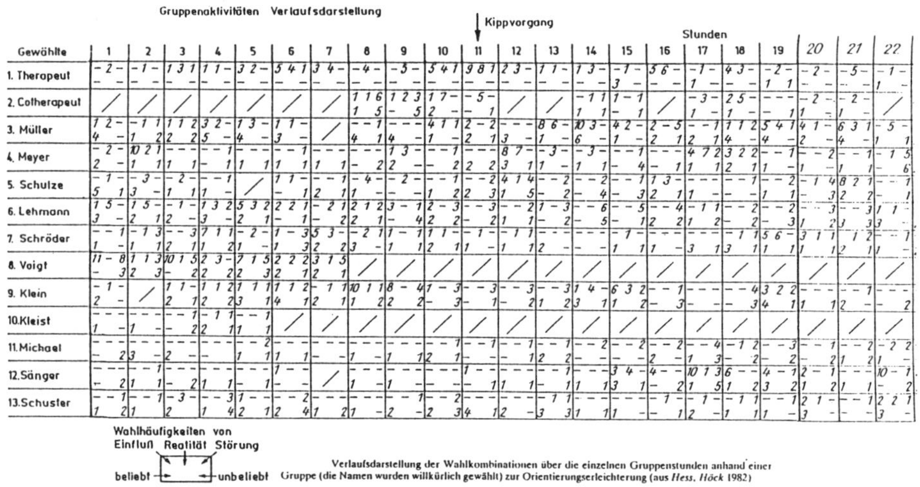

Abb. 6: Verlaufsdarstellung über eine Gruppentherapie *mit fiktiven Namen* der Gruppenmitglieder (Ausschnitt 1.-22. Stunde, aus: Hess & Höck, 1982).

In der Anfangsphase bestehen häufig sog. Alpha-Omega-Konstellationen (s. Pat. 8, Voigt), d.h. dominierende, einflußnehmende Patienten werden als störend erlebt. Patienten in derartig erlebten Konstellationen tendieren - wie hier - zum Abbruch. Ebenfalls problematisch erweisen sich indifferente Positionen (fehlende oder minimale Wahlstimmen), d.h. die im Soziogramm sich ausdrückende Nichtbeachtung durch andere Gruppenmitglieder drückt ein Scheitern des Gruppenbezuges aus und enthält die Gefahr des Abbruchs (s. Person 10, Kleist). Die Verlaufsqualität der Gesamtgruppe ändert sich entscheidend mit der 10. und 11. Stunde, in denen eine Auseinandersetzung mit dem Therapeuten stattfand (in der intendierten dynamischen Gruppenpsychotherapie als Kippprozeß charakterisiert). Nachfolgend wird dessen Einfluß relativiert, was sich in der entschiedenen Abnahme von Alphaanteilen ausdrückt, worauf auch Froese (1982) hinweist.

Charakteristischerweise wird diese Entwicklung gefährdet, wenn der Therapeut die Konstellierung der Gruppe (Std. 12, s. Meyer) nicht bemerkt und sich weiterhin zu aktiv verhält. Nach der Auseinandersetzung mit der Autorität nehmen in der Arbeitsphase bei sich autonom entwickelnden Gruppen - wie im wesentlichen auch hier - alle Gruppenmitglieder im zwanglosen Wechsel - entsprechend der andrängenden Problematik - die Alpha-Beta-(Beliebt)- bzw. Ambivalenz-Position ein, die dem G-Cluster (Std. 12, Müller; Std.15, Klein) bzw. dem F-Cluster (Std. 18, Meyer) entsprechen. Omegapositionen treten jetzt offenbar bei zurückhaltenden Gruppenmitgliedern auf, die Schwierigkeiten in bezug auf die zu bearbeitende Thematik haben und durch ihr passives Verhalten (Cluster D, Std. 19, Klein) abgelehnt werden. Charakteristisch für gute Gruppenarbeit ist, daß Patienten aus dieser Position heraus in die realitätsbezogene Alphaposition übergehen können, d.h. erlebtes Unbehagen überwinden, eine Erscheinung, die in der Vorarbeitsphase kaum auftritt und auch bei "nichtgekippten" Gruppen schwer gelingt. Diese Konstellation zeigt sich hier ansatzweise bei Klein von Std. 18 zu 19. Ungenügend einbezogen in den Gruppenprozeß ist das offenbar recht zurückhaltende Gruppenmitglied 11, Michael, das aus der Indifferenz bzw. störenden Ablehnung (Cluster A bzw. D) nicht zu einer aktiven Position findet.

Die Aussagefähigkeit einer Verlaufsmatrix liegt in der Überschau über den Gesamtprozeß, die bei alleiniger Verwendung von Stundenmatrizen nicht zustande kommt. Die dargestellten spezifischen Konstellationen erleichtern die Orientierung in der Gesamtentwicklung, zeigen Gefährdungen, insbesondere im Sinne der Verfestigung des Prozesses an. Problematischen Gruppenentwicklungen kann somit durch differenziertere Reflexion über das Geschehen vorgebeugt werden.

5. Kurzzusammenfassung bisheriger Anwendungen

Praxisanwendung

Das Soziogramm wird in erster Linie in der Praxis der Gruppenpsychotherapie eingesetzt und hat hier die Funktion eines „Fieberthermometers" im Therapieprozeß. Es eignet sich vor allem für den allein arbeitenden Praktiker als sehr gutes Feedback-Instrument. Insbesondere sind Abweichungen vom eigenen Erleben für die Reflexion des Gruppenprozesses sehr hilfreich (Hess, 1969, 1981, 1991; Hess & Höck, 1982). In themenzentrierten Gruppen erweist sich die Rückmeldung über den Grad der affektiven inneren Beteiligung (Frage 1 und 2) als sehr wertvoll, während Personenwahlen auf Grund der mangelnden inneren Struktur dieser Gruppen weniger aussagekräftig sind.

Supervisionsinstrument

Eine sehr wertvolle Hilfe bietet das Soziogramm für die Gruppensupervision. Hierbei bietet die Verlaufsdarstellung für den Supervisor einen raschen und konkreten Überblick über den Ablauf auch der Gruppenstunden, in denen er nicht anwesend war, bzw. über jene, die im Zwischenzeitraum bis zur Supervision lagen.

Dieses Vorgehen hat sich auch in der Selbsterfahrung bestens bewährt, insbesondere auch, wenn gleichzeitig mehrere Gruppen parallel stattfinden und eine Supervision durch den Leiter dieser sog. Kommunitäten erfolgt (Höck & Hess, 1981).

Vergleichsuntersuchungen mit anderen Parametern

Wie bereits unter 3. mitgeteilt, untersuchten Curio et al. (1984) sowie Döhler (1990) soziometrische Positionen im Vergleich zu affektiven Parametern. Froese (1982) verglich u.a. Sprechhäufigkeit und soziale Position, Höck & Hess (1981) untersuchten eine Gruppe im Hinblick auf soziometrische Position und Projektion auf das Kategoriensystem von Bales. Eine sehr differenzierte Vergleichsstudie im Hinblick auf die IPA von Bales sowie Soziometrie führte Froese (1981) im Rahmen seines Vergeiches einer Leitertrainingsgruppe und einer therapeutischen Gruppe durch.

Kornjeva et al. (1983) untersuchten in einer deutsch-russischen Vergleichsstudie von insgesamt 11 gesprächspsychotherapeutischen Gruppen den Zusammenhang zwischen soziometrischen Wahlen und der Befähigung zur auditiven Analyse emotionaler Zustände bei standardisiert dargeboten Tonbandproben. Es zeigte sich sowohl bei den Stichproben von Neurotikern und Psychotikern, daß Patienten mit hoher „auditiver Befähigung“ auch hohe Valenzwerte aufwiesen und in der Gruppe als beliebt erlebt wurden. Dagegen wurden Patienten mit niedriger auditiver Befähigung durch die Gruppenmitglieder als wenig beliebt, oft sogar als unbeliebt beurteilt und bei konstruktiven Gruppendiskussionen als störend empfunden. In der Arbeit wird der Zusammenhang zwischen der "Wahrnehmungsweise der Gefühle anderer Menschen als eine wesentliche Steuerungskomponente im Kommunikationsprozeß" diskutiert, dies schließlich auch zu berufsspezifschen Befunden (Psychiater, Psychologen sind sensibler wahrnehmungsfähig als eine Vergleichsgruppe, n = 77 bzw. 79) und der angezielten Trainierbarkeit emotionaler Wahrnehmung in Beziehung gesetzt.

Einzelfallanalytische Betrachtungen

Diese erfolgten im Hinblick auf die Determination der soziometrischen Position auch bezüglich der Wähler, z.B. in Abhängigkeit der Gruppenentwicklung in der Zeit anhand einer differenzierten Analyse von 7 Gruppenmitgliedern und dem Therapeuten über 40 Therapiestunden anhand der sog. Videogruppe des Hauses der Gesundheit Berlin (Hess, 1981-1985). Die soziometrische Konfiguration wurde zugleich mit der "Normgruppe" von Hess (1986) in Beziehung gesetzt.

Gruppenprozeßverläufe an Therapiegruppen von Neurotikern einschließlich ihrer Beziehung zur Effizienz

Froese (1982) beschrieb spezielle Positionsabfolgen in Abhängigkeit von der Ausgangsposition sowie dem Therapieerfolg; Plöttner (1990) sowie Plöttner & Reihs (unveröff.) fanden keine eindeutige Zuordnung zwischen soziometrischer Position und Therapieerfolg, wohl aber eine Beziehung zwischen Zufriedenheitsskala und Erfolg; Hess (1986) konnte im Rahmen einer mehrdimensionalen Prozeßabbildung bei 21 Gruppen nachweisen, daß unterschiedliche Gruppenverlaufstypen (autonom, abhängig, gegenabhängig) die Positionsverteilung in unterschiedlicher Weise dokumentieren. Gleichzeitig differierte der Therapeutenfaktor bei den drei Gruppen recht deutlich. In einer weiteren Einzelfallstudie an einer Neurotikergruppe konnte Hess (1992) im Rahmen von Konfigurationen von Affektmustern über den Gruppenverlauf zeigen, daß trotz offenbar optimaler Affektkonfiguration die soziale (soziometrische) Einbindung in den Prozeß ein notwendiges Kriterium für den Erfolg darzustellen scheint.

Strauß & Burgmeier-Lohse (1994) führten eine Studie zur stationären Langzeitgruppentherapie über 25 Monate durch und setzten hierbei ebenfalls das Soziogramm ein. Die Autoren konnten aufzeigen, daß einerseits die Häufigkeit bestimmter Positionenen einen Einfluß auf das Behandlungsergebnis hat, weit eher jedoch der Zeitpunkt, zu welchem erfolgreiche Patienten einen Anstieg vor allem von Beta- und Alphastimmen erhalten. Demgegenüber zeigten Patienten mit keinem bzw. geringem Erfolg sich überrepräsentiert in der Kategorie "störend" und "unbeliebt". Sie empfehlen das Verfahren praxisbegleitend einzusetzen, "da einige soziometrische Positionen, wie sie dieses einfach zu handhabende Instrument aufzeigte, nicht unbedingt immer erkennbar waren im Laufe des therapeutischen Prozesses" (S. 263).

Einsatz des Soziogramms zum Vergleich unterschiedlicher Settings sowie unterschiedlicher Probanden/Patientengruppen hinsichtlich ihrer strukturellen Entwicklung

Hierzu liegen Studien vor von Froese (1981), Eichhorn (1987), Schenck (1990) und Seidler (1990).

Froese verglich Leitertrainingsgruppen und Therapiegruppen hinsichtlich ihrer Entwicklung und Positionierung. Er setzte sich insbesondere mit der Abbildbarkeit der sog. Vorarbeitsphase (ähnlich den Grundeinstellungen nach Bion) sowie der Arbeitsphase auseinander, d.h. der Entwicklung vermittelter, autonomer, solidarischer, interpersoneller Beziehungen durch Überwindung von unmittelbaren Beziehungen, die bei beiden Gruppenformen nachweisbar waren. Mit Hilfe der soziometrischen Verlaufsanalysen konnte er die Beziehungsentwicklung der jeweiligen Gruppe über den Dimensionen "Kontrolle", "Sympathie" und "Gruppenzielorientierung" abbilden und "eine Reihe wichtiger Beziehungsphänomene, insbesondere diejenigen der Führungsübernahme", verdeutlichen (S. 149).

Eichhorn untersuchte offene vs. geschlossene Gruppen. Schenck sowie Seidler verglichen jugendliche Frühgestörte (Borderline-Patienten und „Psychosomatiker“) im Hinblick auf unterschiedliche therapeutische Settings, nämlich ihre Behandlung innerhalb gleichaltriger Gruppen sowie ihm Rahmen von altersgemischten Gruppen. Das Soziogramm diente ihnen hierbei als wesentliches Mittel der strukturellen Beschreibung und Differenzierung der Gruppenverläufe sowie der Analyse und Differenzierung der unterschiedlichen Effektivität der Jugendlichen.

6. Zusammenfassung

Es wird ein soziometrisches Verfahren zur Erfassung von Gruppenpositionen in dynamischen Gruppen und ihrem Verlauf dargestellt. Die theoretischen Grundpositionen entstammen Betrachtungsweisen Morenos, der Sozialpsychologie sowie insbesondere gruppendynamischen Implikationen von R. Schindler. Die vielfältigen Untersuchungen mit dem Soziogramm zeigten weiterführend zum bisherigen Rollenverständnis, daß gruppendynamisch "unscharfe" Positionen, d.h. sehr unterschiedlich, ambivalent erlebte Gruppenmitglieder, die Dynamik des Gruppenprozesses sehr wesentlich beeinflussen.

Die Arbeit beschreibt anfangs die Methode und ihre Einsatzmöglichkeiten. Im Rahmen der Standardisierung des Verfahrens werden Auswertungsmodus, Gütekriterien und Ökonomie desselben dargestellt. Insbesondere die Validität des Verfahrens wird hierbei im Sinne einer Konstruktvalidität nachgewiesen. Es wird gezeigt, daß das Soziogramm die Strukturbildung einer Gruppe einschließlich der Position des einzelnen abzubilden gestattet, daß die soziometrische Position reales Verhalten des GM widerspiegelt, daß dieser Position sehr wahrscheinlich ein spezifischer affektiver Zustand entspricht, daß Gruppenentwicklung mit der Veränderung der soziometrischen Struktur einhergeht und daß sich letztlich über die Veränderung der soziometrischen Position eine Beziehung zum Behandlungsergebnis herstellen läßt.

Der Abschnitt über die bisherigen Anwendungen charakterisiert den Einsatz in der Praxis, als Supervisionsinstrument sowie im Hinblick auf Vergleichsuntersuchungen mit anderen Parametern. Einzelfallanalytische Betrachtungen gestatten die Aufhellung des interpersonellen Beziehungsgefüges unter tiefenpsychologischem Aspekt, die Betrachtungen von Gruppenprozeßverläufen bei Neurotikergruppen erlauben vor allem Aussagen im Hinblick auf die therapeutische Effektivität. Schließlich werden Untersuchungen über den Einsatz des Soziogramms im Vergleich unterschiedlicher Settings sowie unterschiedlicher Probanden/Patientengruppen dargestellt.

Literatur

Beck, A.P. & Peters, L.N. (1981). The research evidence for distributed leadership in therapy groups. *International Journal of Group Psychotherapy, 31 (1),* 43-71.

Bion, W. R. (1971). *Erfahrungen in Gruppen und andere Schriften.* Stuttgart: Klett-Cotta.

Böttcher, H.F. & Wild, H.-J. (1970). Zur Strukturanalyse psychotherapeutischer Gesprächsgruppen. In M. Vorwerg (Hrsg.), *Die Struktur des Kollektivs in sozialpsychologischer Sicht.* Berlin:VEB Deutscher Verlag der Wissenschaften.

Cube, F. v. & Gunzenhäuser, R. (1963*). Über die Entropie von Gruppen.* Quickborn.

Curio, I., Hess, H. & Seidler, Ch. (1981). *Die Beziehungen zwischen affektiver Gespanntheit, Distanz, Aktivität und soziometrischer Position im Gruppenverlauf* (S.86-107). Psychotherapieberichte HdG Berlin 6.

Curio, I., Hess, H. & Höck, K. (1984). *Zeitreihenanalyse psychologischer, soziometrischer psychophysiologischer Kennwerte im Verlauf einer intendierten dynamischen.* W.-Pieck-Universität, Rostock.

Döhler, Ch. (1990). *Zur Rolle von Affektivität und Emotion im Gruppenpsychotherapieprozeß und der Möglichkeit ihrer Erfassung mit der sprachinhaltsanalyischen Methode GOTTSCHALK und GLESER.* Psychotherapieberichte HdG Berlin 45/90.

Eichhorn, H. (1987). *Beitrag zur Evaluation psychotherapeutischer Institutionen unter besonderer Berücksichtigung des Vergleiches von Behandlungen in offenen und geschlossene Gruppen.* Unveröff. Dissertation, Akademie für Ärztliche Fortbildung der DDR, Berlin.

Enke, H. & Ferchland, E. (1966). Analytische Gruppenpsychotherapie und deren Soziodynamik in der Psychotherapeutischen Klinik. In H.G. Preuss (Hrsg.). *Analytische Gruppenpsychotherapie.* München: Pfeiffer.

Ferchland, E. (1967). Gruppendiagnostische Untersuchungen der Sozialstruktur einer psychosomatischen Klinik. In K. Höck (Hrsg.). *Gruppenpsychotherapie in Klinik und Praxis.* Jena: Fischer.

Froese, M. (1981). *Vergleichende Analysen interpersoneller Beziehungen in sozialpsychologischem Training und Gruppenpsychotherapie.* Unveröff. Dissertation, Friedrich-Schiller-Universität, Jena.

Froese, M. (1982). Möglichkeiten und Grenzen soziometrischer Methoden in der Gruppenpsychotherapie. In K. Höck (Hrsg.), *Psychotherapie und Grenzgebiete, Bd. 2. Gruppenpsychotherapieforschung.* Leipzig: J. A. Barth.

Heigl-Evers, A. (1967). Gruppendynamik und die Position des Therapeuten. In K. Höck (Hrsg.), *Gruppenpsychotherapie in Klinik und Praxis.* Jena: Fischer.

Heigl-Evers, A. (1972). *Konzepte der analytischen Gruppenpsychotherapie.* Göttingen: Vandenhoek & Ruprecht.

Hess, H. (1969). Gruppenpsychotherapie in soziometrischer Sicht. *Medizinische Bildung, 12* , 166 -167.

Hess, H. (1981). *Zur Objektivierung des Gruppenprozesses intendiert dynamischer Gruppen*. Psychotherapieberichte HdG Berlin, 6.

Hess, H. (1981-1985). Erlebnismäßige Widerspiegelung der Gruppenstunden der Videogruppe, Stunde 3; 9; 15; 25/26; 28; 30; 34; 36/37; 40 sowie der Phasen. In Autorenkollektiv unter Leitung von K. Höck. *Untersuchungen zur Phänomenologie und Erfassung der Wechselwirkungsprozesse im Verlauf der intendierten dynamischen Gruppenpsychotherapie*. Psychotherapieberichte 7/81, 10/82, 14/82, 16/83, 18/83, 19/83, 20/83, 22/84, 23/84, 26/84, 27/84, 28/85, 30/85

Hess, H. (1983). Zur Problematik und zum charakteristischen Verlauf einer geschlechtshomogenen Frauengruppe. In K. Höck (Hrsg.), *Psychotherapie und Grenzgebiete. PG 4. Praxis der dynamischen Gruppenpsychotherapie*. Leipzig: J.A. Barth.

Hess, H. (1985). Gruppenprozeßuntersuchungen im Rahmen der intendierten dynamischen Gruppenpsychotherapie. *Psychiatrie. Neurologie. Medizinische Psychologie, 37* (8), 437-444.

Hess, H. (1986). *Untersuchungen des Prozeßgeschehens und der Effektivität in der intendierten dynamischen Gruppenpsychotherapie*. Unveröff. Dissertation, Humboldt Universität, Berlin.

Hess, H. (1989). Soziophysiologie - Wunschdenken oder Notwendigkeit? - Ein Beitrag zur mehrdimensionalen Gruppenpsychotherapieforschung. *Gruppenpsychotherapie, 25* (3), 17-34.

Hess, H. (1990). Affektive Beunruhigung als erlebnismäßiger Ausdruck der Dynamik während Einstellungsänderung. In V. Tschuschke & D. Czogalik (Hrsg.), *Psychotherapie - Welche Effektve verändern?* Heidelberg: Springer.

Hess, H. (1991). Beziehungsdiagnostik im therapeutischen Prozeß. In H. Hess (Hrsg.), *Psychotherapie und Grenzgebiete P+G 11, Soziale Beziehung und Krankheit* (S.133 -149). Leipzig: J.A. Barth.

Hess, H. (1992). Affektives Erleben im Gruppenprozeß und Therapieerfolg. *Psychotherapie, Psychosomatik, Medizinische Psychologie, 42*, 120-126.

Hess, H. & Höck, K. (1982). *Darstellung und Aussagemöglichkeiten des Soziogramms nach Höck und Hess*. Psychotherapieberichte HdG Berlin 12/82.

Hess, H. & Kneschke, M. (1982). Untersuchungen mit Polaritätsprofilen zum Verlauf intendierter dynamischer Gruppenpsychotherapie. In K. Höck (Hrsg.), *Psychotherapie und Grenzgebiete, PG 2 : Gruppenpsychotherapieforschung*. Leipzig: J.A. Barth.

Hiebsch, H. & Vorwerg, M. (1979). *Sozialpsychologie*. Berlin: VEB Deutscher Verlag der Wissenschaften.

Hofstätter, P.R. (1957). *Gruppendynamik*. Reinbek:Rowohlt.

Höck, K. (1977). *Die intendierte dynamische Gruppenpsychotherapie innerhalb des abgestuften Systems der Diagnostik und Therapie neurotisch-funktioneller Störungen*. Unveröff. Dissertation, Akademie für Ärztliche Fortbildung, Berlin.

Höck, K. (1981-1985). *Untersuchungen zur Phänomenologie und Erfassung der Wechselwirkungsprozesse im Verlauf der intendierten dynamischen Gruppenpsychotherapie*. Psychotherapieberichte HdG Berlin 7/81, 10/82, 14/82, 16/83,18/83, 19/83, 20/83, 22/84, 23/84, 26/84, 27/84, 28/85, 30/85 .

Höck, K. & Hess, H. (1981). Ausbildung in Gruppenpsychotherapie durch Selbsterfahrungsgruppen. In J. Ott (Hrsg.), *Psychotherapie und Grenzgebiete, Bd. 1 Theoretische Probleme der Gruppenpsychotherapie*. Leipzig: J.A. Barth.

Jentsch, W., et al. (1975). *Komplexes lernfähiges Klassifizierungssystem*. Forschungsbericht des Zentral-Institutes für Kybernetik und Informationsprozesse der Akademie der Wissenschaften, Berlin.

Kirchner, R. & Listing, J. (1982). Gruppenverlaufskontrolle durch spezielle Auswertung des Soziogramms nach Höck und Hess. In H. Hess & K. Höck: *Darstellung und Aussagemöglichkeiten des Soziogramms nach Höck und Hess*. Psychotherapieberichte HdG Berlin 12/82.

Kohler, Ch. (1970). Erste Mitteilungen zur Strukturanalyse psychotherapeutischer Gesprächsgruppen bei Sportlern. In M. Vorwerg (Hrsg.), *Die Struktur des Kollektivs in sozialpsychologischer Sicht*. Berlin: VEB Deutscher Verlag der Wissenschaften.

Kornjeva, T., Feldes, D. & Hess, H. (1983). Die auditive Analyse (Eine neue Methode in der Gruppenpsychotherapieforschung). *Psychiatrie. Neurologie. Medizinische Psychologie, 35 (11),* 661-665.

Kreische, R. (1990). Stören und Stabilisieren - Zur Frage der Wirkfaktoren in der Gruppenpsychotherapie aus psychoanalytischer und systemtheoretischer Sicht. In V. Tschuschke & D. Czogalik (Hrsg), Psychotherapie - Welche Effekte verändern? Heidelberg, Springer.

Lenz, D., Hess, H. & Höck, K. (1973). Einige Strukturierungstendenzen bei stationärer Gruppenpsychotherapie. In K. Seidel, K.Höck & A. Katzenstein (Hrsg.), *Kongreßmaterialien zum 7. Kongreß der Gesellschaft für ärztliche Psychotherapie*. Dresden.

Moreno, J.L. (1954). *Die Grundlagen der Soziometrie.* Köln: Kiepenheuer & Witsch.

Ploeger, A. & Bonzi, A. (1966). Therapiekontrolle durch das Soziogramm. *Zeitschrift für Psychotherapie und Psychoanalyse, 25*, 121-156.

Plöttner, G. (1990). *Untersuchungen zur begleitenden Diagnostik des psychotherapeutischen Prozesses*. Unveröff. Dissertation, Karl - Marx - Universität, Leipzig.

Pötzschke, D. et al. (1974). *Verfahren zur Entwicklung von Entscheidungsbäumen für Klassifizierungsaufgaben bei Objekten mit kontinuierlich (stetig) variierenden Merkmalen*. Forschungsbericht Nr. 252 des Zentral-Institutes für Kybernetik und Informationsprozesse der Akademie der Wissenschaften, Berlin.

Schenck, D. (1990). *Gruppenpsychotherapie mit Adoleszenten - Vergleichsstudie zwischen heterogenen und homogenen Gruppen.* Unveröff. Dissertation, Akademie für ärztliche Fortbildung, Berlin.

Seidler, Ch. (1990). *Gruppenpsychotherapie bei Persönlichkeits- und Entwicklungsstörungen im Jugendalter*. Unveröff. Dissertation, Akademie für ärztliche Fortbildung, Berlin.

Schindler, R. (1957). Grundprinzipien der Psychodynamik in der Gruppe. *Psyche, 11*, 308-314.

Schindler, R. (1967). Die Bedeutung der Soziodynamik für die Gruppenpsychotherapie. In K. Höck (Hrsg.), *Gruppenpsychotherapie in Klinik und Praxis*. Jena: Fischer.

Sprung, L. & Sprung, H. (1984). *Grundlagen der Methodologie und Methodik der Psychologie*. Berlin: VEB Deutscher Verlag der Wissenschaften.

Strauß, B. & Burgmeier - Lohse, M. (1994). *Stationäre Langzeitgruppentherapie. Ein Beitrag empirischen Psychotherapieforschung im stationären Feld*. Heidelberg: Asanger.

Tschuschke, V. & MacKenzie, R. (1988). *Eine empirische Analyse über Gruppenentwicklung und therapeutischen Effekt* (S.45-56.). Psychotherapieberichte HdG Berlin 39,

Tschuschke, V., Hess, H. & MacKenzie, K.R. (1991). Der Gruppenklima-Fragebogen (GCQ-S) - Methodik und Anwendung eines Meßinstrumentes zum Gruppenerleben. *Gruppenpsychotherapie und Gruppendynamik, 26*, 340-359.

Vorwerg, G. (1966). Die Technik des Partnerwahlversuches. In M. Vorwerg (Hrsg.), *Sozialpsychologische Strukturanalysen des Kollektivs*. Berlin: VEB Deutscher Vrlag der Wissenschaften.

Vorwerg, M. (1969). *Sozialpsychologische Strukturanalysen des Kollektivs*. Berlin: VEB Deutscher Verlag der Wissenschaften.

16 Die Hill-Interaktionsmatrix

Czeslaw Czabala, Celina Brykczynska

1. Theoretischer Hintergrund

William F. Hill (1965) ist Schöpfer dieses Verfahrens. Nach Hill erfaßt das vielbenutzte Verfahren von Bales (1950) die für eine Gruppentherapie charakteristischen Aspekte und Phänomene der Interaktion nur unzureichend. Deshalb erarbeitete er zusammen mit anderen Verfassern ein Bewertungssystem, welches zunächst an die Ansätze von Bion (1961) anknüpfte, den intendierten Anforderungen jedoch ebenfalls nicht entsprach. So wurde von Hills Arbeitsgruppe mit der Entwicklung einer Matrix begonnen, die zur Erfassung der Inhalte der Aktivitäten von Teilnehmern an Psychotherapiegruppen benutzt werden konnte. Diese Matrix sollte nicht an ein spezifisches theoretisches Konzept gebunden, einfach einzusetzen sein und den Forderungen nach Validität und Reliabilität entsprechen.

Die Kategorien für Interaktionen innerhalb der Gruppe wurden auf empirischer Basis entwickelt. Dazu wurden zunächst Gruppenpsychotherapeuten nach ihrer Meinung zu relevanten Elementen der Gruppenpsychotherapie befragt. Diese Befragung wurde an mehreren hundert Gruppenpsychotherapeuten repliziert. In einem nächsten Schritt wurden einige hundert Gruppensitzungen kodiert. Diese Kodierungen bildeten die Basis für die erste Fassung der Hill-Matrix, die 1952 entstand und insgesamt 108 Kategorien umfaßte. Die zweite Fassung aus dem Jahre 1956 war auf insgesamt 16 Kategorien reduziert. Die endgültige Fassung aus dem Jahr 1962 enthielt schließlich 20 Kategorien zur Beschreibung der Interaktionsmuster in Gruppen.

2. Beschreibung des Verfahrens

Ziel einer Gruppentherapie ist im wesentlichen die Veränderung des Verhaltens der Gruppenteilnehmer, da deren Verhaltensmuster in der Regel nicht adaptiv oder konstruktiv, im Gegenteil oft sogar destruktiv und antisozial sind. Veränderungen zielen darauf ab, das Leben der Gruppenteilnehmer effektiver und zufriedener und deren Verhalten für die Umwelt akzeptabler zu gestalten. Diese Veränderungen werden u.a. durch ein besseres Selbstverständnis und Einfühlung in andere Gruppenteilnehmer sowie durch die Nutzung des Gruppenprozesses gefördert.

Drei wesentliche Aktivitäten der Gruppenteilnehmer sind nach Hill für den Veränderungsprozeß besonders bedeutsam:

- *Konzentration auf Probleme* der Gruppenteilnehmer. Verhalten und Probleme der Gruppenteilnehmer werden diskutiert, analysiert und verstanden. In diesem Kontext fokussiert die Gruppenpsychotherapie auf den Teilnehmer.
- *Interpersonelle Schwierigkeiten*, die sich in Form von Angst, Spannung, Unruhe oder Zorn in Gruppensituationen manifestieren und therapeutisch zum Zwecke der Veränderung genutzt werden.
- Die *Ausübung von therapeutischen Rollen* durch Gruppenteilnehmer. Diese wurde von vielen Autoren beschrieben und auch von Hill als besonders wichtiger Aspekt im Gruppentherapieprozeß hervorgehoben.

Beschreibung der Kategorien

Die Hill-Matrix beschreibt die Interaktionen der Gruppenteilnehmer anhand zweier Dimensionen: der *Interaktionsinhalte* und der *Arbeits- bzw. Interaktionsstile*. Die Kategorien der ersten Dimension beschreiben das, *worüber* die Gruppenteilnehmer und der Therapeut sprechen, während die Kategorien des Interaktionsstils die Art und Weise beschreiben, *wie* miteinander gesprochen wird. Die Kombination der vier Inhalts- und der fünf Arbeitsstilkategorien ergibt eine Matrix von 20 Elementen, die der Beschreibung von Gruppenaktivitäten dienen. Vier Elemente, die eine reaktive Gruppenarbeit charakterisieren, werden bei der Anwendung des Verfahrens meist nicht berücksichtigt (eine Ausnahme stellen Gruppen mit geistig Behinderten dar, deren Aufgabe darin besteht, die Gruppenteilnehmer zu Interaktionen zu stimulieren und soziale Fertigkeiten zu vermitteln). Der Aufbau der Kategorien oder Elemente ist hierarchisch geordnet, wobei jedem Element ein „therapeutischer Wert“ zugeschrieben wird. Niedrige Werte zeugen von geringem therapeutischen Wert der Interaktion, höhere beschreiben therapeutisch wichtige Interaktionen, wobei die Kategorie 16 den höchsten Wert hat (vgl. Tab. 1).

Die Kategorien des Inhaltsaspektes beschreiben 1. allgemeine Themen, 2. Themen der Gruppe, 3. persönliche Themen, bezogen auf ein Gruppenmitglied und schließlich 4. die Beziehungen von Gruppenmitgliedern. Die Arbeits- bzw. Interaktionsstile werden klassifiziert in reaktiv (s.o.), konventionell, selbstsicher (auch assertiv oder aggressiv), spekulativ (rationalisierend, bei aufgabenorientierter Haltung) und schließlich konfrontativ (mit Ansätzen zu Lösungsvorschlägen).

Letztendlich lassen sich die Inhaltskategorien differenzieren in nicht-teilnehmerorientierte oder thematisch-zentrierte (I A-E, II A-E) und teilnehmer- oder mitgliederorientierte (III A-E, IV A-E). Die Arbeitsstilkategorien werden zunächst anhand zweier Kriterien differenziert: interpersonale Bedrohungen (die von I-IV ansteigen) und Patienten- bzw. Therapeutenrolle sowie in zwei Phasen: *Vorarbeit* (reaktiver, konventioneller und selbstsicherer Stil) und *Arbeit* (spekulativer und konfrontativer Stil). Arbeit ist durch die Übernahme der Patientenrolle durch ein Gruppenmitglied definiert, das bestrebt ist, Einsichten zu erlangen, auch eine Therapeutenrolle auszufüllen und dabei anderen Patienten zu helfen. Innerhalb beider Kategorien (Vorarbeit und Arbeit) kann das Ausmaß der interpersonalen Bedrohung sehr differenziert sein. Einige der Interaktionsstile haben protektive Funktionen (der konventionelle und der spekulative Stil), andere (der selbstsichere und konfrontative Stil) werden als therapeutisch besonders effektiv aufgefaßt.

Tab. 1: Die Hill-Interaktions-Matrix

			Inhaltskategorie			
			Allgemeines	Gruppe	Persönliches	Beziehung
			I	II	III	IV
Arbeitsstil	reaktiv	A	I A	II A	III A	IV A
	konventionell	B	I B (1)	II B (2)	III B (9)	IV B (10)
	selbstsicher	C	I C (3)	II C (4)	III C (11)	IV C (12)
	spekulativ	D	I D (5)	II D (6)	III D (13)	IV D (14)
	konfrontativ	E	I E (7)	II E (8)	III E (15)	IV E (16)

Die einzelnen Zellen, die sich aus den beiden Grunddimensionen ableiten, lassen sich folgendermaßen definieren (die Zellen mit der Bezeichnung A bleiben hier ausgespart, s.o.):

1. Allgemeines/konventionell (I B): Allgemeine Informationen über das gesellschaftliche Leben, Austausch von Freundlichkeiten, konventionelle Gespräche über Politik, soziale und kulturelle Fragen.

2. Gruppe/konventionell (II B): Diskussionen zu Themen, die sich auf die Gruppe als Ganzes beziehen, z.B. Planung der Inhalte, Zielsetzungen, Planung der gemeinsam verbrachten Zeit.

Die beiden ersten Kategorien treten häufiger im Anfangsstadium von Gruppen auf und dienen verschiedenen Zwecken, z.B. der Verringerung der Gruppenspannung, die durch das Zusammentreffen unbekannter Menschen entsteht, oder der Bildung nichtbedrohlicher Beziehungen (charakteristisch für diese Stile ist auch die Mitteilung nichtbewußter Informationen über die einzelnen Gruppenteilnehmer und der Versuch, Rollen zu erfüllen).

3. Allgemeines/selbstsicher (I C): Allgemeine Themen, die auf aggressive und selbstsichere Art und Weise besprochen werden; die Interaktionen zielen auf Abgrenzung und Klärung der Positionen einzelner. Es wird Kritik an den Äußerungen anderer zum Ausdruck gebracht.

4. Gruppe/selbstsicher (II C): Die Aussagen dieses Elementes betreffen die Gruppe, sind aber kontrovers. Gruppeninteraktionen werden kritisch beurteilt, insbesondere im Hinblick auf die Mitglieder, die sich den Interaktionen widersetzen, Pläne der Gruppe nicht unterstützen oder Formulierungen der Aufgaben in der Gruppe in Frage stellen, ebenso Aussagen des Therapeuten und der Teilnehmer.

Der selbstsichere Arbeitsstil wird als Vorarbeit aufgefaßt, da sich die Gruppenteilnehmer in einer so charakterisierten Phase zunächst mit Patientenrollen identifizieren und versuchen, erste Selbsterkenntnisse zu erlangen. Der selbstsichere Stil dient eher der Suche nach einer Rolle, die einerseits Sicherheit vermittelt, andererseits die Beeinflussung der Gruppe ermöglicht. Der selbstsichere Gruppenstil enthält gewisse therapeutische Potentiale, da er bei den Gruppenteilnehmern ein gewisses Bedrohungsgefühl hervorruft. Er trägt zum Entstehen einer größeren Spannung bei, die die Abfuhr erlebter Emotionen erleichtert. Dies ist eine Möglichkeit, Gruppennormen, die die Grenzen akzeptierten und nicht akzeptierten Verhaltens festlegen, zu bilden.

5. Allgemeines/spekulativ (I D): Hierzu werden Aussagen über allgemeine Themen gerechnet, die aber zu einer Vertiefung von Wissen beitragen und zu einem Verständnis auftretender Phänomene, mit denen Fragen gestellt und Hypothesen formuliert werden, die zu Zielen der Gruppe führen.

Die hierzu gerechneten Themen beziehen sich hauptsächlich auf das Verständnis von Störungen und Symptomen. Der spekulative Arbeitsstil wird von Hill zur Arbeit der Gruppe gerechnet, da er Personen, die bereit sind, die Patientenrolle zu übernehmen, verbindet. Dies bedeutet, daß mit diesem Stil andere Personen zur Formulierung von Fragen oder Hypothesen (Spekulationen) über die Persönlichkeit oder die Problematik anderer angeregt werden. Der beschriebene Stil gehört zur „Aufwärmphase" der Gruppe und leitet über zur Arbeitsphase, in der es um persönlichere Probleme der Teilnehmer und um die Erfüllung von Rollen der Patienten geht.

6. Gruppe/spekulativ (II D): In diese Kategorie fallen Aussagen, die das Verständnis des Funktionierens der Gruppe und bestimmter Phänomene in der Gruppe fördern (z.B. die Abwesenheit einzelner Teilnehmer oder das Verlassen von Gruppensitzungen). Der Stil fördert die Wahrnehmung abweichenden Verhaltens und stellt einen Versuch dar, dieses zu verstehen, ebenso wie es zu Spannungen und zum Entstehen von Problemen beiträgt.

7. Allgemeines/konfrontativ (I E): An die Stelle von Diskussionen über allgemeine Themen treten in diese Kategorie Diskussionen über persönliche Probleme sowie Versuche, Ähnlichkeiten und Unterschiede im Hinblick auf Bewertungen und Hypothesen differenziert zu gestalten. Die allgemeinen Themen, die im konfrontativen Stil behandelt werden, beziehen sich auch auf Probleme, die für die Gruppe durchaus bedeutsam sind: Gesundheit und Krankheit, Psychotherapie als Behandlungsform, der Einfluß zwischenmenschlicher Beziehungen auf das Funktionieren des einzelnen.

Der konfrontative Stil der Gruppenarbeit wird in der Gruppenpsychotherapie als besonders relevant eingestuft. Er beschreibt, daß Patienten, die sich selbst am meisten helfen, auch anderen helfen können. Es wird davon ausgegangen, daß Teilnehmer von Psychotherapiegruppen über ein wichtiges, therapeutisch wirksames Potential verfügen. Dieses besteht darin, auf Informationen über andere Patienten und deren Verhalten zu reagieren. Die Vermittlung dieser Reaktionen an andere sind für das Verständnis von Problemen wichtig, insbesondere dann, wenn diese Reaktionen und deren Klärung für die Teilnehmer an der Interaktion bedrohlich sein können. Die Konfrontation erfordert also einen gewissen Mut von jenen Gruppenmitgliedern, die sie artikulieren, und ist gleichzeitig wichtig für andere Gruppenmitglieder, auf die sich die Konfrontation bezieht und die dadurch nicht einfach abgewiesen werden. Die Konfrontation stellt eine Aussage in Gegenwart einer anderen Person dar, was deren Bedeutung durchaus steigert, sie bezieht sich auf die „realen“ Gefühle, die gegenüber der im Mittelpunkt stehenden Person auftreten. Nach Hill (1965) ermöglichen Konfrontationen das intensivste Erleben der „korrektiven emotionalen Erfahrungen“ i.S. von Frank u. Ascher (1951). Diese Form der gruppentherapeutischen Arbeit schafft Möglichkeiten für die Realisierung der eigentlichen Aufgaben von Psychotherapie und trägt zur Erfüllung der Rollen der Patienten und des Therapeuten bei.

8. Gruppe/konfrontativ (II E): Die Aktivität der Gruppe ist hier durch die Diskussion von Problemen charakterisiert, die die Gruppe selbst betreffen: Konflikte, Spannungen, Gruppenrollen und -normen sowie deren Erfüllung. Unterschiedliche Meinungen werden hierzu vorgebracht, relevante Informationen werden gesucht, Meinungen, Vorschläge, die sich auf Probleme beziehen, die die Gruppenaktivität hemmen und Konflikte generieren, werden erörtert.

9. Persönliches/konventionell (III B): Diese Kategorie beschreibt Aktivitäten der Gruppe, die Aussagen über konkrete Personen, persönliche Probleme und Beziehungen zu anderen Teilnehmern beinhalten. Die Aussagen beziehen sich zwar auf einzelne, sind aber oberflächlich, verschleiert, auf das Alltagsleben gerichtet.

10. Beziehung/konventionell (IV B): Diese Kategorie tangiert den wichtigsten therapeutischen Aspekt, nämlich das, was in der Psychotherapie als die Analyse des „Hier und Jetzt“ bezeichnet wird. Darunter wird jenes Verhalten verstanden, das die aktuellen Interaktionen zwischen den Gruppenteilnehmern charakterisiert und zu deren Verständnis beiträgt.

Die Analyse von Verhalten außerhalb des „Hier und Jetzt“ ruft nicht solche Emotionen hervor, wie die Analyse aktueller, sich in der Gruppe momentan abspielender emotionaler Reaktionen. Letztere soll den Gruppenteilnehmern ein Maximum an „korrektivem Erleben“ (Frank & Ascher, 1951) ermöglichen. Die Kategorie beschreibt Aussagen, die sich auf emotionale Beziehungen zwischen den Teilnehmern beziehen:

Zuneigung, gemeinsame Freizeitkontakte, Vermeidung, Zufriedenheit oder Konfrontation.

11. Persönliches/selbstsicher (III C): Hierzu gehören Aussagen über konkrete Personen, deren Merkmale, Probleme und Konflikte, die in aggressiver, bewertender Form ausgesprochen werden. Die betroffene Person weist Hypothesen der Gruppe zurück, greift sie an, schreibt ihnen untherapeutische Absichten zu, ist mit den Auffassungen der Teilnehmer nicht einverstanden. Die anderen Teilnehmer bringen gegenüber der beurteilten Person zahlreiche negative Emotionen zum Ausdruck und erhalten ebensolche zurück.

12. Beziehung/selbstsicher (IV C): Das Gespräch der Teilnehmer fokussiert hier auf interpersonale Themen. Es geht entweder um feindselige oder empathische Aussagen, die versuchen, eine Koalition gegen andere anzustreben, einen Kampf mit einzelnen Gruppenmitgliedern oder dem Therapeuten aufzunehmen (sowohl in direkter wie auch in indirekter Form, z.B. durch ignorieren).

13. Persönliches/spekulativ (III D): Die letzten vier Kategorien der Matrix beschreiben die therapeutisch günstigsten Aktivitäten. Sie beziehen sich auf Material, das zu einem größeren Selbstverständnis der Gruppenmitglieder beiträgt. Beschrieben werden außerdem Aussagen der Gruppenmitglieder, die dieses Material analysieren, die zu einem Verständnis des Verhaltens, der Persönlichkeitszüge, der erlebten Konflikte und der angestrebten Veränderungen beitragen.

14. Beziehung/spekulativ (IV D): Hier handelt es sich um eine Kategorie, in der die Beziehungen zwischen Gruppenmitgliedern beschrieben und analysiert werden. Die Analyse hat einen spekulativen, intellektuellen Charakter, Beobachtungen, Beschreibungen, soziometrische Vergleiche stehen im Vordergrund. Die über sich sprechende Person und die anderen Gruppenteilnehmer versuchen, Beziehungen rational unter Bezugnahme auf Persönlichkeitsmerkmale oder die Entwicklung der Beziehungen, nicht aber im Zusammenhang mit emotionalen Reaktionen zu erklären.

15. Persönliches/konfrontativ (III E): Diese Kategorie bezieht sich auf die Analyse der Probleme der Teilnehmer durch Parallelen vergangener Verhaltensmuster mit dem aktuellen Verhalten in der Gruppe. Eigene Erlebnisse und Erfahrungen werden mit denen anderer Teilnehmer verglichen. Die Mehrzahl der Aussagen hat emotionalen Gehalt. Formulierte Hypothesen und Meinungen sind differenziert, ihre Bedeutung zwingt die Teilnehmer dazu, eigene Aussagen zu begründen, gegen widersprüchliche Meinungen zu verteidigen und schließlich Kompromisse zu formulieren und zu gemeinsamen Bewertungen beizutragen. Diese Form der Diskussion ist mit einem Engagement der Teilnehmer gekoppelt, wird hierdurch persönlicher und stimuliert Veränderungsprozesse bei allen Gruppenmitgliedern.

16. Beziehung/konfrontativ (IV E): Diese Kategorie umfaßt alle Aussagen, die das Streben nach mehr Selbstverständnis reflektieren. Die Formulierung von Hypothesen, von Eindrücken, Beobachtungen und Meinungen über Form und Inhalt der Reaktionen auf einzelne Mitglieder der Gruppe stehen hier im Vordergrund. Die Aussagen beinhalten tiefgehende Analysen gegenseitiger Beziehungen (auch der negativen Aspekte und Gefühle), deren Determinanten und Ursachen, mit denen auch Schwächen der im Mittelpunkt stehenden Personen aufgezeigt werden.

Verschiedene Formen der Hill-Matrix

a) HIM-Rating - Die Beurteilung fortlaufender Aussagen im Gruppengeschehen
Die HIM-Rating-Skala wurde als erste entwickelt und in Forschungsprojekten am häufigsten angewandt. Beobachter analysieren jede Interaktion genau und ordnen sie einer der 16 Zellen der Matrix zu. Diese Bewertung von Interaktionen ermöglicht eine Charakterisierung der Aktivitäten eines jeden Gruppenmitgliedes und des Therapeuten im Sitzungsverlauf. So wird ein Vergleich zwischen Patienten, Therapeuten oder verschiedenen Gruppen möglich (vgl. Hill, 1977a). In der Regel werden folgende Indizes verglichen:

- das Verhältnis der in einer Kategorie erfaßten Aussagen zur Gesamtzahl der Interaktionen eines einzelnen Gruppenteilnehmers,
- das Verhältnis der Aussagen eines Gruppenteilnehmers zur Anzahl der Aussagen der restlichen Gruppe innerhalb einer Kategorie und
- der Vergleich der Kategorien verschiedener Gruppen.

b) HIM-B
Die HIM-B-Skala enthält 64 Aussagen, wobei je vier einer der 16 Zellen der Matrix zugeordnet sind. Die Aussagen - in Ich-Form formuliert - beschreiben die für einen Teilnehmer typischen Verhaltensweisen in der Gruppensituation. Aus einem größeren Pool wurden die für die einzelnen Zellen repräsentativen Verhaltensbeschreibungen durch unabhängige Beurteiler ausgewählt. Die Skala wurde in einer Untersuchung an Studenten erprobt, in der auch die Itemzahl reduziert wurde (vgl. Hill, 1977a).

Die HIM-B-Skala wird wie folgt ausgewertet: Antworten werden nach unterschiedlicher Gewichtung charakterisiert (vgl. hierzu Hill, 1977a). Der Test erlaubt Aufschlüsse über Präferenzen eines Gruppenmitgliedes im Hinblick auf verschiedene Verhaltensweisen in der Gruppe. Die Skala kann auch dazu dienen, Teilnehmer für eine Gruppe auszuwählen bzw. verschiedene Therapeuten zu vergleichen und wurde benutzt, um Vergleiche zwischen Real-Ich, Ideal-Ich und anderen Gruppenteilnehmern vorzunehmen.

c) HIM-G
Die aktuellste Fragebogen-Version der Hill-Matrix wurde im Jahr 1969 verfaßt und soll der allgemeinen Bewertung von Interaktionen in der Gruppe dienen und frühere Fassungen der Matrix, mit denen jede einzelne Aussage kodiert wurde, ersetzen. Die HIM-

G enthält 72 Aussagen, die typisches Verhalten für jede Zelle der Matrix beschreiben. Auf jede der 16 Zellen der Interaktionsmatrix entfallen vier Aussagen: zwei davon beziehen sich auf Gruppenteilnehmer, zwei auf den Therapeuten. Der Inhalt der beiden Items, die sich auf die Gruppenteilnehmer beziehen, ist identisch, unterscheidet sich nur in der Form der Antwort. In einem Fall muß beschrieben werden, wieviele Personen sich in dieser Form verhalten, im anderen Fall ist zu beschreiben, zu welchem prozentualen Anteil im Verlauf einer Sitzung das Verhalten auftritt. Eines der Therapeutenitems erfordert die Bewertung, wieviel Zeit der Therapeut damit verbringt, mit einem bestimmten Verhalten die Gruppenaktivität zu stimulieren. Im zweiten Item wird wiederum der prozentuale Zeitanteil einer bestimmten Aktivitätsform eingeschätzt. Daraus ergeben sich 64 Aussagen (16 Zellen x 4 Aussagen). Weitere vier Aussagen beschreiben den reaktiven Stil der Gruppenaktivität (die Dimension A, vgl. Tab. 1, ohne Angabe von Inhaltskategorien), drei Items beschreiben Schweigen und Widerstand in der Gruppe, ein weiteres schließlich den Anteil des Therapeuten an der Gesamtaktivität der Gruppe.

Aufgabe des Beobachters ist es, das Verhalten des Therapeuten und der Gruppenmitglieder auf einer Sieben-Punkte-Skala zu beurteilen. Die Abstufungen entsprechen einerseits dem prozentualen Zeitanteil, andererseits der Anzahl der Gruppenteilnehmer, die während einer Sitzung bestimmte Aktivitäten entfalten. Bewertungen der Einzelitems werden registriert und in einen Zusammenfassungsbogen übertragen, aus dem sich fünf Detailergebnisse ablesen lassen:

- Zeit (in %), die der Therapeut zur Stimulation der Gruppenaktivität aufwendet (differenziert nach dem entsprechenden Interaktionsstil);
- Zeit (in %), die der Therapeut einer einzelnen Aktivität innerhalb der Sitzung gewidmet hat;
- prozentualer Anteil der Gruppenteilnehmer, die im Verlauf einer Sitzung ein bestimmtes Verhalten an den Tag legen;
- Bewertung des zeitlichen Anteils, den die Gruppe im Verlauf einer Sitzung mit einer bestimmten Aktivität verbringt;
- Summe der oben genannten Kategorien.

Für jede der fünf Kategorien lassen sich Werte für den entsprechenden Arbeitsstil und die Inhalte berechnen. Auf dieser Grundlage lassen sich weitere Indikatoren für die Einschätzung der Gruppenaktivität bilden (z.B. das Verhältnis des vorherrschenden Therapeutenverhaltens zum Verhalten der Gruppenteilnehmer; das Verhältnis des zeitlichen Anteils eines bestimmten Verhaltens in Relation zur Beteiligung der Gruppenteilnehmer an diesem Verhalten).

Die HIM-G-Skala ermöglicht nicht die Analyse des Verhaltens einzelner Gruppenmitglieder, sie erlaubt aber die phänomenologische Beschreibung einer Gruppenstunde, deren Inhaltes und des vorherrschenden Arbeitsstiles, bezogen auf die Gruppe als Ganzes. Dies ermöglicht einen Vergleich der Interaktionsstile und Inhalte verschiedener Gruppen und Therapeuten sowie den zeitlichen Verlauf des Gruppenprozesses (Gruppenentwicklung). Außerdem ermöglicht dieses Vorgehen die Analyse der Aktivitäten eines Therapeuten, was für Ausbildungszwecke und für wissenschaftliche Fragen sicher nützlich sein kann.

3. Gütekriterien, Auswertung und Ökonomie

Die Reliabilität der Hill-Interaktionsmatrix in ihrer ursprünglichen Version zur Kodierung einzelner Interaktionen in der Gruppenpsychotherapie wurde von Hill (1965) ausführlich beschrieben. Die Interrater-Reliabilitätskoeffizienten lagen dabei um .80.

Für die Fragebogenversion der Hill-Matrix liegen für die deutschsprachigen Fassungen Reliabilitätsangaben beispielsweise von Höck und Hess (1982) vor. Ähnlich wie bei Hill (1977a), der eine Übereinstimmungsreliabilität von .80 berichtet, kamen die Autoren zu einer befriedigenden Interraterübereinstimmung $r = .83$.

Die Anwendung der Hill-Matrix als „act by act - Kodierung" erfordert ein längeres Training. Nach eigenen Erfahrungen erfordert dieses Training ca. 20 Stunden. Die Anwendung der Fragebogenversionen bedarf keiner besonderen Schulung.

Die HIM-Kodierung kann „in vivo" erfolgen, aber auch unter Benutzung von Videobändern und/oder Transkripten. Nach den eigenen Erfahrungen ist der Zeitbedarf für geschulte Beurteiler nicht wesentlich länger als die Dauer einer Gruppentherapiesitzung. Das Ausfüllen der Fragebögen HIM-B bzw. HIM-G erfordert ca. 25 bis 30 Minuten.

4. Anwendungen der Hill-Interaktionsmatrix in der Gruppentherapieforschung

In letzter Zeit finden sich kaum noch Anwendungen der HIM in der Gruppenpsychotherapieforschung, was wahrscheinlich daran liegt, daß derzeit andere Methoden der Interaktionsanalyse bevorzugt werden, die sich auch in der Einzelpsychotherapie anwenden lassen. Insgesamt gesehen liegen aber bereits reichhaltige Erfahrungen mit der HIM vor, die von Bednar & Melnick (1974) als „theoretischer Rahmen für ein besseres Verständnis klinischer und gruppendynamischer Aspekte und als Forschungstechnologie" empfohlen wurde. Auf der Basis der vorliegenden Literatur kann man davon ausgehen, daß die HIM in mehr als 300 Untersuchungen, viele davon Doktorarbeiten, angewandt wurde. Hill (1977a) veröffentlichte die letzte ausführliche Bibliographie. Vielfältige Anwendungen der Methode im unterschiedlichen Kontext finden sich beispielsweise in einem Themenschwerpunkt der Zeitschrift „Small Group Behavior" (Hill, 1977b). Die HIM wurde angewandt zur Untersuchung der Zusammensetzung einer

Gruppe (z.B. Gross, 1959). Hier fand sich beispielsweise, daß in Gruppen, die im Hinblick auf die Kategorien „Persönliches“ und „Beziehung“ homogen zusammengestellt wurden, das Ausmaß von Interaktionen in diesen Kategorien deutlich ausgeprägter war als in heterogenen Gruppen.

Zusammenhänge zwischen unterschiedlichen therapeutischen Orientierungen und der Gruppenarbeit sowie den Inhalten der Gruppentherapie wurden beispielsweise von Liebrader (1962) und Lewis & Mider (1973) untersucht. In Gruppen, in denen sich der Therapeut an einem psychoanalytischen Modell orientierte, produzierten die Gruppenmitglieder deutlich mehr Material, das sich in die Kategorie „Persönliches“ einordnen ließ. In gruppenanalytischen Settings wurde häufiger die Kategorie „Beziehung“ signiert, während gruppenbezogene Themen eher mit einem nicht direktiven therapeutischen Stil verbunden waren.

Zahlreiche Untersuchungen setzten die HIM zur Bestimmung von Phasen der Gruppenentwicklung ein (vergleiche MacKenzie, 1994). Garner (1960) beispielsweise untersuchte eine Gruppe mit jugendlichen Delinquenten und zeigte, daß sich die Interaktionen im Gruppenverlauf von der Vorarbeit zur Arbeit und zu einer eher mitgliederorientierten Interaktion entwickelten.

Die Hill-Interaktionsmatrix wurde außerdem im Zusammenhang mit Effektivitätsuntersuchungen zur Gruppenpsychotherapie eingesetzt (z.B. Piper et al., 1979; Hess, 1986).

Im deutschsprachigen Raum wurde die Hill-Interaktionsmatrix wahrscheinlich am intensivsten von der Arbeitsgruppe des Hauses der Gesundheit eingesetzt. Höck und Hess (1982) benutzten den HIM-G Fragebogen, um die prozentualen Häufigkeiten der Interaktionsinhalte und -stile in intendiert dynamischen Gruppenpsychotherapien zu bestimmen und Änderungen der Interaktionsinhalte und -stile im Gruppenverlauf darzustellen. Die Autoren berichten auch über Unterschiede der Interaktionen in intendiert-dynamischen Gruppen, die sich in ihrem Erleben unterschieden. Basis der Studie waren die Einschätzungen von etwa 1000 Therapiesitzungen aus 21 verschiedenen psychotherapeutischen Gruppen, die auch die Grundlage für eine Normenbildung darstellten. Im Rahmen der im Haus der Gesundheit durchgeführten Untersuchung zur „Phänomenologie und Erfassung der Wechselwirkungsprozesse im Verlauf der intendierten dynamischen Gruppenpsychotherapie“ wurde die Hill-Interaktionsmatrix von Kneschke (z.B. Kneschke, 1981) zur „act by act-Kodierung“ eingesetzt, um idealtypische Gruppenverläufe zu bestimmen (siehe dazu Höck und Hess, 1981-1986).

5. Abschließende Bewertung

Die Hill-Interaktionsmatrix hat sich in der Gruppenpsychotherapieforschung sicherlich bewährt und sollte auch in Zukunft als Methode zur Erfassung manifester Inhalte des Gruppengespräches in Erwägung gezogen werden. Unserer Erfahrung nach ist die Interaktionsmatrix von Hill für Psychotherapeuten vielversprechend. Nicht nur in der Forschung ist die Methode nützlich, sie stellt auch in der klinischen Praxis eine wichtige Informationsquelle für Therapeuten und Gruppenmitglieder dar, die die therapeutische Arbeit befördern kann. Somit kann sie auch sehr gut zu Ausbildungszwecken eingesetzt werden.

Literatur

Bales, R.F. (1950). *Interaction Process Analysis*. Chicago: University of Chicago Press.

Bednar, R.L., Melnick, J. (1974). Risk, responsibility, and structure: A conceptual framework for initiating group counseling and psychotherapy. *Journal of Counseling Psychology*, *21*, 31-37.

Bion W.F. (1961). *Experiences in groups and other papers*. London: Tavistock.

Frank, J.D., Ascher, E. (1951). Corrective emotional experience in group therapy. *American Journal of Psychiatry*, *108*, 126-131.

Garner, H.H. (1960). A confrontation technique used in psychotherapy. *Comprehensive Psychiatry*, *1*, 201-202.

Gross, R.L. (1959). *Therapy group composition*. Unpublished Dissertation, University of Utah.

Hess, H. (1986). *Untersuchungen zur Abbildung des Prozeßgeschehens und der Effektivität in der intendierten dynamischen Gruppenpsychotherapie*. Habilitationsschrift, Humboldt-Universität Berlin.

Hill, W.F. (1965). *Hill Interaction Matrix*. Unpublished Manual, University of Southern California.

Hill, W.F. (1977a). Hill Interaction Matrix (HIM). The conceptual framework deriving rating scales and an updated bibliography. *Small Group Behaviour*, *8*, 251-268.

Hill, W.F. (1977b) (Ed.). The Hill Interaction Matrix: Progress and Prospects. Special Issue. *Small Group Behaviour*, *8*(3).

Höck, K. (1981-1985) (Hrsg.). Untersuchungen zur Phänomenologie und Erfassung der Wechselwirkungsprozesse im Verlauf der intendierten dynamischen Gruppenpsychotherapie. *Psychotherapieberichte des Hauses der Gesundheit, Berlin* (7/81-30/85).

Höck, K., Hess, H. (1982). Die Hill-Interaktionsmatrix (HIM) zur Erfassung von Inhalt und Interaktion in therapeutischen Gruppen. In: K. Höck (Hrsg.), *Gruppenpsychotherapieforschung*. Leipzig: J.A. Barth.

Kneschke, M. (1981). Möglichkeiten und Zielsetzungen der Hill-Interaktions-Matrix beim Erfassen idealtypischer Verläufe in der intendierten dynamischen Gruppenpsychotherapie. *Psychotherapieberichte des Hauses der Gesundheit, Berlin, 7,* 29-33.

Lewis, J., Mider, P. (1973). Effects of leadership style on content and work styles of short-term therapy groups. *Journal of Counseling Psychology, 20*, 137-141.

Liebrader, M.N. (1962). *Effects of therapist style on interaction in psychotherapy groups*. Unpublished Dissertation, University of Utah.

MacKenzie, K.R. (1994). Group development. In: A. Fuhriman & G.M. Burlingame (Eds.), *Handbook of group psychotherapy*. New York: Wiley.

Piper, W.E., Doan, B.D., Edwards, E.M., Jones, B.D. (1979). Cotherapy behavior, group therapy process, and treatment outcome. *Journal of Consulting and Clinical Psychology, 47*, 1081-1089.

17 Das SYMLOG-Rating-Verfahren: Interaktionsdiagnostik im SYMLOG-Raum

Friedebert Kröger, Dieter Wälte, Arno Drinkmann

1. Einleitung

Wie überall in der empirischen Forschung gilt auch für die interpersonale Diagnostik, einen tragfähigen Kompromiß zwischen Erhebungsaufwand und Differenziertheit der Aussage zu finden, da ausschließlich das ausgewogene Verhältnis dieser beiden Aspekte den praktischen Nutzen des Instruments bestimmt. Ist die Datenerhebung aus Sicht des einzelnen Patienten oder auch noch unter Berücksichtigung der Dyade diesbezüglich meist unproblematisch, so stellt die Mehrpersonenkonstellation des Gruppensettings den Forscher (und Therapeuten) vor erhebliche methodische und praktische Schwierigkeiten.

Ziel dieses Beitrages ist es, ein Instrumentarium vorzustellen, das auf empirischer Basis die Integration interpersonaler Prozesse auf Gruppenebene ermöglicht *und* ihre Wirkung auf den einzelnen Gruppenteilnehmer sichtbar machen kann.

2. Das SYMLOG-Methodeninventar

SYMLOG (**S**ystem for **M**ultiple **L**evel **O**bservation of **G**roups) wurde von Bales und Cohen (1982) als Instrument zur Beschreibung interpersoneller Wahrnehmung in Kleingruppen entwickelt. Einfache Prozesse der Selbst- und Fremdwahrnehmung sind ebenso beschreibbar wie metaperspektivische Einstellungen (z.B. Wunschbilder: „Wie möchte ich gerne sein?“; erwartete Fremdbilder: „Wie glaube ich, daß der andere mich sieht?“). Selbstbeschreibungen im Sinne von Selbstrepräsentanzen oder Selbst-Schemata sind ebenso möglich wie Fremdbeschreibungen (Objektrepräsentanz) und Expertenratings.

SYMLOG stellt eine systematische Weiterentwicklung der 12 Kategorien umfassenden Interaktionsprozeßanalyse (Bales 1950, 1970) dar und geht als Kernstück aus dem von Bales (1970) entwickelten faktorenanalytisch begründeten dreidimensionalen Raummodell für Sozialverhalten hervor (Abb. 1). Zum einen stellt SYMLOG ein Methodeninventar für die Kleingruppenforschung dar, zum anderen ist es der Entwurf einer kognitiven Feldtheorie der sozialen Interaktion, die durch zahlreiche Erklärungsansätze benachbarter Theorien beeinflußt wurde. So stützte sich Bales bei der Entwicklung seiner Theorie auf Erkenntnisse aus der Persönlichkeitsforschung, der Psychoanalyse, der Gestaltpsychologie, der Theorie des symbolischen Interaktionismus und auf die Grundlagen der Gruppen- und Familientherapie.

Methodisch besteht das SYMLOG-System aus den beiden Alternativen „Interaktionskodierung“ und „Rating“. Das Kodierverfahren ermöglicht eine Beschreibung zeitgleich ablaufender Gruppeninteraktionen durch einen oder mehrere geschulte Beobachter auf drei Ebenen, daher die Bezeichnung „mehrstufige Beobachtung“. Neben dem verbalen und nicht-verbalen Verhalten (1. Stufe) werden berücksichtigt: die in der Kommunikation mitgeteilten Vorstellungsinhalte (2. Stufe) und die Werthaltungen (3. Stufe), die das agierende Gruppenmitglied zu den von ihm geäußerten Inhalten zum Ausdruck bringt. Die *SYMLOG-Interaktionskodierung* ist ein sehr aufwendiges Verfahren und setzt ein intensives Training der Beobachter voraus. Die „Interaktionskodierung“ wurde bislang sehr wenig in der Gruppentherapieforschung eingesetzt (vgl. Tschuschke, 1993; Tschuschke & Dies, 1994). Da dieser Aufwand in der praktischen Arbeit nur selten geleistet werden kann, entwickelten Bales und Cohen eine ökonomisch handhabbare Ratingmethode zur retrospektiven Beurteilung von Interaktionsverhalten.

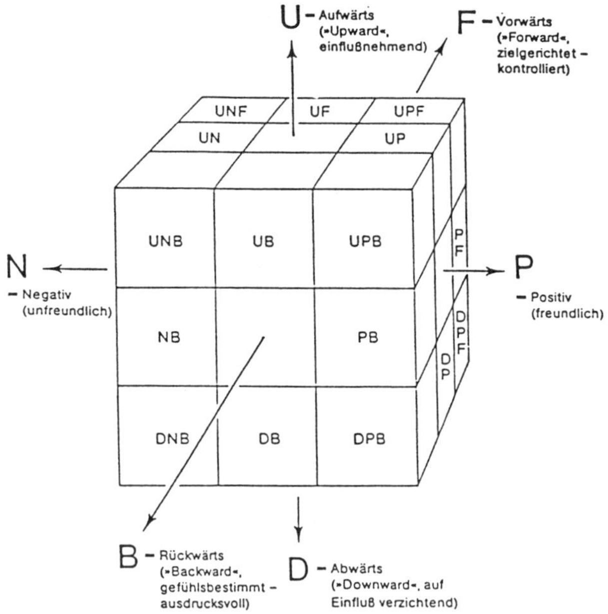

Abb. 1: Der dreidimensionale SYMLOG-Raum

Der SYMLOG-Raum zeigt 27 Richtungen bzw. Lokalisierungen des Verhaltens, die durch systematische Kombination aller 6 Hauptrichtungen gewonnen werden (der Würfel ist in der Draufsicht dargestellt). Den Nullpunkt für alle Richtungen hat man sich in der Mitte des Würfels zu denken (nach Bales & Cohen, 1982).

SYMLOG-Fragebogen

Name, Vorname:	Datum:

So sehe ich

____
(Name und Alter des Familienmitgliedes)

Bitte unterstreichen Sie die zutreffende Antwort

1	ergreift das Wort	selten	manchmal	häufig
2	geht auf andere zu	selten	manchmal	häufig
3	nimmt bestimmt, aber freundlich Einfluß	selten	manchmal	häufig
4	spricht wie eine Person, die weiß, was sie will	selten	manchmal	häufig
5	versucht, seine Meinung durchzudrücken	selten	manchmal	häufig
6	sagt anderen Unfreundlichkeiten	selten	manchmal	häufig
7	spielt sich auf	selten	manchmal	häufig
8	gibt spontaner Eingebung freien Lauf	selten	manchmal	häufig
9	gibt direkte persönliche Zuwendung	selten	manchmal	häufig
10	wirkt freundlich	selten	manchmal	häufig
11	unterstützt die Meinung anderer	selten	manchmal	häufig
12	wirkt sachlich	selten	manchmal	häufig
13	gibt kritische Wertung	selten	manchmal	häufig
14	äußert Ablehnung	selten	manchmal	häufig
15	weigert sich mitzumachen	selten	manchmal	häufig
16	folgt eigenen Impulsen	selten	manchmal	häufig
17	geht freundschaftlich mit anderen um	selten	manchmal	häufig
18	nimmt auf andere Rücksicht	selten	manchmal	häufig
19	übernimmt die Meinung anderer	selten	manchmal	häufig
20	wägt seine Worte sorgfältig ab	selten	manchmal	häufig
21	zeigt, daß er/sie trotz Unlust bei der Sache bleibt	selten	manchmal	häufig
22	wirkt zurückgezogen	selten	manchmal	häufig
23	gibt Zeichen von Entmutigung	selten	manchmal	häufig
24	wirkt ängstlich gespannt	selten	manchmal	häufig
25	reagiert dankbar auf Zuwendung	selten	manchmal	häufig
26	zeigt keine Gesprächsinitiative	selten	manchmal	häufig

Abb. 2: SYMLOG-Rating Bogen (D2)

Die *Durchführung des Ratingverfahrens*, auf das sich die nachfolgenden Ausführungen beziehen, erfolgt mit einem 26 Items umfassenden Fragebogen zur nachträglichen Beurteilung des Interaktionsverhaltens. Als Fragebogen dient die deutsche Übersetzung und Überarbeitung des SYMLOG-Adjektiv-Fragebogens D2 (Schneider und Zimmer, 1978; Becker-Beck und Schneider, 1988). Diese Fragebogenform weicht von der ursprünglichen Verwendung von Adjektiven ab und beschreibt das Interaktionsverhalten in Form von Halbsätzen (Abb. 2).

Den Beurteilungsbogen füllt jedes Gruppenmitglied für sich selbst und in bezug auf jedes andere Mitglied aus. Die Beurteilungsgrundlage ist dabei das interaktive Handeln der Person in ihrem Alltagsverhalten. Die auf diese Weise erhobenen SYMLOG-Rohdaten ermöglichen es, die Lokalisation einer Person im SYMLOG-Wahrnehmungs- und Bewertungsraum festzulegen. Die graphische Darstellung dieser Ergebnisse erfolgt in Form von zweidimensionalen Felddiagrammen (Abb. 3-6). Die Lage des Punktes (der Person) in der Diagrammebene entspricht der Abbildung des beobachteten Verhaltens eines Akteurs auf der PN- und der FB-Dimension. Die Ausprägung des Verhaltens auf der 3. Dimension U-D wird durch die relative Größe eines Kreises um den Punkt dargestellt. Je größer der Außenkreis um den Personenpunkt, desto einflußnehmender das Verhalten. Der Zahlenwert der U-D-Dimension wird zusätzlich unter dem Namenskürzel jedes Gruppenmitgliedes angegeben.

Das SYMLOG-Methodeninventar ist im Rahmen der Kleingruppenforschung ein eingeführtes Instrument. Über die Testgütekriterien des Ratingverfahrens berichten Schneider und Zimmer (1978), Becker-Beck und Schneider (1988) sowie Kröger et al. (1989) befriedigende bis gute Ergebnisse. Über die breite Anwendung von SYMLOG in Forschung und Praxis berichten Schneider (1978), Orlik (1989), Polley et al. (1988), Nowack (1989), Fassheber et al. (1990) und Kröger (1994).

Die durch Rating oder Signierung erhobenen Daten werden in den dreidimensionalen SYMLOG-Bewertungsraum überführt (Tabelle 1, Abb. 1). Der SYMLOG-Raum weist Ähnlichkeiten zu anderen psychologischen Raummodellen auf, so zum dreidimensionalen Faktorenraum des von Osgood et al. (1957) entwickelten semantischen Differentials. Das SYMLOG-Raummodell ähnelt dem Motivationsforschungsansatz von McClelland et al. (1953) und dem Analysemodell von Emotionen (Mehrabian, 1980), die ebenfalls von drei grundlegenden Dimensionen menschlicher Aktivität ausgehen. Allerdings kann eine Reihe von Studien auch belegen (vgl. Horowitz et al. 1994), daß interpersonale Wahrnehmungsprozesse mit Hilfe von zwei Dimensionen (Zuneigung und Kontrolle bzw. Dominanz) beschrieben werden können, durch die ein hoher Anteil von Varianz in der Beurteilung erklärt werden kann. Die Dimension Zuneigung (im SYMLOG-Raum Sympathie) und Kontrolle bzw. Dominanz (im SYMLOG-Raum Einflußnahme) erscheinen in diesem Zusammenhang unproblematisch. Bezüglich der dritten SYMLOG-Dimension (FB: Zielorientierung), die sowohl bezüglich der Testgüte als auch konzeptionell Schwächen zeigt, sei hier nur auf die

Diskussion bei Becker-Beck und Schneider (1988), Polley (1986), Polley und Stone (1988), Fassheber und Terjung (1985) und Fassheber et al. (1990) sowie kontrovers bei Bales (1987) verwiesen.

Tabelle 1: SYMLOG-Dimensionen

Dimensionen	Pole	Inhaltliche Bedeutung
Einfluß	U(pward)	einflußnehmend
	D(ownward)	auf Einfluß verzichtend
Sympathie	P(ositive)	freundlich, beliebt
	N(egative)	unfreundlich, unbeliebt
Zielorientierung	F(orward)	sachzielorientiert
	B(ackward)	emotionalorientiert

Die genannten Dimensionen interpersonaler Wahrnehmungsprozesse spannen den subjektiven „semantischen Raum" auf und beschreiben elementare Merkmale der Kommunikation, die einerseits recht allgemein erscheinen, andererseits aber eine erhebliche Informationsverdichtung leisten. Selbst- und Fremdbilder sowie die gegebenenfalls erhobenen Metaperspektiven bilden die Grundlage der Interaktion und sind darüber hinaus als konstituierende Bedingungen des Selbstkonzeptes anzusehen. Das SYMLOG-Konzept stellt damit einen guten Kompromiß dar zwischen „universell nutzbarer Abstraktion versus Konkretheit des begrifflich-theoretischen Systems sowie den meßtheoretischen Maximalanforderungen an die Skalenkonstruktion versus Akzeptanz und Relevanz der abgebildeten beziehungsdiagnostischen Sachverhalte" (Fassheber et al. 1990). Auf mittlerer Komplexitätsstufe angesiedelt, bietet SYMLOG ein Bezugssystem der interpersonalen Wahrnehmung, das sowohl für Fragen der Forschung und Lehre als auch im Bereich der unmittelbaren psychotherapeutischen Arbeit als Orientierungskonzept für Evaluation und Qualitätssicherung dienen kann.

Das Anwendungsspektrum des SYMLOG-Methodeninventars, das ursprünglich die (therapeutische) Kleingruppe betraf, wurde inzwischen durch den Bereich der Paar- und Familienforschung auf die „spezielle Kleingruppe Familie" ausgeweitet (Kröger et al., 1989, 1991, 1994a/b, 1995; Petzold et al., 1991; Jantschek, 1993; von Wietersheim et al. 1991; Merlo et al. 1991; Herzog et al., im Druck).

3. Ein Anwendungsbeispiel

Das folgende Fallbeispiel soll veranschaulichen, auf welche Weise die Felddiagramme bzw. die mit Hilfe des Ratingverfahrens erhobenen SYMLOG-Rohdaten in der Praxis Ausgangspunkt für Hypothesenbildungen zur Struktur, Wahrnehmungs- und Organisationstendenz einer Familie oder ggf. Gruppe sein können. An dieser Stelle wollen wir nur einige besonders auffällige Strukturen, wie sie sich aufgrund der Selbst- und Fremdeinschätzung der Familienmitglieder untereinander ergeben, und dabei besonders die Selbst- und Fremdwahrnehmung sowie die wechselseitige Wahrnehmungsdiskrepanz der Ehepartner beachten.

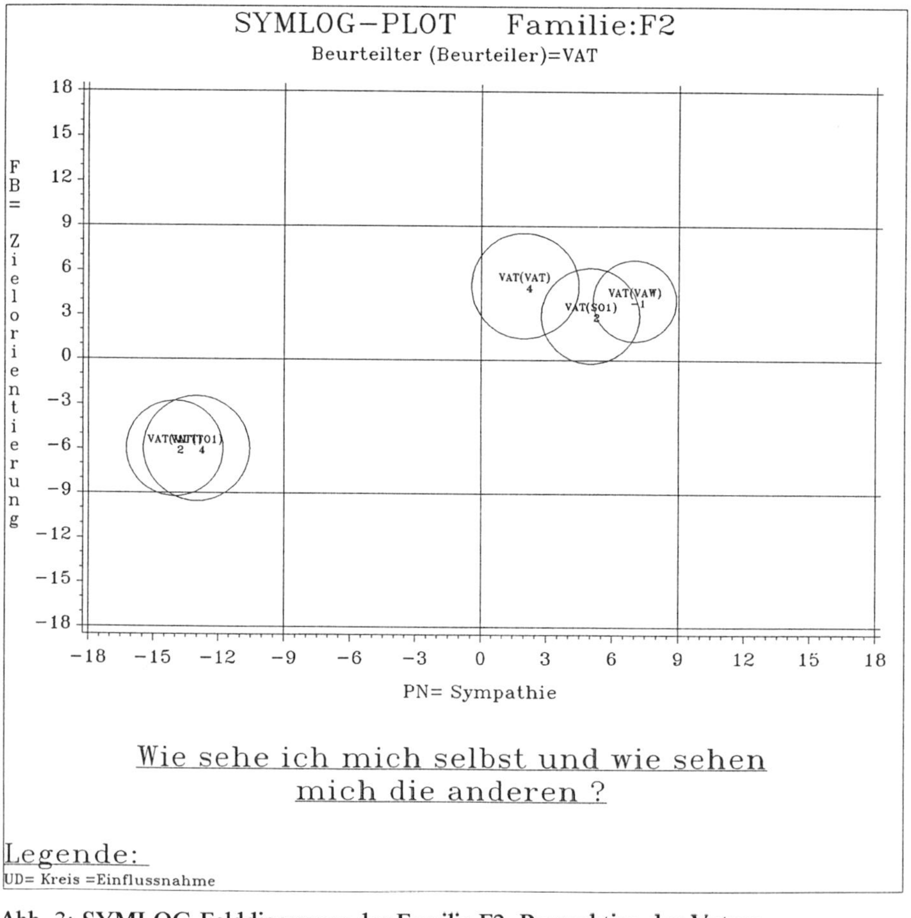

Abb. 3: SYMLOG-Felddiagramm der Familie F2, Perspektive des Vaters

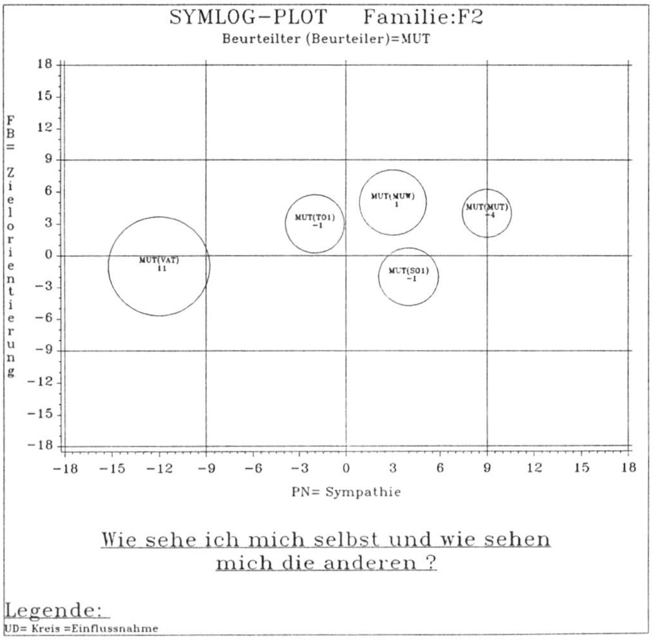

Abb. 4: SYMLOG-Felddiagramm der Familie F2, Perspektive der Mutter

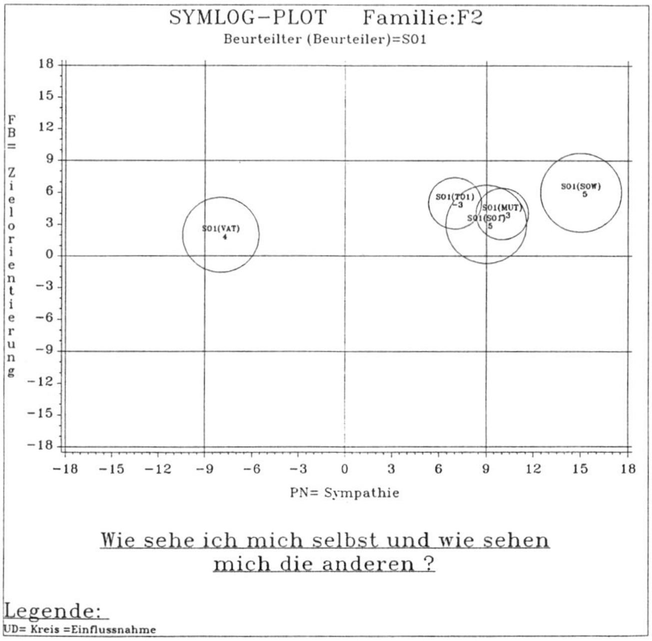

Abb. 5: SYMLOG-Felddiagramm der Familie F2, Perspektive des Sohnes

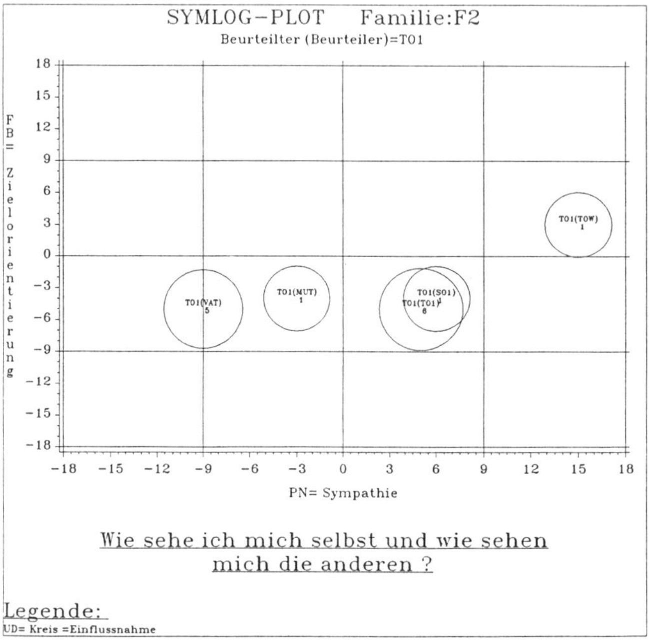

Abb. 6: SYMLOG-Felddiagramm der Familie F2, Perspektive der Tochter

Die Familie F2 (Abb. 3 - 6)[1] scheint insbesondere bzgl. der Paardynamik ein nicht untypisches Beispiel für das Interaktionsfeld von Familien zu geben, in denen der Vater alkoholabhängig ist. Aus einem Projekt, das die Auswirkungen einer sechsmonatigen stationären Entzugsbehandlung eines alkoholkranken Vaters auf die Wahrnehmungsstrukturen im familiären Feld untersuchte, haben wir diese Familie ausgewählt (vgl. Kröger 1994). Das Selbstrating aller Familienmitglieder mit Hilfe des SYMLOG-Fragebogens erfolgte kurz vor Beginn der ersten stationären Behandlung des alkoholkranken Vaters, dessen Alkoholproblematik seit etwa 12 Jahren bestand. Der Vater (VAT) ist 41 Jahre, die Mutter (MUT) 36 Jahre alt, sie sind seit 15 Jahren verheiratet. Die Tochter (TO1) ist 15, der Sohn (SO1) 9 Jahre alt. Schon optisch zeigt das Felddiagramm aus Sicht des Vaters (Abb. 3), daß sich die Familie aus seiner Sicht auf der PN-

[1] Erläuterung zu den Abbildungen 3-6: Mit dem PC erstellte Abbildungen der SYMLOG-Felddiagramme der Familie F2, wie sie sich auf den SYMLOG-Dimensionen selbst einschätzt. Im Felddiagramm bipolare 36stufige Skalen (0 bis +18 bzw. 0 bis -18) der Dimension UD, PN, FB. Im Kreis erscheint jeweils als Kürzel die beurteilte Person, dahinter in Klammern der Beurteiler. VAT = Vater; MUT = Mutter; SO1 = Sohn; TO1 = Tochter; VAW = Wunschbild des Vaters; MUW = Wunschbild der Mutter; SOW = Wunschbild des Sohnes; TOW = Wunschbild der Tochter.

Dimension in zwei Gruppen zu polarisieren scheint: Mutter und Tochter im stark negativen, Vater und Sohn im positiven Bereich. Betrachtet man dazu allerdings die Sicht des Sohnes (Abb. 5), sieht die Polarisierung anders aus: wie alle anderen Familienmitglieder schätzt er den Vater weit im N-Bereich ein und sieht sich selbst nicht in der Nähe des Vaters, sondern bei der Mutter und der Schwester. Im Familienverband ist der Vater selbst der einzige, der sich positiv einschätzt, von seiner Frau bekommt er die negativste Einschätzung (ebenso gibt er ihr auch die negativste Einschätzung), während sie sich selbst im Familienverband positiv sieht (Abb. 4). Zwischen den Eltern zeigt sich eine negative Beurteilungstendenz bei eher positiver Selbsteinschätzung: die wechselseitige Diskrepanz der Wahrnehmung (der Vater sieht sich selbst im positiven, seine Frau im negativen Bereich, die Mutter sieht sich selbst im positiven, den Mann im negativen Bereich) ist stark ausgeprägt.

Auf der UD-Dimension findet sich diese Tendenz zur diskrepanten Wahrnehmung der Eheleute im Selbst- und Fremdbild wieder. Ihrem Mann gibt die Frau bzgl. des Einflusses den höchsten Wert (und charakterisiert ihn im N-Bereich), während er sich selbst bzgl. des Einflusses kaum unterschiedlich von den anderen Familienmitgliedern sieht (und sich im positiven Bereich charakterisiert). Die Mutter erhält den durchschnittlich niedrigsten U-Wert und schätzt sich selbst - auch im Vergleich mit den Kindern - als einflußarm ein, was der Vater und die Kinder in ihrer Einschätzung bestätigen. Selbst- und Fremdbild stimmen hier bei der Mutter also recht gut überein. Bei den Kindern ist auffällig, daß beide sich selbst in einem stärkeren Maße als einflußnehmend wahrnehmen, als sie von den anderen Familienmitgliedern gesehen werden.

Auch die F-B-Dimension zeigt wieder die wechselseitige Wahrnehmungsdiskrepanz des Ehepaares. Beide schätzen sich selbst eher als aufgaben- und sachorientiert ein, während sie vom Partner jeweils eher emotional orientiert gesehen werden.

Nicht im einzelnen ausführen können wir hier, wie sich die Wahrnehmungsdifferenz der Eltern auch bzgl. der Einschätzung der Kinder wiederfindet und wie sich der Familienverband aus der Sicht der Kinder darstellt. Interessant wäre es auch, auszuführen und zu überprüfen, inwieweit sich die Wunschbilder (z. B. VAW, MUW usw.) von den Realbildern unterscheiden und welche Hypothesen sich z. B. zur Zufriedenheit und bezüglich der Fähigkeit zur Perspektivenübernahme daraus ergeben können.

Die Interpretation der Ergebnisse bzw. die Hypothesenbildung zu den familiären Interaktionsmustern erfolgt im Zusammenhang mit dem klinischen Bild. Nahe liegt es natürlich, davon auszugehen, daß das Konfliktpotential zwischen dem Ehepaar groß ist, daß der Vater sich in einer isolierten Position befindet, da sich seine Selbstwahrnehmung, insbesondere auch bzgl. der Nähe zum Sohn nicht bestätigt, was auch für das Konfliktfeld, in dem der Sohn sich befindet, von großer Bedeutung sein mag. Die Tatsache, daß sich die Kinder recht hohe (positiv charakterisierte) Werte bzgl. der Einflußnahme geben und die Eltern aus ihrer Sicht nicht die Position, die Bales als „sozioemotive Führer“ im UPF-Bereich beschreibt, einnehmen, mag zusätzlich als Hinweis dafür dienen, daß das Ehepaar die Elternrolle nicht in adäquater Weise wahrnehmen kann und die Generationsgrenzen unklar sind.

4. Abgeleitete Messungen

Die Beschreibung und Bewertung der interpersonalen Muster auf der Ebene der SYMLOG-Dimensionen wurde, dem systemtheoretischen Ansatz folgend, in der Weise ergänzt, daß auch die rückbezügliche Wechselwirkung zwischen dem Einzelnen und der Gruppe dargestellt wurde. Für die im folgenden beschriebenen, durch die Integration der SYMLOG-Dimensionen entwickelten abgeleiteten Messungen gaben Bales und Cohen (1982) bereits Anregungen. Sie beschrieben Polarisations- und Unifikationsprozesse sowie die Position eines „instrumentellen Führers" der Gruppe.

Auf dem Hintergrund gruppen- und familientheoretischer Überlegungen entwickelten wir Modelle zur Operationalisierung der Isolation, Kohäsion, Verantwortungsübernahme und Delegation im SYMLOG-Raum. Sie sollen im folgenden dargestellt werden.

Ein PC-fähiges Programm zur Darstellung der Ergebnisse der Datenerhebung mit dem Ratingbogen in Form von SYMLOG-Felddiagrammen wurde von Drinkmann et al. (1990) bereits publiziert. Die Programmierung (SAS) für die abgeleiteten Messungen kann von den Autoren bezogen werden.

4.1. Objektive und subjektive Isolation

Bales und Cohen (1982) beschrieben Polarisations- und Unifikationsprozesse, die sich für das individuelle Wahrnehmungsfeld mit Hilfe einer Schablone darstellen lassen. Das Konstrukt der Isolation bzw. Integration ist insbesondere bei soziometischen Verfahren für die Analyse von Kleingruppen durchaus eingeführt. Im Bereich der Familieninteraktionsforschung findet es sich auf der gesamtfamiliären Ebene indirekt in der Beschreibung des familiären Zusammenhaltes (Kohäsion), bzw. im Beziehungsmodus der Ausstoßung (Stierlin, 1974; Olson et al., 1985).

Innerhalb des Feldes der interpersonalen Wahrnehmungen äußert sich die Isolation einer Person darin, daß sie von anderen Gruppenmitgliedern als anders beurteilt wird bzw. sich selbst als anders beschreibt. Während die restlichen Gruppenmitglieder sich als relativ ähnlich einschätzen, weicht die Beurteilung der isolierten Person mehr oder weniger von diesen Einschätzungen ab. Fokussiert wird in dieser Konzeptualisierung also zunächst der Aspekt der Personenähnlichkeit, und zwar ausgehend von der Annahme, daß ab einem bestimmen Maß an wahrgenommener Unähnlichkeit mit Kontrasteffekten oder sogar Ablehnung zu rechnen ist.

Im SYMLOG-System basiert die Isolation einer Einzelperson auf den wechselseitigen Einzelratings und stellt in der vorliegenden Operationalisierung die Isolation des einzelnen Gruppenmitgliedes in bezug auf die Restgruppe dar. Innerhalb des SYMLOG-Raumes äußert sich die Isolation einer Person somit darin, daß ihre erhaltene Fremdbeurteilung von denen der anderen Personen verschieden ist. Für jedes Gruppenmitglied wird also das mittlere erhaltene Fremdbild bestimmt. Dies gibt an, wie die jeweilige Person im Durchschnitt von den anderen Gruppenmitgliedern gesehen wird. Um die Isoliertheit einer Person in der Gruppe zu quantifizieren, wird die Entfernung ihrer mittleren erhaltenen Fremdbeurteilung vom Durchschnitt der erhaltenen Fremdbeurteilung der anderen Gruppenmitglieder berechnet. Das durchschnittlich erhaltene Fremdbild der sogenannten Restgruppe (= gemitteltes mittleres Fremdbild) entspricht geometrisch dem Zentroid der Restgruppe.

Als Methode der Entfernungsberechnung wird die euklidische Distanz gewählt, die die Entfernung zweier Punkte im Raum angibt und in diesem Fall des dreidimensionalen SYMLOG-Raumes die Abstände auf den drei SYMLOG-Dimensionen integriert. Man erhält damit für jede Person ein Maß ihrer relativen Isolation in der Gruppe. Da Gruppen hinsichtlich einer allgemeinen Tendenz von Nähe bzw. Distanz zu den Gruppenmitgliedern stark variieren, werden anschließend die Einzelmaße durch Z-Transformation relativiert, so daß nicht nur Intra- sondern auch Intergruppenvergleiche möglich sind. Entsprechend bedeutet ein Ergebnis unter Null, daß eine Person in der Gruppe eher integriert ist, ein Ergebnis über Null bedeutet tendenzielle Isolation. Dieses Maß einer Unähnlichkeit in der Gruppe nennen wir objektive[2] Isolation.

Berechnung der Isolation im dreidimensionalen SYMLOG-Raum

$$Isolation, objektive = \sqrt{\begin{array}{l}(GM\_PN - RGZ\_PN)^2 + \\ (GM\_FB - RGZ\_FB)^2 + \\ (GM\_UD - RGZ\_UD)^2\end{array}}$$

wobei z.B.:

GM_PN =PN-Position eines Gruppenmitgliedes aus Fremdsicht (mittleres Fremdbild)
RGZ_PN =Rest-Gruppen-Zentroid auf PN (gemitteltes mittleres Fremdbild der übrigen Gruppenmitglieder)

Im Kontrast dazu steht die subjektive Isolation, die wir als wahrgenommene Unähnlichkeit aus Selbstsicht definieren. Sie wird analog zur objektiven Isolation berechnet, statt des mittleren erhaltenen Fremdbildes wird jedoch das Selbstbild bzw. für die ande-

2 "Objektiv" wird hier nicht im Sinne von "objektiver Wirklichkeit" verwendet, sondern in der Bedeutung "die Person als Objekt betrachtet" oder "aus Fremdsicht beurteilt".

ren Gruppenmitglieder die Einschätzung aus Sicht der in Frage stehenden Person in die Berechnung eingesetzt. Die Distanz wird also zwischen Selbstbild und der mittleren Fremdsicht der Gruppe berechnet und anschließend ebenfalls Z-transformiert, um den Intergruppenvergleich möglich zu machen. Subjektive und objektive Isolation können somit unabhängig voneinander bestimmt werden. Sie können daher auch unabhängig voneinander variieren und stimmen bei einer Person nicht notwendigerweise überein: so tauchen Diskrepanzen zwischen beiden Sichtweisen dann auf, wenn Selbst- und Fremdwahrnehmung einer Person divergieren. Dies mag zum Beispiel dann der Fall sein, wenn die Person sich selbst überschätzt oder von anderen idealisiert wird. Diese Operationalisierung der Isolation kann ergänzt werden dadurch, daß die Unähnlichkeit positiv bzw. negativ bewertet wird. Ersteres würde dann einer ausgesprochenen Führungsposition oder Idealisierung (UPF) entsprechen, letzteres der des Ausgestoßenen (Isolierten) bzw. des Sündenbocks (DNB).

4.2. Kohäsion

In der Sozialpsychologie bemühte man sich schon früh um eine Klärung des Begriffes „Kohäsion", der den Zusammenhalt einer Gruppe bezeichnen sollte. Festinger (1950) beschreibt in allgemeiner Form Gruppenkohäsion als die Resultierende aller Kräfte, die auf alle Mitglieder einwirken, in der Gruppe zu bleiben. Zu diesen Kräften gehört die gegenseitige Attraktion der Mitglieder, das Interesse an den Aktivitäten der Gruppe und die Befriedigung individueller Bedürfnisse durch die Gruppe (McDavid und Harari 1974). Dabei sollte eine Gruppe um so kohäsiver sein, je weniger die Gruppenmitglieder von Beziehungen außerhalb der Gruppe erwarten können (Secord und Backman 1974) und je stärker das „Wir-Gefühl" ist (McDavid und Harari 1974). Analog definiert Staehle (1991) Kohäsion für den Bereich der Organisationspsychologie als ein Mindestmaß an Gemeinschaftsgefühl, an Solidarität und commitment.

In der Familienforschung erfährt der Begriff durch Olson (1986) eine gewisse Einschränkung. Hier wird Kohäsion als die emotionale Bindung der Familienmitglieder verstanden. Dabei wird die Kohäsion in der Richtung von niedriger zu hoher Ausprägung in vier Bereiche unterteilt: losgelöst, getrennt, verbunden und verstrickt. Verstrickung impliziert eine Überidentifikation und verhindert die Individuation der einzelnen Familienmitglieder. Losgelöstheit geht hingegen mit Beziehungslosigkeit der Familienmitglieder untereinander einher. Olsons Verständnis von Kohäsion entspricht Minuchins (1981) Konzept von losgelösten vs. verstrickten Familien und Stierlins (1973) Analysen von zentripedalen vs. zentrifugalen Familiensystemen.

Die Messung der Kohäsion im SYMLOG-Inventar läßt sich von der Überlegung leiten, daß der SYMLOG-Raum ein dreidimensionales Bezugssystem aufspannt, in dem die jeweiligen Rollenpositionen der Gruppenmitglieder dargestellt werden können. Aus gruppendynamischer Sicht kann dann die Frage gestellt werden, ob sich Gruppen durch ihre räumliche Verteilung der einzelnen Gruppenmitglieder im SYMLOG-Raum unterscheiden. Denkbar sind unterschiedliche Muster der Polarisierung, Isolation von Einzelmitgliedern oder aber auch Rollenüberschneidungen. Das letzte Beziehungsmuster impliziert, daß Gruppenmitglieder ähnliche Rollenpositionen einnehmen. Bei geometrischer Darstellung würden sich dann die Gruppenmitglieder durch ähnliche Koordinaten (Positionen) im SYMLOG-Raum beschreiben lassen. Diese Beziehungsgestalt soll Rollenkongruenz oder Kohäsion heißen. Im folgenden wird der Begriff „Kohäsion" gewählt, weil damit räumliche Nähe angesprochen wird.

Den Kern der Operationalisierung im SYMLOG-Inventar bildet die Streuung der Fremdeinschätzungen zu den einzelnen Gruppenmitgliedern (objektive Kohäsion) bzw. die Streuung der Selbsteinschätzungen (subjektive Kohäsion) um den Gruppenzentroid. Bei der objektiven Kohäsion wird der Gruppenzentroid berechnet als der Mittelwert über die (mittleren) Fremdeinschätzungen und bei der subjektiven Köhasion ist der Gruppenzentroid das arithmetische Mittel der Selbsteinschätzungen. Objektive und subjektive Kohäsion lassen sich sowohl auf der Ebene der einzelnen Variablen (FB, PN, UD) als auch mit einem Gesamtindex unter Einbeziehung aller drei Variablen bestimmen. Als Entfernungsberechnung zum Gruppenzentroid wird dann analog zum Maß der Isolation die euklidische Distanz gewählt.

Berechnung der Kohäsion auf der Ebene der einzelnen Dimensionen, am Beispiel für PN:

$$Kohäsion_{PN} = \frac{1}{\sqrt{\frac{\sum_{i=1}^{n}\left(X_{PN_i} - \overline{X}_{PN}\right)^2}{n}}}$$

wobei:

n = Anzahl der Gruppenmitglieder

X_{PNi} = Individueller Wert eines Gruppenmitgliedes auf der Dimension PN

$\overline{X}_{PN}$ = Mittelwert der mittleren Fremdbilder über alle Gruppenmitglieder; bei der subjektiven Kohäsion: Mittelwert der Selbsteinschätzungen über alle Gruppenmitglieder

Berechnung der Kohäsion im dreidimensionalen Symlog-Raum:

$$Kohäsion = \frac{1}{\sqrt{\frac{\sum_{i=1}^{n}\sqrt{\left(FB_i - \overline{FB}\right)^2 + \left(PN_i - \overline{PN}\right)^2 + \left(UD_i - \overline{UD}\right)^2}}{n}}}$$

wobei z.B.:

FB_i =Individueller Wert eines Gruppenmitgliedes i auf FB; $\overline{FB}$ =Mittelwert über alle Gruppenmitglieder auf FB

Diesen Berechnungsvorschriften folgend ist eine Gruppe um so kohäsiver, je kleiner die Streuung der Werte der einzelnen Gruppenmitglieder um den Gruppenzentroid ist. Darauf bezogen kann nun untersucht werden, welche Ausprägung von Gruppenkohäsion das Interesse an den Aktivitäten der Gruppe und die Befriedigung individueller Bedürfnisse durch die Gruppe fördert.

4.3. Verantwortungsübernahme

Der Begriff der Verantwortungsübernahme und seine Operationalisierung innerhalb des SYMLOG-Systems knüpft an soziologische Rollentheorien an, wie sie z.B. Parsons und Bales (1955) darstellen. Sie beschreiben die Entwicklung von Gruppenstrukturen entlang einer Machtachse, die für eine hierarchische Organisation steht, und die Ausbildung expressiver bzw. instrumentaler Rollen. Bedeutungsvoll ist die Entwicklung dieser interpersonalen Muster nicht nur für die Gruppendynamik, insbesondere familientheoretische Konzepte knüpften hier an und betonten die Wichtigkeit von Grenzen als Voraussetzung funktionaler, individueller und familiärer Entwicklung. Vor allem der Auflösung von Generationsgrenzen und damit der intrafamiliären Hierarchie wurde eine ausgeprägte dysfunktionale Wirkung auf individuelle und familiäre Entwicklungsprozesse zugeschrieben.

In der Operationalisierung der Verantwortungsübernahme innerhalb des SYMLOG-Raumes ließen wir uns von diesen Vorgaben leiten. Wir beschreiben die Verantwortungsübernahme als eine kontinuierliche Größe, die durch die Nähe zum Punkt U_{max}, P_{max},, F_{max}, (d.h. der maximalen Ausprägung in der Einflußnahme, Zuwendung und Sachzielorientierung) charakterisiert wird, und gehen davon aus, daß Verantwortungsübernahme sich innerhalb des SYMLOG-Systems durch die Nähe zu diesem Punkt ausdrückt. Demnach würde eine Position, die nahe am Würfeleckpunkt (18/18/18)[3] liegt, bedeuten, daß die Person ein hohes Maß an Verantwortung in der Gruppe übernimmt. Wir definieren das Maß an Verantwortungsübernahme einer Person als die euklidische Distanz des mittleren erhaltenen Fremdbildes zum Punkt (18/18/18). Um den Score besser interpretieren zu können, wird die errechnete Distanz vom maximalen Abstand zum Punkt UPF_{max} subtrahiert. Somit erreicht man, daß ein hoher Wert auch einem hohen Ausmaß an Verantwortungsübernahme und damit einer geringen Entfer-

[3] Aufgrund der Berechnungsvorschriften für die Skalenwerte UD, PN und FB nimmt der tatsächlich erreichbare Wertebereich nicht die Form eines Würfels, sondern die einer Kugel mit dem Radius 18 SYMLOG-Einheiten an. Somit ist der Würfeleckpunkt (18/18/18) ein theoretischer Maximalwert. Tatsächlich erreichbar ist jedoch im Höchstfall der Punkt 10,4/10,4/10,4. Da es aber für den Leser leichter vorstellbar und für den Vergleich von Verantwortungspositionen kaum von Bedeutung ist, auf welchen der "wahren" Maximalwerte man sich bezieht, nehmen wir für unsere Operationalisierung den Würfeleckpunkt (18/18/18) als Referenzpunkt.

nung zu UPF_{max} entspricht. Ein geringer Wert bedeutet entsprechend wenig Verantwortungszuschreibung.

Berechnung der Verantwortungsübernahme im dreidimensionalen SYMLOG-Raum

$$Verantwortungsübernahme = \sqrt{3888} - \sqrt{\begin{array}{l}(18 - GM\_UD)^2 + \\ (18 - GM\_PN)^2 + \\ (18 - GM\_FB)^2\end{array}}$$

wobei z.B.:
GM_UD=UD-Position eines Gruppenmitgliedes (mittleres Fremdbild)

4. 4. Delegation

Auch wenn Delegationsprozesse in den verschiedensten Gruppeninteraktionen auftreten können, so sind diese besonders in der Familienforschung thematisiert worden (Stierlin 1974). Die unter Delegation zu verstehenden intrafamiliären Prozesse verweisen auf die doppelte Bedeutung des lateinischen Verbums „delegare“, nämlich „hinaussenden“ und „mit einem Auftrag betrauen“. In der Familie ist es typischerweise ein Kind, welches von den Eltern hinausgesandt und gleichzeitig an der langen Leine der Loyalität gehalten wird. Das delegierte Kind beweist seine Loyalität dadurch, daß es elterliche Aufträge gewissenhaft erfüllt, auch um den Preis von Überforderung und Konflikten. Delegationen sind familiendynamisch dann problematisch, wenn Kinder ihrer Einzigartigkeit und Integrität beraubt werden und sich an das Selbst- bzw. Fremdbild ihrer Eltern unwillentlich anpassen müssen (Fusionshypothese). Stierlin (1978) spricht in diesem Zusammenhang „vom Elend, Seeleneigentum zu sein“. Es ergeben sich Verbindungen zu anderen familientherapeutischen Begriffen wie „Verstrickung“ (Minuchin 1981) und „undifferenzierte Ich-Masse“ (Bowen 1960).

Die Diagnostik der Delegation im SYMLOG-Raum orientiert sich an einer Reihe von klinischen Vorüberlegungen: Zunächst ist davon auszugehen, daß Eltern dann besonders dazu neigen werden, an ihre Kinder zu delegieren, wenn sie ihre eigenen Wunschvorstellungen selber nicht realisieren können, also bei ihnen eine intrapersonelle Rollendiskrepanz vorliegt. Von beiden Elternteilen können Delegationen an die Kinder ausgehen, Eltern sind die Delegierenden und die Kinder die Delegierten. Der psychologisch interessante Fall, daß auch Kinder delegieren können, soll hier ausgeblendet werden, weil das vom Delegationskonzept zunächst nicht intendiert ist. Weiter kann klinisch beobachtet werden, daß Eltern sich in ihrem Delegationsdruck und in ihrer Delegationsmacht unterscheiden. Während der Delegationsdruck die intrapersonelle

Dissonanz bei dem jeweiligen Elternteil umschreibt, meint die Delegationsmacht die Wirkung der Delegation auf die Kinder, demnach den interpersonellen Aspekt. Die Delegationsmacht, die ein Elternteil auf das Kind ausübt, hängt nicht nur mit dem Delegationsdruck des jeweiligen Elternteils zusammen, sondern wird auch bestimmt durch die (unbewußte) Empfänglichkeit des Kindes für die Delegation. Dieser Aspekt umschreibt die Delegationsübernahme bzw. die Identifikation des Kindes mit den Wünschen der Eltern. Schließlich ist klinisch zu beobachten, daß Delegationen bei den Kindern unterschiedliche Auswirkungen haben können, vor allem jedoch Selbstverleugung („Ich mache das, was meine Eltern möchten, will es aber eigentlich selber nicht.") und Defizitgefühle („Ich wünsche auch das, was meine Eltern möchten, kann es aber nicht"). Delegationen sind familiendynamisch besonders dann problematisch, wenn Selbst- und Idealbild der Eltern einerseits und Selbst- und Idealbild der Kinder andererseits weit auseinanderliegen (Symmetriehypothese).

Diese klinischen Vorüberlegungen münden in eine Operationalisierung ein, bei welcher der Delegationsdruck des Elternteils und die (reale) Identifikation eines der Kinder in Relation zueinander gesetzt werden. Für den Delegationsdruck des Elternteils gilt die Beziehung, daß je größer die Differenz zwischen dem Idealbild eines Elternteils und dessen realem Selbstbild, desto größer ist sein Delegationsdruck. Und für die Identifikation ist folgende Beziehung anzunehmen: je kleiner die Differenz zwischen dem Idealbild eines Elternteils und dem realen Selbstbild des jeweiligen Kindes, desto größer ist die reale Identifikation.

Berechnung der realen Delegation auf der Ebene der Einzeldimensionen, am Beispiel für PN:

$$Delegation, reale_{PN} = \sqrt{\frac{\left(I_{E_{PN}} - RS_{E_{PN}}\right)^2}{\left(I_{E_{PN}} - RS_{K_{PN}}\right)^2}}$$

Berechnung der Delegation im dreidimensionalen Symlog-Raum:

$$Delegation, reale = \sqrt{\frac{\left(I_{E_{PN}} - RS_{E_{PN}}\right)^2 + \left(I_{E_{FB}} - RS_{E_{FB}}\right)^2 + \left(I_{E_{UD}} - RS_{E_{UD}}\right)^2}{\left(I_{E_{PN}} - RS_{K_{PN}}\right)^2 + \left(I_{E_{FB}} - RS_{K_{FB}}\right)^2 + \left(I_{E_{UD}} - RS_{K_{UD}}\right)^2}}$$

wobei z.B.:

$I_{E\ PN}$ =Idealbild des Delegierenden (Vater oder Mutter) bei PN

$RS_{E\ PN}$ =Reales Selbstbild des Delegierenden bei PN

$Rs_{k\ PN}$ =Reales Selbstbild des Delegierten (eines der Kinder) bei PN

$\left(I_{E_{PN}} - RS_{E_{PN}}\right)^2$ =Delegationsdruck des Delegierenden bei PN

$\left(I_{E_{PN}} - RS_{K_{PN}}\right)^2$ =Reale Identifikation des Delegierten bei PN

Bei der ideellen Delegation wird statt des realen Selbstbildes des Kindes das Wunschbild des Kindes in die Gleichung eingesetzt.

(Reale) Delegation wird nun als der Quotient von Delegationsdruck und Identifikation definiert. Aufgrund dieser Kerndefinition lassen sich (für jedes Kind bezogen auf Vater oder Mutter) verschiedene Delegationswerte berechnen, zum einen auf der Ebene der Einzeldimensionen und zum anderen als integrierendes Maß im dreidimensionalen SYMLOG-Raum.

5. Diskussion

Das SYMLOG-Methodeninventar ist ein insbesondere im anglo-amerikanischen Raum weit verbreitetes Instrumentarium zur Beschreibung interpersonaler Prozesse in Kleingruppen. Methodisch besteht das SYMLOG-System aus den beiden Alternativen „Interaktionskodierung“ und „Rating“. Für die Punkt- und Verlaufsdiagnostik im Rahmen von Paar- und Familientherapien wird das SYMLOG-Ratingverfahren vor allen Dingen von klinisch-orientierten Arbeitsgruppen eingesetzt (Jantscheck, 1993; von Wietersheim et al., 1991; Merlo et al., 1991; Kröger et al., 1989, 1991, 1994a/b, 1995; Petzold et al., 1991; Herzog et al., im Druck). Das SYMLOG-*Ratingverfahren* basiert auf einem pragmatisch anwendbaren Fragebogen mit 26 Items zur retrospektiven Beurteilung des Verhaltens einer Person und besitzt gute bis befriedigende Testgütekriterien, die an anderer Stelle ausführlich dargestellt sind (vgl. Bales und Cohen, 1982; Bekker-Beck und Schneider, 1988; Kröger et al. 1989; Kröger, 1994).

Drei der besonderen Eigenschaften des SYMLOG-Methodeninventars, wie sie sich in Forschung und Praxis darstellen, seien hier genannt:

1. Einerseits ist die Beurteilung der Gruppe als Ganzes möglich, andererseits bleibt die Position des einzelnen Gruppenmitgliedes im Beziehungsfeld der Gesamtgruppe sichtbar.
2. Das Verfahren fordert durch den kurzen Fragebogen relativ wenig Zeitaufwand, und die Ergebnisse können als graphische Präsentation veranschaulicht werden.
3. Die Rückmeldung in Form der Felddiagramme hat eine hohe klinische Bedeutsamkeit.

Natürlich hat die Umsetzung von gegenseitigen Beobachtungen und Bewertungen in ein starres Kategoriensystem, wie es das SYMLOG-Verfahren erfordert, auch Nachteile. Insgesamt tritt ein nicht zu unterschätzender Informationsverlust auf, da das Kategoriensystem natürlich niemals alle Verhaltensaspekte und -ebenen erfassen kann. Darüber hinaus ist das SYMLOG-Rating als retrospektives Verfahren für Rekonstruktionsverzerrungen anfällig. Diese Einschränkungen müssen - wie bei anderen Verfahren auch - in Kauf genommen werden, wenn vergleichbare Daten erstellt und einer Überprüfung von Hypothesen zugeführt werden sollen.

Die hier vorgestellten, aus dem dreidimensionalen SYMLOG-Raum abgeleiteten Messungen, nehmen zentrale Konstrukte der interpersonalen- und Gruppendynamik auf. Mit Hilfe moderner PC's ist es möglich, die Daten, die das Gruppengeschehen dokumentieren, in kurzer Zeit zu verarbeiten, so daß Feedbackprozesse prozeßnah möglich sind.

Die vorgestellten abgeleiteten Messungen wurden in Hinblick auf ihre Aussagefähigkeit bisher im wesentlichen am Beispiel der „speziellen Kleingruppe Familie“ überprüft. Die bedeutsamsten Unterschiede zwischen Klein- bzw. ad-hoc-Gruppen und Familien beschreiben Argyle (1972), Schäfers (1980) und Steinhauer (1987). Die Unterschiede können unter dem Begriff der "Mehrgenerationenperspektive" der Familien, also des Fehlens von gemeinsamer Geschichte und Zukunft in den ad-hoc-Gruppen zusammengefaßt werden. Wesentlicher erscheint uns für die Anwendbarkeit der hier vorgestellten Konstrukte aber die Gruppenähnlichkeit, wie sie sich aus der Kleingruppendefinition von Bales (1950) ergibt. So kann von einer Kleingruppe dann gesprochen werden, wenn für den einzelnen die jeweils anderen Gruppenmitglieder innerpsychisch repräsentiert sein können, so daß interindividuelle Unterschiede wahrgenommen werden und differenzierte Reaktionen auf den einzelnen möglich sind.

Unsere Verlaufsuntersuchungen von Familien mit alkoholkranken bzw. eßgestörten Indexpatienten und ihre Gegenüberstellung mit klinisch unauffälligen Familien belegen, daß mit Hilfe der Basisdimensionen und der abgeleiteten Messungen interpersonale Wahrnehmungsmuster differenziert und mit statistischer Signifikanz und klinischer Bedeutsamkeit abgebildet werden können. An dieser Stelle können nur einige Beispiele genannt werden. So läßt sich für Familien mit alkoholkranken Vätern zeigen, daß aus der Sicht ihrer Familien ihre Verantwortungsposition vor Therapiebeginn signifikant niedriger ist als bei Therapieende und zum Katamnesezeitpunkt. Andererseits scheint das Verantwortungsverhalten der Kinder gekoppelt an das ihrer Väter: In dem Maße wie letztere familiäre Verantwortung übernehmen, können die Kinder diese Position verlassen. Ein signifikanter Unterschied zwischen den Kindern der nicht-klinischen Familien und der klinischen Stichprobe, wie er sich zu Therapiebeginn ausdrückt, besteht dann nicht mehr (vgl. Kröger et al., 1994b).

In ähnlicher Weise bestätigt sich auch das Konstrukt der Isolation als klinisch wertvoll. So bildet sich im Therapieverlauf der alkoholkranken Männer eine zunehmende Integration in die Familie ab, und auch für die Unterscheidung zwischen subjektiver und objektiver Isolation zeigt sich der klinisch evidente Befund, daß die alkoholkranken Männer aus ihrer subjektiven Sicht ihre Isoliertheit innerhalb der Familie weit unterschätzen, während sie sich aus der „objektiven" Perspektive der Frauen und Kinder deutlich zeigt. Unterschiede zu den Konstellationen in den nichtklinischen Familien lassen sich auch bei eßgestörten Patienten zeigen. Die Konstrukte der Verantwortungsübernahme und Isolation ermöglichen darüber hinaus eine Subgruppendifferenzierung der Eßstörungen in restriktive Anorexien, Bulimien und bulimische Anorexien (vgl. Kröger, 1994) .

Kohäsion und Delegation wurden überwiegend an Patienten mit Eßstörungen und an einer nicht-klinischen Stichprobe überprüft. Auch hier zeigen die Konstrukte klinische Relevanz.

Das Konstrukt der (objektiven) Kohäsion ermöglicht eine Differenzierung zwischen den klinischen und nichtklinischen Gruppen insofern, als in nicht-klinischen Familien signifikant häufiger als in den Eßstörungsfamilien höhere Kohäsionswerte gefunden werden. Dieses Ergebnis ist darauf zurückzuführen, daß die Mitglieder in nichtklinischen Familien ähnliche Einflußpositionen einnehmen, während in klinischen Gruppen ein stärkeres Einflußgefälle zu vermuten ist (vgl. Lingenberg, 1994).

In der Literatur werden familiäre Delegationsprozesse auf der Grundlage klinischer Beobachtung als theoretisches Konstrukt beschrieben, empirische Befunde fehlen aber weitgehend. Eine erste empirische Überprüfung von Delegationsprozessen in Eßstörungsfamilien beschreibt Unterschiede zwischen den anorektischen und bulimischen Subgruppen bezüglich der Delegation der Leistungsorientierung (FB-Dimension) (Pellinger, 1992). Die hier vorgestellte differenzierte Operationalisierung der Delegation belegt für die eßgestörte Stichprobe, daß nicht die Indexpatienten, sondern deren Schwestern im SYMLOG-Raum als Delegierte erscheinen. Auf dem Hintergrund der bisherigen Diskussion des Delegationsbegriffes überrascht dieser Befund, regt eine weitere Diskussion an und bedarf einer Überprüfung (vgl. Wälte, 1994).

Welche Einschränkungen sind bei der Arbeit mit den vorgestellten Konstrukten zu beachten? In bezug auf die subjektive und objektive Isolation ist die Bewertung zu berücksichtigen. Eine Abweichung in den P-Bereich gibt eine positive Konnotation bis hin zu einer Führungs- oder idealisierten Position in der Gruppe. Das Gegenteil gilt für die N-Abweichung. Hier dokumentiert sich die isolierte bzw. Sündenbock-Position des Gruppenmitgliedes. Ein unverhältnismäßig hoher methodischer Aufwand wäre notwendig, um diese Aspekte mit berücksichtigen zu können. Relativieren läßt sich diese Einschränkung durch eine tabellarische Darstellung der Abweichungsrichtungen auf PN vom Familienzentroid. Gleiches gilt bezüglich der Rangreihe der Isoliertheit der Gruppenmitglieder. Auch hier ist primär nur die „andersartigste Position" benannt, ohne die Distanzen zu den und zwischen den anderen Gruppenmitgliedern zu dokumentieren. Den Begriff der Isolation wählen wir, um die räumliche Perspektive des SYMLOG-Modells hervorzuheben. Einzuwenden dagegen ist, daß mit dem Begriff der

„Andersartigkeit“ oder „kommunikativen Komplementarität“ eine neutralere Beschreibung der Position des Gruppenmitgliedes erfolgen würde.

Für die Verantwortungsübernahme gilt, ähnlich wie für die Isolation, daß sie als kontinuierliche Größe konzipiert ist. In der vorliegenden Operationalisierung bleibt jedoch der „Abstand“ zwischen den Verantwortlichen unberücksichtigt.

Auch für die Operationalisierung der Kohäsion und der Delegation sind Einschränkungen zu beachten, die sich nicht nur aus der spezifischen Erhebungssituation ergeben, sondern durch die Art und Weise der Operationaliserung bedingt sind. Die Kohäsion wurde als Varianz der SYMLOG-Ratings um den Familienzentroid definiert. In darauf aufbauenden Konzeptualisierungen wäre zu überprüfen, ob neben der Streuung der „Punktwolke“ auch deren Lokalisation im Symlog-Raum für die Diagnostik von Gruppen relevant ist. Schließlich bietet die hier vorgelegte Operationalisierung der (realen) Delegation noch eine Alternative, wenn statt der Differenz zwischen dem Idealbild des Elternteils und dem realen Selbstbild des Kindes die Differenz zwischen dem Idealbild des Elternteils und dem Wunschbild des Kindes berechnet würde (ideelle Delegation).

Insgesamt hat sich die Darstellung interpersonaler Wahrnehmungsprozesse im SYMLOG-Raummodell als differenzierte und änderungssensitive Vorgehensweise bewährt. Das SYMLOG-*Ratingverfahren* erweist sich als praxisnaher Zugang zur Analyse interpersonaler Muster in Familien bzw. Gruppen. Die durch die SYMLOG-Dimension erfaßten elementaren Merkmale der Kommunikation bilden eine gute Basis, um in abgeleiteten Messungen differenzierte Größen der Gruppeninteraktion und Gruppenstruktur zu beschreiben. Auf diese Weise erscheint es möglich, nicht nur einfache interpersonale Konstellationen im Sinne von Selbst- und Fremdbildern zu beschreiben, sondern erfassen lassen sich auch komplexe Muster und Verhaltensweisen, die für den Gruppenprozeß und die Gruppenfunktion bedeutsam sind.

SYMLOG-*Interaktionskodierungen* wurden durch trainierte Beobachter an Videoaufzeichnungen von zwei stationären analytischen Gruppenpsychotherapien vorgenommen (vgl. Tschuschke, 1993; Tschuschke & Dies, 1994). Um eine zufriedenstellende Interrater-Reliabilität zu erreichen (> .70), war allerdings ein extrem zeitaufwendiges Training von bis zu einem Jahr erforderlich (vgl. Tschuschke, 1993). Dafür eröffnete sich aber die Möglichkeit, ungemein präzise und hochauflösende verbale und nonverbale Interaktionen auf unterschiedlichen Ebenen einzelner Gruppenmitglieder innerhalb von Gruppensitzungen und über den gesamten Therapieverlauf zu verfolgen (selbstbezogene Äußerungen, Feedback an andere, phantasiebezogene Äußerungen, an die Gruppe als Ganzes gerichtete Interakte, Feedback von anderen etc.).

Es erwies sich als klinisch fruchtbar, nicht auf die zugrundeliegenden Dimensionen PN, FB, UD zu rekurrieren, sondern P-Faktoren zu berechnen (Tschuschke, 1993). Mit Hilfe dieser individuell begründeten Verhaltensmuster („trait-state-factors“) war der Wirkfaktor „Interpersonales Lernen - Output“ objektivierbar. Erfolgreiche Gruppenmitglieder waren bereits sehr früh in der Lage, interpersonell problematische Verhaltensweisen signifikant abzubauen, während dies für später nicht erfolgreiche Patienten beider Gruppen nicht der Fall war, sondern im Gegenteil eher sozial ungünstige/pathologische Verhaltensmuster zur Verfestigung tendierten (Tschuschke & Dies, 1994).

Literatur

Argyle, M. (1972). *Soziale Interaktion*. Köln: Kiepenheuer und Witsch.

Bales, R. F. (1950). *Interaction process analysis*. Chicago: University of Chicago Press.

Bales, R. F. (1970). *Personality and interpersonal behaviour*. New York: Holt Rinehart and Winston.

Bales, R. F. (1987). Criteria for adaption of SYMLOG-rating-items to particulare populations and cultural contexts. *Intenational Journal for Small Group Research, 3*, 161-179.

Bales, R. F. & Cohen, S. P. (1982). *SYMLOG. Ein System für die mehrstufige Beobachtung von Gruppen*. Stuttgart: Klett-Cotta.

Becker-Beck, U. & Schneider, J. (1988). *Untersuchungen zur psychometrischen Qualität des SYMLOG-Beurteilungsbogens zum Sozialverhalten, Form D2* (Arbeit Nr. 128). Saarbrükken: Universität des Saarlandes, Institut für Psychologie.

Bowen, M. (1960). A family concept of schizophrenia. In D.D. Jackson (Ed.), *Schizophrenia*. New York: Basic Books.

Drinkmann, A., Kröger, F., Hartmann, A. & Hartmann, M. (1990). SYMLOG-Felddiagramme auf dem PC erstellt. *Software Kurier, 3*, 65-69.

Fassheber, T. & Terjung, B. (1985). SYMLOG ratingdata and their relationships to performance and behaviour beyond the group situation. *International Journal for Small Group Research*, 1, 97-108.

Fassheber, P., Niemeyer, H. G. & Kordowski, C. (1990). *Methoden und Befunde der Interaktionsforschung mit dem SYMLOG-Konzept am Institut für Wirtschafts- und Sozialpsychologie Göttingen* (18. Bericht). Göttingen: Georg-August-Universität, Institut für Wirtschafts- und Sozialpsychologie.

Festinger, L. (1950). Informal social communication. *Psychological Review, 57*, 271-282.

Herzog, W., Kronmüller, K., Hartmann, M. & Kröger, F. (im Druck). *Family perception patterns of interpersonal behaviour as predictors in eating disorders: A prospective, sixth year follow up study.*

Horowitz, L. M., Strauß, B. & Kordy, H. (1994). *Inventar interpersonaler Probleme (IIP-D) - Manual*. Weinheim/Basel: Beltz.

Jantschek, G. (1993). *Jugendliche Morbus Crohn Kranke und ihre Familien*. Frankfurt: Verlag für Akademische Schriften.

Kröger, F. (1994). *Familiäre Interaktion bei Suchtkranken.* Frankfurt: Verlag für Akademische Schriften.

Kröger, F., Drinkmann, A., Herzog, W. & Petzold, E. (1991). Family diagnostics. Object representation in families with eating disorders. *International Journal for Small Group Research, 1*, 99-114.

Kröger, F., Drinkmann, A., Schneider, J., Schmidt-Rinke M. & Petzold, E. (1989). Familiendiagnostik: Standardisierte Methoden und Systemische Therapie? *Gruppenpsychotherapie, Gruppendynamik, 25*, 110-126.

Kröger, F., Drinkmann, A., Wälte, D., Lask, J. & Petzold, E. (1994a). Der Apfel fällt nicht weit vom Stamm? Zur Situation der Kinder in Alkoholkranken-Familien. *System Familie, 7*, 159-165.

Kröger, F., Drinkmann, A., Wälte, D., Lask, J. & Petzold, E. (1994b). SYMLOG-Forschung in Familien mit alkoholkranken Vätern. Das Verantwortungsverhalten in der Elterndyade. *System Familie, 7*, 33-43.

Kröger, F., Drinkmann, A., Wälte, D., Lask, J. & Petzold, E. (1995). Verraten und verkauft? Zur Situation alkoholkranker Väter in ihren Familien. *Sucht, 41*, 10-17.

Lingenberg, R. (1994). *Kohäsion in Familien mit einer eßgestörten Tochter. Eine empirische Untersuchung.* Unveröff. Diplomarbeit, Psychologisches Institut der RWTH, Aachen.

MacDavid, J.W. & Harari, H. (1974). *Psychology and social behaviour*. New York: Harper.

McClelland, D. C., Atkinson, J. W., Clark, R. A. & Lowell, E. L. (1953) *The achievement motive*. New York: Appleton.

Mehrabian, A. (1980). *Basic dimensions for a general psychological theory*. Cambridge, Massachusetts: Oelschlager, Gunn and Hain.

Merlo, M. C. G., Schwallbach, H. & Kröger, F. (1991). Changes in social perception during family therapy of young schizophrenics. *International Journal forSmall Group Research, 1*, 124 -135.

Minuchin, S. (1981). *Praxis der strukturellen Familientherapie*. Freiburg: Lambertus.

Nowack, W. (1989) *Interaktionsdiagnostik: SYMLOG als Rückmelde- und Forschungsinstrument*. Saarbrücken-Scheidt: Dadder.

Olson, D.H. (1986). Circumplex Model VII: Validation studies and FACES III. *Family Process, 25*, 337-351.

Olson, D. H., Portner, J. & Lavee, Y. (1985). *FACES III - Family adaptability and cohesion evaluations scales*. St. Paul: University of Minnesota.

Orlik, P. (1989). *SYMLOG - wieder ein "New Look", der in die Jahre kommt? Oder: Der lange Weg zur theoriegeleiteten Beobachtung in der Kleingruppenforschung* (Arbeit Nr. 134). Saarbrücken: Universität des Saarlandes, Institut für Psychologie.

Osgood, C. E., Suci, G. J. & Tannenbaum, P. H. (1957). *The measurement of meaning*. Urbana: University of Illinois Press.

Parsons, T. & Bales, R. F. (1955). *Family, socialisation and interaction process*.Glencoe, Illinois: Free Press.

Petzold, E., Kröger, F., Deter, H. C. & Herzog, W. (1991). 20 Jahre Familienkonfrontationstherapie bei Anorexia nervosa. *System Familie, 4*, 158-167.

Pellinger, S. (1992): *Untersuchung von Formen der Interaktion in Familien mit einer an Anorexia Nervosa oder Bulimia Nervosa erkrankten Tochter.* Unveröff. Diplomarbeit, Ruprecht-Karls-Universität, Psychologisches Institut, Tübingen.

Polley, R. B. (1986). Rethinking the third dimension. *International Journal for Small Group Research, 2*, 134-140.

Polley, R. B. & Stone, P. J. (1988). An introduction to SYMLOG. In R. B. Polley, A. P. Hare & P. J. Stone (Eds.), *The SYMLOG Practitioner* (S. 3-13). New York: Praeger.

Polley, R. B., Hare, A. P. & Stone, P. J. (1988). *The SYMLOG Practitioner*. New York: Praeger.

Schäfers, B. (1980). Die Kernfamilie als kleine Gruppe. In B. Schäfers (Hrsg.), *Einführung in die Gruppensoziologie* (S. 173-189). Heidelberg: Quelle & Meyer.

Schneider, J. F. (1978). Interview mit Robert Freed Bales. Hinter und vor der Einwegscheibe. *Gruppenpsychotherapie und Gruppendynamik, 9*, 42-59.

Schneider, J. F. & Zimmer, H. D. (1978). *Zur faktoriellen Validität einer deutschen Bearbeitung des SYMLOG-Adjective Rating Sheet* (Arbeit Nr. 59). Saarbrücken: Universität des Saarlandes, Institut für Psychologie.

Secord, P.F. & Backman, C.W. (1974). *Social psychology*. New York: McGraw-Hill.

Steinhauer, P. D. (1987).The family as a small-group. In T. Jacob (Ed.), *Family interaction and psychopathology: theories, methods and findings*. New York/London: Plenum Press.

Staehle, W.H. (1991). *Management*. München: Vahlen.

Stierlin, H. (1973). Zentrifugale und zentripedale Ablösung in der Adoleszenz. In R. Döbert (Hrsg.), *Entwicklung des Ich*. Meisenheim: Hain.

Stierlin, H. (1974). *Eltern und Kinder*. Frankfurt: Suhrkamp.

Stierlin, H. (1978). *Delegation und Familie.* Frankfurt: Suhrkamp.

Strupp, H. & Binder, J. (1991). *Kurzpsychotherapie*. Stuttgart: Klett-Cotta.

Sullivan, H. S. (1953). *The interpersonal theory of psychiatry*. New York: Norton.

Tschuschke, V. (1993). *Wirkfaktoren stationärer Gruppenpsychotherapie.* Göttingen: Vandenhoek & Ruprecht.

Tschuschke, V. & Dies, R.R. (1994). Intensive analysis of therapeutic factors and outcome in longterm inpatient groups. *International Journal of Group Psychotherapy, 44,* 185-208.

Wälte, D. (1994). *Operationalisierung dyadischer Delegationen aufgrund intrapersoneller Rollendiskrepanz im Symlog-Raum*. Unveröff. Diskussionspapier, Aachen.

Wietersheim, J. von, Wietersheim, H. von, Jantschek, G. & Jantschek, I. (1991). Familiäre Strukturen im SYMLOG-Raum. Colitis Ulcerosa- und Morbus Crohn-Familien im Vergleich mit einer Kontrollgruppe. *System Familie, 4*,185-187.

18 Das "Orlik-Gitter" zur Erfassung subjektiver Bewertungsstrukturen und ihrer Änderung im Gruppenpsychotherapieprozeß

Andreas Lange, Volker Bracke

1. Theoretischer Hintergrund

Die Praxis der Gruppenpsychotherapie zeigt bis heute, daß es bezüglich der Erfassung individueller Therapieverläufe im Rahmen des Gruppenprozesses nur wenige geeignete Verfahren gibt, die einerseits den Praxisanforderungen und andererseits den neueren Erkenntnissen der Persönlichkeitstheorie und der Testdiagnostik entsprechen. Zur dringend notwendigen Eigen- und auch Fremdkontrolle des Therapieprozesses mag in der Einzeltherapie noch die schriftliche Fixierung der einzelnen Gesprächsstunden reichen, ohne dabei die Forderung nach Objektivität, Vergleichbarkeit und Überprüfbarkeit zu erfüllen. In der Gruppenpsychotherapie wird der "Verlauf" des einzelnen Gruppenmitglieds jedoch nur selten festgehalten.

Als häufig in der Praxis verwendete diagnostische Verfahren gelten in der Gruppenpsychotherapie u.a. das Soziogramm nach Höck & Hess (Hess & Höck, 1982, vgl. Kap. 15), z.T. mit Distanzbestimmung ähnlich wie in soziometrischen Verfahren nach Moreno (1954), sowie Fragebögen zur Messung des Gruppenklimas (z.B. Tschuschke et al., 1990; Kap. 12) und der Gruppenerfahrungen (vgl. Kap. 11).

So erfaßt der "soziometrische Test" (Moreno, 1954) als grundlegende Methode zur Messung der Organisation sozialer Gruppen die Stellung einer jeden Person innerhalb der Gruppe, der sie angehört, indem "alle Personen und Gruppen, zu denen sie in emotionaler oder funktionaler Beziehung steht, in die Untersuchung mit einbezogen werden" (S. 35). Bindungen des Einzelnen mit anderen Gruppenmitgliedern, Interaktions-, Sympathie- und Machtaspekte werden - auch in ihrer Dynamik - ebenso verdeutlicht wie Perioden der Gruppenentwicklung insgesamt.

Die meisten der in der Gruppenpsychotherapie angewandten Testverfahren geben *entweder* Auskunft über das Individuum, seine Wahrnehmung von sich und anderen sowie seine Stellung in der Gruppe *oder* über das Geschehen im Rahmen der Gruppeninteraktion. Mit dem Orlik-Gitter wird der Versuch einer integrativen Messung dieser Variablen unternommen.

2. Das Orlik-Gitter und seine Einsatzmöglichkeiten

Im Rahmen einer komplexen psychosomatischen Gruppenpsychotherapie, die in Anlehnung an Modelle der dynamisch-intendierten bzw. interaktionellen Gruppenpsychotherapie (Höck, 1982, Heigl-Evers & Heigl, 1985) konzipiert wurde, suchten wir ab 1986 nach einer weiteren Möglichkeit der testdiagnostischen Abbildung von Gruppenprozessen. Diese Abbildung sollte in Abhängigkeit individueller Selbstkonzept- und Bewertungsstrukturen erfolgen und deren Veränderungen im Therapieprozeß einbeziehen.

Wir fanden ein solches Verfahren in dem von Orlik 1979 erstmals veröffentlichten *"Selbstkonzept-Gitter"* (Orlik, 1979; Orlik et al., 1982). Orlik nutzte für dieses Selbstkonzept-Gitter Kellys kreative Leistung, namentlich die Entwicklung eines Verfahrens persönlicher Konstrukte, des *"Kelly-Grids"* (vgl. Kap. 19).

Orlik geht bei seinem Verfahren davon aus, daß das Selbstkonzept einerseits biographisch-genetisch determiniert ist, daß es andererseits im handlungstheoretischen Sinne eine zukunftsgestaltende Natur hat. Das Selbstkonzept im Sinne eines Bildes über sich selbst verdankt seine Entstehung und Ausformung erlebten sozialen Erfahrungen und Beziehungen. Als Bezugssystem sozialer Kognitionen steuert es aktuelles und prospektives Wahrnehmen und Handeln. Durch neue Erfahrungen ist es dynamisch veränderbar.

Die Erfassung des Selbstkonzeptes erfolgt bei Orlik zum einen über die phänomenale Repräsentation von Aufsuchens- und Meidens-Tendenzen in der Selbst- und Fremdwahrnehmung. "Meiden" und "Aufsuchen" werden von ihm "als 'behaviorale' Konsequenzen von erlebter *psychischer Nähe und Distanz* und daraus erwachsenden sozialen Impulsen verstanden" (Orlik, 1979, S. 168). Da Meidens- und Aufsuchens-Impulse in sehr unterschiedliche Verhaltensformen einmünden können, kommt ihnen handlungstheoretisch eine grundsätzliche Bedeutung zu.

Zum anderen wird das Selbstkonzept durch die Darstellung von Realselbst (subjektive Ähnlichkeit) und Idealselbst (persönliche Erwünschtheit) sowie ihrem Verhältnis zu Selbstakzeptierung und Selbstkritik dargestellt.

3. Auswertung - Gütekriterien - Ökonomie

Die Abb. 1 und 2 zeigen die praktische Durchführung und Auswertung (Abb. 2: Diese zeigt gleichzeitig ein Anwendungsbeispiel, auf das in Abschnitt 4 eingegangen wird). Die vom Probanden generierten Konstrukte und ihre Kontraste enthalten nach Orlik implizite Aussagen über verschiedene Zusammenhänge zwischen Real- und Idealselbst, die er mit folgenden Wortmarken belegt:

MEIDEN = "So möchte ich nicht werden."
KRITISIEREN = "So mag ich mich selbst nicht."
AKZEPTIEREN = "So möchte ich bleiben."
AUFSUCHEN = "So möchte ich werden."

Schon in seiner Erstveröffentlichung wies Orlik darauf hin, daß bei der Erstellung der Personenliste verschiedene alternative Instruktionen denkbar sind. Der Untersucher kann sie entsprechend seiner diagnostischen Absichten modifizieren. In der Regel werden Grobetikettierungen vorgenommen, die vom Probanden durch konkrete, ihm bekannte Personen belegt werden sollen. Dadurch ergibt sich das von uns so genannte "Familien-Orlik-Gitter (FOG)".

Nach unkomplizierter numerischer Auswertung (siehe Abschnitt 4) ist die Anordnung der eingeschätzten Personen in einem "Gitter" möglich, das in seiner Struktur in Abbildung 3 und 4 dargestellt ist.

Die modifizierte Variante des bei uns verwendeten Verfahrens ist das sogenannte "Gruppen-Orlik-Gitter" (GOG). Hier werden statt konkreter Personen des eigenen Lebensraumes die Gruppenmitglieder einschließlich der Therapeuten aufgeführt und vom Probanden eingeschätzt. Sinnvolle Erweiterung kann diese Variante des Orlik-Gitters in der Gruppenprozeßdiagnostik z.B. durch die Beschreibung von "Gruppe" und "Idealgruppe" sowie "Idealtherapeuten" finden.

Für den Einsatz des Orlik-Gitters in der routinemäßigen Gruppenprozeßdiagnostik sind günstige Meßzeitpunkte im Verlauf einer geschlossenen Gruppe notwendig. Die folgende Abbildung zeigt die nach unseren Erfahrungen günstigsten Zeitpunkte, abhängig von der bei uns praktizierten Therapieform.

Die Auswertung des Orlik-Gitters kann anschließend unter verschiedenen diagnostischen Gesichtspunkten erfolgen:

1. Einzelfalldiagnostisch, z.B.

- hinsichtlich der Veränderung der vom Probanden generierten Konstrukte im FOG und im GOG;
- hinsichtlich der Positionen der Personen im Koordinatensystem getrennt nach FOG und GOG;
- auf Zusammenhänge und Differenzen zwischen markanten Personen in FOG und GOG (z.B. Mutter - Therapeutin, Vater - Therapeut);
- bezüglich Fragen der Selbstwahrnehmung (beim GOG müßte die eigene Person im Koordinatensystem am Punkt der höchsten subjektiven Ähnlichkeit erscheinen);
- hinsichtlich Fragen der Veränderung der differenzierten Wahrnehmung des sozialen Umfeldes und seiner Widerspiegelung im Selbstkonzept;
- auf individuelle Therapieverläufe und -erfolge.

2. Gruppendiagnostisch, z.B.
- zur Aufklärung über Beziehungsmuster innerhalb der Gruppe;
- zur Position des Therapeuten innerhalb der Gruppe;
- zur Stellung des einzelnen Gruppenmitgliedes zur Gruppe insgesamt sowie der
- Gruppe zum Einzelnen.

3. Prozeßdiagnostisch, z.B.
- hinsichtlich Veränderungen im Selbstkonzept des einzelnen und dessen Widerspiegelung in der Fremdwahrnehmung durch andere Gruppenmitglieder;
- bezüglich der Kohäsion der Gruppe.

Die aufgezeigten Möglichkeiten umfassen nur eine Auswahl der diagnostischen Fragestellungen, zu deren Beantwortung das Orlik-Gitter beitragen kann.

Statistische Untersuchungen zu den Gütekriterien des Verfahrens wurden unseres Wissens bisher nicht durchgeführt. Nach unseren praktischen Erfahrungen ist der Einsatz dieser Methode in der klinischen Arbeit ausgesprochen ökonomisch. Der Zeitaufwand für den Probanden beträgt etwa 15 bis 20 Minuten, die Auswertung schafft ein geübter Versuchsleiter in knapp 10 Minuten. Das Verfahren wird selbst bei mehrmaliger Darbietung von den Probanden ausgesprochen positiv angenommen. Unerläßlich ist, daß beim Einsatz des Verfahrens die Orthogonalität zwischen Realselbst- und Idealselbst-Vektor als Voraussetzung einer Darstellung im Koordinatensystem angenommen wird.

"Der Vorteil der Orthogonalisierung von Real- und Idealselbst besteht gerade darin, Erwünschtheitstendenzen in der Selbst- und Fremdbeurteilung zu kontrollieren" (Orlik 1979, S. 177).

Hierzu ist kritisch einzuwenden, daß diese Orthogonalität bisher nicht empirisch nachgewiesen wurde. Auch die Berechnung der verschiedenen Zahlenwerte durch Aufaddieren von Urteilen auf unterschiedlichen Konstrukten als Intervallskalenwerte ist bisher lediglich durch die starke persönliche Evidenz hinsichtlich der theoretischen und praktischen Nützlichkeit des Verfahrens begründet.

Wie bei den meisten Papier-Bleistift-Verfahren besteht auch bei diesem bei zu häufiger Bearbeitung die Gefahr, daß das Ergebnis durch Lern- und Erinnerungseffekte verfälscht wird. Unsere eigenen Erfahrungen zeigen allerdings, daß eine wöchentliche Darbietung des GOG kaum einen höheren Informationsgewinn bringt.

Die Objektivität bezüglich der Durchführung und Auswertung des Orlik-Gitters ist gegeben.

Orlik-Gitter (A) **Nur für den innerklinischen Gebrauch!**

Name: Vorname: geb.:
Datum: Gruppe:

In der folgenden Tabelle I sind in Spalte 1 vier Feststellungen aufgeschrieben. Geben Sie bitte für **jede** der vier Feststellungen in Spalte 2 **drei Eigenschaften** an, die für Sie selbst bedeutsam sind. Diese Eigenschaften sollen möglichst **recht verschieden** voneinander sein!

Tabelle I

Spalte 1	Spalte 2
So mag ich mich selber nicht	**1.** **2.** **3.**
So möchte ich bleiben	**4.** **5.** **6.**
So wäre ich gern	**7.** **8.** **9.**
So möchte ich nicht werden	**10.** **11.** **12.**

Tragen Sie nun in Tabelle II in Spalte 15 alle von Ihnen in Tabelle I aufgeschriebenen Eigenschaften **in der gleichen Reihenfolge** ein. Überlegen Sie sich danach die entsprechenden Gegensätze zu diesen Eigenschaften. Tragen Sie diese in Spalte 16 neben die dazugehörige Eigenschaft ein (Beispiel: Spalte 15 "gesprächig" - Spalte 16 "wortkarg").
In Tabelle II werden in den Spalten 2 bis 12 (14) bestimmte Personen genannt. Sie sollen sich bei jeder Person einen konkreten Menschen vorstellen. Sie machen sich diese Aufgabe leichter, wenn Sie die Abkürzung des Namens dieses Menschen (z.B. Anfangsbuchstaben) in die dafür vorgesehene Zeile eintragen.
Wenn Sie die Abkürzungen für alle Personen aufgeschrieben haben, so setzen Sie bitte in die Spalten 2 bis 12 (14) nacheinander für alle Personen ein **Kreuz**, wenn die jeweilige **Eigenschaft** in **Spalte 15** mehr zutrifft; trifft das **Gegenteil (Spalte16)** mehr zu, lassen sie das Feld **frei**.

Vielen Dank für Ihre Mitarbeit!

Abb. 1: Durchführung des Orlik-Gitters (A) - Tab. I (s.a. Tab. II in Abb.2, nächste Seite)

0		1	2	3	4	5	6	7	8	9	10	11	12	13	14	15	16
Spalte			(Ersatz-)Mutter	(Ersatz-)Vater	Freund/Partner	Freundin/Partnerin	Arbeitskollege/in	Vorgesetzte/r	erfolgreicher Mensch	unsympathischer Mensch	glücklicher Mensch	persönliches Vorbild	hilfsbedürftiger Mensch				
IS	RS	Abkürzung des Namens			V	M	K	W	B	We	C	F	H			Eigenschaften	Gegensätze
	X	1						X		X	X					zwanghaft	locker
	X	2		X	X	X		X		X	X					ungeduldig	geduldig
	X	3					X			X			X			zynisch	ernsthaft
X	X	4	X	X		X			X		X	X				ruhig	unruhig
X	X	5		X	X	X			X		X	X				offen	verschlossen
X	X	6	X	X	X			X	X		X	X				kommunikativ	sprachlos
X		Zeile 7	X						X			X				gelassen	angespannt
X		8	X	X	X	X		X	X	X	X	X	X			leistungsstark	leistungsschwach
X		9	X				X				X	X	X			romantisch	rational
		10					X			X						oberflächlich	differenziert
		11							X	X		X				brutal	sanft
		12		X			X	X	X	X		X				materiell eingestellt	idealistisch
k			5	5	5	5	1	3	4	0	6	4	3				
d			0	3	3	3	3	4	1	5	3	0	2				
SÄ = k + d			5	8	8	8	4	7	5	5	9	4	5				
PE = k - d + 6			11	8	8	8	4	5	9	1	9	10	7				
h = |SÄ - 6| + |PE - 6|			6	4	4	4	4	2	4	6	6	6	2				

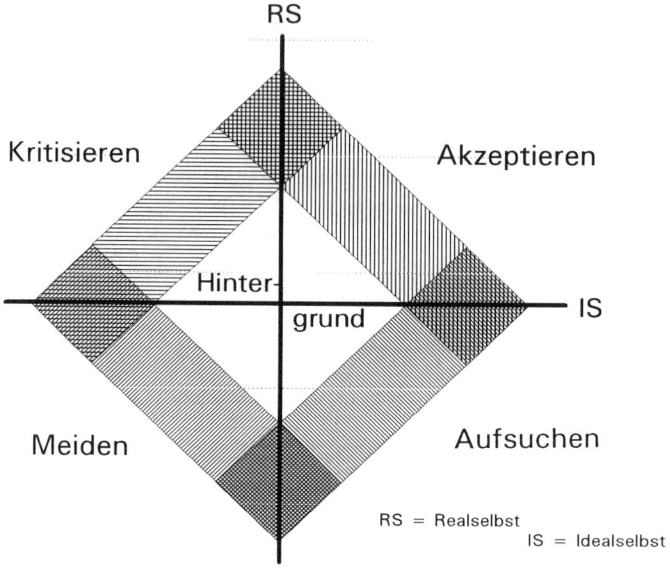

Abb. 3: Bereiche im Orlik-Gitter

4. Anwendungsbeispiel

Die Abbildung 6 zeigt als Anwendungsbeispiel das Familien-Orlik-Gitter eines 35-jährigen, im psychopathologischen Sinne unauffälligen Probanden.

Nach Ausfüllen der ersten Tabelle (siehe Abb. 1) werden die vom Probanden generierten Adjektive und deren Gegensätze entsprechend der Instruktion in Tabelle II (siehe Abb. 2) übertragen und konkreten Personen zugeordnet.

Die Auswertung geschieht folgendermaßen: Der "k-Wert" ist Ausdruck für die Anzahl der Eigenschaften der jeweiligen Person, die der Proband auch an sich selbst akzeptiert (Konkordanz zwischen Real- und Idealselbst). Er setzt sich zusammen aus der Summe der Übereinstimmungen der Personenbeschreibungen mit Real- *und* Idealselbst (Zeilen 4 bis 6 und 10 bis 12). Der "d-Wert" zeigt an, wieviele persönlich unerwünschte Eigenschaften und Verhaltensweisen (Diskordanz zwischen Real- und Idealselbst) der Proband bei anderen wiedererkennt. Dieser Wert ergibt sich aus der Summe der Kreuze in den Zeilen 1 bis 3 sowie der freien Felder in den Zeilen 7 bis 9.

Aus beiden Werten errechnen sich entsprechend den in der Tabelle vorgegebenen Formeln die Ausprägungen der eingeschätzten Personen hinsichtlich subjektiver Ähnlichkeit (SÄ) und persönlicher Erwünschtheit (PE), mit denen die graphische Darstellung im Orlik-Gitter ermöglicht wird (für die statistischen Grundlagen dieser Berechnung verweisen wir auf die Ausführungen bei Orlik, 1979, S. 171ff.).

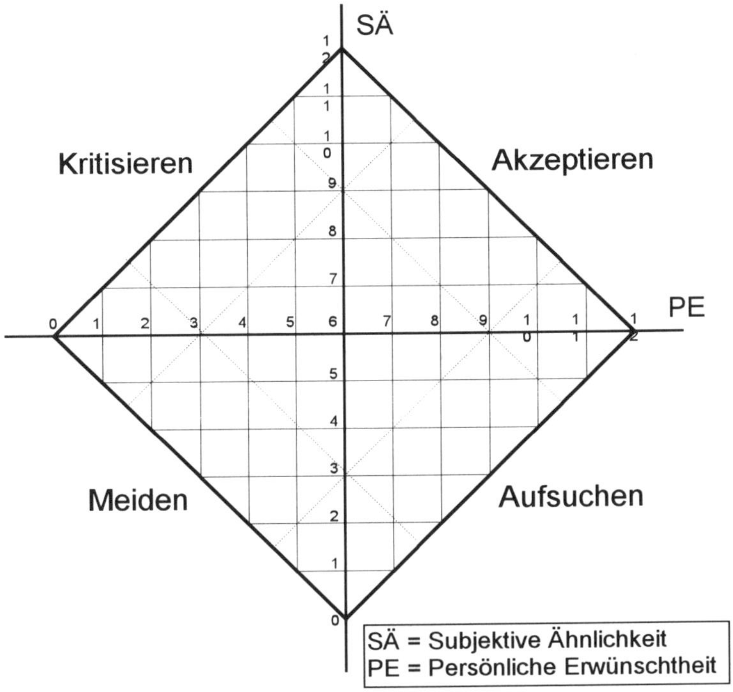

Abb. 4: Auswertungsraster

Ein weiterer für die Auswertung wichtiger Wert ist die "Selbstkonzept-Kommunalität" (h), die die Bedeutung der einzelnen eingeschätzten Personen für den Probanden anzeigt: Personen mit hoher Kommunalität stehen im Vordergrund des Selbstkonzeptes (und erscheinen somit in den Extrembereichen des Gitters, den schraffierten Flächen in Abb. 3), solche mit niedrigerer Kommunalität bilden dessen "Hintergrund", sind gewissermaßen für das System irrelevant. Die Summe über alle Kommunalitäten ergibt in Analogie zur "faktoriell aufgeklärten Varianz" in der Faktorenanalyse ein Maß für die "Expansivität des Selbstkonzeptes" (Orlik, 1979, S. 175).

Die exemplarische Darstellung unseres Probanden zeigt als Personen mit der höchsten Bedeutung für sein Selbstkonzept die "Mutter", den "unsympathischen" und den "glücklichen Menschen" sowie das "persönliche Vorbild". Sie erscheinen jeweils am äußeren Rand des Gitters. Dagegen werden der "Vorgesetzte" und der "hilfsbedürftige Mensch" als Personen mit geringer Kommunalität im Hintergrundbereich abgebildet.

	Therapiebeginn				Therapieende		
		← stationäre psychosomatische Gruppentherapie →					
Erstkontakt	Einzel-diagnostik	Anwärm-phase	Abhängig-keitsphase	Aktivierungs-phase	Arbeitsphase		Nachtherapie nach ca.1 Jahr
Zeitachse	1. FOG ↑		↑ 1. GOG	2. GOG ↑	↑ oder 3. GOG ↑		2. FOG ↑

Abb. 5: Meßzeitpunkte für Familien- und Gruppen-Orlik-Gitter (FOG, GOG)

5. Kurzzusammenfassung bisheriger Anwendungen

Das Orlik-Gitter wurde von uns zwischen 1985 und 1992 bei rund 250 Patienten zu unterschiedlichen Meßzeitpunkten und mit unterschiedlichen Referenzpersonen eingesetzt. Es handelte sich um geschlossene, stationäre Gruppen mit psychosomatisch und neurotisch gestörten Patienten über einen Zeitraum von sieben Wochen. In dieser Zeit wurden ca. 50 Stunden tiefenpsychologisch fundierter, dynamisch-interaktioneller Gruppengespräche sowie täglich zwei bis vier Stunden „Beitherapien“ (kommunikative Bewegungstherapie, Musiktherapie, Gestaltungstherapie u.a.) durchgeführt. Welche Veränderungen waren durch das Orlik-Gitter im Therapieverlauf zu erkennen?

Zunächst zum Familien-Orlik-Gitter:
Es wurde deutlich, daß bei unseren überwiegend psychosomatisch bzw. funktionell gestörten Patienten im FOG die Einordnung der Personen überzufällig häufig im Bereich "Akzeptieren" bzw. "Akzeptieren/Aufsuchen" erfolgte. Im Gegensatz zu den Untersuchungen von Uhle (1986), die bei einer Neurotikerstichprobe eine gehäufte Einordnung der primären Bezugspersonen (also Vater und Mutter) im "Ablehnens-" bzw. "Kritisierens-" bereich oder im "Hintergrund" fand, konnten wir diese Beobachtung beim ersten Meßzeitpunkt mit unseren Patienten nicht machen. Die Zweitmessung mit dem FOG brachte das interessante Ergebnis, daß insgesamt eine Aufspaltung der zuvor geballt dargestellten und somit wenig differenziert wahrgenommenen Bezugspersonen erfolgte. Bei nicht erfolgreichen Patienten erfolgte dagegen eine massive Verschiebung in die Bereiche "Meiden" und "Kritisieren". Auf der Grundlage der Meßergebnisse mit dem FOG wäre die These der "zweigestuften Therapie" für psychosomati-

sche Patienten zu diskutieren: Diese geht in Anlehnung an das Modell der "zweiphasigen Verdrängung oder Abwehr" (vgl. Mitscherlich, 1967) davon aus, daß in der Psychotherapie psychosomatischer Patienten als erste erfolgreiche Therapiestufe das Niveau der neurotischen Persönlichkeitsorganisation erreicht werden muß, ehe in einer zweiten Phase durch die Klärung und Bearbeitung der neurotischen Konfliktlage eine Gesundung ermöglicht wird.

Zum Gruppen-Orlik-Gitter:
Wie oben bereits erwähnt, wird das GOG im Verlauf einer siebenwöchigen geschlossenen Therapiegruppe dreimal eingesetzt.

Erstmessung: Bei günstiger "Anwärmung" der Gruppe und relativ konfliktfreiem Start, d.h. hoher Akzeptanz der Gruppe gegenüber dem Therapeuten und des Therapeuten gegenüber der Gruppe, wird der Therapeut meist nahe des Idealbereiches eingeordnet und nur unfern der fiktiven Person eines "Idealtherapeuten". Die übrigen Gruppenmitglieder sind meist im "Akzeptieren"-Bereich angesiedelt, während die Gruppe insgesamt aber vorwiegend im "Hintergrund", also so gut wie gar nicht wahrgenommen wird. Bereits bei dieser Erstmessung lassen sich häufig Patienten erkennen, die späterhin im gruppendynamischen Sinne als "problematisch" eingestuft würden. Dies sind die Probanden mit einer geringen Differenziertheit in der Bewertung der anderen Gruppenmitglieder. Kommt dazu noch eine Ablehnung der Gruppe insgesamt, wird nur ein geringer Therapieerfolg zu erwarten sein. In diesem Sinne kann man dem Orlik-Gitter auch eine prognostische Funktion zuschreiben: eine höhere Differenziertheit des Selbstkonzeptes, abgeleitet von der Differenziertheit der Bewertung und Einordnung unmittelbarer Bezugspersonen - in diesem Fall der Gruppenmitglieder im GOG - läßt bei einer persönlichkeitszentrierten Gruppenpsychotherapie einen größeren Therapieerfolg erwarten. Diese Erkenntnis mag auf der Basis der Annahme, daß umgekehrt der Erwerb einer differenzierteren Selbst- und Fremdwahrnehmungsfähigkeit gerade das Ziel der Therapie sei, tautologisch erscheinen, ist aber in der Psychotherapieforschung durchaus bekannt. Der besondere Nutzen des Vorgehens liegt aber u.E. in der Objektivierung dieser Entwicklung über die Erfassung des Selbstkonzeptes.

Zweitmessung: Die Zweitmessung erfolgt nach unseren Erfahrungen günstigerweise in der kritischen Therapiephase der "Aktivierung". In dieser Phase der Auseinandersetzung der Gruppe mit dem Therapeuten sowie dem individuellen Streben nach Autonomie und Unabhängigkeit bieten sich im günstigen Therapieverlauf völlig andere Bilder im Orlik-Gitter ab als zur Erstmessung. In der Regel tritt die Gruppe insgesamt aus dem Hintergrundbereich heraus und findet sich im "Akzeptieren"- und im "Aufsuchen"-Bereich. Die einzelnen Gruppenmitglieder werden meist nur wenig differenziert wahrgenommen, befinden sich in der Mehrzahl aber im Akzeptanzbereich. Von gruppendiagnostischer Relevanz ist bei diesem Meßzeitpunkt die Beachtung von Gittern, die erheblich von der Gruppennorm abweichen. Zeigt weniger als die Hälfte der GOG eine annähernde Deckungsgleichheit, handelt es sich meist um eine problematische Aktivierungsphase im Sinne mangelnder Kohäsion und Kommunikationsbereitschaft untereinander. Die Position des Therapeuten in den Bezugssystemen der Gruppenmitglieder hat ebenfalls eine nicht zu unterschätzende Bedeutung für den Gruppenprozeß. Im günstigsten Falle "wandert" der Therapeut von der "Idealtherapeuten"-Position in Richtung "Akzeptieren/ Kritisieren".

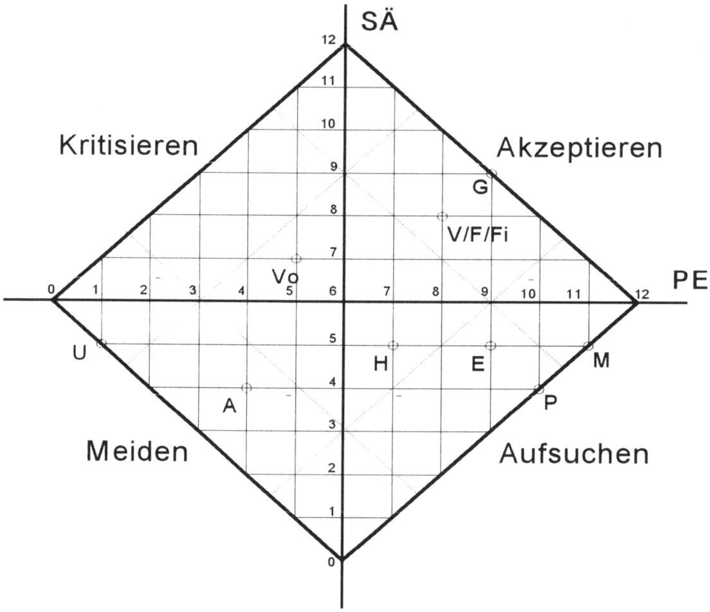

M	- Mutter (Ersatzmutter)	E	- erfolgreicher Mensch
V	- Vater (Ersatzvater)	U	- unsympathischer Mensch
F	- Freund /Partner	G	- glücklicher Mensch
Fi	- Freundin/Partnerin	P	- persönliches Vorbild
A	- Arbeitskollege/in	H	- hilfsbedürftiger Mensch
Vo	- Vorgesetzte/r		

Abb. 6: Exemplarisches Familien-Orlik-Gitter

Drittmessung: Der dritte Meßzeitpunkt liegt in der "Arbeitsphase". Setzt man ihn an den Anfang der Arbeitsphase, so kann er Aufschluß über die tatsächliche Arbeitsfähigkeit der Gruppe geben. Am Ende der Arbeitsphase sind dann Aussagen über die Zielerreichung der Gruppe insgesamt möglich. Wichtig sind bei dieser Drittmessung auch Vergleiche der individuellen Verläufe der Gruppenmitglieder über alle drei Meßpunkte. Diese Vergleiche können erste Hinweise auf den Therapieerfolg geben, der zunächst in der von uns nach einem Jahr durchgeführten, einwöchigen Intensiv-Nachtherapie kontrolliert wurde und dessen Konstanz in weiteren Katamnesen überprüft werden kann.

6. Abschlußbewertung

Das Selbstkonzept-Gitter in seiner modifizierten Form als Gruppen-Orlik-Gitter ist ein praktikables, ökonomisches Instrument, das sowohl persönlichkeits- als auch testtheoretische Erkenntnisse beinhaltet. Es gibt anschaulich Einblick in gruppendynamische Prozesse und birgt die vielversprechende Möglichkeit in sich, individuelle Therapieverläufe, die mit bisher verfügbaren Verfahren kaum erfaßbar sind, transparent zu machen und für einzelfallanalytische Studien zu nutzen. Im Rahmen gruppendiagnostischer Fragestellungen sind mit dem GOG arbeitsfähige und weniger arbeitsfähige Gruppen gut zu differenzieren. Arbeitsfähige Gruppen zeichnen sich in der Erst- und besonders in der Zweitmessung durch eine relativ hohe Deckungsgleichheit zwischen den GOGs der einzelnen Gruppenmitglieder aus und weisen inhaltlich in der Zweitmessung eine überwiegend hohe „Aufsuchens-Akzeptanz“ gegenüber dem Konstrukt „Gruppe“ auf. Bei den arbeitsfähigen Gruppen „wandert“ der Therapeut aus der idealisierten Position im ersten GOG in eine realistische Position des „kritischen Akzeptierens“. In weniger arbeitsfähigen Gruppen zeigen sich in der Zweitmessung extrem unterschiedliche GOGs und keine klar definierte Position des Therapeuten im Vergleich aller Gruppenmitglieder.

Beim Einsatz des Orlik-Gitters sollte die noch ausstehende Validitätsprüfung einbezogen werden. Zu denken wäre z.B. an eine externe Validierung des Verfahrens durch gleichzeitige Verwendung anderer Mittel der Gruppenverlaufsdiagnostik, wie sie im vorliegenden Handbuch beschrieben werden.

Literatur

Heigl-Evers, A. & Heigl, F. (1985). Das Göttinger Modell der Gruppenpsychotherapie. In P. Kutter (Hrsg.), *Methoden und Theorien der Gruppenpsychotherapie* (S. 121-144). Stuttgart/Bad Cannstatt: Frommann-Holzboog.

Hess, H. & Höck, K. (1982). Darstellung und Aussagemöglichkeiten des Soziogramms nach Höck & Hess. *Psychotherapieberichte 12*. Berlin: Haus der Gesundheit.

Höck, K. (1982). Gruppenpsychotherapieforschung. In K. Höck, J. Ott & M. Vorwerg (Hrsg.), *Gruppenpsychotherapieforschung*. Leipzig: Ambrosius Barth.

Mitscherlich, A. (1967). Zusätzliche Gedanken über die Chronifizierung psychosomatischen Geschehens. In A. Mitscherlich (Hrsg.), *Krankheit als Konflikt. Studien zur psychosomatischen Medizin 2* (S. 94-124). Frankfurt: Suhrkamp.

Moreno, J.L. (1954). *Die Grundlagen der Soziometrie.* Köln: Westdeutscher Verlag.

Orlik, P. (1979). Das Selbstkonzept als Bezugssystem sozialer Kognitionen. *Zeitschrift für Sozialpsychologie*, *10*, 167-182.

Orlik, P., Ahrend, J. & Schneider-Düker, M. (1982). Das Selbstkonzeptgitter als therapiebegleitendes Diagnostikum. In M. Zielke (Hrsg.), *Diagnostik in der Psychotherapie.* Stuttgart: Kohlhammer.

Tschuschke, V., Hess, H. & MacKenzie, K.R. (1991). Der Gruppenklima-Fragebogen (GCQ - S) - Methodik und Anwendung eines Meßinstruments zum Gruppenerleben. *Gruppenpsychotherapie. Gruppendynamik, 26*, 340-359.

Uhle, U. (1986). *Empirische Analyse von individuumspezifischen Selbstkonzepten unter psychopathologischem Aspekt.* Unveröff. Dissertation, Karl-Marx-Universität, Sektion Psychologie, Leipzig.

19 Die Anwendung der Grid-Technik in der Gruppentherapie-Prozeßdiagnostik

Ana Catina, Beatrice Krämer

1. Zum theoretischen Hintergrund der Grid-Technik

In den frühen 50er Jahren erlebte die Theoriebildung der Psychologie einen erstaunlichen Boom; es war, als ob Psychologen - befreit von dem Alptraum des Krieges - den Entschluß gefaßt hätten, die Humanpsychologie neu zu verstehen, und vielleicht auch, sie neu zu formen. Diese Zeit war gekennzeichnet durch die Entwicklung allgemeiner Persönlichkeitstheorien, wie die von Cattell (1950) oder Eysenck (1953), aber auch solchen, die ihren Ursprung in der Klinischen Psychologie haben, wie die von Rogers (1959) und Kelly (1955). Sie suchten nach einem Konzept, das die Persönlichkeit bereichern konnte und das es ermöglichte, sie unabhängig zu machen von dem schon zu lange anhaltenden Einfluß der Psychoanalyse.

Kellys "Theorie der persönlichen Konstrukte" repräsentiert - wie die Selbsverwirklichungstheorie von Rogers - den idiographischen Ansatz der Persönlichkeit. Diesem Ansatz zufolge stehen das Individuum und seine persönliche Erfahrung im Vordergrund der Betrachtung. Im Vergleich zu Cattells oder Eysencks Theorien, die die Art und Weise betonen, wie Personen auf die Realität *reagieren*, steht in Kellys Theorie der persönliche, kreative Anteil bei der Repräsentation der umgebenden Realität im Mittelpunkt. Das Individuum wird vor dem Hintergrund seiner persönlichen Erfahrung verstanden und nicht mit externalen konformen Kategorien beschrieben; in diesem Sinn kann Kellys Theorie als idealistisch gesehen werden. Die Theorie der persönlichen Konstrukte basiert auf der Annahme, daß es keine absolute oder allgemein gültige Wahrheit hinsichtlich der Realität von Individuen zu erfassen oder wahrzunehmen gibt. Statt dessen geht Kelly von einer unendlichen Anzahl möglicher Interpretationsalternativen aus, mit deren Hilfe die Welt betrachtet werden kann. Jeder Mensch konstruiert seine eigenen Alternativen, die es ihm ermöglichen, seine Umgebung zu begreifen, vorherzusagen, und dadurch zu kontrollieren.

Die individuellen Repräsentationen bestehen aus Systemen von bipolaren Dimensionen (die als Konstrukte benannt wurden), die Abstraktionen von Ereignissen sind und zu Vergleichen der Ereignisse herangezogen werden. Der eine Pol einer solchen Dimension legt Eigenschaften fest, die einige der betrachteten Ereignisse charakterisieren; aufgrund ihrer Ähnlichkeit hinsichtlich dieser Charakteristika bilden diese Ereignisse eine gemeinsame Kategorie. Der zweite Pol erfaßt ihren spezifischen Unterschied zu dem dritten Element. Dadurch entsteht an dem zweitem Pol der Dimension implizit eine andere Kategorie von Ereignissen, die die betrachteten Charakteristika nicht aufweisen, sondern eher durch deren Gegenteil gekennzeichnet sind. Zwischen den beiden Polen werden Ereignisse erfaßt, die diese zwei Eigenschaften in jeweils unterschiedlichem Maße aufweisen.

Anhand eines Konstrukts wird eine Menge von Ereignissen entsprechend ihren Eigenschaften kategorisiert; auf diese Weise wird die Vielfalt der Realität in einem kognitiv erfaßbaren Ausmaß strukturiert.

Um innerhalb eines bestimmten Realitätsbereiches handeln zu können, entwickelt jeder Mensch mehrere Konstrukte, die zu einem Konstruktsystem zusammengefaßt sind. Die Konstruktsysteme steuern das Verhalten des Individuums im Feld realer Ereignisse. Die Theorie der persönlichen Konstrukte basiert auf einem Grundpostulat und 11 Hilfssätzen, die die Regeln beschreiben, nach denen das Konstruktsystem organisiert ist und funktioniert, sich entwickelt und verändert. Gleichzeitig sind die Hilfssätze die Richtlinien zur Anwendung und Interpretation der Grid-(Gitter-)Technik, der mit der Theorie einhergehenden Methode.

2. Die Grid-Technik

2.1. Vorgehensweise

Die ursprüngliche Form der Technik heißt „The Role Construct Repertory Test" (Kelly, 1955) und soll das Konstruktsystem untersuchen, mit dessen Hilfe das Individuum sich selbst und die für sich bedeutungsvollen Personen erfaßt. Dafür wird eine Liste von sozialen Rollen angeboten. In diesen Rollen sind wichtige Bezugspersonen wie Mutter, Vater, Geschwister, Partner etc. berücksichtigt, aber auch solche, die sich im Berufs- und sozialen Leben finden lassen (z.B. eine Person, mit der man nicht zurecht kommt, ein Nachbar, Lehrer oder Bekannter, Freunde, der Chef, Verwandte, die eine wichtige Role im Leben des Klienten spielen, etc.). Die Untersuchungsperson wird gebeten, die realen Personen zu nennen, denen sie jeweils eine Rolle zuschreibt. Diese genannten Personen sind dann die Elemente des Grids. Elemente sind jedoch nicht nur auf Rollen beschränkt. Auch Beziehungen (Ryle & Lunghi, 1970), Aspekte des Selbst (Neimeyer et al., 1991), Situationen (Winter, 1988a), Therapiestunden (Ryle, 1975) oder wie die Person einschätzt, von anderen wahrgenommen zu werden (Landfield & Schmittdiel, 1983), können Elemente darstellen. Generell können hinsichtlich jedes Untersuchungsgegenstandes Elemente extrahiert werden; die Prozedur des Ausfüllens des Grids bleibt mehr oder weniger die gleiche.

Zur Extrahierung der bipolaren Konstrukte werden die Elemente der Untersuchungsperson in Dreier-Gruppen vorgelegt. Die Person wird aufgefordert, einen Aspekt zu nennen, hinsichtlich dessen zwei der Elemente ähnlich sind und sich gleichzeitig von dem dritten Element unterscheiden. Beispiele: ehrlich vs. verlogen, traurig vs. spielerisch, grau vs. frei, lustig vs. lyrisch. Bei einer solchen Polbildung sind zwei Aspekte besonders hervorzuheben. Zum einen ist die Polbenennung nicht vorgegeben und nicht zwangsläufig logisch, sondern abhängig von der persönlichen Wortwahl. Damit steht die Bedeutung, die die Untersuchungsperson den Benennungen beimißt, im Vordergrund. Zum anderen ergibt sich der kontrastierende Pol nicht implizit durch sprachliche Konventionen, sondern wird idiosynkratisch gebildet. Die triadische Elementedarbietung ist der ursprüngliche Vorgang, durch den nach Kelly die Konstrukte extrahiert werden. In der Praxis zeigte sich jedoch, daß mit bestimmten Elementen der triadische Vergleich nicht oder nur schwer möglich ist. Daher wird die dyadische Präsentation der Elemente mehr und mehr bevorzugt. Dabei wird die Untersuchungsperson gebeten, eine Ähnlichkeit zwischen den Elementen zu nennen, wobei jedoch nur ein Pol des Konstruktes erhoben wird. Der zweite Pol wird durch die Frage nach dem kontrastierenden Begriff festgelegt.

Es gibt Untersucher, die die Konstrukte zur Beurteilung der Elemente vorgeben. Konstrukte werden insbesondere dann vorgegeben, wenn die Studie zu Vergleichszwecken oder zur Festigung von Hypothesen durchgeführt wird. Diese Vorgehensweise hat sich zwar als effizient herausgestellt, jedoch sollte der Untersucher beachten, daß trotz der vordergründigen Standardisierung der vorgegebenen Konstrukte die Teilnehmer diesen mit großer Wahrscheinlichkeit zusätzliche individuelle Bedeutungen zuschreiben und dadurch die Ergebnisinterpretation erschweren.

Nachdem die Elemente und die Konstrukte festgelegt wurden, gleicht die Handhabung des Grids einem Beurteilungsverfahren: die Konstrukte werden als mehrstufige Rating-Skalen eingesetzt. Zum Beispiel könnte eine fünf-stufige Skala von 1 = sehr zutreffend bis 5 = überhaupt nicht zutreffend reichen. Mit Hilfe der Skalen wird angegeben, welcher Pol des jeweiligen Konstruktes jedes Element in welchem Ausmaß charakterisiert. Am Ende der Prozedur erhält man eine Matrix, die die Elemente, die Konstrukte sowie die Einschätzungen der Elemente anhand der Konstrukte enthält.

Kriterien zur Auswahl des geeigneten Grid-Types, dessen Handhabung und Interpretation wie auch Informationen über Konstrukt-Erhebungsverfahren finden sich in den deutschen Veröffentlichungen von Riemann (1991) und von Scheer & Catina (1993).

2.2. Die Analyse der Grid-Matrix

Die Matrix wird in der Regel mit Hilfe elektronischer Datenverarbeitung ausgewertet. Computer-Programme (Slater, 1977; Willutzki & Raeithel, 1993; Riemann, 1991) bieten die Möglichkeit, die Zusammenhänge zwischen Elementen und zwischen den Konstrukten zu analysieren. Diese Zusammenhänge bestimmen das Maß der Ähnlichkeit zwischen den Grid-Variablen. Der Ähnlichkeitsgrad der Elemente wird häufig von eu-

klidischen Distanzen zwischen Paaren von Elementen repräsentiert, während die Zusammenhänge zwischen Konstrukten durch Korrelationsverfahren untersucht werden. Folgende Information werden durch die gängigen Programme zur Verfügung gestellt:
(1) Die durch die Distanzen ausgedrückten Beziehungen zwischen den Elementen: diese Werte zeigen den Grad der Ähnlichkeit zwischen Elementepaaren an. Zum Beispiel kann untersucht werden, wie ähnlich ein Klient sich in bezug auf die Gruppenmitglieder einschätzt, oder wie ähnlich der Therapeut und die Eltern interpretiert werden.
(2) Die (hierarchischen) Beziehungen zwischen den Konstrukten: hier zeigen sich sowohl Eigenschaften der Systemstruktur als auch mögliche konflikthafte Konstellationen der Konstrukte (Ryle, 1979).
(3) Die Varianz der Konstrukte um den Mittelwert: sie gibt Auskunft darüber, inwieweit der Klient in der Lage ist, die Elemente anhand der Konstrukte zu diskriminieren.
(4) Die Beziehungen zwischen den Konstrukten und Elementen: diese zeigen an, welche Elemente durch welche Konstrukte charakterisiert sind.
(5) Die Varianz, die durch die Hauptkomponenten des Grids aufgeklärt wird: diese Varianz repräsentiert die Flexibilität bzw. die Rigidität des Konstruktsystems.

Die genannten Indikatoren geben Hinweise auf vielfältige Dimensionen therapeutischer Veränderungen, die von der Konstruktion der Symptome bis hin zum Konstruieren des Therapieprozesses reichen.

3. Testtheoretische Aspekte der Grid-Technik

Zur Beurteilung der Güte von auf der klassischen Testtheorie basierenden Befragungstechniken werden insbesondere die Reliabilität (Retestreliabilität i.S.v. Stabilität, Paralleltestreliabilität sowie die Interne Konsistenz) und die Validität (Inhalts-, Kriteriums- und Konstruktvalidität) herangezogen (Lienert, 1969). Nun fällt die Einordnung der Grid-Technik innerhalb der traditionellen Tests schwer. Zwar war Kelly (1955) selbst derjenige, der das erste Grid als "Role Contruct Repertory Test" bezeichnete; jedoch lassen sich nach Lohaus (1993) insbesondere zwei Merkmale identifizieren, durch die sich die Grid-Technik von klassischen Tests unterscheidet und die daher die Berechnung der Reliabilität - und damit auch der Validität - des Grids im herkömmlichen Sinn erschweren.

Zum einen sind - im Gegensatz zu vielen gängigen Testverfahren - beim Grid die Konstrukte (bei den klassischen Tests die Beurteilungsskalen) und die damit zu beurteilenden Elemente (bei den klassischen Tests die Items) nicht von vornherein festgelegt. Allen Grids gemeinsam ist lediglich das grundlegende Prinzip der Durchführung, das ebenfalls vielseitig variiert werden kann. Daraus folgt, daß nicht nach *der* Reliabilität des Grids gefragt werden kann. Zum anderen erfolgt die Datenauswertung der meisten klassischen Tests durch Vergleich der jeweiligen Person mit der Normstichprobe (interindividuell), während die Analyse des Grids an individueller Beschreibung und intraindividuellem Vergleich interessiert ist. Daraus resultierende Indizes sind daher nur auf den jeweiligen Einzelfall zu beziehen; eine überindividuelle Reliabilitätsbestimmung und damit ein Vergleich mit anderen Befragungsmethoden ist erst durch einen zweiten Schritt möglich (z.B. Mittelung individueller Indizes, etc.). Darüber hinaus betont Riemann (1991), daß sich die Mehrzahl der traditionellen Datenerhebungstechniken auf die Stabilität des zu erhebenden Merkmals beziehen, während die Theorie der persönlichen Konstrukte explizit davon ausgeht, daß das zu untersuchende Konstruktsystem andauernden Veränderungsprozessen unterliegt. Demzufolge sind hohe Retest-Reliabilitäten bei vorhersagbaren Veränderungen des Konstruktsystems eher Indikator für die Insensitivität des Meßinstrumentes (Bannister & Mair, 1968). Lohaus (1983) weist zusätzlich darauf hin, daß viele Phänomene in der Psychologie gerade dadurch gekennzeichnet sind, daß sie nicht beliebig wiederholbar sind, und plädiert in diesem Zusammenhang für eine Lockerung der Reliabilitätsanforderung.

Trotz der genannten Argumente ist es dennoch möglich, die Reliabilität und Validität eines Grids zu beurteilen. Bei der folgenden Darstellung kam es uns insbesondere auf die Erläuterung der Möglichkeiten der Reliabilitäts- und Validitätseinschätzung an. Auch wenn zu allen genannten Alternativen Studien durchgeführt wurden, wird hier auf deren Darstellung verzichtet; durch Hinweis auf die jeweiligen Autoren möchten wir statt dessen zu deren Studium einladen.

3.1. Reliabilität

Auf der untersten Ebene stellt sich hierbei nach Riemann (1991) die Frage nach der Stabilität der Benennung der Elemente (Werden zu unterschiedlichen Zeitpunkten dieselben Elemente genannt?) und der Konstruktnennung (Werden, bei Vorlage derselben oder unterschiedlicher Elemente, zu mehreren Meßzeitpunkten dieselben Konstrukte oder Konstruktpole zur Elementeunterscheidung genannt?). Die Struktur der Elemente kann durch die Interne Konsistenz wie auch durch Retest untersucht werden (Riemann, 1991). Die Interne Konsistenz fragt, inwieweit die Elementebeziehungen von den angewendeten Konstrukten abhängig sind. Durch Bildung von sich nicht überschneidenden Teilmengen der im Grid benutzten Konstrukte kann diese Frage beantwortet werden. Sind die Repräsentationen der Elemente nur unwesentlich verschieden, kann von Unabhängigkeit ausgegangen werden (vgl. Rathod, 1980; Riemann, 1983). Die Stabilität der Elementestruktur beschreibt, ob die Elemente zu verschiedenen Meßzeitpunkten von (denselben oder anderen) Konstrukten in ähnlicher Weise beurteilt werden (vgl. Riemann, 1983). Durch Aufstellung der Rangreihen von Konstruktbeziehungen zu unterschiedlichen Meßzeitpunkten und deren Korrelation erhält man nach Lohaus (1993) ein Reliabilitätsmaß für die Stabilität der Struktur der Konstruktbeziehungen (vgl.

Bannister & Mair, 1968). Darüber hinaus weist er auf Reliabilitäten für abgeleitete Indizes hin (Diskriminiertheit, Differenziertheit und Integriertheit eines Konstruktsystems).

3.2. Validität

Da in der Theorie der persönlichen Konstrukte keine *direkte* Beziehung zwischen den Konstrukten und dem manifesten Verhalten vorausgesetzt wird, ist die Bestimmung der Kriteriumsvalidität zunächst erschwert, jedoch nicht unmöglich (Riemann, 1991). Durch einen Vergleich von Verhaltensvorhersagen aufgrund von Einschätzungen mit Verhaltensvorhersagen aufgrund persönlicher Konstrukte (vgl. Payne, 1956) kann eine Annäherung erreicht werden. Hinsichtlich der Konstruktvalidität steht die Möglichkeit eines Vergleiches des Grids mit einer anderen Methode zur Verfügung. Zur Validierung der Elementestruktur bietet sich die Erhebung von Ähnlichkeitsurteilen (Riemann, 1991) an. Durch Korrelation der aus den Grids gewonnenen Distanzmatrizen und den Ähnlichkeitsurteilen kann eine Multitrait-Multimethod-Matrix (Campbell & Fiske, 1959) aufgestellt und die diskriminante und konvergente Validität abgelesen werden (vgl. Gigerenzer, 1981). Mit Riemann (1991) stimmen wir dahingehend überein, daß es verführerisch ist, "einen Grid-Test als direkte Messung psychologischer Variablen anzusehen" (S. 59). Er schlägt vor, den Grid-Test statt dessen als "*eine* mögliche Operationalisierung psychologischer Konstrukte aufzufassen." (S. 59).

In bezug auf die Inhaltsvalidität wurden innerhalb der Theorie der persönlichen Konstrukte wohl am ehesten explizite Anforderungen formuliert (Kelly, 1955). So sollen sowohl die Elemente selbst als auch die triadischen und dyadischen Vergleiche der Elemente zur Konstrukterhebung repräsentativ sein. Darüber hinaus muß sichergestellt sein, daß der Teilnehmer die Anforderungen des Grids erfüllen kann. Dies schließt auch die Frage mit ein, inwieweit die anhand bestimmter Elemente erhobenen Konstrukte zur Beurteilung anderer Elemente verwendet werden können (Gültigkeitsbereich eines Konstruktes). Nicht zuletzt sollte auch darauf geachtet werden, daß die erhobenen Konstrukte bereits vor der Datenerhebung Teil des Konstruktsystems waren.

4. Anwendungsmöglichkeiten des Grids zur Untersuchung von Gruppenprozessen

Walton und McPherson (1968) und später Watson (1970, 1972) nutzten als erste das Potential des Grids, um die Konstruktion von Gruppenprozessen zu untersuchen. Watson führte 1972 das sog. "group members grid" (Gruppenteilnehmer-Grid) ein. Die Elemente dieses Grids sind die Teilnehmer der Therapiegruppe sowie der Therapeut.

Watson war ebenso der erste, der sich der Herausforderung stellte, interpersonale Beziehungen zwischen den Gruppenteilnehmern, zwischen Therapeuten oder auch die den Gruppenteilnehmern zugeschriebenen bzw. von diesen übernommenen Rollen zu untersuchen. Dadurch konnte er verschiedene wichtige Gruppenphänomene aufzeigen, z.B. Zuschreibung der Sündenbock-Rolle, Idealisierung des Therapeuten und das Phänomen der Gegenübertragung.

Eine andere wichtige Strategie zur Untersuchung von Gruppenprozessen wurde von Fielding (1975) vorgestellt. Bei dieser Vorgehensweise wird dasselbe Grid während des Therapieverlaufes wiederholt vorgelegt. Dadurch ist es möglich, die Entwicklung und Veränderung der Konstruktion bestimmter Elemente während der Therapie zu verfolgen (Catina & Tschuschke 1993).

Wie der Einfluß der gesamten Gruppe i.S. einer Gestalt auf den Therapieprozeß untersucht werden kann, zeigten Fransella und Joyston-Bechal (1971). In ihrem Grid wurde der Gesamtgruppe als Element „die Gruppe“ vorgelegt. Diese Studie war unseres Wissens nach die erste, die empirisch die implizite Annahme, daß die Gesamtgruppe als Prozeßvariable anzusehen ist, veranschaulichen konnte.

Zuletzt soll noch die von Winter & Trippett (1977) benutzte Methode erwähnt werden, das sog. "Konsensus-Grid" (Slater, 1977). Wie bei den oben dargestellten Anwendungsalternativen wird auch hier dasselbe Grid allen Gruppenteilnehmer vorgelegt. Das Konsensus-Grid kann als eine Art "Durchschnitts-Grid" angesehen werden, das die Information der Einzel-Grids aller Gruppenteilnehmer eines Meßzeitpunktes berücksichtigt und nach Angaben der Autoren entweder das Konstruieren der Gesamtgruppe oder das eines "typischen" Gruppenteilnehmers repräsentiert. Hierbei liegt nahe, auch die Abweichungen der individuellen Grids von diesem Konsensus-Grid näher zu untersuchen.

Als Anwendungsbeispiel der Grid-Methode zur Untersuchung von Gruppentherapieprozessen wird im folgenden eine Studie dargestellt, die an der Forschungsstelle für Psychotherapie in Stuttgart durchgeführt wurde (Enke & Catina, 1986-1988). An zwei psychoanalytisch orientierten stationären Gruppentherapien wurde der Zusammenhang zwischen Therapieprozeß und -ergebnis untersucht (Catina et al., 1989; Catina, 1993; Catina & Tschuschke, 1993; Tschuschke et al., 1991; Tschuschke et al., 1992).

Die Studie bestand aus zwei Teilen. Im ersten Teil wurden zwei Arten von Grids entwickelt:

(1) Das "Personal Others Grid" (POG): Als Elemente enthält dieses Grid 10 soziale Rollen, die von den Klienten als wichtige Bezugspersonen eingesetzt werden können, sowie drei Aspekte des Selbstbildes (reales, ideales und soziales Selbst). Anhand dieses Grids sollten die Beziehungen zwischen Selbst und Ideal-Selbst, Selbst und anderen wichtigen Personen (Mutter und Vater) sowie dem Ideal-Selbst und anderen wichtigen Personen erfaßt und eingeschätzt werden. Diese Art des Grids stellt Informationen über

die Rekonstruktionen und die damit einhergehenden Veränderungen dieser Beziehungen zur Verfügung.
(2) Das "Group Members Grid" (GMG): Dieses Grid sollte die Beziehungen zwischen dem Selbst, den Therapeuten und den Gruppenteilnehmern erfassen. Die Gruppenteilnehmer, beide die Gruppe leitenden Co-Therapeuten und die unter (1) genannten Aspekte des Selbst wurden als Elemente vorgegeben. Die Grid-Technik kann nur die individuellen Veränderungen des Konstruktionsvorganges und -systems erfassen; was zu diesen Veränderungen führt, kann jedoch nur indirekt erschlossen werden. Es wurde davon ausgegangen, daß die Interaktionen innerhalb der Gruppe therapeutische Prozesse, wie z.B. die Übertragung, in Gang bringen, die diese Veränderungen bewirken. Im zweiten Teil der Studie wurde daher die Interaktion in der Gruppe sowohl anhand eines Systems zur Beurteilung interaktionalen Verhaltens als auch mit Hilfe eines Grids zur Analyse von Konstruktionen über dieses Verhalten, konkreter untersucht.
(3) Orlik-Cluster zur Beurteilung interaktionalen Verhaltens. Diese Methode stammt aus der Kleingruppen-Forschung und wurde zur Untersuchung der manifesten Interaktion zwischen den Gruppenteilnehmern eingesetzt (vgl. Kap. 18). Orlik (1986) entwikkelte ein Kodierungssystem auf der Grundlage von vier Verhaltenskategorien, mit deren Hilfe die Interaktionsmuster in Gruppen eingeschätzt werden können. Diese Kategorien waren: *Leistungsorientierte Interaktion*: Gewissenhaftigkeit, Zuverlässigkeit, Unterstützung und Zielstrebigkeit, *Streit*: unberechbares, durchsetzendes, ablehnendes und zurückweisendes Verhalten, *Sympathie*: Zutraulichkeit, Friedfertigkeit, Herzlichkeit und Freundlichkeit, *Rückzug*: entmutigtes, befangenes, abwartendes und verschlossenes Verhalten. In der Studie wurde jede zweite Therapiestunde auf Video aufgenommen und hinsichtlich der auftretenden Interaktionen von Experten beurteilt.
(4) Das "Interaktions-Grid". In diesem Grid waren dieselben Elemente wie im GMG zu beurteilen (die Selbst-Aspekte, Therapeuten und die Gruppenteilnehmer). Zur Beurteilung standen neun Standardkonstrukte zur Verfügung, die von allen Teilnehmern gleichermaßen benutzt wurden. Sieben dieser Konstrukte waren Orliks System entnommen. Zwei weitere Konstrukte wurden von den Untersuchern hinzugefügt ("wie meine Mutter" und "wie mein Vater"), die zur Einschätzung der Reinszenierung familiärer Beziehungen in der Gruppe dienen sollten. Da dieses Grid von jedem einzelnen Gruppenteilnehmer ausgefüllt wurde, war es auch möglich, ein Konsensus-Grid zusammenzustellen und die Gruppe als Einheit zu analysieren. Dieses Grid repräsentierte den "typisch konstruierenden Klienten". Die Daten der Videos zwischen zwei Grids wurden zusammengeführt.

Die Studie zeigte, daß Veränderungen des Selbstbildes in bezug auf Gruppenmitglieder und Therapeut in der Gruppe notwendige Voraussetzung dafür sind, daß Verbesserungen in der Therapie erzielt werden können; jedoch sind sie nicht hinreichend, um einen Therapieerfolg zu garantieren. Tschuschke et al. (1992) betonten nachdrücklich, daß die in der Therapie gemachten Erfahrungen (beobachtet als Veränderungen in den GMG) über das Gruppensetting hinaus auf die Bereiche der Selbst-Objekt-Beziehungen ausgedehnt werden müssen, um die Therapie erfolgreich beenden zu können.

Die Daten, die mit Hilfe des Interaktions-Grids gesammelt wurden, dienten der Untersuchung des dort operationalisierten Übertragungsprozesses.

Die Übertragung wurde anhand der Winkeldistanzen zwischen den Konstrukten „wie meine Mutter", „wie mein Vater" und der Elemente „Therapeut" und „Idealselbst" operationalisiert.

Die Korrelationen zwischen diesen Variablen, anhand derer die Übertragung operationalisiert wurde, und den Interaktionsmustern, geben Auskunft darüber, ob bestimmte interaktionale Verhaltensweisen innerhalb der Gruppe das Auftreten des Übertragungsmechanismus fördern.

Tabelle 1: Korrelationen zwischen dem interaktionalen Verhalten (Orlik-Cluster) und den Variablen des Konsensus-Grids

KONSENSUS-GRID VARIABLEN	ORLIKS CLUSTER			
	Leistung	Sympathie	Streit	Rückzug
Distanz Therap. 1 und Konstukt „wie meine Mutter"	-.92**	.42	.75**	.05
Distanz Therap. 2 und Konstrukt „wie meine Mutter"	-.67**	.26	.63**	-.29
Distant Therap. 1 und Konstrukt „wie mein Vater"	.57**	.62**	.26	.01
Distanz Therap. 2 und Konstrukt „wie mein Vater"	-.01	-.14	.23	-31
Distanz zw. Ideal und Konstrukt „wie meine Mutter"	-.41	-.01	.47**	.31
Distanz zw. Ideal und Konstrukt „wie mein Vater"	.07	.26	-.46**	.31

** P < .05

Die Ergebnisse (Catina & Tschuschke, 1993) zeigten, daß Übertragung überwiegend dann sichtbar wird, wenn die Gruppe ein bestimmtes Interaktionsmuster (nach Orliks System) zeigte. Leistungsorientierte Interaktion förderte Übertragung weniger, während die in der Verhaltenskategorie Streit eingeordneten Interaktionen die Wahrscheinlichkeit, daß Übertragung sichtbar wird, erhöhte. Die unter Sympathie beurteilten Interaktionen scheinen eine notwendige (Yalom, 1985), aber nicht hinreichende Bedingung für die Übertragung zu sein.

Gruppentherapieprozesse sind hauptsächlich durch die Distanzen zwischen den Elementen operationalisiert worden. Je kleiner die Distanzen zwischen den Elementen, z.B. Selbst und andere, Selbst und Therapeut, andere und Therapeut, während einer Therapie werden, desto ähnlicher werden die Elemente im Laufe einer Therapie konstruiert. Die Distanzen geben also Auskunft darüber, inwieweit sich die Konstruktionen der untersuchten Repräsentationen während und aufgrund einer Therapie verändern. Daß die Zunahme der konstruierten Ähnlichkeit zwischen z.B. dem Selbst und anderen Folge gruppentherapeutischer Prozesse ist und zum Therapieergebnis beiträgt, konnte von mehreren Autoren gezeigt werden (Fielding, 1975; Caine et al., 1981; Koch, 1983; Tschuschke et al., 1991; Button, 1987; Winter, 1988b). Diese Studien stützen damit Yaloms (1985) Annahme, daß die „Universalität des Leidens" ein Wirkfaktor in der Gruppentherapie ist.

Die im Grid enthaltene Information kann durch Daten, die mit anderen Methoden erhoben werden, ergänzt werden: Caplan et al. (1975) untersuchten den Einfluß der verbalen Kommunikation während der Therapiestunden (Transkript der Therapiestunden) auf die konstruierte Ähnlichkeit zwischen dem Selbst und den Gruppenmitgliedern. Es konnte gezeigt werden, daß die Fähigkeit, sich selbst als zunehmend ähnlicher zu anderen Gruppenteilnehmern wahrzunehmen, mit der Anzahl der in die Therapiegruppe eingebrachten Themen in bezug auf sich selbst und die eigene Familie steigt. Die Autoren interpretierten die Ergebnisse als Folge der „Reinszenierung der familiären Beziehungen" in der Gruppe.

Malan (1979) wies darauf hin, daß Veränderungen in der Therapie erklärt werden können durch die Verbindungen, die der Klient zwischen anderen und den Eltern, anderen und den Therapeuten sowie zwischen Therapeut und Eltern in seinem Konstruktionssystem herstellt. Diese Annahme wurde von Catina & Tschuschke (1993) durch die Distanzen zwischen den genannten Elementen operationalisiert. Die Autoren untersuchten die Distanzen sowohl hinsichtlich ihrer Veränderungen während des Therapieprozesses als auch in bezug auf das Therapieergebnis. Es zeigte sich, daß Klienten, die Ähnlichkeit zwischen dem Selbst und dem Therapeuten konstruieren, mit größerer Wahrscheinlichkeit die Therapie erfolgreich beenden als die, die solche Verbindungen nicht herstellen.

Fransella & Joyston-Bechal (1971) nahmen die Gesamtgruppe als Element in das Grid auf. Die Distanz zwischen der Gruppe und dem Element „Ich, wie ich bin" erfaßt, inwieweit sich der Klient als der Gesamtgruppe ähnlich konstruiert. Die Autoren konnten zeigen, daß die Klienten zu Beginn der Gruppentherapie dazu neigen, ihr Selbstbild und das Bild der Gesamtgruppe als ähnlich zu konstruieren. Eine solche, von den Autoren als „Identifizierung“ interpretierte konstruierte Ähnlichkeit mit der Gruppe entwickelt sich während der Therapie und sollte - wenn die Therapie erfolgreich sein soll - am Ende der Therapie wieder abnehmen: Nur die Klienten, die in der Lage waren, ihren Identifikationsgrad mit der Gruppe wieder zu verringern, zeigten eine größere Tendenz, sich zu verbessern. Konventionelle compliance mit den Werten der Gruppe ermöglichte die individuelle Entwicklung also nur begrenzt. Selbstverständlich bedeutet dies nicht, daß allein die Ablehnung der Konstruktion der Gesamtgruppe zu therapeutischen Veränderungen führt; die Gruppe spielt nach wie vor eine bedeutende Rolle als Prozeßvariable, und zwar insbesondere als gemeinsamer Nenner zwischen den Gruppenteilnehmern.

Die Distanzen zwischen der Gesamtgruppe und dem Real-Selbst des Therapeuten während der Therapie wurden ebenfalls untersucht. Die Ergebnisse weisen darauf hin, daß sich die Beziehungen zwischen dem Therapeuten und den Gruppenteilnehmern auch dann verbesserten, wenn der Therapeut versucht, sein Real-Selbst als ähnlich zu der Gesamtgruppe zu konstruieren.

Die Analyse der Beziehungen zwischen den Konstrukten ergibt weitere Information über den Therapieprozeß. Ein Beispiel hierfür ist die Untersuchung von Symptom-Konstruktionen. Wenn sich ein Klient z.B. hinsichtlich der beiden Konstrukte depressiv vs. nicht-depressiv und hilfsbereit vs. egoistisch auf den Polen depressiv und hilfsbereit plaziert, so legt die zwischen diesen beiden Konstrukten möglicherweise aufgetretene Korrelation nahe, daß der Klient das Symptom (depressiv zu sein) mit der sozial und persönlich erwünschten Qualität, hilfsbereit zu sein, verbindet. Eine solche ambivalente Konstruierung des Symptoms deutet darauf hin, daß für den Klienten eine Symptomverbesserung mit dem Verlust der assoziierten Qualität einhergeht. Catina et al. (1989) untersuchten mit der SYMLOG-Methode den Einfluß der Haltung der Gruppe gegenüber ihren einzelnen Mitgliedern auf den Veränderungsprozeß von Symptomen und deren Implikationen. Der Veränderungsprozeß positiver Implikationen der Symptome wurde erfaßt durch die Korrelation (siehe oben). Es konnte gezeigt werden, daß der Veränderungsprozeß von Symptomen nur dann Raum hat und sich nur dann positiv entwickeln kann, wenn die Gruppe dem jeweiligen Mitglied ausreichende emotionale Unterstützung anbietet. Ablehnende und aggressive Interaktionen mit dem Gruppenmitglied vereiteln oder unterbrechen den Prozeß.

Winter & Trippett (1977) fügten zwei weitere Konstrukte („wie mein Vater“ und „wie meine Mutter“) in ein Grid ein, mit der Absicht, diese im Hinblick auf die Wahrnehmung des Klienten durch andere zu untersuchen. Die Autoren zeigten auf, daß am Anfang der Therapie keines der Konstrukte zwischen den Gruppenteilnehmern diskriminieren konnte; oder, in der Kelly'schen Terminologie ausgedrückt: Die Gruppenteilnehmer blieben außerhalb des Angemessenheitsbereiches dieser Konstrukte. Während der Therapie scheint sich jedoch das Konstrukt "wie meine Mutter" am meisten zu verändern (Watson, 1972), d.h. seine Diskriminationsfähigkeit nimmt im Laufe der Therapie zu.

6. Möglichkeiten und Grenzen des Grids

Die Grid-Technik ist eine wertvolle Methode zur Untersuchung von Gruppenprozessen. Unseres Wissens nach ist es die einzige Methode, mit deren Hilfe wichtige Gruppenphänomene, wie die Reinszenierung von früheren familiären Erfahrungen, operationalisiert werden konnte.

Einer der größten Vorteile des Grids liegt in seiner Flexibilität und Vielseitigkeit. Grundsätzlich gibt es keine inhaltlichen Einschränkungen hinsichtlich des Untersuchungsgegenstandes. Die breite Anwendbarkeit des Grids zeigt sich gerade darin, daß für jeden Bereich - und für jedes Individuum - Elemente und Konstrukte extrahiert werden können, die die Basis des Grids bilden.

Bereits die Diskussion der Reliabilität und Validität zeigte Grenzen des Grids. Auch hinsichtlich der Ökonomie schneidet die Grid-Technik nicht besonders gut ab. Mit vorgegebenen Konstrukten (was dann mit einem Fragebogen vergleichbar ist) dauert das Ausfüllen ca. 20 Minuten. Demgegenüber steht eine Durchführungszeit von mindestens einer Stunde, wenn zuvor auch die Konstrukte erhoben werden. Bei einer solchen Gegenüberstellung sollte jedoch nicht vergessen werden, daß die Konstrukterhebung mit einem offenen Interview vergleichbar ist, bei dem unschätzbare individuelle Informationen erhoben werden. Damit ist gleichzeitig ein weiterer Aspekt angesprochen: mit dem Grid sind unmittelbare interindividuelle Vergleiche nicht immer wünschenswert. U.E. ist es gerade ein Vorteil des Grids, daß mit ihm der „Mensch als Mikrokosmos“ (Slater, 1966) untersucht werden kann. Im Gegensatz dazu dienen die klassischen Testverfahren eher dem an der Oberfläche stattfindenden interindividuellen Vergleich. Für uns ist die Grid-Technik eine Möglichkeit, eine alternative Wahrheit hinsichtlich psychologischer Phänomene, die wir besser zu verstehen suchen, zu erhalten.

Literatur

Bannister, D. & Mair, J.M.M. (1968). *The evaluation of personal constructs.* London: Academic Press.

Button, E. (1987). Construing people or weight? An eating disorders group. In R.A. Neimeyer and G.J. Neimeyer (Hrsg.), *Personal construct therapy casebook* (S. 230-244). New York: Springer.

Caine, T.M., Wijensinghe, O.B.A. & Winter, D.A. (1981). *Personal styles in neurosis. Implications for small group psychotherapy and behavioural therapy*. London: Routledge & Kegan Paul.

Campbell, D.T. & Fiske, D.W. (1959). Convergent and discriminant validation by the multitrait-multimethod matrix. *Psychological bulletin, 56*, 81-105.

Caplan, H.L., Rohde, P.D., Shapiro, D.A. & Watson, J.P. (1975). Some correlates of repertory grid measures used to study a psychotherapeutic group. *British Journal of Medical Psychology, 48*, 217-220.

Catina, A., Tschuschke, V. & Winter, D.A. (1989). Self reconstruing as a result of social interaction in analytic group therapy: Preliminary data with depressives. *Group Analysis, 22*, 59-72.

Catina, A. & Tschuschke, V. (1993). A summary of empirical data from the investigation of two psychoanalytic groups by means of repertory grid technique. *Group Analysis, 26* (4), 443-449.

Catina, A. (1993). Erfolgs- und Prozeßforschung in der Gruppentherapie. In J.W. Scheer & A. Catina (Hrsg.), *Einführung in die Repertory Grid-Technik*. (Vol.2: Klinische Forschung und Praxis, S. 115-127). Bern: Verlag Hans Huber.

Cattell, R.B. (1950). *Personality: a systematic, theoretical and factual study*. New York: McGraw Hill.

Enke, H. & Catina, A. (1986-1988). *Verhaltens- und Einstellungsänderungen in analytischen Gruppenpsychotherapien unter differentiellen Gesichtspunkten*. Teilprojekt A18, SFB 129, Universität Ulm.

Eysenck, H.J. (1953). *The structure of human personality*. New York: Willey.

Fielding, J.M. (1975). A technique for measuring outcome in group psychotherapy. *British Journal of Medical Psychology, 48*, 189-198.

Fransella, F. & Joyston-Bechal, M.P. (1971). An investigation on conceptual process and pattern change in a group psychotherapy over one year. *British Journal of Psychiatry, 119*, 199-206.

Gigerenzer, G. (1981). Implizite Persönlichkeitstheorien oder quasi-implizite Persönlichkeitstheorien? *Zeitschrift für Sozialpsychologie, 12*, 65-80.

Kelly, G.A. (1955). *The psychology of personal constructs* (Vol.1). New-York: Norton.

Koch, H.C.H. (1983). Change in personal construing in three psychotherapy groups and a control group. *British Journal Medical Psychology, 56*, 245-254.

Landfield, A.W. & Schmittdiel, C.J. (1983). The interpersonal transaction group: Evolving measurements in the pursuit of theory. In J. Adams-Webber & J. Mancuso (Eds.), *Applications of personal construct theory* (S. 207-218). New York: Academic Press.

Lienert, G.A. (1969). *Testaufbau und Testanalyse*. Weinheim: Beltz Verlag.

Lohaus, A. (1983). *Möglichkeiten individuumszentrierter Datenerhebung*. Münster: Aschendorf.

Lohaus, A. (1993). Testtheoretische Aspekte der Repertory Grid-Technik. In J.W. Scheer & A. Catina (Hrsg.), *Einführung in die Repertory Grid-Technik* (S. 80-92). Bern: Verlag Hans Huber.

Malan, D.H. (1979). *Individual psychotherapy and the science of psychodynamics*. London: Butterworths.

Neimeyer, G.J. (1985). Personal constructs in the counseling of couples. In F.R. Epting & A.W. Landfield (Eds.), *Anticipating personal construct theory* (S. 201-215). Lincoln: University of Nebraska Press.

Neimeyer, R.A., Harter, S. & Alexander, P.C. (1991). Group perceptions as predictors of outcome in the treatment of incest survivors. *Psychotherapy research, 1* (2), 149-158.

Orlik, P. (1986). *Ein semantischer Atlas zur Kodierung alltagssprachlicher Verhaltensbeschreibungen nach dem Symlog Raum-Modell*. Arbeiten der Fachrichtung Psychologie, Universität des Saarlandes, 94.

Payne, D.E. (1956). *Role constructs versus part constructs and interpersonal understanding*. Unpublished manuscript, Ohio State University.

Rathod, P. (1980). The reliability of the principal components of rep grid data. *Nederlands Tijdschrift voor de Psychologie, 35*, 345-354.

Riemann, R. (1983). Die Erfassung individueller Einstellungen mit Hilfe der Gridtechnik. *Zeitschrift für Sozialpsychologie, 14*, 139-151.

Riemann, R. (1991). *Repertory grid technique. Handanweisung*. Göttingen, Toronto, Zürich: Hogrefe Verlag für Psychologie

Rogers, C.R. (1959). A theory of therapy, personality and interpersonal relationships as developed in the client centered framework. In S. Koch (Hrsg.), *Psychology: A study of science* (S. 184-256). New York: McGraw Hill.

Ryle, A. & Lunghi (1970). The dyad-grid - A modification of the repertory grid technique. *British Journal of Psychiatry, 117*, 538, 323-327.

Ryle, A. (1975). *Frames and cages: the repertory grid approach to human understanding*. London: Sussex University Press.

Ryle, A. (1979). Defining goals and assessing change in brief-psychotherapy. A pilot study using target ratings and the dyad grid. *British Journal of Medical Psychology, 52* (39), 323-334.

Scheer, J.W. & Catina, A. (1993). *Einführung in die Repertory Grid-Technik, Grundlagen und Methoden* (Vol.1). Bern: Verlag Hans Huber.

Slater, P. (1966). *Microcosm*. New York, Wiley & Sons.

Slater, P. (1977). *The measurements of intrapersonal space by grid technique*. London: John Wiley & Sons.

Tschuschke, V., Catina, A., Beckh, T. & Salvini, D. (1991). Veränderungen durch gruppentherapeutische Prozesse und ihre Beziehung zum Therapie-Ergebnis. Prozess-Outcome-Relationen bei stationärer Gruppenpsychotherapie. In H. Kächele (Hrsg.), *SFB 129: Psychotherapeutische Prozesse* (Kap. 15). Abschlußbericht, Ulm.

Tschuschke, V., Catina, A., Beckh, T. & Salvini, D. (1992). Wirkfaktoren in stationär analytischer Gruppenpsychotherapie. *Psychotherapie. Psychosomatik. Medizinische Psychologie,42*, 91-101.

Walton, H.J., McPherson, F.M. (1968). Phenomena in a closed psychotherapeutic group. *British Journal of Medical Psychology, 41*, 61-72.

Watson, J.P. (1970). A repertory grid method of studying groups. *British Journal of Psychiatry, 117*, 309-318.

Watson, J.P. (1972). Possible measures of changes during group psychotherapy. *British Journal of Medical Psychology, 45*, 71-77.

Willutzki, U. & Raeithel, A. (1993). Software für Repertory Grids In J.W. Scheer & A. Catina (Hrsg.), *Einführung in die Repertory Grid-Technik* (S. 68-79). Bern: Verlag Hans Huber.

Winter, D.A. & Trippett, C.J. (1977). Serial change in group psychotherapy. *British Journal of Medical Psychology, 50*, 341-348.

Winter, D.A. (1988a). Reconstruing an erection and elaborating an ejaculation: Personal construct theory perspectives on sex therapy. *International Journal of Personal Construct Psychology, 1* (1), 81-99.

Winter, D.A. (1988b). Constructions in social skills training. In F. Fransella & L. Thomas (Eds.), *Experimenting with personal construct psychology*. London: Routledge.

Yalom, I.D. (1985). *The theory and practice of psychotherapy (3rd Ed.)*. New York: Basic Books.

20 Die "Structural Analysis of Social Behavior" (SASB) als Methode zur Analyse von Gruppenprozessen

Manuela Burgmeier-Lohse

1. Theoretischer Hintergrund

Die meisten der heute gängigen interpersonalen Ansätze und Modelle basieren im wesentlichen auf zwei Postulaten, der Reziprozitätsthese von Sullivan (1953) und der Vorstellung, daß sich interpersonales Verhalten innerhalb eines Kreismodells systematisieren läßt (z.B. Leary, 1957; Kiesler, 1983).

Sullivans Konzept der reziproken Emotionen besagt, daß zwei miteinander interagierende Personen ihr Verhalten wechselseitig beeinflussen mit dem Ziel, die gegenseitigen interpersonalen Bedürfnisse zu befriedigen, d.h. sie suchen einen gemeinsamen Ausdruck und gemeinsame Lösungen. Reziprozität bedeutet folglich, daß "unsere interpersonalen Aktionen dazu gedacht sind, bestimmte Klassen von Reaktionen bei anderen Personen hervorzulocken oder zu provozieren, und zwar besonders bei Personen, die bedeutsam für uns sind" (Schneider-Düker, 1992, S. 105).

Das zweite Postulat basiert auf der Annahme, daß sich alle interpersonalen Verhaltensweisen durch zwei orthogonale und bipolare Dimensionen abbilden lassen: die *Interdependenz*dimension reicht von dominant/kontrollierendem bis zu submissiv/unterwürfigem Verhalten, die *Affiliations*dimension von liebevoll/zugewandtem bis zu feindselig/distanziertem Verhalten (z.B. Foa, 1961; Carson, 1969; Wiggins, 1982). Die Anordnung dieser beiden Dimensionen im zweidimensionalen Raum führt zwangsläufig zu einem Kreismodell, wie es erstmals von Leary (1957) vorgeschlagen wurde, der ein Klassifikationssystem in Form eines Circumplexmodells entwickelte, um damit eine systematische Grundlage für interpersonale Persönlichkeitsdiagnosen zu schaffen. Dieses Modell sollte einerseits die interpersonalen Handlungen selbst, und andererseits die persönlichkeitspsychologischen Grundlagen dieser Handlungen berücksichtigen.

Ausgehend von diesem Modell entwickelten verschiedene Arbeitsgruppen unabhängig voneinander weitere Modelle zur Taxonomie interpersonalen Verhaltens; allen Modellen gemeinsam ist die kreisförmige Anordnung, die durch die beiden genannten Dimensionen bzw. Achsen bestimmt ist. Zusammenfassende Übersichten finden sich beispielsweise bei Benjamin (1974), Wiggins (1982) und Kiesler (1983).

Innerhalb eines solchen Kreismodells läßt sich ein Individuum durch zwei Parameter beschreiben: einerseits durch das spezifische Kreissegment, in dem ein bestimmtes

Verhalten liegt, und andererseits durch die Intensität bzw. Ausprägung dieser Verhaltensweise.

Darüber hinaus erlaubt ein Circumplexmodell auch Voraussagen über zwischenmenschliche Prozesse in dyadischen bzw. Gruppensituationen. Von der Annahme ausgehend, daß ein bestimmtes Verhaltensmuster auf einer spezifischen Selbstwahrnehmung und Wahrnehmung einer sozialen Situation beruht, lassen sich über das Komplementaritätsprinzip auch soziale Beziehungen beschreiben. Nach Carson (1969) ergeben sich innerhalb des Kreismodells folgende komplementäre Reaktionen interpersonalen Verhaltens: *Reziprozität* auf der Interdependenzdimension, d.h. Dominanz induziert Submission und umgekehrt; *Korrespondenz* auf der Affiliationsdimension, d.h. Freundlichkeit löst Freundlichkeit bzw. Feindlichkeit löst Feindlichkeit aus. Das Prinzip der Komplementarität wurde empirisch vielfach untersucht an Beispielen wie Partnerwahl, familiäre Interaktionen, Therapeut-Patient-Beziehung. Orford (1986) kommt in einer zusammenfassenden Übersicht zu dem Ergebnis, daß sich die Komplementarität zwischenmenschlicher Beziehungen tatsächlich nachweisen läßt, wobei die Vorhersage von Korrespondenz auf der Affiliationsdimension durchgängig bestätigt wird, während die Reziprozität auf der Interdependenzdimension je nach Situation variiert. Untersuchungen von Wiggins & Pincus (1989) bestätigen diese Aussage.

Die von Lorna S. Benjamin in den 60er Jahren entwickelte "Structural Analysis of Social Behavior" (SASB) basiert zwar ebenfalls auf den Annahmen der interpersonalen Theorie von Sullivan und dem interpersonalen Kreismodell von Leary (s.o.), geht aber in ihrer Differenziertheit weit darüber hinaus. Durch die Erweiterung des Circumplexmodells um eine Autonomie-Dimension in Form von drei Fokus-Ebenen (transitiv, intransitiv, Introjekt) ermöglicht SASB die Analyse von Verknüpfungen zwischen interpersonalen *und* intrapsychischen Prozessen (Benjamin, 1984; Benjamin & Friedrich, 1991). Nicht zu Unrecht beschreibt Wiggins (1982) SASB als "the most detailed, clinically rich, ambitious, and conceptually demanding of all contemporary models" (S. 193).

Durch die Einführung von drei Fokus-Ebenen (transitiv = aktiv, intransitiv = reaktiv, Introjekt = Ich im Umgang mit mir selbst) werden die jeweiligen kommunikativen Handlungen nach ihrer interpersonalen Gerichtetheit differenziert, wodurch das Dilemma der Konfundierung von aktiver und reaktiver Dimension zwischenmenschlicher Interaktion vermieden werden kann. Der Fokus Introjekt ermöglicht zudem die Erfassung der Verbindung zwischenmenschlicher Erfahrungen aus der Vergangenheit und deren intrapsychische Repräsentanzen in der Gegenwart. Damit unterscheidet sich SASB von allen anderen interpersonalen Kreismodellen.

2. Kurzbeschreibung der Methode

In der konkreten Anwendung basiert das SASB-Modell auf drei Basisdimensionen interpersonalen Verhaltens - *Fokus, Affiliation, Interdependenz* -, die unabhängig voneinander von trainierten Ratern eingeschätzt werden und deren Kombination durch einfache Vektorbildung zu einer eindeutigen Entscheidung hinsichtlich der kategorialen Zuordnung des entsprechenden Verhaltens führt.

Vor der Beschreibung des eigentlichen Kodiervorgangs soll kurz erwähnt werden, daß vor der Einschätzung einer Interaktionseinheit (Benjamin spricht dabei von einem psychologisch vollständigen Gedanken und meint damit die semantisch kleinste Bedeutungseinheit) systematisch zwischen einer *Prozeß*ebene und einer *Inhalts*ebene unterschieden wird, d.h. eine Aussage wird nicht nur eingeschätzt im Hinblick auf das, *was* gesagt wird, sondern auch nach der Art und Weise, *wie* dies geschieht. Die Prozeßebene bezieht sich auf interpersonale Handlungen im Hier und Jetzt zwischen allen Beteiligten (z.B. Patient und Therapeut, Mitglieder einer Therapiegruppe), zu denen auch alle nonverbalen Äußerungen gehören. Zur Kodierung des Prozeßgeschehens empfiehlt sich neben dem Transkript der einzuschätzenden Situation auch das entsprechende audiovisuelle Dokument. Durch die Unterscheidung nach Prozeß und Inhalt müssen folglich für jede Analyseeinheit zwei unabhängige Einschätzungen vorgenommen werden, wobei allerdings auch die Beurteilung nur einer Ebene, also nur Prozeß oder nur Inhalt, möglich ist.

Erwähnenswert ist außerdem, daß sowohl auf Prozeß- als auch auf Inhaltsebene Mehrdeutigkeiten oder komplexe Botschaften durch sog. "Komplexkodierungen" erfaßt werden können.

Die Kodierung einer Interaktionseinheit erfolgt in drei Schritten (Abb. 1):

1. Der **Fokus** wird stets aus der Perspektive des jeweiligen Sprechers beurteilt und erlaubt die drei Unterscheidungen: Andere, Selbst, Introjekt.
2. Die waagrechte **Affiliations**achse ermöglicht die Einschätzung des affektiven Gehalts einer Interaktionseinheit und ist fokusunabhängig.
3. Die senkrechte **Interdependenz**achse hingegen wird fokusabhängig eingeschätzt.

Bei den beiden Beziehungsqualitäten Affiliation und Interdependenz handelt es sich um zwei polare Gegensatzpaare, die am neutralen Mittelpunkt (Kreismittelpunkt) in ihr Gegenteil umschlagen, ein Mehr oder Weniger gibt es folglich nur im positiven (0-9) oder negativen (-9-0) Bereich.

1. Fokus:

Der andere	Selbst	Introjekt
transitiv: aktiv bezogene Position	intransitiv: Mitteilung über sich selbst, reaktiv	selbstbezüglicher Kommentar, auf sich selbst gerichtete transitive Handlung

2. Affiliation:

feindselig, haßerfüllt -9 -6 -3 0 3 6 9 freundlich, liebevoll

3. Interdependenz:

Unabhängigkeit gewähren	unabhängig sein	eigene Spontaneität zulassen
9	9	9
6	6	6
3	3	3
0	0	0
-3	-3	-3
-6	-6	-6
-9	-9	-9
Kontrolle ausüben	sich unterwerfen	Selbstkontrolle üben

Abb. 1: Die Grunddimensionen des SASB-Modells.

Die Kombination dieser drei Aspekte ermöglicht - je nach Grad der Ausprägung auf den Achsen Affiliation und Interdependenz - die eindeutige Zuordnung einer Interaktionseinheit in einem, für jeden Fokus getrennten, kreisförmigen Kategoriensystem, das aus jeweils acht "Clustern" besteht (Abb. 2). Für alle drei Foki stehen folglich insgesamt 24 Beschreibungsmöglichkeiten zur Verfügung.

Durch die Beurteilung einzelner Interaktionseinheiten erlaubt das SASB-Modell die Beschreibung typischer Verhaltenssequenzen auf individueller, dyadischer oder Gruppenebene, was beispielsweise zur Identifikation zyklischer maladaptiver Muster (Benjamin, 1979; Tress et al., 1990) oder zur Differenzierung unterschiedlicher Persönlichkeitsstörungen (z.B. narzißtische oder Borderline-Persönlichkeitsstörung; Benjamin, 1993) beitragen kann.

3. Auswertung - Gütekriterien - Ökonomie

Zur Prozeß- und Inhaltsanalyse von SASB-Kodierungen stehen mehrere EDV-Auswertungsprogramme zur Verfügung, deren Auswahl in Abhängigkeit der jeweiligen Fragestellungen erfolgt. So lassen sich beispielsweise über das Programm PROCESS die absoluten und relativen Häufigkeiten für das Prozeßrating ermitteln, während das Programm FOLLOW der Analyse von Sprecherwechseln dient. Mit dem erheblich komplexeren Programm MARKOV lassen sich Zeitreihenanalysen der kodierten Daten erstellen. Ein detaillierter Überblick bezüglich der Anwendung einschließlich exemplarischer Beispiele für die einzelnen Programme findet sich bei Hartkamp (1993).

1.1 Autonomie bejahen, frei gewähren lassen
2.1 sich durchsetzen und abgrenzen
3.1 freie Spontaneität

1.8 übersehen, vernachlässigen
2.8 sich abschotten, sich verweigern, ausweichen
3.8 Tagträumerei, desinteressierte Selbstvernachlässigung

1.2 verstehen, bestätigen, ermuntern
2.2 sich öffnen, mitteilen, sich zeigen
3.2 wohlwollende Selbsterforschung u. -akzeptanz

1.7 angreifen, zurückweisen
2.7 protestieren, zurückweichen, zurückschrecken
3.7 Selbsthaß, Selbstzerstörung (aktiv/passiv)

1.3 umsorgen, pflegen, lieben
2.3 sich annähern u. genießen
3.3 Selbstliebe, Selbstwertschätzung

1.6 herabsetzen, beschuldigen, bestrafen
2.6 gekränkt u. beleidigt sein, sich rechtfertigen, schmollen
3.6 Selbstanklage, Selbstunterdrückung

1.4 unterstützen, anleiten, bestärken, helfen
2.4 vertrauen u. sich verlassen auf
3.4 sich selbst umsorgen u. weiterentwickeln

1.5 kontrollieren, überwachen, anordnen
2.5 sich unterwerfen, nachgeben
3.5 Selbstkontrolle, Selbstbeherrschung

Abb. 2: Die Cluster-Version des SASB-Modells für die Foki: *Der andere* (1.1-1.8), *Selbst* (2.1-2.8), *Introjekt* (3.1-3.8)

Die Gütekriterien für das SASB-Verfahren sind sehr akzeptabel: hinsichtlich der Validität sei auf die vielfachen empirischen Anwendungen des Instruments verwiesen (vgl. Abschnitt 4); die Interrater-Reliabilitäten erreichen gute bis sehr gute Werte (Grawe-Gerber, 1992; Bossert & Möller, 1993; Kasper & Sievers, 1993). Es sei allerdings darauf hingewiesen, daß das Rating von Interaktionssituationen mit SASB ein umfangreiches Ratertraining voraussetzt; eine ausführliche Beschreibung hierzu findet sich in einem von Grawe-Gerber & Benjamin (1989) verfaßten Manual (vgl. auch Junkert, 1993).

Wenngleich die "Structural Analysis of Social Behavior" derzeit eines der differenziertesten Verfahren zur mikroskopischen Analyse von Interaktionsverhalten sein dürfte, kann nicht verschwiegen werden, daß es sich zugleich um ein höchst zeitintensives und aufwendiges Verfahren handelt. Bei Vorlage der entsprechenden Transkripte beträgt der Zeitaufwand für die Kodierung einer Einzeltherapiestunde schätzungsweise 15 Stunden (z.B. Grawe-Gerber, 1992), für die Einschätzung einer 90minütigen Gruppenpsychotherapiestunde ist aufgrund der größeren Komplexität gar mit etwa 30 Stunden zu rechnen (vgl. Burgmeier-Lohse, 1994; Kasper & Sievers, 1993). Es empfiehlt sich daher, das Instrument streng hypothesenorientiert anzuwenden bzw. entsprechend eingegrenzte Sequenzen auszuwählen.

4. Anwendungsbeispiele der SASB-Methode

Das SASB-Modell ist mittlerweile vielfach empirisch überprüft und angewandt worden, wobei an dieser Stelle insbesondere auf einige exemplarische Anwendungen im Rahmen der Psychotherapieforschung hingewiesen werden soll.

Im Rahmen der Vanderbilt-Psychotherapieforschungsprojekte (Strupp, 1980a-d) wurden einige ausgewählte Therapien nachträglich mit dem SASB-Verfahren analysiert und anschließend mit den Ergebnissen anderer Methoden vor allem im Hinblick auf den Therapieerfolg in Beziehung gesetzt. In einer ersten Studie fanden Henry et al. (1986) deutliche und statistisch signifikante Unterschiede im Therapieprozeß zwischen erfolgreichen und weniger erfolgreichen Therapien: in den ersteren zeigten sich überhaupt keine affektiv negativ eingeschätzten Interaktionen, während die letzteren etwa 20% affektiv eher als feindselig eingeschätzte Patient-Therapeut-Interaktionen aufwiesen. In einer weiteren Untersuchung (Henry et al., 1990) wurde das SASB-Modell sowohl zur Definition des Therapieerfolgs und zur Erfassung von Ausgangsmerkmalen der Patienten und Therapeuten (in Form des SASB-INTREX-Fragebogens) als auch zur Analyse des Therapieprozesses eingesetzt. Auch hier unterschieden sich erfolgreiche von weniger erfolgreichen Therapien dadurch, daß in den erfolgloseren Therapien signifikant häufiger subtil kontrollierende Vorwürfe des Therapeuten gegenüber dem Patienten registriert wurden, worauf dieser gewöhnlich komplementär mit feindseliger Unterwerfung reagierte. Außerdem kam es in den Fällen mit schlechtem Therapieergebnis relativ häufig zu komplexen Kommunikationen zwischen Therapeut und Patient, d.h. positive und negative Affekte traten gleichzeitig auf, was aber bei denselben Therapeuten in Fällen mit gutem Therapieerfolg fast vollständig fehlte.

Erwähnenswert ist ferner die Untersuchung von Grawe-Gerber (1992), die mittels einzelfallorientierter SASB-Analysen zwei Kurztherapien (eine verhaltenstherapeutisch und eine psychoanalytisch orientierte) miteinander verglich. Hierbei konnten Veränderungen des Interaktionsverhaltens über die Zeit einerseits sowie verschiedene therapeutische Interaktionsstile andererseits identifiziert werden. Außerdem wurden mit Hilfe von Sequenzanalysen zeitliche Abfolgen der Interaktionen von Therapeut und Patient zueinander in Beziehung gesetzt, was erheblichen Aufschluß über die wechselseitige interaktionelle Steuerung von Patient und Therapeut lieferte.

Benjamin (1993) selbst befaßt sich seit einigen Jahren mit der systematischen Beschreibung der Persönlichkeitsstörungen nach DSM III-R in den Kategorien des SASB-Modells. Sie geht davon aus, daß Persönlichkeitsstörungen auf maladaptiven und rigiden interpersonalen Verhaltensmustern beruhen, die das Resultat von Anpassungsprozessen sind. Da frühe interpersonale Erfahrungen eines Menschen spezifische interpersonale Wünsche und Befürchtungen in aktuellen Beziehungen bedingen (z.B. Bowlby, 1986), spiegeln sich diese auch in der interpersonalen Wahrnehmung von Interaktionspartnern wider. Durch entsprechende Reaktionen aktueller Beziehungspartner verhärtet sich die Struktur früher interpersonaler Erfahrungen in der jeweils spezifischen interpersonalen Pathologie, beispielsweise in Form einer Persönlichkeitsstörung. Benjamin ist es gelungen, den gesamten Phänomenbereich der Persönlichkeitsstörungen mittels SASB-Analysen zu vergleichen und hinsichtlich der verschiedenen Diagnosegruppen zu spezifizieren.

5. Anwendungsbeispiel der SASB-Methode in der Gruppenpsychotherapieforschung

Wie bereits beschrieben, ermöglicht die SASB-Methode die Identifikation individueller interpersonaler Verhaltensmuster, bezogen auf einzelne Gesprächseinheiten der Interaktion zwischen zwei oder mehr Gesprächspartnern. Erstaunlicherweise wurde das in dyadischen Situationen bereits häufiger erprobte Rating-Verfahren bislang allerdings kaum zur Analyse des Interaktionsverhaltens in Psychotherapie*gruppen* eingesetzt. Dabei scheint es hierfür geradezu prädestiniert zu sein, wenn man davon ausgeht, daß jede Therapiegruppe sozusagen einen sozialen Mikrokosmos der Realwelt eines jeden Gruppenmitglieds darstellt, in dem sich jedes einzelne Mitglied innerhalb kurzer Zeit seine gewohnte interpersonale Umgebung schafft, in der sich auch unzureichendes interpersonales Verhalten zeigt bzw. vor den Augen der anderen Gruppenmitglieder agiert wird (vgl. Yalom, 1989). Die wenigen vorliegenden Gruppen-Studien, beispielsweise von MacKenzie (1987, 1990), beziehen sich alle auf die Anwendung des INTREX-Fragebogens, auf den hier aber nicht eingegangen werden soll.

Die Anwendung des SASB-Kodierverfahrens in einem Gruppenkontext erfolgte erstmals in einer einzelfallorientierten Untersuchung des Interaktionsgeschehen in einer stationären psychoanalytisch orientierten Langzeitgruppenpsychotherapie (Burgmeier-Lohse, 1994). Am Beispiel von 10 Gruppenpatienten wurde der Versuch unternommen, die individuell spezifischen, dem Bewußtsein nur teilweise zugänglichen Verhaltensmuster einzelner Patienten zu Beginn ihrer psychotherapeutischen Behandlung zu erfassen und im Hinblick auf ihre Veränderungen am Ende der Therapie zu untersuchen, wobei neben SASB auch das *ZBKT* als Fremdbeurteilung sowie das *IIP* und das *Soziogramm* als Selbstbeurteilungen zur Erfassung und Beschreibung unterschiedlicher Aspekte des Beziehungsverhaltens zum Einsatz kamen (siehe auch die Beiträge zu diesen Methoden in diesem Band). Insgesamt konnte zwar gezeigt werden, daß eine Differenzierung im interpersonalen Bereich generell als Folge von Psychotherapie zu vermuten ist, ein größerer Therapieerfolg auch mit einer erhöhten Flexibilität in der Interaktion gekoppelt zu sein scheint (Strauß & Burgmeier-Lohse, 1994), dennoch lieferten die bloßen SASB-Analysen relativ wenig aussagekräftige Ergebnisse hinsichtlich veränderter Interaktionsmuster, so daß die Frage gestellt werden muß, ob der extrem hohe Aufwand bei der SASB-Kodierung von Gruppentherapiesitzungen den vergleichsweise geringfügigen Ertrag rechtfertigt. Es soll allerdings auch nicht verschwiegen werden, daß gerade die Ergebnisse der SASB-Analysen in dieser Studie wichtige Erkenntnisse auf explorativer und hypothesengenerierender Ebene lieferten, beispielsweise Zeitpunkt und Bedeutung selten auftretender Verhaltensmuster und Verhaltenssequenzen in bezug auf den therapeutischen Prozeß bzw. die therapeutische Beziehung, was allerdings weiterer Untersuchungen bedarf.

Des weiteren erwiesen sich die SASB-Analysen als wichtige Ergänzung bei der Entwicklung empirisch fundierter Fallbeschreibungen. Hierzu wurden für die bereits erwähnten 10 Gruppentherapiepatienten (s.o.) jeweils die klinischen und biographischen Angaben mit empirischen Ergebnissen verknüpft und in Form einer "Fallgeschichte" zusammengefaßt (Burgmeier-Lohse, 1994; Strauß & Burgmeier-Lohse, 1994).

6. Abschließende Bewertung

Die Methode der "Structural Analysis of Social Behavior" (SASB) besticht durch ihre theoretische Fundierung und die Anwendung des zugrundeliegenden Modells auf die Diagnostik in der Psychotherapie (Benjamin, 1993). Unter Verwendung des SASB-Verfahrens lassen sich interpersonale Wünsche und Ängste, aktuelle Beziehungsformen und die Qualität von früheren Beziehungserfahrungen in einer einheitlichen Terminologie beschreiben, aus der sich wiederum entsprechende Konsequenzen für die Therapieplanung ableiten lassen - all diese Möglichkeiten machen SASB *theoretisch* zur Methode der Wahl insbesondere in der Gruppentherapieforschung. Demgegenüber stehen *praktisch* der extrem hohe Zeitaufwand bei der Kodierung von Interaktionen in einer Therapiegruppe (s.o.), der obendrein noch aufwendige Trainingsseminare für die Beurteiler sowie die Transkription zumeist recht komplexer Gruppentherapiesitzungen voraussetzt und - zumindest in der oben vorgestellten Untersuchung bei alleiniger Betrachtung der SASB-Analysen - zu vergleichsweise wenig aussagekräftigen Ergebnissen führt. Angesichts dieser Erfahrungen wäre einer Anwendung der SASB-Methode als Rating in der Gruppenpsychotherapie nicht zuzuraten, dennoch sollte das Verfahren bei umschriebenen Detailfragen zum Interaktionsgeschehen im therapeutischen Prozeß auch im Gruppenkontext weiterhin erprobt werden.

Literatur

Benjamin, L.S. (1974). Structural Analysis of Social Behavior. *Psychological Review, 81*, 392-425.

Benjamin, L.S. (1979). Structural analysis of differentiation failure. *Psychiatry. 42*, 1-23.

Benjamin, L.S. (1984). Principles of prediction using Structural Analysis of Social Behavior. In R.A. Zucker, J. Aronoff, A.J. Rabin (Eds.), *Personality and the Prediction of Behavior.* New York: Academic Press.

Benjamin, L.S. (1993). *Interpersonal diagnosis and treatment of personality disorders*. New York: Guilford Press.

Benjamin, L.S. & Friedrich, F.J. (1991). Contributions of Structural Analysis of Social Behavior (SASB) to the bridge between cognitive science and a science of object relations. In M.J. Horowitz (Ed.), *Person schemas and maladaptive interpersonal patterns*. Chicago: University Chicago Press.

Bossert, A. & Möller, A. (1993). *Zur "Structural Analysis of Social Behavior" (SASB) - Anwendung auf Erst- und Abschlußgespräche in der stationären Gruppentherapie*. Unveröff. Dipl. Arbeit Christian-Albrecht-Universität, Fachbereich Psychologie, Kiel.

Bowlby, J. (1986). Bindung. *Eine Analyse der Mutter-Kind-Beziehung*. Frankfurt: Fischer-Verlag.

Burgmeier-Lohse, M. (1994). *Aspekte des Interaktionsverhaltens im Verlauf einer stationären Langzeitgruppenpsychotherapie*. Unveröff. Diss., Universität Hamburg.

Carson, R.C. (1969). *Interaction concepts of personality*. Chicago: Aldine.

Foa, U.G. (1961). Convergences in the analyses of the structure of interpersonal behavior. *Psychological Review, 68,* 341-353.

Grawe-Gerber, M. (1992). *Psychotherapie aus interpersonaler Perspektive. Ein methodischer Beitrag zur Psychotherapieprozeßforschung mit der "Structural Analysis of Social Behavior (SASB)"*. Unveröff. Diss., Universität Bern.

Grawe-Gerber, M. & Benjamin, L.S. (1989). *Structural Analysis of Social Behavior. Coding Manual for Psychotherapy Research.* Unveröff. Forschungsbericht, Psychologisches Institut, Bern.

Hartkamp, N. (1993). Interpersonelle Theorie und Psychoanalyse - Geschichtliche und konzeptuelle Anmerkungen. In W. Tress (Hrsg.), *SASB - Die Strukturale Analyse Sozialen Verhaltens*. Heidelberg: Asanger.

Henry, W.P., Schacht, T.E. & Strupp, H.H. (1986). Structural Analysis of Social Behavior: Application to a study of interpersonal process in differential psychotherapeutic outcome. *Journal of Consulting and Clinical Psychology, 54,* 27-31.

Henry, W.P., Schacht, T.E. & Strupp, H.H. (1990). Patient and therapist introject, interpersonal process, and differential psychotherapy outcome. *Journal of Consulting and Clinical Psychology, 58,* 768-794.

Junkert, B. (1993). SASB-Rater und ihr Training. In W. Tress (Hrsg.), *Strukturale Analyse Sozialen Verhaltens - SASB*. Heidelberg: Asanger.

Kasper, J. &, Sievers, K. (1993). *Veränderungen von Interaktionsmustern im Verlauf einer stationären Gruppenpsychotherapie*. Unveröff. Dipl. Arbeit, Christian-Albrecht Universität, Fachbereich Psychologie, Kiel.

Kiesler, D.J. (1983). The 1982 interpersonal circle: A taxonomy for complementarity in human transactions. *Psychological Review, 90*, 185-214.

Leary, T. (1957). *Interpersonal Diagnosis of Personality*. Chicago: Ronald Press Company.

MacKenzie, K.R. (1987). Therapeutic factors in group psychotherapy: A contemporary view. *Group, 11*, 26-34.

MacKenzie, K.R. (1990). Bedeutsame interpersonelle Ereignisse - Der Hauptansatz für psychotherapeutischen Effekt in der Gruppenpsychotherapie. In V. Tschuschke & D. Czogalik (Hrsg.), *Psychotherapie - Welche Effekte verändern?* Berlin: Springer-Verlag.

Orford, J. (1986). The rules of interpersonal complementarity: Does hostility beget hostility and dominance, submission? *Psychological Review, 93*, 365-377.

Schneider-Düker, M. (1992). Das Interpersonale Modell - Eine psychotherapeutische Grundorientierung? *Gruppenpsychotherapie und Gruppendynamik, 28*, 98-113.

Strauß, B. & Burgmeier-Lohse, M. (1994). *Stationäre Langzeitgruppentherapie*. Heidelberg: Asanger.

Strupp, H.H. (1980a). Success and failure in time-limited psychotherapy: A systematic comparison of two cases: Comparison 1. *Archives of General Psychiatry, 37*, 595-603.

Strupp, H.H. (1980b). Success and failure in time-limited psychotherapy: A systematic comparison of two cases: Comparison 2. *Archives of General Psychiatry, 37*, 708-716.

Strupp, H.H. (1980c). Success and failure in time-limited psychotherapy: With special reference to the performance of a lay counselor: Comparison 3. *Archives of General Psychiatry, 37*, 831-841.

Strupp, H.H. (1980d). Success and failure in time-limited psychotherapy: Further evidence: Comparison 4. *Archives of General Psychiatry, 37*, 947-954.

Sullivan, H.S. (1953). *The interpersonal theory of psychiatry*. New York: Norton.

Tress, W., Henry, W.P., Strupp, H.H., Reister, G. & Junkert, B. (1990). Die Strukturale Analyse Sozialen Verhaltens (SASB) in Ausbildung und Forschung. *Zeitschrift für Psychosomatische Medizin, 36*, 240-257.

Wiggins, J.S. (1982). Circumplex models of interpersonal behavior in clinical psychology. In P.C. Kendall & J.N. Butcher (Eds.), *Handbook of research methods in clinical psychology*. New York: Wiley.

Wiggins, J.S. & Pincus, A.L. (1989). Conceptions of personality disorders and dimensions of personality. *Psychological Assessment: A Journal of Consulting and Clinical Psychology, 1*, 305-316.

Yalom, I.D. (1989). *Theorie und Praxis der Gruppenpsychotherapie*. München: Pfeiffer.

21 Das Zeichensystem zur Erfassung der Handlungs- und Lageorientierung in verbalen Äußerungen (Z-HOLO) von Hartung (1990)

Michael Bartschat, Mathias Fauth, Bernhard Strauß

1. Theoretischer Hintergrund

Im Rahmen der Volitionsforschung (Willensforschung) entwickelte Kuhl (1983, 1984, 1987) seine „Theorie der Handlungskontrolle", in der er für die Realisation intendierter Handlungen volitionale Prozesse zugrunde legt. In jüngster Zeit wird die Relevanz dieses Kontrollmodus auch im Bereich der klinischen Psychologie überprüft. Mit dem „Zeichensystem zur Erfassung der Handlungs- und Lageorientierung in verbalen Äußerungen" (Z-HOLO) ist es möglich, den semantischen Gehalt freier Sprachäußerungen im Hinblick die aktualisierte Handlungskontrolle, speziell auf ihren handlungs- bzw. lageorientierten Aufmerksamkeitsfocus zu erfassen (Hartung 1990).

Die Motivationsforschung läßt sich in zwei inhaltliche Bereiche unterteilen, die sich zum einen auf die *Bildung von Intentionen*, zum anderen auf deren *Realisierung* untergliedern lassen. Der erste Bereich, die Bildung einer Intention, beinhaltet jene Aspekte, die man als Motivation im engeren Sinne verstehen kann, d.h. den Prozeß des Abwägens zwischen antizipierten, anreizgeladenen Folgen einer möglichen Realisierung durch eine Handlung oder das Unterlassen dieser Handlung. Der zweite Bereich der Motivationsforschung beschäftigt sich mit der konkreten Ausführung der Handlungen, die zum Erreichen des in der Motivationsphase ausgewählten Zieles durchgeführt werden. Dieser Bereich wird gemeinhin als *Volitionsforschung* bezeichnet.

Kuhl (1983) schlug eine Differenzierung von Selektionsmotivation und Realisierungsmotivation vor, wobei erstere dem präintentionalen Aspekt, zweitere dem postintentionalen Aspekt einer Motivations-Handlungs-Kette entspricht. In diesem Sinne wäre die Volition als die Planung und Vorbereitung zur Realisierung der Intention zu definieren, insbesondere hinsichtlich des Ergreifens oder Herbeiführens von geeigneten Gelegenheiten und der Vorbereitung auf passende Ausführungsschritte.

In der Volitionsforschung hat Kuhl mit seinem Modell der Handlungskontrolle (Kuhl, 1983, 1984, 1987) die den Willensprozessen zugrundeliegenden Informationsverarbeitungsprozesse spezifiziert. Mit der Differenzierung in Selektions- und Realisierungsmotivation verdeutlicht Kuhl in seinem Modell, daß mit der Auswahl oder Selektion einer Handlungsalternative durch den Prozeß der Motivation die betreffende Handlungsalternative nicht realisiert ist, es hierzu häufig eigener, volitionaler Prozesse der *Handlungskontrolle* bedarf. Nach Kuhl erhält eine Motivationstendenz erst dann den Charakter einer Intention, wenn das Individuum einer Motivationstendenz eine Zielbindung (Commitment) gibt bzw. sich selbst auferlegt. Diese Selbstverpflichtung auf die Realisierung einer Intention ist eine von mehreren Komponenten, die Kuhl als Notwendigkeit für eine vollständige Intention beschreibt. Eine vollständige Intention umfaßt danach die Elemente: gegenwärtige Lage, Ist-Situation, angestrebter Zustand, Soll-Situation, Handlungsstrategien, mittels derer die Diskrepanz zwischen den beiden Situationen überwunden werden kann, und Selbstverpflichtung auf Realisierung. Eine Intention sieht Kuhl als Netzwerk unterschiedlicher Elemente, das entweder vollständig oder degeneriert sein kann, wenn einzelne Elemente fehlen bzw. ungenügend repräsentiert sind. Solche sogenannten degenerierten Intentionen perseverieren, können aber wegen der fehlenden Elemente nicht in eine Handlung überführt werden. So stellen beispielsweise die drei erstgenannten Intentionselemente die wesentlichen Merkmale eines aktivierten Planes dar, der aber erst durch die Selbstverpflichtungskomponente die Qualität einer Intention bekommt. Liegt eine vollständige Intention vor, so aktiviert diese *Vermittlungsprozesse*, die dafür verantwortlich sind, daß die Intention ungestört Zugang zum Handeln erhält. Wurde die Intention erfolgreich umgesetzt oder festgestellt, daß sie derzeit nicht realisierbar ist, wird die Selbstverpflichtung, die ursprüngliche Intention, wieder desaktiviert, damit neue Pläne oder Planmodifikationen entwikkelt werden können. Die Vermittlungsprozesse, sogenannte aktive Handlungskontrollstrategien, übernehmen dabei einerseits die Aufgabe, die betreffende Intention zu unterstützen, andererseits sie gegen konkurrierende Intentionen abzuschirmen. Kuhl verdeutlicht, daß die Handlungskontrolle notwendig ist, um zielgerichtetes Verhalten, insbesondere gegenüber attraktiveren Verhaltensalternativen aufrecht zu erhalten:

> „Angesichts der Vielfalt ständig variierender Handlungstendenzen wäre es dem Menschen ohne stabilisierende Willensfunktion kaum möglich, die zur Realisierung seiner Handlungsabsichten notwendige Persistenz aufzubringen. Bevor es zur Verwirklichung einer Handlungsabsicht kommen könnte, würde schon eine der konkurrierenden Tendenzen die Oberhand gewinnen, um bald wieder von einer dritten Tendenz verdrängt zu werden. Das Ergebnis wäre ein Verhaltensflimmern, das jeden geregelten Handlungsablauf unmöglich machen würde“ (Kuhl, 1987, S. 228).

Insgesamt nimmt Kuhl acht unterschiedliche aktive Handlungskontrollstrategien oder Vermittlungsprozesse an:

- Selektive Aufmerksamkeit (der Focus der Aufmerksamkeit richtet sich insbesondere auf diejenigen Informationsaspekte, die für die Realisierung einer aktuellen Intention wichtig sind, wobei Aspekte, die eine konkurrierende Intention stärken könnten, ausgeblendet werden);
- Enkodierungskontrolle (Aspekte einkommender Informationen, die mit der augenblicklichen Intention in Beziehung stehen, werden bevorzugt enkodiert und bearbeitet);

- Emotionskontrolle (Emotionen, die zur Realisierung der gegenwärtigen Intention förderlich sind, werden erzeugt bzw. hinderliche Emotionen werden aktiv gehemmt);
- Motivationskontrolle (diese dient der Stärkung der motivationalen Basis der Intention, um sie gegenüber Handlungsbarrieren oder konkurrierenden Intentionen durchzusetzen);
- Umweltkontrolle (gezielte Gestaltung und Steuerung ausgewählter Umweltaspekte zur Erleichterung der Emotions- und Motivationskontrolle);
- sparsame Informationsverarbeitung (Bearbeitung von Informationen, die für eine Entscheidung notwendig sind);
- Mißerfolgsbewältigung (ermöglicht das Ablösen von unerreichbaren Zielen und verhindert damit perseverierende Gedanken an Mißerfolg und Unerreichtes);
- Kontextanpassung (Desaktivierung der Intention, falls eine Intention nicht in Handlung umgesetzt werden kann).

Im Falle einer schwachen Handlungstendenz einer Intention kann die Intentionsrealisierung der Handlung zum Stillstand kommen. Um dies zu verhindern, werden die Handlungskontrollstrategien aktiviert, denn nur eine Intention mit einer kritischen „Motivationsstärke" wird handlungsrelevant. Der Gebrauch von Kontrollstrategien kann sowohl aktiv bewußt als auch passiv automatisch ablaufen, wobei die Wirksamkeit einer erfolgreichen Abschirmung konkurrierender Intentionen von der Qualität der angewendeten Handlungskontrollstrategie abhängt.

Einen wesentlichen Einfluß für die Effizienz der Handlungskontrolle schreibt Kuhl (z.B. 1984) einem metakognitiven Kontrollmodus der *Handlungs- und Lageorientierung* zu. Dieser Handlungskontrollmodus entspricht einer übergeordneten Ebene, auf der sich eine Person entweder im Modus der Handlungs- oder dem der Lageorientierung befindet, wodurch eine effiziente Handlungskontrolle begünstigt bzw. erschwert wird. Damit wird dem metakognitiven Kontrollmodus der Handlungs- bzw. Lageorientierung eine bedeutende Rolle bei der *Umsetzung einer Intention* zugeschrieben.

Der Kontrollmodus der *Handlungsorientierung* wirkt fördernd, da eine Person in diesem Zustand auf Umsetzung des Intendierten in Handlung drängt, während eine Person im Zustand der *Lageorientierung* mit perseverierenden Kognitionen bezüglich einer gegenwärtigen, zurückliegenden oder zukünftigen Situation beschäftigt ist und somit eine Handlungsrealisierung behindert wird. Für die Entstehung eines lageorientierten Kontrollmodus macht Kuhl (1984) zum einen Inkongruenzen der aufgenommenen Informationen verantwortlich. Andererseits entsteht auch aus degenerierten Intentionen ein lageorientierter Modus. Ist dies der Fall, so läßt sich die Lageorientierung danach unterscheiden, welches Element der Intention degeneriert ist. Unterschieden werden dabei *die mißerfolgsorientierte Lageorientierung* (durch perseverierende Gedanken an Mißerfolgserlebnisse steht nicht die vollständige Konzentrationsleistung für eine Aufgabentätigkeit zur Verfügung und behindert dadurch die Handlungsrealisierung einer Intention), die *entscheidungsbezogene Lageorientierung* (ein degeneriertes Zielbindungselement führt zu einer schwankenden Intentionsbildung. Das Individuum kann in diesem Fall weder die beabsichtigte Handlung aufgeben, noch kann es sie realisieren), und schließlich die *ausführungsbezogene Lageorientierung* (bei dieser Form liegt eine übermäßige Aufmerksamkeit auf einem Element der Intention, z.B. dem erwünschten Zielzustand). Diese erhöhte Aufmerksamkeit bezüglich des Zielzustandes geht zu Lasten anderer Elemente, z.B. der Tätigkeitsausführung. Diese degeneriert, weil sie aus Mangel an Aufmerksamkeit keinerlei Spezifikation auf den gewünschten Zielzustand hin erfährt, d.h. das Individuum fokussiert den angestrebten Zielzustand so stark, daß es von der Tätigkeitsausführung immer wieder abgelenkt wird. Dadurch kann die Diskrepanz zwischen Ist-Zustand und Soll-Zustand nicht überwunden werden.

Die Handlungskontrollzustände der Handlungs- und Lageorientierung treten aktuell und situationsspezifisch auf, jedoch lassen sich auch individuelle Unterschiede hinsichtlich einer Disposition zu einer eher handlungs- oder lageorientierten Grundhaltung feststellen. Der von Kuhl entwickelte Handlungskontrollfragebogen (HAKEMP ´85) soll der Erfassung dieser Trait-Variablen dienen (Kuhl 1985).

Zur Erfassung des aktualisierten Kontrollmodus und der handlungskontrollthematischen Aufmerksamkeitsfokussierung entwickelte Hartung (1990) das Zeichensystem zur Erfassung der Handlungs- und Lageorientierung in verbalen Äußerungen (Z-HOLO) speziell zur Anwendung in der Psychotherapie.

2. Kurzbeschreibung der Methode

Das Fremdbeobachtungsverfahren Z-HOLO ermöglicht es, den semantischen Gehalt freier Sprachäußerungen einer Person im Hinblick auf deren handlungs- und lageorientierten Kontrollmodus zu klassifizieren. Hierzu werden die Aussagen einer Interaktion in Beobachtungseinheiten, sogenannte Sprecherzüge, unterteilt. Eine Kodierung erfolgt nur, wenn sich ein Sprecherzug sowohl im Hinblick auf den Kontext als auch die Handlung bzw. das Erleben beurteilen läßt. Dabei läßt das Instrument auch die Klassifikation freier Sprachäußerungen mehrerer Gesprächspartner zu, wodurch sich die Anwendung in der Gruppentherapie anbietet. In der Interaktion wird jeweils diejenige Person zur Sprecher- bzw. Indexperson erklärt, deren individuelles Thema oder Anliegen im Zentrum des Gespräches steht, wobei die anderen Gesprächspartner den Aufmerksamkeitsfokus auf die Indexperson und ihr Thema richten. Damit läßt sich der aktuelle Handlungskontrollmodus der Indexperson klassifizieren und gleichzeitig auch der handlungskontrollthematische Aufmerksamkeitsfokus eines Gesprächspartners hinsichtlich des Anliegens der Indexperson.

„Beziehen sich die Äußerungen des Sprechers auf Anliegen der eigenen Person, wird der handlungskontrollthematische Gehalt der Äußerung als Indikator für den aktuell aktivierten Kontrollmodus des Sprechers interpretiert. Wie in anderen inhaltsanalytischen Verfahren auch, die sich an einem Repräsentationsmodell orientieren, liegt hier die schwer zu validierende Annahme zugrunde, daß sich in der Sprache psychische Merkmale, Affekte, Kognitionen wiederspiegeln (Rust, 1983). Beziehen sich die Aussagen des Sprechers nicht auf eigene Anliegen, sondern auf die einem Gesprächspartner unterstellten, ist kein Rückschluß auf den Kontrollmodus des Sprechers möglich; seine Äußerung repräsentiert in diesem Fall lediglich die handlungskontrollthematische *Aufmerksamkeitsfokussierung* (handlungs- oder lageorientiert) bezüglich der Anliegen seines Gesprächspartners“ (Hartung, 1990, S. 85).

Das Z-HOLO gliedert sich in drei hierarchisch geordnete Klassifikationsebenen (vgl. Abb. 1). Die in der Hierarchie der Klassifikation von verbalen Äußerungen vorangestellte erste Ebene identifiziert den intentionalen und situationalen Kontext. Diese erste Ebene bildet mit ihren drei verschiedenen Kontextkategorien die von Kuhl vermuteten Bereiche, in denen fehlende oder unvollständige Elemente zu degenerierten Intentionen führen und somit einen lageorientierten Kontrollmodus bedingen.

In der *planungsbezogenen Kontextkategorie* (p) stehen Planungs- und Entscheidungsprozesse im Vordergrund. In diese Kategorie gehören beispielsweise Äußerungen von Vorhaben, Zielen, Absichten, Wünschen und Änderungsplänen unterschiedlichen Konkretheitsgrades. In der *mißerfolgsbezogenen Kontextkategorie* (m) stehen tatsächliche oder befürchtete Ereignisse und Zustände, die als Mißerfolg, Schädigung, Bedrohung, Überforderung oder Belastung empfunden werden bzw. Unbehagen auslösen, im Vordergrund. Schließlich fokussiert die *ausführungsbezogene Kontextkategorie* (a) auf Berichte von Erfolgen, von Tätigkeiten, Erlebnissen, Gegenständen, die Freude machen, interessant sind oder wichtig erscheinen.

Die drei Kontextkategorien unterteilen sich in einer zweiten Ebene, wie oben angedeutet, in verschiedene Bereiche, die für jede Kontextkategorie spezifisch sind. So umfaßt beispielsweise die planungsbezogene Kontextkategorie (p) die Bereiche Entscheidungsintention, Tätigkeitsintention, Problemlösungsintention, Planbehinderung, Handlungsfreiraum. Auf einer dritten, untergeordneten Ebene wird jeder einzelne Bereich der drei Kategorien in weitere Unterkategorien differenziert. Diese sogenannten Aktionskategorien klassifizieren die Äußerung nach dem Bereich des spezifischen Erlebens und Verhaltens. Erst durch die Zuordnung eines Sprecherzuges über die Bestimmung der ihm zugehörigen, themenbereichsbezogenen definierten Aktionskategorie wird der aktuelle Handlungskontrollmodus (Handlungs- versus Lageorientierung) bestimmt.

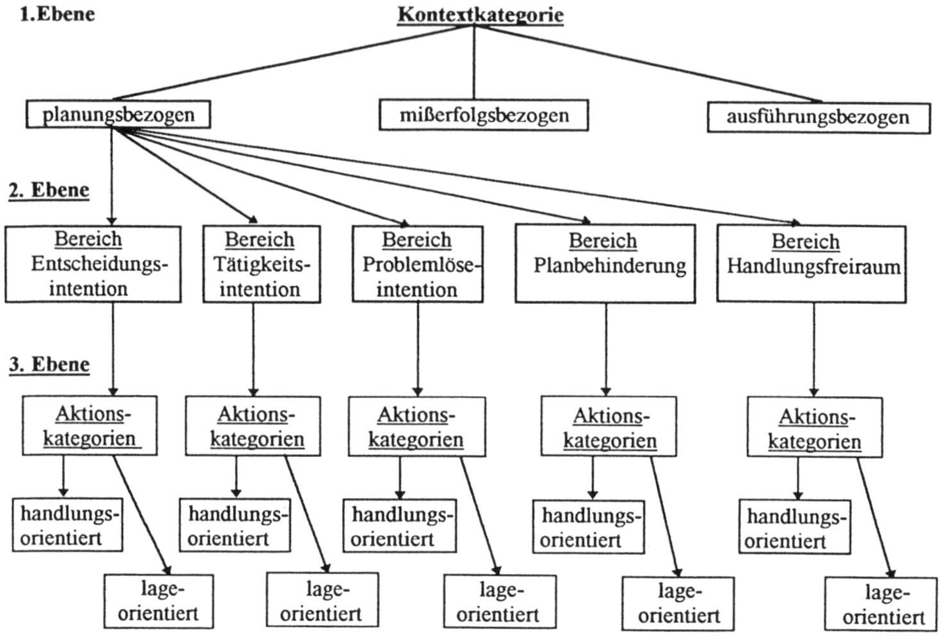

Abb. 1: Auswertungsebenen des Zeichensystems zur Erfassung der Handlungs- und Lageorientierung in verbalen Äußerungen (Z-Holo) am Beispiel der planungsbezogenen Kontextkategorie

3. Auswertung - Gütekriterien - Ökonomie

Nach dem im vorangegangenen Abschnitt dargestellten System wurde von Hartung ein elaboriertes Kategoriensystem entwickelt, auf dessen Basis die verbalen Äußerungen kategorisiert werden. Das Manual zum Z-HOLO ist bei Hartung (1990) zu finden.

Nach Hartung setzt die Anwendung von Z-HOLO ein Ratertraining von ca. 40 Stunden voraus. Der Kodieraufwand beträgt ihrer Erfahrung nach 3 Stunden für eine Zeitstunde sprachlichen Materials. In unterschiedlichen Stichproben und Gruppen wurde von Hartung die Interraterreliabilität überprüft; sie betrug zwischen .76 und .93 (Cohen´s Kappa).

In der eigenen, nachfolgend kurz skizzierten Untersuchung, war nach einer ca. 20stündigen Beurteilerschulung die Übereinstimmung weniger hoch und lag in zwei zur Bestimmung der Übereinstimmungsreliabilität ausgewählten Sitzungen bei kappa = .57 bzw. kappa = .45. Aus diesem Grund wurde in der eigenen Untersuchung die Methode des Konsensratings angewandt.

Nach den Erfahrungen von Hartung (1990) und nach den eigenen Erfahrungen in der nachfolgend dargestellten Studie ist Z-HOLO als relativ ökonomisches Instrument zur Beobachtung psychotherapeutischer Prozesse anzusehen. Das Instrument ist unkompliziert anzuwenden und ermöglicht, videoaufgezeichnete Psychotherapien nachträglich ohne Transskript der Dialoge zu beurteilen. Für 90-minütige *Gruppensitzungen* waren etwa 7 - 8 Stunden notwendig, um die einzelnen Sprecherzüge festzulegen und zu beurteilen.

4. Ein Anwendungsbeispiel von Z-HOLO aus dem Bereich der Gruppentherapieforschung

Z-HOLO fand im Rahmen der sogenannten *„Kieler Gruppenpsychotherapiestudie"* (Strauß und Burgmeier-Lohse, 1994b) in Form einer Pilotstudie Anwendung, über die im Detail bei Bartschat und Fauth (1995) bzw. Bartschat et al. (in Vorbereitung) berichtet wird. Im Rahmen der genannten Untersuchung wurde über einen Zeitraum von etwas mehr als 2 Jahren die stationäre, analytisch orientierte Psychotherapie der Klinik für Psychotherapie und Psychosomatik der Universität Kiel intensiv auf ihre Effektivität und auf Prozeßmerkmale hin analysiert. Unter anderem wurden die in dem Untersuchungszeitraum stattfindenden Gruppentherapiesitzungen (5x pro Woche à 90 Minuten) allesamt videoaufgezeichnet, um Analysen mit unterschiedlichen Methoden zu ermöglichen. Für die hier beschriebene Untersuchung wurden insgesamt 6 Behandlungswochen, entsprechend 30 Gruppentherapiesitzungen, per Zufall ausgewählt, um folgende Fragen vorläufig zu überprüfen:

1. Gibt es einen Zusammenhang zwischen dem Handlungskontrollmodus einzelner Gruppenmitglieder und dem „Makro-Outcome" sensu Orlinsky & Howard (1987)? Es sollte also untersucht werden, ob sich Patienten, die auf der Basis einer sehr sorgfältigen Erfolgsbeurteilung (vergleiche Strauß & Burgmeier-Lohse, 1994a) als erfolgreich eingeschätzt wurden, im Hinblick auf ihren Kontrollmodus von Patienten mit weniger ausgeprägtem Therapieerfolg unterscheiden, zumindest was deren Handlungskontrollmodus in den zufällig ausgewählten Gruppentherapiesitzungen anbelangt.
2. Gibt es einen Zusammenhang zwischen dem Handlungskontrollmodus einzelner Gruppenmitglieder und dem „Mikro-Outcome", d.h. der unmittelbar nach der Stunde von den „Indexpersonen" vorgenommenen Einschätzungen ihres „Optimismus" und ihrer „Selbständigkeit" (erfaßt über den Gruppenerfahrungsbogen, Strauß und Eckert 1994, vgl. auch Kap. 11)?
3. Schließlich sollte überprüft werden, ob ein Zusammenhang besteht zwischen dem in einer Gruppensitzung *insgesamt* vorherrschenden Kontrollmodus und der durchschnittlichen Einschätzung der Kohäsion bzw. des Optimismus und der Selbständigkeit (ebenfalls im Gruppenerfahrungsbogen) bei *allen* Gruppenmitgliedern.

Die über 6 Wochen verteilten 30 Gruppentherapiesitzungen wurden im Rahmen der Untersuchung in insgesamt 5738 Sprecherzüge, also Beobachtungseinheiten, unterteilt. Für die Prüfung der ersten Fragestellung lag Material für insgesamt 12 Patienten vor, die sich jeweils hälftig auf die beiden Gruppen erfolgreicher und weniger erfolgreicher Patienten verteilten. Für die Prüfung der zweiten Fragestellung lagen die Einschätzungen von 14 Patienten vor, Fragestellung 3 bezog sich auf alle 30 untersuchten Gruppentherapiesitzungen.

Die Ergebnisse der Studie können hier nur kurz zusammengefaßt werden. Im Hinblick auf die Zusammenhänge zwischen Handlungskontrollmodus und „Makro-Outcome" der hier untersuchten 12 Patienten zeigte sich, daß sich die Gruppe der erfolgreichen von den weniger erfolgreichen im Hinblick auf den *Aufmerksamkeitsfokus* signifikant unterschieden: Erfolgreiche Patienten machten relativ häufiger handlungsorientierte Aussagen zu den Problemen und Anliegen ihrer Mitpatienten als die nichterfolgreichen Patienten.

Die Hypothesen zum Zusammenhang zwischen dem aktuellen Handlungskontrollmodus und dem „Mikro-Outcome", d.h. der unmittelbar nach der Sitzung vorgenommenen Einschätzung der Selbständigkeit und des Optimismus konnten nicht bestätigt werden, d.h. hier wurden keine Zusammenhänge deutlich.

Im Zusammenhang mit der dritten Fragestellung konnte zwar kein Zusammenhang zwischen dem *aktuellen Handlungskontrollmodus* und der Selbständigkeit bzw. dem Optimismus gefunden werden, es ließ sich aber ein negativer Zusammenhang des relativen Anteils *lageorientierter Aussagen* in einer Gruppentherapiesitzung und dem danach von allen Gruppenmitgliedern beschriebenen Gefühl des Optimismus und der Selbständigkeit feststellen. Nach Sitzungen mit relativ hohem Anteil an lageorientierten Aussagen äußerten die Gruppenmitglieder durchschnittlich eher ein Gefühl von Pessimismus und Unselbständigkeit, nach Sitzungen mit relativ niedrigem Anteil von lageorientierten Aussagen beschrieben sich die Gruppenmitglieder durchschnittlich eher als selbständig und optimistisch. Dieses Ergebnis könnte als Beleg für den von Yalom (1989) beschriebenen Wirkfaktor der Gruppenpsychotherapie „Einflößen von Hoffnung" gesehen werden. Möglicherweise bewirken viele lageorientierte Äußerungen zu den in der Gruppe angesprochenen Problemen ein eher geringeres Gefühl von Selbständigkeit und Optimismus. Hypothesen zum Zusammenhang zwischen dem aktuellen Handlungskontrollmodus und dem Erleben der *Gruppenkohäsion* ließen sich nicht bestätigen.

5. Weitere Anwendungen von Z-HOLO

In der Gruppenpsychotherapieforschung ist Z-HOLO - mit Ausnahme der hier beschriebenen Studie - unseres Wissens bislang noch nicht zum Einsatz gekommen. Hartung (1990), die das Instrument in dieser Form entwickelte, beschreibt, daß sich die

Handlungs- bzw. Lageorientierung von Patienten mit Angststörungen für die Gewinnung von Handlungskontrolleffizienz in phobischen Situationen als bedeutsam erwies, daß sich also der aktualisierte Kontrollmodus als durchaus relevanter Prädiktor für den Therapieerfolg bei phobischen Klienten nachweisen ließ, die überdies bei Behandlungsbeginn eine erhöhte Tendenz zur dispositionellen Lageorientierung beim Umgang mit Mißerfolgserfahrungen deutlich machten. Im Behandlungsverlauf nahm die dispositionelle Handlungsorientierung der Patienten zu. Insbesondere das in der Anfangsphase erreichte Ausmaß des Kontrollmodus zeigte sich prognostisch bedeutsam: „Je stärker die dispositionelle Handlungsorientierung in angstspezifischen und unspezifischen Alltagssituationen und je geringer die im therapeutsichen Setting aktualisierte Lageorientierung, desto größer ist die zu erwartende Effizienz der anschließenden komplexen, therapeutischen Trainingsprogramme“ (Hartung, 1990, S. 231).

Znoj et al. (i. Druck) führten einen Vergleich von 4 einzeltherapeutischen Behandlungsformen im Hinblick auf die Handlungs- und Lageorientierung durch. In verhaltenstherapeutischen Behandlungsbedingungen war der Therapieerfolg mit einer systematischen Zunahme der Handlungsorientierung verbunden, wohingegen in erfolgreichen Gesprächspsychotherapien die Handlungsorientierung der Patienten ab-, der Grad der Lageorientierung zunahm. Während bei Verhaltenstherapien ein lageorientierter Handlungskontrollmodus eher als dysfunktional für die Erlangung bestimmter Ziele aufgefaßt wird, läßt das Ergebnis zur Gesprächspsychotherapie vermuten, daß bestimmte handlungsorientierte Strategien für ein eher einsichtsorientiertes Verfahren offenbar nachteiliger für den Therapieerfolg sind.

Erwähnenswert sind schließlich noch Untersuchungen von Stiensmeier-Pelster und Schürmann (i. Druck), die einen Zusammenhang zwischen mißerfolgsbezogenen Lageorientierungen und psychosomatischen Beschwerden, Depression und Konsum von Schlaf-, Schmerz- und Beruhigungsmitteln bei Frauen mittleren Alters feststellen konnten. Stiensmeier-Pelster et al. (1989) konnten auch systematische Muster von Handlungskontrollmodi bei Alkoholabhängigen zeigen.

6. Abschließende Bewertung

Obwohl die Methode des Z-HOLO sicherlich keine genuin auf die Gruppentherapie bezogene Forschungsmethode darstellt, wurde sie in diesen Band mit aufgenommen. Zum einen deshalb, weil es in der Psychotherapieforschung in Zukunft sicher mehr und mehr darum gehen wird, Konzepte aus der allgemeinen Psychologie zu integrieren, um auf der Basis fundierter psychologischer Theorien Gemeinsamkeiten und Unterschiede verschiedener psychotherapeutischer Verfahren genauer beschreiben zu können. Zum anderen erschien der Einsatz von Z-HOLO im Rahmen von Untersuchungen zur Gruppenpsychotherapie auf der Basis der hier kurz berichteten Ergebnisse vielversprechend, da sich zumindest im Ansatz zeigte, daß durchaus Zusammenhänge zwischen dem Therapieergebnis einzelner Gruppenmitglieder, aber auch der Beurteilung einzelner Gruppensitzungen und dem vorherrschenden Handlungskontrollmodus ergaben. Auch hier ist daran zu denken, daß die vielen unterschiedlichen gruppenpsychotherapeutischen Strategien, die zwar theoretisch differenziert beschrieben, empirisch aber kaum voneinander unterscheidbar sind, mit Hilfe eines Verfahrens aus der Volitionspsychologie besser differentiell beschrieben werden könnten. Die Erfahrung mit Z-HOLO in der hier beschriebenen Untersuchung zeigte, daß unter Umständen bestimmte Modifikationen notwendig sind, um die Methode in der Gruppenpsychotherapie noch brauchbarer zu machen. Diese Modifikationen sind im Detail bei Bartschat und Fauth (1995) bzw. Bartschat et al. (in Vorbereitung) beschrieben und sollen hier nur kurz zusammengefaßt werden:

a) Kategorisierungsprobleme im Zusammenhang mit unterschiedlichen Interaktionspartnern: Die Studie zeigte, daß verbale Äußerungen in der Interaktion am besten in Äußerungen einer „Indexperson“ und in den Aufmerksamkeitsfokus eines oder mehrerer Gesprächspartner differenziert werden sollten. Diese Trennung macht eine sinnvolle Klassifikation des aktuellen Handlungskontrollmodus von Personen in der Interaktion während eines Gespräches möglich. Es zeigte sich aber, daß - insbesondere bei emotional geführten Auseinandersetzungen - diese Sprecheraufteilung nicht immer gelingt. Es wäre also zu überlegen, die ursprünglich für eine dyadische Interaktion entwickelte Methode im Hinblick auf die Kategorisierung beteiligter Interaktionspartner zu modifizieren.

b) Z-HOLO wurde im Zusammenhang mit einem verhaltenstherapeutischen Behandlungssetting entwickelt, das in der Regel das Ziel verfolgt, eine Veränderung eines Problems durch eine Veränderung jener Variablen herbeizuführen, die als aufrechterhaltene Bedingungen angesehen werden. Im psychoanalytischen Setting wird eher versucht mit Hilfe von Introspektion, Regression sowie Übertragung und Gegenübertragung einen Veränderungsprozeß bei den Patienten zu bewirken, was den Handlungskontrollmodus als zentrales Agens der Behandlung sicherlich in einem anderen Licht erscheinen läßt. Darum ist es in diesem Zusammenhang notwendig, a priori genauere Hypothesen über die Bedeutung unterschiedlicher Kontrollmodi in unterschiedlichen Phasen der Therapie zu formulieren, was aber auf der Basis der Therapietheorie durchaus möglich sein sollte. Sicherlich haben unterschiedliche Behandlungssettings bzw. -schulen auch Auswirkungen auf das zu analysierende Material. In der oben beschriebenen Studie beispielsweise wurden sehr häufig lange Monologe beobachtet, die im herkömmlichen Sinne als ein Sprecherzug gelten, in dessen Verlauf der Handlungskontrollmodus sich aber häufig ändern kann.

c) Schließlich betreffen mögliche Modifikationen Überlegungen über die Analyse von Interaktionen im Allgemeinen. Z-HOLO ist sicherlich eine Methode, die sich primär auf den semantischen Gehalt freier Sprachäußerungen bezieht und somit viele andere Aspekte der Kommunikation, z.B. die nonverbalen nicht erfassen kann. Damit stellt sich aber ein Problem, das sich bei vielen anderen sprachinhaltsanalytischen Methoden ebenfalls ergibt, und das sich sicherlich momentan nur lösen läßt, indem man für unterschiedliche Ebenen der Analyse unterschiedliche Erhebungsmethoden einsetzt.

Trotz dieser Einschränkungen wäre es wünschenswert, wenn in Zukunft der aus der Volitionspsychologie stammende Untersuchungsansatz des Handlungskontrollmodus, der theoretisch für die Gruppenpsychotherapie vermutlich ähnlich wichtig ist wie für die Einzeltherapie, weiter erprobt und angewendet würde, und damit eine möglicherweise bedeutsame Dimension des gruppentherapeutischen Prozesses beleuchten könnte.

Literatur

Bartschat, M. & Fauth, M. (1995). *Zusammenhänge zwischen dem aktualisierten Kontrollmodus und dem „Micro- und Macro-Outcome" einer stationären Gruppenpsychotherapie*. Unveröff. Psychologische Diplomarbeit, Christian-Albrechts-Universität, Kiel.

Bartschat. M., Fauth, M. & Strauß, B. (in Vorb.). *Die Bedeutung des aktualisierten Kontrollmodus für den Verlauf und das Ergebnis stationärer Gruppenpsychotherapie*.

Hartung, J. (1990). *Psychotherapie phobischer Störungen - Zur Handlungs- und Lageorientierung im psychotherapeutischen Prozeß*. Wiesbaden: Deutscher Universitätsverlag.

Kuhl, J. (1983). *Motivation, Konflikt und Handlungskontrolle*. Heidelberg: Springer.

Kuhl, J. (1984). Volitional aspects of achievement motivation and learned helplessness. In B.A. Maher (Ed.), *Progress in experimental personality research*. New York: Academic Press.

Kuhl, J. (1985). *Kurzanweisung zum Fragebogen HAKEMP 85*. München: Max-Planck-Institut für psychologische Forschung.

Kuhl, J. (1987). Action control: The maintenance of motivational states. In F. Halisch & J. Kuhl (Eds.), *Motivation, intention and volition*. New York: Springer.

Orlinsky, D. & Howard, K (1987). A generic model of process in psychotherapy. In W. Huber (Ed.), *Progress in psychotherapy research*. Louvain: Presses universitaires de Louvain.

Stiensmeier-Pelster, J. & Schürmann, M. (im Druck). Bedingungen und Auswirkungen von Handlungs- und Lageorientierung. In J. Kuhl & J. Beckmann (Eds.), *Volition and Personality*.

Stiensmeier-Pelster, J., Meyza, P. & Lenzen, H.G. (1989). Alkoholismus und Handlungskontrolle. *Suchtgefahren, 35*, 356-367.

Strauß, B. & Burgmeier-Lohse, M. (1994a). Evaluation einer stationären Langzeitgruppenpsychotherapie. *Psychotherapie, Psychosomatik, Medizinische Psychologie, 44*, 184-192.

Strauß, B. & Burgmeier-Lohse, M. (1994b). *Stationäre Langzeitgruppenpsychotherapie*. Heidelberg: Asanger.

Strauß, B. & Eckert, J. (1994). Dimensionen des Gruppenerlebens - Zur Skalenbildung im Gruppenerfahrungsbogen. *Zeitschrift für Klinische Psychologie, 23*, 188-201.

Yalom, I.D. (1989). *Gruppenpsychotherapie*. München: Pfeiffer.

Znoj, H.J., Grawe, K. & Jeger, P. (im Druck). Action versus state orientation: A new variable for psychotherapy process research applied to four different treatment modalities. *Psychotherapy Research*.

22 Der Gruppenprozeß unter der Lupe: Das Matrix-Representation-Grid[1]

Göran Ahlin

1. Theoretischer Hintergrund

Bereits seit Beginn meiner Berufstätigkeit als Psychiater in der Mitte der 60er Jahre kam ich mit Gruppentherapie in Berührung. Ich arbeitete in der Sozialpsychiatrie, wo die Milieutherapie und die Gruppentherapie zentrale Behandlungskonzepte waren und ich fast täglich sowohl die kreativen als auch die destruktiven Möglichkeiten von Gruppen illustriert bekam. Mein Interesse dafür, Therapiegruppen tiefgreifender zu erforschen, wurde alsbald geweckt, und ich begann, nachdem ich mir einen gruppenanalytischen Referenzrahmen - von S.H. Foulkes und seinen Nachfolgern entwickelt - angeeignet hatte, mich auf Gruppenprozesse unter dem Blickwinkel gruppenanalytischer Begriffe zu konzentrieren, wie z.B. „Gruppen-Matrix", „Transpersonelle Prozesse" und „Lokalisierung" (Foulkes 1964, 1976). Innerhalb dieses Referenzrahmens, der eine enge Anknüpfung an psychoanalytische Theorien hat, wird angenommen, daß die intrapsychische und interpersonelle Dynamik und die Veränderungsprozesse der Gruppenmitglieder in einer für die Gruppe insgesamt vorhandenen *Matrix* begründet sind. Diese Matrix setzt sich einerseits aus dem zusammen, was von jedem Mitglied durch die Einwirkung von Sprache, Kultur, sozialen und geschlechtstypischen Umständen im früheren Leben erworben wurde und in die Gruppe eingebracht wird, andererseits aus Beiträgen, die von den jeweiligen Persönlichkeitsmustern der Mitglieder und von deren ungelösten intrapsychischen Konflikten bestimmt werden. Diese Persönlichkeitsmuster resultieren aus dem Zusammenspiel innerhalb der Familie während der Kinderjahre. Den erstgenannten Aspekt bezeichnete Foulkes als *die grundlegende Matrix*, der später genannte entfaltet sich in den Interaktionen in der Gruppe und formt deren *dynamische Matrix*. Die Begriffe beziehen sich im wesentlichen auf nichtbewußte Funktionen in der Gruppe. Aus wissenschaftstheoretischer Sicht sind sie in der vorliegenden Konzeptualisierung Abstraktionen, die nicht direkt in Gruppenereignissen nachgewiesen werden können. Ihre Richtigkeit und Nützlichkeit zeigt sich erst durch ihre Anwendung, z.B. entsprechende Deutungen, auf sonst unverständliche oder scheinbar unzusammenhängende, zufällige Ereignisabläufe in der Gruppe, die durch sie einen Sinn erhalten.

---

[1] Der Verfasser dankt der Psychotherapeutin und Klinischen Psychologin Karin Eelde-Hermann dafür, daß sie das schwedische Manuskript so sorgfältig ins Deutsche übertragen hat.

Soll jedoch der Begriff der Gruppenmatrix einen anwendbaren Sinngehalt erhalten, wenn wir Gruppenereignisse studieren, muß angenommen werden, daß sich die Determinanten dieser Matrix in *konkreten Verhaltensweisen und Gruppenphänomenen* manifestieren. Sie gestalten Motivationskräfte, den Zusammenhalt von Gruppen, Übertragungen und Entwicklungen von Grenzen. Ihre Wirksamkeit erstreckt sich sowohl auf intrapsychische Prozesse der Gruppenmitglieder als auch auf die Beziehungen der Gruppenmitglieder untereinander sowie auf ihre Beziehungen außerhalb der Gruppe. In Analogie zu Langs Begriff der Derivatkommunikation (Langs, 1982) wird von der Matrix einer Gruppe angenommen, daß sie das Klima und die Dialoge der Gruppe auf beobachtbare Weise beeinflußt. Diese beeinflussenden Faktoren habe ich im Rahmen der Methode für die Beobachtung von Gruppenprozessen in Therapiegruppen, dem MATRIX REPRESENTATION GRID (MRG), *Determinanten* genannt (Ahlin, 1988). Diese Determinanten sind eine Weiterentwicklung der gruppenspezifischen therapeutischen Faktoren, die in der Literatur von Yalom (1970) und anderen behandelt und von Bloch & Crouch (1985) und von Bednar und Kaul (1994) zusammengefaßt worden sind. Zunächst soll dargestellt werden, wie die MRG-Methode in die Gruppentherapieforschung eingeordnet werden kann. Danach wird die MRG-Methode beschrieben.

1.1. Die Gruppe als Ganzes in der Gruppentherapieforschung

In der Gruppentherapieforschung wurden wie in der übrigen Psychotherapieforschung sowohl Therapieprozesse und als auch Therapieergebnisse untersucht, in günstigen Fällen beides in ein und derselben Studie. Üblicherweise hat sie sich der Gruppe über die individuellen Mitglieder genähert, wobei die „Gruppe als Ganzes“ meistens nur aufgrund einer Addition oder einer Art Durchschnittswert der individuellen Werte Berücksichtigung fand bzw. definiert wurde. Seltener ist die Gruppe als Ganzes das primäre Studienobjekt gewesen. Die Erforschung von Gruppen auf individuellem Systemniveau hat auch dazu geführt, daß vor allem der Leiter und dessen Eigenschaften, die Rollenverteilung innerhalb der Gruppe und die therapeutischen, häufig *kurativ* genannten Faktoren innerhalb der Gruppe Gegenstand der Forschung waren. Die Forschung ist auch häufig experimentell ausgerichtet gewesen. Übersichten dazu finden sich z.B. bei Dies (1983) und Bednar & Kaul (1994).

Bei der Begriffsbildung in der Gruppenpsychotherapie scheint mir eine beachtliche Übereinstimmung der Auffassungen bezüglich der Bedeutung der „Gruppe als Ganzes“ vorhanden zu sein. Die Vertreter der verschiedenen Therapieschulen sind sich darin einig, daß die „Gruppe als Ganzes“ etwas anderes darstellt als lediglich die Summe ihrer Bestandteile. Gleichwohl hat diese Feststellung nur zu einer geringen Anzahl von Forschungsansätzen geführt. Die von Stock-Whitaker und Liebermann (1964; 1982) entwickelte *„Group Focal Conflict Theory"* und die hierauf gegründeten Studien sind die bekanntesten Ausnahmen. Auch Agazarians eigene Forschungsmethode SAVI basiert auf der Summierung der einzelnen Äußerungen in der Gruppe, die zusammengenommen das Bild der Gruppe schaffen sollen. Diese Methode definiert die Gruppe auch als Summe ihrer Bestandteile und steht damit im Widerspruch zu der „etwas-anderes-als-die-Summe"-Auffassung, für welche Agazarian sonst eine Fürsprecherin ist.

Das Matrix Representation Grid (MRG) untersucht die „Gruppe als Ganzes" und verdeutlicht ihren Prozeß in Form von Diagrammserien über die Gruppendeterminanten. Das MRG ist eine Beobachtungsmethode von Gruppen, die die Möglichkeit bietet, das Gruppenklima anhand einer theoretisch fundierten, sich auf klinischen common-sense stützenden Skala zu klassifizieren. MRG verwendet als Determinanten vier Modifikationen (emotionales Klima, Selbstöffnung, Akzeptanz, Beziehungsmuster) der ursprünglichen kurativen Faktoren von Yalom (Kohäsion, Katharsis, interpersonales Lernen, Identifikation und Rekapitulation von Erfahrungen aus der Primärfamilie). Vom Begriff „Gruppenkohäsion", der dafür kritisiert worden ist, ein sehr zusammengesetzter und schwer definierbarer Begriff zu sein (Bloch & Crouch, 1985, Bednar & Kaul, 1994), verwendet MRG den Teil, den Bloch & Crouch als den zentralen herausgestellt haben, nämlich die interpersonelle Akzeptanz. „Katharsis" ist zum „emotionalen Klima" in der Gruppe umgestaltet und „interpersonales Lernen" zur „Selbstöffnung" reduziert worden, und zwar vornehmlich deshalb, weil Einsicht ein individueller Begriff und nicht spezifisch für die Gruppentherapie ist (vgl. Bloch & Crouch, a.a.O.). Aus „Identifikation" und „Rekapitulation" sind zwei Determinanten, „Beziehungsmuster" und „Autoritätsmuster", gebildet worden. Sie wurden erweitert um die Möglichkeit, das Niveau der Übertragungsbeziehungen im Gruppenprozeß einzuschätzen.

Zu den oben genannten fünf Determinanten sind drei weitere hinzugefügt worden: Kommunikationsfluß, Bildersprache und Abgrenzungsmodalitäten. Diese Determinanten wurden in Form von (quantitativ) abgestuften Skalen operationalisiert, die den Kommunikationsfluß, den Inhalt der verbalen Dialoge und die Umfeldfaktoren, d.h. die interpersonellen und die geschichtlichen Grenzziehungen der Gruppe („dort-und-damals" gegenüber „hier-und jetzt") erfassen sollen. Das MRG nimmt eine Beurteilung des Prozesses der Gruppe als Ganzes in Form eines MRG Diagramms vor, das mit dem Gruppenthema verknüpft wird: dem Konflikt oder dem gemeinsamen Problem, mit dem die Gruppe zu einem bestimmten Zeitpunkt arbeitet. Das MRG ist primär für die analytische Gruppenpsychotherapie konstruiert, bei der der Therapeut nicht die Auswahl der Themata steuert, mit welchen gearbeitet werden soll. In dieser Form von Gruppentherapie entwickelt sich von Zeit zu Zeit ein gemeinsames Gruppenthema, das zwar häufig von den Teilnehmern nicht explizit benannt wird, aber doch für einen Beobachter (oder für den Therapeuten) zu erkennen und zu benennen möglich ist. Dieses Thema ähnelt in erheblichem Maße dem, was in Whitaker und Liebermans Gruppen-Fokal-Konflikt-

Theorie „disturbing motive x reactive motive“ genannt wird, also die Schwierigkeit oder der Konflikt, der bzw. dem ausgewichen wird. Dieses Thema verbleibt meist auf dem nichtbewußten Niveau des Zusammenspiels der Gruppe.

Abb. 1: MRG-Diagramm (Version 2)

2. Kurze Beschreibung der MRG-Methode

Die zur Anwendung der MRG-Methode notwendigen Beobachtungen können sowohl während einer laufenden Gruppensitzung als auch anhand einer Bandeinspielung durchgeführt werden. Das Videoband ist dem Tonband vorzuziehen, weil es mehr Informationen bezüglich der nicht-verbalen Interaktion vermittelt. Das Videoband ist auch bei der Ausbildung von Beobachtern vorzuziehen. Ein Beobachter muß mit dem Übertragungsbegriff vertraut sein und muß Erfahrungen mit Gruppentherapien und mit Deutungen haben. Es ist von Vorteil (wie meistens in der Psychotherapieforschung), wenn der Beobachter ein erfahrener Gruppentherapeut ist, obwohl Pilotstudien gezeigt haben, daß auch Ausbildungskandidaten nach einem Training die Methode mit Erfolg anwenden können. Abhängig von der Zielsetzung der Studie können ein oder mehrere Beobachter eingesetzt werden.

Zuerst bestimmt der Beobachter, mit welchem Gruppenthema die Gruppe gegenwärtig befaßt ist. Das Gruppenthema wird in gewöhnlicher Alltagssprache als Antwort auf die Frage formuliert: „Welches Problem oder welcher Konflikt beschäftigt die Gruppe tatsächlich gegenwärtig?“ Nachdem das Thema bestimmt worden ist, werden die 8 Determinanten eingeschätzt. Jede Determinante weist 5 Abstufungen auf (s. Abb. 1). Da es sich dabei nicht um Stufen eines Kontinuums handelt, werden diese Abstufungen "Positionen" genannt. Jede dieser Positionen ist definiert (s. Tab.1). Bei der Beurteilung der Determinanten ist also zu bestimmen, welche Positionen für die zu beurteilende Situation zutreffen. Die Bestimmung der Determinanten erfordert ein Training mit Hilfe eines Manuals (Ahlin, 1994). Die oben genannten Pilotstudien haben gezeigt, daß man sich mit der Methode durch ein ein- oder mehrtägiges Training vertraut machen kann. Das Training wird am besten anhand von Videoaufnahmen durchgeführt, entweder von realen Gruppentherapien oder von Rollenspielen, die sich auch für Ausbildungszwecke bewährt haben.

Die acht Positionen bilden zusammen ein MRG-Diagramm, das ein schematisches Bild des aktuellen Status der Gruppe oder des Gruppenklimas im Hinblick auf das gerade behandelte Gruppenthema darstellt (s. Abb. 1).

Ein MRG-Diagramm gibt einen momentanen, keinen überdauernden Gruppenzustand wieder, analog einem Schnappschuß. Will man das Klima der Gruppe in bezug auf mehrere Gruppenthemata, während einer ganzen Sitzung oder während mehrerer Sitzungen charakterisieren, so können Serien von MRG-Diagrammen erstellt werden. Diese Serien können zu einem „Prozeß-Emblem“ zusammengefaßt werden. Dazu wird ausgezählt, welche Position der jeweiligen Determinante am häufigsten auftritt (s. Abb. 2). Diese häufigste Position wird in das Prozeß-Emblem eingetragen. Prozeß-Embleme ermöglichen auch, Vergleiche zwischen den Prozessen in unterschiedlichen Gruppen zu ziehen oder die Prozesse in Gruppen zu vergleichen, denen unterschiedliche theoretische Konzepte zugrunde liegen (s. Abb. 3). Eine solche vergleichende Studie wurde für die Kurzgruppentherapie von alkoholabhängigen Patienten durchgeführt (Ahlin et al., 1995).

Der wichtigste Anwendungsbereich der MRG-Methode besteht jedoch darin, den Zusammenhang zwischen dem jeweiligen Gruppenthema und den sich dabei einstellenden Gruppenzuständen zu untersuchen.

Bisherige Studien haben gezeigt, daß ein Gruppenthemawechsel innerhalb eines Zeitraums von fünf Minuten eher selten ist, meist ist der zeitliche Abstand größer. Von Bedeutung ist, daß der Wechsel des Gruppenthemas nicht in chronologischer Regelmäßigkeit passiert, sondern in Abhängigkeit vom Schwierigkeitsgrad und der Bedeutung des Themas für die Gruppe.

Tab. 1: Operationale Definitionen der Positionen im Matrix-Representation-Grid (MRG)

Kommunikationsfluß Stufe der verbalen und nonverbalen Kommunikation -qualitativ-	*Bildersprache* Vorwiegend verbale Inhalte des Gruppengesprächs -qualitativ-
1. Schweigen Keine verbale, kaum nonverbale Interaktion	*1. Konkret* Konkrete, unpersönliche Mitteilungen, konkrete Ratschläge
2. Schleppend Nur vereinzelte verbale Äußerungen, gelegentlich nonverbale	*2. Klärend sachlich* Persönliche Informationen über die Welt außerhalb der Gruppe, auch klärende, konfrontierende Äußerungen
3. Fließend Frei fließender Austausch, kaum Schweigepausen	*3. Deutend, spiegelnd* Betonung gemeinsamer Gruppenerfahrungen, deutendes Arbeiten im Gruppengespräch
4. Lebendig Kontinuierlicher Austausch, kein Schweigen, Gruppenmitglieder sprechen gleichzeitig	*4. Metaphorisch* Viele Metaphern, mit denen Objektbeziehungen und unbewußte Konflikte bezeichnet werden
5. Hektisch Aufregung, häufige Unterbechungen, gleichzeitiges Sprechen, Kampf um Standpunkte	*5. Unverständlich/mystisch* Archetypische oder tief verwurzelte, kulturelle Bilder, auch fragmentiert, irreal, rätselhaft

Emotionales Klima Bewertung der Gefühle, die in der Gruppe als Ganzes ausgedrückt werden -semi-quantitativ-	*Selbstöffnung* Stufe der vorwiegend verbalen Offenbarung individueller innerer psychischer Welten -quantitativ-
1. Indifferent Kein bzw. kaum Ausdruck von Gefühlen	*1. Verhindert* Innere Welten sind verschlossen, kein Mitteilungsdruck
2. Ungebunden Vereinzelte Gefühlsäußerungen von geringer Intensität	*2. Gelegentlich* Einzelne Mitglieder öffnen sich gelegentlich, geringer Gruppendruck, persönliche Dinge in der Gruppe zu äußern

(Tab. 1; Fortsetzung)

3. Fürsorglich Höheres Maß an Gefühlen wechselnder Intensität	*3. Normal* Forderung nach Selbstöffnung wird in der ganzen Gruppe selektiv öfter erfüllt
4. Dicht Hohes Maß an intensiven Emotionen längerer Dauer, mäßig hohes Angstniveau	*4. Lebendig* Selbstöffnung tritt oft auf; keine Auswahl; scheinbar keine Hindernisse
5. Ängstlich angespannt Ziemlich erschöpfend, hohes Maß an Angst, Neigung zu psychosomatischen Reaktionen	*5. Dominierend* Starker Druck, sich ohne Einschränkung zu öffnen; Geheimhaltung wird kritisiert, gelegentlich Zuweisung von Sündenbockfunktionen
Akzeptanz Kohäsion, Akzeptanz und Unterstützung in der Gruppe -semi-quantitativ-	*Beziehungsmuster* Dominierender interpersonaler Modus der Beziehungsgestaltung -semi-quantitativ-
1. Loser Zusammenhalt Gruppe wirkt nicht zusammengehörig; Akzeptanz/Unterstützung nur durch Leiter	*1. Unverbindlich* Oberflächlich, unverbindlich
2. Partiell Kohäsion und Akzeptanz geht haupsächlich von einigen Mitgliedern aus	*2. Intellektualisierender Diskurs* Kontaktsuche durch intellektuelle Interaktion kanalisiert
3. Durchschnittlich In der Gruppe wird allgemein Solidarität ausgedrückt, man kümmert sich um Abtrünnige	*3. Reflexiv spielerisch* Bezug zu Phantasie und Realität; Übertragung triangulär
4. Intensiv Starke Bindung an/Sorge um die Mitglieder; Überfürsorge für Abtrünnige	*4. Resonanz provozierend* Offensichtliche Übertragung auf dyadischem Niveau
5. Vereinnahmend Allgemeine Überfürsorge; Tendenz zur Symbiose und Verschmelzung; Ausstossung von Abtrünnigen	*5. Ritualisiert* Tiefes Übertragungsagieren auf dem Niveau von Partialobjekten bzw. auf magischem Niveau

(Tab. 1; Fortsetzung)

Autoritätsmuster **Muster symbolischer Machtverteilung; Autonomie und Abhängigkeit** **-qualitativ-**	*Abgrenzungsmodalitäten* **Ausmaß und Qualität der interpersonalen und Gruppengrenzen** **-semi-qualitativ-**
1. Laissez faire Vage, widersprüchliche und passive Akzeptanz unklarer Autoritäten	*1. Verleugnung von Grenzen* Rigide interpersonale Distanzen; keine gemeinsamen Gruppennormen, abgesehen von der Vermeidung von Konflikten, Emotionen und Biographisches
2. Anarchistisch Autorität wird nicht akzeptiert; aggressive, kontraphobische Reaktionen gegen Abhängigkeit	*2. Vorsichtige Annäherung* Zögerliche Annäherungen, vereinzelte zwanghafte Gruppennormen, Hinweise auf Biographisches
3. Egalitär Manifestes Bemühungen um kollektive, geteilte Verantwortung und Autorität	*3. Offene Annäherung* Allgemeine Annäherung; unterscheidbare und flexible Gruppennormen; Geschichte ist präsent; konstruktives, offenes System
4. Autoritär „Rationale", hierarchische Autorität wird akzeptiert, dennoch wechselnde emotionale Führung	*4. Beginnender Zusammenschluß* Starke Identifizierung mit bzw. Abhängigkeit von der Gruppe; vermindertes Interesse an der Außenwelt; manchmal Eindringen in individ. Identitäten
5. Totalitär Konstanter omnipotenter Führer mit Sklaven; diktatorisch	*5. Abgeschlossen nach außen* Kondensiertes, anklammerndes Klima, nach außen abgeschlossen; Auflösung persönlicher Grenzen; Biographisches irrelevant

3. ZurValidität und Reliabilität der MRG-Methode

Die Methode hat sich in der klinischen Anwendung bewährt. Sie erfaßt relevante Gruppenprozesse und deren therapeutische Möglichkeiten (Britz & Akerstedt, 1987; Birgerson, 1995; Hedenius, 1988; Busch & Skarbrandt, 1995). Es gibt, wie bereits erwähnt, bisher wohl keine andere Methode mit vergleichbarer Zielsetzung, so daß eine einfache Validierung nicht möglich ist. Bisher wurde die inhaltliche Validität der MRG-Methode durch einen Vergleich mit der gruppenanalytischen Theorie und modernen Entwicklungstheorien (Ahlin, 1995a) festgestellt. Durch vergleichende Untersuchungen mit Agazarians SAVI-Methode (Agazarian, 1987) ergaben sich Hinweise auf eine sowohl konvergierende als auch diskriminierende Validität der MRG-Methode (Ahlin et al., a.a.O). Gleichwohl steht es noch aus, die Validität mit Hilfe weiterer Studien zu bestätigen. Wie der Aufwand für die Validierung der ZBKT-Methode zeigt, ist für die Validierung komplexer Methoden eine Vielzahl von Studien erforderlich.

Auch das Erreichen von hohen Zuverlässigkeitskoeffizienten bleibt bei einer Forschungsmethode, die auf so komplexen Variablen wie die MRG-Methode aufbaut, eine schwierige Aufgabe. In einer eigenen Studie wurde die Übereinstimmung zwischen drei unabhängigen Beurteilern durchschnittlich mit 0.69 ermittelt. Dieser Wert entspricht einem Kappawert (Cohen) von 0.56 (Ahlin, 1995b). Übereinstimmungen in dieser Höhe sind nach Fleiss (1981, zit. nach Lambert & Hill, 1994) für eine Psychotherapieforschungsmethode dieser Komplexität als „akzeptabel bis gut" zu betrachten. Bei einem längeren Training der Beobachter als dem bei den genannten Studien, wo drei sehr erfahrene Gruppentherapeuten ein nur dreistündiges Training erhielten, können wahrscheinlich etwas höhere Zuverlässigkeitswerte erzielt werden.

4. Ein Anwendungsbeispiel

Das folgende Beispiel ist dem Material entnommen, das zu der oben erwähnten Zuverlässigkeitsstudie gehört. Eine geschlossene zweijährige Therapiegruppe, bestehend aus Universitätsstudenten mit neurotischer und Borderline-Problematik, wurde mit Video aufgenommen. Mit dem MRG wurden aus der Mitte dieser Behandlung drei aufeinanderfolgende Gruppensitzungen, jeweils 90 Minuten lang, analysiert. Tab. 2 gibt die Gruppenthemen einer dieser drei Gruppensitzungen wieder, wie sie von einem trainierten Beobachter festgestellt worden sind. Gemäß der operationalen Definitionen der MRG-Methode bedeutet für jede Determinante die Position 3 einen Beitrag zu einem therapeutisch optimalen Gruppenklima. Diese Position ist durch den mittleren Kreis im Diagramm gekennzeichnet. Werden die Positionen aller Determinanten jeweils mit 1 eingeschätzt, bedeutet dies ein defensives abweisendes Klima, das kaum therapeutisch wirksam ist. Die Positionen 1 entsprechen dem äußeren Kreis des Diagramms. Die Positionen 5, repräsentiert durch den inneren Kreis im Diagramm, bedeuten ein verdichtetes Klima in Richtung auf ein Zusammenschmelzen der Gruppe. Ein solches Klima kann in Abhängigkeit von der Entwicklung des Gruppenthemas sowohl regressiv defensiv als auch therapeutisch fruchtbar sein. Die Positionen 2 und 4 sind Zwischenpositionen. Position 2 weist mehr in Richtung eines oberflächlichen, Position 4 mehr in Richtung eines therapeutisch dichten Klimas.

Tab. 2: Gruppenthemata während der Sitzung B (vgl. Abb. 2)

Gruppenthema	Minuten nach Beginn	Beurteilung
1. Ist die Gruppe etwas wert?	6	angstbeladen
2. Wettkampf darum, wer andere trösten darf	25	lindernd, dennoch konflikthaft
3. Wie kann jeder teilnehmen?	43	mässiger Konflikt
4. Wagen wir es, uns gegenseitig starke Gefühle zu zeigen?	53	Ambivalenz, Konflikt
5. Nähe und Distanz	63	Ambivalenz, Trost
6. Wie wird man hier in dieser Gruppe etwas wert?	76	mässige Angst
7. Können wir gegenseitig Kritik aushalten?	89	stützend

Der therapeutische Wert dieser Position ist auch vom Verlauf des Gruppenprozesses und den jeweiligen Themen abhängig. Falls ein brisantes und forderndes Thema ein mehr oberflächliches Thema ablöst, wird das Gruppenklima definitionsgemäß entweder defensiv oberflächlich oder aber regressiv. Ein brsiantes Thema mit Wertungen in den Positionen 3 spricht für eine therapeutisch günstige Arbeit. Der Fortschritt einer Gruppe zeigt sich darin, daß dasselbe Thema zu einem früheren Zeitpunkt defensiver und oberflächlicher behandelt wurde als zum derzeitigen Zeitpunkt. Das soll im folgenden Beispiel illustriert werden.

Thema 1 in Tab. 1 ist das am meisten brisante Thema der sieben Themen. Wie aus Abb. 2 hervorgeht, gehört zu ihm ein MRG-Diagramm, das mit Ausnahme des Autoritätsmusters aus Position-2-Bewertungen besteht. Dieses MRG ist ein gutes Beispiels für ein ziemlich defensives Gruppenklima mit Autoriätsabhängigkeit, auch wenn es sich um eine „vernünftige“ Autorität handelt und nicht um einen diktatorischen Führer.

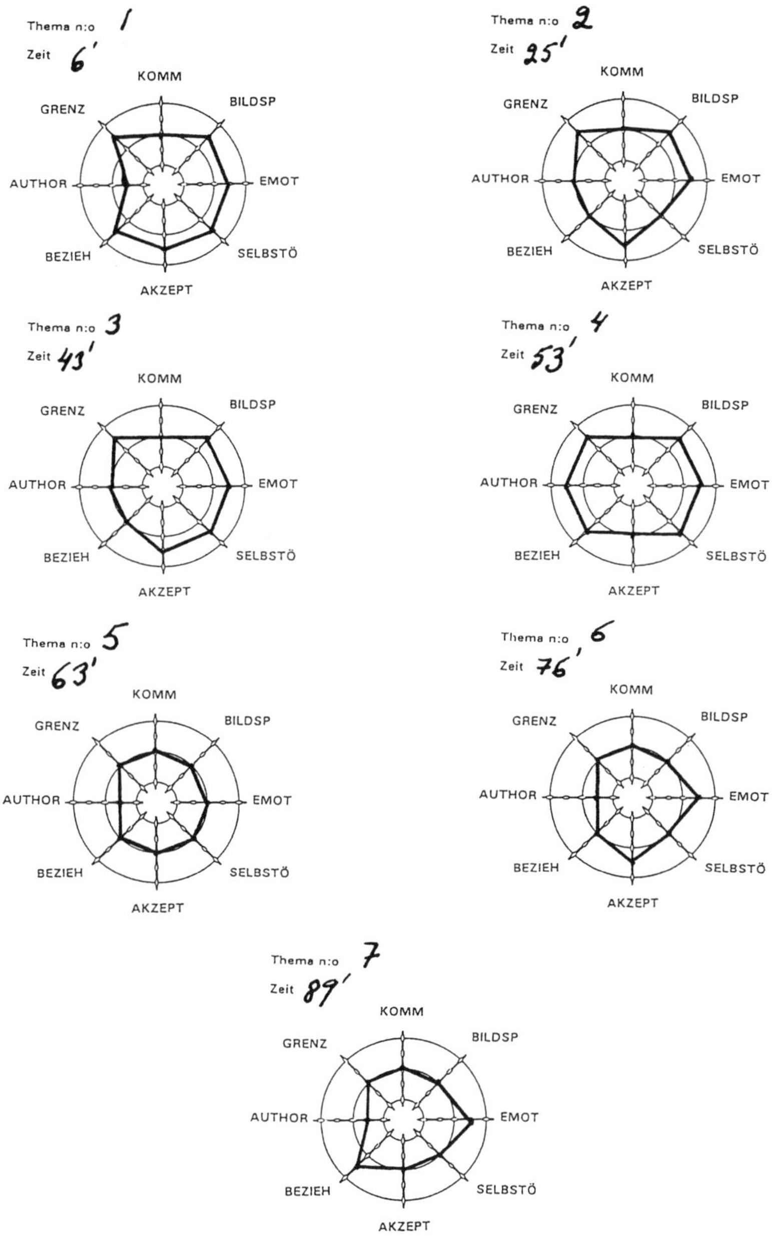

Abb.2: MRG-Diagramme aus Sitzung B; Gruppenthemata gemäß Tabelle 2

Thema 2 lindert die Frustration. Trost gibt es offenbar auch dann, wenn eine Rivalität zwischen den Mitgliedern bezüglich der Frage aufkommt, wer Trost spenden darf usw. Das MRG-Diagramm wird bei diesem Thema verbessert: Die „Selbstöffnung" wird zum Kennzeichen der Gruppe als Ganzes, das „Beziehungsmuster" wird tiefer und mehr triangular, und die „Autoritätsabhängigkeit" wird von gleichartigen Mustern besetzt.

Thema 3 verstärkt wiederum die allgemeine Frustration offenbar dadurch, daß Separationsängste aufkommen mit der Folge, daß die „Selbstöffnung" wieder abnimmt. Bei im wesentlichen unverändertem MRG-Diagramm bewirkt Thema 3 offensichtlich eine kleine Tendenz zu einer größeren Defensivität.

Thema 4 ist hinsichtlich des Belastungsgrades mit Thema 3 vergleichbar. Das Thema berührt die Ambivalenz der Gruppenmitglieder vor Authentizität untereinander, und es bewirkt - zum ersten Mal während dieser Sitzung - einen höheren Grad der Akzeptanz, aber auch ein mehr defensives „Autoritätsmuster".

Thema 5 löst erneut Ambivalenz aus. Hierbei zeigt die Gruppe jedoch ihre Fähigkeiten, ein gutes therapeutisches Klima zu entwickeln. Möglicherweise reagiert die Gruppe etwas regressiv bezüglich ihrer Wünsche nach autoritärer Führung, ihr Umgang mit Thema 6 ist jedoch definitionsgemäß optimal, obwohl das Gruppenthema als schwierig eingestuft wurde.

Thema 6 berührt die Rivalität innerhalb der Gruppe. Das emotionale Klima der Gruppe wird eine Stufe kühler eingeschätzt, und die Akzeptanz sinkt ebenfalls um eine Position. Thema 6 löst in der Tendenz eine defensive Reaktion aus, was aber nicht dazu führt, daß das therapeutisch günstige Klima in der Gruppe in seiner Gesamtheit zerstört wird.

Das letzte Thema 7 befaßt sich erneut mit der Ambivalenz der Gruppe bezüglich des Austragens von Konflikten innerhalb der Gruppe. Das MRG-Diagramm zeigt für dieses Thema wiederum eine gute Akzeptanz, zugleich aber auch ein eher oberflächliches „Beziehungsmuster".

Aus dieser Abfolge von MRG-Diagrammen kann also entnommen werden, daß die Gruppe zunächst von einem defensiven Klima geprägt war, das sich in ein therapeutisch günstiges veränderte, als das Thema weniger belastend wurde (Minute 25-50). Danach wurde das Gruppenklima für den Rest der Sitzung therapeutisch ziemlich günstig, auch wenn Tendenzen zu einer oberflächlichen Defensivität bezüglich einiger Determinanten zu beobachten waren, und zwar dann, als in den letzten 15 Minuten Rivalitätskonflikte im Rahmen des Gruppenthemas auftauchen.

Das Beispiel illustriert, daß die MRG-Methode hinreichend sensibel für Variationen des Gruppenklimas ist. Sie erfaßt Änderungen des Gruppenzustandes in Abhängigkeit von der Gewichtigkeit und dem Schwierigkeitsgrad des jeweiligen Gruppenthemas. Somit ist dieses Beispiel auch ein Beitrag zur Konstruktvalidität der MRG-Methode.

Diese zeigt sich auch an den in Abb. 3 wiedergegebenen „Prozeß-Emblemen“ für jeweils gruppenanalytische bzw. verhaltenstherapeutische Kurz-Gruppentherapien.

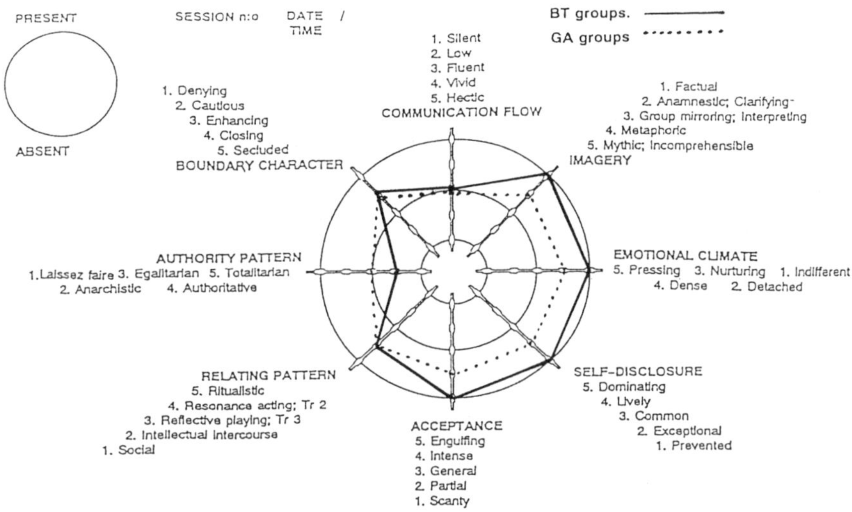

Abb. 3: Prozeß-Embleme: Vergleich der Prozeß-Embleme von gruppenanalytischer und verhaltenstherapeutischer Kurzgruppentherapie

5. Abschließende Bewertung

Das Matrix-Representation-Grid ist eine standardisierte Beobachtungsmethode für Gruppenprozesse, bei der die Gruppe als Ganzes aufgefaßt und analysiert wird. Die MRG-Methode wurde 1986 im Rahmen der Theorie der Gruppenanalyse (Foulkes) entwickelt. Sie eignet sich für die Analyse von Therapiegruppen. Es liegt inzwischen eine revidierte Version vor (Ahlin, 1994), für die es auch ein englisches Manual gibt. Ferner wurde ein Computerprogramm für die Verwaltung der Beobachtungsdaten entwickelt. Die MRG-Methode kann als wichtige Ergänzung bereits vorliegender Methoden zur Gruppenforschung angesehen werden, die das Gruppengeschehen anhand der Reaktionen der einzelnen Mitglieder der Gruppe zu erfassen versuchen. Da die gute Anwendbarkeit der MRG-Methode belegt ist, stellt sie einen wertvollen Beitrag im Kanon der Methoden der Gruppenforschung dar.

Literatur

Ahlin, G. (1988). Reaching for the Group Matrix? *Group Analysis, 21 (3),* 211-226.

Ahlin, G. (1994). *Manual for the use of Matrix Representation Grid, MRG. 2.* Unveröff.

Ahlin, G. (1995a). The Interpersonal World of the Infant and the Foundation Matrix of the Groups and Networks of the Person. *Group Analysis, 28,* 5-20.

Ahlin, G. (1995b). *Matrix Representation Grid, MRG, version 2 - revision of a group therapy observation instrument* (unveröff.).

Ahlin, G., Sandahl, C., Herlitz, K. & Brimberg, I. (1995). *Developing the Matrix Representation Grid (MRG) a metod for observing group processes. Findings from time-limited group psychotherapy for alcohol dependent patients.* (unveröff.)

Bednar, R.L. & Kaul, T.J. (1994). Experiential group research: Can the cannon fire? In Bergin, A.E. & Garfield, S.L. (Eds.), *Handbook of Psychotherapy and Behavior Change* (4th Edition). New York: John Wiley & Sons, Inc.

Birgerson, E. (1995). *Observationer av gruppsykoterapi med MRG.* (Swedish. Transl. Observation of group psychotherapy with the MRG method.). Sthlms Univ Psykol Instit (Abstract).

Bloch, S. & Crouch, E. (1985). *Therapeutic Factors in Group Psychotherapy.* Oxford: University Press.

Britz, K. & Akerstedt, B. (1987). *Jan man göra det osynliga synligt?* Pilotstudie av MRG-diagram. (eng. transl. Can the invisible be made visible? Pilot study of MRG.diagrammes.). PSSt, Psychotherapeutic Writings from Langbro Hospital (Abstract).

Busch, M. Skarbrandt, E. (1995) *Anka eller örn? En pilotstudie av provitas öppenvardsprogram för alkoholproblematiker.* (Swedish. Transl. "Duck or Eagle? A pilot study of a Minnesota model treatment program). PSST, Psychotherapeutic Writings from Langbro Hospital (Abstract).

Dies, R.R. (1983). Bridging the Gap Between Research and Practice in Group Psychotherapy. In Dies, R.R. & MacKenzie, K.R. (Eds.), *Advances in Group Psychotherapy*. New York: International Universities Press Inc.

Foulkes, S.H. (1964). *Therapeutic Group Analysis*. London: Allen and Unwin.

Foulkes, S.H. (1976). *Group Analytic Psychotherapy. Method and Principles*. London: Gordon & Breach.

Hedenius, A. (1988). *Kan en grupps omedvetna, respektive förmedvetna det vill säga psykodynamiska "latenta innehall" beskrivas och visualiseras i diagramform?* (eng. transl. Can the not concsious latentpsychodynamic contents of a group be described and visualized in diagrammatic form?). PSST, Psychotherapeutic Writings from Langbro Hospital (Abstract).

Lambert, M.J. & Hill, C.E. (1994). Assessing psychotherapy outcomes and processes. In Bergin, A.E. & Garfiedl, S.L. (Eds.), *Handbook of Psychotherapy and Behaviour Change*. New York: John Wiley & Sons, Inc.

Langs, R. (1982). *Psychotherapy, a basic text*. New York: Jason Aronson.

Stock Whitaker, D. & Liebermann, M. (1964). *Psychotherapy trough the Group Process*. New York/London: Aldine/ Tavistock.

Stock Whitaker, D. & Liebermann, M. (1982). A Nuclear Conflict and Group Focal Conflict Model for Integrating Individual and group Level Phenomenae. (Abstract).

Thelen, H. & Stock, D. (1954). *Methods for studying work and emotionality in groups*. (UnPub)

Yalom. I.D. (1970). *The Theory and Practice of Group Psychotherapy (1.Ed.)*. New York: Basic Books.

23 Anwendung der Methode des „Zentralen Beziehungskonfliktthemas“ (ZBKT) in der Gruppentherapie

Hermann Staats, Joachim Biskup

1. Theoretischer Hintergrund

Das zentrale Beziehungskonfliktthema (ZBKT) beschreibt ein Interaktionsmuster. Das Verfahren wurde an Transkripten von Therapiesitzungen entwickelt. Untersucht werden Erzählungen des Patienten über seine Interaktion mit anderen Menschen, sogenannte *"Beziehungsepisoden"* (BEs). Aus diesen werden drei Komponenten, die zusammen ein Schema für (erwartete) Interaktionen ergeben, inhaltsanalytisch bestimmt: der Wunsch (W) des Erzählers, die Reaktion eines Anderen, des Objekts dieses Wunsches (RO) und die eigene Reaktion darauf (RS). Als "zentral" wird das Thema aufgefaßt, das in verschiedenen BEs häufig wiederholt vorkommt. Für alle Auswertungsschritte ist ein formalisiertes Vorgehen beschrieben, das die reliable Bestimmung eines ZBKT sichern soll.

Die ZBKT-Methode wurde entwickelt, um interpersonelle Beziehungsmuster zu beschreiben (Luborsky, 1977). Luborsky schildert (1990a, S. 3), wie er dann weitgehende Übereinstimmungen zwischen Freuds Beobachtungen zur *Übertragung* und dem Konzept des ZBKT gefunden habe, und beschreibt die Überlappung beider Konzepte (Luborsky, 1990c, S. 264; Luborsky et al., 1994). Das zentrale Beziehungskonfliktthema trete in der Beziehung zum Psychotherapeuten ebenso auf wie in Beziehungen außerhalb der Psychotherapie. Kächele et al. (1990) schreiben von "Subjekt-Objekt-Handlungsrelationen, die in den *narrativen* Episoden deshalb zum Vorschein kommen, weil sie dort wie eingebrannte Klischees sichtbar gemacht werden".

Luborskys Überzeugung, daß das ZBKT Übertragung wiedergibt, gründet sich wesentlich auf die Untersuchung von Therapietranskripten. Für die Arbeit mit narrativen Episoden, die außerhalb einer therapeutischen Beziehung gewonnen wurden, sprechen Geyer et al. (1993) von "Übertragungsbereitschaften". Dahlbender et al. (1993) und Albani et al. (1994) lösen den potentiellen Zusammenhang zum Übertragungskonzept und arbeiten mit dem ZBKT als einem beziehungsbeschreibenden Schema. Luborsky (1993) betont, das Konzept des zentralen Beziehungskonfliktthemas könne aus unterschiedlichen theoretischen Perspektiven verstanden werden.

Man muß sich vor Augen halten, daß sich Luborskys Verknüpfung zwischen dem zentralen Beziehungskonfliktthema und dem Übertragungsbegriff auf Freuds Arbeit aus dem Jahre 1912 bezieht. Vielleicht stärker noch als im damaligen Freudschen Modell vernachlässigt Luborsky einen Einfluß des Therapeuten auf die Übertragung. So weist Freud auf die Bedeutung der Regression hin, durch welche die "infantilen Imagines wiederbelebt" werden. Die "analytische Kur" folge ihr dahin nach (Freud 1912, S. 367). Eine - allgegenwärtig vorhandene - Übertragung kann sich im analytischen Milieu daher besonders deutlich herausbilden. So ist es denkbar, daß Patienten in einer Therapiestunde andere Geschichten erzählen als bezahlte Probanden in einem Interview, weil die eine Situation Regression fördert, die andere eher hindert. Luborsky erwähnt zwar Veränderungen und Abwandlungen des Übertragungskonzeptes seit 1912 und bewertet sie als "ausgezeichnet", diskutiert aber nicht ihre Bedeutung für die Theorie des ZBKT. Hierzu sind eine Fülle von Einflußfaktoren aus klinisch-theoretischer Sicht beschrieben worden (z. B. Macalpine, 1950; Gill, 1982, 1984; König, 1982; Thomä & Kächele, 1989, S. 60). Einflüsse der Umgebung, des Settings und der Interaktion zwischen Therapeut und Patient auf die Übertragung werden stärker berücksichtigt. Cooper (1987) grenzt eine "historischen" Auffassung, die *Übertragung* vorwiegend als ein Schema beschreibt, von einer "modernistischen" ab. Im Sinne einer modernistischen Auffassung halten wir bei der Erhebung eines zentralen Beziehungskonfliktthemas folgende Einflußgrößen für wesentlich (Staats et al., 1994):

- das persönliche Repertoire an Beziehungsschemata
- die Gestaltung der Erzählsituation durch den Therapeuten/ Interviewer bzw. die Gruppe
- die aktuelle Lebenssituation
- die erlebte Situation in der Therapie bzw. im Interview
- das aktuelle Befinden, die "Tagesform".

Einige dieser Einflußfaktoren sind inzwischen empirisch belegt. So konnte über die Untersuchung von *Narrativen*, die außerhalb einer therapeutischen Situation mit einem dafür entwickelten Interview (Luborsky, 1990b) erhoben wurden, ein Einfluß von Befindlichkeit, aktueller Lebenssituation und dem Erleben des Interviews nachgewiesen werden (Staats & Seinfeld, 1993; Staats et al., 1994). Da die zeitliche Stabilität eines ZBKT unterschiedlich angegeben wird (Luborsky et al., 1992; Kächele et al., 1990; Staats & Strack, 1995) scheint sie von der Situation abzuhängen, in der die *Narrative* erhoben werden. Hier berühren sich methodische Fragen der ZBKT-Methode (wie reliabel ist ein ZBKT?) und konzeptuelle Annahmen bezüglich des Übertragungskonzeptes (wie situationsabhängig ist Übertragung?).

2. Die Methode und ihre Einsatzmöglichkeiten

Die ZBKT-Methode wurde entwickelt zur Analyse der dyadischen Beziehung zwischen erzählendem Patienten und überwiegend zuhörendem Therapeuten. Sie wertet Beziehungsepisoden aus, Erzählungen, in denen der Patient mit einem anderen Menschen zu tun hatte. Die Parallelität beider Situationen legt es nahe, den Inhalt der Erzählungen auch auf den Therapeuten zu beziehen und damit als Übertragungsmanifestation zu verstehen.

Eine kurze *Beziehungsepisode* (BE) soll als Beispiel für diese klinische Anwendung dienen. Sie wird von einer 35jährigen Frau ihrem männlichen Therapeuten erzählt:

Mein Mann und ich saßen beim Frühstück und er las die Zeitung. Ich fragte ihn: "Warum reden wir nicht miteinander?" Er sagte: "Schlag ein Thema vor". Ich dachte: "Er ist so ein Arschloch!"

Finden sich mehrere BEs mit ähnlichen Wünschen (Ich möchte, daß Du mit mir redest), Reaktionen des Objekts (weist zurück, ist passiv oder nicht erreichbar) und Reaktionen des Selbst (Ich bin wütend, still, werte ab), so kann der Therapeut einmal unter dem Gesichtspunkt der *Übertragung* überlegen, wo die Patientin etwas an seinem Verhalten wie die geschilderten Beziehungserfahrungen erleben könnte - vielleicht in dem Sinn, daß sie die Beziehungsarbeit leisten muß, wie in der Beziehung zu ihrem Mann; möglicherweise auch als Ausdruck eines enttäuschten Werbens um den Vater oder die Mutter. Mit dieser Auffassung des zentralen Beziehungskonfliktthemas kann zu einem bestimmten Zeitpunkt der Behandlung das für die therapeutische Beziehung aktuell Wichtige erfaßt werden. Eine andere Situation mag zu einer anderen Übertragung und damit einem anderen ZBKT führen. Faßt der Therapeut dagegen das ZBKT als ein innerpsychisches, sich interpersonell auswirkendes Schema auf, wird er aus mehreren BEs eine *Übertragungsbereitschaft* herausarbeiten und auch etwas zu deren "Variabilität", bzw. "Rigidität" (Crits-Christoph & Luborsky 1990; Geyer et al. 1993) aussagen können. Etwa: Mit unterschiedlichen Objekten erlebt die Patientin immer wieder, daß ihr Wunsch nach Kontakt zurückgewiesen wird, worauf sie meist mit stiller Wut und Abwertung des Gegenübers reagiert.

Die Bestimmung eines ZBKT erfolgt über das Sammeln von mindestens zehn *Beziehungsepisoden*, die z. B. in einem Transkript identifiziert und dann ausgewertet werden (Manual: Luborsky, 1990d, dt. 1991, bearbeitet von Albani und Eckert). Über ein wiederholtes Durchgehen der Beziehungsepisoden ordnet sich das Material zu einem zentralen, häufigsten Wunsch (W), einer häufigsten Objektreaktion (RO) und einer häufigsten Reaktion des Subjekts (RS). Um diese drei Komponenten so formulieren zu können, daß ein Großteil der Episoden von ihnen erfaßt wird, ist es wichtig, das richtige Abstraktionsniveau zu wählen: nahe genug an den Worten des Patienten, um klinisch relevant zu bleiben, abstrakt genug, um auf die Mehrzahl der gefundenen Episoden anwendbar zu sein. Über diese *qualitative Auswertung* gelangt man zu Formulierungen, die dem klinischen Denken sehr nahe sind.

Darüber hinaus ist auch eine *quantitative Auswertung* möglich, die vergleichende Untersuchungen ermöglicht. In jeder *Beziehungsepisode* werden die einzelnen Komponenten bestimmt und einer Liste vorgegebener *"Standardkategorien"* (Barber et al.,

1990; Luborsky, 1990d; Luborsky 1991 u. Mitarb. v. Albani und Eckert) zugeordnet. RO- und RS-Komponenten werden als "positiv" (PRO, PRS) oder "negativ" (NRO, NRS) in Hinsicht auf die Erfüllung der Wunschkomponente beurteilt. Diese Zuordnungen können dann einer gröberen Liste von jeweils acht *"Clustern"* zugeteilt werden. Das zentrale Beziehungskonfliktthema ergibt sich als Muster der häufigsten Cluster.

Dieses quantitative Verfahren der Auswertung ermöglicht eine statistische Verrechnung der Daten. Allerdings geht dabei klinische Relevanz verloren: einmal dadurch, daß der Auswerter nicht gehalten ist, auf einer passenden Abstraktionsebene ein übergreifendes "zentrales" Motiv für die einzelnen Kategorien zu erfassen, sondern nur die Häufigkeiten des Vorkommens der vorgegebenen Kategorien bestimmt; dann dadurch, daß mit den vorgegebenen Standardkategorien immer etwas von der individuellen Formulierung und deren Bedeutungshof verlorengeht. Dies zeigt sich vor allem in der zusammenfassenden Auswertung in den Clustern. Den Skalen der *Standardkategorien* und *Cluster* liegt kein theoretisches Konstrukt zugrunde. Kategorien wurden aus einem begrenzten Pool von Formulierungen empirisch gewonnen und dann weiterverarbeitet (Barber et al., 1990).

Mit der ZBKT-Methode werden inzwischen nicht nur Therapiesitzungen untersucht, sondern auch anders gewonnene Narrative, z. B. aus Erzählungen von Kindern (Waldinger et al., i. Vorb.) oder aus Erzählungen von Ärzten über ihre Interaktionen mit Patienten (Waldvogel et al., 1995). Um Erzählungen unabhängig von einer therapeutischen Situation zu erhalten, wurde ein spezielles Interview entwickelt (Relationship Anecdotes Paradigm (RAP) Interview, Luborsky 1990b), für das Dahlbender et al. (1993) die deutsche Bezeichnung *"Beziehungsepisodeninterview"* einführten.

Bei der Anwendung der ZBKT-Methode auf Mehrpersonen-Beziehungen und Gruppen ergeben sich spezielle Schwierigkeiten, die mit der dyadischen Struktur des ZBKT zusammenhängen. In Paartherapien waren *Narrative* gut erhältlich und auswertbar (Kreische & Biskup, 1990). Das komplexe Geschehen in Familientherapiesitzungen (Frevert et al., 1992) erforderte eine Untersuchung von "Familien-Beziehungskonflikt-Themen" auf verschiedenen Ebenen: der des Individuums, der von Subsystemen (z. B. der Eltern) und einer familiären Ebene. *Zentrale* Beziehungskonfliktthemen konnten nicht bestimmt werden, da auf den unterschiedlichen Ebenen die Anzahl von BEs nicht ausreichte.

Auch in einer ersten Untersuchung von Gruppentherapien (Firneburg & Klein, 1993) fanden sich nicht genügend Narrative, die für eine Auswertung in Frage kamen. Die untersuchten Patienten erzählten kaum Geschichten von ihren Interaktionen, sondern interagierten miteinander über kurze Beiträge zum Gruppengespräch. Firneburg und Klein wählten den Ausweg, Erzählungen aus den Beiträgen verschiedener Gruppenmitglieder zu konstruieren.

Wir vermuten, daß die mangelnde Anzahl von Narrativen mit der in dieser Untersuchung angewandten gruppentherapeutischen Methode zusammenhängt, die die "Gruppe als Ganzes" auffaßt. Das Erzählen von Interaktionen mit anderen Menschen ist in diesem Gruppenkonzept weniger erwünscht und wird als Widerstand angesehen und gedeutet. Unsere Erfahrungen mit tiefenpsychologisch fundierter Gruppenpsychotherapie nach dem Göttinger Modell (Heigl-Evers & Heigl, 1973) sind anders. Bei der Analyse der Interaktionen bei dieser Form von Gruppentherapie gelang es uns durchaus, im Rahmen von hundertminütigen Gruppensitzungen zehn bis über vierzig Beziehungsepisoden zu identifizieren. In unserem Material unterschieden wir *Narrative von Interaktionen* innerhalb der Gruppe. Interaktionen haben wir nicht wie Firneburg und Klein als gemeinsame Erzählungen verstanden, sondern wie Narrative nach ihrer Vollständigkeit beurteilt und dann getrennt ausgewertet. Wir gehen darauf näher in unserem Anwendungsbeispiel ein.

Prozeßforschung mit der ZBKT-Methode halten wir wegen ihrer Nähe zum klinischen Denken und der gut erprobten operationalisierten Auswertung für lohnend. Im Verhältnis zu anderen inhaltsanalytischen Verfahren ist die Auswertung weniger aufwendig. Mit qualitativen Untersuchungen können komplexe klinische Hypothesen überprüft werden (Vorschläge dazu finden sich bei Luborsky et al., 1992). Gruppen bieten die besondere Gelegenheit eines direkten Vergleichs von erlebten Interaktionen und Narrativen sowie von individuellen ZBKTs der Gruppenteilnehmer und einem zentralen Beziehungskonfliktthema der Gruppe (die W-, RO-, und RS-Komponenten aller Gruppenteilnehmer werden gemeinsam ausgewertet). Klinische Theorien über den Verlauf von Gruppentherapien können so überprüft werden, wobei die Herstellung von Verbindungen zu quantifizierenden Methoden (z. B. Fragebögen) dadurch erleichtert wird, daß die Auswertung des ZBKT auch quantitativ möglich ist.

Für die Ergebnisforschung können Narrative aus Gruppensitzungen, aber auch aus individuellen Erst- und Abschlußgesprächen oder aus BE-Interviews verwendet werden. Jedoch ist die kategoriale Einteilung der Standardkategorien und Cluster für diese Fragestellungen dabei ein Nachteil, da sie Veränderungen schlecht abbildet. Um im narrativen Material Anhaltspunkte für Erfolg und Mißerfolg von Psychotherapie zu finden, sind daher eine Reihe abstrakterer Parameter entwickelt worden (s.u.). Beispielsweise beschreiben Kächele et al. (1990) und Strauß et al. (1995) qualitative Veränderungen der Art, daß im Verlauf von psychotherapeutischen Behandlungen die „passiven" Wünsche von „aktiven" abgelöst werden.

Bei der Interpretation dieses Befundes scheint uns aber Vorsicht geboten, weil allein die Situation des Erzählers schon Einfluß auf das erzählte Material hat. So werden im Abschlußgespräch möglicherweise eher aktive Wünsche geäußert werden, weil ein Patient sich dort damit beschäftigt, wie er allein, d.h. ohne therapeutische Hilfe zurechtkommen wird. Im Erstkontakt kann dagegen situationsadäquat der - passive -

Wunsch, vom Therapeuten angenommen und akzeptiert zu werden, dazu führen, daß vermehrt Narrative mit diesen Wünschen erzählt werden.

3. Auswertung, Gütekriterien, Ökonomie

Das Auffinden eines ZBKT geschieht in 3 Schritten (Luborsky, 1990d, dt. 1991):

1. Identifizierung von Beziehungsepisoden im Transkript und Einschätzung ihrer Vollständigkeit. Die *Vollständigkeit* wird auf einer Skala von 1-5 eingeschätzt und sollte mindestens 2.5 sein. Die Reliabilität der Identifizierung von Beziehungsepisoden steigt mit deren Vollständigkeit deutlich an.
2. Identifizierung der ZBKT-Komponenten Wunsch, Reaktion des Objekts und Reaktion des Selbst für jede Beziehungsepisode und gegebenenfalls deren Codierung in Form von *Standardkategorien* (SK) und *Clustern* (Cl).
3. Formulieren des ZBKT. Dies ist sowohl textnah („maßgeschneidert") über ein wiederholtes Durchgehen der gefundenen Komponenten möglich als auch anhand einer Auszählung der vorgegebenen Standardkategorien.

Zur Inter-Rater-Reliabilität des Verfahrens liegt eine Reihe von Studien vor (Übersicht bei Luborsky et al., 1994). Dabei wird unterschieden zwischen der Raterübereinstimmung bei der Auswahl und Eingrenzung der *Narrative* (Übersicht bei Luborsky et al., 1992), der Übereinstimmung bei der Kodierung einzelner *Episoden* (Zander et al., 1995) und der Übereinstimmung bei der *Bestimmung des ZBKT* (Luborsky & Diguer, 1995). Auf der Ebene der *Cluster* des zentralen Beziehungskonfliktthemas werden gewichtete Kappa-Koeffizienten berechnet. Vier dieser Studien zur Reliabilität, über die Luborsky und Diguer berichten, beziehen sich auf Einzeltherapien, zwei auf Untersuchungen an BE-Interviews. Dabei ergaben sich zufriedenstellende bis gute Reliabilitäten (Kappa-Werte überwiegend zwischen .60 und .80).

Zander et al. (1995) verglichen die Auswertung von Transkripten mit der direkten Auswertung von Videoaufnahmen und fanden ähnliche Interraterreliabilitäten mit tendenziellen Vorteilen für die *Videoauswertung*. Für diesen Vergleich wurden Kappa-Koeffizienten auf der Ebene einzelner BEs berechnet, nicht auf der eines ZBKT wie in den oben angeführten Studien. Die Interraterreliabilität auf der Ebene einer einzelnen Beziehungsepisode scheint niedriger zu sein als die auf der des zentralen Beziehungskonfliktthemas (Kreische & Biskup, 1990).

Bei der Auswertung von Gruppensitzungen ist die Identifizierung der Beziehungsepisoden nach unseren bisherigen Erfahrungen schwieriger und möglicherweise weniger reliabel als in Untersuchungen von dyadischen Beziehungen. Bei den übrigen Auswertungsschritten dürften sich bezüglich der Reliabilität keine Unterschiede ergeben. Konkrete Zahlen für Gütekriterien des ZBKT bei Gruppen liegen jedoch noch nicht vor.

Zur Validität des Verfahrens führt Luborsky (1990c, auch: Luborsky et al., 1994) die Übereinstimmung des ZBKT-Konzepts mit dem Konzept der *Übertragung* (Freud, 1912) an. Klinische Validität kann man auch aus den Untersuchungen von Crits-Christoph et al. (1993) ableiten, in denen die Qualität der therapeutischen Beziehung (und damit der Therapieerfolg) mit der Nähe der Deutungen zum ZBKT (für W und RO Kategorien) positiv korrelierte. Veränderungen verschiedener ZBKT-Parameter korrelieren sinnvoll mit Veränderungen von Symptomen im Verlauf von Psychotherapie (Crits-Christoph & Luborsky, 1990). Strauß et al. (1995) zeigten Zusammenhänge zwischen Veränderungen der Häufigkeit einzelner ZBKT Komponenten und dem Behandlungserfolg. Untersuchungen an Depressiven (Eckert et al., 1990) ergaben - möglicherweise aufgrund der Homogenität der untersuchten Gruppe - allerdings nur wenig deutliche Zusammenhänge zwischen der Schwere der Erkrankung und dem ZBKT. Im Zusammenhang mit der Validität zeigt sich als eine Schwäche der Methode die unzureichende Berücksichtigung unterschiedlicher Ebenen von Bewußtheit (Schauenburg & Cierpka, 1994).

Für die klinische Validität eines ZBKT spielen nach unserer Erfahrung die *Abwehrmechanismen* des Patienten eine wichtige Rolle. Bei der Auswertung des ZBKT werden die Verknüpfungen innerhalb der einzelnen Beziehungsepisoden zerrissen: der Bezug zum Objekt wird aufgehoben, aber auch die Wünsche, die Reaktionen des Objekts und die eigenen Reaktionen werden unabhängig von ihren Zusammenhängen innerhalb einer Erzählung für sich ausgewertet. Klinisch überzeugende Ergebnisse erzielt man u. E. mit dieser Methode vor allem dann, wenn "Verschiebung" (Freud 1900, S. 187; auch im Wortsinn der "transference" ähnlich) und "falsche Verknüpfung" (Freud, 1895, S. 309) wesentliche Abwehrmechanismen sind. In einem solchen Fall kann eine sensible Handhabung der ZBKT-Methodik vor- und unbewußte Ebenen der Beziehungsgestaltung darstellen. Ein Vorherrschen anderer Abwehrmechanismen macht die Auswertung und die Interpretation schwieriger. Ergebnisse können dem klinischen Eindruck eher widersprechen (z.B. bei einem Vorherrschen von Reaktionsbildungen) oder verbleiben ganz bei dem, was dem Erzähler ohnehin bekannt ist (z.B. beim Intellektualisieren, auch bei überwiegend projektiven Abwehrmechanismen). Luborsky et al. (1994) haben Vorschläge gemacht, wie neben dem manifesten Konflikt "weniger bewußte" Konflikte aus dem ZBKT erschlossen werden können. Interraterreliabilität und Validität dieses Vorgehens sind noch nicht geprüft.

Für eine *statistische Auswertung* der gewonnenen Daten werden die gezählten Häufigkeiten der *Standardkategorien* (SK) oder *Cluster* (CL) zunächst zu Prozentzahlen relativiert. Zusätzlich zur kategorialen Einteilung der SK und CL sind Meßgrößen auf Ordinalskalenniveau entwickelt worden. Crits-Christoph & Luborsky (1990) beschäftigten sich mit der Deutlichkeit der zentralen Kategorien und entwickelten einen Parameter für die Dominanz eines Wunsches, einer RO- oder RS-Kategorie ("Pervasiveness": Anzahl der BEs mit der am häufigsten vorkommenden Komponente/

Anzahl aller BEs). Auch der Anteil "negativer" RO- und RS-Kategorien in den Erzählungen ("Negativity") kann in dieser Form angegeben werden (Luborsky et al., 1992). Strack (1993) gibt zusätzliche Meßgrößen für die Häufigkeitsverteilung der Kategorien innerhalb der drei Komponenten an ("Entropie", "Dispersion") und diskutiert die Eignung der verschiedenen Parameter für unterschiedliche statistische Fragestellungen.

Die *Auswertung von Material* mit der ZBKT-Methode beginnt meist mit der *Transkribierung* von Therapiestunden oder BE-Interviews. Das Transkript einer 100-minütigen Gruppensitzung umfaßt ca. 35 bis 45 Schreibmaschinenseiten. Nach unseren Erfahrungen brauchen erfahrene Transkribierer zur Anfertigung eines Gruppentranskripts etwa 40-50 Stunden, wobei sich als effektivste Methode die Erstellung eines handschriftlichen Protokolls direkt von der Videoaufnahme der Gruppensitzung bewährt hat, das dann getippt wird. Eine Transkription ist bei den meisten inhaltsanalytischen Verfahren nötig und trägt wesentlich zum Arbeitsaufwand bei.

Für die Identifizierung der ZBKT-Komponenten und die endgültige Formulierung des ZBKTs der Gruppe und einzelner ZBKTs der Teilnehmer vom Transkript (oder direkt vom Video) müssen 8-10 Stunden Arbeit gerechnet werden. Voraussetzung ist, daß die Auswertung von geschulten Ratern gemacht wird, die am besten in einer Gruppe unter Anleitung die Anwendung die Methode gelernt haben. Die Auswertung ist wesentlich ökonomischer, wenn das ZBKT ohne Transkription direkt vom Video bestimmt wird.

4. Anwendungsbeispiel

Wir stellen als Beispiel ein kurzes, aber ungekürztes Transkript aus einer Gruppentherapiesitzung vor. Der Ausschnitt zeigt eine Beziehungsepisode (deren Identifizierung ist der erste Auswertungsschritt), in der die Komponenten (W, RO, RS) bereits markiert sind (zweiter Auswertungsschritt). Im Ausschnitt sind Elemente einer Interaktion und Ansätze eines Narrativs enthalten, die wir unterschiedlich markiert haben:

Frau K.: "Das ist so schwierig mit den Namen. Teilweise kennen wir nur die Nachnamen, teilweise nur die Vornamen. Weil hier auch so'ne komische Namensregelung ist, ne? Wir sprechen Sie als Sie und Herr Soundso und Sie siezen uns auch und untereinander duzen wir uns aber eigentlich und dann ist das so etwas von kompliziert. Und manchmal weiß ich überhaupt nicht, wen Sie meinen, wenn Sie sagen Herr Soundso hat angerufen. Dann muß ich erstmal überlegen, wer fehlt jetzt, ah ja, klar, ne? Einfach verhext, ne? Dann weiß ich manchmal aber auch die Nachnamen nicht, wenn es dann zum Beispiel darum geht, man muß irgendjemand anrufen und muß da mal eben Bescheid sagen. Weiß ich, na ja, Carla, aber weiter....."

Therapeut A.: "So kompliziert?"

Frau K.: "Für mich ist das kompliziert. Ich finde es auch sehr künstlich dieser, dieser Unterschied zwischen dem Sie in dem Kontakt mit Ihnen und dem Du so untereinander. Also mir fällt das richtig schwer."

Therapeut A.: "Sie würden uns auch gern duzen."(=W)

Frau K.: "Ja. Fänd`ich, also, ich kenn`s auch nicht anders, kommt auch dazu, ne? Weil bei uns in der Schule duzt sich jeder, auch die Putzfrauen mit Herrn Direktor und der Schüler mit allen Eltern und auch mit allen Lehrern natürlich und so. Also für mich ist das, ich kenne fast überhaupt niemand, den ich sieze. Für mich ist das also total bescheuert." (Räuspern)

Therapeut A.: "Ja, das ist hier anders" (=RO).

Fr. K.: (Lachen) "Das war mir schon klar, daß ich das jetzt nicht ändern würde." (=RS)

Kommentar: Im Text können eine interaktionelle Episode (Frau K. und Therapeut A.) und ein Narrativ (Frau K. erzählt von ihrer Schule) bestimmt werden. Die *Vollständigkeit* der interaktionellen Episode wird mit 3,0 (auf einer Skala von 1-5) als ausreichend für eine reliable Kodierung gewertet. Frau K. möchte den Therapeuten duzen (W), dieser sagt aber "das ist hier anders" (RO). Frau K. lacht und lenkt ein: "war mir schon klar..." (RS).

Dagegen ist das Narrativ (Frau K. und die Schule) mit Hinweisen auf einen Wunsch und eine RO (Vollständigkeit 1,5) zu unvollständig. Es beginnt mit einem auffordernden "ne?" und schließt mit einem Räuspern und einer Pause. Wegen seiner Unvollständigkeit muß zu viel erschlossen werden: Wünscht sich Frau K. Sicherheit, Vertrautheit, klare Regeln ("ich kenn's auch nicht anders") ? Ist "alle machen es gleich" die RO? Die Unvollständigkeit macht eine reliable Kodierung unmöglich, die Episode kommt daher nicht in die Auswertung.

Im dritten Auswertungsschritt, der Erstellung des *zentralen Beziehungskonfliktthemas*, werden die Wunschkomponenten von mindestens 10 BEs auf das zentrale, häufigste Motiv hin untersucht. Dies geschieht ebenfalls für die RO- und RS-Komponenten, so daß wieder ein dreiteiliges zentrales Beziehungskonfliktthema entsteht.

Für Frau K. ergibt sich ein ZBKT in der („maßgeschneiderten“) Formulierung:
"Ich möchte in Beziehungen bestimmen. Die Anderen sind überlegen und bestimmen über mich. Ich fühle mich unsicher und überfordert".

Eine Auswertung in Standardkategorien ergibt:
Ich möchte über andere Kontrolle/Macht haben, meine Vorstellungen durchsetzen (WSK19). Die Anderen sind stark, überlegen, verantwortlich (NRO24). Ich bin unsicher (NRS19) oder hilflos (NRS 17).

Die Formulierung in Clustern lautet:

Ich möchte mich anderen widersetzen und andere verletzen und kontrollieren (Cl2). Die anderen sind stark (Cl1). Ich fühle mich hilflos (Cl6) und enttäuscht und deprimiert (Cl7).

Die Erzählungen aller Gruppenteilnehmer können zusammen ausgewertet und als "Zentrales Beziehungskonfliktthema der Gruppe" beschrieben werden. Narrative und Interaktionen ergeben dabei unterschiedliche Themen. Die Auswertung der Narrative ergibt: *"Wir möchten Offenheit. Die anderen sind verunsichert, traurig, und entziehen sich. Wir fühlen uns schuldig, hilflos und ziehen uns zurück"*. In den Interaktionen findet sich als zentral: *"Wir möchten uns miteinander und mit Autoritäten "reiben". Die anderen sind stark, anregend und gehen darauf ein, die anderen ziehen sich aber auch zurück. Wir fühlen uns enttäuscht, ärgerlich, aber auch stark und lustig."*

5. Zusammenfassung bisheriger Anwendungen

Untersuchungen in dyadischen Beziehungen liegen in größerer Zahl vor (Übersicht z. B. schon bei Luborsky et al., 1992), während Mehrpersonenbeziehungen und Gruppen mit der ZBKT-Methode bisher nur wenig untersucht wurden.

Aus Erzählungen einzelner, die zu einer Gruppe gehören, sind interindividuelle "ZBKT" formuliert worden. Cierpka et al. (1992) fanden charakteristische Unterschiede zwischen den Erzählungen von Männern und Frauen, Reichert et al. (1993) unterschiedliche Beziehungskonflikte für verschiedenen Lebensphasen. Cierpka et al. (einger.) belegten einen Zusammenhang zwischen Schweregrad der psychischen Störung und der Deutlichkeit, "Stereotypie" des ZBKT in BE-Interviews. Waldvogel et al. (1995) untersuchten Erzählungen von Ärzten und stellten für deren Umgang mit Patienten, die an Aids, Krebs- oder Stoffwechselerkrankungen litten, krankheitstypische Beziehungserfahrungen fest.

Erste Untersuchungen von Mehrpersonenbeziehungen mit der ZBKT-Methode erfolgten an *Paargesprächen* (Kreische & Biskup, 1990). Für jeden der Partner wurde ein individuelles zentrales Beziehungskonfliktthema formuliert, das Zusammenspiel der beiden ZBKTs erfaßt und als ein Fokus für die Paarbehandlung verwendet. Diese Foci zeichnen sich dabei oft durch Anschaulichkeit und Nähe zur Umgangssprache aus. Allerdings ist die Übereinstimmung zwischen dem zentralen Beziehungskonfliktthema, so wie es mit Beziehungsepisodeninterviews erhoben wurde, und der Einschätzung durch einen klinischen Beurteiler unbefriedigend (Staats, 1995). Strauß et al. (1995) untersuchten im Rahmen der Evaluation einer stationären *Gruppenpsychotherapie* dyadische Anfangs- und Abschlußgespräche. Dabei fanden sich im Abschlußgespräch vermehrt aktive gegenüber passiven Wünschen, und zwar vor allem besonders bei erfolgreich therapierten Patienten. Für einzelne Patienten wurden aus frühen und späten Gruppensitzungen ZBKTs erarbeitet, die nur geringe Ähnlichkeit mit den ZBKTs aus den Einzelsitzungen aufwiesen.

Firneburg & Klein (1993) erprobten die Anwendung der Methode an einer Gruppentherapie, die nach dem Konzept *"Gruppe als Ganzes"* geleitet wurde. In ihrem Material fanden sich kaum Narrative. "Erzählungen" wurden gemeinsam gestaltet, so daß sich kein Subjekt bestimmen ließ, und befaßten sich mit innerhalb einer Erzählung wechselnden "Mischobjekten". Die Autoren sahen sich daher gezwungen, das gesamte Material einschließlich aller Interaktionen zu untersuchen, um hinreichend viele Elemente aufzufinden. Sie stellen in Anbetracht des hohen Aufwands die Effektivität der Methode in Frage.

Eigene Untersuchungen von Gruppen, die nicht nach dem Konzept von "Gruppe als Ganzes" geleitet wurden, zeigten dagegen eine ausreichende Anzahl von Narrativen. Interaktionen innerhalb der Gruppe konnten separat ausgewertet werden und ebenso wie Narrative auf ein Subjekt bezogen werden. ZBKTs aus Narrativen und aus Interaktionen stimmten dabei insgesamt wenig überein. Dies erscheint therapeutisch auch sinnvoll - sollen doch in der Gruppe andere, neue Erfahrungen gemacht werden. Bei einer Patientin, bei der Narrative und Interaktionen in der Gruppe ähnlich waren und blieben, kam es zum einzigen Abbruch der Behandlung innerhalb des untersuchten Zeitraumes (Staats, unveröffentlicht). Vor Beginn der Gruppensitzungen mit BE-Interviews erhobene ZBKTs der Patienten scheinen nur wenig mit den ZBKTs aus Gruppensitzungen übereinzustimmen.

6. Abschlußbewertung

Qualitativ eingesetzt führt die ZBKT-Methode in der Einzelfallanalyse (z. B. Luborsky, 1977; Kächele et al., 1990; Deserno et al., 1993; Luborsky et al., 1994; Strauß & Burgmeier-Lohse, 1994) zu interessanten, klinisch relevanten Ergebnissen. Das ZBKT bildet dabei auch „feinere“ Strukturen der Beziehungsvorstellungen ab.

Als quantitatives Verfahren hat sich die ZBKT Methode vielfältiger ausdifferenziert und methodisch weiterentwickelt (z. B. Albani et al., 1994). Das für eine quantitative Auswertung nötige Auszählen von Kategorien (statt der Integration des Materials zu etwas "Zentralem" über einen iterativen Denkprozess) bringt aber die Gefahr mit sich, daß das Ergebnis an Anschaulichkeit und klinischer Relevanz verliert. Unter solchen Bedingungen wird das ZBKT zu einem repetitiven Muster, "relativ 'grobkörnig', aber stabil" (Albani et al., 1994), das vom Übertragungskonzept weitgehend losgelöst wirkt.

Untersuchungen mit dem ZBKT an Gruppen können auf den Vorarbeiten in anderen Bereichen und auf die Erfahrungen aus dieser Entwicklung aufbauen. Als Struktur, an der sich das umfangreiche Material einer Gruppensitzung ordnet, kann das Konzept eines ZBKT für die praktische Arbeit eines Gruppentherapeuten und für die Ausbildung und Supervision Bedeutung bekommen. In der Einzeltherapie ist dies mit Luborskys Manual (1984) bereits geschehen. Laufende Untersuchungen an Gruppen beschäftigen sich mit der Adaptation des Verfahrens an Mehrpersonenbeziehungen. Strauß et al. (1995) kommen zu dem Ergebnis, die ZBKT Auswertung solle patientenbezogen erfolgen, auf Gruppenniveau erscheine die Methode ungeeignet. Wir hingegen vertreten die Auffassung, daß gerade die Kombination von individuellen ZBKTs aus dyadischen Situationen (z. B. BE-Interviews), aus Gruppensitzungen und einem "ZBKT der Gruppensitzung" für Verlaufsuntersuchungen fruchtbar sein kann. Gruppen ermöglichen in besonderem Maß einen direkten Vergleich von Interaktionen und Narrativen.

Wenn sich eine Auswertung direkt vom Video bewährt, bietet sich die ZBKT-Methode als - relativ - wenig zeitaufwendiges inhaltsanalytisches Verfahren für die Gruppenpsychotherapieforschung an. Mit ihren Verbindungen zum klinischen Denken und zum Übertragungskonzept einerseits und zur quantitativen Auswertbarkeit sowie zum Konzept eines interpersonellen Beziehungsschemas andererseits kann sie zur Prüfung komplexer klinischer Hypothesen beitragen.

Literatur

Albani, C., Pokorny, D., Dahlbender, R. W. & Kächele, H. (1994). Vom zentralen Beziehungs-Konflikt-Thema (ZBKT) zu Zentralen Beziehungsmustern (ZBM). *Psychotherapie, Psychosomatik, medizinische Psychologie*, *44*, 89-98.

Barber, J.P., Crits-Christoph, P. & Luborsky, L. (1990). A Guide to the CCRT Standard Categories and Their Classification. In L. Luborsky & P. Crits-Christoph (Eds.), *Understanding transference. The CCRT-method.* New York: Basic Books.

Cierpka, M., Zander, B., Krannich, S., Reich, G., Ratzke, K., Homburg, H., Staats, H. & Seide, L. (1992). *Differences in Conflictual Relationship Themes of Male and Female Students.* Vortrag vor der Society for Psychotherapy Research Conference 1992, Berkeley.

Cierpka, M., Strack M., Benninghoven D., Dahlbender R., Pokorny D., Frevert G., Blaser G., Kächele H., Geyer M., Körner A. (einger.): Stereotypical Relationship Patterns and Psychopathology. Eingereicht für *Journal of Consulting and Clinical Psychology.*

Cooper, A. M. (1987). Changes in psychoanalytic ideas: Transference interpretation. *Journal of the American Psychoanalytic Association, 35,* 77-98.

Crits-Christoph, P. & Luborsky, L. (1990). Changes in CCRT Pervasiveness during Psychotherapy. In L. Luborsky, & P. Crits-Christoph (Eds.), *Understanding transference. The CCRT-method.* New York: Basic Books.

Crits-Christoph, P., Barber, J. & Kurcias, J. (1993). The Accuracy of Therapists' Interpretations and the Development of the Therapeutic Alliance. *Psychotherapy Research, 3*, 25-35.

Dahlbender, R. W., Torres, L., Reichert, S., Stübner, S. Frevert, G. & Kächele, H. (1993). Die Praxis des Beziehungsepisodeninterviews. *Zeitschrift für Psychosomatische Medizin, 39,* 51-62.

Deserno, H., Hau, S., Braun, B., Brech, E., Graf-Deserno, S. & Grünberg, K. (1993). *Übertragung und ZBKT: 365. Stunde.* Vortrag auf dem 9. ZBKT Treffen am 25./26.3. 1994 im Sigmund-Freud-Institut, Frankfurt.

Eckert, R., Luborsky, L., Barber, J. & Crits-Christoph, P. (1990). The Narratives and CCRTs of Patients with Major Depression. In L. Luborsky & P. Crits-Christoph (Eds.), *Understanding transference. The CCRT-method.* New York: Basic Books.

Firneburg, M. & Klein, B. (1993). Probleme bei der Anwendung des ZBKT-Verfahrens im Gruppensetting. *Gruppenpsychotherapie Gruppendynamik, 29,* 147-169.

Freud S. (1895). *Zur Psychotherapie der Hysterie* GW Bd.I, S.252-312. Frankfurt a M., 4.Aufl. 1972.

Freud, S. (1900). *Die Traumdeutung.* GW Bd.II-III, Frankfurt a M., 4.Aufl. 1972.

Freud, S. (1912). *Zur Dynamik der Übertragung.* GW Bd.VIII, S.364-374, Frankfurt a M., 4.Aufl. 1972.

Frevert, G., Cierpka, M., Dahlbender, R. W., Albani C., Plöttner G. (1992). Die Familien-Beziehungskonfliktthemen. *Familiendynamik, 17,* 273-289.

Geyer, M., Kächele, H., Cierpka, M. (1993). *Das Repertoire der Übertragungsbereitschaften von psychoneurotisch-psychosomatisch gestörten jüngeren Frauen.* Projektantrag an die Deutsche Forschungsgemeinschaft, Leipzig, Ulm, Göttingen.

Gill, M. (1982). *Analysis of transference.* New York: International Universities Press.

Gill, M. (1984). Transference: A change in conception or only in emphasis? *Psychoanalytic Inquiries, 4,* 489-523.

Heigl-Evers, A. & Heigl, F. (1973). Gruppenpsychotherapie: interaktionell - tiefenpsychologisch fundiert (analytisch fundiert) - psychoanalytisch. Gruppenpsychotherapie. *Gruppendynamik, 7,* 132-157.

Kächele, H., Dengler, D., Eckert, R..& Schnekenburger, S. (1990). Veränderungen des zentralen Beziehungskonfliktes durch eine Kurztherapie. *Psychotherapie, Psychosomatik, medizinische Psychologie, 40,* 178-185.

König, K. (1982). Der interaktionelle Anteil der Übertragung in Einzelanalyse und analytischer Gruppenpsychotherapie. *Gruppenpsychotherapie Gruppendynamik, 18,* 76-83.

Kreische, R., Biskup, J. (1990). Die Untersuchung von zentralen Beziehungskonflikten in Paartherapien mit dem CCRT-Verfahren. *Gruppenpsychotherapie Gruppendynamik, 26,* 161-172.

Luborsky, L. (1977). Measuring a pervasive psychic structure in psychotherapy: The core conflictual relationship theme. In N. Freedman & S. Grand (Eds.), *Communicative structures and psychic structures.* New York: Plenum.

Luborsky, L. (1984). *Principles of psychoanalytic psychotherapy.* New York: Basic Books. Dt. (1988): *Einführung in die analytische Psychotherapie.* Berlin u. a.: Springer.

Luborsky, L. (1990a). The early development of the Core Conflictual Relationship Theme Idea. In L. Luborsky & P. Crits-Christoph (Eds.), *Understanding transference. The CCRT-method*. New York: Basic Books.

Luborsky, L. (1990b). The Relationship Anecdotes Paradigm (RAP) Interview as a Versatile Source of Narratives. In L. Luborsky & P.Crits-Christoph (Eds.), *Understanding transference. The CCRT-method.* New York: Basic Books.

Luborsky, L. (1990c). The Convergence of Freud's Observations about transference and the CCRT Evidence. In: L. Luborsky & P. Crits-Christoph (Eds.), *Understanding transference. The CCRT-method.* New York: Basic Books.

Luborsky, L. (1990d). A guide to the CCRT Method. In L. Luborsky & P. Crits-Christoph (Eds.), *Understanding transference. The CCRT-method.* New York: Basic Books.

Luborsky L. (1993): Review of Szoldz's Review of Understanding transference: The CCRT method. *Psychotherapy Research, 3,* 73-75.

Luborsky, L., Crits-Christoph, P. (1990). *Understanding transference. The CCRT-method.* New York: Basic Books.

Luborsky L. u. Mitarb. v. Albani, C., Eckert, R. (1991): *Manual zur ZBKT Methode* (deutsche Übersetzung mit Ergänzungen der Ulmer ZBKT-Arbeitsgruppe). Ulm: Universität, Abteilung Psychotherapie.

Luborsky, L., Barber, J. P. & Diguer, L. (1992). The meanings of narratives told during psychotherapy: the fruits of a new observational unit. *Psychotherapy Research, 2,* 277-290.

Luborsky, L. Popp, C., Luborsky, L. & Mark, D. (1994): The core conflictual relationship theme. *Psychotherapy Research, 4,* 172-183.

Luborsky L. & Diguer L. (1995): The reliability of the CCRT - a needed update. In L. Lubrosky & P. Crits-Christoph (Eds.), *Understanding Transference. The CCRT-MEthod* (2nd Ed.). New York: Basic Books.

Macalpine, I. (1950). The development of the transference. *Psychoanalytic Quarterly, 19,* 501-539.

Reichert, S., Dahlbender, R., Frevert, G., Pokorny, D., Torres, L., Volkert, M. & Kächele, H. (1994): *Beziehungskonflikte und Lebensphasen.* Vortrag auf dem 9. ZBKT Treffen am 25./26.3. 1994 im Sigmund-Freud-Institut, Frankfurt.

Schauenburg, H., Cierpka, M. (1994). Methoden der Fremdbeurteilung interpersonaler Beziehungsmuster. *Psychotherapeut, 39,* 135-145.

Staats, H. (1995). *Die Bestimmung des Behandlungsfokus in Paartherapien. Ein Vergleich von klinischer Zweitsicht und einem operationalisierten Verfahren* (zentrales Beziehungskonfliktthema nach Luborsky). Vortrag auf dem Kongress "Kurzzeitbehandlung und Krisenintervention" am 23.-25.6.1995 in Halle.

Staats, H., Seinfeld, B. (1993). *Momentary Subjective Wellness and the Core Conflictual Relationship Theme as measured by repeated Relationship Anecdotes Paradigm (RAP) Interviews.* Vortrag auf dem 4. European Meeting, Society for Psychotherapy Research, 29.9. -2.10.93 in Budapest.

Staats, H., Strack, M., Seinfeld, B. (1994). *Beständige Beziehungsmuster? Wiederholte Beziehungsepisodeninterviews mit Studenten*. Vortrag auf dem 9. ZBKT - Treffen am 25./26. März im Sigmund-Freud-Institut, Frankfurt.

Staats, H., Strack, M. (1995). *Re-Test Stability of the CCRT in patients and controls*. Vortrag auf dem "International workshop on the CCRT-method" am 22.-24.4.1995 in Ulm.

Strack, M. (1993). *Überlegungen zu "Variabilitäts/Rigiditäts"-Parametern im RAP*. Göttingen: Materialien aus dem Schwerpunkt Familientherapie Abteilung Psychosomatik und Psychotherapie.

Strauß, B., Burgmeier-Lohse, M. (1994). *Stationäre Langzeitgruppenpsychotherapie*. Heidelberg: Asanger.

Strauß, B., Daudert, E., Gladewitz, J., Kaak, A., Kieselbach, S., Lammert, K., Struck, D. (1995). Anwendung der Methode des Zentralen Beziehungskonflikt-Themas (ZBKT) in einer Untersuchung zum Prozeß und Ergebnis stationärer Langzeitgruppenpsychotherapie. *Psychotherapie, Psychosomatik, medizinische Psychologie, 45*, 342-350.

Thomä, H., Kächele, H. (1989). *Lehrbuch der psychoanalytischen Therapie*. Berlin, Springer.

Waldinger R., Guastella F., Diguer L., Luborsky L., Hauser S. (i.Vorb.). *Ego development and relationship themes in early childhood*.

Waldvogel, B., Vogt, C., Seidl, O. (1995). Das Beziehungserleben von Ärzten in der Beziehung zu AIDS-, Krebs- und Stoffwechselpatienten: Zentrales Beziehungskonflikt-Thema und Affekte. *Zeitschrift für Psychosomatische Medizin, 41*, 158 - 169.

Zander B., Strack M., Cierpka M., Reich G., Staats H. (1995): Coder agreement using the German edition of Luborsky's CCRT method in videotaped or transcribed RAP interviews. *Psychotherapy Research, 5*, 231-236.

24 Gottschalk-Gleser-Sprachinhaltsanalyse

Volker Tschuschke

1. Theoretischer Hintergrund

Die Erfassung und Messung von Emotionen haben in der Geschichte der Psychologie eine lange Tradition. Gleichwohl hat die offensichtliche Bedeutung von Emotion oder Gefühlen im menschlichen Leben in akademischen Kreisen nicht die Aufmerksamkeit erzielt, die dem "Gegenstand" eigentlich zusteht (Plutchik, 1980). Dies dürfte wesentlich auf die Schwierigkeit zurückzuführen sein, ein reliables und valides Maß für die Bedeutungen der komplexen emotionalen Ausdrücke in der menschlichen Kommunikation zu konstruieren. Hinzu kommt, daß es viele Modi gibt, in denen "Emotion" kommuniziert wird (Scherer, 1990), z.B. in Gesten, Mimik, Körperhaltung oder Sprache. Schwierigkeiten für einen wissenschaftlichen Zugang bereitet vor allem das "... Problem der Eingrenzung und Präzisierung des Emotionskonzepts: Emotion, Affekt, Stimmung, Gefühl, Erregung usw." (Scherer, 1990, S. 2).

Die Gründe hierfür lägen eher "... in unterschiedlichen Konzeptualisierungen denn in grundlegenden Meinungsverschiedenheiten über die ablaufenden Prozesse ..." (Scherer, 1990, S. 2).

Die Gottschalk-Gleser-Sprachinhaltsanalyse wurde zum Zweck der Erfassung psychologisch relevanter Persönlichkeitsdimensionen über den Weg einer systematischen Analyse des *manifesten verbalen Verhaltens* entwickelt (Gottschalk & Gleser, 1969; Gottschalk, 1979; Schöfer, 1980; Gottschalk et al., 1986; Koch & Schöfer, 1986). Das Verfahren basiert, nach Auskunft von Gottschalk und Gleser, auf einer eklektischen Sichtweise: es werden psychoanalytische, lerntheoretische sowie linguistische Aspekte integriert. Die Affekte werden über direkt beobachtbare und aufzeichnungsfähige Sprache beurteilt. Die Methode umfaßt verschiedene Skalen, die *Angst-Skala* ("Anxiety Scale"), die *Feindseligkeits-(Aggressivitäts-)Skala* ("Hostility Scale"), die *Soziale-Isolierungs-Skala* ("Social Alienation Scale") und die *Persönlichkeits-Desorganisations-Skala* bzw. *Schizophrenie-Skala* ("Personal Disorganization [Schizophrenic] Scale").

Das bei inhaltsanalytischen Methoden auftretende Problem der Quantifizierung wurde dahingehend gelöst, daß zur Bestimmung der *Intensität eines Affektes* Häufigkeits- und andere Aspekte berücksichtigt wurden. Dies wurde erreicht durch differenzierte Gewichtungen spezifischer Inhalte, zunächst auf der Grundlage klinisch-psychoanalytischer Theorie, dann auf der Basis weiterer empirischer Untersuchungen.

Linguistisch-lexikalische Aspekte (z.B. die Adverbe "sehr", "viel" etc.) dienen als Indikatoren für die Intensität eines Affekts und erhalten deshalb ein zusätzliches Gewicht (Gottschalk & Gleser, 1969, S. 10).

"... the essential feature of affects is that they are qualitative feelings of varying intensity about which the individual has various degrees of verbal articulateness or disciminatory capacity, these depending on the relative amounts of awareness he has about these feelings and drive states" (Gottschalk und Gleser, 1969, S. 13).

Methodenkritische Einwände gegen einen intrapsychischen Referenz-Rahmen werden ausführlich bei Gottschalk und Gleser diskutiert. Die Autoren sind der Überzeugung, daß es ausreichende Hinweise für die Auffassung gäbe, daß subjektives Material so reliabel und valide gehandhabt werden könnte wie andere Phänomene, die wissenschaftlicher Überprüfung überantwortet würden.

Die Sprachinhaltsanalyse nach Gottschalk und Gleser arbeitet, zusammengefaßt, mit folgender *Definition von Affekt:*

"Affects are feeling states that have the attributes of quality and quantity. Affects and emotions have subjective, purely psychological components as well as physiological, biochemical, and behavioral concomitants. Continual mixtures of affects of relatively long duration occur, and these constitute what is ordinarily designated as mood. Upon the background of mood, feeling states of relatively high intensity and variability may play, and these are generally referred to as emotions. Relatively smaller fluctuations of feeling states which occur irregularly are sometimes referred to, in a narrower sense, as affects. Since we are attempting to develop an instrument to measure immediate affect rather than the more prolonged feeling states usually referred to as mood, we do want to point out that we are not here equating affect with mood" (Gottschalk & Gleser, 1969, S. 14).

Die Affektmessung der Methode zielt also auf typische *states-Messung*, ganz kurzfristig auftretende und stark fluktuierende Gefühlskomponenten, also Affekte im engeren Sinne, die sich nichtsdestoweniger in manifesten Sprachäußerungen materialisieren.

2. Kurzbeschreibung des Verfahrens

Die deutschsprachig verfügbare Version der unterschiedlichen Skalen (s.o.) beschränkt sich auf die *Angstskalen* und die *Aggressvitätsskalen* (für die deutschsprachige Version einigte man sich auf den Begriff "Aggressivität" anstelle des Begriffes "Feindseligkeit", der dem englischen "hostility" eher entsprochen hätte; Schöfer, 1980; Koch & Schöfer, 1986).

2.1. Die Angstskalen

Die Methode zielt auf die Erfassung von sogenannter "freier" Angst im Unterschied zu "gebundener" Angst. Letztere manifestiert sich z.B. in Konversionen oder hypochondrischen Symptomen, Zwängen usw. Es könnte durchaus sein, daß die Angstskalen einige Aspekte gebundener Angst erfassen, z.B. solche Inhalte, die Abwehrmechanismen wie "Verschiebung" und "Verleugnung" involvieren. Gottschalk und Gleser nehmen an, daß solchermaßen gebundene Angst vorbewußt ist, gleichwohl leicht dem Bewußtsein zugänglich. Es gäbe Hinweise, daß die Methode nicht nur die subjektive Bewußtheit der Angst vom Bewußtseins- und Vorbewußtseinsniveau her erfasse, sondern auch Aspekte von der Ebene autonomer Erregung und kinetischer Aktivität (Gottschalk und Gleser, 1969, S. 22).

Die Autoren klassifizieren die von ihrer Methode angezielten Angst-Affekte in sechs Unterskalen:

- Todesangst
- Verletzungsangst
- Trennungsangst
- Schuld-Angst
- Scham-/Schande-Angst
- Diffuse (unspezifische) Angst

Obwohl es andere Klassifikationen von Angst gibt, und auch berücksichtigt werden sollte, daß die verwendeten Kategorien nicht durchgängig diskret sind, argumentieren die Autoren damit, daß diese Gruppierungen mit dem Eindruck konsistent seien, daß Menschen gleichzeitig verschiedene Arten von Angst erleben könnten. Ausführlich werden die Angstskalen bei Gottschalk & Gleser (1969) diskutiert (S. 22 f.).

2.2. Die Aggressivitäts-Skalen

Die Gefühle Ärger und Aggression bzw. Aggressivität scheinen hinsichtlich konzeptueller und semantischer Aspekte komplexer zu sein als Angst. Gottschalk & Gleser (1969) sprechen von einem "Aggressions-Feindseligkeits-Ärger"-Komplex (S. 27). Die Sprachinhaltsanalyse umfaßt vier verschiedene Kategorien von Aggressivität, die sich insbesondere durch die Richtung der aggressiven Affekte kennzeichnen lassen.

"In particular, we have focused our interest on the direction of hostility, distinguishing between hostility directed away from the self, hostility directed toward the self, and ambivalent directed hostility. The last of our three hostility scales appears to include a peculiar combination of inwardly and outwardly directed hostility, measuring a phenomenon comparable to the sadomasochistic as well as the paranoid syndrome described in clinical psychiatry" (S. 31).

Die Kategorien sind:

- nach außen gerichtete offene Aggressivität (AOA),
- nach außen gerichtete verdeckte Aggressivität (AVA),
- nach innen gerichtete Aggressivität (IA),
- ambivalente Aggressivität (von außen gegen das Selbst gerichtet erlebte Aggressivität) (AA).

"Aggressivität" ist eine Bezeichnung, die konzeptuell unterschiedliche Komponenten umfaßt. Als Beispiel führen die Autoren an, daß das Konzept von "nach außen gerichteter Aggressivität" zumindest vier Teilaspekte mit einschließe: 1) einen Verhaltensakt, entweder physisch oder verbal, "Aggression" genannt; 2) eine bekundete Haltung, Abneigung, Ressentiment oder Verdacht gegenüber der Welt oder den Menschen, genannt "Feindseligkeit"; 3) die subjektive Erfahrung des Affekts, genannt "Ärger"; 4) einen dispositionellen oder potentiellen Affekt, der zu "Feindseligkeit" oder "Aggression" anschwellen kann.

Das Konzept der "nach innen gerichteten Aggressivität" (IA) ist, so die Autoren, vergleichsweise undefiniert und konfus. Gottschalk und Gleser beabsichtigten, mit dem Ärgeranteil des Feindseligkeits-Komplexes zu arbeiten anstatt ein direktes Maß für aggressives Verhalten zu konstruieren.

Die Rohwerte aller sechs Angstskalen können zu einem "Gesamt-Angst-Score" (s.u.) verrechnet werden, wie auch die Rohwerte der vier Aggressivitäts-Skalen zu einem "Gesamt-Aggressivitäts-Score". Entsprechend können über alle zehn Skalen die Rohwerte aufsummiert und zu einem "Gesamt-Affekt-Score" verrechnet werden. Für die deutschsprachige Version entwarf Schöfer (1980) unter Berücksichtigung aller möglichen Kombination der Aggressivitätsskalen vier Klassifikationen (Abb. 1).

Es gibt zwei prinzipielle Wege, mit der Methode zu arbeiten. Der eine ist, mit einer vorgegebenen *Standard-Instruktion* zu arbeiten. Diese kann entweder die Instruktion verwenden, wie sie den normativen Untersuchungen zugrundelag (vgl. Schöfer, 1980) oder sich nach spezifischen Zielen einer Untersuchung richten (vgl. Hopf und Tschuschke, 1993). Entscheidend ist dann nur die Konstanthaltung derselben Bedingungen - also der Vorgabe gleicher Reize bei Sprachprobenerhebung. Die andere Methode ist die der Analyse sogenannter *natürlicher Texte*, die in bestimmten Situationen anfallen, etwa Therapien.

Täter \ Opfer	andere	selbst
selbst	AOA	IA
andere	AVA	AA

Abb. 1: "Täter-Opfer-Schema" nach Schöfer (1980)

2.3 Grundannahmen der Methode

Neuere Entwicklungen mit Teilen der Angst- und Aggressivitäts-Skalen führten zur Konstruktion einer *Depressions-Skala* (Gottschalk & Hoigaard, 1986). Diese Skala basiert auf einem breiten Spektrum phänomenologischer Subskalen wie "Hoffnungslosigkeit", "Selbstanklage", "psychomotorische Retardierung", "somatische Beschwerden", "Todes- und Verletzungs-Depression", "Verlust-Depression" und "außengerichtete Aggressivität". Die Scores aller sieben Skalen konstituieren den Wert für die "Gesamt-Depression" (Gottschalk & Hoigaard, 1986, S. 16 ff.).

Wie Schöfer (1980, S. 18 ff.) ausführt, sind einige *Grundannahmen* erforderlich, um zu einer Einschätzung der relativen Intensität von Affekten gelangen zu können:

a) Die relative Größe eines Affekts kann valide aus dem Transkript eines gesprochenen Textes beurteilt werden, wenn alleine inhaltliche Variablen und keine parasprachlichen Variablen berücksichtigt werden (Schöfer zitiert Untersuchungen Gottschalks, in denen dieser nachwies, daß zusätzliche Informationen, die über manifeste inhaltliche Aspekte hinausgingen, z.B. die Ebene parasprachlicher Aspekte, keine substantielle Varianz aufklärten).

b) Bezogen auf den verbalen Inhalt allein ist die Größe eines bestimmten Affektes zu einer bestimmten Zeit direkt proportional zu drei grundlegenden Faktoren:

- Häufigkeit des Auftretens der Inhaltskategorien,
- Ausmaß, in dem der sprachliche Ausdruck direkt die psychologische Aktivierung eines spezifischen Affektes repräsentiert oder darauf bezogen ist,

- Ausmaß persönlicher Beteiligung.

c) Der Grad der direkten Repräsentation des spezifischen Affektes im verbalen Ausdruck und der Grad der dem Sprechenden zugeschriebenen persönlichen Beteiligung kann mathematisch durch einen Gewichtungsfaktor dargestellt werden.

d) Das Vorhandensein unterdrückter und verdrängter Affekte kann aus dem Inhalt verbalen Verhaltens durch die Feststellung einer Vielzahl von Abwehr- und Anpassungsmechanismen geschlossen werden.

e) Das Produkt aus der Häufigkeit bestimmter Kategorien verbaler Äußerungen und dem zahlenmäßigen Gewicht jeder dieser Kategorien erlaubt eine ordinale Messung der Größe des Affekts.

f) Individuen unterscheiden sich erheblich in der Sprechgeschwindigkeit, d.h. in der Wortzahl pro Zeiteinheit, und dasselbe Individuum variiert in der Wortzahl von einer Zeiteinheit zur anderen. Da das numerische Maß eines Affektes mit der Anzahl der gesprochenen Wörter pro Zeiteinheit variieren kann, kann der Score einer anderen Sprachprobe mit einer anderen Wortzahl nur verglichen werden, indem ein Korrekturfaktor eingeführt wird, der die Affektscores von verschiedenen Personen auf einen gemeinsamen Nenner bringt, nämlich: Score pro 100 Wörter.

Als weitere Transformationen wird zum einen noch ein Wert von 0,5 zum Rohwert addiert, um Nullwerte zu verhindern, zum anderen wird noch die Quadratwurzel aus dem korrigierten Wert gezogen, um eine Schiefheit der Verteilung der Scores zu verhindern (so können parametrische Tests verwendet werden).

Die mathematische Formel zur Errechnung der Größe eines Affekt-Scores lautet demnach:

Größe eines Affektes pro 100 Wörter:

$$\left[\frac{100\,(f1\ w1 + f2\ w2 + f3\ w3\ \ldots + fn\ wn + 0{,}5)}{\text{Wortzahl}}\right]^{1/2}$$

wobei fn die Häufigkeit einer bestimmten thematischen Aussage pro Zeiteinheit ist
wn ist das Gewicht, das diesen Aussagen zugeordnet ist und
Wortzahl die Anzahl Wörter pro Zeiteinheit ist

Die Kodierungen und Auswertungen erfolgen auf der Grundlage von drei verschiedenen "Einheiten": Die *Kodierungseinheit* ist ein grammatikalischer Satz, d.h. ein Satz, der über Subjekt, Objekt und Prädikat verfügt, also nicht das einzelne Wort, wie dies etwa bei den derzeit noch eingeschränkten - weil dem menschlichen Rater unterlegenen - computerisierten inhaltsanalytischen Verfahren der Fall ist, die psychologische Bedeutungen auf der 1-Wort-Ebene zu erfassen versuchen (etwa die Ulmer Textbank, vgl. Mergenthaler, 1986). Affektive Bedeutung wird also über einzelne Wörter in ihrem wechselseitigen Bedeutungszusammenhang zu ermitteln versucht. Zur eindeutigen Klärung kann der Kontext, in dem der Satz steht, herangezogen werden, etwa ein ganzer dem Satz vorausgegangener und/oder nachfolgender Textabschnitt. Hierbei handelt es sich um die *Kontexteinheit*.

Die *Auswertungseinheit* schließlich ist der Text, über den ein Score berechnet werden soll. Dies kann ein natürlicher Textabsatz sein, ein Traum oder eine ganze therapeutische Sitzung. Voraussetzung ist, daß die Auswertungseinheit mindestens 70 Wörter umfaßt. Besser sind jedoch mindestens 100 Wörter, da der Fehler der Scores aufgrund des Korrekturfaktors von 0,5 mit steigender Wortzahl geringer wird (vgl. Schöfer, 1980).

3. Auswertung - Gütekriterien - Ökonomie

Auswertung

Die Anwendung der Gottschalk-Gleser-Sprachinhaltsanalyse setzt ein umfangreiches *Rater-Training* voraus. Aus eigenen Erfahrungen kann das Training, bei 3 - 4 Stunden pro Woche, mehr als ein halbes Jahr dauern. Mit mindestens 80 bis 90 Stunden ist jedenfalls zu rechnen; selbverständlich ist der zu veranschlagende Zeitraum abhängig von der Intensität und Dauer des Trainings. Zudem setzt das Verfahren in der Regel *Transkriptionen* von sprachlichem Material - also von Video- oder Tonbandmitschnitten - voraus, was ebenfalls erheblichen zeit- und personalintensiven Aufwand bedeutet. Erst dann erfolgen die *Kodierungen*, die wiederum sehr zeitraubend sein können. Je nach Vertrautheit mit den einzelnen Skalen und ihren Unterkategorien müssen die Ratings nacheinander (pro Skala, etwa nur Angstskalen oder einzelne Angstskalen bzw. Aggressivitätsskalen) oder können - bei sehr geübten Bewertern - parallel (d.h. alle Skalen zugleich) durchgeführt werden (Roser, 1987; Tschuschke, 1983; Tschuschke et al., 1990). Die eigentliche *Auswertung* nimmt dann noch einmal weitere Zeit in Anspruch, weil die Wortzahl des Gesamttextes, bzw. des Textes, der die Auswertungseinhait darstellt, ermittelt werden muß (fällt leicht bei bereits computerisierten Texten).

Reliabilität

Die *Interrater-Reliabilitäten* können - bei entsprechendem Training - ausgezeichnete Werte erreichen. Die Hamburger Gruppe um Schöfer und Koch berichtet von Interrater-Reliabilitäten für zwei Rater zwischen .84 und .91 (Schöfer et al., 1979).

Sehr vergleichbare Übereinstimmungen zwischen drei verschiedenen Ratern können auch von der Stuttgarter Forschergruppe, die das Verfahren in verschiedenen psychotherapeutischen Studien (Einzel- und Gruppenpsychotherapien, Traum-Analysen) einsetzte, berichtet werden (Hopf & Tschuschke, 1993; Roser, 1987; Tschuschke & MacKenzie, 1989; Tschuschke et al., 1990). Hier betrugen die Interrater-Reliabilitäten im Durchschnitt zwischen .85 und .90 (vgl. Tschuschke et al., 1990).

Bezüglich der *zeitlichen Stabilität* der ermittelten Scores konnte eine nur geringe Korrelation in verschiedenen Untersuchungen festgestellt werden, was auf den "state-Charakter" der Methode verweist (Schöfer et al., 1979). Es ergaben sich nur Korrelationen zwischen .06 und .22 für die Affekt-Scores aller zehn Skalen *(Test-Retest-Reliabilität)*, obwohl die zwischen beiden Messungen verstrichene Zeit nur 60 Minuten betrug.

Auch Kordy et al. (1986) fanden eine Bestätigung für die intendierte "state"-Messung.

Validität

Bezüglich der *inhaltlichen* oder *Konstruktvalidität* der Methode sind unzählige Untersuchungen anzuführen, die weltweit mit der Gottschalk-Gleser-Methode durchgeführt wurden, so daß berechtigt von einem der am besten validierten Verfahren in der psychologischen Forschung überhaupt gesprochen werden kann. Es würde den Rahmen dieses Beitrages sprengen, wenn die einzelnen Validierungs-Studien genannt würden. Es sei statt dessen auf Übersichten bei Gottschalk (1979; 1986) für internationale Studien und Koch (1986) für deutsche Untersuchungen verwiesen, die zahllose Bestätigungen für die Validität einzelner und der Gesamtskalen in den Bereichen Neuro- und Psychopharmakologie, Psychophysiologie, Psychoonkologie, Psychosomatik oder Psychotherapie erbrachten.

Bezüglich einer *diskriminativen Validität* konnten Schöfer et al. (1979) den "state"-Charakter des Verfahrens bestätigen. Die Gottschalk-Gleser-Methode wies praktisch keine Übereinstimmung mit dem "Standard-Aggressivitäts-Fragebogen" (SAF) und der "Eigenschaftswörter-Liste" (EWL) auf.

Ökonomie

Zur objektiven Beurteilung psychotherapeutischer Prozesse (Einzel- und Gruppenpsychotherapien) ist das Verfahren - alles in allem betrachtet - im Hinblick auf die erforderliche Zeit relativ unökonomisch. Der zu veranschlagende Zeitaufwand hinsichtlich Rater-Training, Transkriptionen, Rating selbst sowie Auswertung (s.o.) ist hoch. Daher dürfte diese Methode ausschließlich in Forschergruppen zur Anwendung kommen (Tschuschke, 1983). Zieht man jedoch die erzielbaren hohen Interrater-Reliabilitäten, die in unbezweifelbarer Anzahl und Qualität vorliegenden Validitätsstudien sowie den nachgewiesenen state-Charakter der Methode hinzu, so stellt sie für entsprechende Fragestellungen der Gruppenpsychotherapieforschung - wie der Psychotherapieforschung generell - eine im Emotions- und Affektbereich konkurrenzlose Methode dar.

4. Anwendungsbeispiele

Die Gottschalk-Gleser-Sprachinhaltsanalyse wurde bereits in verschiedenen Untersuchungen, die gruppenpsychotherapeutische Prozesse zum Gegenstand hatten, verwendet (Döhler, 1990; Grabhorn, 1994; Tschuschke, 1986; 1987; Tschuschke & MacKenzie, 1989; Tschuschke & Volk, 1986; Tschuschke et al., 1980; Tschuschke et al., 1990; Volk & Tschuschke, 1982). In diesen Untersuchungen zeigte sich, daß das Verfahren für die unterschiedlichsten Fragestellungen der Gruppenpsychotherapie eingesetzt werden kann.

Die affektiven *Interaktionsbereiche* zwischen Therapeuten und Gruppenmitgliedern sind z.B. identifizierbar. Grabhorn (1994) fand bei einer stationären analytischen Gruppe mit psychosomatischen Patienten, daß der Gruppenleiter vor allem im Bereich der ängstlichen Affekte von Gruppenmitgliedern verbalisierte Affekte aufgriff. Die Analyse der affektiven Therapeuteninterventionen in einer ambulanten analytischen Gruppe erbrachte dagegen keine Unterschiede zwischen Angst- und Aggressivitätsskalen (Tschuschke & Volk, 1986). Hier konnte u.a. festgestellt werden, daß der Therapeut durchaus Affektäußerungen einzelner Gruppenmitglieder aufgriff, aber hinsichtlich starker Affektschwankungen - sehr niedrige oder sehr hohe Affekte - eher die Gesamtgruppe als einzelne Gruppenmitglieder adressierte und damit vermutlich das zugrundeliegende therapeutische Konzept des Wechselspiels von Individuum und Gesamtgruppenthema im Auge behielt.

Zusammenhänge zwischen Affekten und dem *psychophysiologischen* Parameter der Herzfrequenz wurden am Beispiel von vier ausgewählten Sitzungen einer ambulanten analytischen Gruppenpsychotherapie untersucht (Tschuschke, 1986). Hierzu waren eine frühe Sitzung, eine Sitzung mit starkem Affektpotential, eine Sitzung ohne die beiden Hauptprotagonisten sowie eine Sitzung im fortgeschrittenen Stadium der Therapie ausgewählt worden (Sitzungen 24, 38, 46 und 57 von ca. 150 Sitzungen insgesamt). Es wurden nur die Herzraten der passiv zuhörenden Gruppenmitglieder (inkl. Therapeut) korrelativ in Beziehung gesetzt zu den von anderen Gruppenmitgliedern bzw. der Gesamtgruppe gleichzeitig (in 2-Minuten-Rastern über die gesamte Sizung) geäußerten Affekten (eigene Sprechphasen wurden nicht berechnet wegen der bekannten Einflüsse der Sprechmotorik auf die eigene Herzrate). Es zeigte sich, daß die in allen vier untersuchten Sitzungen psychophysiologisch auf Affektanstiege und -abfälle der Gruppe reagierenden Gruppenmitglieder in erster Linie der Therapeut war bzw. Gruppenmitglieder, die die Therapie später klar oder tendentiell erfolgreich abschlossen. Nicht erfolgreiche Gruppenmitglieder zeigten keine positiven Korrelationen zwischen eigener Herzrate und Gruppenaffektniveaus. Eher schweigsame Gruppenmitglieder waren nicht zwangsläufig nicht-erregt, und aktiv-involvierte (sehr sprechaktive) Gruppenmitglieder reagierten nicht notwendigerweise auf die Affekte anderer Gruppenmitglieder. Auch Döhler (1990) fand bei einer dem Konzept der "intendierten dynamischen Gruppentherapie" folgenden stationär-ambulanten Gruppe mit neurotischen und persönlichkeitsgestörten Patienten, daß Angst- oder Aggressivitätsäußerungen mit einem Anstieg der Pulsfrequenz korrelierte.

Es wurde ebenfalls versucht, Zusammenhänge zwischen einzelnen *Wirkfaktoren*, über die sprachinhaltsanalytische Methode zu operationalisieren (Tschuschke, 1987). Anhand der o.g. Gruppe ließ sich feststellen, daß Sitzungen mit erhöhter "Kohäsion" mehr "Selbstöffnungen" (erhöhte Angst- und Aggressivitätswerte mit Ich-Anteil, also nicht anderen psychologischen Objekten unterstellt) und Sitzungen mit niedrigerer "Kohäsion" weniger "Selbstöffnungen" mit sich brachten.

Ferner konnten bestimmte *Gruppenentwicklungsphänomene* eindeutig mit Hilfe der Affektskalen identifiziert werden (Döhler, 1990; Tschuschke & MacKenzie, 1989). Es ließen sich über O-Faktorenanalysen Sitzungen mit ähnlichen Affektstrukturen identifizieren, die in der Abfolge ein Pendelmodell der Gruppenentwicklung bestätigten (untersucht bis zur 80. Sitzung): Abhängigkeit (hohe Trennungsängste) - Konflikt (hohe nach außen gerichtete Aggressivität) - Abhängigkeit (hohe Trennungsängste) - Konflikt (hohe nach außen gerichtete Aggressivität) - erniedrigte Affekte (vermutlich: erhöhte Kohäsion und therapeutische Arbeit; Tschuschke & MacKenzie, 1989). Döhler (1990) fand gleichfalls in ihrer Untersuchung, daß ein im fortgeschrittenen Stadium der Gruppenarbeit deutlich abgesenktes Affektniveau in allen Bereichen mit erhöhter "therapeutischer Arbeit" zusammenhing.

In derselben Untersuchung konnte auch festgestellt werden, daß in von den Gruppenmitgliedern als "produktiv" erlebten Gruppensitzungen ein hohes Angst- und Aggressivitätsniveau, in "harmonischen" Sitzungen ein durchschnittliches Angst- und Aggressivitätsniveau und in "unbehaglichen" Sitzungen ein durchschnittliches Angst- und ein erhöhtes Aggressivitätsniveau vorherrschte. Bezogen auf die zuvor genannten Ergebnisse derselben Studie, wonach ein abgesenktes Affektniveau in allen Bereichen mit erhöhter "therapeutischer Arbeit" korrelierte, stellt sich die bekannte Frage nach der Bedeutung der "objektiven" versus der "subjektiven" Perspektive (vgl. hierzu Kapitel 4). Die Gruppenmitglieder selbst erlebten Sitzungen mit insgesamt höheren Affekten als "produktiv", während objektive Messungen das Gegenteil nahelegen.

5. Weitere Anwendungen der Gottschalk-Gleser-Sprachinhaltsanalyse

Die Sprachinhaltsanalyse nach Gottschalk und Gleser ist - wie weiter oben kurz erwähnt - in zahlreichen Forschungsfragen, die sich auf affektspezifische Reaktionen konzentrierten, zur Anwendung gekommen. Bezogen auf den Bereich der Psychotherapieforschung lassen sich Untersuchungen zur *Traumforschung* anführen (Roser, 1987; Hopf & Tschuschke, 1993; Winget & Kapp, 1979). Es ließen sich hier differentielle Trauminhalte, korrespondierend mit diagnostischen Kriterien, im Verlaufe von ambulanten analytischen Einzeltherapien (Roser, 1987) objektivieren. Ferner zeigten sich deutliche Unterschiede in Mädchen- und Jungenträumen im Hinblick auf Aggressivität vor der Pubertät (Jungen haben mehr aggressive Trauminhalte), aber nicht mehr nach Eintritt der Pubertät. Außerdem ließen sich schichtabhängige Affektspezifitäten feststellen (männliche Schüler von Hauptschulen hatten speziell in den Skalen "Offene Aggressivität nach außen" hochsignifikant höhere Werte als vergleichbare Schüler von weiterführenden Schulen).

6. Abschließende Bewertung

Die Gottschalk-Gleser-Sprachinhaltsanalyse hat sich zweifellos im Gegenstandsbereich der Gruppenpsychotherapieforschung bewährt. Sie erlaubt sehr unterschiedliche Fragestellungen zu untersuchen und zu beantworten. Es können stark fluktuierende affektive Gruppenklimata in ihrer globalen Entwicklung, etwa im Rahmen der Gruppenentwicklung, verfolgt werden. Weiterhin sind objektive Mikroanalysen affektiver Interaktion zwischen einzelnen Gruppenmitgliedern untereinander oder mit dem Therapeuten möglich. Psychophysiologische Untersuchungen bestätigen die Validität des Verfahrens, z.B. durch den Befund, daß erhöhte Affekte mit einem erhöhten Erregungsniveau korrelieren und prognostische Hinweise auf spätere Therapieeffekte gestatten.

Vor allem im Hinblick auf den erforderlichen Aufwand an Zeit und Personen muß die Verwendbarkeit des Verfahrens für die Gruppenpsychotherapieforschung mit Skepsis beurteilt werden. Dieser Aspekt sollte jedoch gegen den möglichen Erkenntnisgewinn mit Hilfe der Methode abgewogen werden. Das Verfahren läßt sich reliabel anwenden und liefert valide Ergebnisse bezüglich der Erfassung bestimmter gruppenpsychotherapeutischer Prozesse.

Literatur

Döhler, C. (1990). *Zur Rolle von Affektivität und Emotion im Gruppenpsychotherapieprozeß und der Möglichkeit ihrer Erfassung mit der sprachinhaltsanalytischen Methode von Gottschalk und Gleser*. Psychotherapieberichte 45. Berlin: Institut für Psychotherapie und Neurosenforschung.

Gottschalk, L.A. & Gleser, G.C. (1969). *The Measurement of Psychological States Through the Content Analysis of Verbal Behavior.* Berkeley: University of California Press.

Gottschalk, L.A. (1979). *The Content Analysis of Verbal Behavior: Further Studies*. New York: SP Medical & Scientific Books, Spectrum Publications.

Gottschalk, L.A. (1986). Research using the Gottschalk-Gleser content analysis in English since 1969. In L.A. Gottschalk, F. Lolas & L.L. Viney (Eds.), *Content Analysis of Verbal Behavior. Significance in Clinical Medicine and Psychiatry.* Berlin: Springer.

Gottschalk, L.A., Hoigaard, J. (1986). A depression scale applicable to verbal samples. In L.A. Gottschalk, F. Lolas & L.L. Viney (Eds.), *Content Analysis of Verbal Behavior. Significance in Clinical Medicine and Psychiatry.* Berlin: Springer.

Gottschalk, L.A., Lolas, F. & Viney, L.L. (1986). *Content Analysis of Verbal Behavior. Significance in Clinical Medicine and Psychiatry.* Berlin: Springer.

Grabhorn, R. (1994). Affektives Erleben in einer stationären Gruppentherapie mit psychosomatischen Patienten. *Gruppenpsychotherapie und Gruppendynamik, 30*, 172-190.

Hopf H.H. & Tschuschke, V. (1993). Affekte in Träumen von Kindern und Jugendlichen. *Zeitschrift für Psychosomatische Medizin und Psychoanalyse, 39*, 160-173.

Koch, U. (1986). Studies proving the validity of the Gottschalk-Gleser Content Analysis Scales in German-speaking countries. In L.A. Gottschalk, F. Lolas & L.L. Viney (Eds.), *Content Analysis of Verbal Behavior. Significance in clinical medicine and psychiatry*. Berlin: Springer.

Koch, U. & Schöfer, G. (1986). *Sprachinhaltsanalyse in der psychosomatischen und psychiatrischen Forschung. Grundlagen mit den Affektskalen von Gottschalk und Gleser*. Weinheim/München: Psychologie Verlags Union.

Kordy, H., Lolas, F. & Wagner, G. (1986). Zur Stabilität der inhaltsanalytischen Erfassung von Affekten nach Gottschalk und Gleser. In U. Koch & G. Schöfer (Hrsg.), *Sprachinhaltsanalyse in der psychosomatischen und psychiatrischen Forschung. Grundlagen mit den Affektskalen von Gottschalk und Gleser*. Weinheim/München: Psychologie Verlags Union.

Mergenthaler, E. (1986). *Die Ulmer Textbank*. Berlin: Springer.

Plutchik, R. (1980). *Emotion. A Psychoevolutionary Synthesis*. New York: Harper & Row.

Roser, M. (1987). *Inhaltsanalytische Erfassung von Affekten in Traumserien analytischer Psychotherapiepatienten mit dem Gottschalk-Gleser-Sprachinhaltsanalyse-Verfahren*. Unveröff. Dissertation, Universität, Ulm.

Scherer, K.R. (1990). Theorien und aktuelle Probleme der Emotionspsychologie. In K.R. Scherer (Hrsg.), *Enzyklopädie der Psychologie* (Bd. 3). *Psychologie der Emotion. Motivation und Emotion*. Göttingen: Hogrefe.

Schöfer, G. (1980). *Die Gottschalk-Gleser-Sprachinhaltsanalyse*. Weinheim: Beltz.

Schöfer, G., Koch, U. & Balck, F. (1979). Test criteria of the Gottschalk-Gleser Content Analysis of Speech: Objectivity, reliability, validity in German studies. In L.A. Gottschalk (Ed.), *The Content Analysis of Verbal Behavior: Further Studies*. New York: SP Medical & Scientific Books, Spectrum Publications.

Tschuschke, V. (1983). Die Gottschalk-Gleser-Sprachinhaltsanalyse in der empirischen Gruppenpsychotherapieforschung - Möglichkeiten und Probleme der Anwendung. In H. Enke, V. Tschuschke & W. Volk (Hrsg.), *Psychotherapeutisches Handeln. Grundlagen, Methoden und Ergebnisse der Forschung*. Stuttgart: Kohlhammer.

Tschuschke, V. (1986). Relationships between psychological and psychophysiological variables in the group therapeutic setting. *International Journal of Group Psychotherapy, 36*, 305-312.

Tschuschke, V. (1987). Zum Kohäsions-Konzept in der therapeutischen Gruppe - Theoretische Überlegungen und empirische Ergebnisse. *Gruppenpsychotherapie und Gruppendynamik, 23*, 46-55.

Tschuschke, V., Volk, W. & Ehlers, W. (1980). Die Verwendbarkeit der Gottschalk-Gleser-Sprachinhaltsanalyse für Verlaufsuntersuchungen in der analytischen Gruppenpsychotherapie. *Gruppenpsychotherapie und Gruppendynamik, 16*, 240-256.

Tschuschke, V. & Volk, W. (1986). Erprobung des Gottschalk-Gleser-Verfahrens in der analytischen Gruppenpsychotherapie. In U. Koch & G. Schöfer (Hrsg.), *Sprachinhaltsanalyse in der psychosomatischen und psychiatrischen Forschung. Grundlagen mit den Affektskalen von Gottschalk und Gleser*. Weinheim/München: Psychologie Verlags Union.

Tschuschke, V. & MacKenzie, K.R. (1989). Empirical analysis of group development: A methodological report. *Small Group Behavior, 20*, 419-427.

Tschuschke, V., Hettinger, R., Enke, H. & Lolas, F. (1990). Verbal affective expression during group and individual psychotherapy. Towards a description of therapist- and setting-related variables. *Psychotherapy and Psychosomatics, 54*, 44-49.

Volk, W. & Tschuschke, V. (1982). Untersuchungen von Affektveränderungen während einer Gruppenpsychotherapie mittels Sprachinhaltsanalyse (Gottschalk-Gleser). *Zeitschrift für Klinische Psychologie und Psychotherapie, 30*, 52-67.

Winget, C. & Kapp, F.T. (1979). The relationship of the manifest content of dreams to duration of childbirth in primiparae. In L.A. Gottschalk (Ed.), *The Content Analysis of Verbal Behavior: Further Studies*. New York: SP Medical & Scientific Books, Spectrum Publications.

25 Übersicht: Weitere Methoden der Gruppenpsychotherapieforschung

Bernhard Strauß, Jochen Eckert, Volker Tschuschke

1. Einleitung

Die in diesem Handbuch ausführlicher dargestellten Methoden zur Erfassung von Prozeß und Ergebnis gruppentherapeutischer Behandlungen stellen eine Auswahl von Verfahren dar, die sich zum einen danach richtete, ob die Methoden sich in diesem Feld bewährt haben bzw. bewähren könnten, zum anderen danach, ob sie im deutschen Sprachraum bereits angewandt wurden bzw. ob deutschsprachigen Versionen vorliegen. Wie in der Psychotherapieforschung ganz allgemein, gibt es natürlich auch im Bereich der Gruppentherapieforschung eine Fülle weiterer Methoden, die - vor allem im angloamerikanischen Sprachraum[1] - entwickelt und angewandt wurden. In diesem Abschnitt soll auf einige Methoden hingewiesen werden, ohne daß hier eine ausführlichere Beschreibung möglich wäre.

Burlingame et al. (1994) berichten in einer Zusammenfassung der Literatur zur Gruppentherapieforschung für die Zeit von 1980-1992, daß in insgesamt 400 Berichten über empirische Studien 422 „psychologische Tests“ zur Anwendung kamen. Mehr als 2/3 dieser Methoden wurde in nur einer einzigen der 400 Studien benutzt. Es zeigt sich hier also eine ähnliche Vielfalt bzw. Uneinheitlichkeit von Erhebungsmethoden, wie sie beispielsweise von Lambert et al. (1992) für die Ergebnisforschung in der Psychotherapie im allgemeinen konstatiert wurde (vgl. Kap. 3).

Burlingame et al. (1994) resümieren weiter, daß lediglich 13 diagnostische Verfahren in mehr als fünf Untersuchungen angewandt wurden, wobei hier mit Abstand am häufigsten Fragebögen zur Erfassung der Symptomatik bzw. Persönlichkeitsfragebögen genannt werden (z.B. das Depressions-Inventar von Beck, die Symptom-Checkliste 90, das MMPI und das State-Trait-Angst-Inventar). Daran zeigt sich, daß in der Gruppentherapieforschung am häufigsten (speziell zur Erfassung des Behandlungseffektes) Methoden eingesetzt werden, die ursprünglich nicht für das Gruppensetting konstruiert wurden. Die Mehrzahl der von Burlingame und Mitarbeitern zusammengefaßten Methoden sind Fragebögen zur Selbstbeschreibung (81%), 13% sind Methoden zur Beurteilung manifesten Verhaltens, wobei auch hier eine große Vielfalt festzustellen ist.

---

[1] An dieser Stelle sei darauf hingewiesen, daß sich die Forschungsstrategien und -schwerpunkte im angloamerikanischen Raum teilweise deutlich von jenen unterscheiden, die für die Gruppenforschung in West- bzw. Osteuropa typisch sind. Beispielsweise herrschen in Europa eher qualitative Ansätze vor (für Details hierzu siehe Dies, 1992).

Lediglich einige wenige Verfahren, wie z.B. die Hill-Matrix (vgl. Kap. 16), wurden in mehr als einer der 400 Studien eingesetzt.

Sicherlich ist es in vielen Fällen gerechtfertigt, Methoden, die ursprünglich für die Einzeltherapie entwickelt wurden, auch auf die Gruppenbehandlung zu übertragen (s. z.B. Greenberg & Pinsof, 1986). Dies gilt natürlich primär für die Erfassung der Effekte einer Therapie; aber auch Methoden, die Prozeßcharakteristika abbilden, z.B. die therapeutische Beziehung, lassen sich im Gruppenkontext einsetzen. Das Helping Alliance Questionnaire (HAQ, Alexander & Luborsky, 1986) beispielsweise hat sich auch in der Gruppentherapieforschung bewährt (z.B. Strauß & Burgmeier-Lohse, 1994)[2].

Bevor - orientiert an der Gliederung dieses Handbuches - einige gruppenspezifische Methoden zusammenfassend dargestellt werden, sei auf zwei spezifische Forschungsrichtungen explizit hingewiesen, die in diesem Handbuch aus Platzgründen nicht repräsentiert sein konnten. Zum einen sind hier *qualitative Ansätze* zu nennen, die beispielsweise von Sandner (1988a) zusammenfassend dargestellt wurden. Sandner (1986; 1988b) hat in einer Reihe von Studien den auf Oevermann et al. (1979) basierenden Ansatz der „objektiven Hermeneutik" im Kontext psychoanalytischer Gruppentherapien angewandt. Mit dieser Methode wurde in einer Studie von Bardé & Mattke (1993) eine Teamsupervisionssitzung gewinnbringend analysiert.

Ein zweiter durchaus traditionsreicher Forschungsansatz in der Gruppenpsychotherapie ist die *„Soziophysiologie"*, also die Anwendung psycho-physiologischer Methoden in der Gruppe, z.B. die Ableitung der Herzfrequenz im Verlauf von Gruppentherapiesitzungen. Enke (1983) hat diesen Ansatz ausführlich dargestellt. Hess (1989) berichtet über Pulsfrequenzmessungen im Gruppenverlauf.

Im folgenden sollen einige in diesem Handbuch nicht enthaltene Methoden zusammenfassend dargestellt werden, wobei nach Verfahren zur *Statusdiagnostik von Prognosefaktoren*, zur *Wirkfaktorendiagnostik*, zur *gruppenspezifischen Ergebnisdiagnostik* und zur *Prozeß- bzw. Interaktionsdiagnostik* unterschieden wird.

2. Statusdiagnostik von Patientenmerkmalen mit prognostischer Bedeutung

Die wichtigsten Merkmalsbereiche, die in der gruppentherapeutischen Indikations- und Prognoseforschung eine Rolle spielen, wurden bereits im Kapitel 2 erwähnt. Von besonderer Relevanz für die Gruppentherapie ist sicher die Untersuchung von „interpersonalen Merkmalen" als mögliche Prädiktoren für den Therapieerfolg (Piper, 1994). Jeweils eine Methode zur Erfassung interpersonaler Probleme und zur Beurteilung von „psychological mindedness" sind in diesem Band ausführlicher dargestellt

[2] Eine neue Methode zur Erfassung der Arbeitsbeziehung in der Gruppenpsychotherapie wird derzeit von Gaston und Mitarbeitern (vgl. z.B. Gaston, 1993) erarbeitet.

(vgl. Kap. 5 und 6). Gerade zur Erfassung interpersonalen Verhaltens liegen mittlerweile eine Reihe weiterer Fragebogenmethoden vor, z.B. der auf der strukturalen Analyse sozialen Verhalten (SASB; vgl. Kap. 20) basierende INTREX-Fragebogen (Tress, 1993), das von Kiesler entwickelte Impact Message Inventory (IMI, vgl. z.B. Grawe & Braun, 1994) oder der Fragebogen zur „Fundamental Interpersonal Relations Orientation" (FIRO) nach Schutz (1958). Auch zur Erfassung von „psychological mindedness" gibt es mehrere Ansätze. Erwähnt sei der von Conte et al. (1990) entwickelte Fragebogen, der sich in einer Studie zur Einzeltherapie eignete, den Behandlungserfolg vorherzusagen.

3. Wirkfaktorendiagnostik

Ein wichtiges Ergebnis der Wirkfaktorenuntersuchungen in der Gruppentherapie ist, daß die für ein Setting oder ein spezielles gruppentherapeutisches Vorgehen spezifische Wirkung der von Yalom (1994) oder Bloch & Crouch (1985) formulierten therapeutischen Faktoren i.d.R. nicht nachweisbar war, wenn diese Wirkfaktoren über Fragebögen erfaßt wurden (vgl. z.B. Tschuschke, 1990; Kap. 4). Deshalb wurde in jüngster Zeit versucht, Wirkfaktoren über Methoden zur Prozeßdiagnostik zu operationalisieren. Tschuschke (1993) beispielsweise setzte in einer Studie zu den Wirkfaktoren stationärer Gruppentherapie das SYMLOG-Verfahren und die Grid-Technik ein (vgl. Kap. 17 und 19). Der Übersicht von Crouch et al. (1994) zufolge wurden im Laufe der Zeit eine Reihe spezifischer Rating- und Selbstbeurteilungs-Verfahren zur Erfassung einzelner therapeutischer Faktoren konstruiert, z.B. Methoden zur Beurteilung der Gruppenkohäsion (Budman et al., 1987; Flowers, 1987) oder der Selbstöffnung (Jourard, 1971). Dennoch gibt es Bedarf an neuen Entwicklungen bzw. Weiterentwicklungen auf dem Gebiet der Wirkfaktorendiagnostik. Crouch et al. (1994) kommen zu dem Schluß: „The development of valid and reliable research measures relating to therapeutic factors seems essential".

4. Gruppenspezifische Ergebnisdiagnostik

In den Kapiteln 1 und 3 wurde bereits auf den eklatanten Mangel an Instrumenten hingewiesen, „die den Einfluß der emergenten Eigenschaften der Gruppe selbst in seinen Auswirkungen auf das Therapieergebnis ... berücksichtigen" (Haubl, 1994). Dies (1987) weist darauf hin, daß Methoden, die Prozeß- bzw. Wirkfaktoren der Gruppentherapie erfassen (Maße für die Kohäsion oder das Gruppenklima) durchaus auch für die Ergebnisdiagnostik geeignet sein können, falls Hypothesen über die Entwicklung von Gruppen bzw. Veränderungen der Arbeitsfähigkeit einer Gruppe über die Zeit geprüft werden sollen (vgl. MacKenzie, 1994). Methoden, die darauf abzielen, den spezifischen „Profit" zu erfassen, den Patienten durch die Gruppe erzielen, wurden beispielsweise von Davies-Osterkamp und Mitarbeitern (unveröffentlicht) oder an der Arbeitsgruppe des Bechterew-Instituts in St. Petersburg (z.B. Isurina, 1993) entwikkelt.

Von besonderer Bedeutung in der Gruppentherapieforschung wird in Zukunft sicher sein, eine *gruppenspezifische Therapiezieldefinition* bzw. *-skalierung* zu entwickeln, die sowohl die „emergenten Eigenschaften der Gruppe" als auch das spezifische Gruppensetting (z.B. ambulant vs. stationär, Langzeit- vs. Kurzgruppen) abbildet bzw. ausreichend berücksichtigt (vgl. Strauß et al., im Druck)

5. Prozeß- und Interaktionsdiagnostik in der Gruppentherapie

Wie in Kapitel 4 ausgeführt, fokussiert Prozeßdiagnostik in der Gruppentherapie auf unterschiedliche Bereiche, wobei die Interaktion und Beziehung bzw. interpersonale Aspekte des Prozesses sicherlich im Vordergrund stehen. In Anlehnung an die Übersichten von Fuhriman & Packard (1986) bzw. Fuhriman & Barlowe (1994) sind in Tabelle 1 eine Reihe von Methoden zur Analyse der Interaktion bzw. von Prozeßkomponenten der Gruppentherapie zusammengefaßt. Methoden, die in diesem Handbuch ausführlich dargestellt wurden (z.B. SYMLOG, die Hill-Matrix oder die Grid-Techniken) sind in der Tabelle nicht berücksichtigt. Eine Zusammenfassung von beziehungsdiagnostischen Methoden, die im deutschsprachigen Raum, insbesondere in der Gruppenforschung der ehemaligen DDR eine Rolle spielten, findet man bei Hess (1991; hier wird u.a. das „Soziale Netzwerk Inventar", SNI, Kulenkampff, 1986 erwähnt). Heute in der (Einzel-)Psychotherapieforschung weit verbreitete interaktionsbezogene Forschungsmethoden haben Schauenburg & Cierpka (1994) in einer Übersicht zusammengetragen.

Von den in Tab. 1 aufgeführten Methoden stehen viele in der Tradition von Bales (1950), der mit seiner „Interaction Process Analysis" (IPA) die intensive Prozeßforschung in der Gruppentherapie sicherlich maßgeblich beeinflußt hat, und der auf der Basis dieser Methode das SYMLOG-Verfahren entwickelte. Besonders hervorzuheben unter den prozeßbezogenen Instrumenten sind die „Experiencing Scales" von Beck et al. (1986), die von den Autoren benutzt wurden, um eine spezifische Theorie der Gruppenentwicklung zu überprüfen, und das von Piper & McCallum (1992) beschriebene „Psychodynamic Work and Object Rating System" (PWORS), eine Methode, die dazu dienen soll, zwei grundlegende Konstrukte in der analytischen Gruppentherapie zu erfassen, nämlich das Vorhandensein und die Komplexität psychodynamischer Arbeit sowie die Art der Objektbeziehungen. Ferner verdient das von Karterud (1989) entwickelte „Group Emotionality Rating System, GERS" Erwähnung, das konzipiert wurde, um die von Bion formulierten „Grundnannahmen“ zu erfassen. Die Mehrzahl der tabellarisch zusammengefaßten Methoden wurde nur sehr vereinzelt angewandt, einige werden z.B. von Fuhriman & Packard (1986) als „relativ wenig wertvoll“ beurteilt (die von den Autoren besonders schlecht bewerteten Methoden sind allerdings nicht in die Tabelle 1 aufgenommen worden). Deutsche Versionen der einzelnen Methoden liegen u.W. bisher nur in Ausnahmefällen vor.

Die Tabelle 1 zeigt, daß die meisten Methoden zur Prozeßanalyse in der Gruppentherapie auf eine Beschreibung der Kommunikation bzw. Interaktion der Gruppenmitglieder, deren affektive Involvierung und die Beziehungsqualität zwischen den Mitgliedern und dem Gruppenleiter fokussieren. Einige Verfahren tangieren explizit Variablen, die mit den therapeutischen Faktoren der Gruppentherapie in Verbindung stehen, einige, z.B. die Sprachfehlerkategorien nach Mahl, versuchen einen Zugang zum in der Gruppe vorherrschenden Affekt zu finden. Überwiegend sind die Methoden also auf inhaltliche Aspekte des Gruppenprozesses gerichtet. Es gibt in der Gruppentherapieforschung (so wie auch in der Einzeltherapie) auch eine Tradition von Sprachanalysen, die sich eher auf formale Aspekte der Gruppenkommunikation richten. Hess (1985) beispielsweise beschreibt den Verlauf einer intendiert dynamischen Gruppentherapie anhand der Analysen des Sprechverhaltens.

Die in diesem Handbuch detailliert dargestellten Forschungsmethoden sowie die hier nur kurz erwähnten vielfältigen Ansätze zur Erfassung von Prozeß und Ergebnis gruppentherapeutischer Behandlungen zeigen, daß sich im Lauf der letzten Jahrzehnte doch eine ansehnliche Menge an Forschungsmethoden angesammelt und zum Teil bewährt hat. Gemessen an der Vielzahl von Methoden ist die Gruppe sicherlich zu Unrecht in der Psychotherapieforschung bisher stiefmütterlich behandelt worden. Wir hegen die Hoffung, daß Planung von Forschung im Bereich der Gruppentherapie durch diesen Methodenüberblick einfacher wird. Gruppenforschung sollte aber in jedem Fall die Komplexität des Gruppensettings berücksichtigen. Was diese Komplexität anbelangt, so kommen Fuhriman & Barlow (1994) zu einem Schluß, der als Ausblick am Ende eines Handbuches der empirischen Forschungsmethoden in der Gruppenpsychotherapie besonders geeignet erscheint:

„The complexity of the therapy group is marked by multiple and diverse players (individual biospheres accompanied by individual contexts), multiple levels of interaction (intrapersonal, dyadic, subgroup, group as a whole), multiple dimensions of responsiveness (cognitive, affective, behavioral) and, no less, manifold interests, concerns, abilitites. Add to this complexity the fact that the therapeutic process is interpersonal, interactive, and nonlinear, and that it is a living entity wherin changes in one part of the group (itself a biosphere) ultimately affect the whole; it then becomes apparent that our attempts to define and eventually affect therapeutic processes must be attended by multidimensional instrumentation capable of assessing micro and macro and static and dynamic influences over time“ (S. 216).

Tab. 1: Übersicht über Methoden der Prozeß- und Interaktionsforschung in der Gruppenpsychotherapie (nach Fuhriman & Barlow, 1994)

Methode	Autor(en)	Kurzbeschreibung
Behavior Scores System	Borgata (1963)	Verhaltensbeurteilung in sechs Kategorien in Analogie zur Methode von Bales
Experiencing Scale	Klein et al. (1969)	Bewertung des Ausmasses an affektiver Involvierung einzelner Gruppenmitglieder
Experiencing Scales	Beck et al. (1986)	Einschätzung der Selbstexploration und Involvierung der Gruppenmitglieder sowie deren therapeutische Beurteilung
Faktorielle Klassifikation von Prozess-Variablen	Heckel et al. (1971)	Kategorisierung der Äußerungen von Gruppenmitgliedern (z.B. persönlich) und der darauf folgenden Reaktionen (z.B. negativ, beratend etc.)
Fokalkonfliktanalyse	Stock-Whitacker & Lieberman (1964); s.a. Ecke & Schwarz (1982)	Textanalyse nach dem Fokalkonflikt-Modell das beunruhigende, reaktive Tendenzen und Lösungsversuche beschreibt
Group Emotionality Rating System (GERS)	Karterud (1989)	Klassifikation von Äußerungen der Gruppenmitglieder in Kategorien, die den Bion'schen Grundannahmen entsprechen
Group Rating Schedule	Cooper (1977)	Bewertung des Geschehens in der Gruppe auf 5 Dimensionen, z.B. Prozeßorientierung, soziale Atmosphäre, emotionale Kohäsion
Group Session Rating Scale	Cooney et al. (1991)	Fremdbeurteilung der Kommunikation in sieben Kategorien, z.B. Problemlösen, Gefühlsausdruck, Spielen v. Rollen
Group Therapist Interventions Scale	Nichols & Taylor (1975)	Erfassung der Art und des Ausmasses an Konfrontation sowie des Objekts der Intervention
Group Therapy Interaction Chronogram	Cox (1973)	Graphische Darstellung der Interaktionen und Beziehungen zwischen den Gruppenmitgliedern (komplexes Soziogramm)
Gruppenkommunikations-Beurteilungsverfahren (GKB)	Petzold (1981)	Kategoriensystem für kommunikationsbezogene Verhaltens- und Einstellungsaspekte orientiert an gesprächspsychotherapeutischen Konzepten
Hostility/Support Scale	Beck et al. (1986)	Beurteilung einzelner Gruppenmitglieder im Hinblick auf Feindseligkeit bzw. Unterstützung anderer
Individual Differences Scaling (INDSCAL)	Carroll & Chang (1970)	Multidimensionale Skalierungsprozedur von Selbstbeschreibungen der Gruppenmitglieder (Ähnlichkeitsbeurteilungen)
Interaction Process Analysis (IPA)	Bales (1950)	12 Kategorien für Aufgaben und sozialemotionales Verhalten in der Gruppe; Fokus auf Problemlöseverhalten
Kategoriensystem für partnerschaftliche Interaktion	Hahlweg et al. (1989)	Verhaltensorientierte Beurteilung verbaler und nichtverbaler Äußerungen nach 12 Kategorien (z.B. Selbstöffnung, Rechtfertigung, Kritik etc.)

Methode	Autor(en)	Kurzbeschreibung
Member-to-Leader-Scoring-System	Mann (1966)	Analyse der Beziehung einzelner Gruppenmitglieder zum Gruppenleiter (Kategorien z.B. Feindseligkeit, Angst)
Method for Classifying Group Interaction	Ohlsen & Pearson (1965)	Klassifikation von Rollen der Hauptakteure in der Gruppensitzung und der Reaktionen anderer auf diese Rollen
Method for Quantifying Interaction in Counseling Groups	Noble et al. (1961)	Kategoriensystem in Anlehnung an die IPA von Bales mit spezifischen Formulierungen für Beratungsgruppen
Process Analysis Scoring System	Gibbard & Hartman (1973)	Ausweitung des „Member-to-Leader-Scoring-System" von Mann (s.d.) auf die Member-to-Member-Dimension
Psychodynamic Work and Object Rating System (PWORS)	Piper & McCallum (1992)	Beurteilung des Vorhandenseins und der Komplexität psychodynamischer Arbeit und des Bezugs zu Objekten
Relational Communication Control Coding System	Friedlander & Heatherington (1989)	Klassifikation der verbalen Mitteilungen von Gruppenmitgliedern; führt zu einer graphischen Darstellung der Richtung des Gesprächs
Sign-Process-Analysis	Mills (1964)	Erfassung des Interaktionsverlaufs in einer Matrix
Social Information Processing Analysis	Fisher (1976)	Analyse der verbalen Interaktion auf der Basis systemischer Theorie (z.B. Zeitorientierung; Quelle der Information)
Sprachfehlerkategorien nach MAHL	Seidler (1981)	Kodierung von Sprachfehlern (z.B. Wiederholungen, Stottern) als Indikator für Angst
Stuttgarter Kategorien-System	Czogalik et al. (1987)	Beurteilung von Sprachbeiträgen der Gruppenmitglieder anhand sozialpsychologischer und klinischer Dimensionen
Time by Event by Member Pattern Observation (TEMPO)	Futoran et al. (1989)	Beobachtungssystem für Gruppen; Kategorisierung nach „Produktion" (Inhaltsorientierung) und „Nicht-Produktion" (z.B. Wohlbefinden der Gruppenmitglieder)

Literatur

Alexander, L.B. & Luborsky, L. (1986). The Penn helping alliance scales. In L.S. Greenberg, & W.M. Pinsof (Eds.), *The psychotherapeutic process: A research handbook*. New York: Guilford.

Beck, A.P., Dugo, J.M., Eng, A.M. & Lewis, C.M. (1986). The search for phases in group development. In L.S. Greenberg, & W.M. Pinsof (Eds.), *The psychotherapeutic process: A research handbook*. New York: Guilford.

Bales, R.F. (1950). *Interaction process analysis: A method for the study of small groups*. Cambridge: Addison-Wesley.

Bardé, B. & Mattke, D. (1993). *Therapeutische Teams*. Göttingen: Vandenhoek & Ruprecht.

Bloch, S. & Crouch, E. (1985). *Therapeutic factors in group psychotherapy*. Oxford: Oxford University Press.

Borgatta, E.F. (1963). A new systematic interaction observation system: Behavior scores system. *Journal of Psychological Studies, 14,* 24-44.

Budman, S.H., Demby, A., Feldstein, M., Redondo, J., Scherz, B., Bennett, M.J., Koppenaal, G., Daley, B.S., Hunter, M. & Ellis, J. (1987). Preliminary findings on a new instrument to measure cohesion in group psychotherapy. *International Journal of Group Psychotherapy, 37,* 75-94.

Burlingame, G.M., Kircher, J.C. & Taylor, S. (1994). Methodological considerations in group psychotherapy research: Past, present, and future practices. In A. Fuhriman & G.M. Burlingame (Eds.), *Handbook of group psychotherapy*. New York: Wiley.

Carroll, J.D. & Chang, J.J. (1970). Analysis of individual differences in multidimensional scaling via an N-way generalization of Eckart-Young decomposition. *Psychometrika, 35,* 238-319.

Conte, H. R., Plutchik, R., Jung, B.B., Picard, S., Karasu, T.B. & Lotterman, A. (1990). Psychological mindedness as a predictor of psychotherapy outcome. *Comprehensive Psychiatry, 31,* 426-431.

Cooney, N.L., Kadden, R.M., Litt, M.D. & Getter, H. (1991). Matching alcoholics to coping skills or interactional therapies. *Journal of Consulting and Clinical Psychology, 59,* 598-601.

Cooper, C. (1977). Adverse and growthful effects of experimental learning groups. *Human Relationships,* 30, 1103-1129.

Cox, M. (1973). A group therapy interaction chronogram. *British Journal of Social Work, 3,* 243-256.

Crouch, E., Bloch, S. & Wanlass, J. (1994). Therapeutic factors: Interpersonal and intrapersonal mechanisms. In A. Fuhriman & G.M. Burlingame (Eds.), *Handbook of group psychotherapy*. New York: Wiley.

Czogalik, D., Hettinger, R. & Bechtinger-Czogalik, S. (1987). *Das Stuttgarter Kategorien-Inventar (SKI/2). Manual.* Forschungsberichte der Forschungsstelle für Psychotherapie, Stuttgart (Bd. 3).

Dies, R.R. (1987). Clinical application of research instruments: Editor's introduction. *International Journal of Group Psychotherapy, 37,* 31-37.

Dies, R.R. (1992). Research on group psychotherapy: Overview and clinical applications. In A. Alonso & H.J. Swiller (Eds.), *Group therapy in clinical practice*. Washington: American Psychiatric Press.

Ecke, C. & Schwarz, E. (1982). Untersuchungen zur Erfassung von latenten Gesprächsinhalten in der dynamischen Gruppenpsychotherapie. In K. Höck (Hrsg.), *Gruppenpsychotherapie-forschung.* Leipzig: Barth.

Enke, H. (1983). Soziophysiologie. In H. Enke, V. Tschuschke & W. Volk (Hrsg.), *Psychotherapeutisches Handeln.* Stuttgart: Kohlhammer.

Fisher, B.A. (1976). Social information processing analysis (SIPA). Unpublished Manuscript. Portland, Oregon.

Flowers, J.V. (1987). Client outcome as a function of agreement or disagreement with the modal group perception of curative factors in short-term, structured group psychotherapy. *International Journal of Group Psychotherapy, 37*, 113-118.

Friedlander, M.L. & Heatherington, L. (1989). Analyzing relational control in family therapy interviews. *Journal of Counseling Psychology, 36*, 139-148.

Fuhriman, A. & Packard, T. (1986). Group process instruments: Therapeutic themes and issues. *International Journal of Group Psychotherapy, 36*, 399-425.

Fuhriman, A. & Barlow, S.H. (1994). Interaction analysis: Instrumentation and issues. In A. Fuhriman & G.M. Burlingame (Eds.), *Handbook of group psychotherapy*. New York: Wiley.

Futoran, G.C., Kelly, J.R. & McGrath, J.E. (1989). TEMPO: A time-based system for analysis of group interaction process. *Basic and Applied Social Psychology, 10*, 211-232.

Greenberg, L.S. & Pinsof, W.M. (Eds.) (1986). *The psychotherapeutic process: A research handbook*. New York: Guilford.

Gaston, L. (1993). Measuring helping alliance in group psychotherapy. Vortrag, Weltkongreß für Gruppenpsychotherapie, Montreal, Kanada.

Gibbard, G.S. & Hartman, J.J. (1973). The oedipal paradigm in group development. *Small Group Behavior, 4*, 305-354.

Grawe, K. & Braun, U. (1994). Qualitätskontrolle in der Psychotherapiepraxis. *Zeitschrift für Klinische Psychologie, 23*, 242-267.

Hahlweg, K., Doane, J.A., Goldstein, M.J., Nuechterlein, K.H., Magana, A.B., Mintz, J., Miklowitz, D.J. & Snyder, K.S. (1989). Expressed emotion and patient-relative interaction in families of recent onset schizophrenics. *Journal of Consulting and Clinical Psychology, 57*, 11-18.

Haubl, R. (1994). Evaluation. In R. Haubl, F. Lamott (Hrsg.), *Handbuch Gruppenanalyse*. Berlin: Quintessenz.

Heckel, R.V., Holmes, G.R. & Rosecrans, C.J. (1971). A factor analytic study of process variables in group therapy. *Journal of Clinical Psychology, 27*, 146-150.

Hess, H. (1985). Zu Aussagemöglichkeiten und Grenzen von Sprechaktivitäten. *Psychotherapieberichte des HdG, 30*, 18-46.

Hess, H. (1989). Soziophysiologie - Wunschdenken oder Notwendigkeit? *Gruppenpsychotherapie und Gruppendynamik, 25*, 234-267.

Hess, H. (1991). Beziehungsdiagnostik im psychotherapeutischen Prozeß. In H. Hess (Hrsg.), *Soziale Beziehung und Krankheit*. Leipzig: Barth.

Isurina, G. (1993). Main directions of psychological research on group treatment of neuroses. In B. Strauß, C. Bahne Bahnson & H. Speidel (Hrsg.), *New societies, new models in medicine*. Stuttgart, Schattauer.

Jourard, S. (1971). *The transparent self*. New York: Van Norstrand.

Karterud, S. (1989). A comparative study of six different inpatient groups. *International Journal of Group Psychotherapy, 39*, 355-376.

Klein, M.H., Mathieu, P.L., Gendlin, E.T. & Kiesler, D.J. (1969). *The experiencing scale*. Madison: Wisconsin Psychiatric Institute.

Kulenkampff, M. (1986). *Der Soziale Atom Test.* Überlingen: Moreno Institut.

Lambert, M.J., Ogles, B.M. & Masters, K.S. (1992). Choosing outcome assessment devices: An organizational and conceptual scheme. *Journal of Counseling & Development, 70*, 527-532.

MacKenzie, K.R. (1994). Group Development. .In A. Fuhriman & G.M. Burlingame (Eds.), *Handbook of group psychotherapy*. New York: Wiley.

Mann, R.D. (1966). *Interpersonal styles and group development.* New York: Wiley.

Mills, T. (1964). *Group transformation.* Englewood Cliffs: Prentice Hall.

Nichols, M.P. & Taylor, T.Y. (1975). Impact of therapist interventions on early sessions of group therapy. *Journal of Clinical Psychology, 31,* 726-729.

Noble, F., Ohlsen, M. & Proff, F. (1961). A method for the qualification of psychotherapeutic interaction in counseling groups. *Journal of Counseling Psychology, 8,* 54-61.

Oevermann, U., Allert, T., Konau, E. & Krambeck, J. (1979). Die Methodologie einer objektiven Hermeneutik und ihre allgemeine forschungslogische Bedeutung in den Sozialwissenschaften. In H.G. Soeffner (Hrsg.), *Interpretative Verfahren in den Sozial- und Textwissenschaften*. Stuttgart: Metzler.

Ohlsen, M. & Pearson, R. (1965). A method for the classification of group interaction and its use to explore the influence of individual and role factors in group counseling. *Journal of Clinical Psychology, 21*, 436-441.

Petzold, H. (1981). Möglichkeiten und Zielstellung des GKB (GT), eines Gruppenkommunikationsbeurteilungsverfahrens. *Psychotherapieberichte des HdG, 7*, 33-39.

Piper, W.E. (1994). Client Variables. In A. Fuhriman & G.M. Burlingame (Eds.), *Handbook of group psychotherapy*. New York: Wiley.

Piper, W.E. & MacCallum, M. (1992*). Psychodynamic work and object rating system.* Unpublished manuscript, University of Alberta, Canada.

Sandner, D. (1986). *Gruppenanalyse. Theorie-Praxis-Forschung*. Heidelberg: Springer.

Sandner, D. (1988a). Qualitative Gruppentherapieforschung. *Gruppenpsychotherapie und Gruppendynamik, 24*, 184-195.

Sandner, D. (1988b). Die Erfassung der unbewußten Beziehungsphantasie mit Hilfe der psychoanalytisch-empirischen Hermeneutik. *Forum der Psychoanalyse, 4,* 333-344.

Schauenburg, H. & Cierpka, M. (1994). Methoden der Fremdbeurteilung interpersoneller Beziehungsmuster. *Psychotherapeut, 36,* 135-145.

Schutz, W.C. (1958). FIRO: *A three dimensional theory of interpersonal behavior.* New York: Holt, Rinehart & Winston.

Seidler, C. (1981). Möglichkeiten und Zielstellung der Methode der Sprachfehlerkatgorien nach Mahl. *Psychotherapieberichte des HdG, 7,* 49-52.

Stock-Whitacker, D. & Lieberman, M.A. (1964). *Psychotherapy through group process*. New York, Wiley.

Strauß, B. & Burgmeier-Lohse, M. (1994). *Stationäre Langzeitgruppentherapie.* Heidelberg: Asanger.

Strauß, B., Kriebel, R. & Mattke D. (im Druck). Probleme der Qualitätssicherung in der stationären Gruppenpsychotherapie. *Psychotherapeut.*

Tress, W. (1993). *Die strukturale Analyse sozialen Verhaltens.* Heidelberg: Asanger.

Tschuschke, V. (1990). Spezifische und/oder unspezifische Wirkfaktoren in der Psychotherapie. In V. Tschuschke, D. Czogalik (Hrsg.), *Psychotherapie - Welche Effekte verändern?* Heidelberg: Springer.

Tschuschke, V. (1993). *Wirkfaktoren stationärer Gruppenpsychotherapie.* Göttingen: Vandenhoek & Ruprecht.

Yalom, I.D. (1994). *The theory and practice of group psychotherapy*, 4th ed.. New York: Basic Books.

Sachverzeichnis

Anschriften der Autoren

Göran Ahlin, M.D.
Langbro Hospital
S 125 85 Älvsjö, Schweden

Michael Bartschat, Dipl.-Psych.
Tiroler Ring 88
D 24147 Kiel

Joachim Biskup, Dipl.-Psych.
Abt. Klinische Gruppenpsychotherapie
Zentrum Psychologische Medizin
Waldweg 35
D 37073 Göttingen

Volker Bracke, Dipl.-Psych.
Oberer Triftweg 5
D 38640 Goslar

Celina Brykcynska, Ph.D.
Institute of Psychiatry and Neurology
1/9 Sobieskiego
PL 02-957 Warschau, Polen

Manuela Burgmeier-Lohse, Dr. phil.
Psychiatrische und Nervenklinik
Universitätskrankenhaus Eppendorf
Martinistr. 52
D 20246 Hamburg

Ana Catina, Dr. phil.
Forschungsstelle für Psychotherapie
Christian-Belser-Str. 79a
D 70597 Stuttgart

J. Czeslaw Czabala, Ph.D.
Institute of Psychiatry and Neurology
1/9 Sobieskiego
PL 02-957 Warschau, Polen

Arno Drinkmann, Prof. Dr.
Evangelische Fachhochschule
Burgschmietstr. 10
D 90419 Nürnberg

Jochen Eckert, Prof. Dr. phil.
Psychologisches Institut III
Universität Hamburg
Von-Melle-Park 5
D 20146 Hamburg

Mathias Fauth, Dipl.-Psych.
Winterbeker Weg 26
D 24114 Kiel

Michael Geyer, Prof. Dr. med.
Klinik für Psychotherapie und
Psychosomatische Medizin
Universität Leipzig
Karl-Tauchnitz-Str. 25
D 04107 Leipzig

Helga Hess, PD Dr. phil.
Landeskrankenhaus Haldensleben
Kiefholzstr. 4
D 39340 Haldensleben

Hans Kordy, Dr. phil.
Forschungsstelle für Psychotherapie
Christian-Belser-Str. 79a
D 70597 Stuttgart

Beatrice Krämer, Dipl.-Psych.
Forschungsstelle für Psychotherapie
Christian-Belser-Str. 79a
D 70597 Stuttgart

Friedebert Kröger, PD Dr. med.
Klinik f. Psychosomatik und
Psychotherapeutische Medizin der
Med. Fakultät der RWTH Aachen
Pauwelsstr. 30
D 52074 Aachen

Andreas Lange, Dipl.-Psych.
Sankt-Annenhöhe 1
D 38640 Goslar

K. Roy MacKenzie, M.D.
The University of British Columbia
Department of Psychiatry
2255 Wesbrook Mall
Vancouver, B.C. Canada V6T 2A1

Mary McCallum, Ph.D.
Department of Psychiatry
Faculty of Medicine
University of Alberta
Edmonton, Canada T6G 2B7

William E. Piper, Ph.D.
Department of Psychiatry
Faculty of Medicine
University of Alberta
Edmonton, Canada T6G 2B7

Günther Plöttner, PD Dr. med.
Klinik für Psychotherapie und
Psychosomatische Medizin
Universität Leipzig
Karl-Tauchnitz-Str. 25
D 04107 Leipzig

Regina Rohweder, Dipl.-Psych.
Hansastr. 48
D 24118 Kiel

Hermann Staats, Dr. med.
Abteilung Klinische
Gruppenpsychotherapie
Zentrum Psychologische Medizin
Waldweg 35
D 37073 Göttingen

Bernhard Strauß, PD Dr. phil.
Klinik für Psychotherapie und
Psychosomatik der
Universität Kiel
Niemannsweg 147
D 24105 Kiel

Volker Tschuschke, PD Dr. phil.
Klinikum der Universität Ulm
Abteilung Psychotherapie
Am Hochsträß 8
D 89081 Ulm

Dieter Wälte, Dr. phil., Dipl.-Psych.
Klinik f. Psychosomatik und
Psychotherapeutische Medizin der
Med. Fakultät der RWTH Aachen
Pauwelsstr. 30
D 52074 Aachen

Heike Wienands, Dipl.-Psych.
Holtenauer Str. 267
D 24118 Kiel

Aus dem Programm Sozialpsychologie

Gertraud Diem-Wille

Karrierefrauen und Karrieremänner

Eine psychoanalytisch orientierte Untersuchung ihrer Lebensgeschichte und Familiendynamik

1996. IV, 226 S. Kart.
ISBN 3-531-12787-X

Führungskräfte in Spitzenpositionen der Wirtschaft und Wissenschaft beschreiben in Interviews ihren beruflichen Werdegang und ihre Motivation, die zur Karriere beigetragen hat. Diese persönlichen Lebensgeschichten ermöglichen einen Einblick in die innere Realität, in Konflikte, Motive und Strategien. In einer psychoanalytisch orientierten Analyse werden Zusammenhänge zwischen der beruflichen Karriere und den bewußten und unbewußten inneren Konflikten hergestellt, um die innere Antriebsdynamik zu verdeutlichen. Das Design der Untersuchung, Frauen und Männer in vergleichbarer Position auszuwählen, stellt einen neuen methodischen Zugang in der Frauenforschung dar.

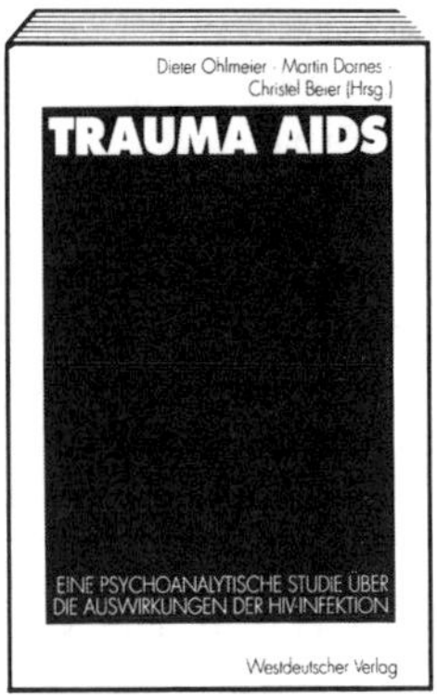

Dieter Ohlmeier/Martin Dornes/Christel Beier (Hrsg.)

Trauma Aids

Eine psychoanalytische Studie über die Auswirkungen der HIV-Infektion

1995. 211 S. Kart.
ISBN 3-531-12749-7

Der Band dokumentiert die Ergebnisse eines am Sigmund-Freud-Institut in Frankfurt durchgeführten Forschungsprojekts über die psychischen Folgen der Traumatisierung durch HIV/Aids bei Betroffenen und Helfern. Im Mittelpunkt steht die Rekonstruktion und therapeutische Reflexion einer zweijährigen Gruppenanalyse mit HIV-infizierten homosexuellen Patienten. Die Autoren zeigen, wie das den Gruppenprozeß charakterisierende Berührungstabu zwischen nichtinfizierten heterosexuellen Therapeuten und infizierten homosexuellen Patienten gehandhabt werden kann. Das Buch plädiert für den Einsatz analytisch orientierter Beratungsformen und Verstehenskompetenzen im Bereich der mit HIV/Aids konfrontierten helfenden Berufe.

Elmar Brähler/Ulrike Unger (Hrsg.)

Schwangerschaft, Geburt und der Übergang zur Elternschaft

Empirische Studien

1996. 267 S. Kart.
ISBN 3-531-12684-9

Dieser Band, in dem wichtige und neue Forschungsarbeiten im deutschsprachigen Raum zu den Bereichen Schwangerschaft, Geburt und Übergang zur Elternschaft versammelt sind, bietet einen umfassenden Überblick über zentrale Forschungsschwerpunkte wie z. B. kognitive und emotionale Aspekte von Schwangerschaft und Geburt; die Verarbeitung eines Spontanaborts; Geburtserleben; Schwangerschaft und Geburt nach künstlicher Befruchtung. Daneben erhält der Leser einen Einblick in die Anwendung unterschiedlicher empirischer Forschungsansätze wie quer- oder längsschnittliche Untersuchungsdesigns, Interview- und/oder Fragebogenmethoden oder spezielle Methoden wie den „Time-Sampling Ansatz".

WESTDEUTSCHER VERLAG
OPLADEN · WIESBADEN